AULA NOTA 10
3.0

L555a Lemov, Doug.
         Aula nota 10 3.0 : 63 técnicas para melhorar a gestão da sala de aula / Doug Lemov ; tradução: Daniel Vieira, Sandra Maria Mallmann da Rosa; revisão técnica: Fausto Camargo, Thuinie Daros – 3. ed. – Porto Alegre : Penso, 2023.
         xlvii ; 512 p. ; 25 cm.

         ISBN 978-65-5976-018-3

         1. Educação. 2. Didática. I. Título.

                                                    CDU 37.02

Catalogação na publicação: Karin Lorien Menoncin – CRB 10/2147

DOUG **LEMOV**

AULA NOTA 10

3.0

63 TÉCNICAS PARA MELHORAR A GESTÃO DA SALA DE AULA

Tradução:
Daniel Vieira
Sandra Maria Mallmann da Rosa

Revisão técnica:
Fausto Camargo
Professor do Centro Universitário Uniamérica Descomplica em Foz do Iguaçu/PR.
Doutor em Sociedade, Cultura e Fronteiras pela Universidade Estadual do Oeste do Paraná (Unioeste/PR).

Thuinie Daros
Mestra em Educação pela Universidade Estadual do Oeste do Paraná (Unioeste/PR).
Cofundadora e palestrante na Téssera Educação.
Diretora de Planejamento de Ensino (Presencial e Híbrido) na Vitru Educação.

Porto Alegre
2023

Obra originalmente publicada sob o título
Teach like a champion 3.0: 63 techniques that put students on the path to college
ISBN 9781119712619/1119712610

Copyright © 2021, John Wiley & Sons, Inc.
All Rights Reserved. This translation published under license with the original publisher John Wiley & Sons, Inc.

Gerente editorial: *Letícia Bispo de Lima*

Colaboraram nesta edição:

Coordenadora editorial: *Cláudia Bittencourt*

Editor: *Lucas Reis Gonçalves*

Capa: *Paola Manica | Brand&Book*

Leitura final: *Luísa Branchi Araújo* e *Paola Araújo de Oliveira*

Editoração e projeto gráfico: *Clic Editoração Eletrônica Ltda.*

Reservados todos os direitos de publicação, em língua portuguesa, ao
GRUPO A EDUCAÇÃO S.A.
(Penso é um selo editorial do GRUPO A EDUCAÇÃO S.A.)
Rua Ernesto Alves, 150 – Bairro Floresta
90220-190 – Porto Alegre – RS
Fone: (51) 3027-7000

SAC 0800 703 3444 – www.grupoa.com.br

É proibida a duplicação ou reprodução deste volume, no todo ou em parte, sob quaisquer formas ou por quaisquer meios (eletrônico, mecânico, gravação, fotocópia, distribuição na Web e outros), sem permissão expressa da Editora.

IMPRESSO NO BRASIL
PRINTED IN BRAZIL

SOBRE O AUTOR

Doug Lemov é diretor-geral das Uncommon Schools e dirige a equipe Teach Like a Champion, planejando e executando a capacitação de professores com base no estudo de docentes com alto desempenho. Foi vice-presidente financeiro no State University of New York Charter Schools Institute e fundador, professor e diretor da *charter school* Academy of the Pacific Rim, em Boston. Foi professor de inglês e história nos ensinos superior, médio e fundamental. Graduou-se na Hamilton College, fez mestrado na Indiana University e MBA na Harvard Business School.

*Para Mike e Penny Lemov,
meus primeiros professores*

AGRADECIMENTOS

Este livro teria sido impossível sem a equipe de pessoas cujo trabalho está refletido em quase todas as suas linhas. Meus colegas da equipe Teach Like a Champion (TLAC) deram incontáveis contribuições para o seu desenvolvimento, tanto diretas quanto indiretas. Há centenas dos seus *insights* sobre vídeos ou técnicas neste livro – assim como em todo trabalho que produzimos. Eles também contribuíram com algo que é mais difícil de definir: os momentos em que sugeriram uma expressão para descrever exatamente o que um professor estava fazendo ou quando paramos e retomamos tudo porque eles perceberam alguma coisa fascinante na resposta de um aluno foram tão comuns quanto aqueles em que riram de algo que disseram, assim como quando reconheceram os esforços de um colega da equipe ou deram os créditos a outra pessoa. Eles são colegas inteligentes, amáveis, engraçados, humildes e perspicazes, o que significa que criam um ambiente onde o trabalho de estudar o ensino é gratificante, desafiador e até mesmo divertido.

Quando reunimos professores e líderes escolares para desenvolvimento profissional – presencialmente ou, agora, de forma virtual –, nosso objetivo é sempre acolher as pessoas, ajudando-as a aprimorar seu importante trabalho e garantindo que todos – nós e elas – aprendam muito, mas também se divirtam no processo – para fazer do ensino um esporte de equipe marcado pela alegria e pela camaradagem. Os professores merecem trabalhar nesse tipo de ambiente, e eu sei disso porque tenho a sorte de viver em um ambiente assim.

Nossa equipe inclui Emily Badillo, Jaimie Brillante, Dan Cotton, John Costello, Colleen Driggs, Dillon Fisher, Kevin Grijalva, Kim Griffith, Brittany Hargrove, Joaquin Hernandez, Tracey Koren, Jasmine Lane, Hilary Lewis, Rob Richard, Jen Rugani, Hannah Solomon, Beth Verrilli, Michelle Wagner, Darryl Williams e Erica Woolway. Sou grato a cada um deles e a várias outras pessoas que desempenharam papéis na produção deste livro.

Os vídeos que acompanham este livro – e todos os vídeos que usamos no treinamento e no estudo – foram editados e produzidos por Rob Richard e John Costello. É deles o trabalho técnico e também intelectual – não só mostrar na tela o que um professor estava fazendo, mas também tornar o que foi gravado compreensível para os espectadores, focando os aspectos principais sem distorcer a realidade da sala de aula. Isso pode significar remover o momento em que o telefone toca ou a criança na terceira fila derruba tudo da sua mesa ou decidir que dois *ótimos* exemplos de um professor que usa chamadas *De surpresa* são mais úteis do que cinco exemplos *muito bons*. Cada vídeo é um tipo de poema visual, e John e Rob foram seus autores e fizeram tudo isso enquanto desenvolviam um sistema para selecionar esses milhares de poemas. Pense por um momento sobre o que significa manter 20 anos de vídeos organizados para que uma equipe de pessoas possa dizer "Lembra daquela aula no Tennessee que assistimos uns quatro ou cinco anos atrás?" e, mais tarde no mesmo dia, conseguirmos todos assistir à aula mencionada.

Hannah Solomon sempre desempenhou muitos papéis na nossa equipe, e um deles foi como editora de desenvolvimento para este livro. Pode não ter sido exatamente "pastorear gatos", porque havia apenas um gato e "pastorear" implica que ele esteja seguindo na direção certa – ou pelo menos fazendo algum progresso – e que você está meramente incentivando-o a retomar o curso. O trabalho de Hannah incluiu o gerenciamento do projeto – conseguir me manter na tarefa é muito difícil; fazer isso e supervisionar todas as atividades, sem mencionar todos os rascunhos, é um trabalho da maior magnitude; agora imagine fazer isso com seu aluno mais desorganizado e distraído, que muito sinceramente lhe diz repetidas vezes que entregará o trabalho até quarta-feira, quando, no fundo, você sabe que ele não vai entregar. Enquanto isso, Hannah também forneceu inúmeras rodadas de *feedbacks* sensíveis e sinceros sobre os rascunhos, reuniu e planejou materiais de apoio e, de modo geral, ofereceu bons conselhos de uma infinidade de maneiras. Houve momentos difíceis e em que não parecia mais haver esperanças durante a escrita deste livro, mas então eu retomava meu rascunho, e ela dedicava seu tempo para especificar, da forma mais animada possível, exatamente por que gostava de uma frase ou um parágrafo, e então eu seguia em frente. Sou profundamente grato por isso e também pelas muitas vezes em que ela me estimulou a mudar meu modo de pensar enquanto refletíamos e revisávamos as técnicas.

Emily Badillo também desempenhou um papel fundamental na escrita deste livro. Se o seu nome é familiar é porque seus vídeos aparecem ao longo de todo o livro. Ela também foi de valor inestimável na leitura e na revisão dos rascunhos – assim como no esboço das seções e no fornecimento do material de apoio, além da triagem e da recomendação de vídeos.

Enquanto eu estava escrevendo este livro, minha equipe e eu também estávamos capacitando milhares de professores nos Estados Unidos e no exterior. Em outras palavras, nós tínhamos uma organização para administrar. Cada líder colabora com suas habilidades únicas para um esforço como esse. As minhas habilidades de liderança incluem deixar *e-mails* não respondidos por meses, garantir que as reuniões iniciem desajeitadamente e algumas vezes sem que todos tenham conhecimento delas. Além disso: me esconder em meu escritório por dias seguidos focando obsessivamente um parágrafo enquanto os prazos vão estourando. Assim sendo, meus parceiros na coordenação da equipe TLAC, a diretora acadêmica Erica Woolway e o codiretor geral Darryl Williams, merecem uma dose dupla de agradecimentos e crédito – por suas ideias, *insights* e o profundo conhecimento do ensino, bem como por sua habilidade de gentilmente gerenciar as minhas "habilidades". Eu não poderia desejar parceiros melhores.

Escrever pode ser um processo lento, mas o processo de escrita deste livro foi especialmente desafiador, já que ele foi feito durante o ano de 2020. Amy Fandrei e Pete Gaughan, da John Wiley & Sons, me apoiaram e foram compreensivos, sem mencionar o fato de que se mantiveram inabaláveis o tempo todo. Espero que o resultado se aproxime do valor das dores de cabeça que lhes causei.

Rafe Sagalyn continua a orientar e apoiar meu trabalho como defensor e agente. Sou grato por ter a orientação de alguém tão sábio e cujo objetivo é me ajudar a encontrar minha própria visão para minha escrita e materializá-la.

Este livro também reflete os *insights* de uma comunidade mais abrangente de professores e educadores – nos Estados Unidos, na Inglaterra e mesmo ao redor do mundo – que compartilham suas ideias e observações comigo e entre si. Muitas vezes penso que a mídia social é uma praga na civilização, mas ela também é um meio pelo qual, graças aos milhares de professores que a veem como uma ferramenta para compartilhar conhecimento e *insights* de maneira positiva e construtiva, fui capaz de aprender muito em pouco tempo. Tentei trazer citações de alguns dos professores cujos comentários me impressionaram particularmente. Descrevo alguns casos em que, em uma situação difícil, fiz uma pergunta aos meus colegas no Twitter e me senti privilegiado por compartilharem sabedoria e conhecimento. Dessa forma, agradeço a todos aqueles que ensinam e realizam o trabalho mais importante da sociedade e agradeço duplamente àqueles que compartilharam seu conhecimento sobre esse trabalho comigo.

Finalmente, enquanto escrevi e reescrevi três edições deste livro, meus três filhos cresceram. Não é necessário dizer que os amo imensamente e tenho orgulho deles. Eles estão maiores agora; eram muito menores na época, e ainda assim não há sacrifício que não faria por eles. Mas vocês já sabiam disso, e menciono aqui porque o trabalho que eu faço sempre esteve conectado com minha própria parentalidade. Eu acordo à noite e luto com certa ansiedade em relação aos meus filhos; e sei que outros pais muitas vezes não pregam o olho por estarem ainda mais ansiosos. Com frequência penso naqueles pais que amam tanto e tão profundamente seus filhos quanto amo os meus, mas não podem contar com escolas e salas de aula que lhes ofereçam a máxima oportunidade de aprender e se desenvolver. Este livro é um esforço para garantir as melhores salas de aula possíveis em todos os lugares – para meus próprios filhos e para os filhos de todos os outros pais.

Encerro com meu maior agradecimento: à minha esposa, Lisa. Agradecer-lhe por tornar este livro possível é um pouco injusto quando há tantas coisas pelas quais ser grato em milhares de outros aspectos. Portanto, Lisa, obrigado pelo seu brilho que, entre outras coisas, cria a luz que me permitiu escrever.

SOBRE AS UNCOMMON SCHOOLS

A missão das Uncommon Schools é fundar e administrar escolas públicas urbanas excepcionais que preencham as lacunas de desempenho e preparem estudantes de baixa renda para a faculdade. Durante 20 anos, por meio de ensaios, erros e adaptações, aprendemos incontáveis lições sobre o que dá certo nas salas de aula. Não causa surpresa termos descoberto que o sucesso na sala de aula está intimamente ligado à habilidade de contratar, desenvolver e conservar ótimos professores e líderes. Isso nos estimulou a investir pesado na capacitação de educadores e no desenvolvimento de sistemas que ajudem os líderes a liderar, os professores a ensinar e os alunos a aprender. Somos apaixonados pela ideia de encontrar novas formas de possibilitar que os alunos aprendam mais hoje do que ontem e, para fazer isso, trabalhamos arduamente a fim de assegurar que cada minuto faça a diferença.

Sabemos que muitos educadores, escolas e sistemas escolares estão interessados nas mesmas coisas que nós – soluções práticas que funcionem em salas de aula e escolas, possam ser implementadas em grande escala e sejam acessíveis a todos. Temos a sorte de ter tido a oportunidade de observar e aprender com educadores excepcionais – tanto em nossas escolas como em todos os Estados Unidos – que ajudam todos os estudantes a ter altos níveis de desempenho. A observação desses educadores em ação nos permitiu identificar, codificar e filmar achados concretos e práticos sobre aulas excepcionais. Ficamos entusiasmados por compartilhar esses achados em livros como *Aula nota 10*, *Practice perfect*, *Driven by data*, *Leverage leadership* e *Great habits, great readers*.

Desde a publicação da 1ª edição de *Aula nota 10*, Doug Lemov e a equipe Teach Like a Champion (TLAC) continuaram a estudar os educadores que estão gerando resultados notáveis nas Uncommon Schools, em organizações parceiras e em escolas em todos os Estados Unidos. Durante incontáveis horas de observação e análise, Doug e sua equipe refinaram ainda mais e codificaram as melhores práticas tangíveis que os professores mais eficientes têm em comum. *Aula nota 10 3.0* desenvolve o trabalho inovador da edição anterior e faz isso com professores e líderes que assumiram o compromisso de mudar a trajetória de vida dos alunos.

Agradecemos a Doug e a toda a equipe Teach Like a Champion por seus incansáveis esforços esclarecedores para apoiar professores em todo o mundo. Esperamos que nosso empenho em compartilhar o que aprendemos ajudem você, seus alunos e nossas comunidades.

Brett Peiser
Diretor-executivo das Uncommon Schools

Sobre as Uncommon Schools

Uncommon Schools é uma rede sem fins lucrativos composta por 57 *charter schools* urbanas e públicas que preparam mais de 22 mil estudantes da educação básica em Nova York, Nova Jersey e Massachusetts para se formarem na faculdade. Um estudo CREDO constatou que, para os alunos de baixa renda que frequentam as Uncommon Schools, as escolas "anulam completamente o efeito negativo associado a ser um estudante na faixa da pobreza". As Uncommon Schools também foram vencedoras do prêmio nacional Broad Prize for Public Charter Schools por demonstrar "o mais excepcional desempenho e progresso dos alunos de um modo geral em toda a nação nos últimos anos, ao mesmo tempo reduzindo as lacunas no desempenho de alunos de baixa renda e alunos não brancos". Para saber mais sobre como as Uncommon Schools estão mudando a história, visite **uncommonschools.org**.

PREFÁCIO: EQUIDADE, JUSTIÇA E A CIÊNCIA DA APRENDIZAGEM

Chamei esta seção de abertura "Prefácio", mas somente porque precisava lhe dar algum nome. Eu geralmente pulo os prefácios, e talvez você também faça isso.

Mas, por favor, não pule este. Vou lhe contar a história da relação deste livro com um mundo em rápida transformação: de que forma ele se ajusta dentro de questões mais amplas de equidade e justiça social e como se conecta com os crescentes *insights* da ciência cognitiva sobre a aprendizagem.

Se você é um veterano no *Aula nota 10* ou não conhece a obra, este prefácio pode ajudá-lo a entender o que irá ler nas próximas páginas.

No verão de 2019, comecei a revisar o *Aula nota 10* pela segunda vez. Eu já o havia revisado uma vez anteriormente, compartilhando o que havia aprendido com um estudo mais aprofundado e aproveitando a sabedoria de professores que adaptaram as técnicas originais. Eu os observei ensinar e concluí coisas do tipo *Eu jamais teria pensado nisso* ou *Como não pensei nisso?* Então surgiu a versão 2.0.

Desta vez quis aproveitar de novo essa sabedoria, mas também fazer uma mudança maior. Eu queria discutir as pesquisas em psicologia cognitiva que estavam rapidamente se somando ao nosso conhecimento de como o cérebro humano funcionava e como a aprendizagem acontecia. O fato de o que o psicólogo da Universidade da Virgínia Daniel Willingham chama de "revolução cognitiva" não estar aparecendo no ensino em sala de aula era, para mim, um problema de equidade. Os alunos mereciam um ensino informado pela ciência. Já não era mais viável deixar as conexões com esses estudos implícitas no meu próprio livro ou não usá-los para entender mais claramente não só o que era (e não era) importante fazer na sala de aula, mas também o *porquê*.

O ensino excelente "sempre começa com uma visão clara e um propósito sólido", escreve Adeyemi Stembridge em *Culturally responsive education in the classroom*. "O professor que entende isso de verdade é capaz de evocar brilhantismo mesmo das estratégias mais mundanas." Mas, se um propósito claro pode tornar brilhantes estratégias mundanas, uma falta de clareza sobre o propósito também pode fazer uma estratégia efetiva fracassar. Saber o porquê é estar vários passos mais próximo de consistentemente saber como.

Eu queria fazer mais com tudo isso. Se você sabe que, como coloca Willingham, os alunos se recordam daquilo sobre o que pensam, você pode propor, com confiança, o uso de *Todo mundo escreve* e *De surpresa* para ajudar a garantir que todos tenham refletido profundamente sobre o conteúdo de uma atividade. Se você sabe que os alunos precisam se sentir psicologicamente seguros para aprender, pode tranquilamente propor o uso de *Hábitos de atenção* para envolvê-los em uma cultura que assegure constantes mensagens de apoio dos colegas.

Assim, a versão 3.0 começou a tomar forma. Substituí o capítulo sobre o planejamento da aula por outro sobre a preparação. Os dois não são a mesma coisa, é claro. Preparação é o que você faz *depois* que o plano está escrito – por você ou por outra pessoa – para se preparar para colocá-lo em prática. O tempo passado nas escolas foi me chamando a atenção para esse aspecto importantíssimo – e para a frequência com que isso é ignorado. A primeira técnica desse capítulo é *Planejamento exemplar* – escrever as respostas ideais que você quer que os alunos deem a perguntas importantes que você fará durante a aula.[1] Isso pode parecer uma tarefa desnecessária. Você pode pensar: *Eu já tenho uma boa noção do que os alunos devem dizer*. Mas agora eu entendo que escrever ajuda a aclarar sua memória de trabalho, e isso tem um efeito muito importante. (Discutirei, mais adiante, a memória de trabalho – principalmente sobre o que você tem consciência de estar pensando – no Capítulo 1).

Quando você está pensando muito sobre alguma coisa, e sua memória de trabalho está cheia, a qualidade e a profundidade da sua percepção ficam reduzidas. Se está dirigindo um carro enquanto fala ao telefone com uma pessoa de quem gosta, você tem muito mais probabilidade de calcular mal a velocidade de aproximação de outro veículo e sofrer um acidente. Não que suas *mãos* não estejam livres, mas sua memória de trabalho não está. Em momentos críticos, fazer uma coisa implica não fazer outra. Isso vale para os alunos e também para os professores. Se está tentando se lembrar da resposta que queria que os alunos dessem enquanto eles estão lhe respondendo, você não vai ouvir o que eles dizem com tanta precisão quanto poderia. Mas anote a resposta e dê uma olhada nela rapidamente. Isso fará uma diferença profunda. Você ouvirá com mais clareza como os alunos estão pensando.

A psicologia cognitiva também estava tendo cada vez mais clareza quanto à importância do conhecimento prévio e da memória de longo prazo. Por isso, acrescentei novas técnicas baseadas em como os professores estavam aplicando *Prática de recuperação* e *Organizadores do conhecimento*. Dylan Wiliam chamou a teoria da carga cognitiva de "a coisa mais importante para os professores conhecerem", e você verá a sua relevância ao longo do livro e especialmente na técnica 21, *Mostre as etapas*. Por fim, decidi também acrescentar o Capítulo 1, que resume os princípios fundamentais que compõem um forte modelo mental do ensino em sala de aula – um modelo mental tido pelos psicólogos cognitivos como necessário para guiar uma tomada de decisão consistente.

Era inevitável que houvesse mudanças no livro – não só devido às adaptações úteis e algumas vezes brilhantes que vi professores fazerem, mas também pelos erros honestos. Houve salas de aula que visitei que me deixaram sem fôlego e também salas de aula onde um professor estava "aplicando o *Aula nota 10*" e não gostei do que vi, o que também foi motivo para reflexão. Como é possível que eu pudesse ver dois professores usando técnicas similares em salas tão próximas e um me fazer sentir orgulho e euforia e o outro, estresse? Digo isso sem julgamentos. Uma das mais abrangentes lições de vida que aprendi com excelentes professores pode ser encontrada na técnica 59, *Discurso positivo*, e especificamente a seção sobre *Pressuponha o melhor*, que envolve evitar o impulso de atribuir intenção negativa a uma ação, a não ser que ela seja inquestionável. Por exemplo, quando alguns alunos não seguem suas orientações, se você estiver pressupondo o melhor, pode dizer: "Pessoal, posso não ter sido suficientemente claro sobre como fazer isso; eu gostaria que vocês trabalhassem em silêncio" ou "Esperem. Alguns de nós esqueceram que essa atividade deveria ser silenciosa. Vamos tentar fazer isso agora". Pressupor o melhor – *não devo ter sido suficientemente claro ou vocês provavelmente esqueceram vs. vocês não se importam ou ignoraram as instruções* – não só desenvolve relações mais fortes e mais positivas como também faz você perceber sua sala de aula - e o mundo - de maneira diferente, pois o que você pratica ver é, no fim das contas, o que você passa a ver. Em *A vantagem do cérebro feliz*, Shawn Achor chama isso de Efeito Tetris. Se você joga Tetris por muito tempo, começa a imaginar suas formas coloridas e brilhantes caindo por todos os lados. Se você cria o hábito de todos os dias nomear as coisas pelas quais é grato, passa a ver o mundo cheio de coisas que merecem gratidão. Se você assume a prática pela perspectiva das boas intenções, você vê um mundo se empenhando pela bondade e isso o torna mais feliz, mais otimista e provavelmente um professor melhor.

O mesmo vale para os alunos. Quando os ajudamos a fazer a interpretação mais bem intencionada possível dos seus colegas – *Tem certeza de que ela teve a intenção de empurrar você?*, *Você tem certeza de que ele tinha a intenção de fazer piada com isso?* –, oferecemos a eles um mundo melhor. Como assinalam John Haidt e Greg Lukianoff, ter uma mentalidade benevolente, positiva e otimista é uma forma mais saudável de passar pela vida.[2]

Tudo isso é divagar um pouco – pelo menos se pensar no bem-estar dos estudantes for uma divagação. O que quero dizer é que, como professores, lembrar de pressupor o melhor e dizer aos alunos "Minhas orientações não devem ter sido suficientemente claras" em vez de "Alguns de vocês não estavam ouvindo as orientações" na verdade nos faz interromper nossa tendência a cometer o erro fundamental de atribuição[3] e, em vez disso, perguntarmos *Na verdade, as minhas orientações foram suficientemente claras? Talvez não.*

Quando vi salas de aula onde as técnicas que descrevi eram usadas de uma forma que não parecia correta, me empenhei em me questionar. Minhas orientações *foram* suficientemente claras? *Por que* as pessoas esqueceriam? As técnicas serem ocasionalmente mal aplicadas foi resultado do que eu escrevi – ou do que deixei de dizer?

A resposta, é claro, algumas vezes foi "sim". E como não seria? Ensinar é um trabalho difícil, sob condições complexas e frequentemente desafiadoras. Seria impossível fazer tudo certo sempre – para um professor e certamente para alguém que procura descrever o que os professores fizeram ou poderiam fazer.

Retornarei a esse tópico mais tarde. Por enquanto, descreverei uma mudança nesta edição que resulta dessa reflexão: os vídeos Pedra Angular. Eles são vídeos mais longos (a maioria tem cerca de dez minutos de duração) que pretendem mostrar um arco mais completo da aula de um professor, e neles são usadas múltiplas técnicas em combinação. Eles transmitem uma noção mais ampla de como são a cultura e o caráter das salas de aula excepcionais e as formas como as técnicas se combinam e interagem. Eu os acrescentei porque mostrar uma técnica com clareza algumas vezes requer um grau de foco que tanto revela quanto distorce o trabalho de um professor.

Consideremos Christine Torres: você verá diversos vídeos da sua sala de aula neste livro. Eu a vi pela primeira vez ensinando em uma visita improvisada à Escola Preparatória de Springfield, Massachusetts, e, assim que entrei em sua sala de aula, me surpreendi. Suas lições eram impecavelmente preparadas. Eu usaria a palavra *academicamente* para descrever o rigor do conteúdo e as ideias que seus alunos desenvolveram. Ela expressou sua crença na capacidade deles para a excelência em tudo o que fazia e, embora esperasse esforço e foco dos alunos, amor, alegria e ludicidade também transpareciam.

Observei quando um de seus alunos, fazendo um comentário direcionado aos seus colegas, murmurou de forma inaudível ao mesmo tempo desviando o rosto enquanto falava. "*Não fale com a parede, pois a parede não se impooortaaa*", Christine cantarolou em uma voz cadenciada. O aluno se virou e sorriu cautelosamente, notando os olhares dos seus colegas, que o apoiavam. A parede poderia não se importar, mas seus colegas estavam lhe dizendo com o contato visual que se importavam. Ele se preparou e apresentou sua compreensão sobre o romance com uma voz hesitante, mas clara, e você podia ver, depois de tudo, que ele estava feliz – e talvez igualmente um pouco surpreso. Ele fez; *ele conseguiu fazer*. Essa é um das aulas que joga você lá em cima, que extrai o melhor de você.

A sala de aula de Christine era, para usar uma expressão à qual retornarei, um *espelho brilhante*. Ela refletia seus alunos, revelando e valorizando o que eles realmente eram, mas também os *transformava*, trazendo à tona coisas que não estavam visíveis. Ela não só lhes dava uma oportunidade, mas também os influenciava intencionalmente a se engajarem em comportamentos positivos que não teriam arriscado, ou nem mesmo saberiam que existiam, sem a luz de uma cultura que os incentivasse de maneira proposital, iluminando-os. *Todos* os ambientes socializam as pessoas neles inseridas para que façam determinadas escolhas e exibam determinados comportamentos. Cass Sunstein e Richard Thaler explicam em *Nudge: o empurrão para a coisa certa*: não existe caso neutro. Existem meramente casos de maior ou menor intencionalidade. Uma sala de aula onde os alunos reagem com desinteresse em relação aos comentários de seus colegas não é mais "natural" do que uma como a de Christine, onde eles reagem incentivando o colega. Uma delas só é mais difícil de criar.

Posteriormente enviamos nossas câmeras para a sala de aula de Christine e, entre as coisas que extraímos do vídeo há uma série de pequenos momentos em que ela fazia alguma versão do que havia feito quando cantou "Não fale com a parede, pois a parede não se importa" e socializou seus alunos, encorajando-os a falar em voz audível e uns *com* os outros. "Alto e com orgulho" era o que ela mais dizia.

Seria difícil entender como ela faz isso – o ritmo, o tom de voz, a variação nas frases que utiliza – se você não visse uma série de exemplos em rápida sucessão. Você precisa de uma montagem – uma série de momentos em que ela teve essas atitudes reunidos de forma organizada. Mas se você só visse a montagem teria apenas uma parte do panorama. Você também precisaria experimentar o que eu vi e senti quando estava no fundo da sala de aula de Christine naquela primeira manhã – uma noção do quanto era rigoroso seu ensino e do amor que seus alunos sentiam por ela e também do amor vindo dela. Você precisaria ver essas coisas para entender como seu uso de *O formato importa* (técnica 18, que inclui estimular os alunos a falar de forma audível) se relacionava com as outras coisas que ela fazia. Por isso acrescentamos os vídeos Pedra Angular, já descritos na introdução. Eles foram feitos, em sua maioria, na sala de aula e, a partir deles, foram editados vídeos mais curtos e mais focados, que demonstram uma técnica específica; espero que assistir aos vídeos Pedra Angular lhe proporcione uma perspectiva mais abrangente.

****

Era aqui que se encontrava esta edição do livro quando, repentinamente, 2020 aconteceu.

Não é preciso dizer que o transtorno resultante da epidemia da covid-19 teve profundos efeitos nas escolas e no ensino. Parte disso está refletido neste livro – incluí barras laterais com exemplos de técnicas usadas em um ambiente *on-line* baseado na premissa de que o ensino remoto desempenhará um papel na escolarização em alguns locais mesmo depois de as escolas retornarem ao normal ou se aproximarem dele.[4]

No entanto, a crescente urgência no movimento pela justiça e pela transformação social também explodiu em 2020 na esteira da morte de George Floyd nas mãos da polícia de Minneapolis,[5] o mais recente exemplo de um padrão horripilante de cidadãos negros e pardos sendo mortos pela ação policial. E, é claro, isso fez lembrar a longa história de desigualdades sistêmicas em outras instituições, incluindo as escolas. Isso fez meus colegas e eu definirmos mais explicitamente o papel que queríamos desempenhar na luta por uma sociedade mais equitativa e justa.

Quero dizer, da forma mais direta possível, que o *Aula nota 10* é e sempre foi um livro sobre justiça social. (A desigualdade sistêmica do sistema educacional dos Estados Unidos tem sido óbvia para qualquer um que se importe em olhar desde muito antes de 2020.) Sua premissa é que alunos não nascidos com privilégios e oportunidades – frequentemente negros e pardos – merecem escolas e salas de aula que não apenas lhes forneçam uma oportunidade de realização – implicando que a chance está ali se eles a escolherem – sem levar em conta que muitos acabam não tendo essa chance. Sua premissa na verdade é de que a oportunidade de frequentar salas de aula onde é possível perseguir, com entusiasmo e atenção, um interesse na empreitada escolar não é suficientemente boa. Justiça social significa (para mim, pelo menos, e espero que para as pessoas que lerem este livro) o direito que cada estudante tem de estar em salas de aula que consistentemente assegurem que eles podem perseguir seus sonhos de se tornarem cientistas, engenheiros e artistas, presidentes de bancos, organizações e nações – salas de aula que socializam o estudo e protegem e criam as condições ideais para suas conquistas. Eles merecem escolas que os encoragem e os estimulem a se engajarem em comportamentos que promovam sua aprendizagem e a aprendizagem daqueles à sua volta. E eles merecem alguma coisa que o autor e especialista em educação Alfred Tatum chama de "equidade disciplinar".

"Existem dezenas de disciplinas ensinadas em nível universitário que parecem ter um apagador de negros", escreveu Tatum recentemente. É imperativo que "todas as disciplinas pertençam a todos os grupos",[6] observou ele, mas o sentimento de apagamento existe (na engenharia, na ciência da computação e na bioquímica, por exemplo), porque "não fornecemos a base suficiente nas escolas de ensino fundamental e ensino médio". O fornecimento dessa base requer força dos acadêmicos e força da cultura – um espelho brilhante em cada sala de aula que reflita os alunos e os atraia para a luz.

No momento em que o aluno de Christine se virou, hesitante, para encarar a sala – inseguro de que conseguiria atender ao pedido da professora – e viu não só o apoio nos olhos de seus colegas, mas também uma norma social refletida que dizia *nós participamos com entusiasmo da sala da Srta. Torres; nós somos, sem nenhuma vergonha, intelectuais e assim descobrimos que podemos fazer isso* – esse era um momento de justiça social.

Quando a cultura *não* é forte assim, quando ela não estimula o engajamento positivo e produtivo como norma, os professores fazem concessões. O atributo principal do plano de uma aula deve então ser sua capacidade de ganhar a atenção dos alunos com alguma coisa atrativa, pois eles não estão preparados e não foram socializados de modo que naturalmente dediquem sua atenção à aula. A pergunta *Quão rigorosa eu posso tornar esta tarefa?* está fora de discussão.

Essa concessão não está, de forma alguma, limitada a certas escolas. Enquanto você lê isto, existem dezenas de milhares de estudantes em quase todos os estratos da sociedade norte-americana frequentando salas de aula em várias condições de concessão, onde uma tirania silenciosa – mais ou menos invisível, porém ainda potente – é exercida. O relatório do The New Teacher Project (TNTP), *The opportunity myth*, sugere o quanto é endêmica essa tirania silenciosa. Acompanhando quase 4 mil estudantes em cinco sistemas escolares diferentes, o TNTP encontrou que, mesmo quando concluíam o trabalho que haviam recebido, mesmo quando haviam se esforçado para dar o melhor de si e estabeleciam um objetivo de um estudo mais aprofundado, os alunos, em sua maioria, não estavam nem perto de atingir as coisas que aspiravam. O trabalho que eles faziam na escola não era suficientemente desafiador ou exigente. Mesmo aqueles que recebiam notas altas não estavam preparados. "Suas vidas", escreveram os autores, "estão lhes escapando um pouco mais a cada dia, sem que eles ou suas famílias tenham conhecimento – não porque não conseguem dominar o material desafiador, mas porque eles raramente recebem uma chance real de tentar. Os alunos passavam mais de 500 horas por ano letivo em tarefas que não eram apropriadas para seu nível escolar e com instrução que não exigia o suficiente deles – o equivalente a seis meses de tempo de aula desperdiçado em cada disciplina fundamental".

Justiça social para mim são salas de aula que sejam *radicalmente melhores*, salas de aula que estimulem o sucesso acadêmico e preparem todos os alunos para atingirem seus sonhos. Se uma sala de aula funcionar como se seus jovens não fossem capazes de grandiosidade, ela jamais será uma sala de aula justa. Mas operar como se os jovens fossem capazes de grandiosidade não significa ceder. Significa amá-los o suficiente para estimulá-los, com acolhimento, bondade e humanidade, a trabalhar mais arduamente do que estão acostumados. Significa amá-los o suficiente para estabelecer limites, com humanidade, consistência e firmeza, é claro. Aqueles de nós que são pais sabem que isso também vale para nossos próprios filhos.[7]

O termo *justiça social*, estou ciente, significa diferentes coisas para diferentes pessoas. Diferentes professores em plena consciência responderão ao chamado da igualdade de diferentes maneiras,[8] mas, se os alunos frequentarem escolas que não estimulem neles a excelência na leitura, na escrita, em ciências e em matemática e, portanto, os deixarem despreparados para atingir a excelência e a liderança em seu campo escolhido, não teremos criado um mundo mais justo socialmente, independentemente do quanto possamos estar comprometidos com a ação. Equidade começa com êxito.

Além do mais, como observou um dos nossos melhores líderes escolares,[9] se nossos alunos não trouxerem conhecimento e habilidades analíticas para *a discussão da justiça social*, corremos o risco de dar origem a mutações letais – melhores intenções com pouca ponderação que fazem mais mal do que bem. Em 2021, educadores no Oregon receberam um documento oficial alertando-os de que pedir que os alunos mostrem seu trabalho em tarefas de matemática era uma forma de "supremacia branca". Um amigo compartilhou uma discussão *on-line* em que os educadores argumentavam que a tarefa de casa e o sistema de notas eram "construtos colonialistas". É difícil entender como tantas pessoas acreditam em argumentos enganosos de que se esforçar para atingir os mais altos níveis de êxito, de realizações e de excelência é, de alguma forma, antiético para pessoas não brancas ou equivalente a "adotar a branquidade". É alarmante até mesmo ter que imaginar isso. Este livro é escrito com a crença de que tais proposições são erradas e destrutivas e de que a realização na trajetória escolar é o mecanismo que possibilita a equidade e a justiça social.

Um dos textos mais memoráveis que li no ano passado é *Black man in a white coat*, de Damon Tweedy, um livro de memórias das experiências do autor durante sua educação médica e como médico praticante. A crise da covid provou, no mínimo, que, como acontece com quase todos os outros benefícios da nossa sociedade, a assistência médica de qualidade é distribuída de forma desigual. Para todos aqueles que já leram o livro de Tweedy, isso não deve ter sido uma surpresa. Se aspiramos a uma sociedade justa, equitativa e imparcial, isso exigirá uma abundância de médicos de todas as procedências e, mais ainda, médicos de comunidades não brancas e outras que são mal servidas pela área da saúde. Além disso, a justiça social depende a longo prazo que eduquemos um leque diverso de médicos, engenheiros, cientistas, advogados, artistas, investidores e empresários da tecnologia.

Eis um exemplo: durante a pandemia de covid, os oxímetros de pulso, aparelhos usados para medir os níveis de oxigênio no sangue, tinham três vezes mais probabilidade de apresentar leituras incorretas para pessoas com pele negra do que para brancos, publicou recentemente *The Economist*.[10] Isso porque os aparelhos foram projetados tendo em mente a pele branca, mais translúcida. Números desconhecidos de pacientes com pele mais escura em sofrimento foram mandados para casa indevidamente por causa disso. E, é claro, esse tipo de problema existe em mil lugares e provavelmente continuará a existir nesses lugares até que seja atingida maior diversidade entre os engenheiros que criam e fabricam aparelhos médicos. Isso, segundo o argumento de Alfred Tatum, significa "equidade disciplinar": estudantes não brancos altamente treinados e preparados em cursos de ciência avançada e matemática – e em todas as outras áreas.

Assim sendo, se justiça social para você significa marchar em protesto, eu apoio você. Muitos dos seus alunos podem formar filas atrás de você, também. Mas saiba que alguns, em vez disso, irão querer criar sistemas de informação,[11] e isso também é importante. Alguns irão optar por se perderem na cor e na composição da pintura em que estão trabalhando, e isso também é importante. É direito deles estarem preparados por nossas escolas e nossas salas de aula para irem aonde quer que suas paixões os conduzam. Isso também faz parte da justiça social: cada jovem ser capaz de definir seu sonho e ir em busca dele. É necessário olhar para a maioria das crianças na pobreza, em grande parte negras e pardas, e para a maioria das crianças, ponto final. Não seria esse o caso?

Embora o papel do ensino em uma sociedade justa e equitativa seja a minha paixão, devo observar que não acho que este seja um livro sobre a educação de "crianças pobres" ou "crianças negras e pardas". Crianças são crianças, mesmo que as escolas nem sempre sejam o que elas merecem. Este livro é sobre ensinar melhor, embora seja verdade que aprendi o que aprendi estudando professores na parte do setor educacional que é mais importante para mim, pessoalmente.

Mas não sou ingênuo o suficiente para pensar que, por ter fortes sentimentos por esse aspecto da justiça social, eu o entendo completamente ou compreendo toda a experiência das comunidades que procuro servir. Por isso, parte da escrita deste livro envolveu um processo que durou meses de aprendizagem, frequentemente na companhia de meus colegas da equipe Teach Like a Champion. A gama de pesquisas que li se expandiu para incluir teoria social, justiça social e ensino culturalmente responsivo, por exemplo. Você verá alguns dos autores que li nesse processo referenciados nas páginas deste livro: Zaretta Hammond, Lisa Delpit, Alfred Tatum, Rudine Sims-Bishop e Adeyemi Stembridge.

Minha equipe inteira também participou de uma revisão interna de todo o nosso trabalho. Ela foi conduzida pelo meu codiretor de gestão, Darryl Williams – é difícil liderar o processo de questionamento do nosso próprio pensamento –, e envolveu *feedback* e *insights* de todos os meus colegas, além de parceiros e líderes de escolas que usam o *Aula nota 10* em organizações e escolas. Discutimos exaustivamente as técnicas e os termos no livro para garantir que o tom soasse correto e as descrições reduzissem a possibilidade de aplicação incorreta ou interpretação equivocada. Assistimos e reassistimos atentamente aos vídeos, prestando muita atenção a como as técnicas eram retratadas para que os professores as aplicassem e adaptassem com sucesso para dignificar, elevar e atender os alunos. Houve vezes, para ser honesto, em que os vídeos ou a minha redação não capturavam acuradamente o que nos empenhávamos em transmitir, e essa revisão resultou na reescrita de passagens deste livro, na renomeação de técnicas ou de conceitos dentro das técnicas e na exclusão de alguns vídeos.

Tenho consciência de que muitos leitores do *Aula nota 10* podem ter ouvido críticas a algumas técnicas – *O formato importa* e o que era então chamado de POSSO, por exemplo. E foi com alguma surpresa que, enquanto me engajava no processo de revisão, abri minha cópia do *Aula nota 10 2.0* para relê-la e fiquei surpreso ao descobrir como eu sabia pouco sobre *por que* e *como* havia incluído algumas técnicas. Essas seções do livro foram extensamente revisadas, sendo cuidadosamente reestruturadas a fim de assegurar que todos os leitores entendam plenamente *por que* e *como* eles podem usá-las com confiança para ajudar os alunos a prosperar e ter sucesso. Quero deixar claro – acho que essas técnicas, se bem feitas, estão entre as alavancas mais essenciais para o sucesso e a justiça social. Você pode ver isso na sala de aula de Christine, assim como verá em mais uma dúzia de salas de aula. Mas, como elas são ferramentas poderosas, também é importante usá-las da forma correta. Os críticos que alegam que elas são uma forma de tirania ou esforço para "controlar corpos negros e pardos", quando não estão informados por distorção deliberada, perdem de vista: que uma liberdade adquirida a partir uma cultura que pede que os alunos monitorem uns aos outros e em que as ideias dos alunos são, portanto, deliberadas, refinadas e celebradas, supera de longe as supostas restrições que ela impõe. Dito isso, eu também já estive em uma sala onde a aplicação parecia errada. Uma aplicação falha não indica um princípio sólido – mas nos lembra do quão importante é uma aplicação melhor e mais responsiva.

Houve outros pontos revistos, também. Ao reler meu trabalho original pude ocasionalmente ver exemplos estruturados de forma insuficiente e algumas vezes descrições que pareciam não pressupor o melhor dos alunos. Parte da razão disso foi e é minha profunda valorização dos professores. Meu desejo para este livro é que ele prepare os professores tanto para os cenários mais desafiadores que enfrentarão – aqueles que abalam sua fé de que terão êxito e que fazem as pessoas abandonarem a profissão – quanto para os momentos alegres e radiantes que os inspiram e fazem do ensino o melhor trabalho no mundo. Existem alguns livros preciosos que falam sobre esses momentos difíceis. E assim escrevi exemplos que mostram alunos em seus momentos mais desafiadores. Não é meu pressuposto que os jovens "geralmente" são assim. Meu pressuposto sempre parte de que é sabido que os educadores amam os jovens mesmo – ou especialmente – quando estabelecem limites e fornecem estrutura para eles, mas posso entender como alguns exemplos podem ser interpretados ao contrário. Assim sendo, os examinei e tentei reduzir qualquer implicação de que os alunos têm a intenção de se comportar mal. No entanto, também é importante ser honesto sobre o trabalho. Os alunos em qualquer sala de aula, em qualquer lugar, representam um corte transversal da natureza humana. Qualquer sala de aula em qualquer lugar é uma sala cheia de bondade, fraquezas, virtude, tolices, sabedoria e insensatez. É por isso que o trabalho é tão difícil. Sou grato se, como leitor, você compreender que a razão por que algumas vezes dou exemplos de comportamento desafiador é porque essa é uma realidade com a qual os professores lidam – muito frequentemente em silêncio e sem apoio sistemático.

No final, o processo de autorreflexão e de autoexame também me ajudou a ter clareza sobre o que acredito. O que eu acredito é que questões de justiça social são inseparáveis de questões de ensino e que questões de ensino incluem a necessidade de deliberadamente planejar culturas de sala de aula para garantir uma cultura mais encorajadora para os jovens.

Algumas pessoas ficam desconfortáveis com isso. Elas veem a construção de culturas como coercitiva, um exercício de excesso de poder e autoridade. Mas retorno ao erro fundamental de atribuição. Atribuímos o comportamento de outra pessoa a "características pessoais persistentes" e "minimizamos a influência da situação à sua volta". Vemos traços permanentes – *ele não se importa* – em vez de uma pessoa que pode se importar profundamente em um contexto diferente. Pensamos de forma insuficiente sobre o ambiente – *como eu crio condições que façam com que ele queira se importar?* – e subestimamos como as pessoas reagem a sinais e normas. Às vezes essas normas estão praticamente gritando e, no entanto, de alguma maneira não conseguimos ouvi-las.

Outro campo de estudo que também foi importante para mim ao escrever este livro é a biologia evolucionária, a rede na qual os humanos que venceram a luta evolutiva venceram coordenando-se em grupos e evoluíram para ser excepcionalmente reativos ao que é exigido para inclusão no grupo – isso é da mais alta importância segundo um ponto de vista evolutivo. Nós somos, em primeiro lugar, criaturas de cultura, extremamente sensíveis às normas sociais, e cada pessoa jovem merece entrar em uma sala de aula onde as normas sociais são o mais positivas e construtivas possível.

Deixe-me explicar o que quero dizer descrevendo um momento na vida de um aluno. Vamos chamá-la de Asha. Ela está na aula de biologia e acabou de ter uma ideia. Está apenas parcialmente desenvolvida – ainda é uma noção –, mas ela se pergunta se pensou em alguma coisa que os outros não pensaram. *Talvez essa ideia seja alguma coisa inteligente*. Ela está um pouco assustada em compartilhar o que está pensando. Sua ideia pode estar errada ou, o que é igualmente ruim, já ser óbvia para todos os outros. Talvez ninguém se importe muito com a recombinação do DNA e com a faísca que repentinamente se acendeu na cabeça dela. Talvez dizer alguma coisa com determinação sobre a recombinação do DNA faça de você *aquela pessoa* – aquela que ergue a mão muito frequentemente, que se esforça demais, que rompe o código social. Esses pensamentos até agora a levaram a aderir a uma filosofia que aconselha: *Guarde para si; não deixe ninguém ver seu intelecto; não corra riscos; adeque-se.* Mas, de alguma maneira, nesse momento o desejo de expressar seu pensamento superou sua ansiedade. Ela ergue a mão, e o professor a chama.

O que acontece a seguir é fundamental para o futuro de Asha. Seus colegas irão demonstrar que se importam com a sua ideia? Ela verá interesse nos rostos deles? Eles vão responder confirmando com a cabeça ou fazendo comentários? Vão fazer alguma pergunta complementar? Registrar uma frase em suas anotações? Ou vão ficar atirados em suas cadeiras e virados para outro lado, checando seus telefones literal ou metaforicamente, com sua linguagem corporal expressando indiferença? *Ah, você falou alguma coisa?* E um sorriso desdenhoso. O próximo comentário vai ignorar sua ideia? Será que ao menos haverá um próximo comentário ou suas palavras ficarão perdidas em um silêncio que lhe diz que ninguém se importou o suficiente para reconhecer ou mesmo olhar para ela depois que falou?

Esses fatores são as estações da via-sacra de Asha. Eles influenciarão a relação que ela percebe entre ela e a escola e suas aspirações. Ela tem um espírito vibrante, cheio de ideias que normalmente não compartilha, e silenciosamente se questiona se talvez alguém como ela poderia se tornar médica. Ela não conhece ninguém que tenha feito isso, mas se vê pensando a respeito algumas vezes.

Obviamente, todos esses sonhos não se resumem a esse momento, mas seríamos tolos se desconsiderássemos sua relevância. Esse poderia ser um pequeno passo no caminho até a faculdade de medicina. Ou poderia ser a última vez em que ela ergue a mão durante o ano inteiro.

Sim, é importante se o seu professor reage ao seu comentário com frases de apoio – mas talvez não tão importante quanto a resposta do ambiente social, dos colegas de Asha. Se o professor elogia o comentário de Asha em meio ao desdém e ao silêncio contundente dos seus colegas, o benefício será limitado. A capacidade do professor de moldar normas na sala de aula de Asha é tão importante quanto sua habilidade de se conectar individualmente com ela. As relações são importantes, mas as normas sociais que criamos provavelmente são mais importantes. Essa é uma coisa difícil de reconhecer. Ela nos afasta um pouco do centro da história, mas também é algo muito importante de ser reconhecido. Em muitas salas de aula, não há um modelo sobre o que as normas sociais devem comunicar enquanto Asha fala ou depois que ela falou, e suas palavras ficam soltas no ar. É realmente por causa delas que os alunos demonstram interesse no que seus colegas dizem? Ou talvez haja um modelo, mas sejam essencialmente palavras – seu professor e talvez sua escola não acreditam que o que acontece naquele momento está sob seu controle. Imagine a dor de cabeça que seria tentar fazer isso acontecer com centenas de alunos, muitos dos quais "simplesmente não dão bola"? No fim das contas, o que acontece nesse momento e em milhares de outros momentos como esse provavelmente será principalmente um acidente: afortunado ou infeliz, encorajador ou frustrante, com imensas consequências para Asha e seus colegas.

Alguma coisa próxima à cultura ideal, em que os colegas de Asha estão se comunicando com contato visual e linguagem corporal: *estamos ouvindo; respeitamos sua ideia; isso nos interessa; continue erguendo a mão*, não ocorre naturalmente ou por acaso. Isso ocorre quando os adultos fazem acontecer.

Vamos encerrar com uma pequena parábola sobre algo que chamo de Paradoxo do *band-aid*.

No início do seu livro *Previsivelmente irracional*, um estudo de "por que as pessoas interpretam mal as consequências dos seus comportamentos e por essa razão repetidamente tomam decisões erradas", o economista e psicólogo comportamental da Duke University, Dan Ariely, conta uma história sobre curativos.

Os enfermeiros geralmente atuam segundo a crença de que retirar curativos rapidamente provoca menos dor aos pacientes do que uma remoção mais lenta e gradual. A remoção rápida de um curativo demonstra ser a forma preferível de tratamento, é o que muitos acreditam.

Tendo sido vítima de uma queimadura na juventude, Ariely teve muitos curativos grandes sendo removidos por esse método e era cético. Seus sentimentos devem ter sido intensos, porque, estudando psicologia anos mais tarde, ele testou a ideia empiricamente e descobriu que a remoção mais lenta do curativo era na verdade mais preferível para os pacientes.

Ariely voltou ao hospital onde havia passado meses em recuperação e apresentou seus achados aos enfermeiros, mas ficou surpreso ao descobrir que, mesmo diante da sua pesquisa, eles continuaram com o tratamento aquém do ideal.

Ariely não levou em conta o desconforto psicológico que os enfermeiros sentiam quando removiam os curativos. Os pacientes expressavam ansiedade, medo e desconforto enquanto seus curativos eram retirados lentamente. O sentimento de que poderiam estar machucando alguém era ruim, mesmo que eles soubessem racionalmente que estavam ajudando, e prolongar esses momentos deixava as coisas ainda piores para os enfermeiros.

Acontece que, para os cuidadores, os aspectos psicológicos da administração do tratamento – mesmo um tratamento claramente benéfico – são um fator significativo na determinação dos cuidados que prestam. Chamo isso de Paradoxo do *band--aid*. A ansiedade dos cuidadores em relação ao tratamento faz com que escolham uma forma de tratamento aquém do ideal e *a explicam com um argumento aparentemente baseado no interesse dos pacientes*.

Um Paradoxo do *band-aid* similar influencia as práticas na área do ensino. A administração de "tratamentos" frequentemente resulta em um conflito com o que "parece bom" – ou parece seguro, ou concorda com as percepções do profissional sobre igualdade. Isso se dá mais intensamente quando, assim como com os médicos na hora de cuidar o paciente, nossa identidade está interligada com crenças sobre certo e errado.

Os professores constantemente se defrontam com tarefas desafiadoras e difíceis e precisam contemplar a possibilidade muito real de que terão dificuldades ou fracassarão, publicamente e à frente de uma plateia implacável, enquanto se esforçam para executá-las. Devemos sempre estar conscientes de que, para aquele que cuida do paciente, é mais fácil racionalizar o tratamento preferencial do que tentarmos o mais arriscado para os alunos a longo prazo. Diante da tarefa de criar uma sala de aula onde os alunos são socializados para demonstrar que valorizam as ideias uns dos outros por meio de ações sociais não verbais, incluindo o contato visual, é avistado o caminho da explicação de por que, antes de tudo, os alunos não devem ser coagidos a acompanhar seus colegas.

Quanto mais difícil a tarefa, maior o risco de algum educador em algum lugar criar uma justificativa contra ela que seja muito inteligente ou pareça correta. Esse é certamente um caminho muito menos arriscado do que o trabalho difícil e ingrato de moldar normas para assegurar os direitos de todas as crianças de aprender em salas de aula que verdadeiramente as preparem para alcançar seus sonhos.

Escrevi, na margem da minha versão do *Aula nota 10 2.0*, uma expressão que procurei usar frequentemente neste livro: *responsabilização amorosa*. Essa pode não ser uma expressão que ocorresse naturalmente a muitas pessoas. Confesso que foi preciso muitos anos escrevendo sobre ensino para que ela me viesse à mente. Mas ela é profundamente importante. Ela nos faz lembrar, primeiramente, que os momentos de responsabilização podem e devem ser feitos com um sorriso para lembrar os alunos de que nos importamos com eles e, em segundo lugar, que a responsabilização é uma forma de amor.

Quando fazemos uma chamada *De surpresa*, por exemplo, estamos atraindo os alunos – algumas vezes voluntariamente, outras vezes de forma hesitante – para a conversa e assim lhes dizendo que sua participação é importante. Estamos desenvolvendo neles um hábito de prestar atenção de forma mais plena e de manter esse hábito. Como escreve Zaretta Hammond, em uma frase à qual retornarei, "Antes de podermos ficar motivados para aprender o que está à nossa frente, precisamos prestar atenção. A característica de um aprendiz independente é sua habilidade de direcionar sua atenção para sua própria aprendizagem". Desenvolver a capacidade de atenção de alguém é uma dádiva.

E se os alunos sentem uma pitada de ansiedade, tudo bem, isso acompanha o crescimento algumas vezes. Saber que aprendizagem requer que você fale algumas vezes e saber com a experiência que você é capaz; aprender a prestar atenção – inicialmente porque você sabe que seu professor provavelmente irá lhe chamar para mantê-lo atento e posteriormente porque, bem, isso se tornou um hábito – essas são dádivas de uma sala de aula conduzida com amor. Um sorriso durante uma chamada *De surpresa* lembra aos alunos e também a você mesmo – porque retirar um *band-aid* lentamente é difícil – que essa é uma coisa boa.

Na seção sobre a chamada *De surpresa* você pode ver Denarius Frazier e BreOnna Tindall fazerem isso. Eles estão sorrindo para seus alunos de forma tranquilizadora e calorosa enquanto fazem uma chamada *De surpresa*, e você consegue sentir o amor nesses momentos. Eles irão lembrá-lo, espero, que não é uma contradição chamar responsabilização de uma forma de amor. Isso nem sempre é o que os alunos escolheriam inicialmente se tivessem a opção, mas, ao final de tudo, eles frequentemente preferem isso quando o ensino informado por responsabilização amorosa – como o de Denarius e BreOnna e o de Christine e muitos outros professores neste livro – resulta não só em sucesso, mas em engajamento; quando os alunos se soltam durante a atividade e percebem a aprendizagem como um estado de fluxo.[12] Então eles são mais felizes, mesmo que nunca relacionem a felicidade com a responsabilização que deu início a ela.

Apesar de saberem disso, no entanto, alguns deles ainda tomariam o caminho mais fácil. Em tais casos, é útil pensar a quem servimos na educação. Servimos à versão em que os alunos olham em retrospectiva para sua escolarização dez ou quinze anos mais tarde, à luz do seu efeito a longo prazo em suas vidas. E servimos a seus pais, que estão contando conosco para estimularmos seus filhos a criarem um futuro para si mesmos, em um mundo que os rodeia com distrações e mensagens de que está tudo bem, ou que é até mesmo legal, não fazer agora as coisas que criarão oportunidades mais tarde. Existe uma certa tradição entre os jovens de não quererem fazer o que seus pais dizem, mas no final acabam dizendo aos seus próprios filhos as coisas que seus pais diziam a eles. A educação é um longo jogo, e os pais estão contando conosco para termos uma visão de longo prazo. Você pode ouvir isso nas entrevistas do excelente *How the other half learns*, de Robert Pondiscio. Entre as mais comoventes, estão os pais cujos próprios educadores não tiveram êxito e que procuram escolas e salas de aula que evitem que os mesmos resultados atinjam seus filhos. "Eu me perdi no sistema", uma mãe conta a Pondiscio, "e me recuso a deixar que isso aconteça com meu filho". O sentimento de desespero é perceptível.

Parte de ensinar bem é ensinar os alunos a escolherem um caminho que seja íngreme e acidentado, do qual eles algumas vezes irão reclamar. É um longo caminho de subida, e talvez outros aparentem estar no que parece ser um caminho mais fácil, mesmo que ele não leve até o topo. Esse caminho mais íngreme envolve não apenas um trabalho mais árduo como também um trabalho *psicologicamente* mais árduo – tanto para o professor quanto para o aluno. Envolve puxar lentamente os *band-aids*. Envolve saber que o amor é algumas vezes paradoxal.

Se procura uma justificativa para fazer o que é fácil, este livro provavelmente não vai agradar você. Dito isso, há muitos livros que poderão agradá-lo. Se o seu propósito é encontrar a forma mais efetiva e cuidadosa de fazer o que precisa fazer para melhor servir os alunos, mesmo quando for difícil – especialmente quando for difícil –, meu objetivo é fornecer isso. Se esse é o livro que você está procurando, por favor vire a página.

Notas

1. A ideia iniciou com Paul Babbrick-Santoyo e sua equipe na Uncommon Schools.
2. Veja LUKIANOFF, G.; HAIDT, J. *The coddling of the american mind: how good intentions and bad ideas are setting up a generation for failure.* New York: Penguin Books, 2018.
3. Erro fundamental de atribuição: "A tendência a superestimar o grau em que o comportamento de um indivíduo é determinado pelas suas características pessoais duradouras, atitudes ou crenças e, de maneira correspondente, a minimizar a influência da situação circundante sobre esse comportamento" AMERICAN PSYCHOLOGICAL ASSOCIATION.. Fundamental attribution error. *In*: APA Dictionary of Psychology. Washington: APA, 2022. Disponível em: https://dictionary.apa.org/fundamental-attribution-error. Acesso em: 23 set. 2022.
4. Mais considerações sobre aprendizagem remota estão incluídas no livro que minha equipe e eu escrevemos para apoiar os professores durante o ensino a distância:

LEMOV, D.; EQUIPE TEACH LIKE A CHAMPION. *Ensinando na sala de aula on-line: sobrevivendo e sendo eficaz no novo normal*. Porto Alegre: Penso, 2021..

5. Não pretendo sugerir que a morte de Floyd tenha sido a única fonte de indignação e raiva que tantas pessoas sentiram. Obviamente, a longa série de mortes de cidadãos não brancos aos cuidados de instituições cuja função era protegê-los tem sido fonte de constante consternação e frustração.

6. Tatum é Diretor e Vice-Presidente Executivo de Assuntos Acadêmicos na Metropolitan State University, em Denver. Seus comentários foram feitos em uma série de *tweets* em 12 de abril de 2021.

7. Quando uma criança pequena quer comer um sorvete durante o jantar, todos, exceto os pais mais indulgentes, entendem que amar o filho é dizer não. Quando a criança estiver maior, sempre haverá dias em que ela vai querer fazer coisas que podem machucá-la ou desafiar as regras que estabelecemos para o seu benefício: *Vou sair da equipe de atletismo; Não vou escrever minha redação; Vou ficar na rua até depois da hora combinada*. Os adolescentes são propensos a fazer essas coisas; os adultos que os amam devem fazer o que os ajudará a prosperar ao longo das suas vidas, mesmo que seja difícil. Amá-los é dizer "Coloque seus tênis; vou levá-lo ao treino", "Deixe-me ajudá-lo a começar o parágrafo do texto antes que fique tarde" ou "Quero vê-lo aqui às 11h em ponto se você planeja usar o carro de novo". Um adulto amoroso diz isso, mesmo que custe um ressentimento temporário.

8. Para alguns, isso implica que os professores devem encorajar os alunos a participarem ativamente de protestos sociais, por exemplo. Para outros, implica que questões de justiça social devem ser um foco importante dos livros que os alunos leem e dos temas que estudam. Para outros ainda, é mais importante que os alunos se preparem para o sucesso profissional por meios mais tradicionais, como ler Shakespeare e estudar a estrutura celular.

9. Brandi Chin, da Denver School of Science and Technology. Você deveria ver sua escola. (Na verdade, você pode vê-la quando assistir o vídeo da excelente professora BreOnna Tindall mais adiante neste livro.)

10. WORKING in the dark. Design bias is harmful, and in some cases may be lethal. *The Economist*, April 10, 2021.

11. Lembro-me de uma citação de Adeyemi Stembridge: "Em uma determinada escola com um aluno em particular, raça pode significar tudo ou absolutamente nada. Precisamos estar disponíveis para o desconforto que inerentemente acompanha o tema da raça e precisamos também estar preparados para ignorar tudo o que sabemos sobre raça para permitir que os alunos nos mostrem quem eles são como indivíduos únicos com agência e seu próprio inventário de conceitos, contextos e experiências vividas". Um educador receptivo deve sempre ver e responder aos alunos a quem serve. Mesmo quando eles não compartilham os interesses dos seus professores, é a esses interesses que precisamos servir.

12. Discuto a ideia de "fluxo" na aprendizagem na introdução ao Capítulo 6, "Ritmo", mas a chamada *De surpresa* pode ser uma ferramenta fundamental para atingir o impulso dinâmico que ela promove.

ALÉM DO LIVRO

Como acessar os vídeos

Veja os mais de 100 vídeos legendados que acompanham este livro acessando o *link* http://apoio.grupoa.com.br/aulanota10_3ed ou apontando a câmera do seu celular para o código QR a seguir.

SUMÁRIO

Introdução: a arte de ensinar e suas ferramentas xxxvii

1. Cinco temas: modelos mentais e execução intencional 1

    Modelos mentais. 3

    Princípio 1: Entender a estrutura cognitiva humana significa construir memória de longo prazo e mobilizar a memória de trabalho. 7

    Princípio 2: Hábitos aceleram a aprendizagem 14

    Princípio 3: Aquilo a que os alunos prestam atenção é o que irão aprender. 19

    Princípio 4: Motivação é social 23

    Princípio 5: Ensinar bem é construir relações 26

2. Preparação da aula. 37

    Técnica 1: Planejamento exemplar 45

    Técnica 2: Planeje para o erro 49

    Técnica 3: Movimentos de entrega 53

    Técnica 4: Planeje em dobro 58

    Técnica 5: Organizadores do conhecimento 62

3. Verificação da compreensão 75

    Técnica 6: Substitua o autorrelato 76

    Técnica 7: Prática da recuperação 82

    Técnica 8: Padronize o formato 87

    Técnica 9: Observação ativa 92

    Técnica 10: Mostre-me 104

Técnica 11: Verificação afirmativa 107
Técnica 12: Cultura do erro 111
Técnica 13: Mostre o texto 120
Técnica 14: Identifique e localize 131

4. Ética no ensinar 139

Técnica 15: Sem escapatória 139
Técnica 16: Certo é certo 153
Técnica 17: Puxe mais 161
Técnica 18: O formato importa 173
Técnica 19: Sem desculpas 181

5. Estrutura da aula 187

Técnica 20: Faça agora 187
Técnica 21: Mostre as etapas 194
Técnica 22: Quadro = papel 202
Técnica 23: Leitura independente responsável 205
Técnica 24: Leitura em FASE 209
Técnica 25: Circule 222
Técnica 26: Arremate 228

6. Ritmo 237

Técnica 27: Mude o ritmo 241
Técnica 28: Marque as etapas 248
Técnica 29: Todas as mãos 252
Técnica 30: Trabalhe com o relógio 256
Técnica 31: Cada minuto conta 260

7. Criando proporção pelo questionamento 265

Técnica 32: Fundamentos de frase 274
Técnica 33: Tempo de espera 276

Técnica 34: De surpresa 282

Técnica 35: Todos juntos 301

Técnica 36: Meios de participação 307

Técnica 37: Divida em partes 315

8. Criando proporção pela escrita 323

Técnica 38: Todo mundo escreve 323

Técnica 39: Solo silencioso 327

Técnica 40: Antecipe a escrita 334

Técnica 41: A arte da frase 339

Técnica 42: Revisão regular 346

9. Criando proporção pela discussão 353

Técnica 43: Virem e conversem 355

Técnica 44: Hábitos de discussão 368

Técnica 45: Processo em lotes 374

Técnica 46: Discussão disciplinada 378

10. Procedimentos e rotinas 385

Técnica 47: Abertura e Rotina de entrada 391

Técnica 48: Hábitos de atenção 397

Técnica 49: Construa a eficiência 406

Técnica 50: Criação de rotina 408

Técnica 51: Faça de novo 413

11. Altas expectativas de comportamento 419

Técnica 52: O que fazer 425

Técnica 53: Olhar de radar/ser visto observando 432

Técnica 54: Torne as expectativas visíveis 438

Técnica 55: Intervenção menos invasiva 439

Técnica 56: Gentileza firme e calma 446

Técnica 57: Arte da consequência 448
Técnica 58: Voz de comando 455

12. Como gerar motivação e confiança do aluno 475

Técnica 59: Discurso positivo 477
Técnica 60: Elogio preciso. 485
Técnica 61: Cordial/rigoroso. 490
Técnica 62: Equilíbrio emocional 494
Técnica 63: Fator A 497

Índice 503

INTRODUÇÃO: A ARTE DE ENSINAR E SUAS FERRAMENTAS

O bom ensino é uma arte. Em outros tipos de arte – pintura, escultura, literatura –, os grandes mestres aproveitam sua proficiência com ferramentas básicas para transformar os materiais mais brutos (pedra, papel, tinta) em patrimônios mais valiosos da sociedade. Essa alquimia é ainda mais impressionante porque as ferramentas geralmente parecem banais para outras pessoas. Quem olharia para um cinzel, um macete e uma lima e os imaginaria produzindo o *Davi*, de Michelangelo?

A grandiosidade da arte reside no domínio e na aplicação de habilidades fundamentais aprendidas por meio do estudo diligente – "destreza", se você preferir. Você aprende a bater no cinzel com um macete e refina essa habilidade com o tempo, aprendendo sobre o melhor ângulo para a batida e a firmeza com que deve segurá-lo. Muito mais importante do que qualquer teoria é sua proficiência com o cinzel. É bem verdade que nem todo aquele que aprende a usar um cinzel irá criar um *Davi*, mas, ao mesmo tempo, aquele que não dominar a ferramenta não conseguirá fazer mais do que algumas marcas na pedra.

Todo artista – incluindo os professores – é um artesão cuja tarefa é estudar um conjunto de ferramentas e decifrar os segredos do seu uso. Quanto mais você entender um cinzel, mais ele o guiará até descobrir o que pode ser feito. Ao arredondar um contorno com uma suavidade inesperada, o cinzel faz você perceber subitamente que é possível acrescentar detalhes a uma expressão facial, mais tensão aos músculos da figura que está esculpindo. O domínio do uso das ferramentas não apenas *permite* a criação, ele a *informa*. Esse processo está longe de ser glamoroso; a vida de um artista é, na verdade, a vida de um negociante, caracterizada por calos e poeira de pedra, exigindo empenho e humildade, mas suas recompensas são imensas. É o trabalho de uma vida digna.

Viajando para o exterior no meu primeiro ano de faculdade, vi os cadernos escolares de Picasso em uma exposição no Museu Picasso, em Barcelona. O que mais me lembro são dos esboços preenchendo as margens de suas páginas. Não existiam cadernos de desenho, imagine! Eram cadernos como os de qualquer estudante: para anotar as observações de aula. Os pequenos esboços imortalizavam o rosto de um professor ou a própria mão de Picasso segurando um lápis, com perspectiva, linhas e sombras perfeitas. Sempre pensei que o trabalho de Picasso era abstrato, que representava uma forma de pensar que tornava irrelevante a habilidade de desenhar com precisão e realismo. Seus esboços contam outra história. Eles testemunham seu domínio dos aspectos fundamentais da sua arte e o empenho constante em aprimorar suas habilidades. Mesmo nos momentos de folga das aulas, ele estava desenvolvendo os alicerces de sua técnica. Era, primeiro, um artesão e, segundo, um artista, como atestam os 178 blocos com esboços ao longo da vida.

Este livro é sobre as ferramentas do ofício de ensinar, e espero que seja útil para os professores, onde quer que estejam. Mais especificamente, ele apresenta um interesse especial no setor que é mais importante para mim: escolas públicas, sobretudo as das periferias, que atendem alunos nascidos na pobreza e que, portanto, seguem por um caminho estreito e incerto até a oportunidade que merecem. Não é possível que ter nascido com menos recursos financeiros restrinja a oportunidade de um indivíduo, certamente não em lugares em que se acredita na meritocracia, mas a verdade é que isso acontece. O preço do fracasso nas escolas que atendem alunos que se encontram no lado errado da desigualdade de privilégios é frequentemente alto, e os desafios, significativos. Os professores, nesses lugares, geralmente trabalham em um crisol onde os fracassos da sociedade são estruturais, evidentes e, por vezes, quase esmagadores. No entanto, todos os dias, em cada bairro como esse, existem professores que, sem muito estardalhaço, acolhem os alunos sobre quem os outros dizem "não consegue" – não consegue ler boa literatura, não consegue entender álgebra ou cálculo, não consegue e não quer aprender – e os ajudam, inspiram, motivam e transformam em acadêmicos que conseguem de tudo. Lamentavelmente, com frequência não sabemos quem são esses professores, mas eles estão em todos os lugares – em geral trabalhando de maneira anônima, na sala ao lado de um dos professores que criarão os 50% de novas contratações em distritos urbanos, aqueles que abandonam a prática pedagógica nos primeiros três anos. Pense nisso: para esses novos professores com dificuldades, as soluções para os desafios que acabarão levando-os a abandonar a profissão encontram-se a poucos metros de distância. E, para os alunos dessas comunidades, ingressar na sala de aula certa pode fazer as portas da oportunidade voltarem a se abrir. O problema é que não levamos suficientemente a sério o aprendizado dos professores que podem providenciar essas soluções.

Meu objetivo foi encontrar o maior número possível de professores desse tipo e homenageá-los focando e estudando a sua forma de ensinar. Para escrever este livro, passei muito tempo no fundo de salas de aula e assisti inumeráveis vídeos de professores excelentes em ação. Usei a filosofia de Jim Collins em *Empresas feitas para vencer* e *Feitas para durar*: o que separa o ótimo do bom é mais relevante do que o que descreve a mera competência. Eu não desejava saber o que fazia um professor ser muito bom, mas o que o tornava excepcional, capaz de superar as adversidades. Havia ideias consistentes que lhes possibilitavam transformar vidas de forma mais confiável? Havia palavras e ações que o resto de nós poderia copiar e adaptar? Havia tendências gerais que fornecessem o mapa da mina, os princípios por trás da excelência? Ou sua excelência era idiossincrática e impossível de ser mapeada?

O que descobri foi que, embora cada professor excelente seja único, suas habilidades de ensino, como grupo, tinham elementos em comum. Comecei a enxergar tanto o tema quanto a variação, e então passei a fazer uma lista das coisas que eles faziam. Atribuí nomes a essas ações para que pudesse me lembrar delas, e com o tempo a minha lista cresceu não só quanto ao número de tópicos, mas também no nível de especificidade. As ideias se integraram às técnicas. Descobri também que os grandes professores tinham diferentes ideologias e estilos: "Eles eram extrovertidos e introvertidos; planejadores e improvisadores; espirituosos e sérios. Mas, no final, uma história emergiu. No fim das contas, realmente existe uma caixa de ferramentas para suprir as deficiências no desempenho escolar. O conteúdo foi forjado por 10 mil professores que trabalham discretamente e, em geral, sem reconhecimento, em salas no fim de corredores com o piso quebrado. Estou certo de que parte da minha análise do que eles fazem está errada. Na verdade, reescrevi este livro a partir do original para tentar capturar mais do que eles fazem e com maior precisão. Um ponto que tentei enfatizar é que ter uma ferramenta não é um argumento para utilizá-la de forma descuidada. Um pintor tem uma maleta cheia de pincéis e espátulas, mas não usa todos eles em cada retrato ou paisagem que pinta.

Se você é um professor que está iniciando seu estudo da arte de ensinar, meu objetivo é ajudá-lo a se tornar um desses educadores que, durante uma longa e destacada carreira, libertam o talento e as habilidades latentes nos alunos, independentemente do número de tentativas anteriores malsucedidas. Se você se comprometer e investir seus talentos nesse trabalho, merece ter sucesso e mudar vidas. Se obtiver sucesso, provavelmente será mais feliz no trabalho e, dessa forma, quando estiver feliz, fará um trabalho ainda melhor.

Se você já é um professor experiente, espero que a discussão das ferramentas de ensino e suas aplicações e a construção de um vocabulário para falar sobre os momentos críticos e muitas vezes negligenciados do seu dia inspirem você não só a aperfeiçoar seu ofício, mas também a gostar de fazer isso e sentir o prazer de se comprometer (ou voltar a se comprometer) com o domínio mais profundo possível da empreitada complexa e valiosa que é o trabalho da sua vida. Presumo que, em muitos casos, este livro descreverá coisas que você já sabe e faz. Acho isso ótimo e, nesse caso, meu objetivo será ajudá-lo a melhorar um pouco mais esses aspectos, talvez ao ver aplicações úteis e variações que você não havia considerado. De qualquer forma, seu crescimento é no mínimo tão importante quanto o de um professor iniciante. O ensino é a melhor e mais importante tarefa em nossa sociedade. Aqueles que o exercem merecem vivenciar crescimento e aprendizagem constantes. Isso, afinal, é o que desejamos para nossos alunos.

Se você dirige uma escola, espero que este livro o ajude a ajudar os professores a fazer esse trabalho desafiador da melhor forma possível. Em nossa área, a primeira obrigação de uma organização é ajudar seus integrantes a ter sucesso. Quando os professores terminam o dia com uma sensação de dever cumprido, quando sentem que estão sendo cada vez mais bem-sucedidos, eles permanecem em nossas escolas por um longo tempo, desempenham um trabalho excepcional, trabalham com alegria e inspiram outras pessoas, retribuindo em dobro o que receberam da organização.

As páginas a seguir são um esforço para descrever e organizar as ferramentas usadas por professores que querem mudar o jogo e para refletir sobre como e por que eles as utilizam. Dessa forma, você poderá tomar decisões informadas por conta própria.

Meu trabalho não foi inventar as ferramentas que descrevo aqui, mas explicar como outras pessoas as utilizam e o que as torna efetivas. Isso significou dar nome a técnicas com o intuito de ajudar a criar um vocabulário comum com o qual se pode analisar e discutir a sala de aula. Os nomes podem parecer um pouco artificiais inicialmente, mas representam uma das partes mais importantes. Se não houvesse a palavra *democracia*, seria mil vezes mais difícil ter e manter uma coisa chamada "democracia". Ficaríamos para sempre atolados na ineficiência – "Você sabe, aquela coisa sobre o que falamos onde todos têm voz..." – justamente no momento em que precisássemos tomar uma atitude. Professores e administradores devem ser capazes de falar com os colegas rápida e eficientemente sobre um conjunto de ideias claramente definidas e compartilhadas para que possam embasar seu trabalho. Precisam de um vocabulário compartilhado suficientemente minucioso para permitir uma análise abrangente dos eventos que acontecem em uma sala de aula. Acredito que os nomes importam, e vale a pena serem usados. Em geral, eles possibilitarão que você fale sobre sua própria prática de ensino e a de seus colegas com uma linguagem específica e eficiente.

Porém, quero deixar claro que, apesar dos nomes, o que é apresentado aqui não é meu, tampouco é uma teoria. É um conjunto de anotações de campo feitas a partir da observação do trabalho de mestres, alguns dos quais você conhecerá neste livro, e muitos outros que não conhecerá. Quero agradecer a todos eles pela dedicação e pelas dicas que informaram e inspiraram esta obra.

TÉCNICAS APLICÁVEIS, CONCRETAS E ESPECÍFICAS

Quando eu era um jovem professor, participava de oficinas de treinamento e saía com a cabeça cheia de palavras importantes. Elas se referiam a tudo o que me havia levado a querer ser professor. "Tenha altas expectativas em relação a seus alunos." "Espere o máximo dos alunos todos os dias." "Ensine crianças, não conteúdos." Eu ficava inspirado, pronto para melhorar – até chegar à escola no dia seguinte. Eu me via perguntando: "Bem, como faço isso? Que atitude devo tomar às 8h25 da manhã para demonstrar essas altas expectativas?".

O que me ajudou a melhorar minha forma de ensinar foi quando um dos meus colegas me disse algo bem concreto: "Quando você quiser que eles obedeçam a sua orientação, fique parado. Se você ficar andando pela sala, distribuindo materiais, parece que a orientação é menos importante do que todas as outras coisas que você está fazendo. Mostre que a sua orientação é importante. Fique parado". Com o tempo, foi esse tipo de conselho aplicável, concreto e específico, muito mais do que os lembretes de que eu devia ter altas expectativas, que me permitiu, de fato, aumentar as expectativas na minha sala de aula.

Minha abordagem neste livro reflete essa experiência. Tentei descrever as técnicas dos professores excelentes de maneira aplicável, específica e concreta, de modo que você consiga começar a usá-las amanhã mesmo. Optei por denominá-las "técnicas", e não "estratégias" – mesmo que práticas pedagógicas tenham a tendência de usar esta última expressão – porque para mim uma estratégia é uma abordagem generalizada que informa decisões, enquanto uma técnica é uma coisa que você diz ou faz de uma maneira específica. Se você quisesse ser um velocista, sua estratégia poderia ser simplesmente correr o mais rápido que puder do começo ao final da pista; sua técnica seria inclinar o corpo para a frente em cerca de cinco graus à medida que move suas pernas para cima e para frente. Se você quisesse ser um grande velocista, praticar e melhorar essa técnica o ajudaria a obter mais do que refinar sua estratégia. E, como uma técnica é uma ação, quanto mais você praticar, melhor se tornará. Pensar cem vezes na sua decisão de correr o mais rápido possível desde o começo da pista não vai melhorar seu desempenho, mas praticar 100 corridas com a posição certa do corpo vai. É por isso que, no fim, concentrar-se em polir e aprimorar técnicas específicas é o caminho mais rápido para o sucesso.

Também cabe observar que esse conjunto de técnicas não é um "sistema". Para mim, o benefício de considerar técnicas individuais é que estas são unidades pequenas e discretas de investigação. Você pode escolher alguma coisa que lhe interessa e estudá-la, melhorando rapidamente e vendo os resultados. E pode incorporar uma técnica nova ao que já faz sem ter de redesenhar toda sua abordagem ou apostar tudo no livro. Como assinalam Chip e Dan Heath em seu livro *Switch*, a forma como as pessoas encontram informações úteis tem muito a ver com o fato de serem ou não bem-sucedidas em usá-las para mudar e melhorar suas vidas. Muitas vezes, o que concluímos é que a resistência à mudança – por parte dos professores, digamos – é, na verdade, falta de clareza sobre o que fazer concretamente para começar a mudança: "OK, entendo que devo ser mais rigoroso, mas como faço isso, ou como começo a fazer isso de uma forma concreta e executável?". Apresentar às pessoas ferramentas a serem experimentadas pode parecer menos eficiente do que dar-lhes um sistema abrangente que englobe tudo o que elas fazem, mas tentar fazer tudo ao mesmo tempo é uma receita para a inação. Ter uma ideia focada e executável na qual trabalhar pode ajudar a tornar a mudança e a melhora seguras e fáceis de buscar, resultando na incorporação da técnica à sua vida. Geralmente atingimos mais mudanças de longo prazo por meio de pequenas mudanças de curto prazo.

Outra observação importante de *Switch* é que tendemos a supor que o tamanho da solução precisa combinar com o tamanho do problema. Você foi observado; foram feitas críticas; parece que você tem de fazer mudanças generalizadas em tudo o que você faz. Será que precisa? Talvez apenas se conectar com alguns alunos que parecem desinteressados por meio da chamada *De surpresa* ou preparar-se diferentemente para que possa ouvir melhor durante suas aulas faria uma enorme diferença e colocaria outras coisas no lugar. Com frequência, mudanças pequenas fazem uma grande diferença.

A ARTE DE USAR AS TÉCNICAS

Muitas das técnicas que você encontrará neste livro podem inicialmente parecer triviais e banais. Elas nem sempre são especialmente inovadoras; nem sempre são intelectualmente surpreendentes. E, por vezes, não acompanham a marcha da teoria educacional. Mas, se usadas bem e com responsabilidade, produzem um resultado que certamente compensa sua aparência humilde. Elas valem seu tempo e esforço algumas vezes *porque* são tão triviais e fáceis de negligenciar. *Simples* e útil podem ser palavras bonitas. Mas quero enfatizar que a arte está na aplicação discricionária das técnicas. Tentei, com esta obra, ajudar artesãos a se tornarem artistas, não porque acho que o trabalho de ensinar pode ser mecanizado ou transformado em fórmulas. Existe um tempo e um lugar certo (e errado) para cada ferramenta, e sua aplicação efetiva sempre dependerá do estilo e da visão únicos dos grandes professores. Isso, em uma palavra, é arte. A excelência do ensino não é menos grandiosa porque o professor sistematicamente dominou habilidades específicas, da mesma forma que *Davi* não reflete menos o gênio de Michelangelo só porque ele dominava a linguagem do cinzel antes de ter criado a estátua. Acredito que, dadas as ferramentas aqui apresentadas, os professores tomarão decisões sensíveis e independentes sobre como e quando usar as técnicas desse ofício enquanto trilham o caminho para se tornarem mestres na arte de ensinar.

DEFININDO O QUE FUNCIONA

Se você já ouviu falar das versões anteriores deste livro, sabe que meu processo para encontrar os professores que estudei iniciou como as notas nos testes. Procurei indivíduos e escolas que, nos gráficos da pobreza, eram "pontos fora da curva". Eram professores (e algumas vezes escolas inteiras) que trabalhavam com alunos em bairros onde frequentemente apenas uma fração deles se formava no ensino médio, uma ainda menor na universidade, ou onde tipicamente apenas 10 ou 20% dos alunos eram aprovados em um determinado teste estadual (uma medida do progresso incompleta, mas ainda importante) em um ano típico. E, embora trabalhando nesse mesmo cenário, os professores que eu estava estudando ajudavam seus alunos a atingirem uma taxa muito mais alta do que qualquer um teria previsto: conseguiam o dobro de alunos aprovados... ou até *quatro vezes* o número de alunos aprovados. Havia casos em que todas as crianças eram aprovadas. Algumas vezes esses professores conseguiam mais crianças com avaliação "avançada" do que aquelas com avaliação "proficiente" nas escolas da redondeza. Seus resultados frequentemente compensavam a lacuna existente entre crianças nascidas na pobreza e crianças nascidas com privilégios.

As notas nos testes, é claro, são uma medida imperfeita. Elas nos contam muito, mas estão longe de dizer tudo, e geralmente são mais bem utilizadas para gerar e testar hipóteses: você observa uma série de professores com resultados incomumente fortes e começa a ver as tendências e semelhanças. Assim, sempre que possível, tentei usar o máximo de dados adicionais que podia e procurei sinais que fossem duradouros – resultados sustentados em contraste com picos que ocorreram uma única vez. Quando uma escola tinha sucesso por um longo tempo, eu também considerava as diretrizes do diretor e sua contribuição com o fornecimento de materiais aos professores. Embora existam dados que sugerem que a maioria dos diretores pouco influencia na identificação dos melhores professores, os diretores muito bons são, é claro, diferentes da média. Podemos argumentar que a razão para terem sucesso é sua habilidade de entender quais professores têm o estilo de ensino especialmente eficiente. E com o tempo passei a depender da minha equipe – no momento eles já passaram centenas e centenas de horas estudando e discutindo vídeos de salas de aula – para identificar momentos que seriam úteis para os professores estudarem – momentos que eram replicáveis, e adaptáveis, e provavelmente ajudariam os professores a ajudar seus alunos a prosperar.

PEDRA ANGULAR

Conforme mencionei no Prefácio, uma mudança importante nesta terceira edição do livro é a inclusão dos vídeos chamados Pedra Angular, que mostram como uma seleção de professores verdadeiramente excepcionais usam e combinam técnicas durante um arco de tempo prolongado da sua aula. O conjunto desses vídeos mostra como as peças se encaixam e ajuda a equilibrar a inevitável distorção de ver apenas uma única técnica com um foco acentuado. Apresento a seguir uma lista com os vídeos Pedra Angular e algumas das coisas que aprecio na arte dos professores que eles perfilam. Espero que você os assista muitas vezes. Se você é diretor de uma escola ou se capacita professores, acho que eles são ideais para serem assistidos e estudados repetidamente.

Julia Addeo (North Star Academy HS, Newark, NJ): a excepcional Verificação da compreensão (Capítulo 3) de Julia é ativada pelo *Planejamento exemplar* (técnica 1). Sua revisão do *Faça agora* (técnica 20) se baseia em um equilíbrio dos *Meios de participação* (técnica 36) que inclui chamada *De surpresa* (técnica 34) e *Mostre o texto* (técnica 13). Não há um minuto de tempo desperdiçado.

Akilah Bond, na época na Leadership Prep Carnaise Elementary School, está lendo uma narrativa de Cam Jansey com seus alunos do segundo ano. Seu *Tempo de espera* (técnica 33) é exemplar. Ela usa o *Todas as mãos* (técnica 29), pedindo que os alunos abaixem suas mãos para que seus colegas não se sintam apressados, e assegura um produtivo *Tempo de espera* estimulando habilidades do pensamento. Ela insiste em ter respostas "corretas em todos os aspectos" (*Certo é certo*, técnica 16). Quando Anthony responde, você pode ver como ele usa os *Hábitos de discussão* (técnica 44) para mostrar que estava ouvindo e como os *Hábitos de atenção* (técnica 48) de seus colegas fazem com que ele se sinta confiante enquanto se esforça para explicar seu modo de pensar. E, quando Michael se sai muito bem, seu triunfo é em parte provocado por claros procedimentos e rotinas (Capítulo 10) – os alunos sabem que não devem se manifestar enquanto ele está pensando.

Jessica Bracey: lendo com seus alunos do 5º ano na North Star Academy Clinton Hill Middle School, Jessica executa um *Leitura em FASE* (técnica 24) padrão ouro, com seus alunos demonstrando prazer e habilidade ao dar vida a um livro. Ela usa um *Antecipe a escrita* (técnica 40), pedindo que eles respondam por escrito antes de discutirem o livro. Seus exemplares procedimentos e rotinas (Capítulo 10) significa que eles transferem todo seu pensamento para a página, e seu *Solo silencioso* (técnica 39) significa que eles estão refletindo profundamente sobre sentenças completas o tempo todo. Não é de admirar que eles estejam tão ansiosos por compartilhar! Quando o fazem, você pode ver uma combinação de *Hábitos de atenção* (técnica 48), assegurando que eles escutam bem, e *Hábitos de discussão* (técnica 44), desenvolvendo as habilidades de escuta que contribuem para uma real discussão.

Na'Jee Carter: escrevo extensamente sobre o *De surpresa* (técnica 34) de Na'Jee no vídeo no Capítulo 7, mas observo também os *Hábitos de discussão* (técnica 44): seus alunos escutam e também falam. Seus impecáveis procedimentos e rotinas (Capítulo 10) não só ajuda a manter seu grupo de leitura na tarefa e assegura que as transições sejam eficientes, como também garante que os alunos que não estão em seu grupo de leitura estejam, de maneira alegre e produtiva, engajados o tempo todo. Sua *Leitura independente responsável* (técnica 23) é super produtiva porque ele é muito claro na orientação da tarefa, e isso lhe permite observar claramente como seus leitores estão se saindo; mas, antes de mandar todos lerem, ele aplica um *Substitua o autorrelato* (técnica 6), fazendo aos alunos uma série de perguntas para avaliar sua compreensão da tarefa em vez de meramente perguntar a eles se entenderam.

Denarius Frazier (Uncommon Collegiate Charter High School): discuto extensamente uma parte do vídeo dele no Capítulo 3, "Verifique a compreensão". Denarius demonstra quase todas as técnicas no capítulo, iniciando com a *Observação ativa* e encerrando com o *Mostre o texto* de uma maneira que é fundamental para a compreensão da realidade do quanto relacionamentos produtivos e duradouros são construídos na sala de aula. Mas observe também como ele se desloca para o canto e usa um *Olhar de radar/ser visto observando* (técnica 53) e uma *Intervenção menos invasiva* (técnica 55) para assegurar que todos estejam atentos. E note como seu *Equilíbrio emocional* (técnica 62) o auxilia a construir uma *Cultura do erro* (técnica 12), que deixa os alunos participantes interessados na tarefa de aprender com seus erros.

Arielle Hoo (North Star Vailsburg Middle School) pede que seus alunos escrevam, em um momento importante da aula, sobre como eles saberão se uma solução está correta. Observe a palavra "conjecturas" – esse é um ótimo exemplo de um estímulo formativo que não só torna seguro estar errado, mas socializa os alunos a pensarem na escrita como algo que você faz para descobrir novos *insights*, não apenas para explicá-los. Esse é um aspecto fundamental do *Todo mundo escreve* (técnica 38). Observe o *Solo silencioso* (técnica 39): todo mundo escreve imediatamente. Note

Introdução: a arte de ensinar e suas ferramentas **xlv**

como a discussão exemplar que ela tem, cheia de *insights* interessados e vocabulário técnico, inicia com ela, como Denarius, movendo-se para o "Poleiro de Pastore" e usando um *Olhar de radar/ser visto observando* (técnica 53) para se assegurar que todos estão com ela. Sidney dá início à discussão (muito bem), e o contato visual e a linguagem corporal pró-social que ela recebe (técnica 48, *Hábitos de atenção*) a fazem lembrar – e a todos os demais – que *o que você está dizendo é importante*. Em seguida Sadie fala, hesitando enquanto usa o termo técnico *coincidentes* para descrever duas linhas. Possivelmente essa é a primeira vez que ele usou esse termo. Note como ele persiste e corre o risco de fazê-lo. Os *Hábitos de atenção* ajudam, mas também ajuda uma conexão mais intensa com os procedimentos e rotinas (Capítulo 10): ninguém anuncia a resposta, faz gestos com a mão ou diz alguma coisa que distraia enquanto ele se esforça para usar a palavra correta. A sequência termina com os alunos revisando suas conjecturas originais por escrito, um exemplo da revisão sobre a qual você pode ler em *Antecipe a escrita* e *Revisão regular* (técnicas 40 e 42).

Sadie McCleary (Western Guilford High School): o Ritmo (Capítulo 6) e os *Meios de participação* (técnica 36) de Sadie são brilhantes – talvez o último levando ao primeiro –, e os discuto longamente mais adiante no livro, sem mencionar seus *Quadro = papel* (técnica 22), *Virem e conversem* (técnica 43) e *Todos juntos* (técnica 35). Ela tem sucesso em todas essas técnicas porque suas orientações com *O que fazer* (técnica 52) deixam muito claro aos alunos como participar e ser bem-sucedidos. O estilo fácil, caloroso e gracioso de Sadie expressa responsabilização amorosa.

Narlene Pacheco: trabalhando com seus alunos do jardim de infância na Immaculate Conception School no Bronx, Narlene é extremamente clara sobre como participar com sucesso por meio de uma combinação de economia de linguagem (veja a técnica 58, *Voz de comando*) e orientações em *O que fazer* (técnica 52), o que articula com imenso carinho. Ela também é ótima na observação dos erros (*Observação ativa*, técnica 9) enquanto constrói uma *Cultura do erro* (técnica 12), corrigindo os erros sem ao menos uma pitada de julgamento ou negatividade.

BreOnna Tindall: observar sua turma na Denver School of Science and Technology me levou a cunhar o termo "espelho brilhante" – a ideia de que Breonna está mudando os alunos e, ao mesmo tempo, deixando que eles se revelem. Ela está proporcionando algo que é novo e dando aos alunos a chance de mostrar o que já está ali. Ela inicia com um *Virem e conversem* (técnica 43) impecável, mas observe como seu sistema permite que ela varie os "colegas ao seu lado" e os "colegas sentados à sua frente". Tudo isso é incorporado ao hábito e mostra o quanto procedimentos e rotinas (Capítulo 10) impecáveis conduzem a um ambiente caloroso, confiável e encorajador. A cordialidade da sua chamada *De surpresa* (técnica 34) mostra o quanto essa técnica é realmente inclusiva.

Christine Torres: você já leu um pouco sobre o estilo de ensino de Christine na Springfield Prep em Springfield, Massachusetts, no Prefácio – a mágica com a qual ela dá vida a *O formato importa* (técnica 18), *Hábitos de atenção* (técnica 48) e *Hábitos de discussão* (técnica 44). O Capítulo 2 inicia com uma discussão da sua preparação. Para fazer o Pedra Angular tive que cortar duas seções da sua aula – a revisão e a discussão do vocabulário – porque raramente vi uma aula onde os alunos participassem com tanto empenho e disposição, e seu estilo pessoal lúdico combinado com a constante responsabilização amorosa faz a turma cantar.

Nicole Warren: a aula com seus alunos do 3º ano na Leadership Prep Ocean Hill Elementary Academy tem muita vida desde o início. Há um rápido cântico em que todos estão incluídos (o Capítulo 10, "Procedimentos e rotinas", ajudará você á a fazer isso). Então ela vai direto para o *Virem e conversem* (técnica 43). Em seguida, faz uma chamada *De surpresa* (técnica 34) antes de fazer a transição para a prática independente. Também há uma *Prática da recuperação* (técnica 7). O movimento de cada atividade para a seguinte é um modelo do tipo de fluxo que uma lição ritmada pode desenvolver (Capítulo 6). Observe em particular quão bem ela desenvolve o *Marque as etapas* (técnica 28) com rápidas transições como "Diga ao seu colega" e "Vá trabalhar!", além da economia de linguagem (parte da técnica 58, *Voz de comando*). O pequeno *Todos juntos* (técnica 35) de "Feliz Aniversário" deixa Crystal com um sorriso no rosto. Também há uma *Observação ativa* (técnica 9) de primeira linha e um *Padronize o formato* (técnica 8) que lhe permitem saber como os alunos estão se saindo e construir relações positivas e calorosas que você sem dúvida vai conseguir observar.

Gabby Woolf: lendo *O médico e o monstro* com sua turma de alunos de 10 anos na King Solomon Academy, em Londres, Gabby demonstra uma maravilhosa *Leitura em FASE* (técnica 24) enquanto seus alunos tornam o significado audível. Em seguida, há algumas chamadas *De surpresa* (técnica 34) enquanto ela aplica o *Substitua o autorrelato* (técnica 6) com perguntas focadas para examinar a passagem. Ela se certifica de reforçar que a discussão comece com ser ouvido, enfatizando o formato audível de *O formato importa* (técnica 18). Seu *Circule* (técnica 25) é excepcional, e suas orientações com *O que fazer* (técnica 52) mantém todos na tarefa: "O texto na frente de vocês, por favor". Há um ótimo *Puxe mais* (técnica 17), também, quando ela diz "O que imaginamos quando lemos a palavra 'porretada'?" "Neandertal", responde um aluno rápido. Essa é uma boa resposta, e Gabby a reconhece seguindo com mais perguntas: "Por quê?". Quando ele explica: "Então como isso se relaciona com o personagem de Hyde?". A mensagem é: a recompensa para perguntas certas são perguntas mais difíceis, embora a resposta dele seja um tipo de recompensa, também.

Sarah Wright: lendo *Esperanza rising* com seus meninos do 5º ano na Chattanooga Prep, em Chattanooga, Tennessee, Sarah prova que a melhor maneira de fazer com que os alunos tenham prazer com a aprendizagem é ter procedimentos claros (Capítulo 10, "Procedimentos e rotinas") para que tudo funcione adequadamente e os alunos saibam como fazer as coisas. Seus alunos escrevem primeiro, antes de darem início ao *Virem e conversem* (técnica 43). Sua circulação aqui permite que ela escute algumas respostas interessantes e prestigie o aluno fazendo com ele uma chamada *De surpresa*. Observe também como, quando Akheem lê sua frase, todos na aula estão olhando para ele e mostrando com sua linguagem corporal que suas palavras têm importância (técnica 48, *Hábitos de atenção*). Observe como o *Virem e conversem* ganha vida, porque ela tem um sinal claro para a técnica, porque os alunos a praticaram e porque eles sabem que todos os colegas vão se juntar a eles com entusiasmo. Note como o *Virem e conversem* termina rapidamente quando necessário, pois ela também tem um procedimento claro e já estabelecido para chamar a turma de volta à ordem. Observe como ela utiliza um sistema seu para permitir que todos valorizem o trabalho uns dos outros e como, por mais que queiram muito responder, os alunos não manifestam suas respostas; isso possibilita que Sarah faça uma chamada *De surpresa* e dê a Akheem a chance certa no momento certo. A alegria é perceptível. Os procedimentos claros, a estrutura, os sistemas e as rotinas não são sua antítese, mas parte da sua origem.

1

CINCO TEMAS: MODELOS MENTAIS E EXECUÇÃO INTENCIONAL

Para os carpinteiros, encaixar dois pedaços de madeira em ângulo reto foi um desafio complexo por séculos, especialmente quando não queriam que aparecessem pregos ou parafusos – ou quando essas ferragens não estavam disponíveis. Com o tempo, no entanto, os carpinteiros gradualmente contornaram esse desafio por meio de uma técnica denominada *furo* e *espiga*. Aperfeiçoado durante séculos, esse método envolve estreitar uma peça de madeira (uma espiga) e encaixá-lo em um espaço escavado em outra peça (furo), assegurando que o encaixe fique ajustado e resistente, mesmo com 90 graus, sem ferragens.

Na técnica de furo e espiga, porém, são necessárias inúmeras adaptações dependendo do desafio que se apresente. Para uma mesa de jantar, o encaixe deve ser bem acabado, elegante e quase imperceptível. As vigas de um galpão precisam ser massivamente fortes, mas projetadas para um encaixe rápido enquanto são erguidas. Para uma rampa, talvez o encaixe precise ser removível. Por isso, existem encaixes em ponta, de uma ponta a outra e em cunha; espigas em bolota, pregadas e biscoito.

Para os carpinteiros, a terminologia marca os *insights* de milhares de artesãos e empodera o indivíduo que está enfrentando um desafio para avaliar com mais clareza as soluções disponíveis e engajar outros carpinteiros na sua discussão com precisão.

Com os professores, ocorre o mesmo – ou pelo menos este livro pretende que seja assim. Você quer engajar cada vez mais alunos intencionalmente no trabalho de pensar? Tente uma chamada *De surpresa* – isto é, chamar os alunos independentemente de terem ou não se voluntariado – "inclusivamente", como gosto de descrever. Mesmo assim, uma ampla variedade de adaptações é possível com uma chamada *De surpresa*. Fazer a pergunta antes de dizer o nome do aluno que você está chamando pode fazer com que outros alunos respondam à pergunta antes de serem chamados. Subdividir a pergunta maior em perguntas menores pode envolver mais alunos na resposta. Fazer a chamada *De surpresa* com um segundo aluno para responder à primeira pergunta pode ajudar a socializar os alunos para ouvirem atentamente uns aos outros. Podemos chamar essas coisas de *sincronização dos nomes, discriminação e seguimento*.[1] Nomear os detalhes de uma técnica e suas adaptações deixa uma trilha de migalhas de pão que você pode usar para refinar seu uso.

Mas a técnica e a habilidade para descrevê-la não são suficientes. Muitos de nós executamos quase mil lições por ano – algumas que nós mesmos planejamos, e algumas que seguem o esquema de alguma outra pessoa. Fazemos isso com 30 alunos do 7º ano em uma manhã de terça-feira e mais uma vez com 30 alunos diferentes do 7º ano na mesma tarde. Em certo ponto, certamente nos lembraremos de que nunca ensinamos a mesma lição duas vezes. *Expertise* – fazer o plano de forma satisfatória para cada turma – significa resolver um fluxo contínuo de variáveis e contextos. Seu plano de aula presumiu que os alunos entenderiam o que é *justaposição*, mas eles não entenderam. Você achou que os alunos apresentariam animadamente uma miríade de pensamentos sobre o capítulo, mas a primeira aula foi morna, e apenas um aluno levantou a mão na segunda.

Por isso, um professor, mesmo aquele que domina sua caixa de ferramentas, toma decisões não só sobre qual ferramenta usar, mas também sobre como usá-la. Poucos alunos levantaram as mãos? Você pode fazer uma chamada *De surpresa*, mas também pode usar a técnica *Virem e conversem*, ou pode usar um rápido estímulo escrito para as baixas participações – a técnica *Pare e anote*. Seu tom pode ser extravagante: "Geralmente eu não consigo impedir que vocês conversem sobre *O doador de memórias*. Aconteceu alguma coisa terrível com as Kardashians e eu sou o último a saber".[2] Você pode ser filosófico: "Sim, essa é uma pergunta difícil. Quem será suficientemente corajoso para respondê-la?". Você pode ser direto: "Preciso ver mais mãos levantadas". Você pode não dizer nada.

Em uma aula típica, você normalmente precisa decidir rapidamente. Então você decide, decide e decide mais uma vez. Você é um rebatedor enfrentando centenas de lançamentos seguidos – uma comparação à qual voltarei daqui a pouco, mas primeiro é importante perguntar: de que você precisa para decidir rapidamente, com confiança e bem, ao mesmo tempo pensando em outras coisas e, muitas vezes, sob um pouco de pressão na forma de, digamos, 29 alunos inquietos, o valor de 25 minutos de trabalho que ainda precisa ser feito e o ruído do relógio para lembrá-lo que lhe restam 15 minutos no período de aula?

A ciência cognitiva diria que ter um forte modelo mental é essencial. Nesse caso, isso significa ter uma concepção clara de como devem ser os elementos de uma lição de sucesso. Isso também se beneficia da linguagem intencional para que os princípios sejam estruturados com confiança.

MODELOS MENTAIS

Certa noite, alguns anos atrás, eu assistia a um jogo de futebol com um técnico chamado Iain Munro, que havia jogado profissionalmente por quase 20 anos no Reino Unido e depois foi treinador por mais 20 anos. Em certo momento durante a partida, ele estava comendo alguma coisa, e eu estava a ponto de lhe fazer uma pergunta. De repente, ele ergueu a cabeça e exclamou: "O *right back* está fora de posição!".

"Como?", eu disse, me perguntando a qual jogador e a que time ele estava se referindo e se estava falando sobre o jogo que estava acontecendo no estádio, lá embaixo, ou de algo mais abstrato e metafórico.

"Ele avançou demais para o centro e não consegue ver o adversário", disse Iain. Ele gesticulou com seu sanduíche para me mostrar. Quando fez isso, o adversário um jogador do time contrário notou a mesma coisa. Ele fez um passe para um companheiro correndo acelerado no ponto cego do *right back*. Momentos depois, o jogo estava 1 a 0.

Nós estávamos assistindo à partida há meia hora de uma forma relaxada quando de repente um entre 22 jogadores ficou fora de posição por alguns segundos. Iain viu isso instantaneamente, a 70 metros de distância, enquanto conversava e comia um sanduíche. Algum tipo de alarme havia disparado. Era possível ver isso na sua linguagem corporal. Ele sabia que aquilo significava problema.

Como ele havia feito aquilo? O segredo era seu conhecimento de como as coisas *deveriam* ser. "Os quatro de trás têm um formato apropriado", disse ele. "Juntos eles devem se parecer um pouco com um pires. O pires deve se inclinar um pouco em resposta ao ponto onde a bola está", disse ele, gesticulando com as mãos.

O que Iain estava descrevendo era um *modelo mental*, uma estrutura que as pessoas usam para entender ambientes complexos. Sua mente estava continuamente comparando o que estava à sua frente com esse modelo mental e o ajudava a notar rapidamente coisas que eram importantes ou estavam fora do lugar.

Os professores também têm modelos mentais. Você vira de costas brevemente para a turma, mas consegue, sem olhar, distinguir a tagarelice normal e natural dos alunos que estão ocupados na tarefa das conversas que parecem inadequadas. Talvez você não consiga explicar como, mas, ao ouvir, sabe que a distração está em curso. Você tem um modelo mental do ruído na sala de aula.

Pesquisas mostram que modelos mentais são cruciais para uma tomada de decisão efetiva em quase todas as áreas de conhecimento, mas especialmente nas áreas em que as pessoas precisam tomar muitas decisões rapidamente enquanto estão focadas em múltiplas coisas.

Em sua pesquisa sobre a *expertise* dos professores, David Berliner[3] mostrou o vídeo de salas de aula a professores novatos e a experientes. Os novatos tiveram dificuldades para entender o que estava acontecendo. "Na maioria das vezes, eles relataram observações contraditórias e pareciam confusos sobre o que estavam observando", escreve Berliner. Já os experientes, como Ian, muitas vezes pareciam estar observando passivamente até que alguma coisa parecesse fora do lugar. Isso desencadeava uma reação. "Quando ocorriam situações anormais", os experientes respondiam "sem esforço e de forma fluida", em parte porque eram capazes de identificar rapidamente o que era uma anormalidade. Eles não reagiam de forma exagerada ao que era normal, mas eram rápidos em notar problemas potenciais rapidamente. Conseguiam distinguir quais alunos ficavam mais silenciosos do que o normal por estarem concentrados e quais ficavam quietos por estarem entediados. Eram capazes de rapidamente separar um sinal de um ruído, em parte porque estavam comparando o que viam com um modelo mental.

O restante deste livro discute técnicas específicas, mas este capítulo descreve os princípios centrais que podem ajudar os professores a construir um modelo mental mais forte e, assim, escolher entre as técnicas e tomar melhores decisões no ensino. Aqui, considero melhores decisões aquelas que resultam em mais aprendizado e desenvolvimento entre os alunos. Decidir começa com uma percepção cuidadosa, e os modelos mentais auxiliam nisso. No entanto, embora a percepção derive da experiência, ela se desenvolve mais rapidamente quando compreendemos princípios básicos.

Isso não está nas primeiras versões do livro, mas acrescentei a esta edição para enfatizar como é importante compreender o propósito das técnicas. "Um ensino excepcional sempre começa com uma visão clara e um propósito firme", escreve Adeyemi Stembridge em *Culturally Responsive Education in the Classroom*. "O professor que entende bem isso é... capaz de ser excepcional até nas estratégias mais banais" (p. 154). Dito de outra forma, "Tudo funciona em algum lugar, e nada funciona em todos os lugares", como escreve Dylan William. Uma técnica impecável exatamente no momento errado ou pela razão errada é um beco sem saída.

Depois da visita a uma escola, há não muito tempo, meu colega Darryl Williams refletiu sobre um exemplo. Havíamos visto uma professora engajar seus alunos lindamente – todas as mãos estavam gesticulando com entusiasmo durante a maior parte da sua aula. A energia era palpável e, como um leitor de *Aula Nota 10* poderia notar, a proporção da participação era alta. Houve muitas oportunidades para a técnica *Virem e conversem*, mas Darryl sentiu que alguma coisa estava faltando. As perguntas eram triviais, e as respostas eram vagas. A professora não havia refletido previamente sobre quais eram as perguntas mais importantes e como seriam as boas respostas. "Se as pessoas tentarem usar técnicas para compensar uma falta de clareza sobre seu conteúdo, a lição não irá funcionar", disse Darryl.

Compare esse exemplo com o ensino de Sadie McCleary no vídeo *Sadie McCleary: Pedra Angular*. Ela também usa a técnica *Virem e conversem* para estimular mais participação em sua sala de aula. Os alunos gesticulam animados, se engajam dinamicamente. Mas a intenção e o motivo de ela escolher a técnica eram extraordinários. Sadie descreveu seu pensamento da seguinte maneira:

> Se for uma pergunta mais importante, sempre peço que os alunos escrevam ou a técnica *Virem e conversem* primeiro para aumentar a participação, depois circulo enquanto eles estão conversando e escolho um ou dois para chamada *De surpresa*.
>
> Se for alguma coisa mais fácil, posso perguntar em voz alta, mas reúno dados no momento fazendo a chamada *De surpresa* com alunos específicos, geralmente com aqueles que considero termômetros, que mostram o que a turma está achando. Se for alguma coisa muito simples, da qual quero que todos os alunos se lembrem rapidamente, posso usar o *Todos juntos* para todos falarem em voz alta.

Sadie reflete cuidadosamente sobre a técnica, mas sua compreensão dos princípios de como a aprendizagem acontece forja suas decisões – seu objetivo é manter os alunos pensando constantemente e construindo ativamente a memória de longo prazo. Um marinheiro precisa se preocupar com os nós e as velas, mas também deve ficar de olho na bússola.

Você pode argumentar que os títulos dos capítulos deste livro já compõem um conjunto de princípios para um modelo de boa sala de aula. Pode argumentar que devemos "verificar a compreensão" e ter altas expectativas acadêmicas e comportamentais, por exemplo, ou que a "proporção" no trabalho dos alunos deve ser alta e incluir um equilíbrio entre escrita, discussão e questionamento. Em muitos aspectos, eles são assim, mas são princípios de *ensino*, e mesmo esses princípios precisam ser apoiados por princípios de *aprendizagem* que possam ajudar a explicar por que certos métodos funcionam, e não como e quando usá-los.

Primeiramente, no entanto, permita que eu faça uma breve digressão sobre percepção. É crucial que os educadores entendam a percepção, pois ela molda a tomada de decisão. Só podemos tomar decisões sobre o que vemos. Para que um professor reconheça que Julissa está ficando desanimada em relação à matemática, ele primeiramente precisa perceber a linguagem corporal e a expressão facial de Julissa. Muitas pessoas presumem que isso é muito mais simples do que na verdade é, que se olharmos para ela iremos vê-la, mas ver na verdade está longe de ser automático.

O primeiro passo, frequentemente negligenciado ao tomarmos melhores decisões, é ver melhor.

"Estamos conscientes apenas de uma pequena porção do nosso mundo visual em um determinado momento," afirmam Christopher Chabris e Daniel Simons em *O gorila invisível*, estudo de um tópico que os professores conhecem bem: cegueira inatencional. Esse é o termo técnico para a habilidade de cada pessoa no planeta de olhar diretamente para alguma coisa importante e simplesmente não a ver: um carro entrando no cruzamento, um aluno levantando sua mão com hesitação ou, simplesmente, um apagador voando pela sala. Isso acontece o tempo todo com pessoas que trabalham em ambientes perceptivos complexos. Acreditamos que a percepção é objetiva e automática. Na verdade, não queremos acreditar que falhamos em perceber algo. Essa é a parte complicada. Chabris e Simons afirmam que isso é totalmente incompatível com a forma como entendemos nossas mentes".

O que fazer se a percepção pode falhar, mas ainda assim é importante? O que fazer se é essencial conseguir notar o aluno que está em silêncio e frustrado, por exemplo? Ou quando você passou 10 minutos explicando um tema, e Daphne ainda nem pegou no lápis? "Existe uma forma comprovada de eliminar a cegueira inatencional: tornar o objeto ou evento inesperado menos inesperado", concluem os autores. Em outras palavras, a melhor maneira de ver bem é saber o que deve ocorrer. Seu modelo mental orienta o que você deve procurar. Quanto mais entendemos, mais vemos. Não entender o que estamos vendo também influencia nosso olhar. Um estudo recente mostrou que radiologistas faziam diagnósticos mais precisos e corretos com base em raios-x do que os iniciantes (ou seja, eles tinham maior probabilidade de percebê-los corretamente), mas os erros dos radiologistas menos experientes não aconteciam por acaso.[4] Eles temiam "deixar passar alguma coisa", e essa responsabilidade fazia com que diagnosticassem exageradamente condições que não existiam. Mesmo com a preocupação de não entender, o que você está vendo influencia como você vê.

Com isso em mente, é importante reservar algum tempo para discutir os cinco princípios orientadores a seguir. Espero que eles forneçam um modelo mental útil de como a aprendizagem funciona e aumentem sua habilidade de perceber as coisas com exatidão na sala de aula, e aplicar as técnicas deste livro para incentivar o melhor dos alunos.

1. Entender a estrutura cognitiva humana significa construir memória de longo prazo e mobilizar a memória de trabalho.
2. Hábitos aceleram a aprendizagem.
3. Aquilo ao que os alunos prestam atenção é o que irão aprender.
4. Motivação é social.
5. Ensinar bem é construir relações.

PRINCÍPIO 1: ENTENDER A ESTRUTURA COGNITIVA HUMANA SIGNIFICA CONSTRUIR MEMÓRIA DE LONGO PRAZO E MOBILIZAR A MEMÓRIA DE TRABALHO

Este é um modelo simples da estrutura da cognição humana, fornecido por Daniel Willingham em seu excelente livro *Por que os alunos não gostam da escola?*

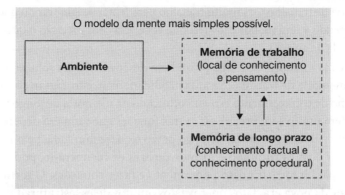

Entre tudo o que isso indica está o fato de que a memória de trabalho é o meio pelo qual interagimos conscientemente com o mundo. Qualquer pensamento de que temos consciência, como o pensamento crítico, ocorre aqui.

O poder da memória de trabalho é surpreendente. Permitiu que a humanidade descobrisse a penicilina, criasse o musical *Hamilton* e conceitualizasse a Teoria das Cordas. Mas além do seu imenso poder, a característica mais dominante da memória de trabalho é sua minúscula capacidade. Temos dificuldade para ter mais do que uma, ou talvez duas ideias ao mesmo tempo. Eis uma maneira de testar os limites da sua memória de trabalho. Releia as duas primeiras sentenças deste parágrafo. Depois feche o livro e tente escrevê-las palavra por palavra em um pedaço de papel. Você provavelmente terá dificuldade para lembrar mesmo dessas duas sentenças simples. É aí que você se depara com os limites da sua memória de trabalho. Você simplesmente não consegue manter muita informação ali em um determinado momento. Uma versão deste problema – a cognição sendo restringida pelos limites da memória de trabalho – ocorre repetidamente com aqueles que estão em pleno aprendizado. Se tentarmos manter informações em excesso na memória de trabalho, não conseguiremos nos lembrar delas.

Se persistimos sobrecarregando a memória de trabalho, nos forçamos a fazer escolhas entre as coisas em que estamos tentando trabalhar. Por exemplo, se você está dirigindo e também tentando usar a memória de trabalho para outra tarefa – por exemplo, conversar ao telefone com quem mora com você sobre as coisas que precisa pegar no mercado –, é muito maior a probabilidade de causar um acidente enquanto faz uma curva à esquerda atravessando o fluxo do trânsito. Não importa se você não está segurando seu celular. O problema não é estar com as mãos ocupadas, mas a memória de trabalho. Uma grande carga na memória de trabalho diminui a sua percepção, e você tem menos capacidade para reparar nos outros veículos se aproximando. Você percebe menos do ambiente quando sua memória de trabalho está sobrecarregada. Isso por si só tem implicações importantes para o ensino. Uma delas discutiremos no Capítulo 2: uma boa preparação de aula permite que você ensine com menos carga na memória de trabalho. Se você não se preparou bem, sua memória de trabalho terá muito trabalho para tentar se lembrar do que vem a seguir no conteúdo e será menos provável que você veja com precisão o que está acontecendo na sala de aula.

Uma memória de longo prazo bem desenvolvida é a solução para as limitações da memória de trabalho. Se uma habilidade, conceito, algum conhecimento ou um corpo de conhecimento estiver codificado na memória de longo prazo, seu cérebro poderá usá-lo sem prejudicar outras funções que também dependem da memória de trabalho. A memória de longo prazo é quase ilimitada. Se nosso conhecimento estiver bem estruturado e formos capazes de recuperá-lo, poderemos nos basear nele para informar nosso pensamento e fazer conexões. O tormento para o educador da nova era, fatos, meros fatos, muitos deles, estruturados cuidadosamente na memória de longo prazo e facilmente recordados através da prática, é o fundamento de formas superiores de cognição. Você começa a pensar conscientemente sobre alguma coisa que está na memória de trabalho – digamos, uma cena em um romance que você está lendo – e de repente as conexões da sua memória de longo prazo começam a se multiplicar. É como outro livro que você lê, é um exemplo de uma teoria sociológica, o que você está lendo não é historicamente preciso. Essas formas de pensamento crítico estão se baseando no conhecimento codificado na memória de longo prazo. Como escreve Willingham: "Os dados dos últimos 30 anos levaram a uma conclusão que não é cientificamente contestável: pensar bem requer conhecer os fatos... Os próprios processos com os quais os professores mais se preocupam – processos de pensamento crítico como raciocínio e solução de problemas – estão intimamente interligados com o conhecimento factual que está na memória de longo prazo".[5] "Muitas vezes, quando vemos alguém aparentemente engajado em pensamento lógico, ele na verdade está engajado na recuperação da memória", continua Willingham.

Essa noção deve indicar o modelo mental de cada professor. Primeiramente, pensamento crítico e solução de problemas não são o oposto de conhecimento factual, mas se baseiam nele. Isso é importante de ser observado porque muitos educadores desdenham os fatos. Por que ensiná-los, é o argumento, quando você pode buscar qualquer coisa no Google? Em vez disso, devemos ensinar pensamento crítico. A resposta a essa pergunta retórica, como nos diz Willingham, é que você *não consegue* ensinar pensamento crítico sem fatos. A solução de problemas é "específica para domínios". Em sua maior parte, você pode ter pensamentos aprofundados apenas sobre coisas sobre as quais sabe alguma coisa.

Em uma oficina recente com líderes escolares, tentei fazer alguns acréscimos ao diagrama de Willingham para captar um pouco mais sobre o que ele propõe, conforme segue:

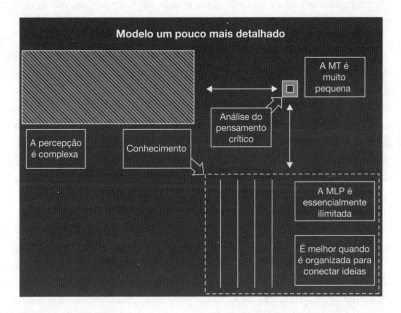

Na minha versão, tentei deixar a memória de trabalho (MT) muito pequena para lembrar que sua capacidade é limitada. Já a memória de longo prazo (MLP) é grande. A linha pontilhada sugere que, até onde sabem os cientistas cognitivos, ela é praticamente ilimitada. Ter mais conhecimento na memória de longo prazo não dificulta aprender algo novo; pelo contrário, facilita. Quanto mais você sabe, mais conexões consegue fazer para adquirir novos conhecimentos. Isso faz com que você se lembre mais fácil desse conhecimento e fornece mais conexões para que você se lembre dele. Uma expressão entre os cientistas cognitivos: "coisas que disparam juntas se conectam". Se pensamos nelas ao mesmo tempo, lembrar delas também acontecerá em conjunto e, em um caso ideal, lembrar de alguma coisa da memória de longo prazo intensificará a recordação de conceitos e ideias relacionadas. O antídoto para o argumento de que a memória é composta meramente de fatos isolados é, em parte, organizar nossas memórias para que o conhecimento esteja conectado a outros fatos, *insights* e observações. É assim que fatos inicialmente isolados se tornam algo mais abrangente que denominamos conhecimento. Entretanto, lembrar-se de alguma coisa requer sucesso no armazenamento *e* sucesso no acionamento. Além disso, a velocidade e a facilidade com que você consegue encontrá-la é *o* fator crucial em sua habilidade de usá-la. Assim, mais uma vez, as memórias organizadas com muitas conexões entre inúmeras informações também têm maior probabilidade de encontrar mais caminhos para recordar com êxito o conhecimento que elas contêm.

Também acrescentei ao meu modelo a ideia de que a percepção é complexa, porque uma das coisas que a memória de trabalho faz muito bem – ajudar a perceber o mundo externo – é muito mais complexa e mais falha do que pensamos. Em geral, se a memória de trabalho estiver sobrecarregada, os alunos perceberão e lembrarão menos. A solução é ter conhecimento codificado na memória de longo prazo. Depois que a informação está armazenada ali, ela pode ser usada com muito pouca carga da memória de trabalho.

É claro, se a memória de trabalho tem poucos estímulos, haverá "maus resultados": tédio e aprendizagem reduzida, para os iniciantes, além de falta de atenção. A mente encontra outras coisas para fazer. Portanto, é essencial prestar atenção e manejar a quantidade de novas informações com as quais trabalham os cérebros jovens. Nós os queremos constantemente engajados e interessados, mas não sobrecarregados com mais do que podem manejar. A ciência por trás disso é conhecida como "Teoria da Carga Cognitiva". Ela está entre as coisas mais importantes que os educadores devem saber. Sweller, Kirschner e Clark, pesquisadores mais importantes dessa teoria, definem aprendizagem como uma mudança na memória de longo prazo e observam que "O objetivo de toda instrução é alterar a memória de longo prazo. Se nada mudou na memória de longo prazo, nada foi aprendido".[6] É por isso que é tão importante pensar sobre o esquecimento. Você encontrará esse conceito em várias das novas técnicas deste livro.

Um último comentário essencial sobre o manejo da memória de trabalho: o *efeito de desvanecimento da orientação*, de Sweller, defende que os indivíduos experientes e os iniciantes aprendem de formas diferentes. Os ambientes para solução de problemas em que os aprendizes têm tarefas com soluções inferidas em vez de receberem instrução guiada funcionam bem para os experientes porque eles percebem esses ambientes de forma ágil e podem rapidamente conectar o que veem com sua vasta base de conhecimentos. Com quem está aprendendo, isso não ocorre. Eles provavelmente terão uma percepção errada ou prestarão atenção a pontos de pouco valor ou usarão sua escassa memória de trabalho para procurar a informação correta. Com pouco conhecimento sobre o assunto em sua memória de longo prazo, eles fazem muito menos conexões. Para os iniciantes, a instrução cuidadosamente guiada é muito mais efetiva. No entanto, muito poucos educadores têm consciência dessa distinção. Eles têm a tendência a presumir que o que funciona para os experientes é, portanto, melhor para todos. Se é assim que os melhores matemáticos aprendem, devemos aplicar isso a todos. Mas o efeito de diminuição da orientação indica que pensar isso é um erro. "Os alunos devem inicialmente receber muita orientação explícita para reduzir a carga na sua memória de trabalho, o que auxilia na transferência de conhecimento para a MLP", afirma Sweller. "Depois que os alunos estão mais informados, essa orientação é desnecessária e interfere no maior desenvolvimento de competência, devendo ser diminuída e substituída pela solução de problemas". Os alunos da educação básica, normalmente, são iniciantes, embora não seja sempre assim. Você pode ser um especialista em *Macbeth*, mas um aprendiz assim que começa a ler *Hamlet*. Ou vice-versa. A técnica 21, *Mostre as etapas* discute em particular várias questões levantadas pelas interações das memórias de trabalho e de longo prazo, "a maldição da expertise" e a necessidade de analisar novas informações em

Cinco temas: modelos mentais e execução intencional **11**

etapas com a prática intercalada para abordar questões da capacidade da memória de trabalho (mas será útil ao longo de todo o livro). Você deverá usar a *Prática da recuperação* com frequência para instalar conhecimento na memória de longo prazo e usar a chamada *De surpresa* para assegurar que todos estejam praticando. Peça que os alunos escrevam antes das discussões para reduzir o esforço na memória de trabalho de terem que recordar o que queriam dizer, deixando-os livres para ouvir os comentários uns dos outros, por exemplo.

Um aspecto final sobre a importância da memória de longo prazo provém de um vislumbre no que é conhecido como a curva do esquecimento, que demonstra a velocidade com que uma pessoa normalmente esquece de coisas que aprendeu.

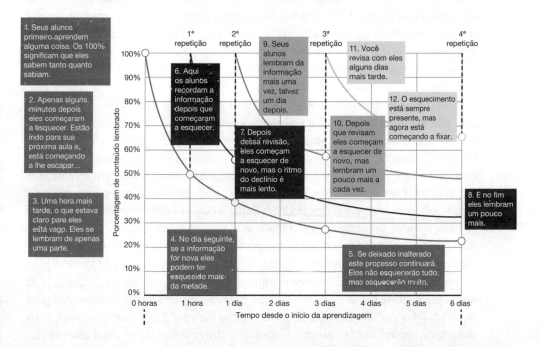

A curva do esquecimento original foi derivada na década de 1880 pelo psicólogo alemão Hermnn Ebbinghaus e demonstrava graficamente a velocidade real em que ele era capaz de se lembrar de uma série de sílabas sem sentido depois de aprendê-las. Embora seus alunos não estejam aprendendo silabas sem sentido, vale a mesma coisa para a velocidade com que se esquecem do que aprenderam. O princípio é amplamente aceito pelos psicólogos cognitivos. Confira a seguir o que nos diz a curva do esquecimento.

- Assim que você aprende alguma coisa, começa a esquecê-la quase imediatamente.
- A velocidade do esquecimento normalmente é muito alta: algumas horas depois de aprender alguma coisa, as pessoas, em geral, lembram-se de apenas uma fração dela.

- Cada vez que você pratica recordar o que sabe, a velocidade e a quantidade do esquecimento é relativamente reduzida.

- Recuperar alguma coisa de volta à memória de trabalho reduz a velocidade do esquecimento, mas é importante saber como e quando a recuperação acontece. (Discuto a recuperação em mais detalhes na técnica 7, *Prática da recuperação*.)

Essa é uma informação imensamente útil, mas as curvas do esquecimento não dão conta de tudo. Não conseguem mostrar exatamente qual será a taxa de retenção para seus alunos em geral ou para um aluno específico no momento A ou momento B, para um tópico específico que você ensinou. Existem diferenças individuais e fatores no ambiente de aprendizagem, como o quanto os alunos estão prestando atenção e o quanto a informação era nova para eles. Portanto, a curva na maioria dos casos é teórica, mas o tema é claro: esquecemos rapidamente e decisivamente tão logo paramos de pensar sobre alguma coisa, e esse processo está sempre em ação. Se inalterado, seus efeitos são massivos.

É importante destacar que o que os alunos conseguem lembrar no final de uma aula não representa o que eles realmente sabem, pois o conhecimento ainda não está na memória de longo prazo, e o esquecimento inicia quando o ensino para. Os alunos começarão a esquecer no momento em que saírem da aula. Sim, use a técnica do Arremate para avaliar no final da aula. Mas saiba também que, a não ser que faça uma revisão adicional, essa técnica pode enganar.[7] Você pensa que seus alunos sabem como somar frações com denominadores diferentes, mas, ao dar um teste na semana seguinte ou no final do ano, vai ver o resultado da aprendizagem inicial menos o esquecimento que sempre ocorre depois dela. Manejar o esquecimento é tão importante quanto manejar a aprendizagem (mas não é tão visível).

Isso é especialmente relevante porque apenas o conhecimento na memória de longo prazo pode ser usado sem redução da memória de trabalho disponível para outras tarefas ou sem prejudicar a percepção. Se você fizer uma pergunta mais complexa, como "Você consegue encontrar outra maneira de resolver este problema?", a resposta, provavelmente será *não* se a memória de trabalho for exigida a serviço dos cálculos. Se quer um raciocínio mais complexo ou maior percepção por parte dos alunos, ajude-os a liberar sua memória de trabalho no momento em que quer que eles se engajem nessas tarefas, tornando mais fluidas as habilidades que eles estão usando no momento. É por isso que a fluência na leitura e a automaticidade com fatos matemáticos são fundamentais – elas são necessárias porque não queremos que os alunos se ocupem dessas coisas em momentos cruciais, e fluência é o único modo de evitar o problema da memória de trabalho. Você não consegue perceber o tom do autor se sua memória de trabalho precisa estar engajada para analisar a sintaxe do trecho que está lendo. Quando as habilidades básicas não são totalmente automáticas, é muito difícil ter pensamentos complexos ou perspicazes durante a leitura. Alunos inteligentes e interessados talvez não consigam ter muito a dizer sobre uma passagem que leram, porque sua memória de trabalho foi empregada decifrando as palavras. Isso também vale para o conhecimento prévio. Você não pode dar um salto para conectar a atitude do primeiro ministro com a do seu predecessor um século antes, a não ser que esse conhecimento esteja na sua memória de longo prazo. "Procurar no Google", na verdade, exige sua memória de trabalho.[8]

Então, qual é o número ideal de interações necessárias com o conteúdo se quisermos estruturar a memória de longo prazo? Pesquisas sugerem três ou quatro, mas com muitas ressalvas e muitas incógnitas. Em *The hidden lives of learners*, Graham Nuthall observa que três interações com o material determinam, com 80% de precisão, se os alunos aprenderam o conteúdo. Nuthal e seus colegas analisaram o conteúdo ensinado em uma aula específica e determinaram se os alunos haviam prestado atenção a ele, seja ouvindo uma instrução do professor, seja interagindo com os pares. Eles conseguiram prver com 80% de precisão se os alunos haviam aprendido o conteúdo. Tão preditivo era esse método que Nuthall levanta a hipótese de que é, pelo menos, possível que "outros fatores (como o uso de perguntas abertas, *feedback*, organizadores prévios, exemplos e analogias relevantes e o nível de interesse do material) podem não ser relevantes para a aprendizagem do aluno, exceto na medida em que eles aumentam a probabilidade de os alunos prestarem atenção ao conteúdo relevante".[9]

Mas é claro que, mesmo que a pesquisa de Nuthall fosse conclusiva, a complexidade e familiaridade do conteúdo, independente da qualidade da apresentação do material e da capacidade de atenção dos alunos, poderia alterar esse número. Além disso, a ideia de que, se você não ouve três vezes, não irá aprender torna-se especialmente importante à luz das pesquisas sobre a constância de distrações de nível baixo em muitas salas de aula. Assim é também o grau de fluência que o conteúdo exigiu. "Lembrar" pode significar coisas diferentes. Dependendo do conteúdo, não tem problema se eu precisar de alguns segundos para puxá-los da memória de longo prazo. Não há pressa. Mas de algumas coisas eu preciso num piscar de olhos e, portanto, podemos presumir que requerem mais interações para garantir a facilidade e velocidade da recordação.

Como esse princípio deve determinar as decisões de ensino? Mantenha livre a memória de trabalho para os alunos apresentando o novo conteúdo em porções administráveis e incluindo sequências curtas de prática e recuperação. A chamada *De surpresa* é uma ótima ferramenta para que todos façam o trabalho da recuperação, mesmo aqueles que você não chama. Você também pode usar a técnica *Todo mundo escreve* e outras formas de escrita para fazer com que o pensamento dos alunos seja codificado na memória por mais tempo. Um bom adágio a ser lembrado é que os alunos se lembram daquilo que pensam, então mantenha a proporção elevada e desenvolva hábitos de atenção e foco. Sempre tenha em vista a construção de conhecimento (organizadores do conhecimento podem ser úteis) e reforce a fluência na leitura com a técnica *Leitura em FASE*.

Mas também não esqueça da sua própria memória de trabalho. O Capítulo 2 vai ajudar na preparação da aula para que você se concentre em perceber o que está acontecendo com os alunos enquanto ensina. Ao reunir os dados sobre o domínio dos alunos, lembre-se de que esses dados podem rapidamente sobrecarregar sua memória de trabalho, portanto monitore-os por meio da técnica de *Observação ativa*.

Aulas *on-line*

Mobilizar as limitações da memória de trabalho é um dos principais desafios de ensinar em qualquer contexto. *On-line*, seus desafios são potencializados, já que estamos competindo com distrações potenciais e a atenção é fragmentada. Embora as aulas *on-line* facilitem que os alunos façam pesquisas, escrevendo depois seus resultados no *chat*, às vezes acabava havendo uma quantidade exagerada de dados. A "velocidade dos dados" frequentemente era excessiva para a memória de trabalho: *30* respostas dos alunos na barra de rolagem cruzando a tela é mais do que os professores ou os alunos conseguem processar. O resultado, algumas vezes, era todos falando e ninguém sendo capaz de ler ou prestar atenção aos comentários. O vídeo *Harley e Clayton: Mostrando os dados* mostra Rachel Harley e Hasan Clayton, dois professores na Nashville Classical Charter School, apresentando uma solução sofisticada. Eles pedem que os alunos mandem suas respostas pelo *chat* apenas para eles, não "para todos", e então selecionam algumas respostas excepcionais e as publicam onde a classe possa ler e refletir sobre elas com mais foco. Realmente não há razão para que os professores não possam selecionar um conjunto de exemplos interessantes dos alunos e apresentá-los para guiar e desenvolver a discussão de forma similar também em salas de aula físicas.

PRINCÍPIO 2: HÁBITOS ACELERAM A APRENDIZAGEM

Outra demonstração de que a memória de trabalho é tão poderosa quanto limitada é a percepção de que toda tarefa que você consegue fazer sem uma carga mínima na memória de trabalho permite usar a capacidade remanescente para alguma coisa mais importante. A leitura fluente é talvez o exemplo mais importante disso. Quando os alunos conseguem ler com fluência, sua memória de trabalho é liberada para pensar com mais profundidade sobre o texto, e sua compreensão e habilidade para analisar aumentam.

Isso também explica por que a formação de hábitos é tão crítica para a aprendizagem. Atividades cotidianas com que temos familiaridade, que podemos fazer sem ter que pensar antes, são mais fáceis de realizar. Isso significa que podemos liberar nossas mentes para pensar em coisas mais complexas enquanto as realizamos.

Seu despertador toca na escuridão antes de amanhecer, e sua mão dá um tapa no botão soneca. Você está com sono, mas em seguida está de pé na frente da pia com a pasta de dentes na escova. Agora o chuveiro está ligado. Provavelmente você está se movimentando pelo hábito enquanto seu cérebro se esforça para encarar o novo dia. Você faz o que faz porque isso é o que você faz. Suas ações aconteceriam mais lentamente e exigiram mais força de vontade e memória de trabalho (ou poderiam nem acontecer) se não fossem um hábito. Uma rotina conhecida permite que você poupe sua força de vontade para alguma outra coisa. Curiosamente, pesquisas sugerem que a força de vontade é de fato limitada desse modo. A maioria de nós pode esgotá-la. O termo "esgotamento do Ego"[10] descreve esse fenômeno.

Porém algo mais acontece como resultado dos hábitos. Provavelmente alguns dos pensamentos mais livres e abrangentes que você terá hoje ocorrerão enquanto está fazendo coisas que faz por hábito: escovando os dentes, de pé no chuveiro, talvez dirigindo até o trabalho. Sua mente pode fazer essas coisas com custo muito baixo para a memória de trabalho. De repente ela está livre para vaguear. Antes que perceba, você está pensando sobre onde colocar o sofá para que a sala de estar fique mais funcional ou qual é a melhor pergunta para destravar a leitura da noite passada para seus alunos.

Pense nisso em termos da sala de aula. Quando você pede que seus alunos escrevam em resposta a um livro que estavam lendo ou discutindo, quanto mais o processo é estabelecido como um hábito – "peguem seu Diário de Respostas do Leitor e comecem a escrever" –, mais memória de trabalho sobra para pensar sobre o livro. Confira como isso acontece com esta sequência na sala de aula do 5º ano de *Jessica Bracey: Pedra Angular*. Jessica diz: "Peguem seus livros. Pergunta 87 em seus Diários de Respostas do Leitor. Vocês têm evidências no texto. Podem começar!". Menos de três segundos depois, cada lápis na sala está se movendo e, o que é mais importante, cada aluno está pensando de verdade sobre o livro. Compare essa situação com a da Srta. Yecarb. Sua sala de aula é o oposto da sala da Srta. Bracey. Ela acha que os alunos ficam entediados fazendo as mesmas coisas todos os dias, então frequentemente promove novas maneiras de tornar interessantes as tarefas de casa. "Reservem alguns minutos para anotar seus pensamentos sobre por que Maddie faz o que faz", diz a Srta. Yecarb. "É para escrever em frases?", um aluno pergunta. "Sim", diz a Srta. Yecarb. "Onde?", pergunta outro aluno. "Qualquer coisa serve: numa folha de papel ou em suas anotações. Usem um lápis de cera grande e roxo, se tiverem! Mas tentem pensar de verdade sobre isso," responde a Srta. Yecarb. "Pode ser neste?", pergunta um, erguendo seu caderno. "Não consigo encontrar um pedaço de papel", diz outro aluno. "Ei!", diz um terceiro. Seu colega na carteira ao lado estava procurando um lápis na mochila e balançou a carteira dele.

O problema não é só o tempo desperdiçado, embora claramente tenha sido desperdiçado. É que a continuidade foi perdida, e o foco, dissipado. Quando seus alunos começarem a escrever, lembrarão menos sobre o texto. As ideias que estavam começando a se desenvolver alguns segundos antes tinham sido desviadas da memória de trabalho pelas demandas de pegar lápis e papel. Seus *insights* serão espalhados ao vento. Quando escreverem, uma parte deles estará pensando em aspectos banais da realização da tarefa – Estou escrevendo o suficiente? Outras pessoas estão escrevendo mais? –, pois responder por escrito ainda não é um hábito. Ironicamente, em um esforço para tornar "interessante", a Srta. Yecarb foca mais atenção na tarefa de escrever e menos no livro em si.

Na classe de Jessica, no entanto, as ideias estão fluindo imediatamente, porque existe hábito e procedimento. Há um diário na pasta de todos, a pasta está sobre a carteira de todos, e os lápis estão nos estojos. A narrativa dela revela que eles já fizeram 87 vezes e, portanto, para eles é equivalente a escovar os dentes. Eles conseguem fazer isso não só rapidamente, mas com sua atenção em coisas maiores – o livro, no caso. Os alunos de Jessica provavelmente terão pensamentos mais complexos e criativos, porque ela tornou um hábito a parte de responder por escrito. Você pode ver os benefícios disso no resto do vídeo. O que fazemos como hábito exige menos força de vontade, por isso que todos os alunos estão escrevendo o tempo todo. O que fazemos por hábito permite que nossa memória de trabalho esteja em coisas mais substanciais, por isso que os alunos se engajaram nas perguntas de Jessica de forma reflexiva. Não causa surpresa, no entanto, que, quando ela os incentiva, a mão de todas as crianças se levanta com entusiasmo. Ela construiu um ambiente em que é fácil para as mentes deles se engajarem, e eles responderam.

Os hábitos, nos diz Charles Duhigg em *O poder do hábito*, são a forma de o cérebro economizar energia ou alocar sua energia para outras coisas mais urgentes e são tão importantes para os professores quanto para os alunos. Segundo um estudo feito pelo psicólogo social Wendy Wood e seus colegas, na Duke University, até 45% dos nossos comportamentos diários são automáticos.[11] Isso torna mais fácil fazer as coisas – pensar é um trabalho árduo, e o cérebro está sempre tentando poupar energia e foco para quando realmente precisar. Você não consegue planejar sua aula se estiver pensando em como escovar seus dentes. Mas também existem hábitos que você desenvolve para ajudar a pensar mais profundamente sobre o que está fazendo, como preparar a lição. "Sempre preparo minhas aulas da mesma maneira", Sarah Wright contou. Na manhã daquela linda aula em seu vídeo Pedra Angular, em que ela é tão receptiva aos seus alunos e parece tomar todas as decisões certas, ela diz: "fiz a atividade como se fosse um aluno, analisando segundo a perspectiva deles e escrevendo as respostas que eu esperava obter". Professores como Sarah usam um hábito familiar e produtivo para se prepararem. Isso ser uma rotina significa que ela não está pensando em como se preparar, mas em como seria uma boa resposta de um aluno.

O mesmo vale para os alunos. Queremos otimizar seu uso do pensamento preenchendo os dias letivos com dois tipos de hábitos: (1) tendo uma forma de fazer, com rapidez e facilidade, coisas relativamente sem importância e (2) tendo uma forma de fazer bem as coisas importantes e de uma maneira que canalize a maior quantidade de atenção, consciência e reflexão sobre o conteúdo. Em outras palavras, é óbvio que queremos hábitos consistentes para as coisas triviais, mas é menos óbvio que queremos hábitos consistentes para as tarefas mais importantes. É verdade, existem hábitos úteis, como entrar em uma sala de aula e distribuir os materiais. Mas hábitos acadêmicos – discutir e escrever sobre um texto – são ainda mais essenciais. O que fazemos com frequência é mais benéfico se feito também com consistência. Por isso é tão importante construir o hábito de prestar muita atenção (*Hábitos de atenção*), além de ouvir e construir uma comunidade durante as discussões (*Hábitos de discussão*). É importante, também, criar rotinas consistentes para diferentes formas de participação (*Virem e conversem, Solo silencioso*), sem mencionar expectativas como levantar a mão para responder (não há nada pior do que interromper um aluno que faz um bom comentário para pedir que o aluno que se manifestou – mais uma vez – desista de falar) e abaixar quando outros estão falando (veja a técnica 29, *Todas as mãos*).

Construa sua sala de aula com base em procedimentos que se tornem hábitos. O escritor especialista em educação Tom Bennett descreve os hábitos compartilhados que se tornam rotina em uma boa sala de aula como sendo um "superpoder". Os hábitos, escreve ele, se tornam parte dos alunos: "Eles se comportam como precisam se comportar, sem pensar. E isso significa…tempo e espaço na cabeça para pensarem sobre a coisas que você quer que eles pensem – a aprendizagem. As rotinas são o fundamento do bom comportamento. Elas demandam tempo para ser comunicadas e incorporadas. Mas nada valoriza mais o seu tempo." Tom está certo, é claro. O que ele diz sobre comportamento positivo é ainda mais verdadeiro para comportamentos de pensamento e os hábitos acadêmicos. Ironicamente isso frequentemente deixa os alunos felizes, porque eles sentem bem-estar – e algumas vezes orgulho – por saber como fazer as coisas rapidamente e bem. Mas de qualquer maneira, você estará transferindo o foco da sua memória de trabalho de como fazer uma tarefa para a importância da pergunta. Assim, uma sala de aula imbuída de hábitos fortes geralmente é também um lugar feliz e erudito.

Há um terceiro aspecto mais sutil da construção de hábitos sobre o qual vale a pena pensar. Uma história da minha visita à Michaela Community School, em Londres, que atende alunos de algumas das regiões mais pobres da cidade, ajudará a explicar por que. Na Michaela – que recentemente foi a escola com escore mais alto na Inglaterra em pelo menos uma prova de matemática –, os alunos, todos os dias, ficam em pé na hora do almoço e dão graças. Eu mesmo vi isso em uma visita em 2016.

Depois de comerem, foi dada aos alunos uma chance de se levantarem e expressarem gratidão diante de metade da escola. Suas mãos pipocaram no ar. Todos eles. Todos queriam ser escolhidos para agradecer.

Os alunos agradeceram aos seus colegas por ajudá-los a estudar. Agradeceram aos seus professores por esperarem muito e ajudá-los. Um aluno agradeceu à equipe do refeitório por cozinhar para eles (a propósito, a comida dos refeitórios no Reino Unido é muito superior à dos Estados Unidos e muito mais provável de envolver o preparo no local). As mãos ainda pipocavam no ar. Um aluno agradeceu a sua mãe por tudo o que ela fez para sustentá-lo. Ele tinha uns 13 anos e compartilhou seu reconhecimento na frente de talvez uma centena de outros meninos adolescentes, falando com hesitação, mas honestamente, sobre o quanto era grato pelo tanto que ela trabalhou duro e os sacrifícios que fez. Você não vê isso todos os dias. A gratidão parecia ser infinita e brotava deles, até que o professor responsável disse que estava na hora de voltar para a classe.

Eu me peguei pensando nisso durante algum tempo depois da situação. Ali estavam crianças de algumas das regiões mais pobres da cidade, crianças que devem ter enfrentado dificuldades em casa e no seu caminho para a escola. Muitos haviam deixado (ou ainda viviam em) lugares assolados pela violência e dificuldades. Mas na Michaela, seus dias eram marcados não pela presença de alguém que os lembrava que haviam sofrido ou tinham sido negligenciados pela sociedade, mas pelo pressuposto de que queriam demonstrar sua gratidão ao mundo à sua volta.

O que isso significava? Bem, antes de tudo, deu origem a uma cultura de reflexão. Para onde quer que eu olhasse, os alunos faziam coisas uns para os outros. Em uma classe, um aluno notou outro sem um lápis e lhe deu um sem que fosse pedido. No corredor, um aluno deixou cair alguns livros e de repente três ou quatro alunos estavam se agachando para juntá-los. Quando os alunos saíam de uma sala de aula, agradeciam ao seu professor.

Talvez agradecer torne comportamentos merecedores de gratidão mais prováveis de ocorrer. Os alunos sabem que sua bondade é vista e valorizada, não só por seus professores, mas também por seus pares. Ela se espalha. Talvez inicialmente seja devido à plausibilidade da valorização, mas depois de algum tempo simplesmente assume vida própria. As pessoas são gentis e atenciosas porque, na Michaela, isso é o que elas fazem – é um hábito.

Mas a gratidão, eu acho, diz tanto sobre quem demonstra quanto sobre quem recebe. Talvez esse seja o ponto mais importante. Demonstrar gratidão faz você procurar e ver a bondade à sua volta e, portanto, perceber um mundo cheio de bondade à sua volta. O que o deixa feliz. E talvez otimista – pensar que o mundo é o tipo de lugar que o aceitará quando você der o seu melhor. O hábito de demonstrar gratidão fez com que os alunos vissem mais coisas pelas quais podiam ser gratos, ter uma visão mais positiva do mundo. Eles o viam como um lugar onde as pessoas provavelmente sorririam para eles, ajudariam, apoiariam. Construir um hábito de enxergar assim fez com que isso aparecesse por todo o lugar. Em *A vantagem do cérebro feliz*, Shawn Anchor descreve isso como o Efeito Tetris. Você joga Tetris o suficiente e vê suas formas características em todo o lugar. Igualmente, você vê suficientes comportamentos de trabalho árduo de seus pares, suficiente generosidade e bondade, suficiente sucesso acadêmico, o que muda sua visão do mundo. Isso, também, é algo que podemos usar na sala de aula, reconhecendo que para onde direcionamos a atenção de nossos alunos pode ser uma profecia autorrealizada. Narrar o trabalho bom e árduo, e a produtividade em torno deles, ajuda a ver quando está presente e aprender mais com a sua observação.

PRINCÍPIO 3: AQUILO A QUE OS ALUNOS PRESTAM ATENÇÃO É O QUE IRÃO APRENDER

The hidden loves of learners, de Graham Nuthall, é um livro fascinante, em parte porque descreve momentos pequenos e banais nas vidas de alunos comuns.[12] Conforme mencionei antes, uma das suas principais premissas é que os alunos aprendem ideias e conteúdo com os quais entram em contato por três vezes diferentes – especialmente se cada interação for abrangente e se as interações apresentarem a informação de formas ligeiramente diferentes. Mas ele observa que isso só se aplica a alunos que estão prestando atenção. Por exemplo, um grupo de alunos está aprendendo sobre a Antártica, e a expectativa é que tenham aprendido que a Antártica é um dos lugares mais secos no planeta. Alguns aprenderam, outros não. Nuthall observa que um aluno chamado Teine está cochichando com um colega e passando bilhetes enquanto está passando um vídeo sobre a natureza desértica da Antártica. Teine não aprende o conteúdo. Outro aluno, Tui, normalmente decide que já sabe o conteúdo e não ouve atentamente. Ele não está passando bilhetes, mas não está prestando atenção e também não aprende.

Isso revela um fato óbvio, mas importante sobre educação: em qualquer ambiente de aprendizagem, algumas pessoas se desenvolvem rapidamente, e algumas se desenvolvem mais lentamente. Um fator importante nas velocidades que os indivíduos aprendem é sua capacidade de concentração por um período de tempo significativo. Os estudantes parcialmente focados ou focados por pouco tempo adquirem domínio das coisas mais lentamente e com mais dificuldade. Isso frequentemente é aparente quando trabalhamos com alunos com problemas de atenção diagnosticados, mas é claro que a habilidade de manter o foco está desigualmente distribuída entre todos os alunos (e adultos). Sua força é um impulsionador oculto do progresso.

Com base na técnica 48, *Hábitos de atenção*, "atenção seletiva" é o termo para a habilidade de focar na tarefa em questão e ignorar a distração. É a habilidade de selecionar ao que você presta atenção – excluir as distrações e travar o sinal – e tem "efeitos reverberantes" no sucesso na linguagem, alfabetização e matemática, observam as cientistas cognitivas Courtney Stevens e Daphne Bavelier. Eles acrescentam que potencialmente há "grandes benefícios em incorporar atividades de treinamento da atenção ao contexto escolar".[13]

Não causa surpresa que a construção de fortes hábitos para focar e manter a atenção – um aspecto fundamental de como os educadores ajudam a apoiar alunos com déficits de atenção – é útil para todos os alunos. Ainda assim, a atenção pode variar de momento a momento, mesmo para a mesma pessoa. Os alunos podem se concentrar profundamente em um ambiente e ficar dispersos em outro, e essa variabilidade nos faz lembrar que os ambientes de aprendizagem moldam os hábitos de atenção. Dar atenção à atenção – construir hábitos de manutenção do foco – é uma das coisas mais importantes que os professores podem fazer. Se houver um modelo mental de uma sala de aula produtiva, ele certamente incluirá alunos capazes de se perderem dentro de uma tarefa e trabalharem nela com constância por um período significativo. Dessa forma, constrói-se um ambiente onde a concentração pode ser mantida em segurança e cultiva-se com cuidado a habilidade de focar nas tarefas.

Fazer isso sempre foi necessário e um desafio, mas provavelmente nunca como atualmente, quando a capacidade da tecnologia de afetar e prejudicar a atenção é muito maior do que jamais foi. Os educadores na década de 1960 argumentavam que a televisão prejudicava a atenção e o foco dos alunos, mas os jovens na época não andavam por aí com uma televisão em seu bolso. A televisão não era a mídia para a qual todas as interações sociais dos jovens se direcionavam. Os jovens não checavam veladamente – ou abertamente – suas TVs a cada poucos minutos durante a aula. Eles não estavam habituados à necessidade de checar suas televisões a cada poucos segundos. Uma pessoa jovem – e um adulto – nos dias de hoje possui poucas roupas sem um bolso para carregar o celular. O pressuposto – demonstrado nas roupas – é que nossos telefones estão e precisam sempre estar ao nosso alcance. Silenciosa e gradualmente, a dosagem e a acessibilidade da tecnologia aumentaram ao ponto de terem afetado profundamente não só o nível de atenção, mas também a capacidade geral de ter atenção para a maioria das pessoas. Embora a abordagem dos professores sobre capacidade de atenção sempre tenha sido parte essencial, embora implícita, de uma sala de aula produtiva, ela está rapidamente se tornando mais urgente. Não estamos apenas nos esforçando para ajudar os alunos a aprenderem a se concentrar no que é importante; estamos lutando com uma tecnologia massiva e disseminada que atua em nossos alunos – e em nós mesmos – para prejudicar essa capacidade fundamental a cada minuto do dia. As escolas e professores agora precisam constantemente planejar suas escolhas e decisões com esse desafio em mente, se esperam ter sucesso. É o maior desafio que surgiu na educação desde a publicação da versão anterior deste livro.

Em seu livro *Trabalho focado*, Cal Newport examina o fenômeno da atenção no ambiente de trabalho, estudando as condições necessárias para produzir um trabalho do conhecimento de classe mundial. O sucesso em tal contexto requer que você "aprimore sua habilidade de dominar coisas difíceis", ele observa. Um cientista da computação por treinamento usa a escrita de códigos como um exemplo. Ser capaz de produzir os códigos técnicos complexos é algo notável em que é preciso ter um bom desempenho, especialmente hoje em dia, pois o trabalho do conhecimento nunca foi tão valorizado na sociedade. Um código se move livremente e na velocidade da luz por todo o globo. Se você o escrever bem, seu público de usuários potenciais é quase ilimitado. Mas esse estado das coisas – você em seu ambiente confortável, escrevendo o código e saboreando um café enquanto o mundo clama por mais e mais – tem uma desvantagem. Os códigos de todos os outros também se movem livremente e na velocidade da luz por todo o globo. Qualquer linha deles escrita em qualquer lugar no mundo imediatamente está competindo com o seu código. Todo trabalho do conhecimento é cada vez mais assim, escreve Newport, e para ter sucesso você não só precisa ser capaz de se concentrar para produzir alguma coisa peculiarmente inteligente, mas também "ser capaz de fazer isso rapidamente, repetidamente", com "isso" sendo a habilidade de atingir maestria com coisas novas e difíceis. O segredo para ter domínio sobre material complexo com velocidade e talento, escreve Newport, é a habilidade de manter estados de atenção continuada e concentração profunda. Aqueles que são capazes de focar melhor e por mais tempo se destacam na multidão.

No entanto, Newport também observa que nunca foi tão difícil construir essas mentalidades focadas, porque nossas vidas diárias (que incluem nossos ambientes de trabalho e aprendizagem) integram a distração, a falta de concentração e estados de constante atenção parcial. Elas prejudicam em vez de construir os tipos de foco mental que, em última análise, conduzem a tanto sucesso. A concentração, conclui ele, jamais foi tão recompensada e tão difícil de ser obtida.[14]

Um termo útil para compreender o porquê é "atenção residual".[15] Quando você troca de uma tarefa para outra, sua mente permanece parcialmente focada na tarefa prévia. Você faz uma pausa durante um projeto para checar seu *e-mail* e quando retorna ao projeto, sua mente ainda está parcialmente em seu *e-mail*, mesmo que não se dê conta disso. Você agora tem menos probabilidade de realizar seu melhor trabalho. Isso é especialmente prejudicial, aponta Newport, para a aprendizagem de coisas novas e difíceis, mas pesquisadores descobriram que as pessoas, na maioria dos ambientes de trabalho, operam em estados constantes de distração em baixo nível. Acontece também com os estudantes. O estudante do ensino médio (possivelmente mais maduro que os alunos do ensino fundamental), mesmo sendo exemplo de sucesso e interesse acadêmico, ainda alterna as janelas do seu computador a cada 19 segundos, por exemplo.

Mas, além do resíduo da atenção, há uma questão mais ampla: nossos cérebros são neuroplásticos, o que significa que eles se reconectam dependendo de como os usamos. A forma como nós, e especialmente os jovens, os usamos cada vez mais envolve a alternância constante de tarefas. A média para um adulto é a cada dois minutos e meio e, para pessoas mais jovens, certamente é mais. O resultado é não só que frequentemente estamos mais distraídos do que idealmente seria, mas também que somos cada vez menos capazes de manter o foco. Nossos cérebros cada vez mais esperam que as distrações "pipoquem" e ficam agitados e distraídos pelo adiamento dessa gratificação. Como afirma a especialista em produtividade Maura Thomas em um artigo recente,[16] "Nossa produtividade sofre não só porque somos distraídos por interrupções externas, mas também porque nossos cérebros...por si só se tornam uma fonte de distração".

"Dar uma passada de olhos é o novo normal", afirma Maryanne Wolf em *O cérebro no mundo digital*, um dos livros mais profundos e importantes sobre aprendizagem nos últimos anos. Ela descreve o quanto a exposição constante à tecnologia nos distrai no momento e reprograma nossos cérebros para serem menos atentos, menos capazes de atenção e menos capazes de manter estados reflexivos necessários, em particular, para uma leitura verdadeira e significativa. Talvez você note isto em si: nos últimos anos, você começou a passar seus olhos rapidamente pela página enquanto lê, avançando até o fim dela à procura de... alguma coisa. Esse é seu cérebro, programado para distração por um ambiente digital em que sua atenção sustentada média a qualquer tarefa é de menos de dois minutos, procurando por alguma coisa nova e instantânea. Em outras palavras, é você, não só falhando em prestar atenção, mas também perdendo a capacidade de prestar atenção. Quem já viveu uma vida em que a tecnologia era mais limitada consegue notar isso e a falta de foco que costumava ter. Seus alunos não viveram e não vivem uma vida assim. A maioria deles não conheceu essa realidade.

Esse fato suscita várias questões para os professores. Os ambientes que eles desenvolvem em suas salas de aula integram a atenção sustentada ou a atenção fragmentada e inconstante? O que eles podem fazer para ajudar seus alunos se observam, individualmente ou como um todo, que eles requerem habilidades mais fortes de atenção?

Recentemente me encontrei com um diretor que conheço e lhe perguntei sobre seus alunos e como eles estão mudando. "A capacidade de atenção é cada vez menor", observou ele. "Especialmente porque a maioria dos alunos não lê mais fora da escola, a menos que tenham pais que leiam. Mas estamos fazendo o melhor que podemos para adaptar nossa maneira de ensinar". Foi uma conversa curta, e nunca descobri se o que ele pretendia dizer era: *Estamos adaptando a maneira de ensinar à atenção reduzida dos alunos, dando a eles tarefas que requerem menos foco sustentado,* ou *Estamos adaptando nossa maneira de ensinar para tentar integrar a concentração e melhorar a capacidade de atenção dos alunos engajando-os em períodos continuados de trabalho em uma única tarefa.* Em outras palavras, eles estavam aderindo à mudança ou contra-atacando? Essa questão é crítica. A última, contra-atacar, pode – e talvez deva – ser alcançada. Se você assistir aos vídeos referenciados neste livro, acredito que verá muita alegria, energia e aprendizagem num ritmo rápido, mas também com certeza verá, em quase todas as salas de aula com alto rendimento, alunos que conseguem manter o foco em uma única tarefa, muitas vezes em silêncio, com determinação e de modo independente. Isso é possível, em parte, porque os professores priorizaram e desenvolveram a capacidade de focar desses alunos, com o tempo, até que se tornasse um hábito.

Você também verá, nos vídeos, ambientes onde perturbações constantes ao trabalho, ao pensamento e à reflexão são raras, porque os professores sabem que os alunos merecem isso.

Mesmo que o nível da capacidade de focar seja diferente em cada aluno, podemos desenvolvê-la tanto quanto possível. Alcançar isso sempre foi um dos resultados mais importantes da escolarização – mesmo que esse fato nem sempre seja identificado ou reconhecido. A escola é um dos últimos lugares que podem tentar isolar os jovens da distração constante, da superestimulação digital e da alternância de tarefas. Com certeza existe um lugar para os dispositivos digitais na aprendizagem, mas existe igualmente uma necessidade de ficar por um tempo sem eles. Proporcionar doses regulares de tempo livre de telas e distração, com reflexão meditativa – lápis, papel, livro – é o maior presente que podemos dar aos jovens.

Em 1890 (quando *high-tech* significava inovações modernas, como a máquina tabuladora), o psicólogo William James observou, em *The principles of psychology*, algo mais sobre a atenção: aquilo ao que prestamos atenção molda nossa cognição de forma mais ampla. "Minha experiência é que eu concordo em prestar atenção", ele explica, antecipando um vasto leque de pesquisas no século XXI que sugerem quão profundamente aquilo ao que prestamos atenção nos molda. A atenção, em outras palavras, não é apenas um tipo de "músculo que nos permite continuar olhando", como argumentou minha colega Hannah Solomon em uma conversa sobre esse tema, mas também "a lente através da qual nós estudantes olhamos", o que também precisa ser considerado.

Então, como dar atenção à atenção na sala de aula? A seguir estão algumas reflexões iniciais. Você certamente encontrará mais.

Você deve construir fortes hábitos de escrita com foco sustentado por meio da técnica *Solo silencioso* e ampliar o tempo que os alunos podem se engajar na escrita. Deve, também, usar a *Leitura em FASE* para treinar os alunos a focar no que estão lendo sem interrupção, por um tempo, e ajudá-los a experimentar o prazer de ter foco. É o prazer de "fluir", como algumas pessoas chamam, o momento em que nos perdemos em uma tarefa, e o resto do mundo – incluindo os telefones e as telas – desaparece. Ajude os alunos a aprenderem a se concentrar durante o ensino e as discussões por meio dos *Hábitos de atenção* e dos *Hábitos de discussão*. Coloque em ação a técnica *Virem e conversem* e pense sobre como trazer o conceito de "fluxo" para sua própria maneira de ensinar, por meio das ferramentas apresentadas no Capítulo 6, "Ritmo". Outra questão importante é o ambiente cultural e comportamental em sua sala de aula. Você consegue manter os momentos para pensar livres de interrupção? Se os alunos gritam as respostas tão logo você pergunta, não pode impor o tempo de espera como uma ferramenta chave, que permita que os alunos reflitam e foquem nas perguntas. Se esse for o caso, inicie com *Meios de participação*.

Como o parágrafo anterior me faz lembrar, este livro pode no fim das contas tratar-se, antes de mais nada, sobre construir e manter a atenção.

Finalmente, existe a tecnologia a considerar. Muitos professores presumem que tarefas feitas usando a tecnologia ou uma tela têm mais valor. Acham que é inerentemente bom conectar a sala de aula. A tecnologia nos dá imenso poder, mas também vem acompanhada de profundas desvantagens. Não usar a tecnologia (evitá-la) é tão importante quanto usá-la. No entanto, esses professores e nós concordamos que a escola não é lugar para distrações constantes. Escrever com lápis e papel, fazer anotações à mão, ler livros impressos: há inúmeras pesquisas demonstrando que essas atividades são muito mais benéficas do que a mesma tarefa realizada em uma tela.

PRINCÍPIO 4: MOTIVAÇÃO É SOCIAL

As pesquisas sobre compreensão da aprendizagem não estão limitadas à psicologia cognitiva. Alguns dos *insights* mais importantes provêm de uma fonte surpreendente: a biologia evolucionária, ou a história de como acabamos sendo como somos. A palavra mais importante nessa história é "nós". Embora os humanos tenham desenvolvido características individuais que eram necessárias para nossa sobrevivência – cérebros grandes, oposição dos polegares, a habilidade de ficar em pé, etc. –, nosso sucesso evolucionário foi sobretudo um esforço de grupo, o resultado de um profundo instinto na direção do comportamento grupal coordenado.

Para prevalecer sobre outros grupos, os membros dos grupos que sobreviviam tinham que provar ser fortes e capazes como indivíduos, mas também, pelo menos, igualmente capazes em sua habilidade para formar grupos leais e coesos. "O resultado da competição entre os grupos é determinado em grande parte pelos detalhes do comportamento social dentro de cada grupo", explica o biólogo Edward O. Wilson em *A conquista social da Terra*. Era importante ser forte individualmente – havia competição dentro dos grupos também –, mas um indivíduo forte não acolhido por um grupo estava condenado. O que principalmente determinou quais humanos progrediriam e sobreviveriam foram traços como "a coesão do grupo e a qualidade da comunicação e a divisão de trabalho entre seus membros. Tais traços são hereditários", conclui Wilson e, portanto, quem somos é uma "consequência da seleção individual e da seleção no grupo".

Graças a essa seleção em dois níveis – o que os biólogos evolucionários chamam de processos paralelos de competição grupal e individual –, nossas características são complexas, fascinantes e algumas vezes contraditórias, não menos porque usualmente não temos consciência do que procuramos. No final das contas, a questão é que evoluímos para fazer o que nos ajudou a sobreviver sem que tivéssemos consciência disso.

O termo "pró-social" descreve animais que se engajam em comportamento individual que beneficia o grupo maior. Poucos animais farão isso. O termo "eussocial" vai um passo além e descreve espécies que se organizam e se sacrificam em uma medida ainda maior, o que é muito mais raro. Wilson sugere que estamos entre apenas dois mamíferos eussociais.[17] Leões e lobos se organizam para caçar, mas não sacrificam suas vidas pelo bem do grupo. Eles não criam os filhotes dos outros nem cuidam dos mais velhos. Somente os humanos fazem isso, embora os humanos também competem com os membros do grupo por comida, parceiros ou *status*.

Desde tempos remotos, uma consciência intensa do que estava acontecendo dentro do grupo era necessária para sobreviver – para assegurar as conexões e ficar atento a potencial traição, por exemplo. "As estratégias do jogo foram escritas como uma mistura complicada de altruísmo cuidadosamente calibrado, cooperação, competição, dominação, reciprocidade, abandono e enganação", conta Wilson. "O cérebro humano se tornou, ao mesmo tempo, altamente inteligente e intensamente social... assim nasceu a condição humana, egoísta em determinado momento, altruísta em outro, com os dois impulsos, com frequência, em conflito".

O cérebro é um "órgão social", como Zaretta Hammond afirma em *Culturally responsive teaching and the brain*, e o grau em que isso é verdadeiro é impressionante.

Um exemplo é a fisiologia dos nossos olhos. Somos o único primata com esclera – o que chamamos de o branco dos olhos. Todos os outros primatas têm olhos escuros circundando as pupilas. Por quê? A resposta, acreditam muitos biólogos evolucionários, é que rastrear o que os outros membros do grupo estão olhando e sobre o que estão pensando é muito importante. Precisamos saber o que o grupo pensa, onde nos posicionamos em suas hierarquias e alianças e como cada ação foi recebida. As informações críticas para nossa sobrevivência são reveladas em olhares furtivos e expressões fugazes de admiração, desdém e/ou respeito. Nossos olhos evoluíram para melhor revelar os detalhes cruciais de aprovação, aceitação e desprezo.

Nossa profunda sociabilidade também aparece nas formas como tomamos decisões. "Normas sociais" são o que chamamos de regras sociais não escritas de um grupo. "A natureza altamente social do comportamento humano significa que as ações dos colegas e a cultura mais ampla da escola terão um efeito persistente em como as coisas se desenvolvem na sala de aula. É por isso que a construção da motivação é mais bem feita coletivamente", afirma Peps Mccrea. "As normas são tão poderosas que superam as políticas ou regras mais formais da escola... No entanto, sua natureza, em grande parte invisível e inconsciente, torna-as fáceis de subestimar, se não ignorar totalmente." É "inevitável" que existam normas. O principal é reconhecer isso e moldá-las com uma intenção clara e de maneira positiva.[18]

Para modificar a motivação, precisamos mudar o que nossos alunos veem e o que eles percebem como valores normais e aceitáveis.

Para ser claro, alguma norma ou outra emergirá em cada sala de aula. "Não existe algo como um *design* neutro", afirmam Richard Thaler e Cass Sunstein em *Nudge o empurrão para a escolha certa*. O ambiente moldará o comportamento dos indivíduos dentro dele. Nós escolhemos as normas, ou elas nos escolhem. Se quisermos normas mais produtivas, temos que encontrar formas de fazer com que elas pareçam universais e mais visíveis.

Como isso afeta as decisões na sala de aula? Lembre-se de que as salas de aula são, antes de mais nada, culturas que moldam as ações e crenças das pessoas que estão lá. Temos que estabelecer normas pós-sociais positivas que valorizem o trabalho dos alunos e deem coragem para que eles façam o que os ajudará a ter sucesso e prosperar.

É "natural" uma cultura em que os alunos olham para o professor, reforçando que se importam com o que ele está dizendo? É claro que não. Não há uma situação natural. Uma boa sala de aula conduz os alunos para a identidade acadêmica através de *Hábitos de atenção* e *Hábitos de discussão* (sem mencionar ótimas lições, currículo rigoroso e uma insistência em valorizar o tempo dos alunos). Esses atributos asseguram que uma ótima maneira de fazer com que qualquer aluno queira – ou pelo menos esteja disposto a – ler ou escrever é que ele veja seus pares lendo e escrevendo com entusiasmo. Por isso que *Marcar as etapas* é tão poderoso para fazer com que os alunos se associem às atividades. E, é claro, porque os procedimentos e rotinas são tão poderosos – eles começam pela definição das normas. "O maior erro que os professores cometem", sugere Tom Bennett em *Running the room*, "é esperar que o comportamento ocorra para reagir a ele". Os melhores professores evitam comportamento contraproducente em primeiro lugar.

Uma observação final. A força da influência de uma norma "depende do quanto nos sentimos parte e nos identificamos com aqueles que exibem as normas", escreve Mccrea. Somos motivados pelo pertencimento. O último princípio que discutirei neste capítulo são as relações, que obviamente são profundamente importantes. Mas vale a pena lembrar, também, que o sentimento de pertencimento de um aluno a uma cultura é diferente da sua relação com o professor. Ao se juntarem com os pares em ações e se sentirem reconhecidos, apoiados e respeitados, os alunos farão muitas coisas que alguns educadores presumem que só farão se um professor os inspirar. Mais uma vez, as relações importam, mas as culturas entre os pares, construídas por meio das normas que os alunos percebem são igualmente importantes.

PRINCÍPIO 5: ENSINAR BEM É CONSTRUIR RELAÇÕES

Uma crença comum entre os professores é que eles precisam construir relações com os alunos antes que possam fazer progresso ao ensiná-los. "Os alunos não vão se importar com o que você diz", segundo um aforismo frequentemente repetido, "até que saibam que você se importa". O pressuposto é que os alunos não conseguem aprender com alguém que não se importa com eles, e o resultado é que, frequentemente, professores que procuram se conectar com os alunos demonstram sua preocupação *para que consigam ensiná-los*. Essa afirmação é informada por boas intenções, mas ainda assim é equivocada de muitas formas. Os alunos devem saber e sentir que nos importamos com eles? Certamente. As relações importam? Sim, é claro. Na maioria das vezes, importa muito. No entanto, a afirmação de que nenhum ensino pode acontecer até que exista uma relação é imprecisa,[19] porque ensinar bem é a forma mais efetiva de mostrar a um aluno que você se importa e de estabelecer uma relação com ele em primeiro lugar.

Reconhecer que as relações são importantes é a parte fácil, em outras palavras. As questões difíceis são: que tipos de relações – e ações que constroem as relações – são mais úteis? O aforismo sobre os alunos saberem que você se importa é uma justificativa para toda e qualquer ação que constrói relações? Alguns alunos poderiam ficar muito felizes se você comparecesse ao recital de dança deles ou se os parasse no corredor para bater um papo sobre sua vida familiar. Outros podem achar isso estranho e até mesmo invasivo. Podemos entender que as relações são importantes e, ainda assim, darmos passos contraproducentes para desenvolvê-las.

Portanto, embora ainda afirmando a profunda importância das relações, vamos destacar a seguir estão algumas informações importantes sobre como alcançar essas relações de forma mais produtiva.

Em primeiro lugar, nós somos professores dos nossos alunos. Buscamos um tipo específico de relação que seja específica para o nosso papel. Essas relações "estão baseadas na confiança", escreveu recentemente o fundador de ResearchEd, Tom Bennett. "A confiança é melhor construída em ambientes seguros, calmos e organizados onde é possível confiar nos adultos. Confiança está baseada na previsibilidade da ação e do caráter", observou Bennett.[20] Ser confiável, humano e consistente é o centro das relações. Mas os alunos também precisam sentir que o ambiente em que aprendem comunica essas coisas. Quando uma aluna fala sobre sua relação com a Srta. Smith, em alguns aspectos ela está se referindo à sala de aula da professora. A aluna não vai confiar na professora se esta permitir que a aluna seja sutilmente ridicularizada pelos pares quando falar. Também não vai confiar se a Srta. Smith não conseguir ou não tiver interesse em tornar a aula valiosa e produtiva. A confiança para um professor é uma afirmação da sua competência e diligência na construção do ambiente certo.

Em segundo lugar, o sucesso do ensino é tanto a causa quanto o resultado das relações efetivas. No mínimo, o processo é interativo. Você demonstra seu respeito e crença nos alunos fazendo o melhor uso do tempo deles. Demonstra que merece o respeito dele, criando um ambiente de aprendizagem produtivo. Enquanto faz isso, você demonstra afeto, encorajamento e compreensão. Vocês agora iniciaram uma relação. Ela pode formar os alicerces para uma maior conexão com alguns alunos; com outros, ela será suficiente. Bater um papo depois da aula sobre seus programas favoritos é ótimo, mas não necessário, e pode distrai-lo do trabalho em questão, ensinar bem, que é a ferramenta principal com que os professores constroem relações com os alunos. "Uma relação é uma ferramenta que ajuda os alunos a entenderem como se conectar com o conteúdo", explica Adeyemi Stembridge em *Culturally responsive education in the classroom*. Em outras palavras, deve focar neles e no que os ajudará a aprender e progredir. É importante lembrar disso, porque as necessidades dos professores também são satisfeitas pelas relações. Podemos, algumas vezes, cair na tentação de querer que os alunos precisem de nós ou, pior, queremos presumir que nossos alunos carecem de alguma coisa que só nós podemos oferecer.

Um leitor cético certa vez observou sobre as edições anteriores deste livro: "Você não tem um capítulo sobre relações. Você não deve achar que as relações são importantes". *Mas para mim o livro inteiro é sobre a construção de relações*. Um professor que observa seus alunos atentamente, que nota e responde efetivamente quando eles têm dificuldades e ajuda-os a ver que eles podem ter sucesso, está construindo relações que outros professores não constroem, como um professor que fica frustrado e diz aos alunos para "descobrirem a resposta", ou mesmo aquele que educadamente cumprimenta-os todos os dias, mas desperdiça tempo em atividades que eles sabem que não resultam em aprendizagem. Um professor que estimula os alunos a trabalharem duro, a escreverem uma redação da qual verdadeiramente tenham orgulho, um professor que não tem que gritar com os alunos para que o trabalho seja feito, um professor que, ao ensinar bem, constrói o interesse de um aluno e depois um amor pelo assunto constrói relações.

Recentemente me deparei com uma lista para professores em um *website* popular: "Dez Maneiras de Construir Relações com os Alunos". Ela incluía alguns bons conselhos ("Peça desculpas quando cometer um erro"), mas também algumas orientações mais questionáveis: "Faça coisas malucas", "Fale com eles sobre assuntos não relacionados à escola" e "Compartilhe histórias inspiradoras da sua vida". Vale a pena ponderar se essas ações não podem ser distrações de coisas mais importantes. Falar com os alunos sobre assuntos não relacionados é muito bom – alguns podem gostar, – mas nem de longe é tão importante quanto conversar com eles sobre assuntos relacionados à escola. Compartilhar histórias inspiradoras pode ser bom, mas proceda com cautela. Meus próprios filhos já ouviram as minhas inúmeras vezes, e é possível que eles não as achem tão inspiradoras quanto eu. Um professor que tive na escola podia ficar mais de 20 minutos desviando do assunto da aula se você desse atenção às suas histórias. Não tenho certeza de quantas relações foram construídas, mas seu interesse em contar as histórias certamente resultava no adiamento da prova em pelo menos um dia. Quanto a fazer "coisas malucas", existe o risco de fazer tanto mal quanto bem. Você é um professor, não um humorista. Faz mais sentido empregar seu tempo se preparando para ensinar realmente bem, com cordialidade, humanidade, atenção e encorajamento. A questão real é se você consegue inspirar os jovens despertando sua curiosidade e abrindo para eles as portas do conhecimento.

A relação que queremos é como um triângulo: o professor se conectando com o aluno sobre o conteúdo e com o objetivo de inspirá-lo para construir uma relação com as coisas que aprende. A seguir ilustramos como Adeyemi Stembridge expressa isso.

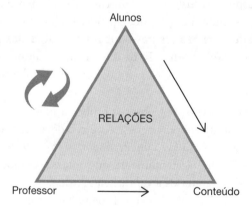

"Não tenho certeza se podemos criar uma boa relação com os alunos, a menos que os ensinemos bem disse meu colega Darryl Williams depois de ter assistido um vídeo em nosso escritório certo dia. (Vou mostrar esse vídeo daqui a pouco). Fui para casa naquela noite e pensei muito sobre aquela afirmação, porque inicialmente ela parecia ser falsa. É claro que podemos ter uma boa relação com os alunos se não ensinar bem. A afirmação de Darryl era o oposto da citação frequentemente repetida. Ele estava sugerindo que os alunos não saberão que nos importamos até que saibam podemos ensiná-los bem.

No entanto, com o tempo passei a ver a observação de Darryl operando em muitos dos vídeos neste livro. Naquele que motivou seu comentário, *Denarius Frazier: Resto*, Denarius circula entre os alunos em sua classe dando-lhes *feedback* sobre matemática. "Está arrasando", ele diz a um aluno para reafirmar seu progresso. "Muito melhor", diz para outro. Analise essa minúscula frase por um momento. Muito melhor do que o quê? Muito melhor do que a última vez em que você tentou resolver problemas como esse. Essa frase também significa: *Eu vejo o quanto você está se esforçando. Seu progresso é importante para mim.* E, no caso de um professor tão bom quanto Denarius: *vou ajudá-lo a ter sucesso.*

Denarius fala com *todos* enquanto circula pela sala e fala com eles sobre seu trabalho acadêmico. Repetidamente, a mensagem é: *Eu conheço você, vou ajudá-lo.* Pode haver vídeos mais rápidos sobre conexão com os alunos, mas provavelmente não há vídeos mais substanciais sobre o desenvolvimento de relações.[21]

Os alunos de Denarius o amam e o respeitam devido ao modo que os *ensina*. É assim que ele desenvolve relações essenciais. Por conveniência, peguei esse vídeo de Denarius do Capítulo 3, "Verificação da compreensão". Conhecer e se preocupar profundamente com o progresso dos seus alunos é desenvolver relações. Cada aspecto da tarefa essencial de ensinar que um professor executa com habilidade, humanidade e cordialidade forma o fundamento das relações.

O argumento aqui se trata de onde focamos nossa energia. É fácil presumir que, se as relações forem benéficas, quanto mais extenso o relacionamento, melhor. Mas não é assim tão simples. Alguns de nós podemos desempenhar o papel de mentor de alguns aluno. Se o fizermos, o benefício é metade nosso, mas os alunos não precisam nos ver como confidentes. Alguns alunos podem apreciar que você mostre que se interessa conversando com eles no corredor ou perguntando sobre sua vida pessoal e suas dificuldades. Porém muitos deles não têm interesse ou necessidade disso. Estão esperando que você os ensine com atenção e humanidade. Acreditar que construímos uma relação com os alunos porque temos um papel muito significante em suas vidas (mais do que ser o professor deles) pode nos distrair do fato de que a relação na sala de aula se constrói quando somos competentes.

No primeiro dia, você deve sorrir, dar as boas-vindas aos alunos e aproveitar bem o tempo deles. Enquanto faz isso, esforce-se para começar a aprender seus nomes. Você pode, também, procurar identificar seus nomes antes de eles chegarem e, assim, surpreendê-los sabendo quem são e como se pronunciam seus nomes. Pequenos comentários que demonstrem humanidade são poderosos: "Você é irmã de Damani, certo? Como ele está? Dê um alô por mim". Mas é importante, também, preparar-se para a aula, demonstrar a capacidade de ajudar os alunos a terem sucesso, mesmo que tenham tido dificuldades no passado, e fazer isso com habilidade suficiente para que você possa sorrir e encorajá-los. Os alunos estarão na expectativa de ver que você leva o aprendizado a sério, que consegue fazer seu trabalho. É difícil sorrir e encorajar os alunos quando alguns estão ignorando suas orientações ou distraindo você e os colegas, por exemplo. Não ser capaz de coordenar a sala é uma das formas mais rápidas de perder o respeito dos alunos. Eles ainda podem ser amistosos com você, sabendo que suas aulas são simples ou que você é facilmente manipulado por colegas travessos, mas essas relações não são aquelas que levam à aprendizagem e ao crescimento dos jovens.

Enquanto ensina, esforce-se para mostrar que gosta dos seus alunos da forma mais simples e sutil possível. Sorria, por exemplo. Como postula a professora e escritora Jo Facer: "Tudo fica mais fácil quando os alunos acham que você gosta deles". Entretanto, o fato de os alunos saberem que você se importa com eles não significa que vocês são amigos. Parte do seu cuidado com os jovens quase seguramente incluirá estabelecer limites ou estimulá-los a trabalhar com mais afinco. Você deve ser o mais cordial possível e também usar rigidez quando necessário. Mais uma vez, se você puder construir um ambiente em que os alunos estejam focados na tarefa, trabalhem com afinco e tratem você e a todos os seus pares com respeito e apreciação, será muito mais fácil mostrar confiança, afeto e incentivo.

Vou embasar essas afirmações com alguns termos. Existem *relações suplementares,* conexões com determinados alunos sobre suas vidas fora da sala de aula, e *relações nucleares,* relações positivas, mutuamente respeitosas na sala de aula, que ajudam a assegurar o aprendizado e o crescimento dos alunos com cordialidade e humanidade. Não estou desvalorizando as relações suplementares. Muitos professores desempenharam papéis importantes nas vidas dos alunos, o que pode ser valioso para estes e gratificante para aqueles. Espero que você vivencie um pouco disso. É, porém, uma armadilha presumir que relações suplementares são uma exigência de sucesso, quando são as relações nucleares que fazem o trabalho. Ocupar-se demais em buscar as suplementares pode desviar você das nucleares.

Como é uma relação nuclear? Nela, os alunos se sentem, como diz meu colega Dan Cotton, *seguros, bem-sucedidos* e *conhecidos.* O professor os vê como indivíduos, tem a competência para assegurar que eles irão aprender e proporciona um ambiente onde não precisam se preocupar.

Fazer alguém se sentir *seguro* é fácil de negligenciar quando pensamos em relações. Os alunos precisam saber que não serão intimidados ou ridicularizados e que serão respeitados e valorizados. Precisam ser capazes de correr riscos intelectuais sem temerem punição ou julgamento, da parte do professor e dos seus pares. Sua relação com eles é fortemente influenciada pelo sentimento de pertencimento dentro da classe. Se você sorri depois que um aluno responde e demonstra que aprecia seu pensamento, mas permite que dentro do espaço sob a sua autoridade ocorram riscos velados ou que outros alunos revirem os olhos diante da resposta dele, sua relação provavelmente não prosperará. Caso prospere, será uma vitória obtida a alto preço. As relações de sucesso requerem que os professores façam uso da autoridade neles investida para construir uma cultura que garanta que os alunos se sintam seguros e apoiados *pela comunida*de. Não são apenas suas ações que você precisa moldar para criar as condições sob as quais os alunos crescem e progridem. Os alunos veem isso claramente. Você pode dizer a Melissa, depois da aula, que adorou seu comentário. Se ela souber que, durante a aula, será objeto de estranha curiosidade cada vez que fizer um comentário similar, será menos provável que ela sinta em você a confiança que as relações requerem.

O fato de os alunos se sentirem *bem-sucedidos* como tentei explicar ao longo deste capítulo, deriva da sua eficácia geral nas tarefas essenciais de ensino. Quando você executa bem essas tarefas, os alunos se veem progredindo e sendo bem-sucedidos, o que faz com que se sintam, também, confiantes e valorizados. Um corolário: ajudar os alunos a se sentirem bem-sucedidos e a verem evidências convincentes do próprio progresso também ajuda a construir relações.

E quanto à ideia de os alunos se sentirem *conhecidos*? Digamos que você tem uma aluna. Vamos chamá-la de Elicia. Ela gostaria de saber que você a vê como única, diferente de Candace à sua esquerda e Edward à sua direita. Comece sabendo seu nome e como ela gosta que o pronunciem ("Elícia" em vez de "Elicía"). Chame-a pelo nome sempre que puder. Cada vez que usa o nome de um aluno, ele lembra que você o conhece. Talvez você tenha uma ou duas perguntas simples para fazer quando Elicia e outros alunos forem os primeiros a chegar na sala: "Bom dia, Elicia. Tudo bem com o dever de casa para você?" Talvez ocasionalmente você possa até fazer uma chamada *De surpresa* com ela para mostrar que está pensando na experiência dela em aula: "Elicia, você se sente confiante para resolver esses problemas?" ou "Elicia, você ficou convencida com o argumento de Kennedy?".

Ao fazer essas coisas, você começou a estabelecer que Elicia é um indivíduo para você e que se importa com a opinião dela. Certa vez tive um colega, professor de matemática, que adorava conhecer pequenos detalhes sobre cada aluno e os envolvia em divertidos enunciados de problemas. Se Elicia fosse fã de Beyoncé, ele escreveria: "Elicia quer construir uma plataforma para a estátua de Beyoncé que ela criou na aula de artes. Suas dimensões são...". Se essa estratégia combinar com você, ótimo, mas você não precisa fazer exatamente isso. É mais importante conhecer Elicia como aluna, andar até sua mesa e dizer: "Não se apresse, Elicia. Seu último trabalho foi bom porque você demorou o tempo que precisava". Sua fala mostra que você se lembra do último trabalho dela. Que você sabe que ela é capaz. Que você sabe e se importa com o progresso dela. Em outras palavras, você a vê como um indivíduo. Isso, acima de tudo, é o que os jovens desejam e merecem.

Uma observação final: professores que trabalham com alunos que crescem na pobreza devem ser especialmente cuidadosos, evitando pressupor que crescer com recursos financeiros limitados implica crescer desfavorecido em outros aspectos – sem acesso à internet de qualidade ou pais que possam apoiá-los, por exemplo. Eu gostaria de registrar a informação de que, dos 100 melhores pais e guardiães que conheci na minha vida, 99 deles eram pais que estavam criando seus filhos com meios financeiros limitados, algumas vezes em reais dificuldades financeiras e que, no entanto, deram aos seus filhos amor, apoio, orientação e bom senso exemplar. Em outras palavras, muitos alunos têm pessoas em quem podem confiar e com quem partilhar suas vidas. Por favor, não presuma que eles precisam mais de um defensor do que precisam de alguém para lhes ensinar química. O que os jovens precisam mais certamente é uma oportunidade de aprender e se desenvolver sob a orientação de alguém que se preocupe com seu progresso. Essa condição é inegociável. Alguns alunos não têm vínculos em suas vidas e anseiam por um adulto que possa ser uma pessoa de confiança ou um mentor? Com certeza alguns se encontram nessa situação. Esses alunos provêm de todas as camadas socioeconômicas. Algumas vezes podemos fornecer apoio suplementar significativo para um aluno cuja rede de relações não fornece tudo o que ele precisa, mas também é fácil nos convencermos de que uma relação que faz nos sentirmos importantes e necessários é aquela que a maioria dos alunos precisa.

Então, como conseguir que as relações certas ocorram na sala de aula? Apresento aqui algumas considerações iniciais. Você certamente encontrará outras.

O primeiro passo para a construção de uma relação, como já mencionei, pode ser o oposto do que você espera: fazer da sua sala de aula um ambiente organizado onde os procedimentos para realizar as atividades cotidianas sejam familiares e aconteçam como uma rotina. Quando os alunos também têm um modelo mental claro dos comportamentos requeridos em uma sala de aula produtiva, será muito mais fácil para eles fazerem essas coisas com no máximo pequenos lembretes. Além disso, comecei falando sobre como os alunos precisam se sentir *seguros*, isto é, em um ambiente de aprendizagem onde possam se empenhar e nunca sejam ridicularizados, onde ninguém rirá deles. Os jovens devem ser capazes de contar com os adultos para fornecerem esse contexto no qual possam aprender, e fornecer isso é uma forma de cuidado. É melhor que você proporcione uma sala de aula organizada onde os alunos encorajam uns aos outros do que não fazer isso e gastar seu tempo como a voz solitária encorajando os alunos. Além do mais, uma sala de aula organizada permitirá que você ouça e preste atenção ao que os alunos dizem e se concentre em entender cada um deles como um aprendiz. A sala de aula de Denarius é um ambiente relacional, antes de mais nada, pois é organizado.

O planejamento e preparação da aula também são fundamentais para as relações – e mais uma vez, talvez inesperadamente seja assim. Uma aula bem planejada e bem executada diz aos alunos que eles são importantes e que sua aprendizagem está em primeiro plano. E uma aula envolvente e dinâmica cativa os alunos. Assista a alguns momentos da aula de química de Sadie McCleary na Guilford East HS, em Guilford, Carolina do Norte. Os alunos estão felizes, *porque* estão ativamente engajados em trabalho significativo o tempo todo; porque quando entram na sala a aula de química começa imediatamente e os faz pensar profundamente e ativamente desde o primeiro minuto. Isso é sem dúvida mais gratificante do que entrar em uma sala de aula onde o professor passa os primeiros cinco minutos perguntando a todos como eles estão.

Em seu livro *A vantagem do cérebro feliz*, Shaw Achor lembra que o conceito de felicidade inclui várias partes. Realizações (ver seu próprio progresso) e engajamento (perder-se em alguma coisa) são componentes essenciais da felicidade – tão poderosos quanto o prazer em causar felicidade, mesmo que seja reconhecido com muito menos frequência. Além disso, quando você conhece bem a sua lição e não está pensando na pergunta que deve fazer no impulso do momento, pode ser responsivo e observador. Sua memória de trabalho pode ser empregada em perceber como os alunos estão reagindo ao trabalho e o quanto suas respostas são efetivas. Simplesmente, você está mais presente.

As relações frequentemente estão baseadas no domínio de uma dezena de pequenas habilidades apresentadas nos capítulos deste livro. Um pequeno elemento da técnica *Discurso positivo* chamada *Pressuponha o melhor* é um divisor de águas, por exemplo. Como todas as estratégias positivas, ela ajudará a dar aos alunos o *feedback* construtivo que eles merecem de uma forma que os faça lembrar que você se importa com eles e acredita neles. Além disso, ela pede que você construa razões plausíveis para improdutividade em baixo nível. "Desculpem, minhas orientações não foram claras; esta é uma atividade de escrita silenciosa", é uma grande melhora em relação a "É preciso silêncio aqui dentro". Isso irradia calma e equilíbrio e mostra aos alunos que, quando eles não seguem as orientações, seu primeiro instinto é pensar: *Bem, deve haver alguma razão para isso*, e também faz você considerar e então verbalizar algumas dessas razões, algumas das quais frequentemente se revelarão corretas. Algumas vezes será apenas falta de foco da turma; porém algumas vezes você não terá sido claro. Quando você transforma em hábito ver o melhor em seus alunos, terá maior probabilidade de notá-lo quando estiver presente. *O que fazer* é outro exemplo. Nada corrói mais as relações do que não ter certeza do que você deve fazer – multiplique por dez se isso acontecer repetidamente e ninguém fizer muita coisa, e por 10 novamente se os alunos forem "repreendidos" por não seguirem uma orientação que não está clara para eles.

Notas

1. Se você é novo em *Aula nota 10* e não acompanha todos os comos e porquês, não se preocupe. Você pode ter as explicações completas de todos os termos e variações na técnica 34, *De surpresa*, no Capítulo 7.
2. Só estou lhe mostrando como ser engraçado de um jeito irônico na linguagem dos adolescentes com este comentário sobre as Kardashians. Na verdade, não tenho ideia de quem são as Kardashians – só sei que elas são famosas. Além disso, se você estiver se questionando sobre receber de mim conselhos sobre humor, meus filhos adolescentes me dizem que sou muito engraçado ("Oh, meu Deus, pai, você é tão engraçado" [insira um olhar fulminante]).
3. BERLINDER, D. C. The development of expertise in pedagogy. Washington: American Association of Colleges for Teacher Education, 1988. Disponível em: https://eric.ed.gov/?id=ED298122. Acesso em: 1 ago. 2022.
4. CHAN, D. C.; GENTZKOW, M.; YU, C. Selection with variation in diagnostic skill: evidence from radiologists. [S.l.: s. n.], 2021. Disponível em: https://web.stanford.edu/~gentzkow/research/radiology.pdf. Acesso em: 1 ago. 2022.

5. WILLINGHAM, D. Why don't students like school? Because the mind is not designed for thinking. American Educator, 2009. Disponível em: https://www.aft.org/sites/default/files/periodicals/WILLINGHAM%282%29.pdf. Acesso em 1 ago. 2022.
6. KIRSCHNER, P. A.; SWELLER, J.; CLARK, R. E. Why minimal guidance during instruction does not work: an analysis of the failure of constructivist, discovery, problem-based, experiential, and inquiry-based teaching. *Educational Psychologist*, v. 41, n. 2, p. 75-86, 2006. Disponível em: http://mrbartinmaths.com/resources-new/8.%20Research/Explicit%20Instruction/Why%20minimal%20guidance%20instruction%20does%20not%20work.pdf. Acesso em: 1 ago. 2022.
7. Esta é a diferença entre "desempenho" e "aprendizagem".
8. É claro que você só pode procurar o que já sabe que é relevante e está conectado.
9. NUTHALL, G. *Hidden lives of learners*. Wellington: NZCER, 2007. p. 69.
10. Baumeister *et al.* propuseram este conceito em um trabalho em 1998 no *Journal of Personality and Social Psychology*, "Ego Depletion: Is the Active Self a Limited Resource?" Eles descobriram, por exemplo, que as "pessoas que se forçavam a comer rabanetes em vez de tentadores chocolates posteriormente desistiam mais rápido de enigmas insolúveis do que as pessoas que não haviam exercido autocontrole" e que "uma tarefa inicial que exigia alta autorregulação deixava as pessoas mais...propensas a favorecer [uma] opção de resposta passiva". Algumas pesquisas adicionais desafiaram seus achados.
11. NEAL, D. T.; WOOD, W. ; QUINN, J. M. Habits a repeat performance. *Current Directions in Social Science*, 2006. Disponível em: https://dornsife.usc.edu/assets/sites/545/docs/Wendy_Wood_Research_Articles/Habits/Neal.Wood.Quinn.2006_Habits_a_repeat_performance.pdf. Acesso em 1 ago. 2022.
12. A pesquisa de Nuthall envolveu explorar e estudar uma amostra de alunos durante cada aula. Ele frequentemente não estava interessado no que o professor fazia e muito interessado no que os alunos faziam e como isso afetava sua aprendizagem. Muitas de suas observações mais interessantes se originam de momentos em que ouvimos as crianças, que ele havia gravado, falando sozinhas depois de uma interação com um professor, por exemplo.
13. STEVENS, C.; BAVELIER, D. The role of selective attention on academic foundations: a cognitive neuroscience perspective. *Developmental cognitive neuroscience*, v. 2, Suppl 1, p. S30S48, 2012.
14. Ironicamente para um cientista da computação, ele mesmo conseguiu atingir isso restringindo drasticamente a presença de tecnologia, com sua forte tendência a fragmentar e distrair sua concentração, como sugere o título de outro de seus livros, *Minimalismo digital*. (Recomendo esse e *Trabalho focado*.)
15. A expressão foi cunhada por Sophie Leroy, da University of Minnesota, baseada em sua pesquisa sobre produtividade no ambiente de trabalho.

16. THOMAS, M. To control your life, control what you pay attention to. *Harvard Business Review*, 2018. Disponível em: https://hbr.org/2018/03/to-control-your-life--control-what-you-pay-attention-to. Acesso em: 1 ago. 2022.
17. O outro é – isso mesmo, você adivinhou – o rato-toupeira-pelado. Eles, também, vão se sacrificar uns pelos outros até o último limite da sua devoção. Mas Deus abençoe esses pequenos parceiros, não me importo de ser um pouco ofuscado por eles – eles são milagrosos e peculiares em uma dúzia de formas diferentes. Além disso – honestamente – eles são engraçadinhos e não têm muito cheiro. Eu digo: deixe que eles tenham eussocialidade para se gabarem.
18. MCCREA, P. *Motivated teaching*: harnessing the science of motivation to boost attention and effort in the classroom. [S.l.]: CreateSpace Independent, 2020. p. 74
19. Todos aprendem com as pessoas sem que tenham fortes relações. Você tem e mais uma vez terá que aprender muitas vezes em contextos onde o professor não sabia absolutamente nada sobre você – uma grande palestra em seus dias na universidade ou um vídeo da Khan Academy são exemplos. Obviamente, como professores queremos desenvolver relações que ajudem os alunos a prosperar, mas é importante ter claro que todos podem e terão que aprender em situações onde não existe uma relação em diferentes momentos ao longo de suas vidas.
20. Os comentários de Tom foram feitos em uma série de tweets em 5 de março de 2021.
21. Você provavelmente já viu vídeos na internet de professores que cumprimentam distintamente cada criança na porta de entrada. A chegada é uma celebração de apertos de mãos personalizados e primeiros encontros. Também os acho adoráveis. Se você quer ser esse professor, ótimo, mas reconheça que milhares de professores constroem relações duradouras com seus alunos sem esses movimentos e, além do mais, os resultados provavelmente só serão substanciais e duradouros se você também ensinar bem, se seus alunos se sentirem seguros e se você os deixar saber que os vê pelo que eles são.

PREPARAÇÃO DA AULA

Se você está familiarizado com a versão 2.0 de *Aula nota 10*, poderá notar que algumas das mudanças mais significativas nesta edição mais recente estão neste capítulo. Enquanto muito do que escrevi na segunda edição focou em como *planejar* uma aula eficiente, este capítulo procura lançar luz sobre os métodos que minha equipe e eu observamos os professores usarem enquanto se preparam para ensinar suas lições. Essencialmente, substituí um capítulo por outro baseado na importância implicada pela mudança de uma única palavra: de "planejar" para "preparar". Qual é a diferença, você pode perguntar, e por que a mudança?

Primeiro, preparação é universal. Nem todos escrevem seu plano de aula todos os dias. Muitos professores usam um plano escrito por um colega ou alguém que forneceu o currículo. Alguns reutilizam um plano que escreveram previamente. Mas todos preparam (ou *deveriam* preparar) sua aula antes de ensinar a matéria. Se o plano da aula é uma sequência de atividades que você pretende usar, a preparação da aula é um conjunto de decisões sobre *como* as ensinará. Essas decisões podem determinar o sucesso de ensinar uma matéria tanto quanto a sequência das atividades, mas como planejamento e preparação são facilmente confundidos, é fácil ignorar esta última e pensar, depois que o plano está feito, que está tudo pronto para começar.

Digamos que você dá a mesma aula duas vezes por dia: o terceiro e o quinto período. Sua turma no terceiro período é falante e animada – algumas vezes tão animada que você tem que interromper a tagarelice e as digressões para mantê-los no trilho. Os alunos do quinto período são mais introvertidos. Muito mentais, na verdade, mas eles precisam de uns cutucões para falar. Você usa o mesmo *plano* de aula para as duas turmas, mas se prepara de forma diferente.

"As técnicas que funcionam para apoiar o engajamento com um grupo de alunos podem precisar ser aplicadas diferentemente de uma sala de aula para a seguinte", observa Adeyemi Stembridge. "A concepção de experiências de aprendizagem altamente envolventes requer uma percepção apurada do contexto, por que os seres humanos são uma espécie altamente social, e os contextos interpessoais e culturais são importantes."[1]

Talvez na terça-feira isso signifique um pouco mais de escrita para que os alunos do terceiro período vão mais devagar e reflitam, e um pouco mais da técnica *Virem e conversem* para estimular os do quinto período. Talvez um aluno no quinto período tenha usado uma bela frase para descrever um trecho do romance, e você quer voltar e questioná-lo sobre isso em um ponto crítico da aula. Apesar de usar o mesmo plano de aula para as duas atividades, um processo eficiente para preparação da aula fez com que você se planejasse para diferenças cruciais no modo que dará aula para cada turma.

A primeira etapa na preparação é conhecer bem o conteúdo da atividade. Você não pode ensinar da melhor maneira se não tiver segurança do que vem a seguir e tiver que ler antes quando deveria estar ouvindo, explicando ou observando. Gerenciar a memória de trabalho é importante para os professores, não só para os alunos. Retornarei a essa ideia no final desta seção, porque é mais importante do que inicialmente parece. Além da necessidade de desenvolver familiaridade com *o que* você está ensinando, desenvolver hábitos que podem ajudar na adaptação de sua aula ao contexto e reagir de forma eficiente aos eventos enquanto ensina é fundamental para o sucesso de um professor a curto e longo prazo. Pode parecer que esses hábitos se somariam à sua carga de trabalho, mas, se bem feitos, eles a reduzirão, ajudando em seu sucesso ao mesmo tempo em que você mantém o equilíbrio e sustentabilidade em sua vida como docente.

As razões por que a preparação da aula é importante se relacionam à ciência cognitiva e à importância da percepção, que é uma das habilidades mais importantes de um professor. "Os professores experientes desenvolvem um alto nível de sensibilidade ao nível de interesse dos alunos, seu envolvimento e sua motivação", explica Graham Nuthall em *The hidden lives of learners*. Eles "conseguem identificar pela atmosfera na sala de aula, pela expressão nos olhos dos alunos, as perguntas e respostas e pela forma como eles se engajam nas atividades, o quanto a mente dos alunos estão engajadas. Os professores eficazes... usam esses sinais para identificar se precisam mudar o que estão fazendo, acelerar ou reduzir o ritmo, introduzir mais ou menos desafio". Devemos, porém, ter cautela, porque, mesmo quando achamos que os alunos estão engajados (ou não), é bom lembrar que podemos estar errados e que a revisão do trabalho escrito dos alunos é uma verificação fundamental dos nossos pressupostos. No entanto, na maior parte do tempo, temos sucesso quando e se percebemos o que está acontecendo em nossas salas de aula corretamente e tomamos decisões instrucionais importantes de acordo. Se você não vê pistas relevantes, não tem confiança para decidir. Você fará "zig" quando os alunos precisam que faça "zag".

Claro que é menos provável que professores experientes façam isso. Aqueles que aprenderam mais produtivamente com suas experiências o fazem, mas você pode ter um veterano há 20 anos que ainda não consegue "ler" uma sala, ou um professor em seu primeiro ano cuja leitura da classe é excepcional. De fato, a verdadeira questão é como cada professor consegue acelerar e melhorar seu processo de aprendizagem para "ler os sinais", como postula Nuthall. Adeyemi Stembridge argumenta que a responsividade, também, começa pela percepção. "Queremos aguçar nossa percepção e capacidades para alavancar estratégias de formas que sejam mais benéficas para os alunos que precisam de apoio específico", sugere ele.[2] Uma parte essencial de ensinar responsivamente é ler as reações e necessidades dos nossos alunos enquanto ensinamos. Uma questão importante, então, é como podemos "ver" melhor e mais integralmente enquanto ensinamos.

Pode parecer intangível, mas a percepção responde à preparação. Para perceber bem, você precisa se preparar para o que irá procurar e, idealmente, liberar o máximo possível da memória de trabalho para estar disponível e sem sobrecarga para a observação. Cegueira inatencional, observei no Capítulo 1, é o nome para o fenômeno em que as pessoas frequentemente não conseguem ver o que está claramente diante dos seus olhos – independente do que está escondido ou oculto. Todos nós estamos em constante risco de não conseguirmos notar detalhes importantes, especialmente quando eles ocorrem em um campo visual complexo, e a sala de aula é quase sempre assim.

Temos que aceitar esse fato e nos preparar tendo ele em mente se quisermos perceber melhor, como Chabris e Simons explicam: "Há uma maneira comprovada de eliminar nossa cegueira inatencional: tornar o objeto ou evento inesperado menos inesperado". Se você refletir sobre os erros potenciais no pensamento dos alunos antes de ensinar, terá maior probabilidade de notá-los – ou qualquer confusão. Você aprende a ver se preparando para ver. Se tiver clareza antecipadamente sobre o que quer ver no produto final do trabalho de um aluno, você olhará com mais precisão e notará mais se os alunos o estão fazendo.

No entanto, também sabemos que a percepção é afetada pela carga em nossa memória de trabalho. Se está falando no celular, você fica menos alerta ao que está acontecendo na rua à sua volta. Tente pensar qual é a melhor resposta a uma pergunta enquanto está ouvindo seus alunos e você ficará menos alerta ao que está acontecendo à sua volta. Terá menos largura de banda cognitiva para usar na percepção. Você provavelmente deixará passar os sinais. Se analisar – e anotar – os detalhes da resposta ideal de um aluno a perguntas fundamentais (o que chamaremos neste capítulo de um "exemplar"), você poderá processar o que os alunos dizem e escrevem com menos carga para a memória de trabalho.

Sua habilidade de promover o engajamento dos alunos é outro aspecto do ensino que responde à preparação. Se você analisou como pedirá aos alunos para participarem durante a prática do *Faça agora* e quem irá chamar para responder, será mais provável levar adiante essas ações. Dessa forma, os alunos se sentem responsáveis por participar e se beneficiam de uma sala de aula onde todos – não apenas aqueles animados que levantam as mãos ou se apressam em dar a resposta – terão uma chance justa de falar. Se fizer isso, sua aula provavelmente será vibrante, com engajamento e energia. Se não fizer, provavelmente se pegará dizendo aos alunos que está vendo de novo as mesmas duas ou três mãos erguidas a cada pergunta. Fazer uma declaração como essa para a sua turma deve servir como um lembrete para se preparar melhor.

Portanto, a preparação da aula é o processo de rever o plano de aula e pensar como ele deve ser não apenas em *uma* sala de aula, mas na sua aula no quinto período de amanhã. Quando e como você quer ser mais intencional para estimular as crianças quietas? Que perguntas os alunos devem responder por escrito para que você possa ver o que estão pensando? Vai ser diferente para o terceiro período, quando você terá que cuidar para não olhar de relance o relógio e perceber que uma "discussão de cinco minutos" está agora entrando no seu vigésimo quinto minuto. Você precisará de *marcadores de tempo* – se vai passar para a demonstração das placas tectônicas, terá que limitar a prática do *Faça agora* a sete minutos, não importa a impaciência das mãos acenando. A revisão do vocabulário recebe três minutos e um cronômetro na lousa interativa para garantir que você não perca a segunda metade da aula.

Com tudo isso em mente, vamos entrar na sala de aula do 5º ano de Christine Torres na Springfield Prep, em Springfield, Massachusetts, para entender um pouco mais sobre a conexão entre preparação e ensino. No vídeo *Christine Torres: Pedra Angular*, você provavelmente notará quase imediatamente o quanto sua aula é dinâmica, com todos os alunos engajados para aprender da forma mais positiva e cada segundo sendo usado para uma atividade produtiva que faça os alunos pensarem. Eles trabalham duro e parecem adorar. Meu Deus, você está pensando, se minha aula fosse assim, eu poderia fazer esse trabalho para sempre! Nós tivemos a mesma reação. Na verdade, gravamos esse vídeo de Christine porque havíamos visitado sua escola (sem nossas câmeras, infelizmente) algumas semanas antes e fomos imediatamente fascinados pela aula alegre, dinâmica e reflexiva que Christine estava dando. Praticamente não conseguíamos nos afastar da sua sala de aula e depois só saímos porque eles prometeram que poderíamos filmá-la assim que possível. Essa é a história desse vídeo, mas outro detalhe dessa primeira visita a Springfield Prep é relevante. Christine compartilhou uma cópia do seu pacote – o lugar onde ela prepara sua aula. Essa é a ferramenta que ela usava se preparando para dar uma aula diferente daquela que você acabou de assistir, mas uma que revela o processo que ela usa para cada aula – que é interessante por si só. Ela é consistente em como se *prepara* e, portanto, suas aulas são consistentes em qualidade, engajamento e energia. O primeiro passo para tornar sua sala de aula mais parecida com a de Christine é copiar – ou pelo menos estudar e adaptar – sua abordagem de preparação.

Você pode ver que Christine dedicou um tempo em "planejamento exemplar". Antes da aula, ela dispôs de um tempo para escrever a resposta a cada pergunta conforme esperava que um aluno de destaque fizesse. Isso ajuda a focá-la nas discussões, encorajar os pontos certos e preencher as lacunas. Ela pode dar uma espiada nessas anotações enquanto ensina, caso precise de um rápido lembrete, de modo que sua memória de trabalho possa ficar relativamente livre.

Christine também escreveu lembretes adicionais para si mesma: quantos minutos que quer que uma atividade dure, "perguntas guardadas na manga" que poderia usar para apoiar alunos confusos e, principalmente, anotações sobre como os alunos responderão. Afinal, ela poderia fazer a mesma pergunta a duas turmas, mas pedir que uma responda por escrito usando a técnica *Pare e anote** e a outra passando direto para a *Virem e conversem*. Esses processos de fazer marcações e preparar sua aula são diferentes do plano de aula; são suas adaptações manuscritas sobre o tempo do jogo para a sequência de atividades preparada. As duas tarefas são necessárias. A pesquisa e a elaboração de planos de ação como esse levam tempo e talvez não possam ser feitas na noite anterior (nós sabemos; ela está usando as aulas como parte de um piloto do Currículo de Leitura Reconsiderado que nossa equipe escreveu). No entanto, a preparação adapta esse plano cuidadosamente elaborado para assegurar o sucesso com *esse* grupo de alunos, *hoje*, com conhecimento atualizado de quais serão os melhores movimentos, considerando o detalhe de como os alunos estão progredindo e até mesmo o que aconteceu em aula no dia anterior. Mesmo o melhor plano não terá sucesso sem preparação efetiva, e uma ótima preparação de um plano fraco será insuficiente. Você precisa dos dois.

Veja os resultados no vídeo. Christine parece estar tomando a decisão perfeita para maximizar o nível de participação de todos os alunos repetidamente durante toda sua aula. A didática de Christine é mágica, mas, como para todo grande mágico, há algum truque envolvido. Suas decisões são excelentes e parecem estar sendo tomadas no calor do momento. Ela planejou muitas, ou restringiu as escolhas que consideraria, com antecedência. Se você vir a sua versão do pacote dos alunos, onde ela fez sua preparação, pode notar que existem decisões ("*Virem e conversem* aqui") e opções ("Se der tempo, *Mostre o texto*"). Alguns professores se preocupam que muita preparação torne mais difícil se expressarem e conectarem com os alunos, mas o oposto acontece aqui. Christine está preparada e, por isso, pode ser totalmente responsiva. Os alunos se sentem vistos e conhecidos pela professora, sentindo que têm sua total atenção. Sua cordialidade e seu humor são amplificados em razão de ela estar calma, relaxada e pronta – e talvez devido ao orgulho dos alunos pelo seu trabalho e a disposição para se engajarem com sucesso nas tarefas apresentadas. Seu planejamento cuidadoso estabelece um padrão nos primeiros minutos de aula: ela é clara com os alunos sobre a tarefa, a resposta deles é positiva, e ela pode relaxar e expressar todo seu humor e sua excelência como professora. Eles repetem o processo muitas vezes durante toda a aula. Tudo começa com o que está no seu planejamento".

Os *Hábitos atômicos*, de James Clear, possibilitam compreender de outra forma por que o tempo que Christine investe na preparação tem um resultado tão poderoso

---

*N. de T. Do inglês *stop and jot* (ou *stop, think and jot*): é uma atividade em que os alunos são convidados a parar, refletir sobre o que estão estudando e tomar notas para ajudar a sua compreensão.

em sua sala de aula. Clear cita um estudo britânico que sugeriu para três grupos de pessoas que tentassem começar a se exercitar. O grupo de controle não recebeu tratamento especial. O segundo grupo recebeu material motivacional. O terceiro grupo recebeu material motivacional e foi solicitado a completar a seguinte sentença: "Vou fazer 20 minutos de exercício vigoroso em [DATA] às [HORA] em [LOCAL]". As taxas das pessoas dos três grupos que realmente se exercitaram foram, respectivamente, 35, 38 e 91%. As taxas de continuidade quando as pessoas se comprometeram com uma ação particular com hora e local quase triplicaram em comparação com aquelas que queriam fazer essas coisas, mas não foram específicas ao planejar hora e local. Nas palavras de Clear, "As pessoas que fazem um plano específico de quando e onde irão colocar em prática um novo hábito têm maior probabilidade de dar continuidade a ele. Muitas pessoas tentam mudar hábitos [ou aplicar técnicas de ensino] sem esses detalhes básicos planejados".

As anotações de Christine revelam que ela fez algo similar ao que Clear aconselha. Toda vez que anotou "*De surpresa* aqui" ou "*Virem e conversem* aqui", Christine fez um plano específico para onde e quando teria uma ação particular e, assim, triplicou as chances de realmente fazer essas coisas. Uma preparação mais específica torna mais provável fazermos as coisas que esperamos fazer no ensino. Ela multiplica a continuidade que ajuda a nos tornarmos os professores que queremos ser.

Os hábitos de preparação da aula de Christine são impressionantes, mas não existe um método universal para preparação da aula. As situações são diferentes, e as pessoas são diferentes. Quando sua intuição e seu currículo já foram aprimorados por anos de estudo, você é capaz de se preparar de maneira simples, talvez anotando o exemplo de uma pergunta crítica. Com isso, você entra na sala de aula com confiança, pelo menos num dia rotineiro com uma aula que já deu antes. Pode levar algum tempo antes que você chegue lá. Talvez comece a dar aula para uma nova turma neste ano. Provavelmente vai querer aumentar seu nível de preparação no início, mesmo que, ao longo do ano, começasse a simplificar ou adaptar o processo que usou no início. Porém é importante fazer da preparação um hábito. Nomear as práticas mais relevantes, garantir que elas sejam produtivas e úteis e comprometer-se com quando irá executá-las é essencial. Assim como a preparação aumenta as chances de você executar as ações que planeja, suas chances de preparação se multiplicarão se você se comprometer com hora, local e métodos consistentes.

Isso provavelmente resultará em conquistas mais estáveis e uma experiência mais positiva e envolvente para seus alunos, sem mencionar seu maior prazer de ensinar. Voltarei a essa ideia mais tarde. Sdeyemi Stembridge, refletindo sobre a preparação de suas aulas menciona em *Culturally responsive teaching in the classroom*: "Sempre inicio meu planejamento com tempo para refletir cuidadosamente sobre o que quero que meus alunos entendam e sintam". O que os alunos acham que é fundamental para seu sentimento de pertencimento é formado por muitas coisas. Parte disso é a conexão com o conteúdo e o professor; parte é ser capturado matéria que avança rapidamente com o que Mihaly Csikszentmihalyi chama de "fluxo", levando-os para outro mundo – no caso de Christine, para a Dinamarca em 1943 – e acionando suas imaginações. A jornada inicia quando ela faz com que eles se sintam incluídos em alguma coisa dinâmica e envolvente. Uma aula engenhosamente elaborada e executada faz isso.

Antes de definirmos técnicas específicas para a preparação da aula, vou retornar à pergunta mais básica sobre a preparação: o quanto você conhece o conteúdo abordado na sua aula? Pode parecer uma questão irrelevante. Nenhum professor, exceto um que é jogado de repente em uma função de emergência fora da sua disciplina, responderia: "Ah, não muito bem, na verdade". Mas há uma imensa variação no que os professores querem expressar quando dizem que conhecem o conteúdo. Vale a pena perguntar se saber mais sobre o contexto e os fatos realmente é importante.

Pesquisas mostram que o pensamento complexo se baseia em fatos e só é possível quando as pessoas têm um bom conhecimento acerca de determinado tópico. Confira a seguir uma situação para exemplificar.

Imagine que você acorda amanhã de manhã, e o céu esté verde, não azul. No quadro abaixo, anote duas explicações possíveis do que, segundo uma perspectiva científica, poderia de forma plausível ter causado essa mudança de cor:

MODELO

Como você se saiu? Teve criatividade? Fez uma análise detalhada? Sugeriu que alguma coisa teria afetado as partículas na atmosfera da Terra, fazendo com que absorvessem a luz azul mais do que normalmente faz, mas apenas levemente para deixá-la verde, com as ondas mais curtas seguintes sendo as mais visíveis? Sugeriu que talvez um aumento nas gotículas d'água no ar reflitam os amarelos e laranjas do nascer do sol e se combinariam com o azul natural do céu, talvez contra um cenário de nuvens, para fazer com que parecesse verde?

Ou não conseguiu responder? Você imaginou alguma coisa implausível, talvez sobre o reflexo do oceano (uma falsa concepção comum) e desistiu? Deu um branco em sua mente? Se esse for o caso, lembre-se da questão levantada no Capítulo 1: o pensamento de ordem superior é específico para o contexto e depende do conhecimento. Se você não tem conhecimento sobre o que faz com que o céu seja azul (ou de qualquer outra cor), esse exercício de pensamento criativo e analítico está perdido em você. Você só consegue pensar com profundidade em coisas sobre as quais sabe alguma coisa – quanto mais você sabe, mais complexo e criativo é seu pensamento.

Pela perspectiva da aprendizagem de um aluno, isso significa que precisamos considerar previamente o nível de conhecimento anterior deles se quisermos real rigor durante as aulas. Preparar uma atividade anotando que você fará "perguntas de sondagem" é insuficiente, a não ser que saiba que os alunos têm conhecimento em que se basear quando lhes pergunta "Por quê?". Eu na verdade sou um pouco inseguro em meu conhecimento sobre a atmosfera, portanto você poderia ter me feito mil perguntas de sondagem sobre a cor do céu e não obteria muito mais do que revolta. Em algum ponto do seu questionamento, "...mas poderia ter alguma coisa a ver com as partículas no ar?", eu ficaria irritado e frustrado. *Eu já lhe disse que não sei. Você pode continuar me perguntando "por quê?" se quiser, mas ainda assim não vou saber, então talvez você devesse parar de perguntar.*

Compare essa resposta a como os alunos de Christine agem em sua aula: as mãos ansiosas, a vibrante explosão de ideias quando ela propõe a técnica *Virem e conversem*. Seus alunos se engajam porque ela nivelou o campo do jogo para eles. Você pode ver os pontos em que seu plano de aula inspira conhecimento intencionalmente para prepará-los a pensarem de verdade: os artigos sobre racionamento, os contos de fadas de Hans Christian Andersen e a descrição do que é um enxoval. No entanto, Christine também se preparou para alimentar o conhecimento quando necessário e fez da reflexão sobre as lacunas no conhecimento parte da sua preparação para ensinar. Observe, por exemplo:

- as sentenças que ela sublinhou no artigo sobre racionamento porque contêm conhecimento básico que permitirá que os alunos analisem melhor o livro e sua anotação para acrescentá-los ao *slide*;
- suas anotações para ter certeza de que os alunos entendem que "pretérito perfeito" implica que alguma coisa *foi*, mas *não é* mais, para que eles possam pensar com mais profundidade sobre o fato implícito de que a irmã de Annemarie já faleceu.

Mas conhecimento também é importante para os professores. Também é verdade que podemos pensar com mais profundidade e criatividade sobre nossas aulas se soubermos mais sobre elas, se tivermos revisado o conhecimento principal de antemão para que ele seja codificado na memória de longo prazo. Imagine tentar dar aquela aula sobre o céu verde com base apenas em ter lido a resposta e a explicação breve que apresentei. Você certamente não ensinaria bem, nem seria flexível nas respostas. Provavelmente você tentaria evitar a chance de os alunos perguntarem o que não conseguiria responder. Seu conhecimento precário restringiria seus movimentos de ensino. Você não faria perguntas como "Por quê?" para sondar os alunos se sua resposta a eles fosse sempre "Humm. Interessante, talvez possamos pensar sobre isso mais tarde e descobrir". Você se sairia muito melhor se tivesse refletido sobre algumas respostas prováveis e soubesse por que elas fazem ou não fazem sentido. Isso acontece tanto numa aula sobre o espectro de luz visível quanto numa aula sobre temas como arquétipos e contos de fadas, como minha colega Hannah Solomon destacou. Sem ter refletido muito sobre eles, sua aula ainda pode fracassar. Porém você teria maior probabilidade de esquecer a importância de ler contos de fadas e similares devido à sua familiaridade. Observe esta captura de tela da atividade de Christine. Suas anotações de preparação mostram que ela pensou sobre os contos de fadas e por que eles são particularmente relevantes para uma história sobre a vida durante tempos de guerra. Seu plano de aula fornece conhecimento como um pano de fundo, e sua preparação mostra que ela revisou, refletiu e aplicou o que sabe para estar pronta para ensinar.

> algo com o que Andersen estava muito familiarizado ele havia sofrido bullying quando criança. Universalmente, as pessoas gostam de uma história em que a verdade prevalece sobre as mentiras, a bondade é recompensada, os obstáculos são superados pelo trabalho árduo e o amor, e o bem triunfa sobre o mal. Gostamos de escapar para a fantasia de um final feliz.
>
> ✓ Qual é o propósito dos contos de fadas? *Por que as pessoas gostam de ler/ouvir sobre elas?*
> 1. Considerando o propósito dos contos de fadas, por que Annemarie incluiria "banquetes de cupcakes cor-de-rosa gelados" na história que ela inventa para Kirsti?

Talvez seja importante perguntar: que hábitos você tem como professor para assegurar que sempre estará investindo em seu conhecimento? Neste capítulo discutiremos alguns, mas também faço a observação de que várias escolas de sucesso que conheço usam a expressão "preparação intelectual" para descrever uma etapa fundamental na preparação da aula e transformam isso em desenvolvimento profissional. Os professores se reúnem antes de ensinarem um livro ou unidade para discutir suas questões importantes e compartilhar e priorizar o importante conhecimento prévio que lhes permitirá ensiná-lo. Eu adoro a ideia de uma reunião como essa. A mensagem é: *o quanto você sabe sobre o que vai ensinar é uma parte fundamental de como você se prepara.*

TÉCNICA 1: PLANEJAMENTO EXEMPLAR

Os professores e líderes de escolas tendem a ter uma resposta extraordinária aos vídeos do ensino de Sarah Wright. O vídeo *Sarah Wright: Tio Luis*, filmado em sua sala de aula do 5º ano na Chattanooga Prep, em Chattanooga, Tennessee, mostra por quê. A alegria e o propósito da sala de aula de Sarah são impressionantes. Seus alunos, todos meninos nesse caso, sorriem de orelha a outra enquanto mergulham em um *Virem e conversem* imaginando que são o personagem vilão, Tio Luis, em *Esperanza rising*, de Pam Muñoz Ryan. Eles escrevem respostas interessadas e detalhadas. Os meninos têm prazer em usar – algumas vezes de forma imperfeita, mas sempre com entusiasmo – palavras ricas do novo vocabulário e em celebrar a resposta exemplar de um dos seus pares. Durante o tempo todo eles estão envolvidos no romance. Talvez enquanto assiste, você ouça um ligeiro eco da aula de Christine Torres, que discutimos na introdução deste capítulo. O eco que você pode ouvir não é uma coincidência. As semelhanças incluem como os alunos estão todos engajados em atividades de qualidade sem um segundo de pausa. O modo como eles parecem pensar ao estudarem aquele livro é simplesmente a melhor coisa do mundo. E há mais um paralelo que não fica tão claro quando se assiste ao vídeo, mas que é pelo menos tão profundo quanto qualquer outra das semelhanças: Sarah e Christine alcançam resultados semelhantes porque se preparam de forma semelhante.[3]

O que você vê nas salas de aulas das duas é produto de decisões tomadas horas antes da aula iniciar, tanto quanto é produto das que são tomadas no momento, embora é claro que as duas coisas estejam relacionadas. Um professor preparado geralmente é um professor feliz e estável, alguém que consegue se expressar mais plenamente e que toma melhores decisões no momento. Ele sabe para onde está indo e não é ansioso ou preocupado com o que vem a seguir, como fazê-lo e quanto tempo levará. Sua memória de trabalho está livre para ouvir cada resposta e manter uma discussão planejada para cinco minutos em cinco minutos de tempo real porque ele sabe até onde quer que ela vá e pode direcioná-la gentilmente ou decisivamente quando necessário. Ele é o professor que acha fácil rir com seus alunos e comemorar seu trabalho como Sarah faz. Você não consegue estar inteiramente presente a menos que se prepare.

Assim como a preparação de Christine, a de Sarah é produto do hábito e da experiência. Sara inicialmente preparou sua aula de forma muito parecida com a de Christine: planejando seus principais movimentos pedagógicos – seus *Meios de participação* – e os erros que achou que poderia encontrar, mas seu passo final foi naquela manhã. "Eu tinha 45 minutos", ela me contou, referindo-se a uma manhã ocupada no dia em que deu essa aula. Então ela avaliou e examinou seus exemplares.

Exemplares, você lembra, são respostas corretas que você anota para as suas perguntas. Elas são as respostas que você espera que um aluno dê à sua pergunta. Seria fácil ignorar esse passo ou subestimar seu valor no planejamento – parece óbvio e redundante. Você poderia argumentar que tem a resposta "na sua cabeça" e não precisa escrevê-la. Mas essa simples ação pode ser o passo mais importante na preparação para ensinar.

Para vermos por que, vamos dar uma olhada em um pequeno momento de duas aulas onde você pode ver exemplares sendo usados. Primeiro, temos o vídeo *Denarius Frazier: Resto*. Verifique o que ele faz em 1:12 nessa aula sobre a divisão de polinômios – você verá a aula inteira no Capítulo 3, "Verifique a compreensão". Explicando a uma aluna por que seu trabalho está incorreto, ele rapidamente dá uma olhada no seu exemplar, que está carregando com ele, o que o ajuda a diagnosticar com mais rapidez e precisão o que ela fez de errado. "Seu resto não está certo porque este valor bem aqui está incorreto", diz ele. Ele é capaz de identificar o valor incorreto rapidamente e facilmente, porque tem a resposta ideal pronta para ser comparada. Ele não tem que se esforçar para manter todas as informações na sua memória de trabalho. Cerca de um segundo é suficiente para recordá-las.

Julia Addeo faz alguma coisa semelhante no vídeo *Julia Addeo: Pedra Angular*, o qual discutirei em mais detalhes no capítulo "Verificação da compreensão". Os primeiros 37 segundos mostram sua comparação do trabalho dos alunos com o exemplar. Julia consegue se movimentar rapidamente e dar atenção a muitos alunos, mas também consegue se liberar mais da sua memória de trabalho para pensar por que eles estão cometendo esses erros e o que ela pode fazer a respeito. Você pode vê-la fazendo isso. Ela recua das suas observações para pensar como quer abordar as concepções erradas que está vendo e, ao fazer isso, dá mais uma olhada em seu exemplar. "O que deveria acontecer para que esse processo dê certo?", ela parece estar se perguntando. O exemplar a ajuda a ver isso claramente.

Em *Checklist*, o escritor de ciências Atul Gawande descreve situações em que profissionais treinados usam uma ferramenta similar – uma *checklist* – para avaliar o resultado final de um processo. "Sob condições de complexidade", ele escreve, *checklists* "são necessárias para o sucesso". Boas *checklists* "oferecem lembretes dos... passos mais críticos e importantes. Elas permitem precisão e eficiência. O usuário pode se assegurar de que o resultado final é detalhado e preservar a memória de trabalho ao avaliá-la ao mesmo tempo". Em outras palavras, é muito semelhante a um exemplar, com a diferença de que um exemplar pode ser narrativo, e cada elemento não precisa ser satisfeito em uma ordem particular. As duas ferramentas são valiosas, porque disciplinam o processo de olhar e liberar a memória de trabalho. Gawande defende que *checklists* são mais valiosas em duas situações. Primeiramente, quando realizamos um trabalho especialmente complexo e sofisticado. Os cirurgiões, por exemplo, utilizam-nas – embora tenham resistido a elas por anos. Os engenheiros que constroem enormes arranha-céus também. Em cada um desses exemplos, "o volume e a complexidade do que sabemos ultrapassou nossa habilidade individual para proporcionar seus benefícios corretamente, com segurança e confiança". Uma ferramenta para focar nas observações é mais importante para especialistas, porque eles sabem muito mais do que conseguem manter na memória de trabalho enquanto observam! Certamente isso vale para os professores, que equilibram um plano instrucional diário complexo cheio de conteúdo desafiador e as necessidades de aprendizagem individuais de até 30 jovens de 12 anos, por exemplo.

A segunda situação em que as *checklists* são especialmente valiosas é quando você quer resultados confiáveis em uma grande organização com muita autonomia – uma escola, por exemplo. Se todos concordarem com como seria o que é *certo*, poderia reduzir a variabilidade na execução, ao mesmo tempo preservando a autonomia. Você quer começar a ter reuniões de "preparação intelectual" na sua escola? Escrever e comparar exemplares para várias perguntas essenciais pode ser a atividade ideal. Quando perguntamos aos alunos: "Como Jonas está mudando neste capítulo?", discutir as nuances do que poderia ou deveria estar no seu exemplar é uma maneira perfeita de discutir interpretações e *insights* sobre o texto.

É necessário um pouco de humildade para destravar a força do planejamento exemplar. Inicialmente isso parece ser uma tarefa banal, mas quanto mais você sabe, ironicamente, mais você precisa organizar o que está procurando. Eu lhe asseguro, Denarius sabe sua divisão de polinômios, e Julia sabe seus binômios. Christine conhece *O número das estrelas*. Sarah sabe como Tio Luis se sente ao descobrir o desaparecimento de Abuelita. Mesmo assim eles escrevem uma resposta exemplar, o que os ajuda a organizar e reforçar em suas próprias mentes o que querem ver e ouvir quando seus alunos responderem.

Talvez não cause surpresa que Sarah tenha escolhido examinar e revisar seus exemplares com seu tempo de preparação limitado naquela manhã atribulada no dia de sua aula sobre Esperanza. Ela os examinou novamente e fez pequenas adaptações e acréscimos. Isso ajudou a refrescar a sequência das atividades da lição em sua mente, fez com que revisasse os conteúdos do livro para que estivessem mais aguçados em sua memória e garantiu que ela tivesse uma resposta ideal para consultar enquanto ouvia seus alunos. Também fez com que ela refletisse, com a aula daquele dia, sobre quem poderia chamar, quando ou como pediria que os alunos participassem (os tópicos que abordo na técnica *Movimentos de entrega*, posteriormente). Você pode adicionar outros elementos à preparação da sua aula – este capítulo descreverá vários imensamente valiosos, mas quando você tiver "um daqueles dias", e 45 minutos forem tudo o que tem, o planejamento exemplar é a tarefa à qual pode recorrer.

Sarah é uma professora de inglês, é claro, portanto, seu processo de escrita de exemplares reflete isso. Ela com frequência foca em palavras-chave ou expressões que quer que seus alunos usem ou uma seção que quer que consultem no texto. Se Sarah fosse uma professora de química ou matemática, seu processo incluiria mostrar seu trabalho, depois montar cada problema no mesmo formato que espera dos alunos para fácil referência durante a aula. Mas independentemente da disciplina, *o importante é que o planejamento exemplar deve ser feito por escrito.* Isso força você a colocar seu pensamento em palavras, assim como os alunos precisam fazer. Permite que você, como Sarah fez, revise e faça acréscimos à medida que outros pensamentos lhe vêm à cabeça, tornando seu pensamento portátil, o que, como observei anteriormente, permite que você o compartilhe e o discuta com colegas durante o desenvolvimento profissional e, sobretudo, significa que pode levá-lo com você quando ensinar, como vimos Julia e Christine fazendo. Você pode ver que Sarah também tem o seu à mão. Ela o larga brevemente para comemorar a resposta de Akheem, mas, quando terminam as palmas e a comemoração, ela o pega de volta.

Por que, você pode se perguntar, o plano exemplar de Sarah se transformou em seu braço direito (e também de Denarius e Christine) enquanto ela ensina? Refletir sobre nossa discussão da capacidade limitada da memória de trabalho pode ajudar a explicar. Ao se familiarizar profundamente com a resposta-alvo para cada pergunta, quando ouve ou lê o trabalho dos alunos, Sarah pode pensar não em "Qual é a resposta?", mas "Onde e como eles estão confusos?". Ela é capaz de responder com rapidez e agilidade e estar totalmente presente enquanto ensina, porque muito mais da sua memória de trabalho está canalizada para a percepção do que um professor comparável que também está usando a memória de trabalho para se lembrar de coisas. Ela está calma o suficiente para se lembrar de sorrir, confiante o suficiente em seu plano para comemorar coisas formidáveis, rir das tolices e encorajar os alunos a correrem risco. Ter o exemplar à mão acelera sua circulação pela sala e ajuda a se aproximar de todos.

Um aspecto final a reiterar sobre planejamento exemplar: ele contribui para um excelente desenvolvimento profissional em dos aspectos. Primeiramente, sem dúvida há poucas conversas melhores entre professores em um departamento do que "O que constitui uma resposta excelente para a seguinte (importante) pergunta?". Discutir essas coisas para seis ou oito perguntas seria uma forma essencial e poderosa de preparação intelectual. É difícil imaginar uma reunião de departamento melhor. Nós revisamos o livro, mas também ouvimos ideias que podemos não ter considerado. Um professor que diz *Ah, com certeza vou acrescentar isso ao meu exemplar* é um professor que está expandindo seu conhecimento do conteúdo que ele ensina. Meu colega Paul Bambrick-Santoyo chama esse processo de "treinando com o exemplar": você anota sua melhor resposta e então senta com seus colegas e compara a sua com a deles. Os professores saem intelectualmente preparados, com uma compreensão profunda do livro e muito possivelmente com diferentes perspectivas sobre ele. É claro, esse é o tipo ideal de desenvolvimento profissional, porque acontece antes que os professores ensinem a matéria. Torna-os melhores *agora* em vez de em um distante dia ensolarado no ano seguinte quando eles ensinam o livro mais uma vez. É claro que, se seu departamento não oferecer este tipo de desenvolvimento profissional, você pode fazê-lo virtualmente, encontrando colegas em outros lugares com quem possa praticar.

Por isso, o currículo de inglês que desenvolvemos provém de respostas de alunos exemplares no material de ensino, mas nossa recomendação é sempre que os professores não as leiam até que tenham escrito suas próprias respostas. Você aprende mais quando já refletiu previamente. Também anotamos exemplares porque ajudam nossos planejadores de atividades a refinarem as perguntas. Se tiverem dificuldade para responder ou não gostarem da sua resposta, eles sabem que a pergunta tem que mudar. Para aqueles professores que realmente escrevem seu exemplar da aula, o planejamento é uma etapa ainda mais poderosa.

TÉCNICA 2: PLANEJE PARA O ERRO

No Capítulo 1, discuti as observações de Christopher Chabris e Daniel Simons sobre cegueira inatencional, nossa frequente tendência a simplesmente não vermos o que está bem diante de nossos olhos. A única forma comprovada de eliminá-la, segundo eles, "é tornar o objeto ou evento inesperado menos inesperado".[4] Uma etapa crítica da preparação para ensinar é reconhecer que, em um ambiente visual complexo, o que nos preparamos para procurar é o que provavelmente iremos notar. Isso significa que antecipar erros específicos dos alunos que achamos que provavelmente veremos pode ser tão valioso quanto o planejamento exemplar. Uma das perguntas mais produtivas que você pode se fazer é: *O que eles vão errar?* Ou talvez *O que eles vão entender mal?*

Perguntar e responder essas questões tem efeitos profundos.

Primeiro, se você analisar a pergunta (ou tarefa ou problema) segundo o ponto de vista dos alunos e pensar sobre o que eles podem entender mal, tem mais probabilidade de identificar esses mal-entendidos quando ocorrerem. Isso não só ajudará a prevenir cegueira inatencional – isto é, os alunos cometem erros, mas você não nota –, mas também ajudará a tomar atitudes mais produtivas de, pelo menos, duas maneiras se observar os mal-entendidos.

Refletir antecipadamente sobre os prováveis erros dos alunos ajuda a evitar que você "enterre os dados". Digamos que você está ensinando a cena sutilmente elaborada em *O doador de memórias* onde o narrador, Jonas, vê cores pela primeira vez mas, como ele não entende o que é cor, fica confuso. A cena é escrita para meramente sugerir o que aconteceu a Jonas. Ela descreve os *flashes* de vermelho que ele vê por um ponto de vista incompreensível, o que acaba não resolvendo. Os alunos frequentemente também ficam confusos.

O professor poderia antecipar que talvez os alunos não entenderiam essa cena ou a sua importância, mas meramente notar que os alunos não entendem não é suficiente. Os professores frequentemente "enterram os dados" – ou seja, eles reconhecem que os alunos estão cometendo um erro ou estão tendo dificuldade com um mal-entendido, mas falham em abordá-lo, talvez esperando que se resolva. Talvez algumas vezes realmente resolva, mas, com mais frequência, o mal-entendido se agrava. Os alunos leem vários capítulos sem se darem conta de que devem estar muito atentos às mudanças na visão de Jonas.

Por que algumas vezes ignoramos os dados dessa maneira, reconhecendo um mal-entendido, mas não fazendo nada a respeito? Honestamente, existem inúmeras razões. Agir de acordo com os dados significa rasgar seu plano de aula diante de 30 alunos do 7º ano e planejar uma alternativa no calor do momento. Se funcionar, você retorna ao seu plano original, mas com todos os horários desregulados. Se fracassar, fica sem saída. Mas se você antecipou os prováveis erros que irá encontrar, também poderá planejar o que faria a respeito. Planejando essa resposta – incorporar alguma contingência se/então à sua aula (se X acontecer, então eu farei Y), você tem mais probabilidade de entrar em ação. Você removeu o obstáculo de improvisar na frente de 30 alunos.

Planejando-se para o erro, você tem mais probabilidade de vê-lo, caso ele aconteça, e mais probabilidade de agir com base nele, para fazer as coisas que os professores fazem com sucesso no capítulo "Verificação da compreensão", ou seja, os professores precisam se preparar para os erros.

A técnica *Planeje para o erro* também ajuda a tomar atitudes mais produtivas você consegue tratar suas observações como dados – outro tópico discutido em mais detalhes no Capítulo 3, "Verificação da compreensão". Assista novamente ao momento do vídeo *Denarius Frazier, Resto* (44 segundos), quando Denarius marca uma pequena *hashtag* em sua prancheta em resposta à dificuldade de um aluno para encontrar o resto. Denarius não perde tempo escrevendo "restos" ou "dificuldade para usar o teorema do resto". Por quê? Ele pode fazer uma *hashtag* porque já anotou essa frase antes da aula. Em sua prancheta, Denarius tem uma lista dos possíveis erros. Agora ele pode meramente começar a quantificá-los quando e se os encontrar. Há seis *hashtags* ao lado de "dificuldade para usar o teorema do resto". Denarius pode ter planejado três erros potenciais que seus alunos poderiam cometer. Seu planejamento lhe permite ver rapidamente quais eles realmente estão cometendo e com que frequência. Planejar para os erros com antecedência torna muito mais fácil transformar informações em dados durante uma aula.

Antecipar os erros no trecho de O *doador de memórias* em que Jonas vê as cores revela algo mais sobre a técnica *Planeje para o erro*: há decisões a serem tomadas. Sim, a cena sugere sutilmente que Jonas consegue ver as cores. Quero que meus alunos foquem nisso. Mas posso decidir que é mais importante que eles vejam quão desorientador é o que está acontecendo com Jonas. Alguma coisa está errada, misteriosa, inexplicada pela primeira vez em sua vida. Ele repetidamente tenta "testar" sua visão. Quebra as regras para levar a maçã para casa e examiná-la. Há dois aspectos da passagem que podem facilmente passar despercebidos. Pode ser que os alunos não precisem entender completamente que Jonas vê as cores, contanto que reconheçam o quanto era perturbador e confuso o que estava acontecendo com ele.

Na análise de um trecho difícil, decidir em qual aspecto (que os alunos não entenderam) focar pode parecer complexo para a maioria, menos para os professores de inglês ou entusiastas de O *doador de memórias*. Porém há uma questão maior em relação ao processo que é relevante para todos os professores: percebi que aquelas eram duas potenciais interpretações erradas e duas abordagens para abordar o trecho *porque eu estava tentando pensar nos erros que os alunos poderiam cometer*. O processo de *Planeje para o erro* fez com que eu entendesse melhor o livro através dos olhos dos alunos. Quanto mais faço isso, mais consigo entender os tipos e causas das interpretações erradas dos alunos e mais aprimoro meu planejamento de ensino com isso em mente pela primeira vez. Praticamente não importa se você prevê corretamente os erros que os alunos irão cometer. Ao prever e depois observar se eles ocorrem, você melhora sua capacidade de ver suas aulas pelos olhos de um aluno.

No entanto, a técnica *Planeje para o erro* não é apenas identificar os erros que podem ocorrer. É também planejar o que você faria a respeito. Em meu exemplo de O *doador de memórias*, posso retornar ao trecho: "Então [a maçã] estava em sua mão e ele olhou para ela atentamente, mas ela era a mesma maçã. Inalterada. O mesmo tamanho e forma: uma esfera perfeita. A mesma tonalidade desinteressante, quase a mesma tonalidade da sua camisa."

Primeiramente preciso chamar a atenção dos alunos para as palavras "tonalidade desinteressante". Por que essas palavras para a cor da maçã? O que isso implicava? As maçãs eram usualmente notadas por serem de cor desinteressante? Por que eles estavam jogando com uma maçã, a propósito? Por que não uma bola? Pode haver algo simbólico ali?

Dependendo do grupo ou de quanto tempo eu tivesse, poderia dizer: "Essa passagem sugere que Jonas está vendo cores pela primeira vez, mas não sabe o que são, porque nunca havia visto antes. Vamos voltar e reler a cena, e quero que vocês me digam como Lowry comunica o fato de que ele é capaz de ver cores, mas também a sua confusão".

Agora eu desenvolvi duas respostas possíveis. Posso ler a sala e meus alunos e tomar uma decisão sobre o caminho a seguir. Mas no momento decido que não vou começar do zero e escolher um caminho para a atividade que considerei apenas no calor do momento.

Revisando o que discutimos até o momento, *Planeje para o erro* significa prever os erros e planejar como você irá responder, refletindo intencionalmente (e anotando) sobre o que os alunos podem entender errado em relação a questões chaves na matéria e planejando ações corretivas potenciais, caso ocorram essas interpretações erradas.

Acho importante ser realista em relação à duração desse processo, porque pode ser demorado. Você deve *Planejar o erro* para cada pergunta que formular? Eu diria que não. O objetivo é construir um hábito administrável e sustentável. Mais uma vez, dependerá do professor e do contexto: professor novo ou experiente? Conteúdo novo ou familiar? Tema desafiador? Como um ponto de partida, eu recomendaria fazer para uma ou duas perguntas mais importantes em cada atividade.

Ao longo desse livro, falo sobre a natureza fundamental da percepção. Ensinar é um esforço de tomada de decisão, e para tomarmos as decisões certas temos que abordar o trabalho de uma forma que maximize nossa habilidade de ver e entender o que estamos vendo. A técnica *Planeje para o erro* aumenta a probabilidade de vermos as interpretações erradas e sermos capazes de tomar decisões sólidas sobre os passos para adaptar nosso plano de aula, além da probabilidade de sermos suficientemente corajosos para agir de acordo com elas sob pressão.

Porém também há outro aspecto da percepção operando aqui. Os professores são especialistas em sua área e percebem diferente dos seus alunos, que são principiantes. Um estudo feito por Chi, Glaser e Feltovich revelou como principiantes e experientes têm percepções diferentes. Estudando principiantes e experientes resolvendo problemas de física, eles observaram que "enquanto os principiantes categorizavam os problemas pela estrutura superficial do problema", os experientes viam a "estrutura profunda" para categorizá-los e resolvê-los.[5] Os principiantes observaram que os dois problemas envolviam movimentar objetos e tentaram resolvê-los igualmente, observam Carl Hendrick e Paul Kirschner na discussão do estudo, mas os experientes rapidamente viam que um era um problema de aceleração, e o outro, um problema de velocidade constante. "O que você sabe determina o que você vê", concluem Hendrick e Kirschner, o que representa um duplo desafio. Em primeiro lugar, os principiantes não sabem tanto e, portanto, não percebem as coisas tão bem quanto os experientes. Em segundo lugar, os experientes com frequência não têm consciência disso ou pelo menos não conseguem facilmente deixar de ver o que notam como resultado do seu conhecimento. É preciso prática para identificar o que as pessoas que sabem menos sobre um tópico não entenderão. A disciplina de *Planejar para o erro* e testar essas previsões é investir em sua habilidade de ver além da divisão entre experientes e principiantes e entrar na vida cognitiva dos seus alunos.

Há um benefício final na técnica *Planeje para o erro*. Se durante seu planejamento você praticar a antecipação das dificuldades que os alunos podem ter, também estará internalizando o pressuposto de que *haverá mal-entendidos e erros*. Há um pressuposto da sua inevitabilidade, o que significa que você tem muito menos probabilidade de se frustrar quando surgirem erros. Terá menos probabilidade de culpar os alunos pelas lacunas na aprendizagem ou ver suas dificuldades como sinais de alguma falha. Quando erros são inevitáveis e o desafio é prever e reagir a eles, ensinar se torna um desafio de solução de problemas mais do que uma questão de atribuir culpas, e isso ajudará a preservar a confiança dos alunos em você.

TÉCNICA 3: MOVIMENTOS DE ENTREGA

Há uma constelação de coisas que um professor faz para adaptar uma atividade e dar-lhe vida para um determinado grupo de alunos em um determinado dia. As adaptações são feitas em resposta a uma variedade de fatores: as diferenças entre o terceiro e o quinto período (cada turma tendo sua personalidade e dinâmica de grupo únicas) ou o humor em uma quarta-feira de outubro *versus* o último dia antes das férias da primavera ou como foi a aula do dia anterior. As adaptações preparam os professores para darem uma aula de forma única e responsiva a cada turma.

A primeira é o planejamento do *Meios de participação*. *Meios de participação*, conforme discuto na técnica 36, é escolher não só a pergunta que você fará, mas também como pedirá que os alunos respondam a essa pergunta – e comunicar a eles claramente essa expectativa. O plano de aula fornece a pergunta, mas como ela é formulada e respondida – *Virem e conversem*, *De surpresa*, *Tempo de espera* ou *Todo mundo escreve* – é igualmente importante. A melhor pergunta do mundo pode não "funcionar" segundo uma perspectiva de aprendizagem se cada um não a responder com seu maior esforço e reflexão. A preparação da aula deve envolver esboçar um plano de como você engajará os alunos nas suas perguntas com decisões intencionais – *De surpresa* no início para engajar todos; *Pare e anote* para estimular o pensamento mais complexo no meio da aula e dar a eles a chance de escrever e ensaiar suas ideias; *Virem e conversem* para manter a energia circulando. É claro que o fato de você ter planejado essas coisas não significa que não pode mudá-las. Significa apenas que você inicia com um plano de jogo e, como aprendemos anteriormente com James Clear, tem maior probabilidade de fazer as coisas que deseja pedagogicamente.

Planejar para quem: a próxima questão depois que você decidiu como os alunos irão participar é frequentemente: quem. Uma das razões para nem sempre levantar as mãos ou deixar os alunos se manifestarem é a "igualdade das vozes". As ideias dos alunos silenciosos – aqueles que pensam mais deliberadamente, aqueles que se preocupam sobre como podem se sair caso se voluntariem a falar – também são importantes. Se você estiver fazendo a chamada *De surpresa* ou pedindo que os alunos levantem as mãos, pensar sobre quem você quer chamar é fundamental. A técnica *De surpresa* pode ser uma ferramenta perfeita para permitir "igualdade das vozes" e assegurar que todos se sintam importantes para a discussão. Mas quem você irá chamar? A chamada *De surpresa* não resolve o problema se, no momento, você chamou um dos seus alunos que sempre levantou a mão. Suas decisões sobre o *Meio de participação* certo – neste caso, *De surpresa* – serão muito mais fortes se você também refletiu sobre quem se beneficiaria mais ao ser convidado para a conversa ou quem contribuiria mais.

Quando planeja quem chamar, você pode pensar nos alunos individualmente – pode ser James que você quer verificar ou incentivar – ou em certas características dos alunos – se, digamos, um aluno que acho que frequentemente é um termômetro da turma errou, muitas pessoas provavelmente erraram. Algumas vezes, posso direcionar perguntas para Jabari, porque no teste ele teve dificuldades nas perguntas sobre perímetro, mas tem feito grande progresso. Vou deixá-lo responder durante a aula para que ele perceba o progresso. Ou meu objetivo pode ser assegurar que todos falem e sejam incluídos e sintam a "igualdade das vozes". Posso fazer uma anotação para "chamar Tyson ou Mary" porque eles são mais quietos, ou "chamar as crianças mais quietas" porque não sei quem estará quieto naquele dia. Em outras palavras, meus objetivos podem ser individuais ou por categorias. Fazer uma anotação para chamar alguém que tenha uma resposta "quase correta" é um dos meus exemplos favoritos de preparação por categorias. Vendo a anotação "Pedir a um aluno que tem a resposta quase certa para *Mostrar o texto*" na margem, eu andaria pela sala, observando-os enquanto trabalham e escolheria uma resposta boa, mas em que faltava um detalhe importante ("quase certa") e iniciaria a discussão ali. "Naveen tem alguns *insights* provocativos, e acho que podemos ajudá-la a tornar seu bom trabalho ainda melhor. Vamos dar uma olhada..."

Ao examinar a aula *on-line*, você poderá ver que Christine fez isso na parte inferior da página 3 e na página 6. Ela tem uma lista das crianças a quem chamar. Você pode ver alguns nomes riscados. A lista é dinâmica. Ela tem uma lista também para a sua professora assistente Kait Smith, que está coordenando um grupo à parte.

Marcadores de tempo: como boas aulas acabam mal? Tudo está indo bem, embora um pouco mais devagar do que você previu e então você olha para o alto e se dá conta de que está tendo a discussão que esperava 25 minutos depois do que havia planejado. De repente você está com problemas. Não haverá prática independente, nem reflexão por escrito, nem tempo para a revisão para o teste. É por isso que usar marcadores de tempo é importante. Eles ajudam a organizar o tempo quando você está aplicando alguma técnica. Quanto tempo no *Pare e anote* antes da discussão, quanto tempo na discussão e depois quanto tempo na reflexão por escrito. Isso o ajuda a identificar mais rapidamente quando você está se atrasando no conteúdo. O tempo é finito, portanto, essas são decisões importantes, e as decisões certas podem mudar. Pode ser diferente para o terceiro período (eles poderiam usar algum tempo para ir mais devagar e pensar sobre a opinião de outras pessoas) e para o quinto período (eles poderiam aprender a verbalizar um pouco mais). A quarta-feira pode ser diferente da terça-feira. Pode ser diferente na quarta-feira *por causa* da terça-feira, portanto, se você planejou na segunda-feira talvez seja bom rever e atualizar suas alocações de tempo para que fiquem o mais perto possível de quando vai dar a aula.

Christine fez isso na página 6 da atividade que preparou. Ao lado do quadro de notas onde os alunos fazem anotações sobre a leitura, ela alocou cinco minutos. Ao lado da pergunta cinco ela alocou três minutos. Quando ela diz: "dois minutos no relógio para escreverem suas respostas", é porque planejou isto: dois minutos para escrever e um para ouvir uma resposta em voz alta. Depois seguimos adiante. Ela dá sete minutos para a pergunta sobre os contos de fadas. Haverá mãos ansiosas querendo ler suas respostas à pergunta 5. A tentação será ouvir cada vez mais delas. Mas os marcadores de tempo permitem a Christine ver que é uma decisão entre isso e seguir com o resto da atividade, e ela escolhe esta última. Ela está priorizando: a pergunta sobre contos de fadas é mais importante do que algumas outras coisas, mais crítica para entender o livro, mais central para o que eles irão escrever. É difícil priorizar quando queremos que as crianças aprendam tudo, porém mesmo decisões imperfeitas tomadas com antecedência são melhores do que a priorização acidental de "Opa, estamos sem tempo". Afinal, o que vem no final frequentemente está lá porque nos ajuda a dar sentido ao que já fizemos. Provavelmente será importante. Talvez seja por isso que em um determinado ponto as anotações de Christine a fazem lembrar que não é preciso dar todos os exemplos que anotou e quais questões pode pular caso fique sem tempo. Um detalhe muito pequeno que você pode considerar é incluir a hora real do dia em vez do tempo decorrido da sua aula. É mais fácil ver quando você está atrasado às 10h35 do que "aos 22 minutos de aula".

Perguntas como uma carta na manga: perguntas como uma carta na manga são aquelas às quais você recorre quando os alunos têm dificuldade com a pergunta inicial na sua aula. É difícil pensar nelas no momento, e isso atrasa você. Além disso, você pode não pensar na pergunta de *follow-up* exatamente certa naquele momento e há mais chance do que o normal que a pergunta não seja perfeita, podendo confundir o aluno que você está esperando ajudar. Esboçar algumas perguntas potenciais como uma carta na manga calmamente antes de ensinar e anotá-las onde pode encontrá-las com facilidade é uma ótima prática. Você pode ver exemplos disso no pacote de Christine. Pode ver como ela planejou responder no caso de os alunos terem dificuldade para entender a sentença "Nós gostamos de escapar para a fantasia de um final feliz". Ela perguntará: "Por que as pessoas gostam de ler e ouvir contos de fadas?" para ajudar os alunos a perceberem que os contos de fadas são uma forma de prazer que não pretende ser realista – eles pretendem ser escapistas.

> sobre as mentiras, a bondade é recompensada, os obstáculos são superados pelo trabalho árduo e o amor,..... o mal. <u>Gostamos de escapar para a fantasia de um final feliz.</u>
>
> *Por que as pessoas gostam de ler/ouvir sobre elas?*
>
> *Qual é o propósito dos contos de fadas?*
> dos contos de fadas, por que Annemarie incluiria "banquetes de cupcakes cor-de-rosa gelados" na

Sequências: parte do que torna efetivas as aulas bem-preparadas é que o professor conecta o próximo conteúdo com a tarefa anterior ou com o que está por vir. Tomemos este exemplo da turma de 5º ano de Laura Baxter em Nashville, Tennessee, em seu estudo de *Esperanza rising*. A turma recém havia acabado a parte do vocabulário da atividade, e Laura compartilha que a sua favorita das novas palavras que estudaram é "irritável". "Ah, espere para ver como Esperanza está irritável nesta viagem de trem", ela diz, com intriga em sua voz e depois de algumas instruções sobre a técnica *O que fazer* – "Pacote no canto [da sua mesa], texto à sua frente. Prontos para ler na página 72", ela está lendo, e o capítulo está em andamento. Sua sequência faz os alunos esperarem com ansiedade para ver o quanto Esperanza estará irritada de fato. Preparar uma sequência significa olhar para frente para conectar o conteúdo e ajudar os alunos a verem como as partes de uma lição se juntam por meio de uma frase muito transicional. A sequência se torna uma linha contínua para os alunos, para fazer com que a lição pareça uma totalidade, e as coisas que eles fazem, mais conectadas.

"Quase sempre começo nossa leitura com uma pergunta que conecta a leitura do dia anterior com a deste dia", me disse a craque professora de literatura Sarah Wright. Essa forma de sequência "é como um gancho", ela observou. "Você tem as mãos levantando... e então... cada aluno está na beirada da sua cadeira porque você fez a conexão com o que eles se interessam. Quanto mais você faz essas conexões, mais está conectando os neurônios no cérebro e ajudando os alunos a se lembrarem e se basearem em todo seu conhecimento enquanto estão analisando o texto".

Ao escrever afirmações da sequência, você molda como os alunos irão experienciar a matéria, em geral, contando a eles – e a você mesmo – a história de como as peças separadas se juntam em um todo unificado e direcionado para o objetivo.

Checklist rigorosa

Alguns anos atrás assisti um dia inteiro de aulas em escolas em um distrito escolar de uma importante cidade da costa oeste. Eles trabalhavam com um programa que estava usando o *Aula Nota 10* para treinar novos professores e queriam *feedback* de como os professores estavam se saindo. Uma turma permaneceu comigo mais do que as outras. A professora havia feito um belo trabalho de estabelecer procedimentos e rotinas produtivos e cultura positiva. Seus alunos se sentavam entusiasmados em suas mesas, prontos para aprender, ouvindo ansiosamente. Ela havia trabalhado duro e se saiu bem em preparar o terreno para uma aula excelente. Mas havia coisas cruciais faltando. As atividades eram simples demais: sublinhar uma sentença em um artigo que era muito fácil, perguntas de múltipla escolha, não precisavam escrever nada. Eles haviam sentando em suas cadeiras, esperando que começasse alguma tarefa de valor e inspiradora, mas aquele brilho lentamente foi desaparecendo dos seus rostos. Era assim que a escola era, eles estavam aprendendo.

O jornalista Ellis Cose descreve assim quando estava na sua sala de aula no 2º ou 3º ano: "Aquilo me veio quando eu estava sentado na minha cadeira tentando me manter interessado enquanto minha professora conduzia a aula, uma palavra apática de cada vez, do livro que eu havia lido no primeiro dia de aula, um livro (e não um particularmente interessante) que ela acabou levando o semestre inteiro para nos mostrar lentamente".[6] Alfred Tatum resume a compreensão de Cose desta forma, observando que se aplica a muito mais estudantes do que apenas um: "Quanto mais ele ia para a escola, mas se convencia de que a verdadeira aprendizagem não aconteceria".[7] É assim que o que Tatum chama de "anti-intelectualismo" se desenvolve nas salas de aula norte-americanas. Os alunos ficam entediados quando faltam desafio, rigor e um sentimento de progresso. Os professores fazem a leitura dessa falta de motivação como um sinal de que os alunos não conseguem ou não querem realizar um trabalho mais avançado. Em vez disso fazem um trabalho mais trivial. Segue-se então um tipo de espiral da morte. Os momentos que mais frustraram meus filhos na escola foram aqueles em que eles perceberam que as atividades desprovidas de rigor se repetiriam todos os dias.[8]

Em outro local na escola, havia algumas poucas salas de aula conduzidas por mestres e um número chocantemente grande de salas de aula desregradas e caóticas, onde não acontecia aprendizagem, porque os professores não possuíam os sistemas organizados e as expectativas cuidadosamente desenvolvidas que a professora que eu estava observando havia construído. No entanto, na sala dessa professora promissora, uma oportunidade foi perdida. A professora tinha perdido de vista como deveria ser uma aula louvável – quais deveriam ser suas partes componentes. Talvez seu modelo mental estivesse incompleto; talvez ela apenas estivesse focada em outras coisas.

Mais ou menos nesta época eu estava lendo sobre o poder das *checklists*, "ferramentas rápidas e simples que visam apoiar as habilidades dos profissionais", como postula Atul Gawande. Uma *checklist* é, em certo sentido, um lembrete que assegura que aspectos fundamentais do produto final não sejam deixados de fora. Pensei em uma *checklist* rigorosa, uma ferramenta que os professores pudessem usar para avaliar se a aula que deram teve bons resultados. Essa aula valeu de algo?

Quais foram os seus temas centrais? Cada aula não precisaria ter todas as partes, mas, com o tempo, se um professor tivesse que dizer "não, nós não escrevemos hoje, não, nós não lemos nenhum texto desafiador", ele saberia que precisava fazer algumas mudanças.

O objetivo não seria a abrangência. Seria um momento para avaliar. Uma ferramenta rápida e eficiente para ajudar os professores a terem certeza de que não estavam sempre deixando passar alguma coisa.

Confira a seguir o que preparei.

- Os alunos escrevem frequentemente e descrevem ou refletem sobre pelo menos uma ideia importante em sentenças completas (1º ano em diante).
- O professor, com frequência, pede que os alunos melhorem, desenvolvam e revisem as respostas iniciais tanto verbalmente quanto por escrito.
- O professor apresenta vocabulário novo e avançado, e os alunos usam as palavras várias vezes para se engajarem e discutirem o conteúdo da lição.
- Os alunos leem um texto desafiador (de acordo com seu nível e acima dele), e perguntas em relação ao texto são usadas para assegurar que eles sejam capazes de estabelecer significado. A discussão não está limitada ao estabelecimento de significado, mas essa etapa não é ignorada.
- O professor garante igualdade das vozes: quase todos participam falando, todos participam ouvindo. O professor usa as técnicas *De surpresa*, seguimento e escrita formativa, entre outras ferramentas para isso.
- Os alunos usam a prática de recuperação para codificar o conhecimento-chave na memória de longo prazo.

Essa lista não é perfeita. Outras pessoas adicionariam a ela coisas diferentes. Na verdade, você pode fazer a sua se não quiser a minha. Para mim, essa seria uma ótima ferramenta para dar aos professores – especialmente quando eles estivessem praticando outros aspectos importantes da construção de uma sala de aula efetiva que podem distraí-los do panorama geral – para que, quando terminassem de preparar uma aula, pudessem se perguntar: a longo prazo, estou no caminho certo?

TÉCNICA 4: PLANEJE EM DOBRO

Isso é tão óbvio sobre a preparação das aulas de Christine Torres, que pode ser facilmente negligenciado, embora seja uma das coisas mais importantes que ela faz.

Ela está trabalhando a partir de uma cópia do pacote dos alunos – o documento com que eles estão trabalhando durante toda a aula. É isso que ela tem na mão enquanto ensina, é onde ela faz as anotações na preparação. Seu ponto de partida, em outras palavras, é um documento que descreve o que os alunos farão em cada etapa da aula. O simples fato de existir um documento como esse é importante. Sim, também existe um plano de aula que Christine pode consultar se precisar. Ele contém mais detalhes sobre o que ela fará e como. Porém mais central para a preparação da aula é o documento que descreve o que os *alunos* farão em cada etapa do percurso.

Um plano de aula descreve uma série de atividades que você comandará ou tópicos que discutirá, mas o que o professor fará não é o mesmo que os alunos irão fazer. A técnica *Planeje em dobro* descreve em detalhes o que os *alunos* fazem em cada etapa do percurso. Um plano de aula pode dizer que um professor deve conduzir uma discussão sobre uma linha no texto. Uma aula com *Planeje em dobro* descreve o que os alunos deverão fazer durante a discussão, como anotações sobre *insights* dos seus pares que acham úteis. Um pacote vai um passo além e dá a eles um lugar real para fazer isso. Um plano de aula pode dizer: "O professor deve ler o trecho com os alunos". A técnica *Planeje em dobro* esclarece isto: o que os alunos devem fazer? Ouvir é suficiente? Eles terão muito mais sucesso se você disser a eles em que prestar atenção (exemplos de ironia, por exemplo) e se planejar que eles façam anotações enquanto você lê. Você pode até mesmo pensar sobre onde eles devem fazer essas anotações. Em outras palavras, suas ações enquanto está ensinando são importantes impulsionadores do quanto os alunos aprendem e devem fazer parte do processo de planejamento.

Para professores como Christine, isso frequentemente significa não apenas planejar que os alunos respondam a uma determinada pergunta por escrito, mas também fornecer um lugar específico que comunique aos alunos se eles vão fazer um simples *brainstorm* – nesse caso, o pacote poderia incluir marcadores para listas ou uma caixa sem linhas – ou escrever parágrafos com muitas sentenças – nesse caso ela certamente não iria querer apenas linhas (e muitas delas para comunicar suas expectativas quanto à extensão), mas talvez também um espaço para descrição. Um pacote como o de Christine faz isso. Ele traduz seu plano para um documento a partir do qual os alunos podem trabalhar diretamente para assegurar eficiência e simplicidade. Há espaço para fazer anotações e um lembrete para fazê-las.

Você tem um pacote, então? Não. Os alunos do ensino médio que estão se preparando para a faculdade normalmente tem mais costume de fazer anotações? Sim. Mas a atividade ainda deve ser duplamente planejada, talvez por meio de um gráfico T-Chart, em que as ações do professor são descritas do lado esquerdo, e o que os alunos devem fazer, à direita.

De qualquer modo, não ignore o pacote. Seu valor é alto – um fato que é irônico, porque alguns educadores dispensam materiais copiados e dados aos alunos, como "folhas de exercícios", presumindo que são banais e superficiais. Um lembrete, então: os meios pelos quais os materiais didáticos são reproduzidos e distribuídos não têm correlação com a sua qualidade.

O planejamento de um pacote de aulas de fato é uma das ferramentas mais eficientes para a técnica *Planeje em dobro*. Confira a seguir cinco objetivos do pacote para melhorar seu ensino e aumentar a aprendizagem dos alunos.

Objetivo 1: tudo em um único lugar

Um pacote bem planejado fornece aos alunos todos (ou muitos) dos materiais das aulas em um só lugar, onde eles são facilmente acessíveis, minimizando a necessidade de distribuir materiais adicionais, extrair novos documentos e avançar e recuar no meio deles. Os alunos podem ler e escrever sobre um texto integralmente em um único lugar. O pacote de Christine, por exemplo, inclui os artigos de não ficção que ela irá ler para clarear o capítulo do romance, bem como definições do vocabulário que irá ensinar, o *Arremate* e vários lugares para tomar notas. Tudo está em um só lugar, e isso agiliza sua aula.

Objetivo 2: sinergia com ritmo

O pacote permite que Christine seja capaz de manejar a experiência dos alunos facilmente e com eficiência: ela pode avançar e pular uma atividade para poupar um pouco de tempo, mas ainda assim pedir que os alunos a concluam como dever de casa. Pode fazer os alunos voltarem e relerem uma passagem ou testarem a técnica *Faça agora* com quase nenhum custo para a transação. Isso reduz ao mínimo o tempo necessário para mudar as tarefas e atividades. Ela pode pular as folhas com vocabulário ou recolher as anotações. Embora possa parecer banal, poupar alguns minutos a cada dia ajuda a recuperar dias perdidos a cada ano letivo.

Conforme discuto no capítulo sobre ritmo, uma forma de chamar a atenção para os marcos (veja o Capítulo 6, "Ritmo") – pontos de referência inseridos ao longo da rota de uma jornada para tornar a distância percorrida mais visível para os viajantes – está evidente no pacote de Christine. Cada pergunta ou atividade se destaca como algo novo e distinto, ao contrário de um emaranhado confuso de respostas indiferenciadas ao romance. Os alunos podem ver que estão se movimentando dinamicamente de uma atividade para outra.

Uma ferramenta eficaz que vi em alguns pacotes – particularmente na Michaela Community School de Londres – é a numeração das linhas. Se você está empregando um tempo significativo na discussão de um trecho, geralmente vale a pena copiá-lo no seu pacote, adicionando números nas linhas para garantir mais continuidade, qualidade e eficiência na discussão. A seguinte imagem mostra os primeiros parágrafos do romance de Linda Sue Park, *A single shard*, com as linhas numeradas. Lendo isto, Carlise consegue facilmente atrair a atenção da classe para o uso da expressão "ainda hoje" na linha 9, em vez de todos usarem sua memória de trabalho procurando o ponto "na metade do terceiro parágrafo" ao qual ela está se referindo. Depois disso, a professora pode rapidamente redirecionar os alunos para um ponto diferente: "O que nos diz a referência do narrador 'os bem-alimentados do povoado', na linha 3?

1. "Ei, Tree-ear! Você passou fome hoje?" Crane-man
2. gritou quando Tree-ear se aproximou da ponte.
3. Os bem-alimentados do povoado se cumprimentavam educadamente
4. dizendo: "Você comeu bem hoje?" Tree-ear e seu amigo
5. invertiam o cumprimento como sua brincadeira.
6. Tree-ear apertou uma bolsa volumosa que trazia na cintura.
7. Ele queria reter a boa notícia, mas o entusiasmo
8. emanava dele. "Crane-man! Foi muito bom você ter me cumprimentado
9. assim logo agora, pois ainda hoje teremos que usar as palavras
10. apropriadas!" Ele ergueu a bolsa no alto. Tree-ear ficou entusiasmado quando
11. os olhos de Crane-man se arregalaram com surpresa. Ele sabia que Crane-man
12. adivinharia imediatamente – apenas uma coisa poderia deixar uma bolsa daquele tipo
13. cheia e macia. Não aparas de cenoura ou ossos de galinha,
14. que se projetavam em protuberâncias esquisitas. Não, a bolsa estava cheia de arroz.
15. Crane-man ergue sua bengala em saudação. "Venha, meu
16. jovem amigo! Conte-me como você teve essa sorte – uma história
17. que vale a pena ouvir, sem dúvida!"

Objetivo 3: mapa claro do caminho

Quando você tem um milhão de coisas na sua mente, é fácil omitir uma atividade, esquecer uma pergunta ou negligenciar um tópico que pretendia abordar. Como os pacotes da técnica *Planeje em dobro* fornecem ao professor um mapa claro do caminho sobre o que eles e os alunos devem fazer em cada etapa, os professores têm menos probabilidade de deixar que atividades escorram pelos dedos ou prejudiquem um conteúdo importante.

Em uma observação similar, anotar perguntas em seus pacotes também dá a você a responsabilidade de questioná-los da mesma forma que planejou. Isso também evita que involuntariamente você dilua o rigor das suas perguntas planejadas ou desvie os alunos com estímulos tangenciais (para mais informações, veja o Capítulo 9). O mesmo vale para as orientações na técnica *O que fazer*: quanto mais claramente você escreve em seus pacotes, mais fácil será assegurar que os alunos façam o que você planejou, da maneira que pretendia.

Objetivo 4: padronize o formato

Pacotes bem-planejados da técnica *Padronize o formato* (veja a técnica 8). Todos na classe de Christine respondem à pergunta número 6 no mesmo lugar e ela pode circular pela sala sem dificuldade e ter uma boa noção do que eles estão escrevendo, porque sempre está olhando para o mesmo lugar. Isso torna mais fácil se movimentar rapidamente e comparar o trabalho escrito dos alunos com seus exemplares, os quais ela escreveu no mesmo lugar em seu próprio pacote. O que eles estão fazendo está refletido na página dela. As demandas à memória de trabalho estão reduzidas, e sua capacidade de observar com precisão está aumentada.

Formatar o espaço de trabalho para os alunos também ajuda em outros aspectos. Se você incluir oito linhas em branco ou duas depois de uma atividade escrita, estará dizendo aos alunos a extensão que a resposta deve ter. Um quadro para "observações" durante o *Virem e conversem* lembra-os de que devem (ou podem) fazer anotações sobre o que discutirem.

Objetivo 5: adaptabilidade incluída

Outro detalhe do pacote de Christine que vale mencionar: uma resposta parcial à pergunta atemporal sobre o que está reservado para aqueles esforçados que terminaram primeiro o *Faça agora* ou alguma outra pergunta e querem saber o que vem a seguir. Seu professor terá alguma coisa pronta? E se não tiver? Eles terão que ficar sentados e esperar que a turma os alcance? E quanto à criança que ele não percebe como um dos esforçados, mas que quer lhe mostrar que pode ser? No *Faça agora* de Christine há uma questão de desafio incluída no final, esperando pelos esforçados. Continuem se esforçando.

Esse é um lembrete de que um planejamento melhor não implica uma perda de flexibilidade – é o oposto, na verdade. O professor de matemática na Troy Prep, Bryan Belanger, regularmente inclui mais perguntas em seus pacotes do que seus alunos resolverão em uma aula, para que ele possa avançar para problemas mais difíceis ou voltar e revisar melhor, dependendo do progresso dos alunos. A professora do Brooklyn, Taryn Pritchard, divide sua prática independente em seções pelo nível do desafio: "leve", "médio" e "desafiador". Desse modo ela e seus alunos podem se adaptar acrescentando mais trabalho "leve" ou "desafiador", como grupo ou individualmente. Os alunos podem acelerar ou recuar sozinhos. Outros professores incluíram perguntas de "Desafio" ou "Pensamento complexo" em seus pacotes. Os alunos podem experimentá-los sozinhos ou, se as coisas estiverem correndo bem, o professor pode usá-las como uma atividade em aula.

TÉCNICA 5: ORGANIZADORES DO CONHECIMENTO

Poucas escolas tiveram um impacto tão profundo no setor da educação quanto a Michaela Community School, de Londres. Fundada em um momento em que as escolas eram frequentemente encorajadas a evitar fatos e conhecimento em favor de "habilidades de pensamento" transferíveis, a pequena Michaela foi uma dissidente e se empenhou em construir uma escola com um verdadeiro currículo de conhecimentos. Inicialmente, eles eram uma voz solitária dissidente, mas sem desculpas, inabalável e vários anos depois, seus resultados (combinados às pesquisas reconhecendo o papel crucial do conhecimento no pensamento), fizeram com que o mundo parasse e prestasse atenção.

Uma das principais ferramentas no trabalho da Michaela foi desenvolvida pelo então professor de inglês Joe Kirby. A ideia era um *Organizador do conhecimento*, documento de uma página que descreve o conhecimento mais importante que os alunos precisam ter para se engajarem em uma unidade de estudo. Ele apresenta essa informação em um formato concebido para facilitar a codificação na memória. A ideia era simples: os alunos não devem ter que adivinhar o que é importante lembrar. Deixe claro para eles o que é mais importante saber; coloque isso em um único lugar para que seja fácil estudarem. Com o tempo, a ideia se tornou popular. Em milhares de escolas, cada unidade começa com um sumário de uma página sobre o conhecimento básico essencial que permite que os alunos pensem mais profundamente sobre a unidade e que forma a estrutura do seu conhecimento sobre o tópico depois que a unidade tiver sido concluída.

A versão que recomendo enfatiza o conhecimento que os alunos devem ter no começo da unidade para preencher as lacunas que podem impedi-los de entender a unidade. De qualquer modo, é uma estratégia a curto prazo – faz os alunos aprenderem com a unidade e a aproveitarem mais – e a longo prazo – sistematicamente dá aos alunos um conhecimento abrangente de fatos fundamentais. Independente de como você estrutura, considerando a importância do conhecimento prévio para o pensamento complexo, a ideia é poderosa.

Como Joe os visualizou, os *Organizadores do conhecimento* devem ser documentos de uma página (ou uma página com dois lados, se for complexo, com mapas, por exemplo). A organização – as categorias – geralmente são quase tão importantes quanto o conhecimento. Categorias como termos-chave, figuras importantes e uma linha do tempo dos eventos importantes comunicam que tipos de coisas são importantes saber ao explorar um tópico.

Se você começasse a planejar um *Organizador do conhecimento* para *O número das estrelas*, o livro que Christine está lendo, por exemplo, poderia incluir uma linha do tempo dos principais eventos na 2ª Guerra Mundial. Também poderia incluir as principais figuras históricas e os termos. É difícil entender o livro se você não souber o que é uma ocupação ou o que simboliza a estrela de Davi. Quando você sabe, as cenas em que a irmãzinha de Annemarie fala com coragem e arrogância com um soldado nazista, ou quando Annemarie segura o colar da sua amiga com a estrela de Davi, fazem sentido. Agora os alunos podem analisá-las. Se não entenderem essas coisas – e é uma grande premissa que todos os alunos entendam – será difícil lerem o livro bem.

Reflita sobre o exercício anterior em que pedi que você especulasse sobre por que o céu parecia verde. Imagine o quanto você teria sido mais capaz de se engajar nessa atividade se conhecesse as regras e princípios que descrevem a física da luz visível e por que as cores se parecem assim.

Confira a seguir como um *Organizador do conhecimento* pode funcionar. Minha equipe desenvolveu essas estratégias para dois livros em nosso Currículo de Leitura Reconsiderado. A primeira é para *Brown girl dreaming*, as memórias em verso da infância de Jaqueline Woodson na Carolina do Sul e Nova Iorque durante a era dos Direitos Civis.

Organizador do conhecimento para *Brown girl dreaming*

Termos poéticos e literários		
*Poemas são escritos em versos. Ao contrário da **prosa**, a linguagem comum usada ao falar ou escrever, o verso tem uma estrutura rítmica e frequentemente rimas.*		
Termo	**Definição**	**Exemplo**
Verso livre	Linhas não ritmadas que não seguem uma estrutura poética formal	
Licença poética	Entendimento de que um poeta pode mudar ou "quebrar" regras de gramática que governam outras formas de escrita	fevereiro 12, 1963
Ritmo	Um padrão de som definido pelas sílabas nas linhas da poesia	
Refrão	Uma expressão ou linha repetida dentro de um poema	Nunca desista dos seus sonhos
Estrofe	Uma série de linhas agrupadas para criar divisões em um poema	
Quebra de ritmo	A passagem de uma sentença ou frase de uma linha poética para a seguinte, sem pontuação final	
Linha finalizada	Uma linha poética terminando com pontuação para mostrar a conclusão de uma frase	*Hum, minha mãe diz.*
Anáfora	A repetição de uma palavra ou frase no início das linhas ou estrofes	*Talvez o carro [...]* *Talvez um pouco antes [...]*
Cesura	Uma pausa dentro de uma linha de poesia, usualmente marcada por pontuação	pode crescer livre. Pode crescer
Haikai	Uma forma poética japonesa: três linhas não rimadas de 5, 7 e 5 sílabas	*Even the silence* *Has a story to tell you.* *Just listen. Just listen.*
Linguagem da memória e contação de histórias		
Memória	Uma coleção de memórias escritas sobre momentos e eventos importantes na vida de uma pessoa	
Subjetividade	A forma como a memória ou julgamento de uma pessoa é moldada pelas suas opções ou experiências	
Confiabilidade	O grau em que a narração ou memória de uma pessoa é confiável ou precisa	

Palavras para descrever família e legado	
Ancestralidade	A linhagem de pessoas no passado de uma família
Genealogia	Um relatório dos descendentes de uma pessoa ou família das gerações passadas
Hereditariedade	A transmissão de características pessoais de uma geração para outra em uma família; dizemos que um traço que é transmitido (p. ex., olhos castanhos) é **herdado** ou **hereditário**

Linha do tempo do texto		
Na família de Jacqueline Woodson	**Ano**	**Nos Estados Unidos**
Tetravô de Woodson nasce livre em Ohio	1832	A escravidão ainda é legal e praticada em todo o sul dos Estados Unidos
	1865	A **13ª Emenda** da Constituição dos EUA abole a escravidão, mas **segregação** e racismo continuam a restringir os direitos dos negros norte-americanos
	1916	A **Grande Migração**, saída em massa dos negros norte-americanos do sul dos EUA
	1954	Em ***Brown v. Board of Education***, a Suprema Corte proíbe a segregação em escolas públicas
	1955	**Rosa Parks** é presa, desencadeando o **boicote ao ônibus de Montgomery**
	1960	**Protestos na lanchonete de Greensboro** iniciam um movimento para dessegregar espaços públicos; **Ruby Bridges** dessegrega sua escola de ensino fundamental
Jaqueline Woodson nasce em Columbus, Ohio	1963	A **Marcha sobre Washington** é um dos maiores eventos do **Movimento dos Direitos Civis**
Woodson e sua família se mudam com seus avós para Greenville, SC	Meio da década de 1960	
Sterling High School em Greenville, SC, incendeia	1967	
Woodson e seus irmãos se mudam para a cidade de Nova Iorque com sua mãe	Final da década de 1960	O **Partido Pantera Negra** é fundado para defender os direitos dos negros norte-americanos
	1968	**Martin Luther King Jr** é assassinado
Woodson escreve *Butterflies*, seu primeiro livro de poemas	Início da década de 1970	

Ler e entender várias centenas de páginas de versos tão ricos quanto os de Woodson exigirá alguma terminologia técnica. Por isso, o organizador começa com termos como *refrão*, *estrofe* e *licença poética*. Agora os alunos estarão equipados com uma gama de termos para discutir a criação de Woodson. Eles podem comunicar suas ideias entre si, porque todos na sala conhecerão o termo quando um colega o utilizar. Igualmente importante é o contexto histórico e, nesse caso, uma linha do tempo dupla ajuda os alunos a entenderem eventos importantes no movimento dos Direitos Civis e quando eles aconteceram em relação aos eventos na narrativa de Woodson.

Compare isso com o *Organizador do conhecimento* para o romance de Pam Muñoz, *Esperanza rising*. Ele inclui duas linhas do tempo. Uma é para ajudar os alunos a entenderem o México, onde a primeira metade do romance acontece e onde a agitação civil pós-revolução coloca o enredo em marcha. Há uma segunda linha do tempo descrevendo a história da Califórnia, que é cenário da segunda metade do romance, e descrevendo os principais eventos sociais da era: a Grande Depressão, a Migração Okie, o Dust Bowl. Isso demonstra a dupla força de um *Organizador do conhecimento*. Os alunos entenderão melhor o livro e gostarão de contribuir com mais ideias sobre o assunto tendo conhecimento dessas coisas enquanto leem e encerrarão a unidade com um conhecimento desses eventos que levarão adiante. Os dois romances são agora ficção histórica, em vez de histórias situadas em tempos passados que os alunos dificilmente entendem.

História do México < 1930	
A primeira parte do livro acontece no México, preponderantemente em Aguascalientes, uma região na parte central do país.	
1521	A Espanha conquista e instaura o Império Hispânico no México.
1821	Guerra da independência: Espanha derrotada, e México fundado. Ele é maior do que hoje e inclui o atual sudoeste norte-americano.
1846	Inicia a Guerra entre México e EUA quando estes anexam o Texas.
1848	O México perde a guerra e abre mão do Texas, Califórnia, Novo México e Arizona. Seguem-se 60 anos de governo por ditadores.
1910	Inicia a Revolução Mexicana; os **campesinos** (trabalhadores rurais pobres) prometeram direitos se vencessem. Eles vencem, e o último ditador é forçado a sair.
1917	Adoção da Constituição Mexicana, mas há conflito constante.
1930	Inicia período de relativa estabilidade.

Preparação da aula 67

História da Califórnia	
	A segunda parte do livro acontece no San Joaquin Valley, na Califórnia, a principal região de cultivo de alimentos nos Estados Unidos.
1846	Os Estados Unidos dominam a Califórnia como resultado da guerra com o México.
1848	É descoberto ouro. Milhares migram para buscar sua fortuna como parte da **Corrida do Ouro**.
1850	A Califórnia é admitida à União como o 31º estado. População < 350.000.
1890	Inicia a irrigação em massa e agricultura no **Central Valley** e **San Joaquin Valley**.
1910	A Califórnia se torna o principal estado produtor de alimentos e óleo nos Estados Unidos.
1920	**Explosão populacional:** a população da Califórnia atinge 3,5M (10 vezes mais do que a população em 1850).
1933	Os **Oakies** (migrantes de Oklahoma e outros estados) começam a chegar, aproximadamente 7.000 por mês.

Termos do Movimento Trabalhista	
Trabalhadores Migrantes	Agricultores que se mudam de um lugar para outro para colher diferentes culturas em diferentes estações
Greve	Quando trabalhadores se recusam a trabalhar e tentam impedir que outros trabalhem para obter melhores condições ou remuneração
Piquete	O ato de ficar do lado de fora de uma empresa e protestar, usualmente carregando cartazes e algumas vezes impedindo que outras pessoas entrem
Salários	Pagamento por hora dado a trabalhadores como agricultores
Condições	O contexto no qual os trabalhadores trabalham: pode ser seguro/inseguro; limpo/sujo
Sindicato	Um grupo organizado de trabalhadores que tomam medidas juntos

A crise migratória	
	Uma migração dos agricultores para o oeste das Grandes Planícies aconteceu um pouco antes de Esperanza chegar à Califórnia.
Grande Depressão	O mercado de ações quebra em 1929, arrasando boa parte das poupanças e devastando a economia. A taxa de desemprego atinge 25%.
Dust Bowl	A agricultura excessiva nas Grandes Planícies provoca massivas tempestades de areia, que arruínam as fazendas. Dez mil agricultores e suas famílias são forçados a deixar suas terras.
O Golden State	Os agricultores se dirigem para o oeste com seus pertences para procurar emprego na Califórnia – "o Golden State" – que parece ser o paraíso.
Migração Okie	Agricultores pobres e desesperados chegam em massa – até 7.000 por mês. Não há empregos suficientes, e eles frequentemente são recusados na fronteira. São depreciativamente chamados de "Okies" (nativos de Oklahoma).
Agitação Trabalhista	Os agricultores formam sindicatos e fazem greve em resposta ao mau tratamento por parte dos proprietários das fazendas.

Principais citações
Entre eles corria um rio profundo. Esperanza ficou em pé de um lado e Miguel ficou no outro e o rio nunca pode ser atravessado. (p. 18)
"Ouvi falar que nos Estados Unidos você não precisa de una palanca [alavanca]." (p. 75)
"Eu sou pobre, mas sou rica. Tenho meus filhos, tenho um jardim com rosas e tenho minha fé e as lembranças daqueles que partiram antes de mim. O que mais há além disso?" (p. 76)
"Barrigas cheias e sangue espanhol andam de mãos dadas." (p. 79)

Principais termos literários		
Termo	Definição	Exemplo em *Esperanza rising*
Justaposição	Colocação de duas (ou mais) imagens ou ideias próximas para enfatizar o contraste entre elas	As roupas de Esperanza *versus* as dos campesinos, as mãos de uma mulher rica do México e as de uma campesina pobre
Personificação	Atribuição de características humanas ou emoções a coisas inanimadas ou não vivas	"Este vale inteiro respira e vive"
Tema	Uma ideia, símbolo ou imagem que ocorre muitas vezes ao longo de um texto	O rio que separa Esperanza e Miguel
Símbolo	Objeto, pessoa ou ideia tem um significado adicional além do literal	As rosas de Papa, a manta de crochê de Abuelita
Prenúncio	Um sinal que sugere que eventos podem acontecer no futuro	Esperanza machuca seu dedo em um espinho

Uma lição a ser retirada desses exemplos pode ser sobre tema e variação. Esses *Organizadores do conhecimento* de dois romances para séries de nível intermediário, em contextos da metade do século XX, são similares e diferentes. Existem princípios consistentes, mas nenhuma fórmula.

Você provavelmente está se perguntando sobre a adaptação dos *Organizadores do conhecimento* a outras séries e assuntos. Para ajudar, apresentamos a reflexão de uma professora de química, Sadie McCleary, sobre o planejamento e uso de *Organizadores do conhecimento* e um exemplo de um dos seus. Depois disso compartilho alguns exemplos para alunos muito mais novos.

Reflexões de Sadie McCleary sobre os *Organizadores do conhecimento*

Quase sempre incluo termos do vocabulário em meus *Organizadores do conhecimento*. São termos fundamentais que os alunos devem conhecer para aumentar o rigor do questionamento possível pelo professor e aumentar a qualidade das respostas dos alunos. Note que estes não são apenas termos/conceitos que os alunos aprenderão nesta unidade! Eles continuarão a se basear neles e complicar suas ideias. São simplesmente um ponto de partida.

Estudar é uma habilidade! Lembre-se de ensinar os alunos a estudarem com *Organizadores do conhecimento*. Isso precisa ser demonstrado, e os alunos precisam praticar – mesmo exercícios simples com o vocabulário.

- Reserve dois minutos várias vezes na primeira unidade para mostrar aos alunos como dobrar seu *Organizador do conhecimento* para que possam esconder as definições e fazer um autoteste. Dê seguimento com um tempo em que os alunos fazem seu autoteste em silêncio e um exercício oral ou um teste de recordação.

- Teste rápido com um colega: proporciona oportunidades para os alunos fazerem testes entre si durante a aula por um período de um a três minutos. Mencione explicitamente para que isso deve ser replicado em casa com um membro da família ou amigo. Demonstre como fazer o teste com os colegas e defina claramente o tempo em que devem trocar quem está testando quem. Se o tempo permitir, acompanhe o teste entre eles com um exercício oral ou um teste de recordação. Você pode atribuir notas algumas vezes, nas não precisa. Pesquisas sobre avaliação frequente sem atribuição de notas mostram o quanto isso é efetivo.

Frequentemente peço que os alunos anotem diagramas, definições ou informações em seus *Organizadores do conhecimento* durante as aulas. Elas se somam ao seu conhecimento dos conceitos nucleares e transformam o organizador em um documento vivo. Também atrai a atenção deles. Se recorrermos aos nossos organizadores para acrescentar uma observação, deve ser alguma coisa muito importante.

Você pode incorporar o organizador ao conteúdo da sua aula. Refira-se a ele frequentemente. Se um aluno ficar emperrado, peça-lhe para checar o organizador primeiro, geralmente antes que ele levante a mão em aula. Você pode torná-lo parte da organização da mesa de trabalho dos alunos: no início da aula cada aluno deve ter à mão seu dever de casa, caderno, *Organizador do conhecimento* e lápis.

70 Aula nota 10 3.0

Exemplo de um dos *Organizadores do conhecimento* de Sadie

Organizador do conhecimento n° 4
Unidade 1 – Assunto: Propriedades dos Gases e Cálculos   NOME: _____ ,   PD: ___

Vocabulário:			
Calor	Forma de energia que flui entre duas amostras de matéria devido à diferença na temperatura. O calor flui de uma amostra com energia cinética média mais alta para uma amostra com energia cinética média mais baixa.	Volume	Quantidade de espaço ocupado por um objeto tridimensional (3D). Unidades usadas: mL, L (líquido), cm³ (sólido)
Temperatura	A medida da energia cinética média de uma amostra. Unidades usadas: K, °C (convertidos usando a equação C abaixo).	Velocidade	Velocidade de um objeto (primariamente partículas neste caso). As unidades frequentemente usadas são m/s ou cm/s.
Energia Cinética	A energia que um objeto possui devido ao seu movimento. Calculada usando a equação B apresentada abaixo.	Massa	Medida da quantidade de matéria em um objeto. Unidades usadas: g, kg
Pressão	Força exercida pela substância por área de unidade sobre outra substância. A pressão de um gás é a força que o gás exerce sobre as paredes do seu reservatório. Unidades usadas: atm, kPa, mmHg	Diagrama de partículas	Representação visual das partículas de uma substância, onde as partículas são apresentadas como pontos. Permite que representemos amostras em fases diferentes

Equações:		Conteúdo
Equação A. **Lei dos Gases Combinados:** $\dfrac{P_1 V_1}{T_1} = \dfrac{P_2 V_2}{T_2}$	• P_1 = pressão inicial • V_1 = volume inicial • T_1 = temp inicial • P_2 = pressão final • V_2 = volume final • T_2 = temp final	• A relação entre pressão e volume com temperatura constante é _____ • A relação entre temperatura e pressão com volume constante é _____
Equação B. **Energia Cinética:** $KE = \dfrac{1}{2} mv^2$	• KE = energia cinética • m = massa • v = velocidade	*Equação C.* **Conversões de Temperatura:** °C + 273 = K • °C = Celsius • K = Kelvin	• A relação entre temperatura e volume com pressão constante é _____

Diagramas Relevantes/Cálculos	
Diagrama 1. Gráficos de P. V. T.	Cálculo Ex 1: conversões T
Diagrama 1a: *P vs V com constante T* Diagrama 1b: *V vs T com constante P* Diagrama 1c: *P vs T com constante V*	
Cálculo Exemplo 2: Lei dos Gases Combinados	Cálculo Exemplo 3: Lei dos Gases Combinados

Organizadores do conhecimento em Nível Primário

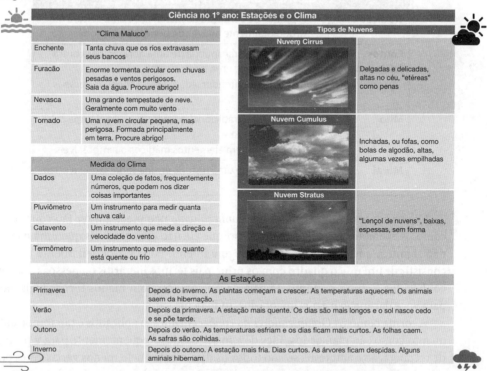

Ciência no 1º ano: Estações e o Clima		
"Clima Maluco"		
Enchente	Tanta chuva que os rios extravasam seus bancos	
Furacão	Enorme tormenta circular com chuvas pesadas e ventos perigosos. Saia da água. Procure abrigo!	
Nevasca	Uma grande tempestade de neve. Geralmente com muito vento	
Tornado	Uma nuvem circular pequena, mas perigosa. Formada principalmente em terra. Procure abrigo!	
Medida do Clima		
Dados	Uma coleção de fatos, frequentemente números, que podem nos dizer coisas importantes	
Pluviômetro	Um instrumento para medir quanta chuva caiu	
Catavento	Um instrumento que mede a direção e velocidade do vento	
Termômetro	Um instrumento que mede o quanto está quente ou frio	

Tipos de Nuvens	
Nuvem Cirrus	Delgadas e delicadas, altas no céu, "etéreas" como penas
Nuvem Cumulus	Inchadas, ou fofas, como bolas de algodão, altas, algumas vezes empilhadas
Nuvem Stratus	"Lençol de nuvens", baixas, espessas, sem forma

As Estações	
Primavera	Depois do inverno. As plantas começam a crescer. As temperaturas aquecem. Os animais saem da hibernação.
Verão	Depois da primavera. A estação mais quente. Os dias são mais longos e o sol nasce cedo e se põe tarde.
Outono	Depois do verão. As temperaturas esfriam e os dias ficam mais curtos. As folhas caem. As safras são colhidas.
Inverno	Depois do outono. A estação mais fria. Dias curtos. As árvores ficam despidas. Alguns aminais hibernam.

Gana e Ashanti	
Gana	Um país no oeste da África com pradarias e ricas florestas.
Ashanti	Um grupo de pessoas que viveram em Gana por mais de 400 anos. Contação de histórias e arte são importantes na sua cultura.

Contos folclóricos e mitologia	
Tradição oral	• A prática de contação de histórias de uma cultura ou grupo oralmente em vez de por escrito
Contos folclóricos	• Uma história transmitida de uma geração para outra como parte de uma tradição oral • Nos ajuda a entender alguma coisa sobre as pessoas que contam
Mito	• Uma história tradicional que visa explicar alguma coisa sobre o mundo • Geralmente tem elementos mágicos ou impossíveis
Moral	• Uma lição que uma história ensina sobre o que é certo ou errado

Observe que os *Organizadores do conhecimento* não precisam ser tão complexos como os exemplos incluídos aqui. Só porque ele não deve ter mais que uma página não significa que ele deve ocupar a página inteira. Pode ser perfeitamente bom se consistir de um único quadro com os principais termos literários ou pessoas a serem conhecidos, como um ponto de partida. Se começar com menos tornar mais fácil para você dar início e experimentá-los, tudo bem.

A forma como os *Organizadores do conhecimento* são aplicados é tão importante quanto como são planejados. Eles devem ser usados frequentemente para a prática de recuperação e autoteste, se não todos os dias, e então pelo menos várias vezes por semana. Testes e revisão constantes codificam o conteúdo na memória de longo prazo. Na Michaela, quando a visitei, o dever de casa todas as noites era simplesmente revisar e fazer um autoteste sobre os *Organizadores do conhecimento* de cada uma das suas aulas. Era muito simples e direto. O dever de casa era sempre o mesmo, portanto era fácil de fazer. Os pais faziam os testes com seus filhos enquanto preparavam o jantar. [Eles frequentemente focavam em apenas uma parte do organizador em vez de tentarem aprender tudo de uma só vez.) É por isso que uma coisa que você notará sobre esses *Organizadores do conhecimento* é que eles são planejados com palavreado limitado para que os alunos possam aprender as respostas de cor, e com duas colunas para facilitar o fácil autoteste cobrindo um dos lados.

Os *Organizadores do conhecimento* são algumas vezes confundidos com guias para estudo, documentos que resumem uma unidade de estudo depois que ela é concluída – normalmente para auxiliar na preparação para um teste. Um organizador, no entanto, se encontra no começo de uma unidade para assegurar que todos os alunos tenham o conhecimento que os ajudará a se engajarem em cada lição integralmente.

Aparecem no capítulo de preparação da lição, porque a sua concepção também é útil para o professor. Refletir sobre o que os alunos precisarão saber para que tenham sucesso na sua unidade tem o benefício de fazer você pensar profundamente sobre o que eles precisam saber e, muitas vezes, fazer alguma pesquisa. Ao escrever um

Organizador do conhecimento você saberá dez vezes mais o que colocar nele. Em outras palavras, esse é um hábito que constrói seu próprio conhecimento do conteúdo, e o conhecimento é importante para os professores, também.

NOTAS

1. STEMBRIDGE, A. *Culturally responsive education in the classroom*: an equity framework for pedagogy. New York: Routledge, 2019. p. 70.
2. STEMBRIDGE, A. *Culturally responsive education in the classroom*: an equity framework for pedagogy. New York: Routledge, 2019. p. 66.
3. Outro é que elas estão usando o Currículo de Leitura Reconsiderado, o que me dá a oportunidade de observar que ter um plano de aula lhes permite passar mais tempo se preparando para ensinar (e talvez se adaptando ao conteúdo) do que fornecendo conteúdo e escrevendo um plano detalhado. Quando o tempo de um professor é limitado, preparação é frequentemente um melhor uso desse tempo do que o planejamento.
4. CHABRIS, C.; SIMONS, D. *O gorila invisível*: e outros equívocos da intuição. Rio de Janeiro: Rocco, 2019. p. 17.
5. CHI, M. T. H.; FELTOVICH, P. J.; GLASER, R. Categorization and representation physics problems by experts and novices. *Cognitive Science*, v. 5, n. 2, p. 121-152, 1981. A implicação do artigo para professores é discutida no excelente livro: KIRSCHNER, P. A.; HENDRICK, C. *How learning happens*: seminal works in educational psychology and what they mean in practice. New York: Routledge, 2020.
6. COSE, E. *The envy of the world*: on being a black man in America. New York: Washington Square, 2002. p. 69.
7. Tatum discute Cose em TATUM, A. W. *Teaching reading to black adolescent males*: closing the achievement gap. Portland: Stenhouse, 2005. p.13.
8. Para fazer justiça, isso era mais provável de acontecer em suas classes de língua estrangeira, marcando um contraste radical com escolas em outros países onde o estudo de outras línguas era tratado como um esforço sério, o equivalente a matemática, ciências, inglês e história. Com certeza não é assim na maioria das escolas norte-americanas onde estive.

VERIFICAÇÃO DA COMPREENSÃO

O grande técnico de basquete John Wooden – ex-professor inglês, antes de ganhar 10 campeonatos da National Collegiate Athletic Association (NCAA) em 12 anos na Universidade da Califórnia em Los Angeles (UCLA) – definiu o ensino como conhecer a diferença entre "eu ensinei" e "eles aprenderam". Essa expressão é perfeita e profunda para representar o desafio central do ensino (em qualquer ambiente), em parte porque tem a presunção de que surgirão erros. Todo professor busca apresentar um material de forma clara e memorável, de modo que seus alunos compreendam significado e importância. Queremos que a apresentação inicial seja a melhor possível, mas não podemos evitar que os alunos não se lembrem de nada depois. Não importa o quão bem você explique ou demonstre o material, sempre haverá lacunas na compreensão. O que mais importa é o que fazemos em seguida, como respondemos aos erros. Vamos prever os equívocos? Vamos ignorá-los? Eles podem ser resolvidos? Vamos culpar os alunos e mostrar nossa frustração? Haverá uma lacuna entre o que você ensinou e o que eles entenderam. Não importa o motivo, seu trabalho será reparar isso.

Com isso em mente, posso dizer com segurança que um dos vídeos de ensino mais úteis que você provavelmente verá é *Denarius Frazier: Resto*. É muito interessante, e vou discutir bastante sobre ele neste capítulo. Mas, por enquanto, confira a seguir uma sinopse rápida do vídeo e alguns pontos que destaquei.

O vídeo começa com os alunos trabalhando com afinco em dois problemas. Denarius quer usar o trabalho independente para avaliar como seus alunos estão se saindo. Ele passa por cada aluno para observar seu trabalho. Analisa rapidamente onde cada aluno se encontra e oferece um *feedback* útil para ajudar. "[Você está] arrasando", ele diz a um jovem. "Continue assim", ele diz a uma jovem. "Não se esqueça do resto e do quociente".

"O que está havendo aqui?", ele pergunta à próxima jovem, e vê o fato de que seus dígitos não estão alinhados. Um pouco mais adiante, ele diz rapidamente a uma jovem: "Ah, está muito melhor, obrigado", afirmando tanto o progresso dela quanto sua própria consciência do progresso de seu aprendizado.

Enquanto trabalha, Denarius é capaz de avaliar o progresso não apenas dos alunos individualmente, mas também da turma inteira. A turma está dividindo polinômios, e o problema mais frequente é a falta de clareza sobre como encontrar o resto. Ele faz uma pausa, apresenta um exemplo, orienta-os através de uma análise de onde eles foram eficazes e onde algo saiu errado e pede que voltem à sua prática tranquila e produtiva.

Todo aluno se sente visto e apoiado. É evidente que seu professor pode e irá ajudá-los a ter sucesso. É um estudo de caso sobre como o ensino eficaz constrói relacionamentos. Já que Denarius está atento às lacunas de compreensão à medida que elas aparecem, ele é capaz de ajudar cada aluno, com calma e firmeza, e criar um ambiente de confiança e respeito. A confiança, como eu disse no Capítulo 1, não é uma pré-condição para Denarius ensiná-los; é um resultado. No mínimo, os dois se desenvolvem em sinergia. Você me ensina bem, e eu passarei a ter fé em você.

Este capítulo é sobre a lacuna entre ensinar e aprender: sobre como ver e responder a isso e como deixar os alunos à vontade nesse processo. O assunto vai ser mais técnico. O que você deve olhar e buscar? Como pode responder aos erros? Como pode fazer com que os alunos lhe revelem mal-entendidos de bom grado? Mas não se engane. Os resultados de um professor dominar tais detalhes técnicos não são misteriosos. Como mostra Denarius, eles criam as condições sob as quais os alunos prosperam.

TÉCNICA 6: SUBSTITUA O AUTORRELATO

Um dos métodos mais comuns que os professores usam para descobrir se seus alunos entendem o que estão ensinando é perguntar diretamente: "Vocês entenderam?" Isso parece bastante lógico, mas acaba sendo uma maneira relativamente ineficaz (embora facilmente melhorada) de avaliar a compreensão do aluno.

Digamos que uma professora de ciências acabou de explicar a estrutura celular para seus alunos do 6º ano. "OK", ela diz, "esses são os fundamentos da estrutura celular. Todos entenderam?" Ou talvez ela seja um pouco mais específica: "Todos entenderam claramente as diferenças entre células vegetais e animais?"

Ela provavelmente receberia o que parece ser uma confirmação: murmúrios e acenos de um punhado de alunos. Talvez um "sim" ou um "uh-huh", embora talvez ela não escute nada. De qualquer forma, é provável que tome isso como evidência de que os alunos estão em sintonia – o que chamamos de *consentimento aparente* – e diga algo como: "Bom. Vamos continuar explicando o papel dos cloroplastos".

No entanto, pedir para os alunos avaliarem sua própria compreensão de algo que acabaram de aprender costuma gerar falsas confirmações, especialmente quando fazemos perguntas cuja resposta será apenas sim ou não. A principal razão para isso é que as perguntas se baseiam em um autorrelato, o que é notoriamente impreciso. As pessoas, especialmente os novatos, geralmente não sabem o que não sabem sobre um tópico e, mesmo que saibam, é improvável que reconheçam quando solicitadas.

Por exemplo, se você perguntar a um grupo de alunos: "Vocês conhecem bem as causas da Revolução Americana?", e todos disserem que sim, é porque eles têm convicção das *causas que têm consciência de conhecer no momento*. Se eles errarem alguns, se sua concepção contém informações erradas, eles não saberão sem alguma forma de se compararem com uma descrição mais completa dos conceitos que eles deveriam saber e que, para você, estão implícitos na pergunta. Ironicamente, é mais provável que alguém com profundo conhecimento das causas da Revolução responda negativamente: "Ainda não consigo entender bem por que os Atos Intoleráveis unificaram os dissidentes, em vez de isolar os radicais coloniais ..."

Se estou aprendendo biologia, e você me pergunta: "Você conseguiu aprender sobre as diferenças entre células vegetais e animais?", na realidade está me perguntando: "Você está ciente de que há algumas diferenças entre células vegetais e animais?" ou "Você está ciente de que existem diferenças entre células vegetais e animais?". "Sim", eu lhe direi, enquanto penso nas coisas que sei, que vêm com prontidão à mente. *Elas têm uma forma diferente, e as células vegetais têm uma parede celular relativamente inflexível*, eu acho. *Entendi*. Enquanto lhe digo isso, porém, continuo sem saber que o núcleo está posicionado de forma diferente dentro da célula e não tenho ideia do que são lisossomos. Minha resposta honesta é sim, mas eu não sei aquilo que não sei. Infelizmente, quanto menos seus alunos souberem sobre um tópico, maior a probabilidade de seu *consentimento aparente* ser impreciso.

No entanto, mesmo este exemplo pressupõe que estou me esforçando muito para compartilhar tudo o que sei a respeito das células vegetais e animais com você, meu professor ou minha professora. Com a mesma frequência, muitas barreiras sociais e psicológicas impedem os alunos de demonstrar sua confusão. Digamos que eu esteja ciente de que não entendi a diferença entre células vegetais e animais. Dizer "Na verdade, eu não sei" significa interromper a aula – fazendo com que a professora volte e explique novamente, quando a presunção é clara de que ela e meus colegas não querem isso. Significa parecer ser, possivelmente, a única pessoa na sala que não entendeu. Ou então é a única pessoa na sala que não entende que você não deveria dizer que não entendeu. Tudo isso é devido à incerteza de que uma nova explicação realmente ajudará. É mais fácil dizer a mim mesmo que vou descobrir sozinho. Esses fatores impedem a maioria das pessoas, não somente os alunos, de falar quando estão confusos. Quando foi a última vez que você parou uma reunião para dizer: "Espere aí, eu não entendi"? Se um colega fez isso, quais são as chances de você sentir (ou expressar) apreciação em vez de irritação? Os alunos podem ocasionalmente dizer: "Não, eu não entendi", mas não de forma confiável. Implicitamente, existem muitas pressões sociais que os levam a manter sua confusão para si mesmos.

Um fator final que faz com que perguntas do tipo "Todos entenderam?" sejam ineficazes é o formato dessas perguntas. Eles oferecem duas más escolhas. Na maioria dos casos, a compreensão dos alunos se encontra em algum ponto intermediário. Entender ou não se trata de uma série de perguntas em que a resposta é *sim* para alguns e *não* para outros. A resposta do tipo sim/não para a pergunta "Você entendeu?" requer a junção de muitos pontos de dados, faz com que os alunos escolham uma ou outra simplificação exagerada.

A boa notícia é que, quando fazemos perguntas como "Todos entenderam?", estamos reconhecendo que estamos em um ponto em que seria benéfico verificar a compreensão. Percebendo que estamos fazendo esse tipo de pergunta, podemos substituí-la por algumas alternativas mais produtivas, o que chamo de "perguntas direcionadas", perguntas específicas, objetivas, focadas no conteúdo em questão e feitas de forma aberta.

Imagine por um momento que nossa professora de ciências do 6º ano perceba que está perguntando "Todos entenderam?" durante sua introdução às diferenças entre células vegetais e animais e tente trocar essa pergunta por algo melhor. Então, ela poderia dizer:

"OK, vamos verificar algumas das principais ideias sobre o tema. Se eu estivesse olhando para uma fotografia de algumas células, e elas fossem arredondadas e espaçadas aleatoriamente, eu estaria olhando para células vegetais ou animais? Yasmin?"

"Bom, e se eu estivesse olhando para células vegetais, o que faria com que elas tivessem um padrão mais retangular? Louis?"

"Excelente. Então, Kelsey, quais tipos de células contêm uma membrana, as células vegetais, as células animais ou ambas?"

"Muito bom. Por fim, Shawn, o que são lisossomos e em que tipos de células eu poderia encontrá-los?"

Primeiro, você notará que as perguntas da nossa professora de ciências agora são objetivas. Ela não pergunta se os alunos *acham* que sabem, mas pede que eles *demonstrem* se sabem, de modo que a precisão dos dados agora é muito melhor.

Em segundo lugar, estas não são perguntas do tipo sim/não. Isso torna mais difícil adivinhar a resposta certa ou acertar apenas com o entendimento mais básico.

Vale a pena desconfiar de uma solução comum para o problema do consentimento aparente. Muitos professores tentam substituir a pergunta do tipo sim/não por um sinal dos alunos: *polegares para cima se vocês entendem as diferenças entre a estrutura da célula vegetal e animal, polegar para baixo se não entendem, polegar para o lado se não tiverem certeza*. Isso pode parecer uma melhoria – é provável que você obtenha mais respostas dos alunos, mas continua havendo problemas de autorrelato. Você ainda está confiando na percepção dos alunos de saber se eles sabem alguma coisa, e o fato é que, mesmo que eles sejam totalmente honestos, muitos provavelmente ainda estão errados em sua percepção. Colocar o polegar para cima ou para baixo pode tornar o autorrelato mais envolvente e, assim, remover um pouco do silêncio constrangedor, mas, em termos de fornecer melhores dados sobre a compreensão de seus alunos, é uma ilusão. Perguntas direcionadas têm um efeito muito melhor.

A propósito, perguntas direcionadas funcionam melhor quando você as planeja com antecedência. É difícil pensar nas quatro perguntas que revelarão rapidamente onde seus alunos estão no calor do momento. E se você estiver tentando pensar na próxima pergunta, poderá não prestar muita atenção nas respostas. Ou pensar no seu tom de voz. Isso é importante porque se você fizesse perguntas direcionadas em um ambiente onde sorrisse calorosamente para mostrar que um erro não frustrou você, tornaria a oportunidade de verificar a compreensão mais produtiva. Sorrir quando você faz sua pergunta direcionada ou talvez quando os alunos se esforçam para responder faz com que a turma se lembre que você quer honestidade e que descobrir os equívocos mais cedo facilita sua correção. Este é um tópico que discutirei mais adiante na técnica 12, *Cultura do erro*.

Há outra coisa que ajudará a garantir que seus alunos tenham sucesso: *De surpresa* (consulte a técnica 34). Essa técnica permite coletar dados de uma amostra de alunos da sala. Se, em vez disso, você confiar apenas nos alunos que se voluntariam para responder, estará coletando dados errados. Os alunos que se voluntariam para responder geralmente o fazem quando acham que sabem. Os alunos que acreditam que não sabem provavelmente não levantarão a mão. Se você não achar uma forma de chamar esses alunos, sempre irá superestimar a proporção de sua turma que entendeu determinado conceito.

A chamada *De surpresa* ajuda de outra maneira. Ajuda você a ter mais desenvoltura. Pode parecer contraintuitivo: um professor não gostaria de avaliar da forma mais completa possível? No entanto, os professores falham em verificar a compreensão (ou o fazem de modo superficial), mesmo reconhecendo a necessidade dessa prática, por causa da pressão do tempo. Nunca há tempo suficiente, como você deve saber se for professor, e levar cinco minutos para voltar e certificar-se de que todos entenderam é estressante quando há muita matéria para passar. Se demorar uma eternidade e atrapalhar seu ritmo, ou fizer com que abandone a última atividade prevista no seu plano de aula, é certo que você não fará isso. Mas se pudesse fazer uma avaliação em 30 segundos, poderia. Então, uma das chaves para substituir o autorrelato por perguntas direcionadas é fazê-lo rapidamente – de preferência, em menos de um minuto. Se (e somente se) puder fazer rápido, provavelmente fará com frequência. Portanto, mesmo que produza dados imperfeitos, procure reunir o que puder por meio das melhores perguntas que pode planejar em um minuto ou menos. Você pode usar o tempo restante para revisar, se for preciso.

Fazer perguntas direcionadas pode ser tão valioso para avaliar a compreensão das *tarefas que os alunos estão prestes a fazer* quanto para avaliar a compreensão do *conteúdo que você acabou de ensinar*. Se os alunos estiverem para iniciar oito minutos de trabalho isoladamente ou em grupo, é muito bom fazer algumas perguntas direcionadas sobre a tarefa para que você não descubra no meio do caminho que eles não sabiam muito bem como escrever suas notas de discussão ou que teriam que escrevê-las. De um modo geral, quanto mais longa for a tarefa que os alunos irão iniciar, mais importante é avaliar sua clareza sobre a tarefa com antecedência, por meio de perguntas direcionadas.

Recentemente, observei uma aula em que uma professora queria que seus alunos lessem um texto, anotando frases e termos que eram intencionalmente repetitivos e acompanhassem as mudanças em quem era o público implícito. Eles deveriam trabalhar sozinhos por cinco minutos e depois discutir com um colega.

Antes de pedir que os alunos começassem essa tarefa, fez perguntas direcionadas para revisão. Demorou cerca de 20 segundos, e ela usou o *De surpresa* para garantir que não estaria chamando apenas as crianças que achavam que sabiam:

Professora: Nelson, diga-me as duas coisas que eu quero que você procure enquanto estiver lendo isso.

Nelson: Repetição e mudanças no público implícito.

Professora: Bom, e Tina, o que você deve fazer quando encontrar exemplos de repetição?

Tina: Grifá-los no texto.

Professora: Sim. Muito bom. E Gary, este é um trabalho em grupo ou individual?

Gary: Primeiro sozinhos, depois de cinco minutos, trabalhamos com um colega.

Professora: Perfeito. Podem começar.

Seria muito fácil haver uma parte da classe partindo com seriedade, mas fazendo a tarefa errada! Dez minutos gastos em uma tarefa para 30 alunos são *cinco horas de tempo de aprendizado* alocadas com um único conjunto de instruções! Substituir "Todos entenderam o que vão fazer?" por perguntas direcionadas é um investimento inteligente.

É fundamental lembrar que o objetivo das perguntas direcionadas não é ser abrangente, mas criar uma pequena amostra de dados onde anteriormente não existiam dados. Muitas vezes, é melhor ser rápido e trazer dados para vários lugares em sua aula do que ser abrangente e exaustivo, mas avaliar com pouca frequência.

Você pode estar se perguntando se isso significa que você está fazendo algo errado se ocasionalmente ainda perguntar aos alunos: "Entenderam?" ou "Isso ficou claro para todos?". Não se preocupe. Não há motivo para ser absolutista. Você certamente dirá essas frases algumas vezes (eu sei que sim). É quase impossível erradicar hábitos retóricos familiares e, se acontecer, a autoconsciência necessária pode ser uma distração. O importante é reconhecer *com que frequência* usamos o autorrelato e quanta ilusão ele cria. Quando usa essas frases, está dizendo a si: *cheguei a um ponto de transição natural em que devo verificar se os alunos estão entendendo.* Esperemos que, no geral, essa consciência possa ser resolutiva.

O vídeo *Gabby Woolf: Jekyll e Hyde* mostra uma interessante adaptação da técnica *Substitua o autorrelato*. Se você não conhece, o romance de Robert Louis Stevenson, pode ser uma leitura desafiadora. Por exemplo, a passagem em que Gabby estava lendo com sua turma do 10º ano na King Solomon Academy de Londres começa assim: "Quase um ano depois, no mês de outubro, dia 18, Londres foi surpreendida por um crime de ferocidade singular e que se tornou ainda mais notável pela alta posição da vítima. Os detalhes eram poucos e surpreendentes".

Gabby e seus alunos leram a passagem em voz alta – você pode ouvi-los fazendo um ótimo trabalho na Leitura em FASE no vídeo *Gabby Woolf: Pedra Angular*. Por causa de sua complexidade, Gabby fez uma pausa após a leitura e disse à turma que queria "verificar se entenderam". Então ela planejou uma série de pequenas perguntas direcionadas no quadro e deu aos alunos um minuto ou mais para pensar nas respostas em pares. As perguntas eram diretas e projetadas para produzir respostas curtas, que revelassem rapidamente a compreensão do aluno (ou a falta dela):

"Em que mês ocorreu o assassinato?"

"Por que Londres ficou particularmente surpreendida com a vítima?"

"Quem viu o assassinato?"

"De onde ela viu o assassinato?"

"Quem é o assassino?"

Gabby queria garantir que, apesar da sintaxe arcaica, como "ferocidade singular" e "se tornou ainda mais notável", eles tivessem compreendido os detalhes críticos do que tinha acontecido.

Você pode vê-la analisando essas respostas com os alunos no vídeo. Observe seu tom acolhedor e ritmo acelerado. Seu constante encorajamento – "OK, bom" – e a maneira como a técnica *De surpresa* mantém o ritmo em movimento e permite que ela apanhe uma seção transversal de alunos. Ela também diminui um pouco o ritmo de seu discurso para sugerir um tom um pouco mais reflexivo quando faz a transição: "Bom, então temos uma ideia do que aconteceu. Agora vamos voltar para esta pergunta: como Stevenson sensacionaliza o assassinato?".

Se Gabby tivesse feito essa pergunta sem primeiro verificar a compreensão, os alunos poderiam ter se envolvido na análise ainda confusos com relação aos fatos básicos. Mas suas perguntas, planejadas com antecedência para conseguir precisão e rapidez, permitem que ela garanta que os alunos estejam prontos para uma discussão mais profunda. A revisão em pares antes de suas perguntas também tem o efeito de permitir que os alunos mantenham as respostas mais firmemente na memória. Seu tom é caloroso, e seu ritmo, rápido, para conseguir fazer tudo em cerca de um minuto.

TÉCNICA 7: PRÁTICA DA RECUPERAÇÃO

O esquecimento é um problema constante em quase todos os ambientes que envolvem aprendizado – tão comum e generalizado que quase o ignoramos. Horas depois de demonstrar sua compreensão da justaposição em *Romeu e Julieta* ou como encontrar a área de um polígono irregular, os alunos podem lembrar apenas de uma fração desse conhecimento. Em poucos dias, eles podem ter esquecido a maior parte dele. Esse fato simples, embora frequentemente ignorado, é uma das considerações mais importantes no ensino: uma vez que os alunos aprenderam algo, eles rapidamente começam a esquecê-lo.

Provavelmente, você já deve ter visto isso acontecer em sua própria sala de aula. Na terça-feira, você está confiante na habilidade e no conhecimento de seus alunos. Eles estão certos sobre o quê, por quê e como. Porém, quando você os avalia uma semana e meia depois, é como se a lição de terça-feira nunca tivesse acontecido. Rodrigo tinha resolvido cinco problemas complexos de área com facilidade, mas agora você vê que ele errou até mesmo problemas mais simples.

No entanto, existe um lado positivo nesse desafio persistente. O processo de esquecimento contém as sementes de sua própria solução. Se pedir aos alunos que se lembrem do que aprenderam ontem sobre a área de polígonos ou a justaposição em *Romeu e Julieta*, eles se esforçarão para lembrar. Se conseguirem, essa luta consolidará mais profundamente o material em suas memórias de longo prazo. Eles vão se lembrar um pouco mais e esquecer um pouco menos rapidamente.

A *Prática da recuperação*, processo de fazer com que os alunos se lembrem de informações que aprenderam após um período estratégico, é uma solução prática para o problema do esquecimento. Se você representar graficamente o processo de *Prática da recuperação*, terá o gráfico a seguir, com cada repetição ao longo do eixo superior sendo uma iteração da *Prática da recuperação*, e as porcentagens no eixo y representando o quanto de um determinado corpo de conteúdo os alunos se lembram.

Verificação da compreensão **83**

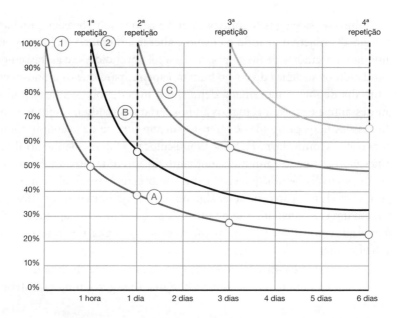

Esta ilustração é um exemplo do que é chamado de Curva do Esquecimento.[1] Ela representa a natureza do esquecimento como os psicólogos educacionais o compreendem. No ponto 1, no final de sua aula, os alunos adquiriram uma certa quantidade de conhecimento e habilidades. Mas assim que o sinal toca, o esquecimento começa. E o esquecimento é um inimigo implacável. Mesmo alguns minutos depois, alguns dos detalhes ficarão confusos. No dia seguinte, os alunos terão esquecido ainda mais – possivelmente mais da metade do que aprenderam. Se não forem tomadas medidas para impedir esse processo, eles podem perder a maior parte do que sabiam. Na curva, o processo de esquecimento não controlado é representado pela linha A.

O ponto 2, no entanto, representa o que acontece quando você volta ao conteúdo e o revisa. Talvez isso aconteça no dia seguinte. Quando você faz isso, o conhecimento dos alunos é recuperado na memória de trabalho. Tendo feito isso, o conhecimento deles sobre o assunto retorna aproximadamente ao nível em que estava no final da lição original.

É claro que, após essa revisão, o esquecimento recomeça. O que os alunos sabem novamente começa a escapar. A segunda linha inclinada para baixo (B) captura isso. Mas a taxa de esquecimento é mais lenta agora, e a linha começa a se achatar mais cedo, o que sugere que mais coisas permanecem na memória de longo prazo. Se você revisar novamente, o conhecimento será atualizado, e o esquecimento será retomado imediatamente depois (representado pela linha C), mas novamente a taxa será ainda mais lenta, e o piso (quantidade total de conhecimento retido) será ainda mais elevado.

Como os psicólogos cognitivos Paul Kirschner, John Sweller e Richard Clark escrevem: "O objetivo de todo o ensino é alterar a memória de longo prazo. Se nada mudou na memória de longo prazo, nada foi aprendido.[2] Se gastássemos uma hora estudando os sistemas do corpo humano apenas para que os alunos o esquecessem – um dia depois, uma semana depois, um mês depois –, a lição poderia ter sido interessante e envolvente, mas os alunos teriam aprendido muito pouco. Mesmo as discussões mais profundas e intensas correm o risco de evaporar como se fossem para o éter. Como Harry Fletcher Wood coloca: "O desempenho do aluno enquanto está sendo ensinado é um indicador ruim do aprendizado duradouro". Por todos os meios possíveis, temos que verificar a compreensão no final de uma lição. Mas só porque os alunos parecem saber algo no final dessa hora não significa que eles saberão em uma semana, um mês ou um ano. Se queremos um aprendizado duradouro, temos que colocar as coisas na memória de longo prazo, e a prática da recuperação é a melhor maneira de fazer isso.

Uma vez que o conceito de *Prática da recuperação* é discutido em toda a psicologia cognitiva em diversos contextos, o que se segue é uma útil "definição para o professor".

A *Prática da recuperação* ocorre quando os alunos lembram e aplicam vários exemplos de conhecimentos ou habilidades aprendidas anteriormente depois de um período de esquecimento. Esta definição sugere duas coisas principais. Primeiro: intencionalidade. Você pode dizer: "Ah, perguntar às crianças sobre conceitos que aprendemos anteriormente? Eu faço isso o tempo todo", mas o que estamos falando aqui é mais do que simplesmente uma revisão episódica ocasional – "Lembra como falamos sobre justaposição quando lemos *Romeu e Julieta*?". É o uso estratégico da recapitulação, de forma sistemática e regular. Isso pode até significar que a *Prática da recuperação* se torna uma parte discreta de suas aulas, uma parte do tempo que você reserva com o objetivo explícito de fazer com que os alunos se lembrem de coisas importantes de formas estratégicas, provavelmente usando ferramentas como a chamada *De surpresa* e *Todos juntos*, para garantir que cada aluno recupere as informações necessárias. A recapitulação nessas ocasiões não precisa ser simplista ou mecânica. Algum desafio pode ser benéfico; portanto, mudar o formato ou pedir que os alunos apliquem os conceitos de novas maneiras provavelmente ajudará.

Em segundo lugar, a definição sugere atraso estratégico. Na Curva do Esquecimento, observe que o atraso entre as rodadas de recapitulação aumenta ligeiramente a cada iteração. Aumentar gradualmente os intervalos entre as rodadas de recapitulação ajuda a memória, porque o melhor momento para lembrar de algo é quando você começa a esquecê-lo, e a taxa de nosso esquecimento está mudando constantemente. No mínimo, uma olhada na Curva do Esquecimento deve confirmar que é quase impossível dominar um conceito de forma duradoura em uma única lição.[3]

Algumas pessoas talvez pensem na *Prática da recuperação* como uma receita para mera memorização mecânica, mas não é bem assim. A recapitulação é uma oportunidade para o que Brown, Roediger e McDaniel chamam de "elaboração": conectar uma ideia a outras ideias, refletir sobre ela e expandi-la à medida que você a revisa. Na verdade, a elaboração ajuda na recapitulação.[4] Quando um conceito está conectado a outras ideias relacionadas e quando os alunos podem descrevê-lo de maneiras diferentes, ele se torna mais poderoso. Então você pode, ao revisar a justaposição, pedir deliberadamente por elaboração. "Asha, o que é justaposição? Darius, cite um exemplo tirado de *Romeu e Julieta*. Katie, cite algum outro exemplo. Roberto, lembrando de outro texto que já lemos, qual seria outro exemplo de dois personagens que se justapõem? Bom, e Kyra, em suas próprias palavras, por que um autor usaria justaposição?". A elaboração, fazendo com que os alunos expliquem e coloquem em novas palavras, para fazer conexões, aumenta seu conhecimento sobre o conceito e a probabilidade de que se lembrem dele quando precisarem.

A primeira metade do vídeo *Christine Torres: Pedra Angular* é um ótimo exemplo de outras maneiras de fazer a *Prática da recuperação* funcionar. Christine está revisando as palavras do vocabulário com os alunos. Observe a riqueza das perguntas que ela faz. As perguntas da *Prática da recuperação* não precisam ser simples recordações. Christine pede que seus alunos apliquem as palavras do vocabulário que estão aprendendo de maneiras diferentes e em novas situações. Isso é importante, porque as palavras funcionam de maneira diferente em diferentes situações. Para realmente entender uma palavra, você deseja que os alunos a encontrem constantemente em todas as suas variações de significado. Christine pede aos alunos que se lembrem da definição, mas também que apliquem a palavra de maneiras desafiadoras e interessantes. Essa é uma recapitulação simples e mais elaborada. Christine garante que todos os alunos se esforcem em quase todas as perguntas. Ela usa o método *Virem e conversem* (ver técnica 43). Para a *Prática da recuperação*, não podemos simplesmente pegar as mãos de voluntários ou deixar algumas crianças bastante comunicativas gritarem respostas. Precisamos fazer com que todos lembrem e apliquem o conceito.

Curiosamente, o período de atraso entre o aprendizado inicial e a recapitulação é curto na sala de aula de Christine. Ela sabe que o esquecimento começa imediatamente. Com conceitos desafiadores e potencialmente confusos, especialmente, nunca é cedo demais para começar a recuperar imediatamente. Assim, embora os alunos tenham aprendido o significado das palavras apenas alguns minutos atrás, Christine já está tentando colocá-las na memória de longo prazo. Ela certamente fará o acompanhamento no dia seguinte e/ou alguns dias depois – e novamente alguns dias depois –, com perguntas mais divertidas e envolventes para recuperar e aplicar o conhecimento das palavras do vocabulário dos alunos. Ela também inclui frequentemente palavras de vocabulário já aprendidas quando está recuperando novas palavras. Dessa forma, eles terão profundidade e riqueza de compreensão das palavras na memória de longo prazo.

Na *Prática da recuperação* não importa só o fato de que mais do material original permanece na memória de longo prazo, mas também que o conhecimento que está lá é *mais fácil para os alunos lembrarem*. Após três rodadas de revisão, os caminhos neurais de volta às discussões sobre justaposição em *Romeu e Julieta*, por exemplo, estão bem desgastados. Quando os alunos se deparam com um exemplo de justaposição em algum outro texto que estão lendo, os exemplos de Shakespeare logo vêm à mente. Eles formarão conexões. Em outras palavras, a recapitulação mais fácil leva a mais do que apenas conhecer os fatos. Ter vários modelos de justaposição que vêm fácil e naturalmente à mente torna-se um esquema – um corpo de conhecimento conectado que se torna familiar o suficiente para que as pessoas possam usá-lo rápida e facilmente para processar informações com o mínimo de carga na memória de trabalho, enquanto interagem com o mundo ao seu redor. O conhecimento adquirido dessa maneira – codificado na memória de longo prazo e facilmente acessado – ajuda os alunos a perceber e entender mais. Essa é uma das principais razões pelas quais psicólogos educacionais como Daniel Willingham sugerem que o conhecimento facilmente acessado na memória de longo prazo é a chave para o pensamento de ordem superior.[5] A melhor forma de maximizar a capacidade da memória de trabalho para o pensamento de ordem superior, conforme discutimos no Capítulo 1, é dar ao aluno acesso a muitas ideias na memória de longo prazo a que ele possa recorrer.[6]

Você pode ver alguns benefícios inesperados da *Prática da recuperação* no vídeo *Lauren Moyle: Crânio*. Lauren aqui está pedindo a seus alunos do 1º ano que recuperem na memória ativa os principais detalhes sobre o corpo humano. O cérebro é um órgão *essencial*, que controla nossa tomada de decisão. Está envolvido em um osso chamado *crânio*. O coração é uma *bomba* que distribui sangue para o corpo, como um motor. Você pode vê-los relembrando as partes desse conteúdo de diferentes maneiras: como se chama, por que se chama assim, o que ele faz? Cada criança está envolvida com a tarefa.

É interessante que esse vídeo tem cerca de 10 anos e só recentemente passei a entendê-lo! Costumávamos mostrá-lo em oficinas, inspirados pelo ensino dinâmico de Lauren – o questionamento que promovia mãos ansiosas apoiadas pelo uso da chamada *De surpresa* e de *Sem escapatória*, garantindo assim responsabilização e engajamento. Estávamos focados em *como* Lauren ensinava e não passamos muito tempo pensando no valor do *que* ela estava fazendo. Na verdade, ironicamente, quando o que ela estava ensinando aparecia em discussões em oficinas, muitas vezes eu me pegava pedindo desculpas por isso. Os participantes ocasionalmente notavam que ela estava *apenas relembrando fatos*, a frase implicando que não estava havendo muito ensino substancial. Paramos de mostrar o vídeo completamente.

Agora posso ver muito mais claramente que *o que* Lauren está fazendo é pelo menos tão valioso quanto *como* ela está fazendo. As futuras discussões em sua aula serão mais ricas e baseadas em conhecimento sólido em decorrência do que ela faz aqui. A outra coisa inesperada que o vídeo mostra é o quanto os alunos tendem a gostar da *Prática da recuperação*. Os alunos de Lauren estão ansiosos, felizes e confiantes. Os professores às vezes presumem que os fatos são chatos para os alunos e, portanto, concentrar-se na Prática da recuperação tornará suas aulas monótonas, mas geralmente ocorre o oposto. Os alunos que conhecem seu material estão orgulhosos de conhecê-lo e ansiosos para usá-lo. À medida que começam, veem exemplos do que sabem em cada vez mais lugares, sua confiança aumenta, muitas vezes transferindo-se para tarefas mais complicadas, em que são solicitados a praticar esses fatos.

Vou encerrar a discussão da *Prática da recuperação* compartilhando um vídeo, *Montagem: Prática da recuperação*, de vários professores empregando o conceito de diferentes maneiras. Os alunos da AP U.S. History de Art Worrell se levantam para responder suas perguntas de recapitulação. Essa é uma parte regular e intencional do dia, e a importância da *Prática da recuperação* é transparente para os alunos, até mesmo em seus próprios estudos! A arte novamente enfraquece a ideia de que as perguntas da *Prática da recuperação* precisam ser simples. Ele pergunta a Tarik o que foi o Compromisso de 1877, mas também por que ele foi importante. Ele então pede a Kamari para explicar melhor a resposta de Tarik. Como mostra a resposta de Kamari, é um conhecimento amplo, não apenas fatos limitados, que eles estão relembrando.

Annette Riffle usa a *Prática da recuperação* em sua aula de matemática do ensino médio para fazer o uso ideal do que poderia ser um tempo de inatividade – um aluno está no quadro modelando um problema e, em vez de permitir que todos os outros se sentem passivamente, ela os incentiva com perguntas relevantes sobre geometria coordenada.

O uso da *Prática da recuperação* por Barry Smith em sua aula de francês mostra duas coisas: primeiro, uma série de maneiras de se envolver – *De surpresa*, *Todos juntos*, mãos levantadas; além disso, o conteúdo segue em duas direções. Barry pede a seus alunos que passem do francês para o inglês e do inglês para o francês. Professores de outras matérias podem pensar em nomear um conceito e pedir aos alunos que o descrevam e depois inverter o processo: descrever um conceito e pedir aos alunos que o nomeiem, perguntando, por exemplo, "O que é hipérbole?", "Como se chama quando os autores exageram na sua expressão intencionalmente para reforçar algo?" e talvez até "Se eu disser que tenho um milhão de coisas para fazer hoje, que figura de linguagem estou usando?". Tudo isso fortalece o caminho neural.

Por fim, Alonte Johnson nos lembra em sua aula de literatura de que podemos pedir aos alunos que recuperem uma gama completa de tipos de conteúdo: enredo, personagem, conhecimento prévio e até mesmo temas.

TÉCNICA 8: PADRONIZE O FORMATO

Embora fazer perguntas aos alunos seja uma ótima ferramenta para verificar a compreensão, a coleta de dados por meio da observação é sem dúvida ainda mais eficaz, quando você puder usá-la. Um grande benefício de confiar na observação para avaliar a compreensão do aluno é que ela permite que você responda rapidamente a ideias mais complexas em mais formatos do que você pode avaliar apenas por meio de perguntas. Outro benefício é que você pode "processar em paralelo", verificar a compreensão enquanto os alunos estão trabalhando. Por exemplo, pode observar rapidamente a qualidade dos parágrafos da redação de seus alunos enquanto eles os escrevem.

Mas a maior vantagem da coleta de dados por meio da observação é a sua eficiência. Bem feita, ela permite coletar dados com rapidez e sobre todos. Isso é importante porque a coleta de dados no meio da instrução quase sempre está sujeita a restrições de tempo significativas. Digamos que você passe alguns trabalhos independentes aos alunos por cinco minutos. No momento em que você permite que os alunos comecem a responder suas perguntas e verifica se todos começaram, pode ter três minutos para avaliar 30 alunos – seis segundos por aluno, em média. Muitos professores podem avaliar com sucesso 10 alunos nesse período, mas, se você puder coletar informações duas vezes mais rápido com metade das distrações, de repente se tornará capaz de avaliar e responder aos alunos em situações em que antes não conseguiria. De repente, seis minutos são suficientes. Em alguns casos, dois ou três minutos podem ser úteis. Se você maximizar o uso eficiente da coleta de dados, também aumentará os horários e locais em que poderá usá-los sem ter que refazer suas aulas. Você se torna capaz de avaliar o que acontece durante partes de sua aula que, de outra forma, não seriam monitoradas.

Assim, mesmo que a princípio a eficiência possa parecer uma das palavras menos atraentes no ensino, ela acaba sendo fundamental para muitas das coisas mais importantes que diferenciam boas atividades de outras.

A técnica *Padronize o formato* trata da simplificação da coleta de dados, tornando sua observação mais eficiente e precisa. Significa elaborar materiais e espaço para que você procure previsivelmente – sempre no mesmo lugar, de forma consistente – os dados de que precisa. Por exemplo, você pode pedir que o trabalho seja mostrado na margem de uma página específica dos livros de seus alunos, ou que os alunos circulem sua resposta final para um conjunto de problemas. Ou então, no começo da aula, você pode dar aos alunos um "pacote" (veja a técnica 4, *Planeje em dobro*) para fazer os principais aspectos de seu trabalho naquele dia e incluir locais predefinidos, claramente visíveis, para escrever ou fazer anotações.

Os seguintes detalhes dos pacotes de lições do Currículo de Leitura Reconsiderado, que eu e nossa equipe escrevemos, oferecem alguns exemplos de como materiais cuidadosamente projetados podem organizar o espaço onde os alunos trabalham para facilitar a observação e a avaliação.

Verificação da compreensão **89**

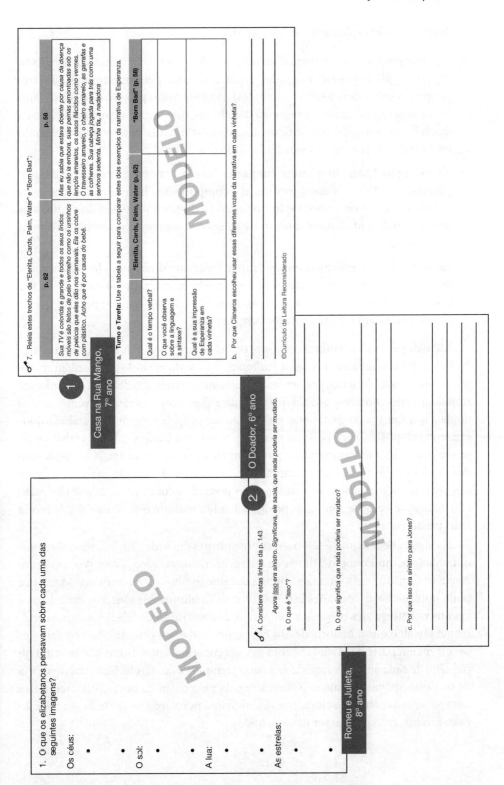

Algumas observações sobre os exemplos:

- No exemplo 1, o uso de um gráfico ajuda os alunos a acompanhar seu progresso e garantir que responderão a todas as partes de uma pergunta complicada (três perguntas sobre dois trechos diferentes). Permite que o professor faça isso também e veja rapidamente o progresso dos alunos, diferenciando em qual parte da tarefa os alunos estão com dificuldades (provavelmente porque estão deixando em branco, escrevendo menos ou fazendo por último).

- No exemplo 2, dividir a tarefa em partes "a, b e c" novamente permite que o professor verifique a compreensão em componentes individuais e avalie rapidamente onde os alunos estão no processo do ponto de vista do ritmo, mas aqui o uso de linhas reforça o uso de frases completas *versus* notas informais na resposta.

- No exemplo 3, a estrutura em andaimes separa os diferentes elementos sobre os quais os alunos devem refletir sem ser muito estruturado ou conducente (ou pedindo mais redação do que o necessário). O exemplo também permite que os alunos aprendam a fazer anotações organizadas.

Além de permitir encontrar respostas (ou as principais etapas no processo de trabalho) com mais rapidez, a técnica *Padronize o formato* permite que você atrapalhe menos os alunos. Você não gastará tempo folheando o trabalho deles ou pedindo que o ajudem a encontrar respostas, e isso permitirá que se concentrem. Mais importante ainda é que em vez de gastar energia (e usar sua própria memória de trabalho) localizando respostas, você pode identificar e avaliar tendências entre os trabalhos de seus alunos e identificar exemplos para compartilhar com a turma. A simplificação das tarefas de pesquisa reduz a carga cognitiva estranha. Quanto mais consistente a aparência e a localização dos dados, mais poderá se concentrar no que eles estão dizendo. Você percebe com mais precisão, lembra mais do que vê e pensa de forma mais produtiva sobre isso.

Há alguns benefícios relacionais surpreendentes em toda essa "eficiência" e "produtividade", e um exemplo deles pode ser encontrado no vídeo *Nicole Warren: Pedra Angular*. Conforme ela circula e observa durante os últimos minutos do vídeo, você pode notar as belas conexões que ela faz com os alunos. Há sinceros incentivos e agradecimentos. Esses pequenos momentos de construção de relacionamento certamente são algo que a maioria de nós busca, por isso é importante observar que eles decorrem em parte da facilidade com que ela consegue encontrar o que procura no trabalho de cada aluno. A facilidade a deixa tranquila e confiante. Com sua memória de trabalho apenas levemente sobrecarregada pelo custo da busca, sua mente está livre para pensar em cada aluno por vez enquanto percorre a sala, e toda sua atenção e seu acolhimento podem ser demonstrados.

Existem outras maneiras de continuar a priorizar seu foco no conteúdo do trabalho do aluno, *Padronizar o formato* ainda mais. Além de orientar os alunos a responderem no mesmo espaço, você também pode pedir que eles destaquem as peças-chave da resposta que você procura enquanto circula. "Façam um contorno na equação que usaram para calcular a soma" ou "Sublinhe o aposto que você incluiu na sua tese". Essas instruções adicionais não apenas facilitam o foco no aspecto mais importante do trabalho do aluno quando o tempo é essencial, mas também aumentam a conscientização do aluno sobre a variável mais importante a ser incluída em seu trabalho. Fazer um contorno no resto da divisão ou circular os verbos ativos na frase do seu tópico ajuda os alunos a se concentrarem e a saberem o que priorizar.

Minha equipe e eu recentemente tentamos usar a técnica *Padronize o formato* em uma oficina de verificação da compreensão. O tópico era "Rejeite o autorrelato", e a atividade era uma série de estudos de caso: seis transcrições de situações em sala de aula em que um professor inicialmente se baseou no autorrelato do aluno para avaliar sua compreensão. Os professores da oficina deveriam reescrever casos, roteirizando suas perguntas para melhor coletar dados sobre a compreensão do aluno em vez de autorrelato. Os participantes teriam que completar diversos cenários ao longo de alguns minutos. Na parte inferior havia uma seção adicional onde as pessoas eram solicitadas a identificar e reescrever um caso a partir da sua própria experiência. A página que fornecemos era parecida com a da Figura 3.1.

Afirmações de autorrelato	Reescrito para o *Rejeite o autorrelato*
Exemplo 1: Professor: um "polígono regular" é uma forma bidimensional com todos os lados iguais e todos os ângulos iguais. Entendeu? Aluno: Sim.	
Exemplo 2: Professor: *desaprovar* e *contemplar* são semelhantes porque ambos significam que você está olhando para alguém ou algo – normalmente por um longo tempo. Eles são diferentes porque, quando você desaprova, está olhando para algo que não gosta e, quando contempla, está olhando com grande interesse ou espanto. *Desaprovar* tem uma carga negativa, enquanto *contemplar* tem uma carga positiva. Entenderam? Alunos: Sim.	

Figura 3.1 Miniestudos de caso sobre *Rejeite o autorrelato*

À medida que minha equipe e eu circulamos, pudemos verificar o seguinte de maneira rápida e fácil:

A rapidez com que as pessoas trabalhavam e quantos cenários haviam concluído. Isso nos permitiu tomar uma decisão simples, mas fundamental: quanto tempo devemos alocar para a atividade? As pessoas precisaram de mais tempo?

Quais cenários as pessoas escolheram para trabalhar. Ficou claro de relance qual dos cenários eles escolheram reescrever. Cada um estava em sua própria caixa ocupando cerca de um quarto de página. Eu consegui identificar quais tópicos as pessoas achavam interessantes e gostariam de debater durante a discussão pós-atividade. Isso também nos ajudou a escrever cenários para oficinas futuras. Se pouquíssimas pessoas escolhessem o exemplo 5, por exemplo, poderíamos substituí-lo.

Que boas ideias e mal-entendidos comuns poderíamos falar durante os questionamentos. Foi fácil para mim procurar mais evidências de algo específico. Por exemplo, se eu visse algo intrigante na resposta de um participante ao exemplo 3 e quisesse saber se era típico, era 10 vezes mais fácil para mim rastrear as respostas de outras pessoas a esse exemplo.

Também foi fácil examinar até a pergunta final e diferenciar essas respostas. Ou seja, eu queria olhar de forma diferente para o cenário de sua própria experiência para ter uma noção rápida dos tipos de situações que eles consideravam aplicáveis. Isso foi fácil, porque a resposta que eu queria analisar mais de perto estava localizada no mesmo lugar no papel de cada participante. Eu poderia encontrá-la e distingui-la em um instante.

As pessoas trabalharam por três ou quatro minutos, e a sala tinha cerca de 120 pessoas. Ao final desse período, eu tinha uma boa noção de quais eram os pontos fortes e as lacunas na compreensão, principalmente graças a uma decisão de projeto aparentemente mundana. O simples uso da técnica *Padronize o formato* de uma maneira muito simples alavancou minha capacidade de entender o que estava acontecendo na sala.

TÉCNICA 9: OBSERVAÇÃO ATIVA

Esta é uma observação simples sobre o ensino: o que estamos vendo enquanto nossos alunos estão trabalhando é um fluxo de dados. Mas na verdade são duas afirmações ao mesmo tempo. A primeira – que são os dados que estamos analisando – nos diz que isso contém as sementes do *insight* se pensarmos analiticamente e propositalmente a respeito disso. A segunda – que é um fluxo – nos diz que a informação pode chegar até nós de modo rápido e impetuoso: muitas vezes haverá muita coisa para compreendermos de uma vez, ou mesmo para lembrarmos. Felizmente, fazer algumas pequenas mudanças no que você faz durante e antes de observar o trabalho dos alunos pode ajudar a entender melhor o fluxo de dados.

A primeira mudança é rastrear o que vê na escrita. Confira Denarius Frazier fazendo isso no vídeo *Denarius Frazier: Resto*, que você assistiu no início do capítulo. Ele está carregando uma prancheta e, enquanto se anda pela sala, faz pequenas anotações – sobre um tipo consistente de erro que está vendo ou sobre alunos que podem fornecer exemplos fortes ou que precisarão de apoio extra. Apenas este movimento simples já é um divisor de águas.

É um engano pensar que vamos circular pela sala fazendo "anotações mentais" sobre o trabalho de 30 alunos em dois problemas com quatro etapas cada, fazendo algumas perguntas e oferecendo incentivos ocasionais, e ainda conseguir lembrar qual foi o erro mais comum, quais alunos e onde se esforçaram mais. A memória de trabalho é curta. Até mesmo as menores distrações nos fazem esquecer o que estamos tentando lembrar e, em um ambiente tão complexo quanto uma sala de aula, a memória de trabalho fica rapidamente sobrecarregada. Em tal cenário, não há realmente um modo de fazer anotações mentais.

Denarius, porém, é capaz de dar *feedback* individualizado a cada aluno, observar seu progresso e, ao mesmo tempo, discernir o erro comum ou o tópico mais relevante para intervenção. "Muito melhor", diz ele a uma aluna, enquanto circula pela sala. Pense nisso. Ele se lembra de como ela se saiu em um problema semelhante no início do dia ou talvez no dia anterior e diz a ela que conseguiu ver a diferença em seu trabalho. Ele é capaz de fazer isso porque, ao rastrear os dados sobre o desempenho dos alunos, envolve-se mais ativamente com eles e, portanto, lembra-se deles. Com suas observações escritas, pode revisar as anotações após uma aula ou antes da próxima. Quando você coloca suas observações no papel, cria um registro permanente, aumenta a quantidade de lembranças e libera sua memória de trabalho para perceber mais. O resultado é que Denarius se lembra de como sua aluna se saiu ontem e pode notar seu progresso hoje. Poderia haver uma afirmação mais forte do fato de que ele acredita que o progresso dela é importante?

Mais do que apenas escrever as coisas, a *Observação ativa* significa decidir intencionalmente o que procurar e manter a disciplina na busca do que você priorizou. Sabemos, pela psicologia cognitiva, que a observação é subjetiva e não confiável; não perceberemos o que é mais importante, a menos que nos preparemos para focar e procurar por isso. Também estamos inclinados a pensar que procurar mais coisas é melhor do que prestar atenção a menos coisas, mas geralmente esse não é o caso na sala de aula.

Em um dos meus primeiros trabalhos de ensino, um mentor me aconselhou a caminhar pela sala quando meus alunos estivessem fazendo um trabalho individual. Foi um ótimo conselho. Andar de um lado para o outro e dar uma olhada no que os alunos estavam fazendo encorajava-os a fazer seu melhor trabalho, porque minhas ações sugeriam que eu me importava com o que eles estavam escrevendo, estava interessado em suas ideias e sabia o quanto eles estavam trabalhando. No entanto, eu poderia fazer muito mais para tirar o máximo proveito dessa caminhada pela sala.

Por um lado, embora eu acreditasse que era muito observador, provavelmente não era. Normalmente eu olhava de forma passiva, esperando ser confrontado por observações espontâneas sobre o que os alunos estavam fazendo. Isso às vezes pode ser útil, mas significava que eu estava propenso à cegueira por desatenção – não vendo o que estava claramente diante de mim –, por exemplo, que os alunos não conseguiam fazer a tarefa que eu havia designado. O que notei foi muitas vezes um evento aleatório. Quando dei *feedback* aos alunos talvez tenha sido de forma acidental. Se em um dia qualquer houvesse 10 coisas realmente importantes para dizer sobre o que os alunos estavam escrevendo, eu conseguiria notar poucas delas. O custo foi que eu não estava falando sobre os outros tópicos de forma consistente – às vezes, de forma alguma.

Sem um propósito real para o que eu procurava, às vezes me permitia ficar mais passivo. Realmente não estava olhando com tanto cuidado. Eu imitava as ações de um professor cuidadosamente observador, balançando a cabeça em aprovação e apertando os olhos como se estivesse com grande interesse, mas minha mente vagava.

Muitas vezes eu procurava principalmente verificar se meus alunos pareciam estar trabalhando duro. Suas frases de tópico eram ruins e, no entanto, eu passava direto, porque seus lápis estavam rabiscando. Geralmente, o esforço é uma coisa boa, mas não garante o aprendizado. "Nunca confunda atividade com realização", aconselhou o treinador e professor John Wooden. Só porque os alunos estão trabalhando duro em uma tarefa não significa que eles estão aprendendo com ela. É preciso observar mais atentamente para compreender se estão fazendo progresso real. Eles estavam usando verbos de ação adequados enquanto escreviam? Eles conseguiam citar evidências direta e indiretamente?

Compare minha observação bem-intencionada, mas principalmente abaixo da média, com a deliberação que vemos no vídeo *Julia Addeo: Binômios*. Como Denarius, ela está carregando uma página de anotações enquanto percorre a sala. Ela explicou o que havia nela.

"Meu 'gabarito' reflete exatamente o que os alunos devem ter em seu papel, incluindo a pergunta, o trabalho que eles devem mostrar e a resposta correta, destacada", Julia me disse. "Deixo um espaço ao lado para fazer verificações e anotações enquanto acompanho a sala de aula. Mantenho um registro de como os alunos se saíram ou as iniciais dos nomes que sei que quero para o *Mostre o texto* ou a chamada *De surpresa*.

Conforme observa, ela rapidamente percebe que os alunos estão indo bem com o problema número 1. Ela não precisará mais do que uma rápida revisão depois para reforçar o vocabulário técnico. Mas suas observações revelam que há algo acontecendo no problema 2. Você pode vê-la marcando suas anotações com detalhes sobre os erros que os alunos estão cometendo. Então ela literalmente dá um passo para trás, revisando os dados e tomando uma decisão sobre como prosseguir – como aquele aceno decisivo de sua cabeça por cerca de 37 segundos revela.

O rastreamento dos dados por escrito liberou sua memória de trabalho. Em vez de apenas tentar lembrar o que viu, agora ela pode se concentrar em analisar o que os alunos estão fazendo. Seu uso da *Observação ativa* permite que ela mais tarde faça a chamada *De surpresa* dos alunos que sabe que contribuirão com explicações fortes quando estiver analisando o problema. Esses alunos geralmente fazem um trabalho exemplar ao explicar conceitos para seus colegas. Este não é um acidente do acaso. Ela usou o conhecimento adquirido com sua *Observação ativa* para escolher os participantes intencionalmente e até mesmo estrategicamente.

No *Antecipe a escrita* (técnica 40) e na *Discussão disciplinada* (técnica 46), chamo essa ideia de "Caçar, não pescar". Você *caça* respostas produtivas que moverão a conversa em uma direção produtiva à medida que circula pela sala. Então, mais tarde, utiliza-as enquanto ensina, para não precisar *pescar* – chamar os alunos mais ou menos aleatoriamente, esperando que eles tenham respostas úteis. Com isso, você permite que os alunos façam mais trabalho cognitivo e construam uma cultura em que a força do pensamento seja mais visível para seus colegas e em que receber a chamada *De surpresa* seja um sinal da qualidade de seu trabalho. "Caçar" respostas dessa maneira e lembrar a quem chamar oito ou doze minutos depois exige mais memória de trabalho do que quase todo professor tem à sua disposição em uma sala de aula cheia. Exige *Observação ativa*.

No entanto, a *Observação ativa* não é apenas fazer anotações. É decidir o que você deve ver e, em seguida, olhar cuidadosamente para ver se você encontra. É pensar em quais erros podem ocorrer e estar com tudo pronto para responder. Fundamentalmente, a capacidade de Julia de observar e avaliar o que está acontecendo começa com o modelo que ela planejou (técnica 1, *Planejamento exemplar*) e que carrega consigo à medida que avança. Para observar efetivamente em tempo real, você deve pensar antes no que procurará no trabalho do aluno.

Vamos nos concentrar em como Denarius usa seu exemplar no vídeo *Denarius Frazier: Resto*, que começamos a discutir anteriormente. Você notará que ele está fazendo pequenas anotações rápidas enquanto circula, por exemplo, na imagem a seguir.

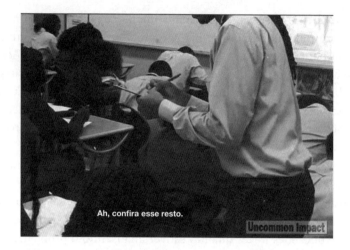

Os alunos estão dividindo polinômios, e um deles se esforçou para encontrar o resto. Mas Denarius não escreve "David: não consegue encontrar o resto" ou algo assim. Sabemos disso porque sua notação é uma marca de verificação, feita em uma fração de segundo, o que permite que ele continue circulando rapidamente com sua memória de trabalho livre. Isso pode parecer uma observação corriqueira, mas nos diz algo profundo: Denarius fez uma lista de erros prováveis e está marcando nessa lista toda vez que encontra um. Agora, além de poder se mover rapidamente enquanto faz suas rondas, quando surgir uma tendência nos dados, ele a verá instantaneamente. De fato, neste vídeo, Denarius reconhece que oito ou nove alunos têm dificuldades com o resto e é capaz de direcionar sua ênfase exatamente para esse problema – o mais relevante para o maior número de alunos. Ele nem precisa de um momento para parar e analisar os dados, como vemos Julia Addeo fazendo; simplesmente olha para o que é basicamente um histograma de erros que ele gerou enquanto caminhava. No momento em que ele está na metade da sala, grande parte de sua memória de trabalho está focada em como ensinar novamente o exemplo. Ele é capaz de tirar um excelente exemplo de um aluno para uma técnica de *Mostre o texto*, porque, assim como Julia, isso é algo que ele anotou.

Discutindo esse vídeo depois, Denarius observou que seu plano de assentos também é fundamental para seu sucesso. Os dois cantos da frente da sala são os lugares onde ele sempre começa suas rondas de observação. Ele define seu plano de assentos para que os quatro primeiros alunos que observa em cada um desses cantos apresentem o que geralmente é uma amostra estatística da sala – uma mistura que inclui pelo menos um aluno que costuma ter dificuldades, um aluno que geralmente é a média do grupo e aquele que muitas vezes tem um alto desempenho.

"Depois de olhar para o trabalho de quatro crianças, muitas vezes tenho uma hipótese razoável da situação da turma em geral. Já estou testando essa hipótese enquanto trabalho na primeira coluna e, na segunda coluna, estou decidindo o que fazer a respeito."

Verificação da compreensão **97**

"Muitas pessoas pensam que estou monitorando quem acertou e quem errou, mas acompanho a natureza dos erros que encontro. Quando termino minhas observações, é muito mais útil saber o que eles entendem errado do que o número de crianças que acertaram. E isso também me ajuda a desenvolver meu plano de reeducação enquanto trabalho."

O projeto da ferramenta que você usa para rastrear e analisar dados em tempo real é fundamental. A ilustração a seguir mostra alguns exemplos.

Neste exemplo, o professor deve se concentrar em quem demonstrou proficiência, aluno por aluno. Essa provavelmente é uma habilidade muito simples – pontuar uma frase completa – e é por isso que ela pode ser marcada com sim/não. Essa abordagem não funcionaria para tudo que os professores avaliam, mas a ênfase em garantir que ela verifica o progresso de todos os alunos é poderosa. Ela também deixou espaço para anotações narrativas, se for preciso, o que permite que a ferramenta colete dados quantitativos e narrativos sobre o trabalho.

Problema da história: Yedidah está fazendo pulseiras de amizade para sua festa de aniversário. Na loja, as contas são vendidas em pacotes de 35. Ela decide comprar 6 pacotes. Quando chega em casa, sua mãe sugere usar 20 contas em cada uma das pulseiras de suas amigas. Quantas pulseiras completas Yedidah pode montar para suas amigas?

Ponto de erro	Número de alunos cometendo o erro
Erro 1: Alunos multiplicam 6 × 35 incorretamente	
Erro 2: Alunos usam incorretamente o total de 210 contas na última etapa do problema	
Erro 3: Alunos montam uma pulseira com menos de 20 contas	

Neste exemplo, o professor está mais focado nas tendências de erro do que no progresso individual do aluno. Durante a aula, ele fará uma marcação cada vez que encontrar um erro, independentemente de quem o cometeu, para que possa resumir as coisas rapidamente no final de sua circulação e determinar o que precisa revisar. Novamente, há espaço aqui para detalhes narrativos. O rastreador de Denarius provavelmente se parece com o que vemos acima.

Este exemplo também oferece uma visão de como os professores planejam quando coletarão dados importantes. Observe a diferença aqui entre o Erro 2 e o Erro 3. Claramente, essas são duas partes do mesmo problema de matemática, mas o professor dividiu os erros em duas rodadas separadas de observação. Julia Addeo nos contou algo semelhante quando falamos com ela. "Eu sempre incluirei o número de voltas que faço. Então, na primeira volta, estou circulando para ver a multiplicação deles. Ou então dou uma passada para ver como isolaram a variável. Vou incluir isso para as perguntas mais essenciais, para *Faça agora* ou incluir em um conjunto de problemas." Em outras palavras, ela não está procurando tudo de uma vez, mas imagina uma série de rodadas de observação, cada uma focada em um aspecto ligeiramente diferente da tarefa.

"Eu verifico todos os alunos várias vezes durante o bloco de matemática", me disse a professora do 4º ano Nicole Warren (confira sua *Observação ativa* no vídeo *Nicole Warren: Pedra Angular*). "Primeiro, observo as normas do processo, incluindo a parte de marcar e classificar o problema. Então, circulo para observar a compreensão do conceito e registro quais alunos estão no caminho certo, quais alunos cometem erros matemáticos básicos e quais alunos podem ter entendido mal um conceito mais importante. Isso ajuda a fazer o plano para a discussão do problema e a construir a responsabilização em torno do trabalho do aluno."

"Quando os alunos sabem que você estará caminhando entre eles a cada dois minutos", disse Nicole Willey, "trabalham com rapidez e eficiência. Eles adoram ser recompensados com um rosto sorridente em seu papel ou uma nota alta. (A alegria que os alunos sentem nas pequenas anotações e apreciações de Nicole enquanto ela observa é muito evidente no vídeo.) Há também muita comemoração em torno do sucesso e do crescimento. No final (da aula) de cada dia, anuncio quais alunos atingiram 100%, além de quais alunos melhoraram. Os alunos ficam bastante envolvidos nesse momento de reconhecimento público. Também temos metas de grupo. Por exemplo, se conseguir 100% em cada uma das perguntas, a classe receberá um prêmio especial. Esses incentivos, embora externos, geram um senso de comunidade e demonstram que trabalhar duro leva ao sucesso a longo prazo."

Muitas vezes, os professores deixam transparecer seu foco de observação para os alunos. Eles podem dizer: "Vou dar uma olhada nas suas hipóteses". Nesse momento, eles tentariam dar *feedback* apenas sobre esse tópico antes de adicionar rodadas adicionais; por exemplo, "Desta vez, estou voltando para ver se vocês descreveram grupos experimentais e de controle claros". Isso influencia as ações dos alunos antes mesmo que eles deem qualquer *feedback*. Os alunos veem a professora se aproximando e pensam em sua hipótese, pois sabem que estará procurando por ela. Talvez eles se concentrem mais nisso em primeiro lugar. Os professores influenciam os alunos a se concentrarem em tarefas-chave quando lhes dizem que estão procurando por elas.

Você pode ver evidências dessas ações na folha de acompanhamento de Rafael Good, de sua aula de matemática. Ele trabalhou o problema para que pudesse usar seu próprio modelo para ver as lacunas no pensamento dos alunos mais rapidamente, fez anotações sobre os movimentos de entrega ("Show Call exemplary work!" – "*Mostre o texto*, trabalho exemplar!") e anotou o tempo alocado para a tarefa ("4 min" – "4 minutos"), para não perder o controle do tempo. Escreveu a frase inicial que desejava falar quando pedisse aos alunos para começar a tarefa ("Make sure to show multiplication steps" – "Certifique-se de mostrar as etapas de multiplicação") e, finalmente, o foco da primeira volta pela sala ("L1"). Ele escreveu a frase exata que desejava usar antes de começar a observar – "Checking for your multiplication steps to be written out" – "Verifique se suas etapas de multiplicação foram escritas".

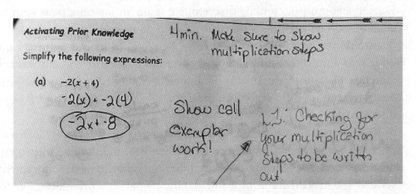

Concentrar-se em elementos de prioridade limitados e específicos quando você dá *feedback* torna mais fácil dar *feedback* imediato a todos os alunos e, talvez inesperadamente, é útil para construir relacionamentos. A ferramenta mais importante e genuína para a construção de relacionamentos é algo que você pode chamar de ensino relacional – usar a maneira como você ensina o conteúdo para gerar confiança. A confiança vem quando seu ensino demonstra sua habilidade como professor e seu interesse e capacidade de ajudar os alunos a aprender. Um *feedback* eficaz e preciso comunica a cada aluno:

Seu sucesso é importante para mim. Estou ciente do seu progresso nesta empreitada.

Eu vou ajudá-lo a ter sucesso.

Eu acredito que você terá sucesso.

Isso é mais importante a longo prazo para criar confiança com os alunos do que conversar com eles nos corredores ou perguntar a eles quais programas gostam de assistir. E isso garante que os relacionamentos que construímos estejam relacionados ao aprendizado e aos tópicos que estamos estudando.

Em *Culturally responsive education in the classroom*, Adeyemi Stembridge escreve: "A profundidade do aprendizado exige que os alunos entrem em um relacionamento significativo com o próprio conteúdo. ... Na maioria das vezes, isso é profundamente facilitado por meio da modelagem de uma relação com o conteúdo pelos professores." Os relacionamentos são valiosos porque são "o canal através do qual o investimento na escola é personalizado".

A qualidade do *feedback* baseado em observações ativas e na compreensão da aprendizagem de cada aluno, um *feedback* eficaz e focado, dá vida à interligação entre aluno, professor e conteúdo. Considere a dinâmica entre alunos e professores no vídeo *Montagem: Observação ativa*. Os três vídeos são um estudo de caso na construção de relacionamentos. Na primeira sala de aula, vemos Nicole Warren dando *feedback* sobre um problema de matemática. "Super inteligente", diz ela, "verificando todas as opções de resposta enquanto você tem tempo de sobra. ... Muito legal". O sorriso no rosto do aluno ilumina a tela. Embora o estilo de Denarius Frazier seja um pouco mais discreto, ele também faz uma pausa em cada aluno, comentando não apenas sobre seu trabalho no momento. "Arrasando", diz ele, enquanto dá um soquinho e um sorriso. Seu "muito melhor" mostra que ele sabe onde seus alunos têm dificuldade e, portanto, é capaz de comemorar sobre o crescimento. Os alunos do 1º ano de Tamesha McGuire recebem a mesma mistura de afirmação – "Bom trabalho, meu amor!" –, com um *feedback* significativo e direcionado.

Devo observar que, às vezes, as pessoas confundem *Observação ativa* com "monitoramento agressivo", que é um termo que Paul Bambrick-Santoyo cunhou para descrever o *feedback* a cada aluno usando uma gabarito de monitoramento em uma série de rodadas ou voltas específicas. Grande parte da orientação que forneci aqui reflete os insights de Paul e a implementação de professores treinados por ele, então espero que fique claro que enxergo um grande valor nessa abordagem. Os professores devem usá-la! Mas também é importante reconhecer o valor de equilibrá-la com uma gama mais ampla de abordagens de coleta de dados. O uso da *Observação ativa*, portanto, inclui também abordagens alternativas para dar a cada aluno um *feedback* imediato enquanto você observa, porque ferramentas de observação alternativas podem criar equilíbrio e enfatizar diferentes aspectos do processo de aprendizagem. O gráfico a seguir oferece três opções para *Observação ativa*:

Opção 1	Opção 2	Opção 3
Às vezes chamado de "monitoramento agressivo". O professor acompanha o progresso e dá *feedback* imediato a cada aluno individualmente.	O professor dá *feedback* ao grupo após acompanhar e completar as observações (e não fornece *feedback* individual durante a observação).	O professor dá *feedback* (e faz observações) focado em indivíduos específicos (e não em todo o grupo).

Embora a Opção 1 quase sempre seja excelente, uma limitação – e, portanto, uma razão para ocasionalmente equilibrá-la com outras abordagens – é que a necessidade de chegar a todos os alunos pode levar a um *feedback* apressado ou a um tom que parece apressado ou transacional. Parece que o objetivo do professor é circular pela sala.[7] Isso pode diminuir o tempo para perguntas, por exemplo. Pode haver momentos em que você peça aos alunos que guardem suas perguntas, porque os dados são mais importantes, mas também haverá momentos em que é valioso responder e tardar. Às vezes, é valioso dar *feedback* imediatamente, mas às vezes é apropriado deixar os alunos se esforçarem um pouco e não receber *feedback* imediato sobre seu progresso.

Vale a pena considerar que a Opção 1 poderia ser adaptada. Por exemplo, você poderia tentar observar e coletar dados do trabalho de cada aluno, mas *não* tentar dar *feedback* ao vivo enquanto circula, fazendo isso para o grupo somente no final de sua volta. Isso permitiria que você tornasse o trabalho independente mais autônomo para os alunos. A observação cuidadosa acompanhada de silêncio pode ser poderosa, especialmente se o seu *feedback* ao grupo deixar claro que estava observando cuidadosamente. Talvez você queira que os alunos se esforcem um pouco ou não saibam imediatamente se estão no caminho certo. Não tentar dar *feedback* enquanto você circula também pode permitir que você tenha mais tempo e memória de trabalho para observar tendências e problemas no trabalho dos alunos. Por outro lado, você pode correr o risco de permitir que erros individuais persistam e/ou os alunos não sintam o mesmo nível de apoio e/ou responsabilidade. Por isso, é importante que você escolha intencionalmente, com base no objetivo do dia e no momento na atividade, além daquilo que vê enquanto observa.

Confira um bom exemplo da forma mais silenciosa de *Observação ativa* no vídeo *BreOnna Tindall: Observações ativas* retirada de sua sala de aula do 7º ano em ELA. Quando o vídeo é iniciado, os alunos estão lendo e anotando um pequeno texto de não ficção sobre o conceito de "justiça cega". Isso faz parte de sua leitura mais ampla da *Narrativa da vida de Frederick Douglass*. BreOnna, prancheta na mão, está caminhando e dando uma olhada no trabalho dos alunos, ocasionalmente balançando a cabeça com apreço ao encontrar ideias que serão úteis na discussão. "Estou caçando tesouros", é como BreOnna descreve. "Estou procurando as partes da conversa que vou destacar para podermos chegar a esses principais entendimentos na matéria."

Sua rota pela sala de aula parece planejada, mas não apressada, e ela não a interrompe para ler todos os trabalhos dos alunos. A maioria dos alunos não recebe um *feedback*. Seu objetivo é obter informações para a próxima conversa. Ela faz anotações e ocasionalmente faz perguntas para esclarecer algo ("O que esse sublinhado significa aqui?"), mas essas informações são, principalmente, para garantir que entenda o que os alunos estão pensando, em vez de orientá-los. Ela está anotando ideias em vez de abordar os erros. Quando escreve em sua prancheta, não está rastreando a precisão de cada aluno, mas tomando notas sobre as tendências que está vendo e destacando os alunos que pode chamar mais tarde na discussão. Na discussão seguinte, você pode ver os resultados da *Observação ativa* de BreOnna. Esse é um ótimo exemplo de como "caçar, não pescar". BreOnna chama Adriel, cuja resposta ela sabe que é um bom ponto de partida, depois Renee, que ela sabe que usou a palavra "exonera".

"Eu tento não ir primeiro para o garoto que tem a resposta certa", disse BreOnna. "Eu tento encontrar pessoas que tenham pedaços da resposta certa. Em vez de dizer 'construir' arbitrariamente, tento encontrar pessoas que tenham partes da resposta certa para que possam realmente entender como uma discussão funciona – o que realmente significa construir?"

A observação de BreOnna permite que ela valorize a voz dos alunos, mas ainda organize a conversa por foco e qualidade e, ela observou, permite que garanta que os alunos ouçam uma resposta de alta qualidade sem ter que fornecê-la ela mesma. "Eu nem sempre quero ser a pessoa que marca a resposta certa – isso é chato! Além disso, tira a crença das crianças de que elas sabem", disse BreOnna. "Eu tento encontrar outras crianças na sala de aula para descobrir o ponto-chave."

Observações ativas nos primeiros anos do ensino

Confira outro exemplo de uma forma mais silenciosa de *Observações ativas* no vídeo *Narlene Pacheco: Observação ativa*. Ela fez um ótimo trabalho de *Padronize o formato* em sua sala de aula do jardim de infância na Immaculate Conception School, no Bronx. O espaço de trabalho de todos é configurado da mesma forma – limpo e arrumado. É fácil para ela ver o que está procurando de relance. Ela circula pela sala com cuidado, mas não dá *feedback* a todos os alunos. Em vez disso, está procurando tendências gerais e compartilha um lembrete sobre isso (não se esqueça de ir da esquerda para a direita) para toda a turma. Ela já está adaptando seu ensino aos dados. Talvez porque o que está procurando – diversos possíveis erros – seja menor, ela não está usando uma prancheta. Mas usa uma dica de *Verificação afirmativa* – "Mãos para cima quando estiverem prontos". Os alunos podem sinalizar quando estiverem prontos para que ela verifique seu trabalho. Isso permite que saiba onde procurar primeiro. Ela vê Clara se esforçando e usa *Divida em partes* (técnica 37), levando-a a encontrar o erro por si mesma. Isso funciona porque a Sra. Pacheco mostra bastante paciência e equilíbrio emocional. Mas também vale a pena notar que ela tem muito tempo para passar com Clara, porque não está tentando dar *feedback* a todos os alunos. Na segunda rodada de observações – para a palavra "ainda" – você pode ver que ela está deliberadamente observando Clara para ver como se sai. Agora, Clara entendeu. Ela sorri, e a Sra. Pacheco certamente reforçará seu sucesso.

Voltando às observações de Adeyemi Stembridge sobre a natureza dos relacionamentos, a responsabilidade de ser professor está na construção de relacionamentos dos alunos com o aprendizado e o conteúdo. Suas relações conosco são os meios para atingir esse objetivo. As relações mais fortes e produtivas com os professores são construídas estabelecendo um triângulo no qual nos conectamos aos alunos e ajudamos a conectá-los ao conteúdo.

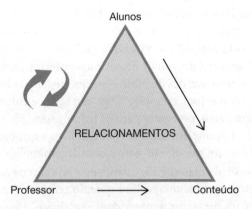

Somos canais, em outras palavras. Se os alunos não desenvolverem um relacionamento valioso com as coisas que estudam na escola, o relacionamento com o professor não terá alcançado seu propósito completo. Isso nos desafia a resistir ao desejo de ser o centro da história. O objetivo não é ser amado e lembrado para sempre, mas que os alunos passem a acreditar em sua própria capacidade, valorizem o processo de aprendizado e, possivelmente, amem ou pelo menos apreciem profundamente as ideias de ciência, matemática, música ou literatura. A *Observação ativa* é uma ferramenta primária que os professores podem usar para ajudar os relacionamentos a servirem a esse propósito.

TÉCNICA 10: MOSTRE-ME

Outra ferramenta útil para fazer observações eficazes e eficientes sobre o trabalho dos alunos é inverter a dinâmica em que o professor trabalha para coletar dados sobre um grupo de alunos cujo papel nesse processo é bastante passivo. Em vez disso, em *Mostre-me*, os alunos apresentam ativamente ao professor evidências visuais de sua compreensão. Isso dá aos professores uma maneira de avaliar rapidamente a compreensão de uma turma inteira, mais ou menos de relance, e tem o benefício adicional de muitas vezes ser agradável para os alunos.

Mostre-me poderia significar alunos apresentando respostas em pequenos quadros-brancos, como você verá no vídeo *Dani Quinn: Mostre-me* (que estudaremos mais adiante) ou levantando vários dedos, cada um representando a resposta a um problema de múltipla escolha na hora, como Brian Belanger/Denarius Frazier fazem no vídeo *Belanger/Frazier: Montagem do Mostre-me*. Eles eliminaram a necessidade de circular pela sala para coletar dados, mas ainda conseguem ter uma forte noção da situação de todos na turma.

Aqui estão os critérios básicos para uma boa técnica *Mostre-me*. Deve pedir aos alunos que (1) *apresentem dados objetivos*, (2) geralmente *em uníssono* e (3) *em um formato que o professor possa avaliar rapidamente*. Vale a pena dedicar um momento para se aprofundar um pouco mais em cada um desses critérios.

Apresentar dados objetivos: quando Denarius e Brian pedem aos alunos que respondam mostrando a resposta escolheram usando seus dedos, eles estão apresentando a resposta real, não sua opinião (subjetiva) a respeito de sua própria compreensão. O autorrelato, como discutimos anteriormente, é notoriamente pouco confiável. Portanto, versões do *Mostre-me* que pegam dados subjetivos de autorrelato e os tornam visíveis (por exemplo, "Diga-me se você entendeu: polegares para cima, polegares para baixo, polegares para os lados") não ajudam muito. Você quer ver a resposta real. "Levante um dedo se você escolheu a resposta A, dois se você escolheu a resposta B e assim por diante" é uma abordagem melhor.

Em uníssono: na maioria dos casos, pedir aos alunos que compartilhem suas respostas visualmente funciona melhor quando acontece em uníssono, por motivos de eficiência e para preservar a integridade dos dados. Imagine que você é um aluno. Você escolheu a resposta B, mas, por qualquer motivo, não compartilha sua resposta imediatamente quando o professor pede à classe que mostre a resposta. Olhando ao redor da sala, você vê 18 colegas mostrando que escolheram a resposta C. Se revelar que respondeu B, provavelmente será a única pessoa. Você vai mudar sua resposta? Estudos têm mostrado repetidamente que as pessoas são influenciadas pelas respostas de seus colegas. Em um estudo clássico de Solomon Asch, por exemplo, os sujeitos experimentais foram colocados em um grupo de "participantes", que eram de fato aliados dos experimentadores. O grupo foi solicitado a comparar o comprimento de uma série de linhas, que eram claramente diferentes. Sem a presença de cúmplices, os participantes relataram o comprimento das linhas incorretamente em menos de 1% das vezes. Mas, em um cenário em que os cúmplices relataram consistentemente acreditar que as linhas tinham o mesmo comprimento, a maioria das pessoas fez esforços para se adaptar, dando uma resposta que sabiam estar errada pelo menos algumas vezes. Na média, um terço dos participantes mudou alguma resposta, e 75% dos participantes mudaram uma resposta pelo menos uma vez em doze tentativas. Conclusão: a maioria das pessoas mudará suas respostas para algo que não acredita ser certo para se adaptar. Se todos apresentarem seus dados simultaneamente e na hora certa, impedirá que os alunos alterem sua resposta com base nas respostas de seus colegas. Garantir que as respostas sejam dadas em uníssono também maximiza o ritmo e o fluxo. A técnica *Mostre-me*, muitas vezes, pode parecer enérgica e parecida com um jogo para os alunos. Sua participação nítida e coordenada facilita a sensação de impulso que ela cria.

Em um formato que o professor possa avaliar rapidamente: os dados em *Mostre-me* são apresentados ativamente pelos alunos em forma visual – levantados para que você possa vê-los e analisá-los rapidamente de onde estiver; circulação limitada necessária. Quanto mais claramente você puder explicar como deve ser a apresentação dos dados, melhor. Você precisa decidir e explicar aos alunos se eles devem manter os dedos no ar (para que possa vê-los facilmente) ou na frente do peito (para que sejam menos visíveis para os colegas), por exemplo. Se eles estão escrevendo em um quadro branco, as respostas estão destacadas? A que altura os quadros brancos devem ser mantidos? Isso é importante porque, quanto menos memória de trabalho você precisar usar na pesquisa, mais poderá gastar analisando os dados.

Existem duas versões comuns de *Mostre-me*: a primeira é por meio de *sinais manuais*, e a segunda é com *lousas*.

Sinais com as mãos

Embora haja diversas maneiras de empregar sinais com as mãos, a chave para a abordagem é que, em uma sugestão específica, os alunos levantem os dedos em uníssono para representar sua resposta.

Em *Belanger/Frazier: Montagem do Mostre-me*, Bryan Belanger usa sinais de mão para avaliar o domínio do aluno em uma questão de múltipla escolha sobre taxas de mudança. Poucos segundos após a saudação matinal, Bryan avisa aos alunos com a dica "pedra, papel, tesoura... um dois!" Em "dois", os alunos batem em suas mesas três vezes em uníssono antes de levantarem as mãos para revelar sua resposta (um dedo para a resposta A, dois para B e assim por diante). Bryan tornou o ato de mostrar suas respostas tão familiar que essa rotina funciona como um relógio.

Quando os alunos levantam as mãos, Bryan examina a sala, narrando o que está procurando ("verificando se estão levantando os dedos do jeito certo"), bem como o que vê ("Vejo muitos dois, alguns quatros"). Isso reforça as expectativas e lembra aos alunos que ele está *Observando atentamente*. Ele então pede aos alunos que estejam prontos para defender sua resposta. Ao fazer isso, reconhece que múltiplas respostas foram dadas, mas, basicamente, reteve a resposta (veja a técnica 12, *Cultura do erro*) e ainda não disse a eles qual é a correta.

Em vez de revelar a resposta, Bryan chama Blaize (que escolheu corretamente a alternativa B) para explicar sua resposta e raciocínio. Ele confirma a resposta de Blaize, mas também pede a Elizabeth (que erroneamente escolheu D) para reiterá-la. Bryan então pede aos alunos que "verifiquem ou alterem" seu trabalho para aquele problema, dizendo: "Verifique se você escolheu a resposta B. Se não, circule essa resposta e corrija-a agora". Ao insistir que os alunos *identifiquem e localizem* (técnica 14), ele garante que *todos* internalizem a resposta e o raciocínio por trás dela.

Embora o formato de múltipla escolha da pergunta de Bryan se adapte bem ao *Mostre-me*, também é possível usar sinais de mão para coletar dados sobre perguntas que não foram originalmente projetadas como múltipla escolha, como mostra Denarius Frazier no mesmo vídeo. Denarius escreveu em papel quadriculado duas soluções para um problema que os alunos têm trabalhado de forma individual. Ele pede que avaliem as duas soluções e depois diz: "Vamos fazer uma enquete. Vamos revelar de uma só vez. Um dedo se você concorda com a solução A, dois para B. Onde estamos, em três, dois e um? Observe como ele é cuidadoso para garantir que as respostas sejam reveladas em uníssono. Assim, ele é capaz de ler instantaneamente a sala e ver que os alunos estão divididos entre as duas soluções. Ele os envia para um *Virem e conversem* (técnica 43) para discutirem seus pensamentos. Depois, Denarius faz outra pesquisa para ver se o pensamento deles mudou como resultado. Ele examina a sala para avaliar os novos dados e começa a discussão com um aluno que escolheu B. Outros alunos compartilham seu pensamento, e então Denarius muda o foco e pede a alguém que escolheu A para explicar. Observe que ele está retendo a resposta e gerenciando sua fala (veja *Cultura do erro*) – os alunos ainda não sabem qual é a resposta certa. Finalmente, depois que um aluno muda sua resposta com conforto e confiança, Denarius confirma que a resposta A estava correta. Seu uso da técnica *Mostre-me* permitiu que ele analisasse a sala várias vezes com eficiência, observasse tendências nos dados e determinasse quais alunos deveria chamar e quando.

No vídeo *Lisa Wing: Boom, boom, pow*, você pode ver Lisa usando sinais de mão com seus alunos do 7º ano. Ela pediu que eles avaliassem três parágrafos de teses anônimas escritas por alunos. Reforça o procedimento divertido e envolvente (*boom, boom, pow*) e isso fica realmente nítido e oportuno. Então segue com questionamentos, pedindo aos alunos que discutam suas opiniões. Esse é um bom exemplo e sugere como você pode pedir aos alunos que usem sinais manuais para responder a uma pergunta cujas respostas são uma questão de opinião. A propósito, também é um ótimo vídeo, porque há muita "realidade da sala de aula" incorporada. Além de podermos ver a resposta graciosa de Lisa quando chama um aluno que perdeu a voz, há uma história se desenrolando entre as duas garotas na primeira fila no início do vídeo. Uma menina conta com orgulho para a amiga que um dos parágrafos escolhidos como exemplo é dela! É uma cena adorável que nos lembra de como é significativo para os alunos verem seu trabalho valorizado, mas também deve nos lembrar de como é fácil para os alunos influenciarem as respostas que outros dão se o procedimento para sinais manuais não for bem claro. O aluno poderia facilmente estar "ajudando" seu colega de classe dizendo-lhe: "Escolha o número 2".

Lousas

O uso de lousas é outra forma de *Mostre-me*, em que os alunos completam seu trabalho em sua mesa e, a um sinal, levantam para mostrar ao professor. Muitas vezes, os professores usam pequenos quadros brancos apagáveis para fazer isso, como os alunos de Dani Quinn fazem no vídeo *Dani Quinn: Mostre-me*, filmado na Michaela Community School de Londres. Observe a sugestão consistente e otimista de Dani para os alunos mostrarem seus trabalhos ("Levantem!") e a maneira como ela facilita a revisão dos quadros indo fileira por fileira e pedindo aos alunos cujo trabalho ela revisou para recolher os quadros. Ela oferece *feedback* individual aos alunos enquanto examina, construindo uma *Cultura do erro* ao manter seu tom semelhante se os alunos erraram – "Sam, quanto é cinco vezes cinco?" – ou acertaram – "Bianca, muito bem". A quantidade impressionante de nomes que ela consegue usar faz com que muitos alunos se sintam vistos e reconhecidos, e ela pode ser vista reforçando o procedimento ao pedir "Abaixem os quadros" e uma resposta mais rápida.[8] Finalmente, Dani faz um excelente trabalho não apenas coletando dados mas também adaptando a atividade a esses dados: "Ainda restam alguns erros. Faremos mais um..."

As lousas não precisam ser feitas apenas com quadros brancos – você pode fazer com que os alunos apresentem seus trabalhos de outras maneiras: desenhem uma linha em um papel quadriculado; escrevam uma frase definindo a *verossimilhança*, talvez em "espaço duplo" para que você possa ler um pouco mais fácil de longe; ou adicionem uma nota na margem da página 26. Embora a varredura das respostas possa não ser tão simples nesses casos, a abordagem ainda pode ser reveladora (e eficaz no apoio à responsabilização).

TÉCNICA 11: VERIFICAÇÃO AFIRMATIVA

Uma última ferramenta que pode ajudar a verificar a compreensão, a *Verificação afirmativa*, envolve o uso estratégico de pontos de verificação. Nesses pontos, os alunos devem obter confirmação de que seu trabalho está correto ou está na direção certa e que estão prontos para passar ao próximo estágio – um novo parágrafo, um segundo rascunho, um conjunto mais difícil de problemas, a última etapa de uma atividade de laboratório. Em muitos casos, os alunos determinam seu próprio tempo para fazê-lo, o que pode criar oportunidades de autoavaliação.

Confira Hilary Lewis usando a técnica em sua sala de aula do 1º ano no vídeo *Hilary Lewis: Etiquetas adesivas*. Esse vídeo apareceu em versões anteriores do livro e é um dos mais antigos em nossas oficinas. Continuamos a usá-lo porque Hilary faz um trabalho muito bonito de avaliar o domínio do aluno antes do trabalho individual. Ela é acolhedora, atenciosa e exala grandes expectativas. Ela pede aos alunos sentados no tapete que completem um problema de matemática em uma nota adesiva verde, que chama de "bilhete". Os alunos devem mostrar esse bilhete a ela como prova de que estão prontos para iniciar a prática individual (PI) em suas mesas. Ela desperta o interesse deles de uma maneira perfeita para o 1º ano, comparando isso com a experiência de "ir ao cinema". Ao exigir que os alunos "ganhem" a oportunidade, transforma a PI em uma espécie de recompensa.

Quando a primeira aluna vai mostrar seu trabalho, parece, por um momento, que há uma corrida para entrar na fila primeiro. Os alunos começam a se esforçar para mostrar seu trabalho à Sra. Lewis, mas Hilary verifica essa tendência com uma voz amorosa: "Crianças, vocês só podem vir até aqui se eu pedir para vocês virem".

Um por um, os alunos terminam de resolver o problema e aguardam o sinal de Hilary. Ela os chama, primeiro individualmente e depois fileira por fileira. Para um trabalho correto, ela responde: "Pode começar" de forma acolhedora e tranquila. Não é surpresa que alguns alunos resolveram o problema incorretamente – ou talvez apressadamente –, ao que Hilary responde: "Por favor, volte e verifique seu trabalho". Sua reação é emocionalmente constante. Quando uma aluna mostra seu trabalho para o problema errado, Hilary usa o mesmo tom acolhedor e de apoio: "OK. Você fez o seu problema, o que é ótimo. Mas eu preciso que você faça *este* problema" [apontando para o quadro].

Ao fazer com que todos terminem de resolver um problema inicial antes de passarem para os outros problemas, Hilary consegue corrigir pequenos mal-entendidos e reforçar o trabalho com cuidado, ajudando os alunos a ver que estão "prontos" para uma tarefa maior quando trabalham com cuidado e atenção.

Veja uma adaptação útil dessa ideia com alunos mais velhos no vídeo *Jessica Madio: Mão silenciosa quando tiver terminado*. Com a técnica *Arremate*, que seus alunos do 7º ano da St. Athanasius School, em Nova York, conhecem bem, Jessica usa um passe de entrada antes de uma seção de prática independente. Acertar demonstra que você está pronto para trabalhar por conta própria com sucesso.[9]

Jessica *Padronizou o formato* para que as respostas fossem fáceis de encontrar e avaliar rapidamente, e ela diz aos alunos que levantem "uma mão silenciosa" quando tiverem terminado. "Vou dar uma volta e verificar". Em vez de verificar os alunos com base no plano de assentos, Jessica deu a eles a ideia de quando o trabalho será verificado. Eles já estão acostumados com essa rotina e saltam para o problema na hora. À medida que cada aluno termina e levanta a mão, Jessica simplesmente diz: "Obrigada" e verifica se o problema está correto. Os alunos então passam imediatamente para problemas práticos individuais sem instruções adicionais. É claro que Jessica também está usando a *Observação ativa* e anotando quais alunos têm dificuldades e por quê. Ela usa esses dados para chamar alguns alunos para trabalharem com ela na mesa de trás. Todos esses alunos cometeram um erro semelhante e, portanto, recebem suporte adicional enquanto outros trabalham individualmente. Quando eles parecem ser capazes de resolver por conta própria, ela os manda de volta para a prática individual. Jessica oferece um ótimo lembrete de que a diferenciação na sala de aula começa com a coleta de dados.

Uma das coisas boas da *Verificação afirmativa* são os caminhos para a autoavaliação que ela pode criar. A *Verificação afirmativa* oferece aos alunos a oportunidade de avaliar seu próprio trabalho e decidir quando estão prontos para que o professor avalie o que fizeram. Isso permite que os alunos avaliem seu próprio trabalho primeiro – *Já terminei? Será que estou pronto para o próximo passo?* – antes de pedir uma resposta do professor. Como os alunos escolhem o momento em que gostariam de receber o *feedback*, a *Verificação afirmativa* nos fornece mais dados sobre o que pensam do seu próprio trabalho, o que talvez não vemos enquanto caminhamos pela sala e observamos os alunos ("Ah, entendo. Você pensou que tinha terminado, mas vamos pensar em..."). Como em *Puxe mais* (técnica 17), isso pode contribuir para uma cultura em que as respostas corretas são recompensadas com desafios futuros – por exemplo, "Ótimo, agora você está pronto para passar a alguns problemas avançados". Essa sensação de realização de ver a si mesmos passar por pontos de verificação com sucesso também ajuda os alunos a desenvolver sua confiança. Seu progresso torna-se mais aparente para eles.

No entanto, uma das chaves para usar a *Verificação afirmativa* de forma eficaz é minimizar ou eliminar o tempo que os alunos passam esperando pela avaliação. Alunos com a mão no alto, esperando a chegada de um professor (ou ainda menos produtivamente, de braços cruzados, lápis na mesa, conversando com um colega) representam um desperdício de tempo precioso e um risco de que os alunos percam tanto seu impulso quanto a linha de pensamento. As dicas a seguir para projetar uma *Verificação afirmativa* eficaz ajudarão a equilibrar a independência do aluno com a eficiência.

Considere se o conteúdo de sua atividade é propício para a verificação encenada. O ideal é que o(s) ponto(s) de verificação passe(m) rapidamente – lembre-se da eficiência de Hilary quando ela lê cada nota adesiva. Se o trabalho do aluno exigir uma análise demorada ou um *feedback* detalhado, pode não ser viável pedir a todos que aguardem a próxima etapa enquanto você lê e responde.

Prepare uma folha de rubrica ou de respostas, mesmo que o trabalho pareça bastante simples. *Isso liberará a memória de trabalho e acelerará sua capacidade de processamento.*

Considere quanto tempo cada aluno pode precisar para concluir a tarefa. O ideal é que o trabalho seja desafiador ou complexo o suficiente para que terminem em momentos diferentes, espalhando a verificação exigida do professor e ocasionando menos espera. A *Verificação afirmativa* pode funcionar bem em aulas de redação, por exemplo, onde os alunos normalmente terminam rascunhos em ritmos muito diferentes, escalonando os pontos de verificação da perspectiva do professor. No entanto, seria importante manter a verificação focada. Você não poderá ler o primeiro rascunho de cada aluno, mas pode pedir que circulem cinco verbos dinâmicos ou duas citações indiretas ou seu parágrafo de tese.

Pode ser útil incluir um trabalho opcional. Se você desse aos alunos três problemas, mas fizesse do terceiro uma questão bônus (ou crédito extra, talvez), poderia começar a ver o trabalho dos que completaram um ou dois. Se os alunos terminassem simultaneamente e tivessem que esperar, poderiam passar para o terceiro problema enquanto você verifica o trabalho dos outros. Isso pode parecer contraditório – a finalidade aqui não é verificar antes de continuar? A diferença é que o terceiro problema estaria no mesmo nível de dificuldade dos dois primeiros, então criaria uma reserva de tempo extra (produtivo) no qual você poderia completar sua verificação.

Você também pode considerar o uso do sinal de "estou pronto" como o tipo de dica que os alunos podem dar enquanto continuam a trabalhar. Manter a mão no ar por três minutos torna quase impossível para o aluno passar para outro problema. Mas um cartão que seja verde de um lado e amarelo do outro, por exemplo, pode ser virado para mostrar "Estou pronto para ser verificado", enquanto o aluno continua a trabalhar no problema bônus.

Outra maneira de aumentar a eficiência é combinar a *Verificação afirmativa* com o *Mostre-me*, fazendo com que os alunos levantem seus trabalhos para você assinar. Você pode ver isso no vídeo *Jon Bogard: Vá para PI*, no qual Jon usa quadros brancos para orientar alguns alunos para a prática independente e exigir uma prática mais guiada de outros.

Verificação afirmativa orientada pelo aluno

Outra abordagem da *Verificação afirmativa* é permitir que seus alunos possuam mais do processo de verificação da exatidão e, em seguida, apresentem os dados a você. Os próprios alunos podem verificar um gabarito que você forneceu e relatar seus resultados. Ou então podem ser responsáveis por verificar o trabalho um do outro em parceria e, em seguida, relatar os resultados a você, o que reduziria o número de verificações necessárias. Isso funciona melhor quando se baseia em avaliações objetivas, em vez de subjetivas.

Um fato importante a ser considerado se você tiver alunos participando da *Verificação afirmativa* é que há duas finalidades principais nessa técnica. Uma é certificar-se de que os alunos sejam bem-sucedidos antes de passar para trabalhos mais complexos; a outra é que você colete dados sobre como seus alunos estão se saindo. Distribuir a verificação realiza o primeiro com mais eficiência, mas corre o risco de reduzir seu acesso aos dados: se os alunos fizerem a autoverificação, você saberá como eles se saíram? Tenho certeza de que você encontrará uma maneira de equilibrar essas metas – às vezes, usar a verificação orientada pelo aluno e, outras vezes, verificar você; ou criar maneiras de rastrear os dados durante a verificação orientada pelo aluno (ou ambas). Por exemplo, se os alunos fizerem uma autoverificação em relação a uma rubrica, eles podem marcar uma caixa para mostrar como fizeram, para que você possa rastrear mais tarde. É importante estar ciente do desafio e da possível compensação enquanto você está adaptando e projetando soluções novas e melhores.

TÉCNICA 12: CULTURA DO ERRO

Em um artigo recente sobre seu desenvolvimento como músico, o pianista Jeremy Denk observou um desafio oculto de ensinar e aprender: "Enquanto o professor tenta... descobrir o que funciona, o aluno tenta, de certa forma, iludir a descoberta, disfarçando fraquezas para parecer melhor do que realmente é".[10]

Sua observação é um lembrete: se o objetivo da verificação da compreensão é preencher a lacuna entre o que *eu ensinei* e o que *eles aprenderam*, esse objetivo é muito mais fácil de alcançar se os alunos *quiserem* que encontremos a lacuna, se estiverem dispostos a compartilhar informações sobre erros e mal-entendidos – e muito mais difícil se tentarem nos impedir de descobri-los.

Naturalmente, os alunos muitas vezes se inclinam para o último. Por orgulho ou ansiedade, às vezes por apreciação por nós como professores – não querem que sintamos que não ensinamos bem –, muitas vezes procuram "iludir a descoberta", a menos que construamos culturas que os socializem para pensar diferente a respeito dos erros. Uma sala de aula que tem tal cultura tem o que chamo de *Cultura do erro*.

Os professores que são mais capazes de diagnosticar e resolver erros rapidamente fazem da verificação da compreensão um esforço compartilhado entre eles e seus alunos. A partir do momento em que os alunos chegam, eles trabalham para moldar sua percepção do que significa cometer um erro, levando-os a pensar em "errado" como um primeiro passo, positivo e muitas vezes crítico, para acertar, fazendo com que reconheçam e compartilhem os erros sem ficar na defensiva, com interesse, fascínio ou, possivelmente, alívio – a ajuda está a caminho!

O termo "segurança psicológica" é frequentemente usado para descrever um ambiente no qual os participantes são tolerantes ao risco. Certamente, a segurança psicológica é uma parte crítica de uma sala de aula com uma *Cultura do erro*, mas eu diria que esse último termo vai mais longe: inclui tanto segurança psicológica – sentimentos de confiança e respeito mútuos e conforto em assumir riscos intelectuais – quanto apreciação, talvez até mesmo prazer, pelo *insight* que o estudo dos erros pode revelar. Em uma sala de aula com uma *Cultura do erro*, os alunos se sentem seguros se cometerem um erro, e não ficam na defensiva; acham interessante e valioso analisar o que deu errado.

Você pode ver isso acontecendo no vídeo *Denarius Frazier: Resto*. Coletando dados por meio da *Observação ativa* (técnica 9), ele detecta um erro consistente. À medida que os alunos procuram dividir polinômios, eles trabalham para encontrar o resto. Fagan é um dos muitos alunos que cometeram o erro. Denarius pega seu papel e o projeta para a turma para que eles possam estudá-lo. Seu tratamento deste momento é crítico. Há um valor imenso em estudar erros como esse se os professores puderem fazê-lo sentir-se psicologicamente seguro. Infelizmente, não é preciso muita criatividade para imaginar esse momento dando errado – muito errado. O aluno pode se sentir magoado, ofendido ou castigado. Seus colegas de classe poderiam rir. Talvez você esteja imaginando o telefonema naquela noite: *Deixe-me ver se entendi direito, Sr. Frazier. Você projetou os erros da minha filha na tela para todos verem?*

Mas nas mãos de Denarius, o momento transcorre muito bem e, mais importante, como se fosse a coisa mais normal do mundo reconhecer um erro e estudá-lo. Como ele faz isso?

Primeiro, observe o tom dele. Denarius é emocionalmente constante. Ele é calmo e firme. Não há sugestão de culpa. Ele não soa de forma diferente ao falar sobre sucesso ou fracasso. Em seguida, usa uma linguagem orientada para o grupo para deixar claro que o assunto que vão estudar é comum entre a turma. "Em alguns de *nossos* trabalhos, estou percebendo que *estamos* chegando a um resto errado...", ele diz. O erro é nosso, é relevante e reflete o grupo, não apenas o indivíduo. Não há sensação de que Fagan foi escolhido.

Outra característica importante de salas de aula como a de Denarius tem a ver com como o próprio erro é tratado. É possível notar isso em uma frase que o professor de matemática Bob Zimmerli usa no vídeo *Montagem: Cultura do erro*: "Estou muito feliz por ter visto esse erro", ele diz a seus alunos. "Vai me ajudar a conseguir ajudar vocês". Sua frase sugere que o erro é uma coisa boa. Ele chama a atenção da turma para mostrar que esse é um tema importante e sério, mas ao mesmo tempo normaliza o erro por meio do tom e da escolha das palavras.

Isso é diferente de – o oposto de muitas maneiras – fingir que não é realmente um erro. Observe que Bob identifica explicitamente o erro como sendo um erro. Seu objetivo é fazer com que ele pareça normal e natural, não minimizar o grau em que os alunos sentiram que erraram. Menciono isso porque às vezes os professores não sabem lidar com essa distinção. Nas oficinas, ocasionalmente pedimos aos professores que escrevam frases que possam usar para expressar aos alunos a ideia de que é normal e útil estar errado. Eles às vezes sugerem respostas como "Bem, essa é uma maneira de fazer isso" ou "Vamos falar sobre outras maneiras" ou "OK, talvez. Bem pensado!".

Essas frases disfarçam a linha entre o correto e o incorreto ou evitam dizer aos alunos que eles estão errados. É claro que existem momentos em que é útil dizer: "Bem, não há uma resposta certa, mas vamos considerar outras opções". Mas esse é um momento muito diferente daquele em que um professor deveria dizer algo como "Eu posso ver por que você pensa assim, mas você está errado, e os motivos para isso são realmente interessantes" ou "Muitas pessoas cometem esse erro, porque parece muito lógico, mas vamos ver por que está errado".

Veja outro exemplo disso na *Montagem: Cultura do erro*. Mathew Gray, assim como Denarius, está compartilhando um erro cometido por um aluno chamado Elias (em um *Mostre o texto*, técnica 13). Ele observa isso imediatamente: "Elias cometeu um erro", mas observa que não é uma surpresa, porque ele tornou a pergunta difícil, e que outros também cometeram o erro. Então, basicamente, ele acrescenta:

"Esse é um erro que eu cometi quando li o poema pela primeira vez". Ele é o professor e também teve dificuldade para entender. O que poderia ser melhor para contradizer a ideia de que ser um especialista de alguma forma significa que não se comete erros? A ideia não é evitar que os alunos fiquem na defensiva fazendo-os acreditarem que estão corretos, em outras palavras, mas evitar que fiquem na defensiva ajudando-os a ver que a experiência de cometer um erro é normal e valiosa.

Confira a seguir algumas outras frases que geram o mesmo efeito.

- "Estou feliz por ter visto esse erro. Ele nos ensina algo que temos que consertar antes de dominarmos o assunto."
- "Gosto que seu primeiro instinto tenha sido usar geometria, mas nesta situação temos que resolver algebricamente."
- "Sim, o texto neste ponto torna muito difícil acompanhar quem está dizendo o quê. Mas essa frase é dita por Mary, não por John. Vejamos como podemos descobrir isso."
- "O que estou pedindo que você faça é difícil. Mesmo os cientistas que trabalham têm dificuldades com isso. Mas eu sei que vamos conseguir, então vamos dar uma olhada no que deu errado aqui. ..."

Vale a pena notar que as declarações são diferentes. A primeira inverte a expectativa do aluno: o professor está feliz por ter visto o erro. A segunda dá crédito à compreensão do aluno sobre os princípios matemáticos, mas deixa claro que ele encontrou a resposta certa para uma cenário diferente. A terceira e a quarta reconhecem que a tarefa não é o tipo de coisa que você tenta apenas uma vez e acerta. Elas normalizam o esforço.

À medida que essa *Cultura do erro* é criada, os alunos se tornam mais propensos a *querer* expor seus erros. Essa mudança da defensiva ou negação para a abertura é fundamental. Como professor, agora você pode gastar menos tempo e energia caçando erros e mais tempo aprendendo com eles. Da mesma forma, se o objetivo é que os alunos aprendam a se autocorrigir – encontrar e resolver erros por conta própria – sentir-se à vontade para reconhecer os erros é um passo crítico à frente.

Criando uma *Cultura do erro*

Um professor sozinho não pode estabelecer uma cultura na qual seja seguro se esforçar e fracassar. Se surgem risadinhas quando um colega erra uma resposta, por exemplo, ou se mãos impacientes acenam no ar enquanto outro aluno está tentando responder, um professor pode fazer muito pouco para que seus alunos se sintam seguros para expor seus erros ao grupo.

Moldar como os alunos respondem aos esforços uns dos outros é, portanto, uma obrigação. Esse processo começa ensinando-os a maneira correta de lidar com situações comuns. Ou seja, explique como você espera que eles ajam quando alguém se esforça *antes que isso aconteça*, compartilhe a lógica, pratique os comportamentos esperados em situações hipotéticas e, se ocorrer uma violação, redefina a cultura com firmeza, mas com compreensão. Você pode dizer algo como: "Só um minuto. Quero deixar bem claro que sempre nos apoiamos e ajudamos uns aos outros nesta sala de aula. E nós nunca, jamais partimos para ações que prejudiquem outra pessoa. É difícil, mas espero isso de todos vocês. Entre outras coisas, sabemos que essa pessoa poderia muito bem ser um de nós."

Quando você pensa em tornar a dificuldade algo mais seguro, é importante considerar que o objetivo não é apenas eliminar comportamentos potencialmente negativos entre os alunos. Melhor ainda seria promover uma cultura em que os alunos se apoiassem ativamente enquanto se esforçam no processo de aprendizagem. A Collegiate Academies em Nova Orleans faz um ótimo trabalho ao incentivar essa cultura. Quando alguém está com dificuldades para responder a uma pergunta, colegas (ou professores) "enviam mágica", fazendo um gesto sutil com a mão que significa: "Estou apoiando você". Depois de uma resposta, se os colegas desejam demonstrar apreço (e geralmente o fazem), eles o demonstram com estalar de dedos, criando assim um sistema de *feedback* positivo de aluno para aluno para um trabalho de qualidade.[11] Essa cultura positiva é uma das coisas mais notáveis e poderosas sobre um grupo extraordinário de escolas.

E, é claro, ter fortes *Hábitos de atenção* (técnica 48) é fundamental para garantir que os sinais de pertencimento sejam fortes, e a importância das ideias de cada aluno seja reforçada com regularidade.

Dito isso, construir uma cultura de sala de aula que respeite, normalize e valorize o erro é um trabalho complexo, por isso citei e descrevi alguns dos principais movimentos de construção de cultura com mais detalhes, para que sejam mais fáceis de usar intencionalmente em sua sala de aula.

Espere o erro

Depois de observar um erro, esforce-se para demonstrar que você está feliz por saber disso. Queremos que a mensagem geral seja que os erros são uma parte normal do aprendizado – muitas vezes, uma parte positiva – e que são mais úteis quando estão à vista.

Observe como o professor de matemática da Roxbury Prep, Jason Armstrong, comunicou a normalidade do erro mesmo antes de começar a revisar as respostas para um problema recentemente. "Acredito que haverá algum desacordo aqui, então posso ouvir respostas diferentes de algumas pessoas", disse ele, antes de receber *quatro* respostas diferentes da turma. Suas palavras implicavam que o estado normal das coisas é ver respostas diferentes entre pessoas inteligentes fazendo um trabalho desafiador. Isso também serve para ensinar que matemática não é apenas uma questão de decidir entre uma resposta certa e uma errada, mas, às vezes, uma questão de decidir entre uma grande gama de respostas plausíveis. Se as perguntas forem difíceis, conforme sugeria o ensino de Jason, é claro que as pessoas discordarão.

Retenha a resposta

No vídeo *Montagem: Cultura do erro* você pode ver Jason apresentando um segundo problema da mesma atividade. Sua escolha de linguagem foi novamente impressionante:

> OK, agora para as quatro respostas que temos aqui, A, B, C e D, não quero começar perguntando qual você acha que está certa, porque quero focar nas explicações que temos. Então deixe-me ouvir o que vocês pensam sobre a D. Eu não me importo se você acha que é certo ou errado; eu só quero ouvir o que vocês pensam. Eddie, o que você diria sobre isso?

Você provavelmente notou que a linguagem de Jason enfatiza a importância do pensamento matemático (em vez de apenas acertar). E isso é valioso. Em situações em que muitos professores dizem coisas como: "Quero focar na explicação. Como você pensa sobre isso é tão importante quanto se você acertou", o que Jason faz é diferente porque *os alunos não sabem se estão ou não discutindo a resposta certa*. Ele pediu a eles que não discutissem como obtiveram a resposta que *eles* deram – e, portanto, acham que está certa –, mas uma resposta que ele próprio escolheu.

Muitas vezes começamos a rever um problema revelando a resposta certa e, então, aliviando o suspense, falando sobre ela. No entanto, assim que os alunos sabem a resposta certa, a natureza de seu envolvimento tende a mudar. Eles passam a pensar se acertaram e como o fizeram. Não importa o quanto amem a matemática pela matemática (ou história ou ciência ou literatura), parte deles está pensando "Sim! Eu entendi", ou "Droga, eu sabia disso" ou "Droga, por que eu continuo errando?" Se Jason tivesse dito: "A resposta aqui é B, mas eu quero examinar a D", alguns alunos quase certamente teriam pensado: "Legal, eu sabia disso" *e parariam de ouvir tão atentamente, porque em suas mentes haviam entendido certo e não precisariam ouvir mais nada.*

Uma das coisas mais simples e fáceis que você pode fazer para começar a construir uma *Cultura do erro* é adiar a revelação se uma resposta está certa ou errada até depois de discuti-la, e talvez uma resposta alternativa.

Você pode ver Katie Bellucci fazendo isso no vídeo *Katie Bellucci: Diferentes respostas*. Ela começa pedindo aos alunos que usem sinais manuais (ver técnica 10, *Mostre-me*) para revelar suas respostas a uma pergunta de múltipla escolha. "Temos algumas respostas diferentes aqui", diz ela, "eu vejo alguns dois, três e quatro dedos. B, C e D". Seu tom é alegre, indicando que a discordância – e, portanto, respostas erradas – não é uma coisa ruim. Isso só mostra que a discussão será interessante. Mas observe o que ela faz em seguida. Quando começa a refazer o problema com a ajuda de seus alunos, ela não diz a eles qual dessas opções de resposta estava correta.

Ao *reter a resposta* até que ela tenha discutido a questão completamente, Katie mantém um pouco de suspense, mantém os alunos produtivamente engajados e evita a distração do "Acertei?" por alguns instantes. Isso pode ser muito produtivo, não apenas como um exercício intelectual, mas como um exercício cultural, fazendo com que os alunos gastem menos energia avaliando seu trabalho e mais energia pensando nas ideias subjacentes ("Eu não tinha pensado em fazer desse jeito. Queria saber se ela vai dar a resposta que eu dei").

Normalizar e celebrar o erro ("Levante sua mão se você mudou sua resposta. Sim, é isso aí! Você descobriu) é uma maneira perfeita de expressar o cerne da ideia em *Cultura do erro – a diversão está no processo*. Ela celebra a dificuldade da maneira mais convincente, mas esse momento só é realmente possível se todos estiverem empenhados em "descobrir" com ela durante todo o processo, e tudo começa com sua decisão de reter a resposta.

Gerencie as pistas

Nos círculos de pôquer, os jogadores precisam observar suas "pistas" – as pistas não intencionais que eles dão e revelam o que têm na mão para oponentes experientes. Um bom jogador pode descobrir que o hábito de um oponente de esfregar os olhos ou verificar novamente suas cartas é um tique nervoso que revela uma mão ruim. Ter uma pista o coloca em tal desvantagem que alguns jogadores de elite usam óculos escuros e moletons com capuz para garantir que não revelem muita coisa.

Como professores, também temos pistas não intencionais que revelam nossa mão, como se uma resposta estava certa ou errada ou se valorizamos o que um aluno disse. Uma pista nos faz comunicar mais do que percebemos. Isso compromete nossa capacidade de reter a resposta. E muitas vezes pode fazer com que comuniquemos inadvertidamente nosso desdém pelos erros.

Uma das minhas falas como professor era a palavra "Interessante", oferecida em um tom de voz benigno, mas levemente paternalista e geralmente com um "Hmmm" na frente e um único e longo piscar de ambos os olhos. Eu o usava, sem perceber, nas minhas aulas de inglês quando um aluno oferecia uma interpretação que eu considerava frágil. Eu sei que dava pista porque um dia, depois de um comentário de um aluno, eu disse: "Hmmm. Interessante." Nesse ponto, uma aluna chamada Danielle disse claramente do fundo da sala de aula: "Uh oh. Tente novamente!" Ela sabia o que significava "interessante". Foi decepcionante. Como a maioria dos professores, eu estava dizendo muito mais do que pensava. Minha mensagem realmente era: "Você provavelmente deveria ter guardado esse pensamento para si mesmo", e a aluna que falou e todos os meus alunos sabiam disso. Tanta coisa para tornar seguro o fato de estar errado.

Compare isso com a resposta de Emily Badillo aos erros dos alunos no vídeo *Emily Badillo: Cultura do erro*. Sua expressão facial não muda quando os alunos estão certos ou errados. Ela é o mesmo *eu* estável e emocionalmente constante. A retenção da resposta ajuda. Não há nenhum tipo de revelação.

Todos nós damos pistas – provavelmente, várias – e, como não são intencionais, podemos repeti-las, comunicando uma mensagem aos alunos que enfraquece o que pretendemos dizer. Um dos meus colegas mais competentes descreve uma pista diferente. Quando os alunos davam uma resposta em sua aula, ele escrevia no quadro se estivesse correta, mas não se incomodava em escrevê-la se estivesse errada. Às vezes, ele chamava um aluno e virava-se para o quadro, com o marcador posicionado como se fosse escrever, mas voltava-se para a turma ao ouvir a resposta e tampava a ponta do marcador: *Clique*. Mensagem recebida.

Os alunos descobrem nossas pistas com uma rapidez surpreendente, por isso é importante procurá-las em nosso próprio ensino e administrá-las. É claro que nunca seremos perfeitos. Certamente, não há problema em dizer "Interessante" ou até mesmo dizer explicitamente: "Acho que podemos fazer melhor" ou "Não, me desculpe, mas isso não está correto". Você só quer estar ciente e ser intencional sobre o que você comunica e quando. Pense por um momento naquilo que pode ser o mais comum de um professor dizer: "Alguém tem uma resposta *diferente*?" (Qual foi a última vez que você disse *isso* quando alguém acertou?) Ao usar essa frase sem intencionalidade, você primeiro comunicaria que a resposta estava errada e, portanto, arriscaria desencorajar os alunos a pensar tão profundamente sobre isso quanto fariam se eles não o soubessem. Em segundo lugar, você estaria insinuando ao aluno que respondeu: "Se isso é tudo que você tem, por favor, não fale novamente".

Vale a pena notar que as pistas mais persistentes são geralmente causadas por respostas erradas, mas também podemos ter pistas para respostas certas – um rosto grande e brilhante ou talvez a inflexão na palavra "por que" em uma frase como "E você pode nos dizer *por que* acha que Wilbur está com medo?". Logicamente, não é negativo mostrar apreço e entusiasmo por uma resposta boa, mas *vale* a pena pensar se esse entusiasmo às vezes revela demais, cedo demais ou, se for usado com muita frequência, o que sua ausência comunica. O ideal é que estejamos todos atentos às nossas dicas e as controlemos – substituindo-as o mais rápido possível por uma expressão consistente e equilibrada de apreciação que não seja exatamente aprovação.

Elogie o risco

O aspecto final da criação de uma *Cultura do erro* é elogiar os alunos por assumirem riscos e enfrentarem o desafio de um tema difícil. É especialmente útil incentivá-los a correr riscos quando eles não têm certeza. Uma fala como "Esta é uma pergunta difícil. Se você está tendo dificuldade com ela, isso é um bom sinal. Agora, quem será ousado e começará respondendo?" lembra aos alunos que ser um estudante significa expressar seus pensamentos quando você não tem certeza e, às vezes, *porque* você não tem certeza. Você pode reforçar isso positivamente dizendo, por exemplo, "Eu adoro o fato de que esta é uma pergunta difícil e muitos de vocês estão com as mãos levantadas", ou você pode abreviar isso simplesmente referindo-se às "mãos corajosas" de seus alunos quando as vir levantadas (por exemplo, "Quem quer tentar nossa pergunta de desafio? Ótimo. Adoro essas mãos corajosas... Diallo, o que você acha?"). Se estiver discutindo uma passagem particularmente difícil em um livro, você pode tentar reconhecer a dificuldade dizendo algo como "Esta é uma questão que as pessoas debatem há décadas, mas você está realmente enfrentando isso". Veja Denarius Frazier fazer isso na montagem *Cultura do erro*. "Gosto dessa coragem", diz ele, olhando para alguns alunos dispostos a tentar responder a uma pergunta difícil. Em uma *Cultura do erro*, os alunos devem se sentir bem em dar um passo à frente, estejam eles certos ou errados.

Juntando tudo: Jasmine Howard, Nicole Warren e a mesa dos fundos (ou da frente)

O vídeo *Jasmine Howard: A caminho da faculdade* contém um belo exemplo de *Padronize o formato*, *Observação ativa*, *Mostre-me* e *Cultura do erro* em um único vídeo, filmado em sua aula de matemática do 8º ano na Freedom Prep em Memphis, Tennessee. Ela escolheu um problema dentro de um conjunto de problemas maior como uma espécie de guardião. É uma espécie de *Arremate* no meio da aula. Jasmine caminha e observa. Ela está usando uma versão da *Observação ativa* mais focada na preparação para dar *feedback* em grupo do que em dar *feedback* individual a cada aluno. Com base nessas observações, ela revisa o problema com toda a turma e, ao fazê-lo, usa *Mostre-me* para verificar se os alunos chegaram à resposta A. Ela então pede que os alunos passem para a prática individual, mas anda e sinaliza sutilmente para quatro alunos se encontrarem com ela na mesa dos fundos. Lá, Jasmine dá uma miniaula direcionada para os alunos que precisavam de mais ajuda, observando-os e apoiando-os enquanto trabalham. Aqui você pode vê-la *padronizando o formato* enquanto pede aos alunos que circulem a taxa de variação para garantir que todos calcularam corretamente e sabem o que é. Sua aplicação da técnica *Cultura do erro* é impecável: firme, solidária, sem julgamentos. Você pode ver o quanto os alunos sentem isso quando se levantam de suas mesas para ir até a mesa de trás. O primeiro aluno que ela chama começa a juntar suas coisas e levanta imediatamente. Ele não está envergonhado nem tentando se esconder. Ele confia em Jasmine para ajudá-lo, e percebemos por que quando o vemos revisando a matéria. Jasmine captou um simples equívoco logo cedo, antes que se tornasse uma bola de neve, e habilmente deu a eles o apoio necessário para que entendessem o conceito. Esta é uma das abordagens mais impressionantes sobre diferenciação por meio da verificação da compreensão que tive o prazer de assistir.

Não só isso, mas a formação do grupo de Jasmine para reensinar a verificação da compreensão em "tempo real" me fez lembrar de outro vídeo de Nicole Warren fazendo algo semelhante. Confira em *Nicole Warren: Mesa da frente,* em sua sala de aula do 3º ano na Leadership Prep Ocean Hill. Nicole chama os alunos para a mesa da frente para praticar mais depois que o *Arremate* do dia anterior revelou que eles continuaram tendo dificuldade com problemas de história.

Em parte, me disse, ela queria colocá-los na frente para vê-los resolver o problema "para que eu pudesse interrompê-los no momento, se necessário, e ter certeza de que eles estavam usando a estratégia que discutimos no dia anterior. Como já passamos um tempo analisando esse problema, eu queria ter certeza de que eles estavam praticando corretamente para solidificar a habilidade".

Em outras palavras, Nicole observa todos os alunos com atenção, mas também estruturou sua sala de aula para que ocasionalmente possa observar com mais atenção os alunos com os quais está mais preocupada. Todos recebem *feedback* em tempo real, mas isso permite que ela dê uma dose dupla para quem mais precisa. E você notará que eles recebem uma tonelada de *feedback* – positivo no tom, mas rigoroso – e obtêm o *feedback* implícito de saber – quando são enviados de volta para seus lugares – que eles dominam, pelo menos no momento, a habilidade que Nicole tinha como alvo.

Uma das coisas mais importantes que Nicole faz para que a "mesa da frente" funcione é pensar em como alavancar sua *Cultura do erro* – não deve haver julgamento, estigma, nem zombaria quando um aluno é chamado à mesa da frente. As mensagens de Nicole demonstram isso.

"Chamar um pequeno grupo nunca teve uma conotação ruim. Acho que tem a ver com a forma como estruturamos isso. Dizemos aos alunos: 'Este é um momento para praticar mais individualmente ou em um pequeno grupo com seu professor'. Usamos adesivos, soquinhos com as mãos e sorrisos para elogiá-los por mostrarem esforço em um problema complicado. Além disso, os alunos que chegam à mesa são sempre diferentes, com base nos dados [mais atuais]. Às vezes, são os alunos que também estão no nível mais elevado. Isso ajuda a normalizar a ideia de que todos têm dificuldades e que isso faz parte do processo que leva à excelência."

A propósito, alguns outros momentos favoritos de *Aula nota 10* deste vídeo de Nicole Willey: Nicole usa *Marque as etapas* (técnica 28) quando pede que os alunos comecem, depois de suas instruções para que os alunos passem diretamente para o trabalho. Ela também usa *O que fazer* (técnica 52) de forma esplêndida para garantir que um de seus estudantes da mesa da frente esteja ouvindo seu *feedback*.

O aluno parece querer começar a ir antes de realmente ouvir o que ela está dizendo, então ela diz: "Olhe para mim" (duas vezes!), em um tom acolhedor e de apoio seguido de um sorriso.

Assim como Jasmine, Nicole projetou sua sala de aula em torno da ideia de verificação da compreensão.

TÉCNICA 13: MOSTRE O TEXTO

Vamos voltar ao que talvez seja o momento crucial no vídeo da aula de matemática de Denarius Frazier, que examinamos ao longo deste capítulo, *Denarius Frazier: Resto*. Circulando e observando ativamente, Denarius reconhece que há algo que seus alunos não entenderam sobre encontrar o resto na divisão de polinômios. Ele reconheceu um erro em tempo real, mas essa é apenas metade da equação na verificação da compreensão. A segunda metade, decidir como lidar com isso, é uma questão muito mais desafiadora do que parece. Os professores enterram os dados – reconhecem os equívocos dos alunos e falham em agir sobre eles – o tempo todo. Em muitos casos, isso se deve à dificuldade de mudar o plano de aula no calor do momento, à frente de 30 alunos. Ou então pode haver uma falha em resolver o erro devido à pressão do tempo. Mas Denarius mal pisca um olho. Ele escolhe o trabalho de um aluno, Fagan, que cometeu um erro característico, caminha até a frente da sala e o projeta para a turma. Segundos depois, a classe está engajada com interesse e abertura em um estudo sobre o erro, por que aconteceu e o que isso poderia lhes ensinar.

Em outras palavras, qual é a maneira mais rápida e produtiva de responder a um erro no meio do ensino? Muitas vezes é para estudar o próprio erro.

Se você conseguir fazer isso, terá uma ferramenta simples e confiável para usar em resposta aos erros dos alunos. Se os alunos se esforçarem para entender na primeira vez, talvez você não precise planejar uma aula de reforço ou uma nova maneira de ensinar o material. Para isso, você deve deixar evidente o quanto o erro é útil e, em seguida, construir uma cultura que apoie o estudo aberto da reflexão que levou ao erro.

Essa é uma ideia poderosa. Se pudermos encontrar e estudar nossos erros com abertura e fascínio, se pudermos discuti-los em conversas substanciais, teremos uma maneira replicável de reagir ao erro quando o virmos e estivermos ensinando um processo que desejamos que nossos alunos copiem durante a maior parte de suas vidas: *Encontre o erro*. Estude-o sem ficar na defensiva. Aprecie-o como uma oportunidade de aprendizado.

A técnica que Denarius usa para conseguir isso é *Mostre o texto*, escolhendo o trabalho de um aluno e compartilhando-o, visualmente, com a turma para que eles não apenas falem sobre isso, mas também o estudem de maneira duradoura e sustentada. Um componente essencial para tornar possível esse estudo sustentado é o fato de que o erro é visível para todos os alunos. Se Denarius não tivesse projetado o trabalho de Fagan para a turma, esta teria aprendido muito menos com isso.

Esta oportunidade de aprendizado é muito importante para Denarius aceitar qualquer coisa que não seja o exemplo mais produtivo. Usar o *Mostre o texto* efetivamente implica poder escolher deliberadamente qual trabalho projetar. *Um Mostre o texto, portanto, não é apenas projetar o trabalho, mas selecionar o exemplo, independentemente de quem se ofereceu para compartilhar. Mostre o texto é uma chamada De surpresa visual.* Para aprender de forma otimizada com um exemplo, os alunos devem vê-lo bem e precisam estar olhando exatamente para o estudo de caso certo.

Você provavelmente também notará que Fagan, a talentosa jovem cujo trabalho ele escolheu, não se incomoda quando Denarius pega seu papel. Ela não parece surpresa, como você poderia esperar que estivesse. Em outras palavras, esse é um procedimento familiar que acontece, se não diariamente, pelo menos regularmente, e que começou com Denarius explicando para a turma o que ele faria e por que antes de fazê-lo pela primeira vez. Então eles o praticaram, experimentaram a ideia sob circunstâncias controladas onde o sucesso era mais garantido. Por exemplo, nas primeiras vezes em que usou o *Mostre o texto*, Denarius provavelmente se concentrou em fazer os alunos se sentirem honrados e confortáveis com o processo. Com o tempo, suas práticas de *Mostre o texto* tornaram-se mais rigorosas. Agora ele não precisa explicar por que está pegando o trabalho de Fagan ou de qualquer aluno, e todos os alunos aprenderam a se envolver na análise de erros de forma respeitosa e produtiva.

Além disso, a cultura que Denarius construiu – e que podemos vê-lo reforçando neste vídeo – comunica a importância de estudar os erros e reforça um forte senso de segurança psicológica para os alunos. Ironicamente, alunos de turmas como a de Denarius costumam amar o *Mostre o texto*. Se não amam, pelo menos sabem o valor disso. Observando como Denarius aborda a técnica, podemos aprender muito sobre o motivo. Também vale a pena observar que o *Mostre o texto*, se usado com frequência, reforça a responsabilidade pelo trabalho escrito. No conjunto de problemas de amanhã, os alunos serão fortemente incentivados – talvez até motivados – a fazer o melhor trabalho. Isso resultará em exemplos cada vez melhores para compartilhar com a turma.

Observe as ações de Denarius quando ele inicia o *Mostre o texto* e quanta importância ele atribui à tarefa de análise compartilhada dos erros. Ele deliberadamente garante total atenção – observe sua linguagem corporal formal (técnica 58, *Voz de comando*) e seu uso de uma breve correção positiva em grupo, "Esperando um" (ver técnica 55, *Intervenção menos invasiva*), antes de começar. Ele está comunicando a grande importância da próxima tarefa.

Assim que começa o processo de estudar o erro de um aluno, ele deliberadamente reforça algumas mensagens culturais essenciais. "Enquanto andava por aí, em alguns de nossos exercícios, notei que estamos calculando um resto incorreto", diz ele. Imediatamente, essa é uma questão de "nós". Ele vai mostrar um exemplo do que é um desafio para toda a classe. Mensagem: é o nosso trabalho que estamos estudando, não apenas o *Mostre o texto* de um único aluno. "Temos mecanismos de verificação em vigor que podemos usar", diz ele, novamente enfatizando a ideia de que o grupo é responsável pelo problema e pela solução.

Agora vejamos o trabalho de Fagan. "Primeiro meus cumprimentos a Fagan por usar a divisão longa", diz Denarius. "Você não precisava usar a divisão longa. Não precisa usar o sintético. Há ainda outra abordagem que vi na resposta de Quinetta. ..." Ao apresentar o trabalho de Fagan, o professor primeiro estabelece que há muito exercício bem-sucedido em sala de aula, mesmo que eles ainda possam melhorá-lo. O primeiro instinto de Fagan pode ter sido pensar, *Oh, eu entendi errado*, mas na verdade ela *não* entendeu tudo errado. Ela errou uma *pequena parte* e acertou muito. Ela está indo bem, e ele a está ajudando a ver isso.

Observe também o equilíbrio emocional de Denarius e como trata o erro considerando-o normal. Como discuto na técnica 12, *Cultura do erro*, Denarius estabelece que os erros são interessantes, valiosos até, e definitivamente não é algo que deixa um professor frustrado com os alunos. Esta não é uma cultura onde as pessoas têm medo de discutir um erro. Por que eles teriam medo quando os erros foram estabelecidos como uma parte necessária e útil do processo de aprendizagem, e examinar os erros faz parte da rotina das aulas?

Os alunos fazem a maior parte da análise ao longo deste *Mostre o texto*, mesmo quando ele os orienta a reconhecer que devem usar o teorema do resto. Denarius não resolve o problema; tudo o que realmente faz é dizer-lhes como perceber que a resposta deles não faz sentido. Uma vez que os tenha guiado para essa percepção, eles saberão como resolvê-lo.

Mostre o texto é um conceito simples e poderoso, mas que pode parecer arriscado para alguns professores. Se nunca fez isso, pode imaginar como você ou seus alunos se sentiriam se não funcionasse.

À luz disso, vou descrever uma progressão típica – como *Mostre o texto* pode funcionar em diferentes estágios de uma sala de aula, para que o caminho para uma atividade como a de Denarius fique claro. A técnica envolve cultura compartilhada e rotinas construídas intencionalmente. É improvável que um *Mostre o texto* se pareça com o de Denarius na primeira vez que um professor e seus alunos a experimentarem.

Uma *Mostre o texto* inicial pode, no entanto, parecer um pouco com o de Paul Powell no vídeo *Paul Powell: Mostre o texto*.

A aluna cujo exercício Paul apanha é Kahlila. Confira a foto dele fazendo isso. Paul está bastante despreocupado em sua linguagem corporal – casual (veja a técnica 58, *Voz de comando*), mas Kahlila não está. É provável que ela se sinta um pouco ansiosa. Mesmo que Paul tenha explicado o que é um *Mostre o texto* e por que propõe isso, ela está nervosa. *Meu exercício? Ah não!*

É por isso que a postura de Paul quando ele apresenta o trabalho dos alunos é tão importante. "O tema do dia é mostrar seu trabalho", diz Paul. "Então, vou mostrar o trabalho de Kahlila". De repente tudo mudou. Minha equipe e eu nos referimos a esse momento no *Mostre o texto* como "a revelação": o momento em que você mostra o trabalho do aluno e explica como a turma deve pensar sobre ele. Você notará repetidamente como a revelação é importante na construção da cultura. Kahlila agora sabe que compartilhar seu trabalho com Paul é uma coisa boa, e ele está demonstrando isso.

"Olhe para isso", Paul continua, apontando detalhes de seu trabalho agora projetado. "*Boom*. Fórmula. Conectei. Bem-organizado. *Boom*." Se, um momento antes, a principal emoção de Kahlila era de ansiedade, agora é de orgulho.

Contudo, a cultura que Paul está construindo não é simplista. Ele também está semeando as sementes do autoestudo e do aprimoramento – uma cultura do bom para o ótimo. Ao destacar as muitas coisas para amar no trabalho de Kahlila, ele normaliza o processo de torná-lo melhor. "Há uma coisinha que vamos consertar aqui em um segundo", diz ele, certificando-se de que as primeiras vezes que ele pede aos alunos que compartilhem seus erros ele se pareça especialmente seguro, não ameaçador.

Alguns momentos depois, Paul volta à ideia de melhoria. "Qual é a pequena coisa que ela pode consertar?", ele pergunta, e aqui está a reação de Kahlila:

Há muitas mãos levantadas, mas a de Kahlila é a mais direta. Sua linguagem corporal é inconfundível. "Chame-me agora, Sr. Powell! Eu posso deixar isso ainda melhor!". Em outras palavras, ela está orgulhosa e ansiosa para mostrar o quanto sabe.

O que vemos aqui não é apenas um único *Mostre o texto* que ajuda os alunos a verem melhor como resolver um problema e como evitar um erro comum, mas um procedimento – e a cultura para apoiá-lo – que faz com que os alunos se sintam carinhosamente responsáveis por seu trabalho escrito e sem medo de tê-lo apresentado à classe. O exemplo de Paul é um roteiro para as primeiras vezes que você usa a técnica. Enfatize a positividade e faça com que os alunos se sintam honrados e confortáveis com o processo.

Com o tempo, o objetivo é construir uma cultura na qual, como vimos na aula de Denarius, os alunos entendam implicitamente que uma das maneiras de honrar o trabalho de um colega é ajudá-lo a ver seu sucesso e também como melhorar.

Você pode ver essa progressão da cultura do *Mostre o texto* claramente no vídeo *Ijeoma Duru: Trabalho quase lá*. Ijeoma está compartilhando o trabalho de uma aluna chamada Deborah e começa pedindo aos alunos que deem um "estalar de dedos" para Deborah. Idealmente, isso faz com que Deborah se sinta apoiada. Também, talvez ainda mais importante, lembra à turma: este é o trabalho de um colega de classe. Vamos estudá-lo e melhorá-lo, mas não se esqueçam de apreciar seu tom e os comentários enquanto discutimos.

Assim como Denarius e Paul, Ijeoma usa sua "revelação" para moldar a cultura que cerca o *Mostre o texto*. "Deborah tem um raciocínio bom, mas quero que trabalhemos juntos e usemos suas anotações para corrigi-lo", diz ela. Ela então pede aos alunos que se concentrem na segunda metade do trabalho de Deborah e "estalem os dedos se encontrarem algo que concordam". Este é um movimento inteligente. Todos os colegas de classe de Deborah apenas afirmaram que, como Fagan, ela acertou bastante em sua resposta. Mesmo que haja algo para melhorar, há muita coisa boa, e isso é óbvio para todos. Em seguida, Ijeoma pede a alguns alunos que descrevam com o que concordam. Não se trata apenas de construir Deborah, também reforça sua compreensão. É uma forma de *Prática da recuperação* (técnica 7), codificando o conhecimento mais profundamente na memória de longo prazo por meio da recordação e, especialmente aqui, da elaboração. "Bem explicado", diz Ijeoma a Jules, a quem não podemos ver, depois de usar novas palavras para as ideias que ele vê no gráfico. Ele fez bem, mas foi um trabalho árduo. Você podia ouvir o esforço em sua voz. A memória é o resíduo do esforço. Ele trabalhou duro para elaborar com precisão, e isso o ajudará a lembrar e codificar, e Ijeoma mostra seu apreço por seu trabalho.

Mas há outro benefício crucial no *Mostre o texto* de que vemos evidências na aula de Ijeoma. Deborah anotou o diagrama para mostrar que há ângulos correspondentes nele – escreveu a frase na lateral –, mas não *onde* eles estão. Ela sabe que estão lá, só não sabe como encontrá-los. Isso ressalta o papel crítico e subestimado da percepção na aprendizagem.

"Ela diz que deve haver ângulos correspondentes em algum lugar", diz Ijeoma, referindo-se à anotação de Deborah, "e eu concordo", mas então ela pergunta: "Onde devo colocar um asterisco para o outro ângulo que corresponde a esse 25?". Ela chama Michaela e, enquanto Michaela narra seu processo de pensamento, algo muito importante está acontecendo. *Todo mundo está olhando para o que Michaela está descrevendo enquanto ela descreve.* Se você quer que um grupo de pessoas resolva problemas, todos eles precisam estar vendo a mesma versão de um problema. Com o trabalho projetado, Ijeoma pode guiar o olhar dos alunos pelo seu estudo. Ela está ensinando a eles conceitos matemáticos *e como perceber por conta própria quando eles se aplicam*. Embora este seja um exemplo de uma aula de matemática, a percepção é igualmente importante, se não mais crítica, ao estudar o trecho de um texto, seja de uma perspectiva escrita ou de leitura atenta. A discussão pode ser radicalmente melhorada quando um aluno afirma vagamente que gosta dos "detalhes" ou do "estilo de escrita" na passagem de um colega. "Ótimo", você pode dizer de repente, "vamos dar uma olhada em alguns dos detalhes que se destacam para você" ou "Ótimo, vamos ler juntos e anotar algumas das linhas que a ajudam a criar um tom tão distinto".

A aprendizagem começa, na maioria das vezes, com a percepção, algo tão básico que muitas vezes ignoramos. A maior parte do nosso cérebro é um sistema de percepção visual, grande parte inconsciente. Olhamos para onde olhamos por hábito e, se aprendermos a olhar para os lugares certos, teremos muito mais chances de acertar. As decisões quase sempre começam com nossos olhos. De certa forma, os alunos são um pouco parecidos com os atletas. Quem vê de relance por onde passar ou como driblar um adversário toma suas decisões porque está procurando as coisas certas e nos lugares certos. Seus olhos vão para as partes de um problema onde aparecerá o sinal relevante. Esta é uma peça chave de sua experiência. Quanto mais experiente for o tomador de decisão, maior a probabilidade de que esse olhar preciso aconteça. Ou talvez seja o contrário. Quanto maior a probabilidade de um tomador de decisão olhar para as coisas certas, mais especialista ele provavelmente será.[12] Projetar um problema nos permite envolver a percepção do aluno no processo de resolução do problema. Em breve, mostrarei outro exemplo disso.

A técnica *Mostre o texto* funciona porque há poder de aprendizagem no olhar: nós construímos a capacidade de percepção dos alunos. O conteúdo que analisamos juntos permanece fixo na atenção deles e envolve as partes de seus cérebros – a maioria do cérebro – que dependem e processam informações visuais.

Veja como Julia Addeo potencializa a ideia de percepção guiada ou compartilhada no vídeo *Julia Addeo: Expanda*, no qual ela propõe um *Mostre o texto* com o trabalho de Monet e onde Monet, curiosamente, fez dois esforços diferentes para resolver um problema. Julia não diz aos alunos qual é a resposta correta. O objetivo é que os alunos descubram qual solução está correta e por quê – ou que eles sejam capazes de olhar e perceber qual ferramenta matemática funcionará. Observe como as perguntas de Julia são focadas na percepção: "O que Monet fez à esquerda?". O primeiro aluno que Julia chama não percebe corretamente a estratégia que Monet está usando, e a resposta de Julia é poderosa. "O que ela fez nesta primeira linha aqui?". Ela ainda não lhes disse a resposta; está apenas ajudando-os a saber onde encontrá-la.

O *Mostre o texto* também pode funcionar pedindo aos alunos que usem o julgamento comparativo: colocar dois exemplos próximos e pedir aos alunos que descubram as diferenças. Quando o próximo aluno descreve o primeiro passo de Monet corretamente, Julia o rotula. Agora que eles podem ver a matemática, quer associar um nome a ela. "Vamos escrever isso em nossas anotações: expandir", diz Julia. Agora eles podem ver como é e associá-lo ao seu nome técnico. Em seguida, outra pergunta de percepção: "Depois que ela [Monet] expandiu, o que fez?". E então, do outro lado, Julia novamente faz uma pergunta baseada na percepção: "O que ela fez?". Perceber é compreender. Agora que eles entendem os passos que Monet deu em cada caso, os alunos precisam decidir qual solução foi mais útil. Julia vai para o *Virem e conversem* (técnica 43) e então usa *Mostre-me* (técnica 10).

No vídeo *Rousseau Mieze: Linha da fonte*, você pode observar Rousseau usando *Mostre o texto* dois exemplos de trabalhos de alunos e pedindo à turma para discernir por que um deles é melhor que o outro. Mais uma vez, isso demonstra como a técnica *Mostre o texto* pode ser especialmente poderosa quando pede aos alunos que comparem exemplos, porque alavanca o poder de um princípio cognitivo chamado "a lei do julgamento comparativo". Simplificando, essa é a ideia de que as pessoas são melhores em fazer comparações entre partes do trabalho do que em fazer julgamentos absolutos sobre a qualidade. É provável que os humanos aprendam mais comparando um trabalho com outro, em vez de com um padrão abstrato.[13] Quer que os alunos vejam as diferenças sutis entre uma escrita boa e uma ótima? Mostre a eles dois exemplos diferentes e, de repente, a conversa se acelerará – e quanto mais sutis forem as diferenças, mais avançada e sutil será a conversa. Em outras palavras, se você quiser fazer um estudo realmente rigoroso da escrita dos alunos, compare um exemplo muito bom com um ótimo. Ou mostre à classe duas abordagens semelhantes e estude como as pequenas diferenças permitem que eles alcancem fins diferentes. "Quero falar sobre qual é o mais forte", diz Rousseau à classe em sua revelação. Em seguida, observe como ele lê as duas respostas dos alunos em voz alta, uma imediatamente após a outra, para tornar as diferenças sutis o mais aparentes possível para eles.

O vídeo *Rose Bernunzio: Boa pegada* também mostra o benefício de usar o *Mostre o texto* para comparar o trabalho de dois alunos – vale a pena comparar algumas semelhanças e diferenças entre a abordagem de Rose e a de Rousseau. Ambos começam com uma pergunta que enfatiza a percepção – basicamente, qual é a diferença –, e o objetivo dos dois é aumentar a participação da turma nesse momento crítico, fazendo com que todos os alunos discutam por meio da técnica *Virem e conversem*. Eles querem que todos façam esse trabalho cognitivo. Mas enquanto Rousseau pede aos alunos para que se juntem a dois colegas com quem se identificam, Rose mantém as identidades de seus alunos anônimas. Equilibrar anonimato e crédito é uma variável que você pode considerar no momento de mostrar o trabalho deles para a turma.

Há também variáveis no momento em que você toma o trabalho de um aluno. Você explica por quê? Simplesmente recolhe e presume que está compreendido? Você pergunta? Nesse caso, Rose sutilmente pede para o aluno o trabalho. É mais uma cortesia do que qualquer outra coisa. Rose também diminui um pouco a pressão dizendo: "Muitas pessoas estão cometendo esse erro". Ironicamente, esse momento fica mais tranquilo se for mais simples. Rousseau, assim como Denarius e Paul, não fala nada. Ele não pede permissão. É importante notar que ele pode fazer isso, porque, em sua sala de aula, o *Mostre o texto* é um procedimento estabelecido que os alunos entendem claramente. E como a *Cultura do erro* está intacta, ele não precisa dizer nada. Outra diferença importante entre os vídeos é o que acontece depois. Rousseau pede aos alunos que revisem suas respostas. Rose pede aos alunos que apliquem o mesmo método às partes B e C do problema. Duas aplicações ligeiramente diferentes de uma ideia que também vimos no *Mostre o texto* de Ijeoma, que terminava com a frase "Escrevam isso no caderno". A mensagem nos três casos é: *Passamos muito tempo aprendendo algo importante; anotem*. Isso prenuncia a técnica 14, *Identifique e localize*.

O *Mostre o texto* também pode ajudar os alunos a ver e entender seus erros, mostrando a solução em vez do erro. Você pode ver Sarah Wright fazendo a primeira delas no vídeo *Sarah Wright: Discussão do Mostre o texto*. Em seu estudo sobre o romance *Esperanza Rising*, sua revelação explica o propósito do seu *Mostre o texto*: "Vamos fazer um *Mostre o texto* com o trabalho de alguns alunos, pedir que expliquem um pouco seu trabalho, e depois vocês poderão acrescentar algo no trabalho deles". Ela aplica o *Mostre o texto* com alguns dos melhores trabalhos da sala, porque quer que o resto da turma tome notas sobre as lacunas entre seu próprio trabalho e esses exemplos. Várias vezes ela volta ao trabalho de Trey para apontar o que há de excelente nele. Ela usa as observações de Trey, talvez as melhores da turma, para iniciar uma conversa em que os alunos expandem e elaboram suas ideias. O que eles escrevem por fim é a resposta de Trey mais as reflexões da turma sobre as ideias mais bem-escritas que apareceram.

Uma nota final: o *Mostre o texto* apareceu no *Aula nota 10 2.0* como parte de uma seção sobre a Construção de proporção. E, de fato, isso aumenta a quantidade de trabalho cognitivo que os alunos fazem, mas é mais poderoso, como tenho argumentado, como uma ferramenta para responder ao erro em grupo, e por isso mudei para um ponto anterior no texto. Dito isto, como Sarah sugere aqui, também é uma excelente ferramenta para revisar e expandir ideias. Retornarei a ela no Capítulo 8, "Construindo proporção por meio da escrita".

Durante o *Mostre o texto*: dois momentos-chave

Há dois momentos especialmente importantes que devem ser administrados durante o *Mostre o texto*: o momento em que você tira o trabalho do aluno de sua mesa com a intenção de projetá-lo e o momento em que você mostra o trabalho para a turma. O que você diz e como enquadra o que está fazendo são especialmente importantes nesses pontos de inflexão.

Momento de recolher o trabalho do aluno

O objetivo é fazer com que o momento de recolher o trabalho seja normal para os alunos. Queremos lembrá-los que o *Mostre o texto* é um evento cotidiano e que o trabalho de quase todos será projetado em algum momento. Queremos que eles se sintam seguros com o *Mostre o texto*. Que saibam que nada de ruim ou humilhante vai acontecer. De diversas maneiras, essas coisas andam juntas. No momento de recolher os trabalhos, o professor escolhe, com calma, uma atividade da mesa do aluno e não fala quase nada. Pode fazer um sinal de agradecimento, dar um sorriso ou perguntar "Pode me emprestar sua atividade?". Isso demonstra melhor como o *Mostre o texto* é normal e dá a ideia de rotina.

"Se a cultura for construída corretamente" é uma afirmação que não deve ser desconsiderada. Culturas positivas fortes precisam constantemente de reforço e revigoramento. Por isso, misturar um pouco de enquadramento positivo às vezes também é útil. Arielle Hoo oferece um ótimo exemplo disso no vídeo *Arielle Hoo: Trabalhos sólidos*. "Vou procurar um de destaque do *Mostre o texto*", diz ela com naturalidade, lembrando aos alunos de que o *Mostre o texto* é uma honra. De repente, a Sra. Hoo demorando em sua mesa é um sinal de que tudo está bem. Então você vai notar que, quando pega o papel de Tyler, ela olha para ele com admiração, mas não diz nada:

Uma alternativa poderia ser uma explicação silenciosa para o aluno, para lembrá-lo do propósito: "Seu trabalho é realmente interessante. Eu adoraria compartilhar com a classe". Você pode dizer algumas palavras ao recolher os primeiros trabalhos e ficar em silêncio depois. Porém, muitas vezes, menos é mais. Definitivamente, há momentos para dizer: "Muito bom. Mal posso esperar para compartilhar com a turma", mas se você disser isso todas as vezes, vai perder o sentido.

Em alguns casos (é no início do ano e você está construindo a cultura; ou um aluno pode estar ciente sobre o erro que cometeu), tudo bem pedir para pegar o trabalho de um aluno, mas, em outros casos, é útil explicar o motivo antes. "Eu adoraria compartilhar isso com a turma, ok?" é ainda melhor do que "Posso compartilhar isso com a turma?". Um sorriso ou algumas palavras positivas, como: "Você está indo bem. Eu adoraria mostrar seu trabalho à turma", sempre ajudam. Também pode ser útil agachar-se e colocar-se no nível dos olhos do aluno.

Cabe a você dar aos alunos o direito de dizer não quando você perguntar, mas, para a maioria dos professores, trata-se mais de uma cortesia do que uma opção real. Se um aluno se opuser, você pode responder com: "Bem, vamos ver como vai ser. Eu realmente acho que vai valer a pena" ou "OK, que tal se eu mantiver você anônimo?" ou "Por que eu não começo e, se você se sentir desconfortável, pode me sinalizar para parar?".

Momento de compartilhar o trabalho com a turma

A forma como você mostra o trabalho escrito para a turma molda como os alunos interpretam a atividade e define o tom para o restante do *Mostre o texto*. Um fator a considerar é se você deseja citar o nome do aluno cujo trabalho está mostrando. Citar o nome de um aluno pode ajudá-lo a fazer o *Mostre o texto* parecer uma recompensa, mas o anonimato também pode ser eficaz, especialmente se deixar você e seus alunos mais à vontade para serem construtiva e positivamente críticos no estágio de revisão.

Outra parte importante no momento de mostrar o trabalho de um aluno para a turma é se e como ele é lido. Você pode fazer com que os alunos leiam em silêncio, mas muitas vezes você ou um aluno podem ler uma parte em voz alta. Ler um trabalho com cuidado e atenção é uma das melhores e mais sinceras maneiras de mostrar o quanto você o valoriza e aprecia. Também desbloqueia grande parte do significado e expressão das palavras.

Um último fator é se você quer dizer aos alunos o que eles devem procurar ("Vejamos se Martina usou verbos ativos e dinâmicos. O que vocês acham?") ou fazer isso de modo indireto ("Aqui está o que Martina escreveu, O que vocês acham?"). Uma estratégia mais direta pode ajudar a ser mais eficiente e ter mais foco, garantindo uma discussão firme e produtiva a respeito do que é *mais importante*. Por outro lado, dar mais liberdade aos alunos pode permitir que eles simulem o processo de revisão mais de perto e identifiquem questões que considerem relevantes. Observar o que os alunos observam espontaneamente também pode ser uma fonte de dados muito útil.

O vídeo de Arielle Hoo é um modelo de sutileza. "Vamos dar uma olhada no trabalho de Tyler. Tyler, por favor, explique o que você fez para analisarmos". Este é um modelo de *Cultura do erro*. Ela é calma e firme, mas não mostra a resposta. Somente após os comentários de Tyler, ele analisou seu trabalho como alguns alunos esqueceram de fazer. Depois, há um estudo mais aprofundado pela classe de todos os lembretes de fortes hábitos matemáticos que sua solução oferece.

Mostre o texto sem o uso da tecnologia

Não há um *scanner* de documentos em sua sala de aula? Paciência. Enquanto você está solicitando à diretoria ou aos seus superiores distritais que forneçam a tecnologia mais útil e acessível que existe para aprimorar o ensino, confira a seguir quatro maneiras de aplicar a técnica *Mostre o texto* com pouca tecnologia nesse meio tempo.

1. Use uma atividade do dia anterior ou do dever de casa, transformando-a em uma lâmina para usar no "*scanner*" da década de 1980: o retroprojetor. Provavelmente há um guardado em um armário em algum lugar.

2. Se não houver retroprojetor, você pode simplesmente copiar o trabalho do aluno (o dever de casa ou a redação da aula de ontem) e pedir aos alunos que revisem de suas mesas.

3. Peça aos alunos que trabalhem em "lousas" – miniquadros brancos em que podem escrever sem sair de suas mesas. Selecione um e mostre-o à turma como seu *Mostre o texto*.

4. Transcreva uma frase de destaque do trabalho de um aluno no quadro e faça a revisão na hora com a turma. Meu colega Paul Bambrick-Santoyo recomenda usar um bloco de papel *flip-chart* para esse propósito. Então, as observações de revisão da turma podem permanecer em sua sala de aula como um registro permanente do pensamento coletivo.

TÉCNICA 14: IDENTIFIQUE E LOCALIZE

Em uma certa manhã, há alguns anos, eu estava em uma aula de matemática de Bryan Belanger. Bryan havia dado este problema para seus alunos resolverem:

Quais das seguintes funções seriam paralelas à linha da função $y = 3x$? *Selecione todas as respostas corretas.*

A $\quad y = -3x - 5$ $\qquad$ B $\quad y = 3x - 5$ $\qquad$ C $\quad y = -3x$

D $\quad y = -3x + 5$ $\qquad$ E $\quad y = 3x + 5$ $\qquad$ F $\quad y = 3x + 0$

Ele fez a chamada *De surpresa* para que seus alunos indicassem as respostas corretas. A maioria entendeu o problema rapidamente e eliminou A, C e D, embora um ou dois tenham escolhido A como a resposta correta. Então Bryan perguntou: "O que precisa estar correto em cada resposta certa?".

"Uma inclinação de 3", respondeu um aluno. Bryan escreveu "m = 3" acima da pergunta e pediu aos alunos que fizessem o mesmo. Ele não queria apenas corrigir o entendimento, queria que eles tivessem um registro disso.

Bryan fez um desafio a seus alunos. "Na verdade", disse ele, "uma das outras três respostas também não está correta. Alguém pode me dizer qual e por quê?".

Ele juntou as mãos, e um de seus alunos observou que "F tinha a mesma inclinação, mas também a mesma interceptação em y".

"Sim", disse Bryan. "Isso é sutil, mas importante. É a mesma linha, e uma linha não pode tecnicamente ser paralela a si mesma."

Novamente, Bryan realçou o ponto de ensino por meio de uma marcação.

Ele pediu aos alunos que riscassem a resposta F em seus exercícios e escrevessem "a mesma linha" na margem, para que eles se lembrassem não apenas de que F não estava correto, mas por quê. Então ele os fez escrever, acima de paralelo: "Mesma inclinação, mas diferente interceptação em y".

Assim, no final, os alunos tinham à sua frente um registro perfeito do que aprenderam. Parecia algo assim:

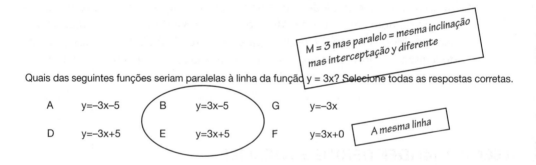

A intenção de Bryan era aumentar o valor do tempo gasto estudando erros comuns, fazendo com que os alunos anotassem cuidadosamente aquilo que aprenderam. Eles sabiam não apenas quais eram as respostas certas, mas também quais haviam enganado muitos deles e por quê. E agora eles tinham a regra, pois ela estava disponível para uma revisão fácil. Essa é a ideia por trás do *Identifique e localize*. Se você vai investir tempo estudando os erros, tenha certeza de que os alunos vão tirar o máximo proveito deles tendo o aprendizado e acompanhando-o.

Estudar erros pode ser poderoso, mas também tem seus riscos. Pode, por exemplo, causar uma confusão nos alunos. Eles poderiam ir embora sem saber qual parte da discussão estava correta, com a memória confusa e achando que havia muitas maneiras de estar errado, mas qual era a certa? Na verdade, há pesquisas que sugerem que discutir respostas erradas pode fazer com que os alunos, especialmente os mais fracos, não consigam diferenciar as ideias corretas das ideias incorretas e se lembrem melhor das erradas. Um estudo descobriu que "exemplos incorretos reforçavam o conhecimento negativo dos alunos mais do que os exemplos corretos". A análise de erros beneficiou apenas os alunos que já tinham um forte conhecimento prático de como chegar à resposta, e os alunos precisavam de um nível "avançado" de compreensão antes de estarem prontos para se beneficiar da análise de erros. Para outros alunos, isso realmente piorou as coisas! Agora *isso* é uma nota de advertência!

Outra maneira pela qual a análise de erros pode dar errado seria investir muito tempo estudando erros e os alunos simplesmente não prestarem atenção a isso. Os cientistas cognitivos Kirshner, Sweller e Clark indicam que qualquer lição que não resulte em uma mudança na memória de longo prazo não resultou em aprendizado. Uma discussão fantástica é importante para construir a compreensão, mas ainda não alcançou o aprendizado. Os alunos têm que se lembrar dela. Assim, quanto mais tempo você investir no estudo do erro, mais importante será terminar com os alunos obtendo um registro escrito das principais ideias, termos e anotações. Eles precisam de um registro do que aprenderam tanto para consultar mais tarde quanto para construir sua memória à medida que avançam, fazendo com que se envolvam com a intenção de lembrar. Esses tipos de atividades fazem parte da técnica final da verificação da compreensão, *Identifique e localize*.

Resumiremos esse processo *Identifique e localize* em três etapas possíveis que os professores podem incentivar os alunos a seguir:

1. Marque a resposta "certa" por escrito. Certifique-se de que, ao final de sua análise de erro, os alunos saibam qual foi a resposta certa.

2. Obtenha "meta" (metacognitivo) sobre as respostas erradas. Peça aos alunos que tomem notas sobre por que as respostas erradas estavam erradas. Muitas vezes é onde você passa a maior parte do seu tempo de ensino. Isso é muito valioso porque é uma janela para a confusão dos alunos. Mas, como sabemos, o esquecimento acontece rápido. Eles devem acompanhar os aprendizados para que possam revisá-los mais tarde e ter mais chance de lembrá-los.

3. Obtenha também "meta" sobre as respostas certas. Também é útil que os alunos façam anotações sobre por que as respostas corretas foram corretas.

A seguir você pode ver um exemplo dessas três etapas na aula da professora de ciências Vicki Hernandez. Ela estava discutindo fotossíntese.[14] Como você pode ver, a resposta certa está claramente marcada, e o aluno fez uma anotação a si mesmo explicando por que essa resposta estava certa. Ele também explicou por que cada resposta errada estava errada. Este é um aluno com profundo entendimento da questão, que fez um registro dela para referência futura.

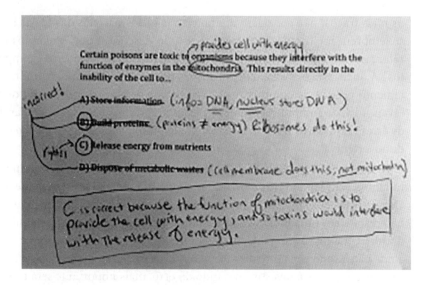

No vídeo *Vicki Hernandez: Vamos anotar*, Vicki começa com apreço pelo aluno cujo trabalho tinha sido feito em um *Mostre o texto*, elogiando-o por corrigir sua própria resposta. Ela também exibiu o trabalho de modo claro em seu *scanner*, para que os alunos pudessem vê-la fazendo anotações sobre a resposta correta. Ela viu que o erro comum era uma confusão sobre a grama, então pede que eles guardem o que aprenderam sobre o que os confundiu. "A grama", ela diz (e escreve), "é produtora porque é uma planta e passa pela fotossíntese".

Identifique e localize é um momento crítico para a *Circulação* e a *Observação ativa*, pois você dá tempo para os alunos explicarem a resposta certa, indicarem adequadamente a resposta errada e rotularem seus erros. Você verá isso na observação clara de Vicki ao final do vídeo – ela sabe que a informação sobre a grama é extremamente importante para seus alunos e, portanto, separa um tempo para garantir que todos anotem.

Outra maneira de ajudar os alunos a se envolverem com o conteúdo enquanto corrigem sua resposta é fazer com que reflitam sobre os passos que deram (ou não), como Paul Powell fez no final do vídeo *Paul Powell: Mostre o texto*. Paul e seus alunos descobriram a resposta correta para uma pergunta de múltipla escolha. "Você está mostrando seu trabalho mesmo em uma questão de múltipla escolha?", ele pergunta. "Pegue seu lápis e faça uma marcação para cada uma dessas etapas." Ao construir essa reflexão escrita para os alunos, Paul garante não apenas que eles saiam com uma compreensão clara do que é certo (e do que é errado), mas também que seus papéis reflitam o processo que fizeram para chegar à resposta correta. Uma tarefa de engajamento valiosa se transforma em um registro com valor duradouro. Algumas coisas que você poderia dizer para ajudar os alunos a *identificar e localizar* são:

"Façam uma marca em cada uma dessas etapas que vocês acertaram. Se tiverem errado alguma, anotem assim mesmo."

"Circulem a resposta B e escrevam uma nota de margem explicando que ela usa a operação errada."

"Desenhem uma linha cruzando [*inserir erro gramatical*] e reescrevam corretamente no espaço na margem."

"Seu papel deve se parecer com o meu."

"Releiam sua resposta. Acrescentem pelo menos uma evidência de nossa discussão para explicá-la melhor."

"Estou passando para verificar se vocês definiram *fortuito* na margem e se a sua definição inclui a palavra *sortudo*."

Você pode ver o benefício desse registro escrito do aprendizado em ação no vídeo *Jon Bogard: Voltem para suas anotações*. Depois de uma conversa vigorosa tentando determinar a natureza do erro de um colega, uma aluna, India, tem a chance, como Jon coloca, de "arbitrar". Para determinar quem está errado e quem está certo, ela consulta suas anotações – com grande alegria, devo acrescentar – para provar que sua conclusão está correta. (Observe como os colegas de turma apoiam India, dando valor ao seu engajamento, principalmente da aluna à sua frente depois que ela mostra seus argumentos.) Aqui vemos o benefício a longo prazo de um sistema *Identifique e localize* claro. India pode se engajar nesta análise individualmente porque ela consultou as anotações que fez no dia anterior. Então vemos o sistema em ação. Jon diz a seus alunos: "Quinze segundos, voltem para suas anotações, atualizem o que vocês tinham antes à luz do que a India acabou de dizer". Ele aproveita o momento de sua percepção pedindo a todos os alunos que a registrem, aumentando as chances de que eles se lembrem e criando um registro para que possam consultar depois.

Aulas *on-line*

Algumas de nossas maiores lições do ensino remoto e *on-line* têm a ver com a verificação da compreensão. O vídeo *Sadie McCleary: Você chega lá*, por exemplo, é um exemplo excepcional de como criar uma *Cultura do erro on-line*. A primeira coisa que você notará é que o vídeo é uma montagem de pequenos momentos de uma das aulas de química de Sadie na Western Guilford High School em Greensboro, Carolina do Norte. A *Cultura do erro* é construída através da agregação de pequenos momentos ao longo de suas aulas. É um tempero que você agita com frequência na refeição. Mas se a Química é desafiadora na sala de aula, é exponencialmente mais difícil quando aprendida pelo computador. Sadie normaliza a luta constante e graciosamente. Ela pede a Sierra para explicar o impacto da solução B na taxa de reação de um *slide* que ela está projetando. "Vou ser honesta, Sra. McCleary", responde Sierra. "Estou muito confusa."

"Tudo bem", responde Sadie, mas continua: "Vou fazer algumas perguntas para você entender, porque sei que você consegue". Seu tom é firme e sem julgamento. Ela expressa sua crença em Sierra. E então eles começam a trabalhar. Grande parte do que os alunos estão respondendo quando desenvolvem um senso de confiança em um professor, observa meu colega Dan Cotton, é a competência do professor. Sadie fica calma e confiante quando descobre que o material é difícil para Sierra e lembra a Sierra que isso é um esforço, não uma crise – eles vão trabalhar e resolver o problema.

Mais adiante na atividade, Sadie é mais proativa. "Encontrar as unidades para K é sempre a habilidade mais difícil desta unidade e, se parecer complicado, tudo bem... vamos continuar praticando." Ela está lembrando os alunos de antemão que algumas partes da química são difíceis – para todos – e que eles não precisam responder à dificuldade com pânico ou frustração, mas com diligência constante e disposição para praticar.

Mais adiante na atividade, Sadie pede a Kendall para explicar como obter o expoente em uma equação. A resposta de Kendall está errada, mas as primeiras palavras de Sadie são reveladoras: "Estou feliz que você tenha dito isso. Não é o correto. Não é assim que obtemos nossos expoentes, mas Kendall levantou algo que é um erro comum. Os coeficientes não importam... você tem que se concentrar, e vamos continuar praticando isso." Anteriormente, observei que uma chave para construir uma *Cultura do erro* era difundir a defensividade e a ansiedade sobre os erros, deixando claro que erros são erros. Sadie faz isso aqui de modo impecável. É uma resposta útil, ela observa – ela está feliz por Kendall tê-la oferecido –, *porque* está errada. A gestão que Sadie faz de sua narrativa é impecável: ela é acolhedora, solidária e serena. Suas primeiras palavras são de agradecimento e depois ela começa a explicar a lição útil da resposta de Kendall.

NOTAS

1. A primeira Curva do Esquecimento foi desenhada por Hermann Ebbinghaus em 1885, traçando a taxa na qual ele se lembrava (ou não lembrava) de sílabas sem sentido. As descobertas foram replicadas em princípio, mas a rapidez com que o esquecimento acontece em qualquer caso específico depende de quem está tentando lembrar o quê e sob quais condições. Ainda assim, o princípio perdura em todas as

situações: o esquecimento começa imediatamente e está sempre em ação. A repetição é importante.

2. KIRSCHNER, P. A.; SWELLER, J.; CLARK, R. E. Why minimal guidance during instruction does not work: an analysis of the failure of constructivist, discovery, problem-based, experiential, and inquiry-based teaching. *Educational Psychologist*, v. 41, n. 2, p. 75-86, 2006.

3. Você pode estar se perguntando *Quantas vezes eu tenho que rever um conceito para colocá-lo na memória de longo prazo?* Não há uma resposta exata – depende muito de quem está aprendendo, o quê e quando – mas em seu estudo de longo prazo sobre o aprendizado dos alunos, *The hidden lives of learners*, Graham Nuthall descobriu que ele e seus colegas podiam prever com 80% a 85% de precisão se um aluno em uma determinada aula aprenderia algo que não sabia anteriormente, com base no fato de ter encontrado o conceito completo três vezes diferentes durante a aula. Dado que os alunos às vezes não estão prestando toda a atenção ou não entendem todo o conceito e que a facilidade e a velocidade de acesso continuam aumentando e melhorando a capacidade de percepção e conexão, pode haver um argumento para mais de três repetições em muitos conceitos, mesmo se Nuthall estiver correto.

4. Brown, Roediger e McDaniel explicam sobre elaboração: "Elaboração é o processo de dar um novo significado material, expressando-o com suas próprias palavras e conectando-o com o que você já sabe. Quanto mais você puder explicar sobre a maneira como seu novo aprendizado se relaciona com seu conhecimento anterior, mais forte será sua compreensão do novo aprendizado e mais conexões você criará que o ajudarão a se lembrar dele mais tarde" (BROWN, P.; ROEDIGER III, H. L.; McDANIEL, M. A. *Fixe o conhecimento*: a ciência da aprendizagem bem-sucedida. Porto Alegre: Penso, 2018. p. 5).

5. O conhecimento factual melhora os processos cognitivos, como a solução de problemas e o raciocínio. Quanto mais rica a base de conhecimento, mais suave e eficazmente esses processos cognitivos – aqueles a que os professores visam – operam. WILLINGHAM, D. T. How knowledge helps: it speeds and strengthens reading comprehension, learning—and thinking. *American Educator*, 2006. Disponível em: https://www.aft.org/periodical/american-educator/spring-2006/how-knowledge--helps. Acesso em: 2 ago. 2022.

6. "O que você sabe determina o que você vê", escrevem Karl Hendrick e Paul Kirschner; é o conhecimento que você estruturou profundamente na memória de longo prazo e pode acessar de modo simples e fácil em um piscar de olhos que lhe permite ver mais – no sentido literal e figurado.

7. Por esse motivo, eu pessoalmente não uso o termo "monitoramento agressivo", pois pode reforçar involuntariamente essa sensação transacional na aplicação. "Observação ativa" é um pouco mais neutro para mim, mas se você preferir

"monitoramento agressivo", tudo bem. É um termo comum e há um argumento para usar a *língua franca*.

8. Ela também faz um bom trabalho de verificar o trabalho de Juliana melhor, pedindo que ela refaça o problema original enquanto outros iniciam um novo problema. Esta é uma demonstração do esforço que Dani colocou na construção de uma *Cultura do erro*, que resulta em alunos se sentindo seguros. Para saber mais sobre como professores como Dani fazem isso, veja a técnica 12.

9. A ideia de que Hilary e Jessica usam uma metáfora de bilhete para sua *Verificação afirmativa* é coincidência e, na verdade, bastante atípica.

10. DENK, J. Every good boy does fine: a life in piano lessons. *New Yorker*, 2013. Disponível em: https://www.newyorker.com/magazine/2013/04/08/every-good-boy-does-fine. Acesso em: 2 ago. 2022.

11. Você pode ver exemplos disso em dois vídeos da sala de aula de Jon Bogard deste capítulo. Observe os estalos de dedo de apoio que "India" recebe no vídeo *Jon Bogard: Voltem para suas anotações* da técnica *Identifique e localize* e no suporte que vários alunos recebem no vídeo *Jon Bogard: Vá para PI*.

12. Se tiver interesse, discuto a ciência disso extensivamente em meu livro *The coach's guide to teaching*. Este vídeo de um dos melhores jogadores de futebol do mundo, Cristiano Ronaldo, usando óculos de rastreamento ocular, é um estudo fascinante sobre a importância do olhar na resolução de problemas.

13. Como observo no Capítulo 5, Dylan Wiliam aplicou isso à ideia de autoavaliação. Dar aos alunos amostras de trabalho para comparar com os seus é muito mais eficaz do que usar uma rubrica. WILLIAM, D. Dylan Wiliam advises: forget the rubric; use work samples instead. *Teach like a champion*, 2015. Disponível em: https://teachlikeachampion.org/blog/dylan-wiliam-advises-forget-rubric-use-work-samples-instead/. Acesso em: 2 ago. 2022.

14. Transcrevemos as anotações do aluno porque eram apenas parcialmente legíveis para os outros.

ÉTICA NO ENSINAR

TÉCNICA 15: SEM ESCAPATÓRIA

Confira este momento de uma aula de geometria do 1º ano do ensino médio de Denarius Frazier (vídeo: *Denarius Frazier: Quadrilátero*). Seus alunos estão prestes a tentar provar que uma determinada forma não é um quadrado, mas primeiro Denarius faz uma pausa e pergunta à turma: "Antes de entrarmos nisso, qual é a definição de um quadrado?". É importante que cada aluno comece com um bom conhecimento básico.

Ele chama Aaron, que responde: "Todos os quatro ângulos e todos os quatro lados são iguais". É uma resposta sólida, que pode ser suficiente em outra aula, mas Denarius diz: "Hmm... isso é cerca de 80% do caminho até a resposta. Mas pode ser um pouco mais específico". É um pouco do momento *Certo é certo* (técnica 16) – Denarius está aguardando por *tudo certo* em vez de *quase tudo certo*, mesmo reconhecendo o valor da resposta de Aaron.

Em seguida, Denarius chama Anastasia, que levantou a mão. Ela acrescenta, precisa: "Um quadrilátero com quatro ângulos de 90° e quatro lados congruentes". Nesse ponto, com a resposta totalmente correta sendo compartilhada, muitos professores podem simplesmente seguir em frente e retornar à prova. Mas Denarius tem outra coisa em mente e, em vez disso, retorna para Aaron: "De volta para você, Aaron. Qual foi a diferença?".

Aaron diz: "Eu não adicionei o quadrilátero".

"O quadrilátero e...?", pergunta Denarius.

"E os graus do ângulo", Aaron termina.

"Sim, então é, ângulos de 90°C e todos os quatro lados são congruentes". Denarius confirma antes de passar para a prova: "Como podemos provar que isso não é um quadrado?".

O padrão de correção de Denarius é alto, e isso ajuda a tornar sua sala de aula um lugar exigente. E sua preparação é impecável. Mas o núcleo da interação é outra coisa sutil, mas poderosa, chamada *Sem escapatória*, que é o nome para o momento em que ele retorna a Aaron, cuja resposta inicial não estava correta.

Quando um aluno não responde corretamente, os professores geralmente chamam outro aluno ou fornecem a resposta correta eles mesmos. Mas a turma que ouve a resposta certa é diferente do primeiro aluno que a compreende e é responsável, com carinho e bondade, por expressar essa compreensão.

Quando Denarius volta para ele, Aaron explica a diferença entre sua própria resposta e a de Anastasia. O "retorno" fecha o ciclo e garante a compreensão.

Há inúmeras maneiras de retornar produtivamente em um *Sem escapatória*. Por exemplo, Denarius poderia ter pedido a Anastasia que não desse a resposta certa, mas que oferecesse uma deixa (uma dica focada e produtiva) para Aaron e depois retornado a ele para pedir a resposta. Ou então ele poderia ter pedido a Anastasia a resposta correta, mas, ao retornar a Aaron, ele começaria repetindo a resposta de Anastasia em um esforço para codificá-la na memória de longo prazo. Ou então ele mesmo poderia ter compartilhado a definição de um quadrado no padrão ouro, para depois retornar a Aaron e perguntar sobre a lacuna entre a resposta original e o modelo. Ele poderia ter pedido a Aaron para repetir a resposta de Anastasia e explicar a diferença entre a sua e a dela. Se tivesse sido um problema como *Qual é a medida do ângulo aqui?*, ele poderia ter dado a Aaron outro exemplo para tentar e ter sucesso, ao retornar a ele. Discutirei essas variações mais tarde, mas a ideia central é que, quando uma sequência que começa com um aluno que não sabe ou (como discutiremos) está relutante em responder, termina com um retorno em que o aluno responde com sucesso. O resultado é o progresso em direção ao domínio – e uma cultura que promove a aprendizagem.

Por enquanto, porém, é mais importante focar no tom de Denarius. Ele é emocionalmente constante, sinalizando apoio constante com sua voz e linguagem corporal: *Nesta aula, erramos as coisas e depois acertamos e seguimos em frente. Isso é normal. Você está indo bem.* Um professor que executa a técnica *Sem escapatória* deve evitar indicar frustração com a resposta original, mas também, na maioria dos casos, ir com calma para não exagerar – isto é, elogiar tanto o pequeno sucesso de um aluno a ponto de parecer dissimulado ou surpreso pelo sucesso do aluno (*Meu Deus, você acertou!*).

Nesse exemplo, Denarius também escolhe suas palavras com sabedoria de outras maneiras. "Cerca de 80% do caminho até lá", diz ele, o que dissipa qualquer ansiedade da parte de Aaron – afinal, ele está quase certo – e também o orienta a prestar atenção à resposta de Anastasia, porque há uma boa chance de que o professor retorne para ele, para fechar o ciclo. Em alguns casos – por exemplo, no início do ano, antes que os alunos tenham entendido que, quando Denarius comenta a quase inexistência de uma resposta, é sinal de que ele provavelmente voltará com uma pergunta –, Denarius pode ser mais explícito: "Não exatamente. Ouça a próxima resposta e eu voltarei para você".

Vale a pena notar que os professores muitas vezes prometem aos alunos que "voltarão" para um aluno quando eles se esforçam publicamente, mas, não usando a técnica *Sem escapatória*, esquecem-se de fazê-lo. Eu imagino que isso acontece porque: (a) nossa memória de trabalho é sempre sobrecarregada quando estamos ensinando, então quanto maior o tempo decorrido, mais difícil é lembrar que um aluno errou ou o que ele errou, ou então (b) pretendemos voltar, mas não podemos imaginar exatamente como seria, logo, estamos principalmente anunciando nossa intenção. *Estou preocupado que você tenha se esforçado e saiba que eu devo tratar disso. Eu não deveria deixar desse jeito.* Se não tivermos uma técnica para colocar essa intenção em prática, provavelmente colocaremos uma espécie de marcador ao qual nunca mais voltaremos.

Um dos benefícios da *Sem Escapatória* é que ela oferece um modelo – ou uma série de modelos – de como voltar para um aluno e *rapidamente*, para que você não perca o momento de vista. Isso não quer dizer que você deva usar a ferramenta de forma reflexiva – nem toda resposta errada precisa desencadear a técnica *Sem escapatória*. Existem mil coisas boas no equilíbrio, competindo por tempo e foco em uma sala de aula. Há muita discrição sobre quando, com que frequência e de que tipo, mas a ideia é poderosa – retornar a um aluno que não deu uma resposta correta e permitir, encorajar, às vezes levá-lo a responder novamente garante que os alunos ensaiem sucesso em vez de ficarem pendurados quando não conseguem. Bem feito, muitas vezes vai um passo além, oferecendo a um aluno que se esforçou uma oportunidade de "acertar" na frente dos colegas. Também pode ser uma resposta eficaz ao desamparo aprendido – os momentos embaraçosos em que um aluno simplesmente não tenta. Mas ainda veremos tudo isso.

Por enquanto, vamos assistir a um segundo exemplo de uma das classes de Denarius. Em *Denarius Frazier: Cosseno*, alunos do 9º ano estão resolvendo equações algébricas durante a prática guiada. "Dois $\cos(\theta)$ é igual à raiz quadrada de 2", diz Denarius, explicando o próximo passo para os alunos.

"Termine esse problema... Shayna," diz Denarius. Ele está indo e voltando entre as etapas de modelagem e permitindo que os alunos resolvam partes do problema, usando o que Barak Rosenshine definiria como prática guiada do aluno, e outros podem chamar de estágio "nós", em um arco geral da matéria de "eu faço/nós fazemos/vocês fazem". O ritmo da aula é rápido e eficiente – as chamadas *De surpresa* –, e Shayna não levantou a mão, mas também não parece nem um pouco surpresa por ser chamada. E o tom é de apoio.

"Divida [por] dois em ambos os lados", aconselha Shayna.

"E ficamos com o quê?", Pergunta Denarius. Shayna responde, e Denarius manda a turma fazer a técnica *Virem e conversem* (ver técnica 43) para resolver o problema em pares ("Virem-se e conversem com o colega. Quero uma resposta para θ em 30 segundos").

Fora do *Virem e conversem*, Denarius chama *De surpresa* Deandrea, e ela está pronta com a resposta: "45°". Outros alunos estalam os dedos para mostrar que concordam.

Mas Denarius quer testar a confiabilidade, para garantir que os alunos entendam o processo que Deandrea usou para resolver o problema. "O que temos que fazer para conseguir esses 45°C? Michael?". Foi bom ele perguntar, porque, apesar de concordar com Deandrea, Michael parece um pouco perdido. "Humm... inverter?", ele diz, antes de tentar novamente: "Ah, desculpa... Secante?".

Michael fica confuso e, em vez de esperar por mais palpites, Denarius intervém. "Já volto para você", diz ele, calorosamente e sem julgamento, antes de chamar Kayla, que começa: "Temos que fazer o inverso do cosseno...". Momentos depois, Denarius retorna a Michael: "Por que temos que fazer o inverso do cosseno, Michael?". Em seguida, Michael explica a importância de resolver algebricamente.

O tom de Denarius é de apoio durante todo o tempo, mas ele também sinaliza normalidade. É claro que alguns alunos ficaram momentaneamente confusos. Claro que Michael acertou no final. "Siga em frente e vá para o seu *Arremate*. Você tem três minutos", diz ele.

Antes de seu "retorno" a Michael, Denarius usa esta frase: "Já volto para você". O efeito poderoso é que, com um procedimento claro ou uma receita a seguir que descreve sua reação – uma técnica que ele tornou familiar quase ao ponto de ser automática –, ele realmente retorna a Michael e o ajuda a prosseguir em sua compreensão.

Tema e variação

A técnica *Sem escapatória*, como mencionei, tem vários formatos e vale a pena comparar os dois exemplos da sala de aula de Denarius para começar a considerar os temas e as variações.

Em ambos os casos, voltar ao aluno que estava inicialmente incorreto (ou parcialmente correto) oferece a oportunidade de melhorar ou esclarecer sua resposta original. Isso também dá a outro aluno na sala a oportunidade de oferecer uma "assistência". Permitir que os alunos ajudem seus colegas de maneira positiva e pública constrói comunidade e cultura – ou, mais precisamente, se você estabeleceu uma cultura intencional em que o trabalho em equipe prospera e os alunos se apoiam, a *Sem escapatória* aprimora essa cultura ricamente e permite que os alunos ajudem seus colegas por meio de suas realizações escolares.

Em ambos os casos, o tom é importante: Denarius é consistente, claro e estável. A *Cultura do erro* (técnica 12) prospera: os erros são ferramentas de aprendizado úteis. Quando a confusão surge, a classe trabalha com ela. Não se culpa o aluno, mas também não se exagera". Na maior parte dos casos, uma pitada de positividade moderada é suficiente ("Muito bem, Aaron" ou "Agora você entendeu, Michael"). Haverá ocasiões em que a celebração será justificada; vale mais a pena que ela seja reservada principalmente para esses momentos.[1]

Uma diferença sutil entre esses dois vídeos também destaca a flexibilidade da técnica. Michael está confuso; A resposta de Aaron foi forte e muito próxima do padrão ouro, então Denarius "prevê" para Michael – ou seja, informa explicitamente que voltará para ele. Isso torna o processo transparente e lembra Michael de ouvir a resposta de Kayla com atenção.

O cenário também é digno de nota nos dois vídeos. O primeiro acontece durante um breve intervalo da *Prática da recuperação*. O segundo ocorre no final da prática guiada e logo antes que os alunos resolvam por conta própria. Ambos os momentos de transição são críticos do ponto de vista da verificação da compreensão, quando você deseja sobretudo assegurar a compreensão do aluno. Você nem sempre pode usar a técnica *Sem escapatória*, mas Denarius escolheu seu momento estrategicamente.

O segundo exemplo também pode ter oferecido a Denarius a alternativa de usar uma dica, se ele quisesse. Ou seja, em vez de pedir a Kayla a resposta, ele poderia ter previsto antes – "OK, Michael, vamos te ajudar. Já volto para você" – e então perguntado: "Sem dar a resposta a Michael, quem pode dizer a ele uma palavra que o ajudará aqui?". Digamos que aqui Kayla levante a mão e responda: "Inverso. Ele tem que usar o inverso de alguma coisa". Agora ele pode ver no rosto de Michael que isso foi suficiente e retornar para ele: "Pronto agora, Michael?".

"Sim. Precisamos tomar o inverso do cosseno e depois..."

Encontramos três termos que são úteis no uso da técnica até aqui. O *retorno* é a parte da *Sem escapatória* quando você volta para um aluno que inicialmente se esforçou para responder totalmente. Uma *prévia* é quando você diz explicitamente a esse aluno que está voltando para ele para incentivá-lo a ouvir atentamente os colegas, como em: "OK, ouça com atenção e eu já volto para você". Você não precisa usar uma prévia, mas pode ser útil para estabelecer familiaridade e transparência no processo para os alunos. Só não se esqueça de retornar a um aluno quando disser que o fará! Finalmente, existe a *dica*. Essa é a ideia de que às vezes você pode pedir a outros alunos que você chama para dar informações importantes que o aluno inicial pode usar para responder quando retornar, em vez de apresentar a resposta completa. Isso permite que o primeiro aluno faça mais do trabalho (e mostre que ele pode fazer mais). Observe que, como discuto a seguir, uma dica é diferente de um palpite, porque o professor orienta o aluno a fornecer informações especialmente úteis.

Sobre dicas, palpites e perguntas

Se eu pedir a James para identificar o sujeito da frase "Minha mãe não estava feliz", e ele não puder responder, eu posso dizer: "Alguém pode dar um palpite para James para ajudá-lo a encontrar o sujeito?", e um aluno prestativo pode dizer: "Começa com a letra *m*". Isso ajudaria James a adivinhar a resposta, mas não lhe ensinaria nada que o ajudasse em situações futuras.

Eu uso a palavra *dica* no lugar de palpite, então, para me referir a uma mensagem que oferece informações adicionais que serão úteis na construção do entendimento.

Cinco tipos de dicas são particularmente úteis na técnica *Sem escapatória*. Aqui estão alguns exemplos e as respostas que eles podem produzir. Você provavelmente encontrará maneiras ainda melhores de orientar os alunos em sua própria matéria e ano escolar.

1. O lugar onde a resposta pode ser encontrada: "Quem pode dizer a Julia onde ela pode encontrar a resposta?" [Está no diagrama que aparece no alto da página 3].
2. O próximo passo no processo, que é necessário no momento: "Quem pode dizer a Justine qual é a próxima coisa que ela deve fazer?" [Justine, tente distribuir primeiro].
3. Outro nome para um termo difícil: "Quem pode dizer a Kevin o que significa *distribuir*?" [Kevin, quando você distribui, você multiplica o termo que está fora por cada termo dentro dos parênteses].
4. Identificação do erro: "Quem pode explicar o que Roberto pode ter feito de errado aqui?" [Ele pode ter se esquecido de incluir um sinal negativo quando distribuiu].
5. Uma palavra que pode ser útil: "Quem pode dizer a Michael uma palavra que pode ser útil para ele resolver?" [Michael, a palavra *distribuir* é realmente importante aqui].

Uma alternativa ao uso da dica é permitir que os alunos façam perguntas como parte de um *Sem escapatória*. Essa ideia veio de Michael Towne, um dos vencedores do Fishman Prize de 2014, prêmio nacional concedido aos melhores professores do país. "Se eu perguntar a eles: 'Qual é a velocidade do fluxo magnético aqui?'", Michael me disse: "Eu quero que eles sejam capazes de dizer: 'Na verdade, não estou tão certo sobre o que você quer dizer com fluxo magnético'". Para Michael, isso é um sinal de maturidade, então ele explica aos alunos que eles sempre têm essa opção e os incentiva a usá-la. Mas a sequência ainda termina com a *Sem escapatória*: "OK, agora que esclarecemos o que é o fluxo magnético, qual é sua velocidade aqui?".

Você pode ver um exemplo realmente envolvente do uso de dica no vídeo *Derek Pollak: Raiz quinta*, filmado na North Star Academy High School em Newark, Nova Jersey. Observe o comportamento caloroso e encorajador de Derek enquanto ele e um colega fornecem dicas para um aluno resolver um problema durante a *Prática da recuperação*.

Eu já disse anteriormente que havia variações na técnica Sem escapatória. Vou mapeá-las um pouco mais agora.

Opções para o que acontece antes do retorno

Vá até outro aluno e peça a resposta. Retorne.
"Não exatamente. Quem pode nos dizer a definição de justaposição?"
Vá até outro aluno e peça uma dica. Retorne.
"Não exatamente. Quem pode dar a Kayla um exemplo de justaposição? E então, Kayla, vou lhe pedir para nos dar a definição."
Dê uma dica você mesmo. Retorne.
"Não exatamente. Kayla, e se eu te dissesse que a justaposição sempre envolve dois personagens, imagens ou coisas. Isso ajuda?"
Se não ajudar, você pode procurar outro aluno para obter a resposta – "OK, quem pode nos dar uma definição de justaposição?" – e então retornar mais uma vez para Kayla depois de: "Ótimo, agora, Kayla, você me diz." A última etapa pode parecer desnecessária, mas não é. Ela garante que Kayla ouça a resposta. Ao fazê-la repetir, ajuda-a a codificá-la na memória de longo prazo e reduz as chances de Kayla dizer "não sei" de propósito para evitar ter que responder. Voltarei a essa ideia mais tarde.
Dê uma resposta padrão ouro. Retorne com "Tente repetir o que vou dizer".
"Não exatamente. Eu vou te dar o que eu acho que é a definição ideal de justaposição, então você tenta me responder. A justaposição é quando um autor coloca dois objetos ou personagens diferentes em estreita proximidade dentro do texto para enfatizar seu contraste. Veja se você pode me repetir"
Esta é a forma menos comum de *Sem escapatória* (discutirei pelo menos uma aplicação mais tarde), mas se você usá-la, siga com a técnica *Puxe mais* (técnica 17) para dar ao aluno a chance de mostrar que pode fazer mais do que repetir. Como em "Bom. Agora que você tem a definição, pode pensar em um exemplo do texto?". Ou "Bom, agora que você tem a definição, com quem Callie está sendo justaposta no romance?". Ou, para usar um exemplo diferente:
"Jasmine, um inverso é aquilo pelo qual eu multiplico um número para obter um produto igual a 1. O que é um inverso?"
"Aquilo pelo qual você multiplica um número para obter um produto igual a 1."

"Bom, então pelo que eu multiplicaria meio para obter 1?"
"Dois."
"Bom, e qual é o inverso de meio?"
"Dois."
"Sim, e qual é o inverso de dois?"
"Meio."
"Excelente. Agora você entendeu."

Opções sobre o que pedir a um aluno para fazer após o retorno

O objetivo da técnica *Sem escapatória* é fazer com que o aluno inicial dê a resposta correta e resolva com sucesso o problema ou codifique as informações. Depois disso, você pode adicionar outras etapas que aumentam o valor da interação.

Explique por que a resposta é a resposta.

Peça ao aluno inicial para explicar ou analisar a resposta de alguma forma. Denarius usa isso no segundo exemplo. "Por que temos que fazer o inverso do cosseno, Michael?"

Explique a diferença entre as respostas original e final.

Denarius usa isso no primeiro exemplo: "De volta para você, Aaron. Qual é a diferença?". Aaron precisa anotar o que ele omitiu.

Aplique a ideia ou complete um exemplo semelhante.

"Bom, agora que você tem a definição, Kayla, quem foi o autor justapondo Martina na cena de abertura?"

Ou talvez:

"Quanto é oito vezes seis? Justin?"
"Cinquenta e seis."
"Hmm. Ouça Danielle com atenção, porque os oitos são complicados. Danielle, quanto é oito vezes seis?"
"Quarenta e oito."
"Quanto é oito vezes seis, Justin?"
"Quarenta e oito."
"Bom. E oito vezes sete?"
"Hmm... cinquenta e seis."
"E oito vezes oito?"
"Sessenta e quatro."
"Bom. E oito vezes seis mais uma vez?"
"Quarenta e oito."
"Muito bem."

Algumas combinações sobre o que foi visto

Depois que um aluno lhe der uma resposta correta, ele poderá usá-la ou aplicá-la de várias maneiras. Equilibrar as necessidades de tempo é sempre um desafio. Há somente um certo tempo que você poderá usar com a *Sem escapatória*, então você não pode fazer com todas as respostas erradas. Mas muitas vezes é surpreendente e inesperado para um aluno que um professor faça com que ele tenha sucesso em uma pergunta quando parecia ter dificuldades, então as oportunidades ocasionais que fazem um aluno brilhar um pouco após o retorno podem ser poderosas.

Aidan Thomas adere à técnica

Você pode ver outro exemplo de *Sem escapatória* no vídeo *Aidan Thomas: Interseção com y*. O vídeo começa com Aidan chamando Jahiem para traçar um ponto no gráfico de uma linha. Ele está pedindo a interseção com y, em outras palavras, o ponto (0, X). Parece que Aidan acha que essa pergunta renderá uma resposta correta, rápida e fácil, mas Jahiem responde que é a origem. "Não", Aidan intervém. "Esse é o truque. Não é mais." Sua linguagem é magistral aqui em normalizar o erro e fazer Jahiem se sentir apoiado. Jahiem descobre que o que ele pensava ser a resposta (a mesma resposta para um problema recente) era na verdade "um truque". Isso sugere que um erro comum e natural foi cometido.

Ele encaminha a pergunta para Shawn, que responde que o valor de y é –1, e Aidan rapidamente retorna: "Sim, por que é –1, Jahiem?". O retorno mostra confiança em Jahiem. Ao pedir que ele explique a resposta de Shawn, ele provavelmente está fazendo a pergunta mais difícil. Acho que Aidan acredita que vai acertar e ter a chance de brilhar.

Inesperadamente, Jahiem luta um pouco, mas, com um pouco de insistência, corrige seu erro. A resposta de Aidan – "Boa autocorreção", diz ele, em um tom firme e constante – é outra parte da construção da cultura. Isso reforça a ideia de que cometer um erro e consertá-lo é normal e natural e permite que Aidan dê crédito a Jahiem por fazer algo bem feito: detectar e corrigir um erro. Observe que ele não exagera no reforço positivo.

Mas os dados também lhe dizem que Jahiem está confuso, então, oito minutos depois, ele usa a chamada *De surpresa* para fazer uma pergunta que novamente faz Jahiem encontrar a interseção com y. "Qual é o ponto neste gráfico que nós conhecemos... [pausa para todos pensarem] ... Jahiem?"

Novamente vemos a maestria de Aidan ao criar um ambiente caracterizado por um tom de apoio, mas que também garante que Jahiem pratique bastante em algo que ele ainda não domina. "Você está apenas usando a linguagem errada", ele diz enquanto Jahiem se esforça. Não há julgamento ou frustração em seu tom.

No máximo, ele está lembrando Jahiem que está mais perto do que pensa, mas evita a tentação de encobrir seu erro (por exemplo, "Você quis dizer 'interseção com y', certo?") e, em vez disso, faz com que Jahiem use o termo correto.

Ainda assim, Jahiem continua errado. Aidan vai até Tavon para achar a resposta (0,2), e depois volta novamente com uma chamada *De surpresa*, lembrando que Jahiem não conseguiu responder à pergunta anterior. Isso ainda faz parte do *Sem escapatória* em minha mente – "Como isso se chama, Jahiem?". Jahiem está um pouco confuso, mas assim que DJ dá a resposta correta a Aidan, ele volta para Jahiem e outro aluno, CD, para ter certeza de que eles concordam com o termo e, a propósito, descobrem que estão certos.

Ao longo dessa sequência de eventos, o tom de Aidan continua sendo caloroso e solidário. Sua positividade e tranquilidade mostram aos alunos que a técnica *Sem escapatória* é uma expressão de carinho de um adulto que procura garantir que eles solidifiquem seus conhecimentos e os ajudem a ter sucesso.

Uma coisa que você provavelmente notou sobre as salas de aula em que estudamos *Sem escapatória* é a cultura por trás de tudo. Denarius estabeleceu claramente um clima de confiança com seus alunos. Em todos os casos, seus alunos se esforçam ao máximo na pergunta inicial e quando o professor os chama de novo. Nas salas de aula de Aidan Thomas e Derek Pollak, eles persistem mesmo retornando várias vezes.

E se isso não acontecer? E se um aluno ou uma sala cheia de alunos ainda não estiverem dispostos a se esforçar dessa maneira? E se eles ainda não confiarem totalmente no processo e estiverem relutantes ou resistentes? E se eles começarem não com uma resposta muito boa, como Aaron faz, mas com "não tenho ideia"? Como ajudá-los nesse caso?

Pior, e se eles começarem com "não tenho ideia e não tenho certeza se quero tentar"? Ou mesmo "não faço ideia, então me deixe em paz"?

A realidade do ensino é que muitas vezes somos incumbidos de lidar com a relutância, a resistência, o desamparo aprendido ou mesmo a recusa total por parte dos alunos. Alguns alunos podem desistir diante daquilo que para nós parece ser um desafio menor. Você pergunta, e a resposta é muito rápida: "não sei". Outros podem não estar dispostos a tentar em primeiro lugar. Você pergunta, e a resposta é "não sei", e se eles percebem ou não, se o *não sei* continuar, criam uma saída fácil para si mesmos, porque, em muitos casos, os professores não sabem como responder a um "não sei" – principalmente quando o aluno falar com um tom enfático, como se dissesse *já lhe disse que não sei*. Quando os professores não sabem como responder a isso, muitas vezes o resultado é que eles deixam o aluno sozinho pelo restante da aula.

Ou pelo restante da semana.

Ou pelo restante do ano letivo.

Esse é um caso do Paradoxo do *band-aid*. Somos solicitados a fazer o que é difícil e às vezes assustador. É mais fácil fazer "acordo" com os alunos, que é basicamente, *não esperarei nada desafiador ou trabalhoso de você se você concordar em não atrapalhar minha aula nem se comportar de forma negativa*. Você pode sentar no canto e eu vou chamar outra pessoa. Todos nós sabemos que existem salas de aula onde isso acontece. Os alunos podem não ver as consequências a longo prazo dessa terrível barganha, mas os professores deveriam ser capazes de ver. Espero que seja óbvio dizer que os adultos que se preocupam com os jovens não podem deixar os alunos sozinhos assim e permitir que eles optem por não aprender. Isso não é amor e isso não é respeito.

Deixe-me esclarecer – reconheço a complexidade de tais situações. Elas refletem a observação de Adeyemi Stembridge de que "aprender depende da confiança de que o solo não se abrirá abaixo de nós, confiar que o esforço vale a pena". A fixação de um contexto em que alguns alunos procuram optar por não aprender exige uma grande gama de soluções. Sempre temos que estar construindo confiança, por exemplo – nos processos, em nós mesmos como professores, ou no esforço da escola – e buscando garantir que os alunos que ainda não sentem essa confiança venham a ter. Precisamos construir culturas que façam os alunos se sentirem seguros, bem-sucedidos e reconhecidos. Grande parte deste livro é sobre essa luta. É por isso que culturas positivas robustas, que buscam não apenas limitar o comportamento negativo, mas construir comportamentos pró-aprendizagem positivos, como *Hábitos de atenção* (técnica 48), são tão profundamente importantes. As ações das pessoas são moldadas, mais do que qualquer outra coisa, pelas normas dos outros ao seu redor. Quando os alunos são questionados em sala de aula, se eles veem os rostos encorajadores de seus colegas apoiando-os ou alunos desinteressados olhando para outro lado, ajuda muito a determinar se eles correm o risco de revelar o que sabem e o que não sabem. Da mesma forma, temos que construir culturas de erro (Capítulo 2), buscar motivar, inspirar e estabelecer o cuidado e as expectativas de *Cordial/rigoroso* (técnica 61).

Mas mesmo que façamos essas coisas, mesmo que as tenhamos realizado com a maioria dos alunos em nossas aulas, chegará o momento em que um aluno não poderá ou não desejará responder, optando por não participar. O aluno dirá *eu não sei* de uma das maneiras que descrevemos, ou não dirá nada, ou não dirá nada com suas palavras, mas muita coisa com seus olhos, e não importa o quanto você entenda o imperativo de confiança e relacionamentos, nesse momento você ainda estará lá, precisando de uma solução positiva, definir expectativas básicas em relação ao esforço e reforçar tanto o cuidado quanto a responsabilidade. Apenas dizer aos alunos que você se importa e quer o melhor para eles de vez em quando provavelmente não será suficiente para mudar comportamentos e mentalidades estabelecidos. Você precisa de alguma opção diferente do "acordo".

Usar um *Sem escapatória* nesta situação oferece uma resposta viável e produtiva. Para ajudar os alunos a fazer a mudança da relutância ou recusa para o esforço, os professores devem primeiro reduzir ou eliminar o caminho para o "fácil", evitar a oportunidade de os alunos não se envolverem em uma pergunta quando não sabem ou não querem tentar. Isso reduz as chances de um aluno dizer "não sei" de propósito para evitar ter que responder porque você exigiu um esforço da parte dele (mesmo que apenas repetindo uma resposta) e, portanto, diminuiu o incentivo. Então os professores devem se habituar a fazer um nível básico de esforço. Não é preciso dizer que os professores devem fazer isso com compreensão, humanidade e equilíbrio emocional e que os alunos devem saber que estão em um ambiente seguro, caracterizado por respeito mútuo e decência entre todos.

Sem escapatória também pode ajudá-lo a entender melhor o aluno. Se você não tem certeza se um aluno está tentando, simplificar a tarefa, mesmo ao ponto de pedir uma mera reformulação de uma resposta, ajuda a revelar se você está lidando com um aluno confuso ou relutante. Um aluno confuso sempre pode fazer um esforço para repetir. Uma vez que eles tenham repetido, você pode começar a incentivá-los, através de pequenas conquistas, *Puxe mais* e reforço positivo. O caminho a seguir envolve mostrar a eles que podem ter sucesso – a princípio talvez em pequenas tarefas e porque você insistiu. O sucesso deles crescerá a partir daí.

Na verdade, vale a pena notar que, embora a cultura que você vê na sala de aula de Denarius apoie claramente seu uso de *Sem Escapatória*, também é em parte resultado de seu uso da técnica. Seus alunos se envolvem avidamente, porque Denarius insistiu ao longo do caminho, com cuidado e bondade, para que o fizessem. Ele evitou o fácil, e seus alunos, encorajados a seguir o caminho mais arriscado, passaram a apreciar isso e a confiar nele. No final, a maioria dos alunos sabe que o professor que faz "o acordo" não é aquele que mais se importa com eles.[2]

Embora o progresso de um aluno ao responder corretamente por meio de *Sem escapatória* possa parecer trivial, pesquisas sobre motivação nos dizem que o sucesso faz com que os alunos queiram tentar mais. Isso é verdade mesmo para pequenas conquistas. Então, quando os alunos não sabem o que responder, deixar que eles vejam a si mesmos respondendo corretamente ajuda não só a curto prazo, mas também a longo prazo.

Se o seu *Sem escapatória* reduzir a tarefa a algo muito simples e um aluno continuar se recusando a tentar, você sabe claramente que precisará de um tempo para estabelecer limites, uma conversa diferente, talvez em particular, do tipo: "Charlie, você não precisa acertar as respostas na minha aula, mas espero que você tente. Você é muito capaz para não fazer isso". Infelizmente, para alguns alunos temos que explicar que é mais difícil não tentar do que tentar. Espero que a maior parte das vezes em que você usar a técnica *Sem escapatória* não seja nessas situações. Eu também gostaria que esses casos não fossem a realidade do nosso mundo, mas são, e nossa responsabilidade é estar preparados.

Uma versão mais rigorosa da técnica *Sem escapatória*

Com o tempo, minha equipe e eu descobrimos que a *Sem escapatória* geralmente funciona melhor quando é mais rigorosa – quanto mais funciona como um ensaio do sucesso e permite que um aluno tenha algo para se orgulhar genuinamente no final da experiência, melhor. Isso transforma o revés em triunfo. Além disso, muitas vezes notei que vários dos professores mais competentes na técnica *Sem escapatória* seguem imediatamente para adicionar um desafio ou uma prática extra, como você lerá em *Puxe mais* (técnica 17).

Imagine esta interação bem básica:

Professora: Quanto é três vezes cinco? Carson.

Carson: Oito!

Professora: Não é oito. Quem pode dizer a Carson qual operação ele usou?

Jalani: Ele usou adição em vez de multiplicação.

Professora: Correto. Então, Carson, quanto é três vezes cinco?

Carson: Três vezes cinco é 15.

Professora: Sim, muito bom. E quanto é cinco vezes três?

Carson: Também é 15.

Professora: Bom. E quatro vezes cinco?

Carson: 20.

Professora: Ah, agora você conseguiu! Não consigo confundir você.

Esta professora não apenas dá a Carson prática extra em uma habilidade com a qual ele teve dificuldade, mas também permite que a técnica termine com Carson mostrando que seu sucesso não foi por acaso. Ele responde várias perguntas corretamente; sua professora não consegue "confundi-lo". Considere como esse tipo de interação vira o jogo após uma resposta "errada". Ou considere como alguns pequenos ajustes dessa interação podem torná-la não apenas positiva, mas mais rigorosa:

Professora: Quanto é três vezes cinco? Carson.

Carson: Oito!

Professora: Não é oito. Quem pode dizer a Carson qual operação ele usou?

Jalani: Ele usou adição.

Professora: Correto. Então, Carson, quanto é três vezes cinco?

Carson: Três vezes cinco é 15.

Professora: Sim, muito bom. E se eu não tivesse certeza, que operação eu poderia usar para verificar o resultado?

Carson: Poderia usar a divisão.

Professora: Bom. Diga-nos como.

Carson: Bem, você dividiria 15 por cinco e teria três, então saberia que sua multiplicação está certa.

Professora: Obrigada, Carson.

Nesse caso, a professora se concentrou em fazer não outra versão da mesma pergunta, mas uma pergunta diferente e relacionada. Em ambos os casos, ela está usando seu acompanhamento para moldar a experiência de sucesso de Carson, bem como para aprimorar suas habilidades.

Os estudos de caso a seguir mostram maneiras pelas quais você pode usar a técnica *Puxe mais* após uma *Sem escapatória* bem-sucedida para criar rigor e cultura.

Estudo de caso 1

Sra. Klein: Qual é a definição de *vingança*? Carla.
Carla: Hum...
Sra. Klein: Shakani? *Vingança*?
Shakani: Vingança é um retorno violento, que volta para alguém que lhe fez algo.
Sra. Klein: Obrigada, Shakani. Então, o que é vingança, Carla?
Carla: Um retorno violento.
Sra. Klein: Logo, quem busca vingança em *Romeu e Julieta*, Carla?
Carla: Tibalto, quando ele diz, "Este deve ser um Montecchio. Busque minha espada".
Sra. Klein: Tibalto está fazendo o que quando ele diz isso?
Carla: Buscando vingança.
Sra. Klein: E você concorda que exemplos de pessoas buscando vingança são raros nessa peça?
Carla: Não. Quase todos estão buscando vingança.
Sra. Klein: Ótimo, Carla. Parece que praticamente todos tinham vingança em mente.

> **Estudo de caso 2**
>
> Sr. Vacarius: Qual é o inverso multiplicativo de três negativo, Jason?
> Jason: Três.
> Sr. Vacarius: Mas, se eu multiplicar três negativo por três, eu tenho nove negativo. Quem pode dizer a Jason qual é o inverso multiplicativo de três negativo? Carlos?
> Carlos: O inverso multiplicativo de três negativo é um terço negativo.
> Sr. Vacarius: Então, Jason, qual é a resposta?
> Jason: Um terço negativo.
> Sr. Vacarius: Bom. Por quê?
> Jason: Porque três negativo vezes um terço negativo é igual a um.
> Sr. Vacarius: Bom. Então agora me diga qual é o inverso multiplicativo de um quinto negativo.
> Jason: É cinco negativo.
> Sr. Vacarius: E de quatro?
> Jason: Um quarto.
> Sr. Vacarius: *(Sorrindo)* Bem, agora você está se exibindo.

TÉCNICA 16: CERTO É CERTO

Em quase todas as aulas, chega um momento em que a resposta de um aluno é semelhante à que você esperava obter (ou, melhor ainda, ao exemplo que você escreveu ao preparar sua aula), mas ainda falta algo. A essência está lá, ou um núcleo do *insight*, mas também não é uma resposta que responda totalmente à pergunta ou capture completamente a ideia-chave. Não é um erro, só que ela não está totalmente completa.

O que acontece depois? Como podemos validar a contribuição de um aluno enquanto continuamos a buscar um pensamento mais profundo e preciso?

Se tivermos dificuldade nesse momento, pode ser porque estamos com boas intenções. Queremos encorajar os alunos ou queremos manter a turma engajada ou precisamos ter certeza de chegar ao *Arremate* antes que o sinal toque, então dizemos "certo" ou "bom" ou "sim" para essa resposta que estava quase certa. No entanto, há riscos reais em chamar de "certo" aquilo que não é verdadeiro e totalmente certo. Os alunos olham para os seus professores como árbitros da qualidade. Eles confiam em nós para se comunicar com honestidade e objetividade, usando nossa experiência para avaliar se as respostas responderam a uma pergunta completamente e de modo bem feito, para que possam entender melhor seu próprio progresso no aprendizado. Se não formos totalmente honestos quando dissermos: "Sim, você fez um ótimo trabalho", não apenas os informamos mal, mas plantamos sementes que eventualmente corroem essa confiança essencial.

Certo é certo diz respeito a responder da maneira mais benéfica para os alunos quando uma resposta está quase certa – muito boa, mas não 100%.

Embora pareça óbvio que devemos estabelecer um alto padrão, muitas vezes abandonamos nossos padrões sem querer. Vamos ver agora um hábito comum dos professores, que eu chamo de "fechamento". O fechamento envolve um professor respondendo a uma resposta parcial ou quase correta, afirmando-a e, ao fazê-lo, adicionando detalhes críticos (talvez o detalhe mais perspicaz ou desafiador) para tornar a resposta totalmente correta. Imagine, por exemplo, um aluno que respondeu, no início de *Romeu e Julieta*, como os Capuletos e os Montecchios se dão. "Eles não gostam um do outro", o aluno poderia dizer, em uma resposta que a maioria dos professores, espero, consideraria não totalmente correta – a essência, talvez, mas nenhum dos detalhes e especificidades que indicam uma compreensão de qualidade. "Certo", a professora poderia responder. "Eles não gostam um do outro e estão brigando há gerações."

Você entendeu o fechamento? O aluno não incluiu "e estão brigando por gerações". Esse era o trabalho da professora, embora ela desse crédito ao aluno por sua resposta.

Às vezes, um professor será ainda mais explícito ao dar crédito a um aluno pelo fechamento, como em "Certo, o que Kiley disse foi que eles não gostam um do outro e estão brigando. Bom trabalho, Kiley". De qualquer forma, o professor estabeleceu um padrão baixo de profundidade e precisão. A aluna que respondeu pode pensar: "Bom, consegui", quando na verdade não o fez. Além disso, a professora eliminou o próprio pensamento de Kiley ao fazer um trabalho cognitivo que ela mesma poderia – e deveria – fazer. Ela eliminou a oportunidade de Kiley reconhecer a lacuna entre o que ela disse e o que teria sido uma resposta de alta qualidade.

Com o tempo, o fechamento persistente pode fazer com que os alunos internalizem um padrão baixo – eles podem acreditar que estão preparados e prontos para ter sucesso quando, na verdade, não estão. A história do ensino médio norte-americano, conta-nos o *The opportunity myth* do TNTP (The New Teacher Project), é um número esmagador de alunos acreditando que fizeram tudo certo, mas ainda não estão preparados para ter sucesso na faculdade. Resistir a esse tipo de erosão sutil de expectativas faz parte da nossa responsabilidade com os alunos.

Outro resultado, possivelmente mais provável, do fechamento persistente é uma erosão da confiança e do respeito pelo professor. Os alunos são altamente sintonizados com os momentos de falta de autenticidade na sala de aula. Em vez de sentir o impulso de confiança que sua professora esperava, Kiley poderia pensar: "Não foi isso que eu disse... Será que ela realmente me ouviu?". Talvez ela ache engraçado e ria. Ou talvez ela pense que *eu não disse nada disso*, e ela começa a suspeitar que sua professora vai aceitar o mínimo dela. Como Adam Smith aponta em *Teoria dos sentimentos morais*, "Apenas o mais... superficial da humanidade pode se deleitar com um elogio que sabe não ser... merecido".

O "quase certo" é bom o suficiente para Kiley? E para todos os alunos? Em vez de dar a eles a chance de perseverar em um desafio ou reunir outros recursos cognitivos, a professora responde ela mesma e, assim, pode realmente (e paradoxalmente) sinalizar uma falta de confiança nas habilidades de Kiley. Como Peps Mccrea escreve em seu estudo sobre a ciência da motivação, "Sucesso não é tornar as coisas mais fáceis para os alunos. Trata-se de ajudá-los a fazer algo que não podiam fazer antes". Perversamente, o fechamento desvaloriza as vozes e os *insights* dos alunos, negando--lhes essa chance. Falsas atribuições de qualidade "só servem para reduzir a motivação e corroer a confiança".

Felizmente, algumas ações específicas podem tornar mais fácil ajudar os alunos de forma consistente a chegar a respostas mais completas. É claro que, ao falar de respostas certas, também reconheço que há perguntas para as quais não há resposta certa. Todo professor faz perguntas que estão abertas à interpretação ou exigem nuances, mas, mesmo nesses casos, permanece um padrão para o que constitui uma resposta completa e de alta qualidade. Esse padrão também requer nossa atenção diária e autodisciplina.

Esperando pelo totalmente certo

A forma mais básica de *Certo é certo*, defendendo o certo em todos os sentidos, significa usar frases que fazem com que os alunos elaborem e acrescentem algo ao seu pensamento inicial e, assim, reconheçam o que parece ser totalmente correto – o oposto do fechamento. O professor pode usar uma das seguintes frases após a resposta de Kiley sobre *Romeu e Julieta*:

"É verdade. Eles não gostam um do outro. Mas você pode observar um pouco mais sobre o relacionamento deles?"

"Bom começo, Kiley. Você pode desenvolver sua resposta?"

"Pode explicar o que você quer dizer com 'não gostam um do outro', Kiley?"

"Obrigado pela introdução, Kiley. Você pode falar sobre a palavra que Shakespeare usa para descrever o relacionamento deles [isto é, *rixa*]?"

"OK. Kiley disse que os Capuletos e os Montecchios não gostam um do outro. Podemos colocar uma linguagem mais precisa aqui?"

"Obrigado, Kiley. Quando você diz que eles não gostam um do outro, é assim que eles descrevem isso?"

"Obrigado por iniciar nossa discussão, Kiley. Você pode nos indicar alguma linguagem no Prólogo que possa nos ajudar a ser mais específicos?"

Ao esperar pelo totalmente certo, você estabelece a expectativa de que as ideias são importantes, que você se preocupa com a diferença entre o fácil e o que se espera de um estudante *e acredita que seus alunos são capazes do último*. Essa fé na capacidade de seus alunos envia uma mensagem que os guiará por muito tempo depois que saírem da sala de aula. Eles terão sido pressionados e saberão que são capazes, caso se esforcem.

Há dois excelentes exemplos disso no vídeo *Akilah Bond: Pedra Angular*. Enquanto os alunos se esforçam para descobrir por que Cam está ajudando Eric na história de Cam Jansen que estão lendo, Cheyenne dá uma resposta forte que inclui uma das duas razões possíveis. Por volta dos 2 minutos no vídeo", Akilah diz (com os alunos entrando na conversa) "Bom trabalho, Cheyenne" e a elogia por ter falado sobre os dois personagens. Ela reforçou seu esforço. Mas depois ela acrescenta: "Há outra coisa que sabemos sobre os dois personagens que me faz pensar que há outra razão pela qual Cam está ajudando Eric". Há um reforço positivo para Cheyenne e também clareza sobre o fato de que eles ainda não chegaram a uma resposta totalmente correta, e Kimayah contribui para adicionar os detalhes críticos.

Mais tarde, Akilah pede a Sonoa para explicar por que Eric faz uma pergunta a Cam. A resposta de Sonoa é boa, mas em seguida, Akilah observa: "Está faltando algo na resposta de Sonoa. O que está faltando?", ela pergunta e, por não aceitar uma resposta quase certa ou não desviar o pensamento dos alunos fazendo um fechamento, permite que Michael faça o esforço (e, como você notará, seja o herói).

Um detalhe sobre o tom. Defender altos padrões não implica ser duro ou punitivo – na verdade, é o oposto. Ao ler as respostas para substituir o fechamento acima, espero que você tenha imaginado uma professora sorrindo gentilmente, acenando com a cabeça para encorajar seus alunos e/ou falando em tom de apoio. "O acolhimento combinado com a exigência ativa", escreve Zaretta Hammond em *Culturally responsive teaching and the brain*, "dão ao professor o direito de buscar a excelência e levar o aluno além de sua zona de conforto". Os alunos devem sentir que você acredita na capacidade deles de produzir ideias de profundidade e qualidade e, quando isso acontece, produz uma feliz ironia: usar o *Certo é certo* demonstra que você valoriza o aluno tanto quanto a resposta. O objetivo não é simplesmente obter a resposta certa em voz alta (por *alguém*), mas ajudar cada aluno a levar sua resposta ao nível de precisão e exatidão que você acredita que sejam capazes e, desse modo, acreditar que são capazes de alcançar a excelência.

Você pode ver essa dinâmica – acolhimento e altas expectativas de qualidade e exatidão das respostas combinadas para expressar a crença no que um aluno é capaz – no vídeo *Emily Badillo: Traidor*, que mostra a sala de aula do 4º ano de Emily na Excellence Girls Charter School, no Brooklyn. Depois que uma aluna, Chassity, oferece uma resposta complicada (sinceramente) à sua pergunta inicial, Emily explica com paciência e equilíbrio emocional o que a pergunta estava pedindo e oferece a Chassity um momento para juntar seus pensamentos. Chassity, talvez sentindo a crença de Emily nela, não desiste, e sua mão logo está de volta no ar. Emily não se esquece dela. "Voltando para você, Chas", ela diz carinhosamente, mas novamente Chassity tem dificuldade. Há muito pensamento lá, mas ainda não há uma resposta certa. "Olhem para cá", Emily instrui a turma, desviando a atenção de Chassity por um momento para aliviar qualquer tensão que ela possa sentir. Ela então explica o que a pergunta está pedindo, supondo que, se Chassity não estiver esclarecida, os outros na sala provavelmente também não estarão. Ela quer uma descrição da mudança de uma opinião para outra entre os colegas. Desta vez, ela recebe uma excelente resposta de um colega de classe, mas Emily ainda quer que *Chassity* acerte. E quer que Chassity acredite que pode acertar. Então, a professora pergunta de novo. Chassity novamente se esforça para se concentrar na pergunta, ao que Emily intervém, novamente com carinho e cuidado, para ajudá-la a se concentrar na pergunta enquanto começa a enquadrar sua resposta com um início de frase.

Nesse ponto, a resposta de Chassity está muito melhor. Essa é a boa notícia. Mas ainda não está certa. Emily acha que Chassity pode chegar à resposta completa. Então, onde a maioria dos professores pega a palavra e diz "Ótimo trabalho, Chassity", ou fecha dizendo: "O que Chassity quer dizer é...", Emily diz a ela, "Você está muito perto. Adicione sua... palavra-chave sobre a perspectiva do colega. A princípio, o que é?" e, agora, finalmente, Chassity acerta. Quando seus colegas comemoram com ela, ela sabe que sua conquista é real e que fez algo por mérito. Quando Emily diz que o trabalho de Chassity é bom, Chassity sabe que é bom. Lembre-se do que aprendemos com Peps Mccrea: "Sucesso . . . é ajudar [os alunos] a fazer o que eles não podiam fazer antes". Quando isso acontece, ele observa, a motivação deles aumenta.

É importante notar que pode levar um pouco de tempo, como vemos nesse vídeo, para ajudar um aluno a passar de "não exatamente" para "acertou". Nesse caso, Emily sabia que valia a pena investir o tempo de toda a turma (em vez de intervir em particular com Chassity em outro momento), porque o pensamento de Chassity formaria a tese da redação que cada aluno estava prestes a redigir. Todos eles se beneficiaram, em termos de cultura e aprendizado, do investimento de Emily em seus pares.

O poder do roteiro "certo"

Muitos fatores explicam por que às vezes não esperamos respostas totalmente corretas. Há um investimento de tempo em incentivar os alunos a encontrarem o restante da resposta em vez de simplesmente você responder, e estamos sempre sob a pressão do tempo. "OK", pensamos, "tenho só 10 minutos, talvez dê apenas para fazer o que planejei" e, então, recebemos uma resposta que é quase o que queríamos. É fácil saltar para a solução rápida. Outra razão é que queremos ser encorajadores. É a primeira vez que você se lembra de ter visto Linda levantar a mão. A resposta dela não é perfeita, mas você quer mostrar que acredita nela, fazê-la se sentir capaz e incentivá-la a levantar a mão novamente. Assim, você evita qualquer implicação de "não é bom o suficiente".

Acontece que a preparação é uma das chaves para manter os padrões elevados. Se não definimos claramente o que uma resposta de alta qualidade incluirá de antemão, é difícil mantê-los. Se você não tiver certeza do que seria uma ótima resposta, não conseguirá manter os alunos no padrão desejado. Por isso, o *Planejamento exemplar* (técnica 1) pode ajudar a fazer algumas perguntas do tipo "Essa resposta está completa?" e "Está tudo certo?" pensando com antecedência. É claro que isso não significa que você não pode substituir o roteiro de sua resposta inicial do modelo quando se deparar com um *insight* inesperado de um aluno; significa apenas que você começou com uma noção mais concreta do objetivo final, principalmente para as questões mais críticas.

Tenha na manga boas frases para usar no caso de respostas quase certas

Um último motivo pelo qual às vezes aceitamos respostas que não são totalmente corretas é que não somos observadores neutros de nossas próprias aulas. No final das contas, nos avaliamos como professores com base, em grande parte, no quanto achamos que nossos alunos aprenderam. Não são apenas nossos alunos que estamos avaliando, mas também nós mesmos e temos interesse em dizer a nós mesmos que nossos alunos foram bem. De certa forma, se dermos crédito a eles por uma resposta correta, também daremos crédito a nós mesmos. A frase "eu sei o que ela estava tentando dizer", que às vezes é ouvida entre os professores, reconhece o problema; a segunda parte não dita da frase é "mas ela não disse isso". Uma vida inteira de preocupação com os alunos, querendo acreditar neles e querendo acreditar que os ensinamos bem nos coloca em risco de dar crédito total por respostas parciais e nos coloca contra alguns de nossos impulsos mais fortes como educadores.

Tirar o máximo proveito da técnica *Certo é certo* muitas vezes significa elaborar frases de duas partes que capturem como nos sentimos sobre o esforço de nossos alunos, por um lado, e quão correta sua resposta foi, por outro. Isso faz com que seja mais fácil agir com honestidade nesses dois pontos – que você *gosta do que eles fizeram até agora* e que eles estão *se aproximando da resposta certa*, que você *acha que eles sabem mais do que disseram*, mas que *ainda há algum trabalho a ser feito* ou que você quer que eles *se esforcem para serem ainda mais precisos em suas palavras*.

Veja, por exemplo, uma cena da aula de Lauren Harris Vance há alguns anos na Roxbury Prep Charter School em Boston. Lauren perguntou a um aluno sobre a inclinação de uma linha. A inclinação real era de quatro quintos negativos, mas o aluno deu a inclinação como quatro quintos. Outro professor poderia ter dito "Certo, mas você precisa de um sinal negativo", porém Lauren disse: "Hmm. Resposta quase perfeita" – expressando em poucas palavras "Você fez um bom trabalho" e "Você ainda não acertou, mas sei que você pode fechar essa lacuna". A positividade, honestidade e simplicidade da resposta de Lauren fornecem um roteiro para as respostas do *Certo é certo*. Para ser eficaz com a *Certo é certo*, responda às respostas "quase certas" mostrando que você ficou feliz com a resposta e com o que foi aprendido até então.

Vale a pena inventar algumas frases próprias – maneiras planejadas de dizer exatamente o que você quer em situações comuns. Mantenha-as à mão – guardadas na manga, por assim dizer. Depois de criar duas ou três frases, use-as para impor de maneira simples e consistente a *Certo é certo* e tornar as respostas completas um hábito para seus alunos.

Suas frases deverão:

- mostrar apreço pelo bom trabalho que foi feito;
- ser claras e honestas sobre o fato de que mais trabalho é necessário;
- ser rápidas o suficiente na entrega para permitir que você e o aluno voltem rapidamente ao pensamento;
- ser simples e familiares o suficiente para poder usá-las quase automaticamente.

Por fim, é importante – e muitas vezes difícil – lembrar que a *Certo é certo* é uma técnica que você usa quando uma resposta está quase certa, não quando está simplesmente errada. Quando uma resposta for totalmente errada, é melhor usar mais das técnicas descritas em *Sem escapatória*. Afirmar uma resposta totalmente errada como parcialmente correta só pode levar a mais confusão (e potencialmente consumir mais tempo de aula).

Além de esperar: mais versões do *Certo é certo*

Imagine uma aluna mediana na sua sala de aula. Você a chamou para explicar o uso de imagens claras e escuras de Shakespeare em *Romeu e Julieta*, e ela corajosamente dá o melhor de si. Quando ela termina de ler a resposta, você percebe que ela está meio indecisa. Talvez esteja esperando por um incentivo para se sentir segura. Ansiosa para agradar, essa aluna pode acabar usando alguns truques que muitos alunos bem-intencionados antes dela descobriram. Confira a seguir esses truques.

De tudo e mais um pouco: às vezes, os alunos que estão confusos ou inseguros simplesmente começam a falar e dizem tudo o que podem pensar sobre o assunto. A resposta certa pode estar em algum ponto, mas muitas outras coisas também, e não está claro se eles sabem separar o joio do trigo. Devemos reconhecer que essas respostas que têm "de tudo um pouco" exigem que peçamos aos alunos que se limitem às ideias mais importantes. "Deixe-me interromper você por um segundo, porque você disse muita coisa. Qual parte do que você disse responde melhor à pergunta?"

Gato por lebre: às vezes, os alunos podem optar por responder à pergunta que *gostariam* de ter recebido em vez da pergunta que *receberam*. Pode ser porque não entenderam o que você estava perguntando especificamente ou porque entenderam um aspecto do texto ou pergunta melhor do que outro e querem manter a discussão em um território "seguro". Assim, muitas vezes precisam de lembretes para responder à pergunta real. "Sim, ela é uma heroína inspiradora. Mas só para voltarmos um pouco, a pergunta era sobre como caracterizaríamos seu relacionamento com sua irmã."

Colocando o papo em dia: os alunos podem se sentir mais à vontade para compartilhar opiniões pessoais, piadas e falar sobre sua vida, como uma forma de não se envolverem num assunto desafiador (e é improvável que haja respostas "erradas"). É fácil, como professor, querer reforçar e responder a histórias que começam com "isso me lembrou de uma coisa que aconteceu comigo uma vez..." Às vezes, a melhor resposta é dizer: "Que bom que você está fazendo conexões, mas por enquanto vamos nos concentrar na questão que temos em mãos".

Devaneios: os alunos às vezes são vagos e respondem com uma linguagem vazia, com pronomes ou abstrações em vez de nomes e informações concretas. Em vez de presumir que sabemos (e a turma sabe) o que eles querem dizer, podemos incentivar que sejam mais exatos, garantindo que estamos todos entendendo a mesma coisa, enquanto ajudamos os alunos a usarem palavras mais específicas. Podemos dizer: "Em vez de dizer 'ela deu para ela', diga quem é quem exatamente."

Para conferir a técnica *Certo é certo* em ação, veja o vídeo da aula do 4º ano de Jennie Saliba na Great Yarmouth Academy em Great Yarmouth, Inglaterra, onde os alunos estão lendo um texto de não ficção sobre a vida das pessoas que moravam nas casas de trabalho na Inglaterra de Dickens. "O que tornou a vida na instituição tão difícil, Alf?", ela pergunta. Alf, ansioso para demonstrar sua compreensão, mas talvez não tão focado na precisão de sua resposta quanto poderia estar, responde: "O que tornava a vida no lugar tão difícil eram os empregos e que muitas pessoas tinham... eles eram muito jovens, muito velhos, muito doentes para trabalhar, e também muitas pessoas tinham que trabalhar". Embora sua resposta não estivesse errada, é imprecisa e pouco clara. Ele incluiu várias ideias, misturadas, e Jennie não sabe ao certo se ele entendeu com clareza. "Você me deu três ou quatro respostas em uma", ela responde com calma. "Apenas me dê sua primeira resposta novamente, por favor." Tendo a chance de revisar sua resposta, Alf mostra uma compreensão mais precisa do texto. "O que tornava a vida tão difícil nos abrigos era que... alguns trabalhos exigiam muito fisicamente", Jennie aproveita esse momento não apenas para valorizar a resposta de Alf, mas também para mostrar a ele (e ao restante da turma) como uma resposta com informações concretas tem mais qualidade. "Na sua primeira [resposta], você me deu quatro pedaços de informações bastante vagos. Nesta, você aperfeiçoou com... as palavras que você escolheu." Jennie deu a Alf a chance de dar uma ótima resposta e levou a turma a uma compreensão mais específica do texto – e como responder com clareza.

Há outras razões pelas quais os alunos às vezes respondem a uma pergunta diferente daquela que você fez. Às vezes eles combinam diferentes tipos de informações sobre um assunto. Por exemplo, você pede uma definição ("Quem pode me dizer o

Ética no ensinar **161**

que é uma palavra composta?"), e um aluno responde com um exemplo ("Para-brisa é uma palavra composta!"); ou você pede a descrição de um conceito ("Quando nos referimos à área de uma figura, do que estamos falando? Quem pode me dizer o que é área?"), e um aluno responde com uma fórmula para resolvê-la ("Comprimento vezes largura"). No meio da ação, é fácil não perceber que essas são as respostas certas para a pergunta errada. Quando você começar a ouvi-las, descobrirá que essa troca é muito mais comum do que você imagina. Se pedir aos alunos uma definição e receber um exemplo, tente dizer: "Kim, ótimo exemplo, mas precisamos de uma definição". Afinal, saber a diferença entre um exemplo e uma definição é importante, e os alunos precisam de oportunidades reais para praticar a resposta exata a cada tipo de pergunta.

Quando as respostas dos alunos são vagas, você pode responder com uma abordagem ligeiramente diferente – pedindo vocabulário técnico ou linguagem precisa. Um aluno pode de fato responder à sua pergunta, mas respondê-la como em um horóscopo – usando generalidades com as quais a resposta poderia se aplicar a qualquer pessoa ou situação. Enquanto *bons* professores fazem os alunos desenvolverem respostas corretas e eficazes usando termos com que já se sentem confortáveis ("Volume é a quantidade de espaço que algo ocupa"), ótimos professores os fazem usar vocabulário técnico específico com que estão se familiarizando ("Volume refere-se às unidades cúbicas que um objeto ocupa no espaço"). Essa resposta expande o vocabulário dos alunos e cria proximidade com o conhecimento que os alunos precisarão ao longo da unidade (e até mesmo quando estiverem na faculdade). Esses professores pedem especificidade e acompanhamento para reforçar.

Confira a seguir quatro possíveis cenários em que corremos o risco de não exigir um padrão alto nas respostas.

1. *Espere até o totalmente certo:* quando não resistimos ao "fechamento" e dizemos que um aluno está certo quando ele está apenas parcialmente certo.
2. *Responda à minha pergunta:* quando incentivamos os alunos a responderem à pergunta exata que lhes foi feita.
3. *Vocabulário específico:* quando pedimos aos alunos que registrem os detalhes com palavras precisas e terminologia técnica.
4. *Resposta concisa:* quando pedimos aos alunos que melhorem uma resposta usando menos palavras... e às vezes uma sintaxe mais clara.

TÉCNICA 17: PUXE MAIS

Nas salas de aula com as maiores expectativas de ensino, as respostas certas não são o final do processo de aprendizagem; em vez disso, elas abrem as portas para mais desafios. "A recompensa para as respostas certas serão perguntas mais difíceis", é como o professor de música John Burmeister diz para seus alunos e, com o tempo, *Puxe mais*. O simples hábito de responder dessa maneira constrói uma cultura poderosa de autoconfiança e curiosidade – talvez nem sempre, mas com frequência suficiente.

Como funciona na prática? Deixe-me começar mostrando duas salas de aula onde isso acontece. A primeira, no vídeo *Arielle Hoo: Como você sabia?*, é uma aula de matemática do ensino médio. Mesmo antes de Arielle começar a fazer perguntas aos seus alunos, você pode sentir o nível elevado de expectativas que se tornaram parte da cultura da sala de aula de Arielle. Sua aluna, Sarah, explica por que sabia que a solução proposta para um sistema de equações era falsa: "Eu analisei o gráfico. As duas linhas são paralelas, então elas nunca se cruzam, o que mostra que não há solução". Sem que a professora pedisse, Sarah usa vocabulário técnico e oferece uma explicação completa para sua resposta em uma frase convincente e precisa.

Arielle provavelmente está bastante feliz com a resposta de Sarah. Orgulho dela mesma. Porém, em vez de dizer simplesmente: "Ótimo trabalho, Sarah", ela responde: "Como você provou isso algebricamente? Qual método você usou?".

A resposta de Arielle à resposta de Sarah mostra tanto a causa – como ter uma sala de aula onde os alunos respondem como Sarah – e o efeito – o que você faz para impulsionar ainda mais o aprendizado quando começa a ter respostas como essa.

"Eu usei eliminação", diz Sarah. "Depois que eliminei o x e o y, vi que acabou com $0 = 2$, mas isso não é verdade, então é uma afirmação falsa."

"Muito bem", diz Arielle e logo faz uma pergunta sobre um par de linhas coincidentes.

Jaheem se voluntaria para falar, e novamente ouvimos pensamentos completos com vocabulário técnico em vez de respostas simples demais.

"A maneira que você pode descobrir quantas soluções [o sistema de equações] tem é olhando para o gráfico, e você descobrirá que ele tem infinitas soluções", diz Jaheem.

Isso faz com que Arielle pergunte: "Como você sabe?". Ela quer desafiar Jaheem, mas também garantir que a resposta certa não seja um palpite de sorte. Ela quer entender como ele abordou o problema e garantir que ele (e outros alunos) possam repetir o processo em outros problemas.

Momentos depois, notando um pequeno deslize, Arielle pergunta: "Por dois?". Isso permite que ele perceba seu erro. "Você multiplicaria por quatro e obteria a mesma equação", esclarece.

"Fale sobre o resultado", continua Arielle, dando-lhe sutilmente a oportunidade de conectar o que ele disse a outros conhecimentos e, assim, construir esquemas (corpos de conhecimento conectados).

Jaheem continua: "O resultado será $0 = 0$, que são soluções infinitas".

"Ótimo", diz Arielle, "porque é que tipo de afirmação?"

"Uma afirmação verdadeira."

"Bom trabalho. Vamos dar os parabéns para Jaheem", ela diz para a turma. Todos fazem um gesto de reconhecimento ao colega enquanto ela diz com um sorriso radiante: "Adorei sua explicação". Mesmo sem esse reconhecimento gestual, acredito que Jaheem saiba que ele se saiu bem e sente uma confiança cada vez maior e merecida. Ao conectar as ideias, ele evidenciou consistência em algo que começou a aprender. Esse é um ótimo exemplo do que um cientista cognitivo chamaria de elaboração, que ocorre durante a *Prática da recuperação*. Arielle pede a Jaheem que revise sua compreensão de uma ideia, conectando partes e se esforçando um pouco para descrevê-la em um novo contexto e com novas palavras. Essa elaboração irá construir o conhecimento e a memória de longo prazo de Jaheem, juntamente com sua confiança.

Você pode ver um processo semelhante no vídeo *Michael Towne: Corante vermelho*, da sala de aula de física de Michael. Reunidos em torno de dois copos de água, um aquecido e outro à temperatura ambiente, Michael coloca gotas de corante em cada um e dá aos alunos uma breve oportunidade de discutir observações com um colega. A observação básica que sabe que eles farão é que o corante se espalha mais rapidamente na água mais quente. "É muito mais rápido", você pode ouvir um aluno observar. Mas o foco de Michael não é apenas uma simples observação, mas sim uma compreensão mais profunda do que os alunos estão vendo – como fica claro quando começa a perguntar.

"O que você percebe acontecendo aqui? Vá em frente", diz ele, chamando *De surpresa* um dos alunos.

"O corante se dispersa mais rápido na água mais quente do que na mais fria", responde o aluno. Como na sala de aula de Arielle, você quase pode ouvi-lo antecipando as expectativas de Michael: ele tem o cuidado de usar o vocabulário técnico (dispersa) e ser preciso ao notar que está comparando o movimento "mais rápido" do corante na água mais quente do que na água mais fria. Uma observação correta feita de maneira científica. Mas esta resposta correta abriu as portas para um novo desafio, e Michael decide *Puxar mais*.

"Tá, e daí?", ele responde.

O aluno faz uma breve pausa, percebendo de repente que agora terá que explicar o que está acontecendo de forma substancial. Ele não tem certeza no início, mas, à medida que começa a articular o que está acontecendo em um nível molecular, ele vai ganhando confiança.

"Quanto mais quentes as moléculas ficam, mais rápido elas se movem no frasco, então, se você colocar..."

Michael intervém rapidamente aqui:

"Quais moléculas?", ele pergunta.

"As moléculas de água", responde seu aluno, mas o desafio continua:

"Você consegue ver alguma molécula?", Miguel pergunta.

"Não, mas o movimento do corante mostra como elas estão se movendo", o aluno insiste.

Agora Michael se vira espontaneamente para outro aluno – a chamada *De surpresa*, lembrando a todos da importância de ouvir os colegas – e pergunta: "Do que ele está falando, Melanie?", sutilmente dando crédito ao primeiro aluno por saber algo científico depois de superar um desafio maior de investigação.

Você pode ver Melanie se recompondo antes de responder. Vai ser um desafio colocar tudo isso em termos científicos, mas depois de se reestabelecer, ela vai em frente.

"Ele está falando sobre quando você coloca outra substância líquida na água, isto é... os átomos estão se movendo mais rápido, então, nesse caso, quando está mais quente, os átomos estão se movendo mais rápido do que os que estão na água fria." Novamente, vemos a ideia de elaboração em jogo aqui, reavendo uma ideia de longo prazo para a memória de trabalho, mas também conectando-a e expandindo-a. É a formação do conhecimento a longo prazo.

"Conte-me mais", diz Michael, voltando-se para outro aluno. A chamada *De surpresa* aqui parece parte da diversão. A mensagem para os alunos é que *Estamos estudando a matéria de modo aprofundado*. Tratados como cientistas que trabalham, todos estão no jogo de de se imaginar nesse cenário.

"A teoria atômica diz que tudo é feito de matéria e os átomos nela contidos", responde o próximo aluno quando o vídeo termina – uma pequena cena de uma sala de aula marcada por perguntas constantes. Nenhuma resposta foi aceita sem questionamento, sempre procurando o porquê. Em outras palavras, estar nesta sala de aula é como ser um verdadeiro cientista. Pode ser o tipo de lugar que faz com que os jovens decidam prosseguir estudando ciências.

Quando você dá aos alunos maneiras de aplicar seus conhecimentos em novos ambientes, pensar rapidamente e lidar com questões mais difíceis, eles geralmente gostam, às vezes bastante. Esse tipo de questionamento os mantém engajados e passa a mensagem de que nós, seus professores, acreditamos profundamente em sua capacidade intelectual. *Puxe mais* mostra aos jovens o que eles podem fazer. Você quase pode ver isso na resposta de Melanie. Ela se pergunta por um momento, se prepara – ela está fora de sua zona de conforto – mas depois continua e descobre que está à altura da tarefa. Descobrir que você pode, repetidamente, diante de um desafio, é acreditar em si mesmo.

Não é apenas que os alunos aprendem mais em salas de aula como as de Michael e Arielle; é que essas são aquelas salas de aula onde eles se sentem importantes como aprendizes, valorizados e respeitados como alunos, mais capazes como pensadores. São os lugares onde os jovens aceitam o desafio e começam a pensar: *Sim, sou o fera na matemática*, ou *Sim, ciência é minha praia*. Muitas vezes, ao desafiar os alunos, falamos mais sobre o que achamos que eles são capazes do que quando dizemos: "Acho que você é inteligente. Eu acho que você sabe alguma coisa de ciência". As crianças querem provas e, nessas aulas, elas conseguem, vendo-se bem-sucedidas diante de desafios reais.

O que Arielle e Michael nos mostram é que, ao tratar as respostas corretas como uma etapa do processo de aprendizado, o *Puxe mais* pode ajudar os alunos a construir sua memória de longo prazo, expandir e conectar partes do conhecimento em um esquema coeso e criar curiosidade e confiança. O desafio maior traz uma mudança cultural.

Puxe mais envolve:

- criar o hábito de fazer perguntas para ir mais além no conteúdo quando há respostas boas;
- diversificar essas perguntas;
- construir uma cultura com base nessas interações, que faz com que os alunos adotem e até aceitem a noção de que o aprendizado nunca termina.

Outras vantagens do *Puxe mais*

Puxe mais muitas vezes também pode ajudar você a aprender mais sobre o pensamento dos alunos e garantir a confiabilidade das respostas corretas. No caso de Jaheem, por exemplo, eu vi Arielle deixando claro que ele entendeu a resposta inicial que foi dada e por que era verdadeira, desafiando-o a explicar com detalhes sua resposta correta em vez de aceitá-la simplesmente como correta e passar para outro aluno. Isso permite que você evite falsos positivos – momentos em que sorte, coincidência ou domínio parcial podem levar você a acreditar que os alunos alcançaram um entendimento mais completo do que realmente têm.

Além disso, em aulas em que não há necessariamente uma resposta "correta" – analisando textos mais densos, por exemplo, ou formulando uma hipótese – as perguntas do *Puxe mais* dão aos alunos a oportunidade de seguir sua linha de pensamento singular, apoiada pela curiosidade autêntica de seu professor sobre seus *insights*. *Puxe mais* é uma oportunidade de demonstrar seu interesse no que os alunos pensam (em vez de simplesmente aceitar a resposta de um aluno que se alinha ao seu objetivo ou exemplo) e, assim, criar uma cultura na turma de valorizar as perspectivas dos alunos e o envolvimento cuidadoso com o conteúdo.

Puxe mais também pode ajudar a resolver um dos desafios mais difíceis da sala de aula: diferenciar o ensino para alunos com diferentes níveis de habilidade. Fazer perguntas frequentes, direcionadas e rigorosas aos alunos à medida que demonstram domínio é uma ferramenta poderosa e muito mais simples para diferenciar do que dividir os alunos em diferentes grupos de grau de conhecimento. Ao personalizar perguntas para cada aluno, você pode descobrir onde eles estão e estimulá-los de maneira que respondam diretamente ao que mostraram que já conseguem fazer.

Variando suas perguntas

Na próxima seção, descrevo seis categorias diferentes de perguntas do *Puxe mais*. Meu objetivo ao fazer isso é ajudar os professores a fornecer diversas e variadas maneiras de ampliar o pensamento dos alunos. Embora haja valor nas categorias, também é importante não ficarmos muito presos a elas. As categorias são apenas ferramentas para ajudar a pensar em como trazer variedade à importante tarefa de desafiar os alunos no momento de sucesso.

Pergunte como ou por quê

O melhor teste para saber se as respostas dos alunos são confiáveis – se conseguem acertar as perguntas de forma consistente em um determinado tópico – é se podem explicar como chegaram à resposta. Perguntar a um aluno "por quê" pode levá-lo a explorar seu próprio pensamento e ir além de uma resposta simples, partindo para novas camadas de análises e *insights*. Em sua sala de aula de inglês do 6º ano no Brooke East Boston, Rue Ratray trabalhou com um aluno dessa maneira durante uma discussão sobre um momento crucial em *O doador*:

Professor: O que podemos deduzir sobre como o pai de Jonas se sente a respeito do que fez?

Aluno: Ele não deu muita atenção ao que fez com o bebê e parecia tranquilo com isso.

Professor: Por quê?

Aluno: Ele estava falando com o bebê como falava com Gabriel.

Professor: Por quê?

Aluno: Na última frase, ele diz "um camarão" e ele sempre age assim, falando com o bebê com uma voz de bebê.

Peça para que respondam de outra forma

Muitas vezes, existem várias maneiras de responder a uma pergunta. Quando os alunos resolvem de uma maneira, essa é uma ótima oportunidade para garantir que eles possam usar todos os métodos disponíveis. Arielle Hoo está basicamente usando essa abordagem em sua aula de matemática quando pede aos alunos que "resolvam algebricamente" o que eles entenderam olhando para um gráfico do sistema de equações. Pelas respostas de Jaheem e de outros alunos, você pode notar que eles quase esperam, tendo inicialmente resolvido de forma gráfica, que sejam solicitados a resolver por outro método, como continuação.

Como outro exemplo, imagine que um professor está revisando um pequeno parágrafo escrito por um aluno sobre uma cena em *O sol tornará a brilhar* enquanto ela circula pela sala de aula. O aluno escreveu:

> Respondendo a Asagai, Beneatha diz: "Você não nos disse o que Alaiyo significa... pelo que sei, você pode estar me chamando de idiotinha ou algo assim". Isso revela seu ceticismo.

Seu professor poderia responder. "Boa escolha de exemplo, agora cite Beneatha indiretamente em vez de diretamente".

O aluno pode então revisar:

> Beneatha revela seu ceticismo perguntando a Asagai o que significa Alaiyo e sugerindo, talvez com uma pitada de cinismo, que pode significar "idiotinha".

O professor, circulando pela sala alguns minutos depois, pode continuar com outro *Puxe mais*: "Boa mudança. Como você acha que mudou o argumento para citar a peça indiretamente em vez de diretamente?".

Peça para usarem uma palavra melhor

Os alunos geralmente começam a estruturar os conceitos na linguagem mais simples possível. Oferecer-lhes oportunidades de usar palavras mais específicas, bem como novas palavras com as quais estão ganhando familiaridade, reforça o objetivo fundamental de alfabetização de desenvolver vocabulário. Incentivar a inclusão de vocabulário também pode desenvolver a confiança dos alunos em seu pensamento e apoiar o domínio de novas palavras.

Eu mencionei, sobre o vídeo da aula de Michael Towne, que o primeiro aluno a responder parecia antecipar a pergunta de Michael e usar deliberadamente o vocabulário mais técnico que podia. Você pode imaginar um dia antes, em que um aluno poderia ter dito: "O corante se espalha mais rápido na água morna". Ao que Michael poderia ter dito "Você pode usar um termo científico?" ou "um termo do nosso Organizador de conhecimento" ou talvez "um termo mais preciso para essa ideia".

"O corante se dispersa".

"Sim, obrigado".

Da mesma forma, você pode imaginar o dia em que um aluno disse na aula de Arielle: "As linhas se cruzam uma vez". E ela disse: "Qual é o termo técnico para isso?", permitindo que o aluno recupere o termo "interseção". Os alunos criam o hábito de usar vocabulário avançado quando os professores os pressionam. Uma vez que se torna um hábito, eles fazem isso mesmo quando o professor não pede. Eles se *puxam mais* sozinhos.

Isso também pode acontecer em casos não técnicos.

"Como Kika respondeu quando recebeu o troféu?", um professor pode perguntar a seus alunos.

Uma aluna que respondesse "Ela sorriu" estaria correta, mas o professor poderia aprofundá-la perguntando: "Você consegue usar uma palavra que expresse com mais exatidão o sentimento de Kika?" Ou "Você pode usar uma de nossas palavras do vocabulário?".

Espero que ela consiga uma palavra mais poderosa, como "Ela irradiou alegria".

Se a resposta fosse "Ela sorriu bastante" ou "Ela tinha um sorriso grande no rosto", a professora poderia puxar ainda mais. "Sim, muito melhor. Você estará de parabéns se puder dizer exatamente o que "um sorriso largo" expressa, em uma única palavra certeira. Você consegue?".

Peça evidências

Ao pedir aos alunos que apresentem evidências que fundamentem sua conclusão, você enfatiza o processo de construção e sustentação de argumentos sólidos.

No mundo em geral e na faculdade, onde as respostas certas não são tão claras, e a coesão de um argumento é o que importa, essa será uma prática inestimável. Você também evita reforçar interpretações subjetivas mais fracas, uma tarefa que muitas vezes é desafiadora para os professores. Você não precisa rotular um argumento como inadequado; em vez disso, peça a evidência e dê ao aluno a oportunidade de refletir, refinando sua resposta e potencialmente revisando a si mesmo.

Você pode pedir aos alunos evidências para embasar a afirmação de um aluno de que Beneatha está lutando para expressar sua identidade em *O sol tornará a brilhar*. Ou evidências de momentos em que ela parece cada vez menos confiante no que acredita. Ou você pode dizer: "Sim, acho que é verdade. Mas muitas pessoas comentam sobre a maneira como ela muda sutilmente no decorrer da peça. Você pode encontrar alguma evidência para confirmar ou refutar essa leitura?". Ou talvez: "Sim, acho que é verdade, mas você pode encontrar um exemplo de como essa luta se torna mais intensa quando a mãe dela está presente?".

Peça aos alunos para integrarem uma habilidade relacionada ou conhecimento adicional

No mundo real, as perguntas raramente envolvem apenas uma habilidade. Para preparar os alunos para isso, peça que eles integrem outras habilidades aprendidas recentemente.

Professor: Quem pode usar a palavra *caminho* em uma frase?

Aluno: "Eu caminho pela rua."

Professor: Você pode adicionar algum detalhe para mostrar mais sobre o que significa *caminho*?

Aluno: "Eu caminho rua abaixo para comprar um doce na loja."

Professor: Você pode adicionar um adjetivo para modificar a *rua*?

Aluno: "Eu caminho pela rua larga para comprar um doce na loja."

Professor: Bom. Agora, você pode adicionar um sujeito composto à sua frase?

Aluno: "Meu irmão e eu caminhamos pela rua larga para comprar doces na loja."

Professor: E você pode colocar isso no passado?

Aluno: "Meu irmão e eu caminhávamos pela rua larga para comprar doces na loja."

Para que codifiquem conceitos em sua memória de longo prazo, os alunos precisam consolidar o conhecimento de várias fontes. As perguntas do *Puxe mais* podem ajudá-los a praticar essa consolidação.

Professor: A que Bradbury poderia fazer alusão nesta imagem?

Aluno: Talvez uma bomba que explodiu, destruindo toda a cidade.

Professor: O que sabemos que estava acontecendo nos Estados Unidos no momento em que Bradbury estava escrevendo?

Aluno: Os Estados Unidos terminaram a Segunda Guerra Mundial lançando bombas nucleares em Hiroshima e Nagasaki.

Professor: Então, a que Bradbury estaria se referindo especificamente?

Aluno: Esta imagem pode ser uma alusão à destruição nuclear, como aconteceu no Japão em 1945.

Peça aos alunos que apliquem a mesma habilidade em um novo cenário

Depois que os alunos dominarem uma habilidade, peça que a apliquem em um ambiente novo ou mais desafiador.

Professor: Que letras formam um dígrafo na palavra "carro"?

Aluno: "RR."

Professor: Excelente. Que palavra nesta frase contém um dígrafo? "Finalmente, ele correu."

Aluno: "Correu."

Professor: E qual é o dígrafo?

Aluno: "RR."

Estímulo

Na maioria das vezes, os seis tipos de *Puxe mais* que apresentei são diretivos: eles orientam os alunos a pensar em mais *de uma maneira específica* sobre algo em que demonstraram domínio. Perguntas como "Você pode me dar uma palavra melhor?" ou "Você pode me dizer por quê?" e "Como a resposta seria diferente se o expoente fosse um zero?" moldam a forma como os alunos pensam sobre sua resposta original, e isso é parte de sua força. Contudo, há momentos em que também é valioso usar uma abordagem não diretiva. A sugestão é uma forma de *Puxe mais* que não é diretiva, e a intervenção do professor é mantida a um mínimo absoluto. Dizer "Fale mais sobre isso" ou "Desenvolva essa ideia?" não mostra aluno como pensar, apenas sugere que ele pense mais. As instruções não diretivas permitem que os alunos decidam o que acham que é mais importante falar e os ajudam a desenvolver a independência intelectual.

A sugestão é muitas vezes benéfica, porque minimiza a interrupção do pensamento de um aluno. "Fale mais sobre isso" vem mais rápido e com menos interrupção na linha de pensamento de um aluno do que uma pergunta específica sobre o propósito do autor. É mais fácil para um aluno pegá-la imediatamente e desenvolvê-la, para que o pensamento do aluno permaneça no centro do palco.

Como o toque de nossos celulares prova constantemente, mesmo alguns segundos de distração são suficientes para interromper um pensamento complexo. Por isso, uma orientação simples é melhor para minimizar a interrupção e deslocar o raciocínio ao pensamento do aluno. O estímulo também é útil para aqueles momentos em que você só precisa saber mais sobre o que um aluno está pensando para saber como responder. Um simples "fale mais sobre isso" abre o caminho para que eles expandam sua ideia sem influenciar o conteúdo e fornece dados valiosos sobre o que o aluno é capaz de entender de forma independente, bem como em quais áreas pode precisar de mais ajuda.

O tipo mais comum de estímulo é a variedade verbal, em que um professor indica vocalmente que um aluno deve continuar desenvolvendo uma determinada ideia. Estes são alguns exemplos típicos:

- "Fale mais sobre isso."
- "Continue."
- "Desenvolva a ideia."

À medida que os professores fazem do estímulo um hábito, podem começar a remover a parte verbal da solicitação e substituí-la por uma solicitação não verbal, o que consegue o melhor em termos de custo mínimo de transação. Esse é também o tipo menos diretivo de *Puxe mais*. Estímulos não verbais eficazes incluem:

- um gesto com as mãos;
- um aceno de cabeça e/ou sons de encorajamento ("Mmm hmm");
- sobrancelhas levantadas ou outros gestos faciais distintos.

Uma ressalva a ser feita sobre sugestões não diretivas é que, embora ofereçam claramente mais autonomia aos alunos, e isso certamente pode ser uma coisa muito boa, as pessoas geralmente assumem que o aumento da autonomia sempre leva ao aumento do rigor. Não é necessariamente verdade que encorajar um aluno com "Fale mais sobre isso" seja mais rigoroso do que perguntar: "Como a visão de Langston Hughes da raiva internalizada é diferente da de outro autor que lemos neste semestre?". Na verdade, muitas vezes acontece o oposto. A especificidade da pergunta de um bom professor é tão provável, se não mais, de resultar em um pensamento rigoroso quanto um aluno simplesmente acrescentando aquilo que estava em sua mente. (Pode ser útil afirmar o óbvio aqui: é claro, os professores provavelmente estarão mais prontos para responder com esse tipo de orientação se tiverem planejado a resposta-alvo que estão procurando, conforme discutido na técnica 1, *Planejamento exemplar*.) As respostas que você deixar abertas ao acaso podem ser de alta ou baixa qualidade, relevantes e úteis para os colegas refletirem ou vagas ou, ainda, atrapalhar o progresso da turma em direção a um entendimento.

Dadas as compensações entre as formas diretivas e não diretivas de *Puxe mais*, a melhor abordagem é provavelmente buscar o equilíbrio, de duas maneiras: usando estímulos diretivos e não diretivos ou combinando os aspectos de ambas as abordagens em estímulos semidiretivos. Para fazer isso, uma professora pode usar o estímulo "Fale mais sobre isso", por exemplo, mas direcioná-lo para uma parte específica da resposta que ela achou mais digna de acompanhamento.

Digamos que eu pergunte a uma aluna sobre uma parte de The Giver em que Jonas está experimentando, pela primeira vez, sentimentos horríveis e sentimentos prazerosos. A aluna responde: "Jonas está confuso e com medo. Ele nunca sentiu nada disso antes e se sente sozinho". Uma solução seria dizer: "Fale mais sobre essa confusão" ou "Fale mais sobre por que ele se sente sozinho". Agora estou dando à minha aluna uma autonomia significativa, mas ainda ajudando-a a ver como detalhar mais sua observação. Esse seria um estímulo semidiretivo.

***

Note que você pode colocar uma variedade de *Puxe mais* em um espectro para refletir seu grau de direcionamento. A Figura 4.1 organiza três níveis diferentes de alerta de acordo com o grau de direção que eles oferecem.

É importante ver essas possibilidades como um espectro, não uma hierarquia. Às vezes, o poder do *Puxe mais* reside na sua capacidade de moldar a resposta e orientar os alunos para as ideias e conceitos mais importantes. Em outras situações, o fator mais importante é o menor desgaste na mudança ou a decisão do aluno sobre o que merece mais comentários. Há lugar para formas diretivas e não diretivas de *Puxe mais*, e sugiro usar todos os tipos. Uma questão necessária é onde encontrar o equilíbrio.

Parte da descoberta desse equilíbrio está em reconhecer a sinergia entre as versões diretivas e não diretivas da técnica. Fazer muitas perguntas diretivas rigorosas do tipo *Puxe mais*, provavelmente, com o tempo, ensinará os alunos a pensar de forma mais produtiva sobre o desenvolvimento de suas próprias respostas. Então, quando você estica os alunos com acompanhamentos menos diretivos, é provável que o façam, por hábito, de maneira rigorosa. Isso sugere que pode valer a pena investir tempo desde o início em questões diretivas e deixar as não diretivas para trabalhar ao longo do tempo.

O tipo de pergunta que você faz e o tipo de discussão que espera também afetam o equilíbrio das versões diretivas e não diretivas do *Puxe mais* usado em suas aulas.

Estímulo não diretivo	Estímulo parcialmente diretivo	Estímulo diretivo
"E?"	"Explique melhor a primeira parte."	"O que fez você pensar isso?"

Figura 4.1 Estímulos do *Puxe mais:* grau de direcionamento

Quando você espera por respostas variadas – por exemplo, pedindo opiniões subjetivas sobre um texto ou interpretações diferentes numa análise literária –, os estímulos não diretivos do *Puxe mais* podem fazer os alunos terem uma variedade fascinante de pensamentos, talvez até desenterrar *insights* substanciais que você não tinha previsto. Por outro lado, se houver um resultado específico que você planejou, o equilíbrio provavelmente muda em favor de instruções mais diretivas. Em suma, você vai querer corresponder à decisão a ser tomada sobre o equilíbrio que atinge entre os estímulos do *Puxe mais* ao seu objetivo. Se quer que os alunos entendam como Jonas se sente sozinho, use uma abordagem mais diretiva. Se quiser que os alunos reflitam sobre como a linguagem de Lowry mostra que ele se sente sozinho (ou identifiquem momentos em que eles simpatizam com a solidão de Jonas), opte por uma abordagem menos diretiva.

Puxe mais e os objetivos

Vamos supor que você pediu a uma aluna para somar três e cinco. Depois que ela lhe deu uma resposta correta de oito, você decidiu usar o *Puxe mais* um pouco e recompensar o trabalho correto com perguntas mais difíceis. Confira a seguir algumas maneiras de fazer isso.

"Bom. Quanto é 13 + 5?"

"Bom. Quanto é 30 + 50?"

"Bom. Quanto é 8 – 5?"

"Bom. Quanto é 5 + 3?"

"Bom. Quanto é 4 + 5?"

"Bom. Você poderia escrever um problema na história?"

"Bom. Você poderia me mostrar como você sabe disso?"

Esses são todos bons acompanhamentos para a questão original, mas qual você escolhe? Com tantas opções para puxar mais, mesmo com uma pergunta muito simples, como você evita que a técnica se torne dispersa e aleatória? Como você evita que a aula se estenda demais?

Estar ciente da variedade de tipos de perguntas pode ajudar a diversificar nas maneiras de desafiar seus alunos. Ao mesmo tempo, algum foco estratégico pode ajudar a fazer com que o *Puxe mais* atinja *metas* importantes e *alinhadas a objetivos* em sua sala de aula.

Independentemente do tipo de pergunta, é sempre útil lembrar-se dos objetivos da aula. É bom fazer alguns *Puxe mais* "laterais" (em novas áreas) alguns como reforço (para manter vivas as habilidades que os alunos dominaram, voltando a elas para a prática ocasional). No entanto, reserve *a maior parte* do seu *Puxe mais* para perguntas que se alinham mais de perto com seus objetivos para aquele dia ou sua unidade atual. Isso ajuda a manter a técnica focada e produtiva.

TÉCNICA 18: O FORMATO IMPORTA

Não existe um jeito certo de falar um idioma, especialmente um tão complexo e usado em tantos países como o português. Isso se manifesta no fato de que quase todos os que falam português na verdade falam "portugueses", usando diferentes variantes, dependendo do ambiente: no trabalho ou com amigos ou familiares, por exemplo. Deixe-me afirmar diretamente, então: há beleza e valor na voz de todos e em todas as nossas diferentes maneiras de falar.

No entanto, ao mesmo tempo, *os professores têm uma responsabilidade especial que ninguém mais na sociedade tem*. Temos a tarefa de desenvolver o domínio dos alunos de um português *específico*.

É a versão do português em que quase todos os artigos, estudos científicos, resumos jurídicos ou memorandos são escritos. É usado perante o tribunal de apelação, em apresentações ao conselho de uma empresa, entre os médicos durante seus turnos.

Chame de língua-padrão, se quiser. Algumas pessoas não gostam desse nome, mas temos que chamar de alguma coisa, e o fato é que existe uma variante que seus alunos devem dominar se quiserem estar preparados para participar de forma plena e equitativa da vida cívica e econômica.

Talvez seja chato saber que alguém pode pré-julgar as ideias de seus alunos porque elas não foram comunicadas na língua-padrão; talvez você prefira argumentar contra a aceitação de um formato padrão,[3] mas, como professores, devemos deixar esses sentimentos de lado. Ou sentir as duas coisas: amor por nossos alunos e suas formas de expressão *e também* a responsabilidade de garantir que eles estejam preparados para falar com fluência a língua das profissões. A escola é a instituição que oferece aos alunos a oportunidade de dominar essas formas de linguagem. Caso contrário, o acesso total à oportunidade será concedido apenas àqueles a quem o privilégio ou o acaso preferir.[4]

"Fingir que não existem regras é fazer com que muitos alunos não as conheçam", escreve Lisa Delpit. "Insinuar para crianças ou adultos que não importa como você fala ou como você escreve é garantir seu fracasso final."[5]

Delpit chama a linguagem de um "jogo", com regras que os alunos devem aprender a jogar. Eu poderia optar por chamá-la de convenção,[6] uma que herdamos e que muda mais lentamente do que a sociedade,[7] mas seja qual for o nome, temos a responsabilidade de preparar os alunos para dominá-la. Como observa a professora e escritora Jasmine Lane: "A escola é um lugar de preparação, um lugar onde você aprende os códigos para acessar a porta principal, não necessariamente porque ela é melhor, mas porque, se quiser fazer mudanças significativas em qualquer sistema, deve primeiro ser capaz de reconhecer as regras da portaria."[8]

Algumas pessoas temem que isso faça os alunos sentirem que eles ou suas formas de linguagem são de alguma forma inferiores. Mas por que supor isso? Se você se mudasse para Portugal (ou, se for português, se você se mudasse para o Brasil), começaria a falar de forma diferente em determinados ambientes públicos. Você imagina que perderia seu senso de identidade e valor próprio? Acredito que você continuaria sendo você, apesar de adaptar seus hábitos de linguagem ao contexto local. Nossos alunos são hábeis. Por que considerá-los menos capazes do que nós de fazer escolhas linguísticas sem perda de identidade? Se você se preocupa que alguns possam sentir sua linguagem implicitamente desvalorizada, certamente isso é algo que você pode abordar como docente. Escrevendo sobre sua própria experiência na escola, Lane observa que nunca sentiu que aprender a usar a linguagem de maneira diferente era uma rejeição de quem ela era: "Eu só precisava de alguém para me ensinar de modo claro a importância de ambas [as formas de usar a linguagem]".

Nosso trabalho, em outras palavras, é ensinar os alunos – com sensibilidade, gradação e discernimento – a dominar a língua-padrão. Para alguns, nossas salas de aula podem ser sua única chance de aprender. E a melhor maneira de fazer isso é construir hábitos verbais e escritos. *Quando estamos na sala de aula*, mudamos para um modo de discurso que garante uma exposição consistente e sustentada ao formato padrão, para que todos os alunos possam usá-lo naturalmente e sem esforço.[9]

Começarei descrevendo o *quê* da técnica *O formato importa*, mas também discutirei o *como* – uma questão muito importante.

Confira a seguir quatro ações específicas que os professores podem tomar dentro da técnica *O formato importa*.

1. O ***formato gramatical*** envolve pedir aos alunos que expressem (ou reformulem) suas respostas na língua-padrão.

2. O ***formato de frase completa*** envolve pedir aos alunos que expandam as respostas em frases ou sentenças completas para garantir que eles tenham uma prática oral extensa na formação de frases e sintaxe complexa.

3. O ***formato audível*** envolve lembrar os alunos de falar de forma audível. O valor das ideias dos alunos é prejudicado se ninguém puder ouvi-las.

4. Por fim, proponho uma ideia chamada ***formato colegiado***. Descrito na pesquisa de Basil Bernstein sobre código elaborado, a ideia é preparar os alunos para algumas das demandas particulares de faculdades e universidades, buscando conforto não apenas com a "língua-padrão", mas com a forma de linguagem, mais formal e distinta ainda, frequentemente encontrada em um ambiente acadêmico.

Formato gramatical

Quando os alunos cometem erros gramaticais (ou seja, variações do padrão) em sala de aula, eles geralmente não têm consciência disso. Nosso objetivo deve ser ajudá-los a ouvir quando isso acontece e saber como corrigir os erros.[10] Eles mesmos poderão avaliá-los. Queremos que eles construam hábitos para que, quando estiverem na sala de aula, a língua-padrão chegue a eles naturalmente. Uma compreensão da memória de trabalho nos diz que, se os alunos tiverem que intepretar conscientemente enquanto falam, o esforço necessário para fazê-lo interferirá em outros usos da memória de trabalho. Queremos que nossos alunos não precisem usar a escassa memória de trabalho pensando em como dizer algo para que ela possa se concentrar em pensar e observar. Se o hábito é o objetivo, então não basta dizer a um aluno que ele cometeu um erro; é melhor pedir-lhe para corrigi-lo. Dessa forma, o aprendizado deles não é muito diferente do que podemos experimentar aprendendo esportes ou música. Treinadores e professores de música reconhecerão rapidamente que oferecer uma crítica – dizer a um jovem que ele precisa ficar de frente para a cesta ou que uma nota precisa ser tocada mais suavemente – não será tão eficaz quanto dar a ele a chance de corrigir e construir memória do resultado desejado: "Tente isso de novo e deixe-me ver você acertar a cesta antes de arremessar" ou "Deixe-me ouvir você tocar isso de novo, mas toque a última nota suavemente". É fazendo que se constrói o hábito.

Construir um hábito também implica uma quantidade razoável de frequência e consistência na correção, e isso pode ser um desafio. Você deve corrigir toda vez que ouvir um uso fora do padrão? Claro que não. Há um equilíbrio delicado a ser atingido. Pode valer a pena pular uma correção no meio de um raciocínio especialmente profundo, ou pelo menos atrasar a correção até que o raciocínio esteja completo. É melhor esperar até que um aluno diga "Nós estava discutindo a natureza irônica de uma lei que diz que protege as pessoas, tirando seus direitos", para dizer: "Interessante, você pode começar: 'Nós estávamos...'" do que interromper o pensamento e correr o risco de que nunca seja concluído. É difícil manter duas coisas na memória de trabalho ao mesmo tempo. Sempre existe o risco de que pensar na correção da frase faça ela ficar fora da memória de trabalho. Certamente há momentos em que você deve ter cuidado para não mostrar que seu primeiro pensamento num caso como do exemplo foi "Ah, concordância sujeito-verbo".

Corrigir algumas vezes no início da aula – antes de chegar ao pensamento mais profundo e quando você pode lembrar as expectativas aos alunos desde cedo – geralmente é eficaz.

Você também pode explicar aos alunos o que você vai fazer e por que, com antecedência para que eles entendam. Isso significa um breve discurso de início, talvez algo assim: "Muitas vezes, vou ajudar vocês a identificar como dizer isso na linguagem que a faculdade e o local de trabalho esperam de vocês. Valorizo a forma de falar fora da sala de aula, mas meu trabalho é ajudar a aprender uma versão específica da linguagem para que estejam prontos para o mundo. Então, muitas vezes vou falar a vocês como dizer as coisas na língua-padrão. Quando eu fizer isso, faça o seu melhor para corrigi-lo, mas saiba que eu nunca vou estar julgando você. Eu também falo diferente fora dessas quatro paredes".

Como isso sugere, é importante que as correções sejam feitas sem julgamentos – nosso objetivo é preparar os alunos para o mundo, reforçando sua fé em si mesmos e em sua capacidade. Em *Culturally responsive teaching and the brain*, Zaretta Hammond nos lembra de cuidar para que a correção da linguagem seja um "*feedback* instrutivo", que ajude os alunos a se concentrarem em fazer "ajustes específicos". Deve ser sempre "oportuna" e "entregue em um ambiente de baixo estresse", em vez de ser avaliativa.

Assim, o objetivo é encontrar técnicas simples para identificar e corrigir erros com o mínimo de distração. Os dois métodos a seguir são especialmente úteis.

1. *Identifique o erro*. Quando um aluno cometer um erro gramatical, apenas repita o erro em um tom suavemente interrogativo. Você pode assistir Darryl Williams fazer isso no vídeo *Darryl Williams: Deve ser*, Darryl pergunta quando um aluno usa essa frase. Ele então permite que o aluno se corrija – eles já tinham combinado que os próprios alunos se corrigiriam se houvesse um erro.

2. *Comece a correção*. Quando um aluno comete um erro gramatical, comece a reformular a resposta e, em seguida, permita que ele a complete. No segundo exemplo do vídeo, Darryl começa: "Tem um...", deixando o aluno fornecer a resposta correta completa. Essa versão é útil se você tentar identificar o erro e seu aluno não conseguir se autocorrigir.

Lembre-se de agir com discrição. *Haverá momentos para deixar a sentença ser concluída e não intervir imediatamente*. Se você estiver fazendo um trabalho em que os alunos expressam opiniões ou pensamentos especialmente consistentes, provavelmente desejará deixá-los terminar o pensamento antes de corrigir. E é claro que haverá momentos para não intervir.

Em *Motivated Teaching* (*Ensino Motivado*), Peps Mccrea aponta o risco de que boas ideias possam se tornar adaptações letais se os professores não tomarem cuidado com a forma como as utilizam. Muitas vezes isso acontece com as ferramentas mais importantes que temos, e *O formato importa* não é exceção. A parte mais importante da técnica é o tom. Os alunos precisam saber que nos preocupamos com eles, valorizamos suas ideias e ainda temos a responsabilidade de moldar seus hábitos de comunicação. Seja sensível e amável, mas também não se desculpe. Observe que Darryl não faz alarde sobre sua decisão de corrigir. Às vezes, ser prático chama menos atenção para uma correção e sugere sua normalidade.

Formato de frases completas

Certa vez, um professor meu argumentou que uma *noção* é um fragmento de uma ideia, uma impressão, crença ou opinião ainda não totalmente formada em sua mente. Somente quando você coloca em palavras é que finalmente se torna uma ideia. Antes de ser encapsulado na linguagem, ele não está totalmente formado. Você sabe que sente algo, mas ainda não sabe o que é até que se torne uma sequência de palavras. "A linguagem", como disse o poeta W. H. Auden, "é a mãe, não a serva do pensamento".

Nossa facilidade com o processo de transformar ideias em palavras e sintaxe ajuda (ou limita) sua criação. Uma definição de uma frase é "um pensamento completo", o que nos lembra que a criação de frases é, portanto, uma formação de pensamento completo e certamente uma das poucas habilidades mais críticas para qualquer aluno.

Sendo assim, um presente para os alunos seria dar-lhes muita prática na construção de frases completas – tanto no discurso falado quanto no escrito, após reflexão e no calor do momento. Em outras palavras, a resposta truncada de um aluno – em uma única palavra ou fragmento de uma frase – muitas vezes pode ser uma oportunidade para praticar o uso e desenvolver fluência com as formas sintáticas que moldarão seus pensamentos pelo resto de suas vidas.

Você pode começar simplesmente pedindo uma frase completa *após* uma resposta truncada, como em:

Professor: James, onde se passa a história?

James: Oakland, California.

Professor: Sim, correto ... e em uma frase?

James: A história se passa em Oakland, California, em 1968.

Ou então, antes que a resposta seja dada:

Professor: Quem pode me dizer, em uma frase completa, onde se passa a história?

Observe, no primeiro exemplo, que o professor *elogiou o pensamento* ("Sim, correto") antes de pedir uma revisão. Essa é uma maneira fácil de manter o tom positivo e enfatizar que praticar a formação de frases completas não é um julgamento sobre a resposta. Um sorriso também ajuda a confirmar isso.

Nesse exemplo, você também notará que James adiciona um pouco mais de informação (ele inclui o ano de 1968). É claro que nem sempre isso vai acontecer. Mas, muitas vezes, quando você pede uma resposta um pouco mais elaborada ou uma forma de expressão mais formal, os alunos percebem a expectativa e adicionam mais detalhes voluntariamente.

Como alternativa, você pode desafiar James sugerindo uma maneira interessante de começar a frase, de preferência uma que use uma sintaxe desafiadora:

Professor: James, onde se passa a história?

James: Oakland, California.

Professor: Bom. Você pode responder novamente, começando com "A história se passa..."

James: A história se passa em Oakland, California, em 1968.

Novamente, o professor aqui elogiou o pensamento antes de pedir uma revisão, mas a revisão também fez com que James usasse "passa" como um verbo. Isso envolve pegar um substantivo e transformá-lo em verbo – uma tarefa desafiadora – e aplicar um uso que é menos comum verbalmente do que por escrito. Ambos provavelmente ajudarão a expandir o controle sintático dos alunos.*

Você pode ver isso no vídeo *Jasmine Howard: Única saída*. Jasmine pede a uma aluna que defina uma função. "Ela tem uma única saída", responde a aluna. A resposta dela está em grande parte correta. Pelo menos está se você fizer algumas suposições sobre ao que os pronomes dela se referem, então Jasmine a pressiona a esclarecer:

"'Ela tem uma única saída', ela repete. "O que é o 'ela'?"

"A entrada", responde sua aluna, e Jasmine agora pede uma frase completa com um tom encorajador e um comportamento que confirma a resposta: "Vá em frente e diga isso em uma frase completa". Em outras palavras, ela está pedindo ao aluno para incorporar a segunda resposta na resposta original e expressá-la como um pensamento completo.

"Cada entrada em uma função tem uma saída única", diz sua aluna. Ela não apenas demonstrou compreensão, mas também praticou a criação de uma expressão elegante e concisa de uma ideia complexa no meio da discussão e especificou ainda mais seu ponto ao adicionar a palavra "cada" por sua própria iniciativa.

Em outra interação, ela pergunta a um aluno: "Esta é uma função linear?"

"Sim", o aluno responde.

"Por quê?"

"Porque ela forma uma linha reta."

"Tudo bem. Diga em uma frase completa e não use 'ela'", Jasmine responde. Isso requer a ajuda de um colega de classe que finalmente chega a: "A equação representa uma função linear porque os pontos estão em uma linha reta em um gráfico".

Espero que não seja necessário acrescentar que um argumento a favor da prática frequente na formação de frases não é um argumento para pedir respostas reflexivas em frases completas. Como sempre, o bom senso se aplica. Muito de uma coisa boa pode torná-la uma coisa ruim. Mas, por favor, não negligencie a influência da oratória – a capacidade de se expressar de forma clara, fluente e gramatical na fala. Expressões elegantes e concisas de uma ideia complexa oferecida em meio às discussões, na forma do que a aluna de Jasmine cria, faz com que um aluno se destaque em uma aula e sinta confiança para expressar suas ideias.

Além disso, como eu discuto em outro lugar, é importante reconhecer que os dados são alarmantes: os alunos leem cada vez menos, e a tendência está indo na direção errada. A leitura está perdendo cada vez mais espaço para os *smartphones*. Dado que o texto escrito usa uma gama muito mais ampla não apenas de vocabulário, mas também de sintaxe do que a linguagem falada, uma das muitas maneiras pelas quais isso é relevante é que os alunos são frequentemente menos expostos a essas formas

---

*N. de T. Esse exemplo utiliza palavras que, na tradução, não refletem a troca de substantivo para verbo. Porém, a ideia principal é fazer com que o aluno elabore a resposta, usando uma frase completa, possivelmente com outras classes gramaticais.

de linguagem. Permitir o uso mais intencional de sintaxe elaborada e elevada em sua sala de aula pode ajudar a preencher pelo menos parte da lacuna resultante.

Formato audível

Reserve um momento para assistir ao breve segmento de discussão sobre o romance de Lois Lowry *O número das estrelas* na segunda metade do vídeo *Christine Torres: Pedra Angular*. Então assista ao vídeo *Christine Torres: Alto e com orgulho*, que mostra a influência de Christine pedindo aos alunos que falem de forma audível. Nesse vídeo, você pode ver que ela reforça a expectativa durante a discussão, bem como durante uma série de momentos anteriores na aula. Esses resultados são impressionantes. Os alunos se expressam com confiança como se suas ideias fossem valiosas, e seus colegas as ouvem com clareza e todas as nuances do que dizem. A rica discussão que você ouve acontece em parte por causa disso. Os alunos ouvem os argumentos claramente e expressos como se fossem importantes, respondendo de acordo. Combinado com *Hábitos de atenção* (técnica 48) e *Hábitos de discussão* (técnica 44), isso costura o tecido de uma cultura onde as pessoas ouvem umas às outras, valorizam ideias e, assim, falam honestamente e abertamente com confiança.

Nada disso aconteceria se, quando chamados, os alunos de Christine murmurassem ou falassem baixo, para que outras pessoas na sala não pudessem ouvi-los.

Em outras palavras, não adianta muito discutir ideias com pessoas que não podem ouvi-las. Uma sala de aula onde são comuns declarações que mal se podem ouvir sugere que as ideias expressas nessas declarações não importam muito. E é difícil fazer ouvir bem uma expectativa, a não ser que os falantes sejam audíveis. Se é importante dizer em sala de aula, é importante que todos possam ouvir.

Talvez a maneira mais eficaz de reforçar a expectativa de audibilidade seja com um lembrete rápido e nítido que crie o mínimo de distração dos assuntos da aula. Christine diz "Alto e confiante". Ela é consistente, e sua implementação mostra claramente respeito pelos alunos. Você pode ouvir isso no reforço adicional que Christine ocasionalmente dá. Ela é acolhedora, solidária e ocasionalmente brincalhona, mas sempre insistente na excelência:

Para Mark: "Vá em frente. Alto e confiante. Arrebenta."

Para Jasmine: "Mais alto, você consegue, garota."

Para Didi: "Mais alto, garota!"

Para Jovon: "Mais alto e mais confiante, porque você consegue."

Novamente para Jovon: "Pausa. Jovon. Você entendeu. Fale como eu..."

Existem outras frases que você pode usar. Apenas certifique-se de que o que você escolher seja rápido e consistente (sempre preferível a confuso ou disruptivo) e siga o conselho de Zaretta Hammond de que correções desse tipo devem ser "instrutivas e acionáveis, em vez de avaliativas". Você pode ver isso várias vezes na aula de

Christine. A mensagem explícita ou implícita é: suas palavras importam; compartilhe-as conosco para podermos ouvir. "Alto" ou "mais alto, por favor" são boas opções simples e não invasivas. Pode funcionar melhor, dependendo da sua configuração e estilo – "alto e confiante" provavelmente não funcionaria bem em uma sala de aula do ensino médio, por exemplo.

Observe mais um exemplo de formato audível no vídeo *Gabby Woolf: Pedra Angular*. Enquanto Gabby revisa uma seção desafiadora de *O médico e o monstro* para garantir que todos os alunos tenham entendido os principais eventos, Imran responde à pergunta, e Gabby lembra à turma: "Bom. Podemos manter a voz alta, por favor?" Ela reforçou isso não quando a resposta de Imran foi inaudível, mas quando caiu em silêncio. É melhor enfrentar o problema cedo, quando um lembrete serve, em vez de uma correção. Momentos depois, Ahmed atende e Gabby lembra aos alunos novamente: "Falem alto, por favor". Seu tom é claro, mas sem ressentimento. Observe que ela também dirige seus comentários para toda a turma, garantindo a universalidade do lembrete e difundindo qualquer crítica que Ahmed ou Imran possam sentir. Isso também é mais fácil de fazer quando você pede aos alunos *antes* que as vozes se tornem inaudíveis. Depois que eles começarem, você terá que pedir ao aluno que está falando para repetir e chamar muito mais atenção para ele.

Reforçar o formato audível fica melhor quando fica você explica antes a eles o que fará e por quê. Fale algo como "O que você tem a dizer é importante, então todos devem ter condições de ouvir". Os alunos podem se sentir desconfortáveis no início, então reforçar o motivo disso é essencial para ajudá-los a abraçar o desafio e contribuir de forma audível para a comunidade de aprendizagem. Ao pedir que os alunos aumentem a voz, é bom também falar de forma afetuosa, mostrando que você tem confiança e cuidado com eles. Isso fica evidente nos ensinamentos de Gabby e de Christine: o tom otimista delas é tão notável quanto a persistência.

Formato acadêmico

Assista a interação entre Beth Verrilli e sua aluna Ashanti no vídeo *Beth Verrilli: Aqui*. Os alunos estão lendo uma cena de Shakespeare onde Lady Macbeth procura inspirar o marido a uma ambição implacável. (Observe a bela leitura oral de Jennifer.)

"O que ela vai fazer quando ele chegar em casa?", Beth pergunta, ao que Ashanti responde: "Ela vai falar todas essas coisas ruins no ouvido dele". O que é verdade e mostra uma forte compreensão da peça de Shakespeare e, francamente, de Lady Macbeth.

Mas como essa resposta funcionaria em uma aula de faculdade, com apenas um semestre ou dois na jornada de um aluno? Pode funcionar bem. Seus colegas de turma e seu professor podem adorar o jeito casual e fácil de *ela vai falar todas essas coisas ruins no ouvido dele*. Eles podem até tentar usar um pouco disso em suas próprias respostas; é divertido capturar a essência de Shakespeare tão casualmente, como se fosse fácil. Mas Ashanti também precisará escrever um artigo usando uma linguagem mais acadêmica. Não há problema em usar o discurso informal se você sabe usar o formal quando precisar.

A escola e a universidade são ambientes onde as palavras importam e o discurso formal culto às vezes é o esperado. Ninguém diz a você isso explicitamente. Na verdade, eles às vezes fingem o contrário, mas isso é apenas esconder as chaves – mantendo o segredo para si mesmos. Sua capacidade de mudar para essas formas de discurso, de enquadrar ideias em palavras exatas ou palavras cultas ou novas – ou, às vezes, a capacidade de enquadrar ideias enfadonhas e repetidas em novas palavras – faz parte do código não dito do sucesso. Essas são as formas de linguagem que marcam a experiência e a maestria de uma profissão – seja você informado disso ou não.

Portanto, note o valor do que acontece a seguir. "Repita a ideia de que ela vai falar todas essas coisas ruins no ouvido dele, mas agora numa linguagem mais formal...", Beth diz, direcionando a pergunta de volta para Ashanti.

"Ela vai tentar impor suas crenças negativas em Macbeth", explica Ashanti.

A primeira resposta de Ashanti foi, em muitos aspectos, suficientemente boa. Em algumas situações, poderia ter sido melhor. Observe que Beth está expressando claramente que gostou da resposta original de Ashanti. A professora está apenas auxiliando a aluna para que consiga se expressar de maneira formal, se necessário. Pedir que Ashanti use um discurso mais complexo mostra que Beth valida o pensamento de Ashanti.

Em outras palavras, o *Formato acadêmico* refere-se a momentos em que os professores fazem com que os alunos elevem seu discurso e expressem seu pertencimento e disposição para contribuir mesmo nos contextos mais avançados.

TÉCNICA 19: SEM DESCULPAS

A crença de que os alunos não podem fazer uma tarefa ou que o conteúdo será muito difícil ou desinteressante pode entrar involuntariamente em nossas salas de aula... e nas mentalidades. *Sem desculpas* mostra como isso pode acontecer e algumas palavras que podem ser úteis para evitá-lo.

Desculpas pelo conteúdo

Quando voltei ao *campus* do Hamilton College depois de estudar no exterior no meu primeiro ano, todas as outras turmas da minha graduação estavam cheias, exceto *Poetas Românticos Britânicos*, com Patricia O'Neill. Não poderia haver um tema menos atraente. Imaginei um semestre de recitações eruditas sobre a natureza do amor, mas precisava do crédito para a minha graduação, então entrei com relutância e, para ser honesto, um pouco mal-humorado na melhor aula que tive na faculdade.

Adeyemi Stembridge ressalta que um professor apaixonado pode ser o elo entre o aluno e o conteúdo, que o propósito do professor é modelar e fomentar uma relação com o conteúdo. Foi assim que a professora O'Neill de alguma forma me convenceu de que era urgente ficar acordado até tarde lendo William Wordsworth e mudou para sempre a forma como penso e leio. Eu sabia que ia gostar de algumas aulas, mas a professora O'Neill conseguiu me inspirar com um conteúdo que, com minha experiência vasta de 19 anos, eu tinha certeza que era irrelevante para mim. Suponho que a maioria das pessoas tenha tido uma experiência semelhante, descobrindo que o assunto que parecia menos interessante ganhou vida nas mãos de um professor talentoso.

Em outras palavras, não existe conteúdo chato, apenas conteúdo que está esperando até que você lhe dê vida, para encontrar uma maneira de entrar. Nas mãos de um grande professor, o material que os alunos precisam dominar é emocionante, interessante e inspirador, mesmo que às vezes duvidemos que possamos fazê-lo. Além disso, há sempre o prazer de enfrentar um desafio.

Costumo ouvir esse argumento sobre a escolha do livro: deixe os alunos escolherem o que gostam, e eles vão adorar ler. Isso geralmente é bom para leitura independente, mas somente lendo o mesmo livro podemos discutir e entender nossos diferentes pontos de vista sobre uma determinada história. Alguém não vai ter sua melhor escolha. Talvez ninguém a tenha. E talvez isso seja bom. É tolice imaginar que uma pessoa de 11 ou 14 anos conhece tantas opções para saber do que gosta. A questão é ampliar os horizontes dos jovens, não apenas aceitá-los e reinscrevê-los permanentemente. Quanto mais você provar a um estudante de 14 anos que seu conhecimento do mundo ainda é imperfeito, melhor. Ele provavelmente também pensa que não gosta de uma determinada comida porque não a provou preparada por um especialista. O dom, na verdade, é em parte aprender que você pode se surpreender com o que gosta.

Simplesmente escolher um conteúdo que supomos que os alunos gostam também não faz uma sala de aula culturalmente responsiva. Os alicerces do ensino devem tornar a sala de aula um lugar acolhedor, vibrante e inclusivo, que diga aos alunos que seu aprendizado é importante. O ensino significativo ajuda-os a sentirem um sentimento de pertencimento na sala de aula e uma conexão com o conteúdo. Como escreve Zaretta Hammond, é "simplista pensar que os alunos que se sentem marginalizados, academicamente abandonados ou invisíveis na sala de aula voltariam a se envolver simplesmente porque mencionamos reis de tribos africanas ou impérios astecas no México".

Supor que algo será chato é um equívoco

Muitas vezes supomos que os alunos acharão algo chato. Pense por um momento sobre contabilidade, por exemplo. Para muitos, é chato, certo? No entanto, existem milhares de contadores que amam seu trabalho e o acham fascinante; que até leem livros sobre contabilidade por prazer. Eles seguem contadores exemplares nas mídias sociais. Talvez consideremos a contabilidade chata porque não sabemos muito sobre ela. Talvez não tenhamos em conta a diversidade dos gostos de cada um. Alguém ama uma comida que você despreza e vice-versa. Dizer algo como "Pessoal, eu sei que isso é meio chato. Vamos apenas tentar passar por isso" ou mesmo "Você pode não achar isso tão interessante", pedindo desculpas antecipadamente, é assumir que será chato para eles, além de mostrar que você está na defensiva: se eu contar que não gosto e você não gostar, saberá que não é minha culpa. Você não vai pensar que o chato sou eu.

A crença de que o conteúdo é chato é uma profecia autorrealizável. Ninguém desperta a atenção para uma atividade quando se anuncia que será chata. No entanto, existem professores que fazem atividades ótimas, emocionantes e inspiradoras de todos os temas que algum outro professor considera monótonos, rotineiros. Nosso trabalho é encontrar uma maneira de tornar o que ensinamos envolvente e nunca assumir que os alunos poderão não gostar do que não é instantaneamente familiar ou não os atrai à primeira vista.

"Eles vão gostar disso" pode ser superficial

Assim como nossas razões para supor que os alunos não vão gostar de algo podem ser superficiais, também podem ser nossas razões para supor que vão gostar. Rudine Sims-Bishop observa que o conteúdo da lição fornece "visões de mundos que podem ser reais ou imaginários, familiares ou estranhos". Ela usa a analogia de espelhos e janelas. No espelho vejo o meu reflexo. Na janela vejo um mundo diferente trazido à vida. Todos os alunos merecem e respondem a ambos. Por exemplo, como Sims-Bishop aponta, "crianças de grupos sociais dominantes... também sofreram com a falta de disponibilidade de livros sobre os outros. Eles precisam de livros que os ajudem a entender a natureza multicultural deste mundo". Também é verdade que os alunos negros têm a mesma probabilidade de se emocionar e se inspirar com as palavras de Shakespeare como qualquer outro aluno. "Todos os textos pertencem a todos os alunos", escreve Alfred Tatum. Shakespeare – como Morrison, Marquez, Neruda, Hurston ou Murakami – pertence a todos.

Porém talvez haja uma tendência a presumir que o espelho será mais envolvente do que a janela, a supor que os alunos só vão querer ver a si mesmos no conteúdo, em vez de perceberem que podem se inspirar em livros ou temas sobre pessoas com origens diferentes da sua. Para alguns, interesse e identidade se alinham aos termos pelos quais os vemos ("Eu sou latina"). Para outros é menos visível ("Sou uma cientista"). Uma escola justa é uma escola em que cada criança ganha a oportunidade mais plena de perseguir seus sonhos. Temos que nos manter abertos à grande variedade de seus sonhos. Alguns alunos encontrarão inspiração em um ativista (como Malcolm X) e alguns em um biólogo (como Gregor Mendel). Nós – e nem eles – nunca saberemos qual será qual. Quando se trata de janelas e espelhos, todos os alunos devem ter ambos.

Culpando o contexto

Um professor que atribui a responsabilidade pela aparência do conteúdo em sua aula a alguma entidade externa – a administração, funcionários públicos ou algum "eles" abstrato – começa com dois problemas: está minando a validade do conteúdo para os alunos e corroendo seu próprio entusiasmo por ensiná-lo. A culpa pode soar assim: "Esse material vai cair na prova, então vamos ter que aprender" ou "Eles dizem que temos que ler isso, então...". A negatividade aqui é uma profecia autorrealizável e também um pouco carente de perspectiva: se estiver "na prova", provavelmente também faz parte do currículo da escola ou talvez dos padrões do seu estado ou município. Você nunca vai concordar totalmente com o julgamento de ninguém sobre o que está incluído no currículo e nos padrões, mas é possível que as pessoas (também inteligentes) que o colocaram lá tenham uma boa razão para fazer isso. Refletir sobre esse raciocínio pode ser um bom ponto de partida: "Vamos estudar isso porque é um alicerce importante para as coisas que você fará ao longo de sua vida como estudante".

Desafio

O importante trabalho de Carol Dweck sobre mentalidade de crescimento tem sido bastante discutido e aplicado – às vezes bem e às vezes mal. Basicamente, ele nos lembra de que o fato de algo ser desafiador é bom. A disposição para abraçar o desafio pode muito bem nos levar a aprender mais. Certamente isso nos prepara para as dificuldades da vida. Então, pode ser útil uma pequena mudança de "Sinto muito, isso vai ser difícil" para "Isso vai ser realmente desafiador (e isso é uma coisa boa)". Confira a seguir algumas frases que podem ajudar a transformar o pedido de desculpas em uma oportunidade.

- "Esse tópico é ótimo, porque é realmente desafiador!"
- "Muitas pessoas não entendem isso até chegarem à faculdade, mas você saberá agora. Legal."
- "Isso fica cada vez mais empolgante à medida que você entende melhor."
- "Muitas pessoas têm medo dessas coisas, então, depois de dominá-las, você saberá mais do que a maioria dos adultos."
- "Há uma grande história por trás disso!"

Desculpas para alunos

Na primeira escola que ajudei a fundar, os alunos aprendiam chinês mandarim como língua adicional. Nenhum deles era chinês, e muitos ainda estavam aprendendo a língua inglesa. Eles eram poliglotas de todas as culturas e cores. Sabendo o quão difícil é o mandarim – as dezenas de milhares de *Hanzi*, os quatro tons que fazem as palavras assumirem novos significados, os alfabetos simplificados e complexos –, muitos estrangeiros, alguns membros da equipe e até muitos pais, responderam: "Como é que eles vão aprender chinês?". O diretor da época respondeu calmamente que, se tivessem nascido na China, aprenderiam chinês. Assim começamos. Eles aprenderam com muito orgulho e sucesso. O primeiro passo foi acreditar que conseguiriam.

"Como educadores, temos que reconhecer que ajudamos a manter a lacuna de desempenho quando não ensinamos habilidades cognitivas avançadas aos alunos", escreve Zaretta Hammond. Corremos o risco de não proporcionar um bom ensino quando "subestimamos o que os alunos desfavorecidos são intelectualmente capazes de fazer [e] adiamos trabalhos mais desafiadores e interessantes até acharmos que eles dominaram o básico".

Confiar na capacidade nos alunos, mostrar a eles que você confia e transmitir constantemente a mensagem "eu sei que você pode" aumenta a autopercepção da aprendizagem do aluno. Confira a seguir algumas frases que podem ajudar a estruturar o desafio ao apresentá-lo aos alunos.

- "Essa é uma das coisas que vocês vão ter muito orgulho em saber."
- "Quando estiverem na faculdade, poderão mostrar o quanto sabem sobre…"
- "Não se assustem com isso. Existem algumas palavras novas, mas uma vez que vocês as conheçam, ficará fácil."
- "Isso é complicado. Mas vocês poderão fazer muita coisa se se esforçarem para aprender."
- "Sei que vocês podem fazer isso. Confio na capacidade de vocês."
- "Não há problema em ficar confuso na primeira vez com isso, mas vamos conseguir, então vamos tentar outra vez."

NOTAS

1. O tom e o elogio também são variáveis relacionadas à idade. Isso significa que, se você dá aula na educação infantil, precisa reforçar as conquistas a cada pequeno momento. Se estiver no final do ensino médio, vá com calma.
2. Essa é uma das centenas de razões por que a cultura comportamental é importante. Não basta eliminar comportamentos negativos. Temos que instalar e incutir comportamentos positivos de aprendizagem entre os alunos para que a cultura da sala de aula apoie mudanças de comportamento benéficas aos jovens. Por favor, lembre-se desse momento ao ler os Capítulos de 10 a 12.
3. Já vi várias críticas à ideia de incentivar o uso da gramática e da sintaxe padrão na escola. Muitos acharam meu argumento opressivo ou ofensivo. O curioso é que todas essas críticas foram escritas de maneira impecável e culta.

4. Considere por um momento artigos atuais sobre a importância cada vez maior dos ensaios universitários em uma era de crescente adesão ao SAT*. Você consideraria uma vantagem ou uma desvantagem se seu filho escrevesse uma redação sem dominar a língua-padrão?

5. DELPIT, L. *Other people's children*: cultural conflict in the classroom. New York: New Press, 1995. p. 39-40.

6. Também é possível que seja inevitável. Será que existem idiomas no mundo sem uma norma-padrão a ser aprendida, em que as "regras" (muitas vezes transmitidas e, portanto, arcaicas para alguns) não precisam ser seguidas? Se existem, raramente são linguagens escritas. As regras, afinal, são o propósito da gramática.

7. Muitas vezes por motivos legítimos. Um benefício da influência lenta na mudança linguística por meio da gramática padronizada é que ela sustenta nosso acesso a textos e ideias mais antigos. A ortografia era muito menos padronizada antes da publicação do primeiro dicionário de Johnson, em 1755. Ler textos escritos antes disso, em que a ortografia era imprevisível, é extremamente desafiador.

8. LANE, J. Schools don't need to teach our students to "act white" but they should prepare them for mainstream america. *Citizen ed.*, 2019. Disponível em: https://citizen.education/2019/08/09/schools-dont-need-to-teach-our-students-to-act-white-but-they-should-prepare-them-for-mainstream-america/. Acesso em: 8 ago. 2022.

9. Estou falando apenas de ajustes no discurso para estudantes negros? Não. Em graus variados, aprender a usar o formato padrão é um problema para a maioria dos jovens na sociedade. Parte da padronização não diz respeito a diferenças culturais, mas a diferenças geracionais. Os jovens falam como os jovens, e seus pais querem que as escolas garantam que eles possam falar de uma maneira mais parecida com a dos adultos. Os hábitos de linguagem de qualquer aluno, em outras palavras, são informados por uma combinação de influências e fatores. Pode ser um julgamento falso supor que a maneira de falar de um adolescente é uma representação de sua cultura. Por tudo que você sabe, isso deixa os pais loucos. A maioria de nós, na adolescência, passou por um processo de aprender a falar de uma forma que fosse acessível à maior parte da sociedade.

10. Isso, então, é algo que eles podem optar por não fazer, se assim o desejarem. Estamos empoderando a escolha.

---

*N. de T. O *Scholastic Aptitude Test* (em português, Teste de Aptidão Escolar) é um exame unificado aceito em instituições de ensino dos Estados Unidos como seleção para admissão de novos alunos. De forma genérica, pode ser comparado ao Exame Nacional do Ensino Médio (Enem).

ESTRUTURA DA AULA

TÉCNICA 20: FAÇA AGORA

A maneira como começamos a aula expressa uma mensagem importante aos alunos sobre a cultura, o propósito e as expectativas da comunidade em que estão entrando; portanto, os professores devem saber com clareza qual mensagem estão passando. Queremos que os alunos se envolvam em um trabalho produtivo e de alta qualidade que os interesse e os desafie imediatamente e, com o tempo, queremos tornar isso um hábito, para que eles esperem estar ativa e significativamente engajados sempre que entrarem em nossas salas de aula. Queremos que eles saibam que estamos preparados e valorizamos seu aprendizado. Eles não serão passivos; haverá muito pouco tempo de inatividade.

Por isso, é importante começar de forma rápida, consistente e com uma tarefa de qualidade. Uma atividade familiar previsível que os alunos sabem fazer permite que eles comecem ativamente e com confiança.

O primeiro passo para começar uma aula, então, é um *Faça agora* – uma pequena atividade, a ser feita com papel e lápis, esperando os alunos quando entram na sala de aula, e que eles podem e devem começar sem nenhuma orientação sua.

O segredo é o "sem nenhuma orientação sua". Um procedimento que não exija a sua orientação além de postar a tarefa com antecedência beneficia você e seus alunos, principalmente quando está lecionando em horário integral. Isso permite que você dê uma olhada final em seu documento de preparação de aula, veja se a sala está organizada como você deseja, fale com alguns alunos individualmente ou devolva alguns papéis – talvez você até consiga um gole de café em algum lugar. Tudo isso acontece de forma eficiente e tranquila, enquanto os alunos estão ocupados e produtivamente engajados. Ao mesmo tempo, é o momento em que eles fazem a transição mental para sua aula. Independentemente do que aconteceu no corredor ou no final de uma aula anterior ou no almoço, começar com alguns minutos tranquilos e focados pode ajudar os alunos a se prepararem para o sucesso.

Um *Faça agora* eficaz deve atender a três critérios críticos para garantir que seja focado, eficiente e eficaz.

1. O *Faça agora* deve estar no mesmo lugar todos os dias para que se torne um hábito a todos os seus alunos. Você pode, com antecedência, escrevê-lo no quadro, em um papel colado na parede ou em folhas formando uma pilha perto da porta. Deixe sempre no mesmo lugar.

2. Os alunos devem ser capazes de concluir o *Faça agora* sem nenhuma orientação sua, sem qualquer discussão com os colegas e, na maioria dos casos, sem nenhum material além do que eles sempre trazem para a aula. Se o *Faça agora* for escrever uma frase interpretando um documento de fonte primária que é uma caricatura do *Punch* do século XIX, essa caricatura deve ser copiada nos materiais *Faça agora* ou postada em algum lugar facilmente visível. Alguns professores entendem mal o propósito do *Faça agora* e começam explicando aos alunos o que fazer e como fazer (por exemplo, "OK, turma, o *Faça agora* está no quadro. Você notará que ele pede para você fazer X e depois Y. Por favor, comecem."). Isso anula o propósito de uma rotina autogerenciada para iniciar a aula. Se você precisa dar instruções, não é independente o bastante.

3. A atividade deve levar cerca de cinco minutos para ser concluída e feita a lápis no papel. Ou seja, deve haver um produto escrito a partir dela. Isso não apenas torna a atividade mais rigorosa e envolvente, mas também permite que você colete melhor os dados por meio da *Observação ativa* e incentive os alunos que fizeram um bom trabalho.

Na grande maioria dos casos, o *Faça agora* é um trabalho silencioso. Posso imaginar uma exceção ocasional para questionários entre pares com um *Organizador do conhecimento* ou alguma outra forma de *Prática da recuperação*, mas apenas ocasionalmente e para uma turma com uma rotina bem estabelecida.

No que diz respeito ao conteúdo do *Faça agora*, sou a favor de três opções. A atividade pode (1) mostrar a matéria do dia (você vai falar sobre o livro *The jacket*, e o *Faça agora* pede aos alunos que escrevam três frases sobre o que fariam se achassem que alguém roubou a jaqueta favorita de seu irmãozinho); (2) revisar uma matéria que deu recentemente (você ensinou três novos termos e quer que os alunos revisem as definições para que não as esqueçam); ou (3) construir conhecimentos básicos que serão necessários para o próximo conteúdo (você vai falar sobre o livro *O número das estrelas* e pede que eles leiam um pequeno trecho de não ficção sobre racionamento durante a Segunda Guerra Mundial). Embora todas as opções possam ser poderosas, quero dedicar um momento para destacar os benefícios específicos de usar o *Faça agora* como uma oportunidade de revisão regular e de baixo risco.

Em *Small teaching*, James Lang observa que "um breve (e não classificado) questionário de múltipla escolha no início e no final da aula e um questionário adicional antes do exame elevaram as notas de todos os alunos". Esses breves "testes" de baixo risco (você pode escolher se os avalia ou se os alunos usam um gabarito) na verdade diminuíram a ansiedade deles nas avaliações de final de unidade, porque relataram se sentirem mais bem preparados. É claro que, como discuto na *Prática de recuperação* (técnica 7), isso ocorre porque, como Lang coloca, "toda vez que extraímos uma informação ou uma experiência de nossa memória, estamos fortalecendo os caminhos neurais que levam da nossa memória de longo prazo para a nossa memória de trabalho, onde podemos usar nossas memórias para pensar e agir". Ao usar o *Faça agora* como uma forma de os alunos revisarem rapidamente informações importantes de aulas anteriores, você não apenas os prepara para aumentar o envolvimento na próxima aula, mas também garante que eles possam recuperar essas informações em momentos relevantes, mais adiante.

Tão importante quanto o conteúdo do seu *Faça agora* é como você o analisa com os alunos. A falha mais comum que observo é um professor perder a noção do tempo enquanto revisa as respostas. Usando 15 minutos em um *Faça agora*, a "abertura" substituiu a lição que foi inicialmente planejada – ou pelo menos eliminou toda a prática individual e espremeu todos os tempos planejados. Defina um cronômetro para concluir sua revisão no mesmo tempo que você dá aos alunos para trabalhar nela: de três a cinco minutos. Isso pode exigir a arte da negligência seletiva. Se você der aos seus alunos oito problemas para serem resolvidos, talvez não consiga revisar todos eles. Você terá que escolher os dois ou três que são mais importantes. Isso torna o período em que os alunos estão trabalhando crítico de um ponto de vista da verificação da compreensão – você deve observar cuidadosamente para ter certeza de que sabe quais perguntas mais exigem revisão, bem como quais alunos podem fornecer respostas corretas ou que contêm erros úteis. Você terá apenas alguns minutos para decidir isso, então se prepare para aproveitar as ideias da *Observação ativa* (técnica 9).

Veja um ótimo exemplo de Sarah Wright relatando um *Faça agora* no vídeo *Sarah Wright: Mas Esperanza*. Confira a seguir uma cópia do *Faça agora* sobre o romance *Esperanza rising*, de Pam Muñoz-Ryan.

190 Aula nota 10 3.0

Faça agora

1. Desenvolva esta frase: Miguel advertiu para provar a Esperanza que "as coisas iriam melhorar".

   • Miguel queria provar para Esperanza que "as coisas iriam melhorar", **mas** _____
   _____
   _____

   • Miguel queria provar para Esperanza que "as coisas iriam melhorar", **porque** _____
   _____
   _____

   • Miguel queria provar para Esperanza que "as coisas iriam melhorar", **então** _____
   _____
   _____

2. Imagine que Tio Luis descobriu que Abuelita desapareceu. Escreva o que ele pode dizer a si mesmo enquanto sente uma raiva **implacável**. Desafio: use duas de nossas palavras do vocabulário!
   _____
   _____
   _____

Observe o *Mostre o texto* de Sarah para respostas exemplares, o que incentiva os alunos a se esforçarem ao máximo no trabalho escrito. Ela também faz referência explícita ao seu propósito ao projetar o *Faça agora*: quer que os alunos revisem os principais eventos da leitura do dia anterior e reflitam sobre as motivações dos personagens importantes para dar contexto às cenas finais do livro. Ela usa perguntas ricas e envolventes (porque, mas, então) – um método que discuto em *A arte da frase* (técnica 41), que vem do livro *The writing revolution*, de Judith Hochman e Natalie Wexler – para construir a complexidade do pensamento dos alunos. Você pode ver como os alunos se envolveram no entusiasmo e no rigor de seus comentários na discussão. Mas observe como Sarah conduz rapidamente a revisão. Seu objetivo é uma discussão atenta e entusiasmada, mas não longa. É muito fácil supor que a discussão merece mais tempo, dado o entusiasmo geral, mas mantendo sua discussão organizada, Sarah transfere a energia para a próxima tarefa.

Como o *Faça agora* é um procedimento consistente que queremos que os alunos sigam todos os dias, é importante reforçar o processo e as expectativas. No vídeo

Christine Torres: Silenciosamente a seus lugares, você pode ver Christine Torres fazendo isso, agradecida e discretamente nomeando os alunos conforme eles atendem às expectativas ao concluir o *Faça agora*. A propósito, aqui está o material em que seus alunos estão trabalhando. Ele foi projetado para construir conhecimento de base para a passagem do romance *O número das estrelas* que os alunos estudarão na aula daquele dia (em que o protagonista passeia pela floresta).

Christine nos lembra, como Tom Bennett observa em *Running the room*, que o melhor momento para reforçar as expectativas é quando os alunos estão fazendo as coisas bem. "Uma das estratégias mais subutilizadas é reforçar as normas quando elas estão acontecendo", escreve ele. Principalmente quando estão indo bem. Quando estão calmos, quietos e organizados, é o momento ideal para receber orientação sobre como fazer as coisas.

Faça agora

Leitura simbólica: *A floresta*

A floresta é um lugar misterioso; nas lendas e contos de fadas, os bosques costumam estar cheios de criaturas misteriosas, símbolos de todos os perigos que os jovens devem enfrentar para se tornarem adultos. "João e Maria", "Branca de Neve", "Chapeuzinho Vermelho" – nesses e em muitos outros contos, a floresta é um lugar distante da civilização, um lugar de testes, uma terra inexplorada e cheia de desconhecidos.

A floresta é muitas vezes o lar dos bandidos ou um lugar onde as regras típicas não se aplicam mais. Como suas árvores encobrem a luz do sol, muitas vezes é um lugar de escuridão e mistério literal e figurativo. Entrar na floresta pode ser visto como uma metáfora para entrar no desconhecido. Às vezes ela é também um lugar de oportunidade e transformação – o herói entra na floresta e descobre algo sobre si mesmo.

(continua)

(*continuação*)

1. Considere a última linha deste texto: "Às vezes ela é também um lugar de oportunidade e transformação – o herói entra na floresta e descobre algo sobre si mesmo".

    a. A que se refere o pronome "ela"? _____

    b. O que Annemarie poderia ter descoberto sobre si mesma durante seu passeio pela floresta?
    _____
    _____
    _____

2. Por que Lowry poderia ter escolhido que Annemarie passeasse por uma floresta, e não por uma cidade ou um campo? Sublinhe quaisquer palavras ou frases no texto acima que confirmem o que você pensa.
    _____
    _____
    _____

Por fim, alguns dos mestres do *Faça agora*, na minha opinião, são eficazes devido à velocidade com que passam da conclusão do *Faça agora* para a revisão. Eles podem contar o final do *Faça agora* com algo como "OK, abaixe o lápis quando ouvir o bipe, e falaremos sobre algumas dessas perguntas". Ou quando o cronômetro começa a apitar, eles podem iniciar imediatamente com uma chamada *De surpresa* (técnica 34) ou um *Mostre o texto* (técnica 13), sem perder um segundo de tempo. Isso cria uma forte sensação de impulso desde o início. A sensação de "fluxo", que, como discuto no Capítulo 6, é um estado de espírito em que as pessoas se perdem em uma atividade de ritmo acelerado e envolvente, está entre as experiências mais prazerosas que você pode criar na sala de aula. O ritmo de um bom *Faça agora* pode fazer com que a aula flua desde o início.

Aulas *on-line*: o *Faça agora* remoto

O início de uma aula é especialmente importante *on-line*. Quando os alunos estão longe de nós e da sala de aula, muitas vezes é duplamente importante lembrar a eles de rotinas e hábitos que já conhecem – fazendo com que se sintam à vontade e seguros em um mundo que está de pernas para o ar.

Joshua Humphrey faz isso com seus alunos na KIPP St. Louis High School, no vídeo *Joshua Humphrey: Pause agora mesmo*. Joshua inicia sua aula *on-line* – é assíncrona, o que significa que os alunos assistirão à aula gravada mais tarde – com um *Faça agora* e a frase "como sempre fazemos", lembrando a eles dos momentos e hábitos rotineiros na sala de aula. É claro que ele fez algumas adaptações: em uma aula assíncrona, não pode simplesmente deixar seu *Faça agora* passivamente na tela e achar que os alunos irão completá-lo. Então, a aula começa com uma breve saudação antes do *Faça agora*, por exemplo. Ele tem que dizer de forma direta e clara que os alunos precisam pausar o vídeo para fazer a tarefa. Depois disso, ele usa uma abordagem de aula tanto remota quanto presencial. Seu tom é perfeito, e ele conversa sobre os erros dos alunos de um modo que os deixa seguros para continuarem se esforçando. Seu ritmo durante a explicação das respostas é nítido, mas não apressado e, acima de tudo, ele faz marcações coloridas nas respostas certas e erradas para ajudá-los a se concentrarem e verem as coisas mais importantes. Os alunos aprendem o que conseguem acompanhar. As dificuldades do aprendizado *on-line* nos fizeram ver o valor de orientar os olhos dos alunos a se concentrarem nos principais detalhes, mas essa lição certamente é aplicável em todos os lugares.

Outro *Faça agora* que aprendemos *on-line* foi o de Hasan Clayton, na Nashville Classical Charter School. A lição de Hasan no vídeo *Hasan Clayton: Dois narizes* é síncrona – seus alunos estão com ele ao vivo –, então ele os cumprimenta de forma calorosa, mas rápida, e depois pede que realizem o *Faça agora* no bate-papo. Eles podem enviar suas respostas, que o professor vai corrigir na hora. É claro que assim ele saberá quem fez a tarefa e quando. Observe que a parte substancial de seu *Faça agora* em um ambiente *on-line* é reduzida a apenas uma pergunta: "Em uma frase criativa, resuma o debate natureza *versus* criação. Inclua uma palavra que mostre contraste..." Você pode ler mais sobre a decisão de Hasan de fazer seus alunos responderem em "uma frase criativa" na técnica 41, *A arte da frase*. Hasan faz com que os alunos conversem sobre suas respostas apenas com ele, para que possa escolher algumas respostas instigantes ou exemplares e compartilhá-las com a turma (uma espécie de *Mostre o texto on-line*), a fim de estimular uma discussão rica e homenagear os alunos que fizeram um trabalho de qualidade. Observe também, no entanto, que Hasan adiciona uma segunda pergunta mais divertida ao seu *Faça agora* (Você preferiria ter um olho ou dois narizes?). O objetivo está na ludicidade. Hasan está usando a pergunta para construir comunidade e conexão entre os alunos, quando estão isolados e separados pelas circunstâncias. Ele tem o cuidado de usar apenas um pouco de tempo nisso. Ele e seus colegas fizeram isso regularmente no ensino *on-line* para construir uma cultura positiva, e você pode imaginar como a ocasional pergunta divertida do *Faça agora* pode ser um bônus, mesmo em uma sala de aula física.

TÉCNICA 21: MOSTRE AS ETAPAS[1]

Um bom conhecimento do conteúdo é essencial para a excelência no ensino, mas também tem um lado negativo. A perícia traz consigo o que alguns cientistas cognitivos chamam de "maldição do conhecimento":[2] é difícil para os especialistas entenderem por que as coisas são difíceis para os novatos. O que é óbvio para nós não é óbvio para os alunos.

Considere: você mostra na tela um *slide* exibindo estruturas celulares e organelas, como a ilustração a seguir, e começa a explicar para sua turma:

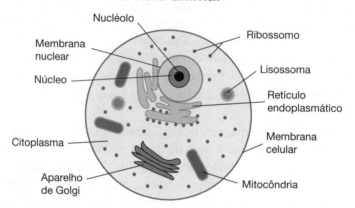

Enquanto você fala, mantém em sua mente mil entendimentos implícitos: que os organismos celulares são aumentados em relação ao tamanho da célula na imagem para torná-los mais visíveis. Que as cores são para fins de demonstração, não realistas. Que as células reais são tridimensionais. Que as células animais apresentam uma enorme variedade em suas formas, e poucas ou nenhuma célula animal tem realmente *essa* forma. Que as imagens das organelas devem representar seções transversais. Que as mitocôndrias não são de fato todas do mesmo tamanho. Que as organelas estão sempre se movendo e mudando. E assim por diante.

Na melhor das hipóteses, seus alunos sabem vagamente sobre algumas dessas coisas. É mais provável que não saibam nenhuma delas. Mas você não pensa em mencioná-las em sua explicação do diagrama, porque na verdade não sabe que eles não sabem. Para todos os efeitos, você e seus alunos estão olhando para diagramas diferentes.[3] O que é óbvio para um especialista está oculto para um novato, mesmo em termos de percepção.

Na verdade, gerei minha lista do que um especialista entende sobre um diagrama de células com a ajuda de dezenas de colegas no Twitter.[4] *O que seria óbvio para um professor de biologia e não para os alunos?* Perguntei. A maioria das pessoas contribuiu com uma ou duas dessas ideias. Ninguém viu todas elas, e havia mais sugestões do que eu poderia acompanhar.

Combine isso com o Efeito Dunning-Kruger, a tendência de indivíduos não qualificados de superestimar o quanto eles sabem, e você terá "uma conspiração involuntária", escreve Greg Ashman. "O professor pensa que seus alunos entendem, e os alunos pensam que entendem, mas eles não entendem."

Não há uma "cura" confiável para a maldição do conhecimento. Perceber sinais sutis de confusão no semblante de seus alunos pode sugerir que talvez você tenha esquecido alguma coisa, então prepare bem suas aulas e mantenha sua memória de trabalho livre para observá-los. A experiência também ajuda: você desenvolve intuições sobre os alunos e seus mal-entendidos ao ouvi-los dizer coisas maravilhosas como: "Isso não pode ser a mitocôndria – não é laranja!" durante um laboratório. Mas isso sempre vai nos atormentar. Ainda assim, há duas coisas que *pode* fazer em termos de métodos de ensino que ajudam a incutir entendimentos nas mentes dos alunos e a evitar grandes mal-entendidos ou simples falhas de aprendizado.

A primeira é dividir o novo material em etapas e ensiná-las e praticá-las sequencialmente. A segunda é o uso de modelos anotados ou amostras de trabalho em vez de rubricas para ajudar os alunos a desenvolver uma compreensão das partes de uma tarefa complexa.

Talvez a consciência também seja curativa. Os professores devem estar sempre atentos a quaisquer pontos que possam ter esquecido, o que pode ser óbvio para eles, mas uma fonte de confusão para os alunos. Você listou as palavras difíceis que apareceram no capítulo e as ensinou, mas há algumas palavras mais simples que os confundem. Você entende que dois eventos aconteceram com cem anos de diferença, mas os alunos não têm noção dessa cronologia e pensam que as coisas aconteceram mais ou menos ao mesmo tempo. Quais exatamente serão os pontos de confusão continua sendo um mistério. Que eles existem é uma aposta muito boa.

EFEITO DO DESVANECIMENTO DA ORIENTAÇÃO

Os novatos aprendem de forma diferente dos especialistas. Essa é uma das descobertas mais importantes dos psicólogos educacionais e, até onde sei, uma das menos reconhecidas pelos teóricos da educação. A tendência dos novatos de se beneficiar de uma orientação mais direta e dos especialistas em obter mais das situações de resolução de problemas é chamada de *efeito de desvanecimento da orientação* pelo psicólogo cognitivo John Sweller. "Os alunos devem inicialmente receber muitas orientações explícitas para reduzir sua carga de memória de trabalho, o que ajuda na transferência de conhecimento para a memória de longo prazo", escreve ele. "Uma vez que os alunos estejam mais informados, essa orientação é desnecessária e... deve ser esmaecida e substituída pela solução de problemas". Essa é uma visão útil e incomum. (Incomum porque Sweller não propõe uma metodologia inerentemente melhor para cada situação. Ele parece ter atendido a advertência de Dylan Wiliam: "Tudo funciona em algum lugar e nada funciona em todos os lugares.")

As atividades abertas de resolução de problemas desempenham um papel importante, assim como a orientação direta. A resposta para a questão de qual técnica usar é: depende. Mas o que mais depende, diz Sweller, é o grau de conhecimento sobre o tema entre os alunos, e aqui é importante reconhecer que, fora de um ambiente universitário, os alunos são quase sempre novatos e, além disso, que as pessoas frequentemente vão e voltam entre estados de novatas e conhecedoras, mesmo dentro de um assunto. Na sexta-feira, no final de uma unidade bem ministrada e organizada, seus alunos podem ter bastante conhecimento; então eles começam uma nova unidade na segunda-feira e voltam à estaca zero novamente. Isso implicaria em diferentes técnicas de ensino para cada dia.

Confira a experiência que minha filha teve construindo um modelo de foguete na aula de ciências. Um dia, ela anunciou com grande entusiasmo que sua turma iria construir e pilotar foguetes em sala de aula no final daquela semana. "Ótimo", eu disse, "você está estudando resistência do ar? Ou aerodinâmica?". Isso soou supernerd, então reformulei: "Sabe, o tipo de coisa que pode fazer um foguete voar melhor".

"Eu não tenho certeza", ela disse, "Nós ainda não fizemos. Acho que é a introdução de um novo conteúdo".

Alguns dias depois, perguntei a ela como foi a aula de foguetes. "Ótimo", disse ela. Eles tinham feito os foguetes de papel e feito o lançamento no campo de trás da escola. "Nossa equipe venceu!", ela me disse sem fôlego – significando que o foguete de seu grupo ficou no ar por mais tempo. "Muito legal", eu disse, "O que fez seu foguete funcionar tão bem?", perguntei.

"Eu não tenho certeza", disse ela. "Acho que talvez as asas do nosso foguete. Elas pareciam diferentes das outras".

"Ah", eu disse. Por que eram diferentes?

Silêncio.

Que as asas do foguete da equipe dela foram as melhores era só um palpite (o que foi divertido e memorável), mas não tão educativo. Eles não estavam testando uma ideia – "Ei, já que conhecemos X, vamos ver se...". Em outras palavras, não foi a aplicação de um conhecimento.

Devo ser claro: gostei da atividade do foguete. Foi divertido e inspirador e mostra por que minha filha ama ciências. Mas ela teria aprendido mais se fizesse isso depois que não fosse mais uma novata. Algumas lições sobre os princípios da resistência do ar, seguidas de alguns pequenos experimentos com diferentes formatos de asas, teriam ajudado. Ou, para aproveitar os foguetes como um "gancho",[5] você pode dispará-los duas vezes – uma para fazer conjecturas no início, e outra depois que os alunos soubessem o suficiente para consolidar seu conhecimento e perguntar: "O que você percebe agora que não sabia quando disparamos os foguetes pela primeira vez?".

Se os alunos tiverem conhecimento, podem usá-lo para descrever, explicar e perceber por que alguns foguetes voam melhor que outros:

As asas do nosso foguete eram maiores, com uma superfície maior ou

Talvez fosse o tamanho do cone do nariz que criasse menos resistência ao ar.

Em outras palavras, o valor do aprendizado prático está relacionado ao quanto os alunos sabem quando se envolvem nele. Usar atividades práticas antes de compartilhar conhecimento ignora as diferenças entre como os especialistas e os novatos aprendem.

Assista ao vídeo *Michael Towne: Corante vermelho* de *Puxe Mais* (técnica 17) novamente e observe como, enquanto Michael joga corante em água com duas temperaturas diferentes, seus alunos aplicam o conhecimento que lhes foi ensinado. Eles são capazes de ver o que está acontecendo porque têm o conhecimento prévio para fazê-lo.

"Apresente novo material em pequenos passos com a prática do aluno após cada etapa", aconselha Barak Rosenshine em *Principles of instruction*, seu guia para a eficácia do professor. Isso leva tempo, mas vale a pena. Torna o implícito explícito para os alunos e usa a prática para consolidar a compreensão antes que a memória de trabalho seja sobrecarregada. É por isso, sugerem os psicólogos cognitivos, que os alunos aprendem melhor quando não são especialistas. "Ensinar em pequenos passos requer tempo, e os professores mais eficazes [em estudos] gastaram mais tempo apresentando novos materiais e orientando a prática dos alunos do que os professores menos eficazes", observa Rosenshine. "Em um estudo de ensino de matemática, por exemplo, os professores de matemática mais eficazes levaram cerca de 23 minutos de um período de 40 minutos em palestras, demonstrações, questionamentos e exemplos práticos." Em contraste, professores menos eficazes levaram apenas 11 minutos explicando metodicamente e praticando o novo material, observa Rosenshine.

A memória de trabalho é rapidamente sobrecarregada por muito material novo de uma só vez. Solução: divida o que você está fazendo em etapas. Dê os passos um por um. Deixe os alunos praticarem cada um. Enquanto praticam, faça perguntas de dois tipos diferentes: conceituais (o que estamos fazendo?) e procedimentais (como fazemos?), indo e voltando entre as duas quando possível.

O vídeo *Rachel Boothman: Estamos solucionando* oferece um excelente modelo da ideia de Rosenshine de explicar e praticar metodicamente um material novo, bem como a ideia de ir e voltar entre questões procedimentais e conceituais.

"Quando estamos resolvendo, significa que estamos descobrindo o valor da letra. Então, queremos isolar x e resolver a equação", Rachel começa, lembrando sua turma de uma importante definição. Em seguida, faz uma pergunta procedimental para começar: "Qual é o meu primeiro passo aqui?".

Brandon responde, e Rachel faz uma pergunta conceitual: "Qual é o nome matemático para o que Brandon acabou de fazer?".

Momentos depois, ela está de volta às questões procedimentais, com uma chamada *De surpresa* a Ella e depois Arian para perguntar: "O que eu faço a seguir?".

"OK, desta vez estamos simplificando", diz ela enquanto prossegue para um novo problema. Agora ela começa conceitualmente: "Quem pode me dizer outra palavra para simplificar?". Ela obtém uma resposta correta, encontrando termos semelhantes, então pergunta a Karis: "Então, aqui, onde estão nossos termos semelhantes?".

Karis deixa de lado o sinal negativo, e Rachel pergunta: "Alguém pode melhorar a resposta de Karis?". Mas é claro que existem vários conjuntos de termos semelhantes, então ela pede a Azaria outro conjunto. Depois dessas questões conceituais – O que são termos semelhantes? Como posso identificá-los? –, ela volta às questões procedimentais, pedindo a Hannah para somar $-3x$ e $5x$ e perguntando a Ellis se ela pode simplificar ainda mais. Quando ele responde corretamente, ela faz uma pergunta conceitual: "O que quero dizer quando digo índice? Qual é o índice aqui?".

Mais tarde, depois que os alunos dominarem os conceitos, uma abordagem menos metódica pode funcionar, mas lembre-se deste cuidado: nossas próprias memórias de nossas experiências como aprendizes às vezes trabalham contra nós. Nos lembramos de momentos que foram inesquecíveis para nós mais tarde em nossos estudos. Eles eram desestruturados. Tivemos a oportunidade de explorar. De repente: uma epifania. Talvez você ainda se lembre de ter saído de algum prédio no *campus* depois de uma aula com sua mente explodindo. Certamente, se você recriasse essa atividade para seus alunos, ela também seria muito profunda. Certamente acrescentaria rigor à sua aula. O desafio é que você era especialista quando explorou seu caminho para esse *insight*. Você estava percebendo muito mais significado em cada interação do que um novato percebe. Seus alunos por fim chegarão a um ponto em que eles também obterão profundos benefícios do exercício aberto. Porém, até que saibam mais, é provável que tirem menos proveito da experiência do que você. Tentar inserir essa mesma experiência na sua aula não necessariamente tornará o aprendizado igualmente significativo e memorável para seus alunos.

EXEMPLO VS. DESCRIÇÃO DAS TAREFAS

A mensagem até agora é: apresente novos conteúdos em etapas discretas, intercaladas com prática e reflexão, para permitir que os alunos gerenciem a carga na memória de trabalho e comecem gradualmente a codificar ideias na memória de longo prazo. Mas e o conteúdo que não pode ser facilmente dividido em etapas sequenciais? Escrever um ensaio ou pintar uma aquarela, por exemplo. Ainda são tarefas que envolvem o domínio de elementos separados, mas não podem ser facilmente desmembradas em etapas.

Uma solução é mostrar um exemplo com anotações feitas pelo professor para os alunos estudarem. Em *Embedding formative assessment*, Dylan Wiliam e Siobhan Leahy sugerem substituir descrição de atividades normalmente usada por "exemplos de trabalho", como ferramentas para explicar como realizar tarefas com sucesso. Isso é interessante porque, ainda que cuidadosamente elaboradas, as descrições que explicam o que um bom trabalho deve ter se mostram óbvias para os especialistas e ocultas para os novatos. Elas "raramente têm o mesmo significado para os alunos que têm para os professores", observam Wiliam e Leahy. Por exemplo, uma descrição comum pode observar que um ensaio proficiente "usa palavras e frases, detalhes e linguagem sensorial para transmitir uma imagem vívida das experiências, eventos, cenários e/ou personagens". Mas o que significa usar detalhes e linguagem sensorial se você é um novato, e como você determina sua qualidade? Um ensaio "inadequado", de acordo com a descrição, "apenas conta experiências, eventos, cenários e/ou personagens". Portanto, a diferença é que um ensaio melhor usa linguagem sensorial e é vívido. Os alunos sabem como é a linguagem vívida? Eles sabem se sua linguagem é sensorial? O que significaria em suas mentes escrever em linguagem sensorial? O ensaio ficaria melhor se o autor de repente fornecesse detalhes sobre coisas de que já tinha sentido o cheiro e provado? Isso também pode soar absurdo.

Em vez disso, Wiliam e Leahy sugerem analisar exemplos de alta qualidade que incluam explicações de *como os elementos-chave foram criados*. Esse trabalho pode apontar vários trechos com linguagem vívida ou detalhes sensoriais. Com uma série de exemplos concretos, um novato pode realmente entender como isso se parece e ver como incorporá-lo em um trabalho maior. Como os detalhes sensoriais podem ser efetivamente incluídos para que não sejam apenas maiores em quantidade, mas melhores em qualidade?[6] Basicamente, você está construindo um modelo mental para os alunos para que eles possam imaginar e entender as partes componentes do produto final.

A ideia de que o ponto de partida para uma tarefa pode ser o exemplo de um trabalho – em vez de descrições abstratas – é convincente. A chave é tornar esses exemplos concretos – mostrar três ou quatro exemplos de elementos-chave e deixar os alunos praticarem separadamente.[7] Isso pode resultar em vários mais curtos – em que os alunos procuram dominar várias partes, ou resolver problemas menores antes de compor uma obra maior. De fato, foi assim que muitos dos grandes mestres trabalharam. Suas telas são o produto de estudo após estudo em que são modeladas soluções para os problemas que compõem a pintura. Descubra primeiro a luz e a sombra na casa em primeiro plano. Em seguida, esboce as figuras no campo e explore como você usará o sombreamento. Faça isso diversas vezes, talvez. Em seguida, coloque-os juntos.

Um exemplo excepcional disso me foi dado por Nina Troiano, então professora de arte na Troy Prep Middle School em Troy, Nova York. Eu sempre me surpreendia com a qualidade do trabalho dos alunos nos corredores da escola e observava muitas das aulas de Nina. Normalmente, ela construía habilidades e conhecimentos progressivamente por meio de uma série de exercícios que conduziam a uma peça final. Confira como ela desmembrava o processo de formação da pintura enquanto descrevia o projeto para mim.

"É um primeiro dia cheio de conteúdo", disse ela. "Começamos lendo sobre a artista no *Faça agora* – talvez dois parágrafos com perguntas para responder. Discutimos sua abordagem e depois vimos um de seus desenhos.

"Conversamos sobre por que ela fez o que fez e extraímos elementos que usaríamos em nossos projetos por meio de discussões guiadas", disse Nina.

"Eu estava tentando permitir que as crianças dessem sua própria interpretação sobre o que acho que era uma abordagem realmente misteriosa da paisagem.[8] Nós conversamos sobre como a casa estava isolada e que não havia pessoas. Mas também que havia elementos estranhos, como uma escada até uma janela, que fazia você perceber que alguma coisa podia ter acontecido ali. Isso fez você perceber que não havia pessoas, mas deveria haver. Conversamos sobre como as casas e as árvores eram estilizadas, e as casas eram desenhadas em perspectiva de dois pontos, mas uma versão distorcida e imperfeita disso."

Aqui, Nina estava basicamente fazendo comentários em um exemplo, dizendo a seus alunos: este é um modelo de um possível trabalho finalizado. Aqui estão alguns dos principais elementos que o tornam poderoso. Aqui estão as palavras para descrever essas coisas.

Em seguida, as crianças da turma de Nina praticaram muito antes de tentarem produzir um desenho final. "No primeiro dia, todos nós desenhamos juntos. Começamos com uma casa. Fomos passo a passo e dividimos a casa em formas, ângulos e linhas e o que cada linha significava. Por exemplo, para fazer com que a casa pareça estar recuando no espaço, a aresta da frente seria mais longa e depois estreitaria gradualmente em direção à parte de trás. Então eu desenho e copiamos juntos. Depois que eles fazem isso, começa a fazer sentido. Então eu dou a eles casas semiprontas que deverão completar. Torna-se mais independente. No final, eles desenham uma casa completa. Então começamos a adicionar linhas do horizonte e detalhes da paisagem." No final do primeiro dia, os alunos de Nina fizeram vários esboços e desenhos de casas para colocarem em seu projeto final.

No segundo dia, praticaram os elementos da paisagem, especialmente as árvores, da mesma forma. Nos dias subsequentes, adquiriram mais prática. "No segundo dia do *Faça agora*, começamos com o que fizemos anteriormente. Eu tinha uma casa semipronta para eles completarem. No terceiro dia, dei-lhes uma casa, e eles tiveram que acrescentar a paisagem com árvores estilizadas", disse Nina.

Depois de alguns dias praticando o esboço dos elementos, os alunos fizeram um rascunho final. "Eu digo a eles que é como um teste. Eles têm que mostrar que entendem os pontos que alcançamos. Existem requisitos de composição: uma casa; pelo menos quatro árvores estilizadas, todas as árvores com sombras projetadas, todas apontando na direção correta, alinhadas com o sol; um elemento misterioso que sugere a falta de pessoas. Então poderiam pensar em cores. Eles desenham um primeiro rascunho com giz de cera e lápis de cor. Usam isso para orientar sua cópia final. Mas antes disso, fazemos demonstrações com pastéis a óleo. Como obter uma cor vibrante. Como combinar cores."

Você pode ver na história como Nina constrói conhecimento peça por peça, ajudando os alunos a não apenas entender como criar com sucesso um trabalho maior e complexo, mas também desenvolver habilidades e conhecimentos que podem ser aplicados em futuras pinturas e desenhos. Em parte, trata-se de controlar a memória de trabalho do aluno. Ao permitir que eles apliquem todo o seu pensamento consciente para embasar uma tarefa menor, ela os ajuda a tornarem cada elemento especial e o resultado geral memorável. Certamente os trabalhos resultantes foram cheios de criatividade e autoexpressão, mas também há um imenso respeito pelo conhecimento do ofício implícito em ser capaz de criar e se expressar. Os alunos gostaram? Adoraram. Havia uma sensação de competência e confiança. Eles sabiam criar. O grau em que alguém pode trazer sua visão criativa para a realidade é resultado do conhecimento e da habilidade que construiu.

Talvez minha percepção esteja errada, mas não costumo ver uma abordagem como essa usada em salas de aula de arte. Os alunos geralmente recebem uma pintura e experimentam tudo de uma só vez.

Em seu excelente livro *Making good progress*, Daisy Christodoulou faz uma observação fascinante. Se os professores não dividirem tarefas complexas em partes, a alternativa é praticar tarefas somativas como exercícios completos. É mais ou menos como fazer pinturas de paisagens inteiras repetidas vezes, exceto que, em disciplinas escolares, as tarefas geralmente se tornam muito focadas em resultados testados. Ou seja, os professores fazem repetidas tarefas que replicam aquilo sobre o que os alunos serão avaliados no final. "A avaliação para a aprendizagem [o que os professores no Reino Unido podem chamar de instrução orientada a dados] tornou-se excessivamente focada em tarefas de exame, não apenas devido a pressões da responsabilização", escreve Christodoulou, "mas também porque a teoria dominante de como adquirimos habilidades sugeria que era a melhor coisa a fazer." Culpamos o ensino visando à prova, quando parte do problema é nossa própria concepção de ensino. As atividades, diz ela, devem ser muito diferentes da habilidade final que eles esperam incutir. O objetivo é tornar o que é intuitivo para os especialistas legível para os novatos, para que possam dominar esse conteúdo.

TÉCNICA 22: QUADRO = PAPEL

Tenho uma colega que ainda lembra de aulas que observamos durante uma série de visitas escolares que fizemos há mais de uma década. Eu sei disso porque uma vez, vários anos depois da visita, ela fez exatamente isso, folheando um velho e confiável caderno espiral até encontrar a data e o título, mostrando uma transcrição ordenada dos pontos mais importantes sobre cada professor que observamos, até que ela encontrou o que estávamos discutindo. "Sim", ela confirmou, "nós adoramos seu tom otimista e positivo mesmo naquela época".

Tenho outra colega que, revendo suas anotações, consegue lembrar o que decidimos em uma reunião ou o que achamos de um vídeo a que assistimos há dezoito meses.

Ao contrário dessas colegas, minhas anotações, são mais ou menos inúteis para mim depois que as tomo. Nunca aprendi (ou, mais precisamente, nunca criei o hábito de usar) um sistema intencional de anotações. Talvez os professores das minhas escolas assumissem que meus colegas e eu soubéssemos fazer anotações, talvez eles pensassem que cabia a nós descobrir, mas na escola minhas anotações eram uma bagunça de rabiscos apressados, com muito pouca estrutura organizacional. Esse padrão persiste até hoje, e acho que essa fraqueza é um dreno duradouro na minha produtividade.

Fazer anotações é uma habilidade crítica, mas facilmente esquecida, que permite que os alunos organizem e revisem o material a longo prazo: em uma unidade, um semestre ou uma vida inteira. E no curto prazo – ou seja, durante a aula, quando eles estão fazendo anotações ativamente –, o processo pode fazer com que se concentrem e priorizem sua atenção.

Para dizer o óbvio, tomar notas é progressivo: um hábito que se constrói ao longo do tempo de um modelo simples nos anos do ensino fundamental para algo mais complexo quando os alunos são mais velhos. No início do ensino fundamental, os alunos devem saber que "escrito no quadro" significa que é importante e deve ser escrito por eles também. Nos anos finais do ensino fundamental, devem registrar sistematicamente as ideias importantes da turma e diferenciá-las de pontos menos salientes. No ensino médio, devem sair da aula com um registro dos procedimentos que lhes permitirá estudar as ideias em profundidade e com clareza até mesmo semanas depois.

Talvez alguns alunos o façam. Mas muitos, provavelmente, produzirão anotações aleatórias espalhadas pela página, como eu fazia, porque o processo de aprender a fazer anotações é facilmente esquecido. Outros não saberão que, *se estiver no quadro, importa*. Fazer boas anotações requer e, portanto, aumenta a atenção, e anotações muito breves não apenas serão em grande parte inúteis mais tarde, mas também podem refletir um estado de atenção fragmentado durante a aula. Na outra ponta do espectro, alguns alunos tentarão escrever tudo e terão pouca atenção para refletir sobre as ideias da aula. Eles podem ter pouca noção de quais informações eram realmente importantes quando retornarem para revisar. Se não forem corrigidos, cada um desses anotadores incultos trará uma desvantagem oculta para todas as salas de aula em que passarem.

Com isso em mente, vale a pena assistir ao vídeo *Sadie McCleary: Quadro é igual a papel*, uma série de momentos da aula de química de Sadie McCleary na Western Guilford High School em Greensboro, Carolina do Norte, em que ela orienta seus alunos na criação de um registro do aprendizado do dia. Quando o vídeo começa, Sadie instrui seus alunos a prepararem uma página para anotações. Ela está claramente fazendo um modelo e praticando um *método* de anotações, tanto quanto procura ajudá-los a dominar os detalhes da atividade do dia: "Você está escrevendo no topo 'Unidade 2: Matéria'", diz ela. "O conteúdo de hoje é: *Lei Combinada do Gás*". O sistema – com referências a unidades e sequências de aulas – está implícito na preparação.

Depois de orientar os alunos através de vários problemas práticos, Sadie diz: "Nós vamos escrever isso em nosso caderno". Observe a linguagem "nós" aqui e por toda parte – o vídeo lembra aos alunos: *O que estou fazendo no quadro, você está fazendo em sua mesa – todos nós estamos fazendo isso juntos*. Você também pode ver Sadie pegar uma versão do seu próprio caderno e colocá-lo sob o projetor LCD. Ela está completando um "exemplo trabalhado": um modelo de alta qualidade concluído ao vivo na frente dos alunos, em que ela comenta o processo à medida que o prepara. Ela mostra o modelo e descreve ao mesmo tempo. Não é trivial que ela mantenha sua própria versão de um caderno. No final, ela terá um registro do que eles têm em seus cadernos, o que Sadie acredita ser útil para ajudar com faltas, cadernos perdidos e alunos que precisam de dicas para estudo. Ter um lugar consistente para fazer anotações faz parte do sistema. Ela está mostrando isso também.

O ritmo de Sadie é imponente. "Então, vamos escrever P1V1 sobre T1", diz ela, e depois deixa alguns segundos para os alunos escreverem isso. "Eu costumava ficar louca quando um professor dizia para *escrever isso*, mas já estava falando sobre outra coisa enquanto eu tentava fazer exatamente isso", lembrou meu colega John Costello enquanto passamos esse vídeo em nossos escritórios. "Mas ela vai devagar. Há tempo para fazer o que ela pede." Em parte, porque ela está fazendo anotações reais ao vivo, em vez de, digamos, projetar uma versão que ela preparou com antecedência. Isso faz com que ela fique duplamente atenta ao ritmo – entende o tempo que os alunos precisam para as tarefas porque ela mesma as está fazendo. Dito isso, apenas professores com fortes culturas de classe estabelecidas podem escrever enquanto ainda examinam o acompanhamento e o comportamento; portanto, embora seja ideal escrever junto com os alunos, usar notas previamente escritas, que você narra, é aceitável se sua cultura ainda estiver em desenvolvimento. Isso lhe dará menos para gerenciar em sua própria memória de trabalho e permitirá que você observe com mais precisão. Mas lembre-se de ir devagar. E trabalhe para alcançar o tipo de abordagem de criar um modelo ao vivo que Sadie usa.

Ao assistir a esse vídeo em equipe, também notamos a importância do planejamento. Ter uma noção clara do que os alunos devem escrever (e possivelmente até mesmo ter escrito uma versão exemplar de suas anotações de antemão para guiá-lo) ajudará a tornar as anotações organizadas e ponderadas. Se você estiver descobrindo como estruturar as notas ou o que escrever em tempo real, o resultado provavelmente será confuso.[9] Em uma entrevista posterior, Sadie observou como é importante para ela pensar com antecedência exatamente o que ela quer em seu caderno. Acontece que ela mantém dois! Um que ela preenche com antecedência, então sabe o que deve escrever, e outro que completa junto com seus alunos, para que possa exemplificar e descrever o processo para eles em tempo real.

Ao longo do vídeo, você também notará o cuidado com que Sadie examina para garantir que os alunos se sintam responsáveis pelo acompanhamento. Ela está enviando a mensagem "Eu me importo com o que você está fazendo e estou vigiando para ter certeza de que você fará isso". Como discutimos em *Olhar de radar/ser visto observando* (técnica 53), isso garante muito mais que os alunos façam anotações. Você pode ver Sadie olhando várias vezes e até mesmo ajustando cuidadosamente o projetor em um ponto para que os alunos possam ver perfeitamente. A mensagem é que *Isso tem que estar certo para que todos possam escrevê-lo perfeitamente*.

Sadie cria o modelo de um processo de duas partes em que os alunos incluem "conteúdo" e "comentário" em suas anotações. Ela lhes mostra como escrever elementos do conteúdo e como marcá-los com seus próprios pensamentos e lembretes. Em certo ponto, você pode ver Sadie mostrando para seus alunos como e onde incluir notas e comentários na margem, como rotular uma parte da equação como "inicial" e adicionar notas laterais sobre como usar a fórmula: "Deve ser o mesmo gás" e "Nenhuma partícula adicionada ou removida".

Aqui está uma observação sobre o vídeo, com base em uma conversa que surgiu na exibição do vídeo de nossa equipe: *Como podemos preparar os alunos para fazer anotações em laptops na faculdade?* Uma das partes mais importantes deste vídeo para mim é que Sadie está fazendo anotações manuscritas. Dados recentes[10] deixaram bem claro que escrever suas anotações à mão leva a uma lembrança maior do que digitá-las. Você se lembra mais, pensa mais profundamente e é menos provável que se distraia com outras coisas que aparecem quando seu *laptop* está aberto. Quanto mais alunos trabalharem à mão, melhor, então acho que minha resposta é preparar os alunos para não fazer anotações em *laptops*, se possível. Eu deixaria isso transparente e os lembraria dos benefícios de escrever suas anotações à mão – atualmente e quando chegarem a um ambiente universitário.[11]

Ver o trabalho de Sadie com seus alunos de química do ensino médio é algo poderoso, mas, como observei antes, *Quadro = papel* envolve "hábitos progressivos que se acumulam desde o ensino fundamental até os anos universitários". Que habilidades e hábitos devem ser reforçados na sala de aula quando os alunos são mais jovens?

Comece com a ideia de que os alunos devem saber acompanhar o que o professor está escrevendo no quadro. Quando um professor escreve no quadro, significa *Isso é importante*.[12] Os alunos já devem saber que é preciso anotar.

A melhor maneira de iniciar os alunos no caminho para fazer anotações de forma autônoma é fazer de sua projeção uma imagem refletida do organizador gráfico que você dá aos alunos para fazer anotações. À medida que você preenche um espaço em branco, eles preenchem um espaço em branco correspondente. Você preenche a planilha projetada no quadro e diz: "Façam com que seu papel se pareça com o meu". Mesmo que os alunos ganhem mais autonomia, fazer com que sua projeção corresponda ao formato em que eles estão fazendo anotações permite que você mostre como devem ser as anotações – uma das habilidades mais importantes para qualquer aluno.

Gradualmente, os alunos devem desenvolver independência para tomar notas, preenchendo por conta própria passagens cada vez mais longas de seus organizadores gráficos, antes de você finalmente pedir que eles façam anotações em uma folha de papel separada, como Sadie faz. Mas saiba que pode levar tempo até que os alunos estejam prontos para assumir total responsabilidade por uma parte tão crítica do processo e que, ao longo do caminho, eles precisarão de muito *feedback*. Em sua escola anterior, observa Sadie, quando os alunos chegavam ao ponto em que estavam fazendo suas próprias anotações sem qualquer ajuda, ela costumava coletar anotações de aula para dar *feedback* e/ou compartilhar exemplos para comparar com suas próprias anotações.

TÉCNICA 23: LEITURA INDEPENDENTE RESPONSÁVEL

A leitura independente é fundamental para o sucesso do aluno em todas as disciplinas. É um sistema operacional básico que suporta quase toda a atividade acadêmica. Mesmo um conjunto de problemas de matemática avalia, em parte, a capacidade dos alunos de ler independentemente uma pequena passagem sobre como tirar feijões coloridos aleatoriamente de uma sacola ou os detalhes de quantos gramados Tyson cortou e quando.

À medida que avançam para a idade adulta, estudos avançados e carreiras profissionais, os alunos devem ser capazes de ler, de forma independente, textos complexos específicos para cada disciplina, mesmo que esses textos sejam desafiadores. Atuar na advocacia, na ciência ou na engenharia é ser capaz de ler textos que às vezes não são atrativos para o leitor ou revelam seu significado com facilidade. Se os alunos não puderem se sentar e entender esses textos por conta própria, seus horizontes serão limitados.

Maryanne Wolf aponta em *O cérebro no mundo digital* que a leitura independente também é fundamental para desenvolver a capacidade de manter a atenção e a concentração.[13] Aprender a ler profundamente e bem "reconecta o cérebro", diz ela, criando "circuitos neurais sofisticados", capazes de reflexão, concentração e empatia. Em outras palavras, uma sociedade fragmentada e semiatenta, gritando uns com os outros, é resultado de uma cultura que não lê muito.

Os jovens cada vez mais não leem. Um estudo de 2020 do Literacy Trust na Inglaterra encontrou as taxas mais baixas de leitura independente registradas até o momento.[14] Quando os alunos leem, eles normalmente leem em estados de distração: no sofá com um *smartphone* zumbindo na barriga.[15] Ler e assistir pela metade ou entender vagamente é um estado cognitivo cada vez mais normal. Distrair-se não dispara alarmes internos.

Proporcionar períodos de leitura independente, focada e sustentada, especialmente com textos desafiadores, está entre as coisas mais valiosas que os professores podem fazer na escola, em todas as disciplinas e em todos os anos. Para muitos alunos, a escola é cada vez mais o único lugar em que essa atividade pode acontecer – existem poucos outros lugares que estão fora do alcance da distração tecnológica.[16]

No entanto, muitos professores não pedem aos alunos que leiam em sala de aula, porque os alunos não o fazem de forma produtiva ou eles – ou seus administradores – não pensam nisso como uma forma de ensino.

Leitura independente responsável (LIR) é um conjunto de ferramentas para garantir que a leitura independente durante a aula seja bem-sucedida e produtiva. Ele tem três princípios. Primeiro, atribua a leitura em durações menores no início para tomar decisões adaptativas com base no quanto os alunos conseguem ler bem uma amostra inicial (ou amostras). Em segundo lugar, avalie intencionalmente, de preferência por meio de tarefas observáveis, para tomar decisões sobre a eficácia ou a quantidade de um determinado texto que os alunos podem ler por conta própria. Terceiro, incorpore a leitura na atividade, para que ela não seja uma atividade separada, mas sim uma onde as ideias se apliquem e se conectem ao restante da atividade.

Grande parte da justificativa para essa abordagem vem do reconhecimento de que a capacidade dos alunos de ler de forma independente não é estática – depende do texto que estão lendo e varia de acordo com seu próprio conhecimento e experiência com diferentes formas de sintaxe.[17]

Além disso, o objetivo é que os alunos leiam com atenção e compreensão quando leem, tanto quanto aumentar a quantidade de sua leitura. O hábito que queremos construir é o da leitura atenta e focada.

Você pode ver um exemplo disso no vídeo *Nicholas Hermann: Forças*. Nick incluiu um artigo ao seu plano de aula para seus alunos de ciências do 5º ano lerem. Boa ideia. Textos científicos são lidos de forma diferente de outros escritos. É uma ótima prática que os alunos leiam dentro da disciplina. O artigo descreve as forças que afetam o voo de uma bola de beisebol. Nicholas deixa bastante claro que eles vão começar com apenas quatro parágrafos. Ele quer ter certeza de que eles podem identificar as duas forças (gravidade e resistência do ar) que atuam sobre a bola. Ele preparou o texto com antecedência, então o segmento é fácil para os alunos verem: "Vocês vão parar bem ao lado desse número três". Sua tarefa de anotação – circular as duas forças que atuam na bola de beisebol – permite que ele veja claramente se os alunos são capazes de compreender esse tipo de escrita científica.

Por que isso pode ser difícil é habilmente revelado pela segunda rodada da LIR que ele designa: *leia a próxima seção e coloque um asterisco ao lado da linha que explica como uma lei científica é diferente de uma lei do governo*. "Lei" é uma palavra aparentemente simples que significa algo diferente em um contexto científico, exatamente o tipo de barreira à compreensão que a "maldição do conhecimento" pode fazer com que um professor ignore. Mas com dois testes cuidadosos como esse, Nicholas saberá: posso dar aos meus alunos tarefas de leitura mais longas? Eles podem aprender de forma confiável com esse tipo de leitura? Se puderem, ele pode fazer uma pausa durante uma aula típica e, em vez de dizer "Deixe-me explicar como funciona a eletricidade", ele pode dizer "Vou mostrar um pequeno artigo que explicará como funciona a eletricidade" e deixar que a leitura de trechos seja uma de suas principais ferramentas de ensino. Se não, eles vão precisar de mais prática.

Você pode ver um exemplo um pouco mais complexo no vídeo *Kirby Jarrell: Uma liberdade duvidosa*. Os alunos de sua turma do 7º ano estão lendo *A narrativa da vida de frederick douglass*. É um texto desafiador, para dizer o mínimo – publicado em 1845, a sintaxe de Douglass é um desafio para os ouvidos modernos. Sua escrita é rica em imagens complexas e muitas vezes emprega um estilo retórico formal raramente visto hoje. Mas também é um texto crítico para os alunos lerem. Não há outra maneira de entender o livro a não ser ouvir a voz de Douglass diretamente. O texto é complexo e necessário.

Quando o vídeo começa, a turma de Kirby acaba de ler em voz alta. "Era tão óbvio pela maneira como você lia em voz alta que você realmente entendia", diz ela. Esse pequeno momento nos mostra que Kirby já está usando a fluência e a expressão dos alunos na leitura oral como dados para informar escolhas sobre o quanto eles estão prontos para ler essa passagem de forma independente.[18]

Kirby pede aos alunos que leiam sozinhos até o final da seção por cerca de dois minutos e façam anotações sobre as "listas" que Douglass faz – essas são críticas para a compreensão do trecho. Ao atribuir uma tarefa de anotação visível, Kirby se propõe a avaliar a capacidade dos alunos como leitores independentes – não apenas em geral, mas *desta* parte *deste* livro. Como ela deu a eles uma tarefa de anotação específica, Kirby é capaz de usar a *Observação ativa* (técnica 9) para observar tendências de compreensão e, à medida que o tempo se esgota, ela fica otimista: "Trabalho incrível. Vocês não precisam de um colega para isso", diz ela, decidindo não usar um *Virem e conversem* (técnica 43) planejado. Em vez disso, ela inicia uma discussão com todo o grupo. "O que ele está listando e por quê?", ela pergunta.

A discussão seguinte destina-se a definir a compreensão que os alunos deveriam ter adquirido independentemente do texto, mas o texto é complicado, e rapidamente pode-se notar que nem todos entenderam tão bem quanto Kirby pensava. Um aluno explica que Douglass está listando os desafios que enfrentou enquanto fugia, e Kirby chama outro aluno para esclarecer que as listas são hipotéticas – nenhum dos desafios listados realmente aconteceu ainda. Essa passagem, criticamente, envolve Douglass imaginando os riscos da fuga.

Mas Kirby está atenta às indicações de dificuldade e pede aos alunos que escrevam uma nota no final da página capturando a ideia que Douglass está *imaginando* nessa seção. Eles estão indo bem diante de um desafio real, mas ela terá que ter cuidado com o quanto ela lhes dá para ler por conta própria. Serem capazes de voar sozinhos com um livro tão desafiador ainda é um trabalho em andamento.

Quando o vídeo termina, ela diz: "Eu só quero enfatizar, faz [apenas algumas] semanas [desde que eles começaram o romance] e pensei no quanto vocês estão entendendo desse livro... Como foi para vocês?... Acho que muitos de nós são realmente capazes de entender a linguagem difícil de Douglass." Isso pode parecer uma coisa contraditória de se dizer depois que os alunos lutaram com um ponto-chave, mas essas duas coisas são verdadeiras.

Eles fizeram um progresso incrível. Eles geralmente são capazes de ler com sucesso um texto tão desafiador. Mas haverá passagens complicadas. O "nível de dificuldade" de um livro é uma média. Dentro dele, há seções que os alunos podem entender com facilidade e seções com uma dificuldade especial. Dizer que os alunos podem ler um livro de forma independente é sempre uma generalização. Existem vários elementos que Kirby usa para garantir que esse segmento de leitura independente seja produtivo.

Primeiro, ela aumenta gradualmente a quantidade da leitura independente: começando pequeno e aumentando a quantidade de texto à medida que sua confiança na compreensão dos alunos aumenta. Se os alunos de Kirby tivessem lido a maior parte de um capítulo em vez de começar como fizeram, com apenas um ou dois parágrafos, teria sido muito mais difícil para Kirby fixar sua compreensão dessa passagem e usá-la como um teste de prontidão para ler passagens semelhantes sozinhos. A longo prazo, queremos aumentar a resistência dos alunos para tarefas de leitura independentes, mas pode levar algum tempo até sabermos que os alunos estão à altura da tarefa de ler passagens extensas com precisão.

A tarefa de anotação clara e específica de Kirby – "O que ele está listando e por quê?" – é fundamental. Dar aos alunos um ponto focal permite que você monitore a compreensão enquanto eles trabalham. Para os alunos mais jovens, isso pode soar como o que você ouve Dan Cosgrove dizer no vídeo *Dan Cosgrove: Minhoca*: "Vão até o início da página 56 e anotem uma palavra para mostrar como a minhoca está se sentindo". Em uma aula de história, você pode pedir: "Sublinhem pelo menos dois detalhes sobre as condições enfrentadas pelos soldados da Revolução Norte-Americana". Ter uma tarefa clara também beneficia os alunos, orientando-os a se concentrarem nas partes mais importantes do texto, dando-lhes algo concreto para prestar atenção durante a leitura.

Uma advertência importante sobre tarefas com anotação: é fácil torná-la muito complexa ou muito vaga. O que queremos é uma tarefa que revele claramente se os alunos entenderam, não apenas a essência, mas a linguagem específica do trecho. Portanto, a tarefa deve ser específica para a compreensão de uma seção específica do texto, em vez da aplicação de uma habilidade universal. "Neste parágrafo, sublinhe as três maneiras pelas quais a memória pode ser manipulada ou alterada" é melhor do que "Neste parágrafo, sublinhe três exemplos de linguagem figurada". Um aluno pode concluir a segunda tarefa e não entender o que leu. O objetivo ao projetar tarefas de anotação é fornecer dados sobre se os alunos entenderam com precisão o que o autor está tentando dizer, para que você saiba o quanto eles podem ler por conta própria.

Um benefício de doses curtas e médias de LIR é que elas permitem que você integre a leitura a sua aula e mostre que a leitura independente é uma das maneiras de envolver o conteúdo durante a aula, e não apenas algo que fazemos depois da aula e por nossa conta. Fazer com que todos leiam uma passagem independentemente e depois a discutam ou escrevam sobre ela faz da leitura uma parte do processo de aprendizagem. Como mostra o vídeo de Nicholas Hermann, isso é especialmente valioso fora das aulas de leitura. Aprender a ler o discurso das ciências de forma independente e ver a leitura como intrínseca ao processo de aprender sobre ciências é uma necessidade para qualquer carreira nas áreas de ciências, tecnologia, engenharia e matemática, por exemplo.

Um último pensamento sobre a LIR. Sempre acontece assim? Você deve sempre avaliar metodicamente a prontidão dos alunos e liberá-los apenas para o que sabe que eles podem fazer com sucesso? Não. A responsabilização é algo que você costuma usar para entender e apoiar a capacidade de seus alunos de ler textos complexos. Há momentos em que a leitura independente pode assumir outras formas – os alunos devem escolher e ler os livros por conta própria, é claro; às vezes, eles devem se esforçar com um texto desafiador e refletir sobre o que perderam inicialmente ou não compreenderam completamente. Mas a LIR nos lembra de como é importante avaliar constantemente os alunos como leitores independentes para que possamos entender a experiência que eles estão tendo ao ler.

A LIR também pode ajudar os alunos a entenderem melhor o processo de leitura. Assim como Kirby, você pode optar por ser transparente sobre seu processo de tomada de decisão (por exemplo, "Minha sensação é que ainda estamos descobrindo Steinbeck. Vamos continuar lendo sozinhos em pequenos pedaços até que estejamos um pouco mais familiarizados com seu estilo" ou "Esta descrição da fotossíntese inclui muito vocabulário técnico, então vocês só irão ler os dois primeiros parágrafos por conta própria."). Isso também permite celebrar o sucesso, como podemos observar no vídeo de Kirby: "Foi um desafio, e vocês conseguiram". Essa linguagem de celebração é uma forma de abraçar o desafio e mostrar que o sucesso traz mais autonomia: "Estamos realmente começando a entender Steinbeck. Vou desafiá-los a fazer mais por conta própria" ou "Vocês fizeram um ótimo trabalho resumindo a seção sobre fotossíntese – vamos ver como se saem neste próximo capítulo, que é um pouco mais profundo".

TÉCNICA 24: LEITURA EM FASE

A *Leitura em FASE*, ou, como era conhecido anteriormente, *Controle o jogo*, é um sistema de leitura em voz alta que maximiza o valor e a viabilidade dessa atividade crucial, permitindo que você desenvolva a fluência e o prazer da leitura dos alunos. Ela sempre esteve na primeira linha de técnicas do livro em termos de importância, mas a sociedade está passando por mudanças rápidas e intensas, sendo que as mais significativas envolvem a onipresença da tecnologia, e elas elevaram ainda mais a importância – eu poderia até dizer urgência – de uma abordagem intencional à leitura em sala de aula, o que inclui o uso da *Leitura em FASE*. Essa é, na minha opinião, uma das técnicas mais importantes do livro.

O que significa FASE? É uma sigla e, embora eu não goste muito de siglas, o nome anterior era vago.[19] Precisava de um novo nome que comunicasse algo importante sobre a técnica. O nome anterior comunicava coisas importantes, mas somente para mim.

O novo nome, FASE, destina-se a lembrar os professores sobre quatro coisas que eles devem tentar reforçar quando os alunos leem em voz alta. Também tem um pouco do sentido de "fase", e isso pode ser um lembrete de que muitas vezes acontece em um ciclo de alguns minutos que cede a outras atividades e depois é usado novamente. Uma fase – como a *Leitura em FASE* – geralmente é temporária, mas recorrente.

F é de fluência. A fluência é extremamente importante para leitores de todos os níveis. Queremos usar a *Leitura em FASE* como uma oportunidade para construí-la. Isso ocorre porque, como os Student Achievement Partners observam recentemente em um relatório, "pesquisas mostram que a falta de fluência causa até 40% da variação em alunos que passam nos testes *versus* aqueles que são reprovados. Isso vale para todas as notas de teste."[20] Você não precisa gostar de testes para entender: compreensão e conhecimento exigem fluência. Você deve ler não apenas palavras individuais, mas sequências de palavras na velocidade da visão[21] – com automatismo, ou seja, para que toda a sua memória de trabalho fique livre para pensar no texto. Uma das coisas menos contempladas e óbvias sobre a leitura é que ela precisa acontecer rapidamente – "na velocidade da visão", como diz Mark Seidenberg – para que funcione. Temos que ser capazes de dar sentido a isso assim que o percebemos. Se você está perguntando a um aluno sobre o ofício do autor ou o que exatamente o experimento diz sobre o papel do ATP e ele não consegue processar as palavras e a sintaxe na velocidade da visão, é provável que você se frustre. Quando tem que desacelerar para ler, quando a tarefa de ler e entender o sentido básico das palavras requer pensamento consciente, sua memória de trabalho é alocada para descobrir as palavras, o que significam e como se encaixam, não para compreender. Talvez seja por isso que os alunos que foram ensinados a ler com fluência em voz alta – em sala de aula ou em aulas de reforço – "simplesmente liam melhor" do que os que não praticaram regularmente a leitura em voz alta, escreve Timothy Shanahan, que está entre os principais pesquisadores do país sobre leitura. "Para muitos alunos, a prática da leitura oral continua ajudando na consolidação das habilidades de decodificação [e]... ajuda a apoiar o desenvolvimento da prosódia que está mais diretamente implicado na compreensão da leitura."[22]

Ler em voz alta é fundamental para gerar fluência. É a única maneira confiável de avaliar e oferece aos alunos a oportunidade de praticar a construção de significado que expressamos quando lemos em voz alta. Ler algo em voz alta é interpretá-lo e argumentar sobre isso: em que tom deve ser lido? Que palavra é enfatizada? Pense por um momento como é importante saber como soa a voz implícita de um texto, não apenas para romances, mas para pesquisa científica e historiografia; agora pense em quantas vezes seus alunos ouviram essas coisas sendo lidas em voz alta. Com a leitura em FASE há modelagem constante de como um texto deve soar, mas o modelo vem dos colegas. Voltarei a isso quando discutirmos sobre os aspectos sociais da leitura.

Ler em voz alta é a melhor maneira de praticar a fluência e é benéfico para *todos os alunos*, mas, depois de terminarem o ensino fundamental, eles não têm mais oportunidades de ler em voz alta e desenvolver a fluência. Essa lacuna é 10 vezes mais importante – e esse será outro tema deste livro – agora que a leitura como a conhecemos está em uma luta de morte travada com o telefone celular, uma batalha onde ela está perdendo muito. Não é apenas que os alunos leem cada vez menos – os dados são devastadores –, mas eles leem cada vez pior. Eles estão mais distraídos; em estados de constante semiatenção,[23] com seus olhos percorrendo a página em busca da próxima novidade. Portanto, não é apenas que construímos habilidades de fluência e leitura que também se traduzem em leitura silenciosa, é uma das poucas maneiras de fazer com que os alunos leiam por períodos de tempo contínuos e sem distrações.

A é de *accountability* (responsabilidade). "A única maneira de sabermos 100% que uma criança está realmente lendo é se ela estiver lendo em voz alta", escreve Jo Facer em *Simplicity rules*. É a única maneira de sabermos *como* eles estão lendo. Sua aula de leitura em voz alta não é apenas uma prática de fluência, não é apenas um exercício de criar um sentimento de comunidade (do qual falarei em breve), é um fluxo constante de dados sobre o nível de leitura dos seus alunos nos principais textos da aula. São dados.

Confirmar que os alunos estão lendo é um grande negócio – maior agora do que há 5 ou 10 anos. Sim, eu posso ouvir alguns professores dizendo que devemos incentivar os alunos para ler em casa o máximo que pudermos. Mas observe também que confiar na leitura acontecendo em casa é regressivo – os leitores fortes provavelmente obterão mais – e cada vez mais não podemos ter certeza de que muitos alunos leem regularmente fora da escola. Somos todos viciados em um dispositivo projetado para absorver toda a nossa atenção. Nossos alunos ficam escravizados no minuto em que saem da escola.[24] "Todo e qualquer sistema que eu inventei [para garantir a leitura independente em casa] foi manipulado pelos alunos... Se você quer garantir que os alunos estejam lendo, sua única aposta é fazer com que leiam na sua frente, para a turma inteira. É por isso que coisas como a leitura de um romance adequado para toda a turma... por 20 a 30 minutos por dia são tão benéficas. Se as crianças lerem tanto por tanto tempo, terão uma enorme vantagem sobre seus pares", escreve Facer.

S é de social. Este é o dom oculto da *Leitura em FASE*. Experiências compartilhadas, especialmente aquelas com peso emocional ou em que surgem ideias significativas, aproximam as pessoas e dão a elas um sentimento de pertencimento. Isso é o que você está fazendo quando lê em conjunto – gerando sentimento de comunidade e pertencimento e, não por coincidência, em parte esse é o papel que as histórias e os textos têm desempenhado em nossa sociedade há mais tempo do que nas escolas. Histórias e experiências foram compartilhadas não apenas entre os grupos, mas *em grupos* como forma de aproximar as pessoas. É apropriado que esse aspecto da leitura seja nossa melhor aposta agora, para elevar sua estatura acima das formas mais solitárias de comunicação disponíveis através de telas.

Em *Culturally responsive teaching and the brain*, Zaretta Hammond faz um argumento convincente para a importância da comunidade na sala de aula. Somos a sociedade mais individualista do mundo, observa ela. Encontrar maneiras de equilibrar o individualismo com uma abordagem colaborativa faz parte do ensino culturalmente responsivo – uma maneira fundamental de tornar a sala de aula mais acessível aos alunos de culturas menos individualistas, ela argumenta. Ao mesmo tempo, nos leva a ver os benefícios de uma maior ênfase no sentimento de comunidade e pertencimento, conferida a algumas outras culturas que o valorizam mais.

A forma como lemos, às vezes, reflete esse individualismo marcante, especialmente nos momentos em que cada um escolhe seu próprio livro e lê por conta própria. Há um argumento comum de que os alunos só vão gostar ler se isso envolver a escolha individual e, embora algumas escolhas sejam boas,[25] deixar que cada um sempre escolha o que quiser significa abrir mão do que é coletivo – o texto compartilhado sobre o qual todos podemos falar porque todos já lemos e compartilhamos a experiência de lê-lo juntos. Um dos benefícios de uma tarefa coletiva como ler juntos é que ela constrói o pertencimento, o incentivo mais forte que existe para os humanos. Ironicamente, ler e experimentar juntos muitas vezes produz mais prazer do que um ambiente onde todos podem escolher. No momento em que sua turma ri ou suspira em voz alta no meio de uma leitura compartilhada, forma-se um vínculo. A experiência de ler juntos é tão poderosa para o cérebro quanto os eventos vivenciados juntos e, portanto, a conexão compartilhada que isso cria pode ajudar a forjar um sentimento duradouro e valioso de comunidade e pertencimento. Se queremos que a experiência da leitura seja poderosa e única – social, compartilhada e prazerosa, mais poderosa que o *smartphone* – a chave é ler em conjunto e enfatizar isso lendo juntos e em voz alta.

E é de expressão. Ler bem em voz alta é tornar audível o significado, dar vida a um texto. É poderoso quando um professor faz isso e é ainda mais significativo quando os alunos o fazem. É uma afirmação – de aluno para aluno – de que vale a pena dar vida ao texto. Ouvir seus colegas se orgulharem de suas habilidades de leitura e mostrarem que valorizam o ato de ler cria o tipo de norma social positiva que provavelmente mudará os comportamentos de leitura. Quando os alunos leem em voz alta de forma expressiva e quando, como fazem nas melhores salas de aula, eles implicitamente competem para mostrar quem pode ler de forma mais expressiva, eles não estão apenas dando vida ao que você está lendo, mas também defendendo o livro. Gabby Woolf faz um trabalho exemplar disso no vídeo *Gabby Woolf: Pedra Angular*. Sua turma está lendo *O médico e o monstro*, a novela de 1886 de Robert Louis Stevenson, cheia de sintaxe arcaica e desconhecida. Trazê-lo à vida com sucesso é mostrar que você entende o livro. Então, quando Gabby começa, primeiro lendo um trecho ela mesma de exemplo antes de chamar os alunos para a *Leitura em FASE*, ela desafia os alunos a trazerem à tona seu grau máximo de expressividade. "Num espírito extravagante, vamos ler como... Stevenson gostaria que seus leitores imaginassem as cenas." Ela incentiva seus alunos a se voluntariarem "com sua leitura altamente expressiva" e observa: "Conheço vários de vocês que fariam um bom trabalho". E, de fato, a leitura subsequente por seus alunos é rica em expressão e significado, que se tornam audíveis.

Os desafios da leitura em voz alta

Há alegria e prazer em ler em voz alta, mas também existem desafios, e vale a pena enfrentá-los, porque, de muitas maneiras, o objetivo da *Leitura em FASE* é enfrentar esses desafios[26] – é um caso clássico da técnica que viabiliza a estratégia. Se você tem a técnica que permite superar alguns desafios, os benefícios de uma estratégia poderosa se tornam viáveis.

Então, quais são os desafios? As razões podem ser separadas em dois grupos principais: aproveitamento e autoestima.

Questões de aproveitamento

Alguns educadores reagem às sugestões de incluir mais leitura oral em sala de aula com uma pergunta do tipo: "Por que você permitiria que um único aluno lesse em voz alta durante o horário de aula? O que as outras crianças estarão fazendo?". Eu acredito que a implicação é: nada. Ter um aluno sozinho lendo em voz alta para uma sala de aula passiva pode de fato ser um mau uso do tempo. Claro que é possível verificar se os colegas do leitor estão simplesmente olhando pela janela. Porém, em uma aula bem planejada, eles também estariam lendo, e isso é valioso e relativamente fácil de fazer.

Eu uso o termo "aproveitamento" para me referir à quantidade de leitura que o resto da classe está fazendo quando um aluno está lendo em voz alta. Se 27 alunos estiverem olhando para o espaço ou ouvindo passivamente, o aproveitamento é baixo. Mas se um está lendo ativamente e 27 estão ouvindo atentamente e lendo junto com ele, tão ativamente engajados no texto como se estivessem lendo por conta própria, então o aproveitamento é muito maior. Também vale a pena refletir sobre a facilidade com que um grupo de pessoas pode discutir um texto de forma significativa quando fazem isso em conjunto. Não há lembretes: *lembra da cena em que isso ou aquilo aconteceu*? A memória da cena está vívida na mente dos alunos quando você diz: "Vamos fazer uma pausa aqui e discutir". Então, uma segunda resposta para a pergunta "O que os outros alunos estão fazendo?" é: eles estão se preparando para discutir. As preocupações com a passividade dos que não estão lendo em voz alta são legítimas, mas facilmente administradas por ações específicas do professor, que discutirei em breve.

Também ouvi preocupações de que ouvir e ler ao mesmo tempo sobrecarregará a memória de trabalho dos alunos – que ouvir impedirá a leitura – ou vice-versa. Não sei ao certo se existe uma resposta clara para isso, embora haja uma quantidade razoável de pesquisas recentes mostrando que os canais visuais e auditivos são aditivos em termos de memória de trabalho.[27] Ainda assim, não podemos descartar essa preocupação. A leitura é uma tarefa imensamente complexa que usamos para atingir vários objetivos na sala de aula. Entre outras coisas, queremos que os alunos aprendam interpretação de texto, fluência e vocabulário por meio da leitura. Queremos que eles adquiram conhecimento através da leitura e sejam capazes de adquirir conhecimento através da leitura adicional de textos complexos em particular.

Queremos que eles persistam na leitura, façam disso um hábito e a valorizem por toda a vida. Não é realista pensar que uma única abordagem vai otimizar tantos resultados diversos. A leitura continua sendo para mim a primeira entre outras técnicas – a mais importante entre todas as coisas valiosas que ensinamos na escola –, e a minha orientação seria fazer com que os alunos lessem muito em sala de aula, que eles lessem de maneira a fazer um texto parecer valioso – comprar a ideia, como diz um colega meu, é um resultado, não uma pré-condição para qualquer atividade – e usassem diversas formas de leitura para obter o benefício de várias abordagens.

Ao elaborar nosso Currículo Reconsiderado de Leitura, minha equipe incluiu três formas de leitura em cada lição: *Leitura do professor em Voz Alta*, *Leitura em FASE* e *Leitura independente responsável* (ver técnica 23). O equilíbrio exato que sugerimos depende do professor, da turma e do texto. Mas sugerimos doses equilibradas de todos os três. (Esse não é um conselho que eu limitaria à sala de aula.) O vídeo *Eric Snider: O vento* é um ótimo exemplo de um professor usando todas as três formas de leitura em sinergia: Eric lê em voz alta, permite que seus alunos leiam por um tempo – a propósito, eles arrasam com o texto complexo – e depois os orienta a lerem sozinhos (responsável). Se houver alguma dificuldade em qualquer uma dessas formas de leitura, ele as equilibra usando as outras e ainda colhe os benefícios exclusivos de cada abordagem.

Questões de autoestima

Alguns educadores também sugeriram que os alunos não devem ser solicitados a ler em voz alta na aula porque podem ter dificuldades – isso pode envergonhá-los ou constrangê-los e, possivelmente, fazer com que não gostem de ler. Basicamente, o argumento é que, se os alunos são leitores fracos, devemos negar a eles uma das melhores ferramentas para melhorar as habilidades de leitura, pois isso pode causar desconforto. Aprender a se sentir confortável lutando é, na minha opinião, um desafio muito mais administrável e temporário do que ser um leitor fraco. Os professores e as culturas que eles constroem são totalmente capazes de tornar seguro lutar e correr riscos. É mais uma razão por que é tão importante construir uma cultura vibrante e positiva na sala de aula – não apenas evitar uma cultura negativa.

Felizmente, a leitura de todos é imperfeita. Portanto, um passo importante é tornar esse fato simples mais evidente. Uma ótima maneira de fazer isso é equilibrar a leitura em voz alta do professor com a leitura em voz alta do aluno. Se você ler em voz alta, certamente terá sua parte de tropeços e falhas. Eu sei que erro. Não tentar escondê-los, mas fazê-los parecer normais é algo poderoso. Você poderia dizer "Opa, deixa eu começar essa frase de novo" ou "Opa, é 'falha', e não 'filha'". Ou então você pode falar muito pouco e continuar como se fosse a coisa mais normal do mundo, deixando que os dados se acomodem na turma ao longo do tempo: até o professor tropeça. Ter muitos alunos lendo também oferece muitas oportunidades para que muitos alunos tropecem um pouco, voltem, releiam, descubram uma palavra – tudo isso de forma pública e à vista, mesmo entre os melhores leitores. Isso normaliza um aspecto óbvio da leitura que, de outra forma, ficaria oculto. A chave não é fazer com que os mais fracos sintam que não deveriam tropeçar, mas ajudá-los a ver que é normal que todos tropecem.

Mas é claro que alguns leitores têm mais dificuldades do que outros, e são exatamente os alunos que mais têm dificuldades que também se beneficiam mais com a prática. Planejamento, preparação e construção de cultura podem enfrentar os desafios disso. Mais tarde, compartilharei com vocês um momento na sala de aula de Jessica Bracey em que ela demonstra algumas soluções excelentes. Mas primeiro, este conselho de Jo Facer: ela escreve que, inicialmente, é melhor "selecionar frases curtas e simples antes de dar sua aula e destacá-las em sua própria cópia. Dessa forma, você conhecerá as 'frases seguras' para fazer com que seus leitores com dificuldades tenham sucesso". Com o tempo, isso permitirá que eles se encontrem com sucesso e construam sua confiança, observa ela.

Uma observação implícita nesse comentário é a ideia de que as pessoas mudam – não somente suas habilidades, mas também suas percepções. Você não pode controlar se um aluno está nervoso no início, mas pode controlar as variáveis do ambiente o suficiente para mudar esse sentimento com o tempo.

É claro que existem outras maneiras de gerenciar a experiência para que os alunos gradualmente melhorem na leitura, lendo em voz alta. Voltarei a elas mais adiante. Por enquanto, também quero salientar que é um erro negar a todos os alunos a oportunidade de ler em voz alta porque alguns deles podem ficar nervosos no início. Todos têm o direito de se conectar com a leitura como uma experiência positiva, e os professores devem garantir que todos os alunos desenvolvam o domínio dessa habilidade.

Como conduzir a *Leitura em FASE*

Como, então, você destrava os benefícios da leitura oral do aluno e reduz suas desvantagens? Como garante o aproveitamento e a atenção e se prepara para os momentos mais desafiadores? Quando você conduz uma *Leitura em FASE*, está pedindo aos alunos que leiam em voz alta, um por um, em um padrão imprevisível, geralmente por pequenos períodos, pelo menos no início. Com "pedir" quero dizer, na maioria das vezes, atribuir leitores chamando-os *De surpresa*. Queremos voluntários, mas também queremos universalidade e responsabilização. Todo mundo tem que ler – e espero que venham a amar a leitura. "Os leitores mais fracos precisam de *mais* prática na leitura, mas também são os que tendem a se voluntariar *menos* para ler em voz alta, bem como os que resolvem não ler em particular depois do horário escolar. Para atender aos nossos leitores mais incipientes, simplesmente deve haver a expectativa de que toda criança poderá ler em voz alta a qualquer momento", escreve Jo Facer. Aqui estão alguns detalhes sobre esses elementos.

Duração imprevisível

Se você designar um aluno para ler na aula e disser: "Leia o próximo parágrafo para mim, Vivian", todos na classe sabem que você não vai pedir para mais ninguém ler até que Vivian termine o parágrafo. *Se dissermos quanto vai durar a leitura de um dos alunos, os outros podem deixar de prestar atenção.* Por isso, quando pedir a um aluno para ler, não especifique por quanto tempo você quer que ele leia. Dizer "Comece a ler para mim, por favor, Vivian" ou "Assuma a leitura, por favor, Vivian" aumenta a probabilidade de outros alunos lerem junto, pois eles não sabem quando vão precisar continuar a leitura.

Além disso, ser imprevisível quanto à leitura permite abordar um leitor com dificuldades de maneira segura e não invasiva. Se Vivian tiver dificuldades com o parágrafo que você reservou para ela, isso significa um trabalho longo e lento até o fim, possivelmente exaustivo para Vivian e reduzindo o aproveitamento com outros alunos, ou é você de repente mudando aquilo que prometeu: "OK, pode parar aí, Vivian. Jelani, você poderia ler um pouco?", o que carrega um julgamento implícito. Se você não especificar a duração da leitura inicialmente, no entanto, poderá se adaptar ao interesse do aluno que está lendo e do resto da turma. Vivian pode ler duas frases muito bem e depois parar antes que ela se esforce demais, tornando a experiência positiva, então você pode passar para um leitor dinâmico, que levará a história adiante pelo resto da aula. Ou, então, se Vivian estiver bem, pode deixá-la continuar. Tudo isso acontece de forma invisível quando você evita dizer aos alunos por quanto tempo eles irão ler.

Leituras curtas

A leitura de trechos curtos muitas vezes pode permitir que os alunos invistam e sustentem a energia para se expressar e ler de forma fluida e interessada. É melhor ler muito bem três ou quatro frases e parar do que ler bem duas e se alongar por mais seis. Trocar os leitores principais pode produzir uma leitura em voz alta de maior qualidade e tornar a lição mais envolvente. Trocar de leitor com frequência, de forma rápida e imprevisível faz com que a leitura pareça rápida, gerando motivação, em vez de tediosa e lenta.

Saber que os trechos tendem a ser curtos e podem terminar a qualquer momento também reforça para os outros possíveis leitores que eles provavelmente terão a chance de ler em breve, e isso os impede de se desligarem.

À medida que os alunos se desenvolvem como leitores, sua definição de "curto" mudará, é claro. Talvez a leitura média seja de duas ou três frases no início, mas conforme se tornam melhores como leitores e mais capazes de prestar atenção, conforme passam a gostar de ler e se engajam no texto, você naturalmente aumentará a duração média de uma leitura. Às vezes, você e a turma se perdem em uma passagem, e Vivian simplesmente continua. A ideia principal é que leituras mais curtas podem trazer engajamento e energia para o aluno – talvez no início de um trecho, talvez se as coisas desacelerarem, talvez o tempo todo. Quando e com que frequência, isso depende de você.

Por fim, manter leituras curtas permite que você aproveite melhor uma forma crucial de obtenção de dados: toda vez que você troca de leitor, está coletando dados sobre seu aproveitamento. Quando diz "Prossiga, por favor, Charles", e Charles passa para a próxima frase sem perder o ritmo, você sabe que Charles estava lendo sozinho ao lado do leitor anterior. Se não, você sabe o contrário. O ideal é que esse tipo de transição contínua aconteça toda vez que alternar entre leitores e que a troca frequente permita reunir e gerenciar transições com mais frequência e de maneira mais ampla. Quanto mais dados você tiver, mais informações e ferramentas terá para garantir o aproveitamento.

Leitor aleatório

Se você passar rapidamente de um leitor principal para outro, os alunos se concentrarão mais em acompanhar. Isso é duplamente verdadeiro se eles não souberem quem será o próximo leitor. Uma professora que anuncia que vai andar pela sala de maneira previsível entrega essa parte de sua influência. Os alunos podem sintonizar até que sua vez esteja próxima. Manter sua capacidade de escolher o próximo leitor também permite que você combine os alunos com os trechos de forma mais eficaz. Se você quiser usar a ideia de Jo Facer de pré-selecionar frases com as quais os leitores em desenvolvimento podem ter mais sucesso, deverá ser capaz de chamar os leitores *De surpresa* e terá que selecionar aleatoriamente.

A imprevisibilidade contribui tanto para um melhor aproveitamento quanto para uma melhor leitura. Portanto, é ótimo convidar alguns alunos que se voluntariam – o momento em que eles acenam com as mãos no ar, animados por uma chance de ler, é uma grande vitória para qualquer professor –, mas certifique-se de não chamar *exclusivamente* os voluntários. Lembre-se de chamar também aqueles que não levantaram a mão. Isso irá maximizar o aproveitamento e normalizará a participação plena e universal. A mensagem deve ser que ler é um prazer e que um bom professor não deixa apenas alguns alunos monopolizarem toda a diversão.

Reduza custos de transação

Um *custo de transação* é a quantidade de recursos necessários para executar uma troca, seja ela econômica, verbal ou outra. Quando se trata de fazer a transição entre leitores, pequenas diferenças nos custos de transação podem ter um grande efeito, por isso é fundamental reduzi-los. Uma transição de um leitor para o outro que leva muito mais do que um segundo rouba o tempo de leitura e corre o risco de interromper a continuidade do que os alunos estão lendo, afetando a forma como seguem e compreendem o texto.

Tenha como objetivo fazer a transição de um leitor principal para outro rapidamente e com o mínimo de palavras – o ideal é fazê-lo de forma consistente. "Susan, continue" é uma transição muito mais eficiente do que "Obrigado, Stephen. Muito bem lido. Susan, você pode continuar a leitura, por favor?". A primeira transação é mais de três vezes mais rápida que a segunda, maximizando o tempo que os alunos passam lendo. Alguns segundos de diferença podem parecer triviais, mas, se você fizer a transição 50 vezes por aula, esses segundos rapidamente se traduzem em minutos e horas de leitura perdidos ao longo do ano. Tão importante quanto isso, reduzir o custo de transação ao trocar de leitor causa menos interrupção no texto, permitindo que os alunos se concentrem e mantenham o fio narrativo vibrante, vivo e ininterrupto. Se você tiver o hábito de minimizar o custo de transação, poderá alternar mais facilmente em quase qualquer pausa natural no texto, dando a você ainda mais controle sobre quando escolher um novo leitor principal. Ocasionalmente, você pode deixar um "adorável" ou um "obrigado"? Claro. Embora talvez ainda melhor seria expressá-lo com linguagem corporal ou um comentário calmo e agradecido enquanto um aluno ainda estivesse lendo.

Deixe-me mostrar como essas coisas acontecem em duas salas de aula: a de Jill Murray e a de Maggie Johnson.

Começaremos com Jill, cujo vídeo *Jill Murray: Divisão em quatro atos* minha equipe adora, porque é de uma aula de estudos sociais. A *Leitura em FASE* deve acontecer em todos os lugares. Alguns aspectos da leitura provavelmente são específicos do domínio de uma forma que raramente consideramos: um texto de não ficção sobre um evento histórico soa diferente de um romance. Um texto científico tem suas próprias convenções e ritmos. Os alunos da turma de Jill estão desenvolvendo um ouvido não apenas para a leitura, mas também para o texto histórico.

E é claro que adoramos isso devido ao modo como os alunos reagem quando ela anuncia *Leitura em FASE* (ela chama pelo nome que era comum "Controle o Jogo"). As crianças aplaudem! Eu prometo que não as pagamos para fazer isso! Mas sugere o poderoso sentimento de alegria e pertencimento promovido pela leitura compartilhada. Eles estão nos dizendo que a *Leitura em FASE* é divertida.

Jill começa modelando. Ela está dizendo (implicitamente): *Assim é como um texto histórico soa quando lido em voz alta*. E com a mesma força: *quero que seu texto soe assim quando estiver lendo em voz alta*. Ela está definindo a norma. Observe como ela não corre. Comumente, os alunos tentarão mostrar sua habilidade lendo rápido. Ela quer que eles mostrem sua habilidade através da expressão – tornando o significado audível –, não da velocidade. Você pode ouvir, também, que o texto é desafiador! Mas os alunos de Jill persistem com prazer. Eles se veem abraçando abertamente o desafio – a leitura de ninguém é perfeita, mas todos sabem disso. E, é claro, enquanto trabalham em direção à fluência nesse nível de complexidade, Jill está coletando dados críticos. Ela também os está ensinando a manter o foco e o esforço quando as coisas ficam difíceis. Todas essas coisas – a persistência, a expressão – também se traduzirão em sua leitura independente.

Agora vamos dar uma olhada na aula de Maggie. No vídeo *Maggie Johnson: Ficou sério*, seus alunos do 8º ano estão lendo *O Sol é para todos*. Esse é um texto desafiador, mas veja como eles estão à altura da ocasião. Maggie vai primeiro. Sua leitura é um modelo de leitura expressiva. Arshe é o próximo. Ele começa a ler habilmente, mas Maggie encoraja um pouco mais de expressão: "Você pode fazer um pouco melhor do que isso", diz ela. Chame isso de encorajamento gentil, permissão para ser expressivo. Isso é importante. A leitura é social e queremos uma experiência memorável com o texto e que os alunos criem o máximo de significado possível através da leitura. Queremos que os alunos se vejam fazendo isso.

Observe o leve sorriso no rosto de Arshe enquanto ele relê. Ele lê lindamente. De repente, a história ganha um pouco mais de vida. Maggie ri e gentilmente coloca a mão em seu ombro para mostrar seu apreço.

Arshe continua lendo. É um texto complexo (Lexile 870), mas com incentivo ele não está apenas prosperando, ele está trazendo um pouco mais de expressão à sua leitura. Outra risada apreciativa de Maggie e então é a vez de Brianna. Ela talvez esteja um pouco mais hesitante. Mais uma vez, Maggie está coletando dados aqui sobre a facilidade com que todos podem ler o texto. Ela pede a Brianna que releia uma frase para garantir a decodificação correta, mas ela o faz com facilidade e com um sorriso apreciativo, como o que ela deu pela leitura de Arshe. Brianna entendeu: você está indo bem; continue lendo. E ela o faz. De repente, ela está tropeçando e brigando com alguma sintaxe muito desafiadora.

Maggie entra em seguida. Ela é capaz de ler um pouco mais rápido. Provavelmente há crianças na sala que querem levar a história adiante. Sua ponte ajuda a manter o impulso e sua atenção. Observe que a professora escolheu um trecho especialmente crítica para ela mesma ler e note como seu modelo é devagar e atencioso. Em seguida, ela passa a leitura para Mel e depois para Ronnie, que responde ao seu pedido de usar a leitura expressiva para retratar um Atticus irritado.

Essa é a única vez que ela aceitou um voluntário – o resto do tempo ela selecionou o leitor. Mas aqui ela quer energia real, expressividade de primeira linha, e Ronnie faz um belo trabalho.

Vale a pena notar que você está vendo aqui tanto efeito quanto causa. Os alunos de Maggie leram esse texto difícil tão bem e com tanto prazer e apreço porque eles fazem *Leitura em FASE* com frequência e porque a norma da leitura expressiva está muito bem estabelecida! Na sala de aula de Maggie, leitura expressiva e alegre é o que se faz. Também vale a pena notar que essa é uma sala de aula do 8º ano. Infelizmente, poucos alunos dessa idade têm o prazer e o benefício do tipo de leitura que a turma de Maggie está fazendo – talvez porque os professores erroneamente pensem que não há benefício para os alunos mais velhos e talvez porque alguns professores pensem que não vão gostar ou não vão fazer isso. Espero que o prazer que os alunos de Maggie sentem em sua leitura dê aos professores permissão e incentivo para ler em voz alta com alunos mais velhos!

Agora que você conheceu a ideia, aqui estão mais alguns dos principais elementos da técnica.

Use a transição para manter a continuidade

O uso da *Leitura em FASE* combina dois tipos de leitura: o aluno lê em voz alta e o professor lê em voz alta. Como professor, você é naturalmente o melhor leitor da sala. Ao ler em voz alta, você modula os tipos de leitura expressiva que deseja dos alunos – alegre, erudita, o que for. Você pode optar por intervir e ler passagens especialmente importantes ou complicadas – sua leitura delas pode dar vida às nuances do texto e ajudar a acelerar a compreensão. Você também pode usar segmentos para ressuscitar o impulso após um leitor particularmente lento ou com dificuldades, intervindo em algumas frases, mantendo o fio da narrativa vivo e envolvente para outros alunos.

Na transição, um professor dá uma volta na rotação da *Leitura em Fase*, lendo um pequeno segmento de texto – uma transição – entre os alunos leitores. Em uma sequência típica de transição, uma professora pode pedir a Trayvon que leia algumas frases, depois a Martina e depois a Hilary, e então ela mesma lê um pouco. Ela pode ter planejado com antecedência uma parte que achou que deveria ler, ou pode ler para modelar a leitura expressiva e dar um pouco de vida à história. Ela pode ler porque Hilary realmente se esforçou, e a professora não queria que o ritmo lento fizesse com que outros leitores se desinteressassem. Ela pode intervir com mais ou menos frequência.

Às vezes, os próprios professores começam a leitura para dar o tom, às vezes até de forma transparente: "Vou começar a ler, depois peço a alguns de vocês que continuem. Estejam prontos!". Obviamente, a leitura do professor nem sempre precisa ser uma transição. Quando você fará isso, obviamente, depende do seu critério, e faz parte da arte de ler bem. Textos mais difíceis geralmente exigem mais transições – para criar mais oportunidades de necessariamente equilibrar o tom e aumentar a velocidade dos alunos leitores mais lentos.

Verifique pontualmente

Aprendi a sequência de completar as lacunas vendo Roberto de Leòn ensinar leitura para meninos do 4º ano na Excellence Charter School for Boys, em Bedford-Stuyvesant. Em um exemplo, Roberto iniciou sua leitura de *O fantasma da ópera* deixando uma palavra no final de sua primeira frase: "Carlotta tinha o... ", ele leu, sinalizando para os alunos com sua mudança de tom de voz que eles deveriam completar a lacuna. No dia em questão, poucos alunos conseguiram responder na hora certa. Então Rob começou de novo: "Ah, alguns de vocês não estavam acompanhando a gente. Vamos tentar de novo. 'Carlotta tinha o...'", e todos agora concordaram com "papel principal", demonstrando que agora estavam acompanhando. Esse dispositivo rápido, que Roberto usa ao longo de suas aulas, permite que ele avalie o aproveitamento de forma rápida e simples.

Use um marcador de lugar

À medida que você alterna entre ler e questionar os alunos sobre o que leem, pode ser útil usar instruções rápidas e consistentes para garantir que os alunos reconheçam a transição e reajam rapidamente. Chamo esse ponto de *marcador de lugar*, porque garante que os alunos mantenham seu lugar no texto e permite uma transição rápida e imediata de volta à leitura após a discussão. "Guarde seu lugar.

Acompanhe-me", anuncia Patrick Pastore, modelando para seus alunos da sexta série como apontar para o ponto onde eles pararam de ler *Esperanza rising*, fechar seus livros parcialmente e voltar seus olhos para ele, mostrando que estão prontos para discutir. Depois de uma breve discussão sobre por que Esperanza e Miguel reagem de maneira diferente a uma viagem de trem, ele instrui: "Continue a leitura, por favor, Melanie". Em menos de dois segundos, ela e seus colegas estão de volta ao livro quase sem custo de transação.

Da mesma forma, Roberto de Leòn pode entoar: "Marquem o texto; fechem o livro", enquanto ele prepara seus alunos para discutir *O fantasma da ópera* – e também os prepara para encerrar essa discussão e retornar ao livro com eficiência.

No vídeo *Jessica Bracey: As coisas mudaram*, você pode ver Jessica, então na North Star Academy em Newark, Nova Jersey, realizando uma aula com a *Leitura em Fase*.

Você notará como os alunos de Jessica estão engajados, pois ela mantém leituras curtas e imprevisíveis, alternando pela sala para envolver muitos alunos. Você também notará que, embora ela chame vários alunos para ler, cada um pega a deixa – evidência sólida de que todos estão lendo junto com ela. Mas, novamente, a melhor evidência de todas vem depois de cerca de um minuto e meio. Jessica mistura uma oportunidade para voluntários. "Por favor, continuem para mim...", ela começa, e os alunos levantam a mão. Eles adoram ler quando a leitura ganha vida dessa forma. Suas mãos mostram o quanto eles adquirem um sentimento de pertencimento. Eles querem fazer parte da experiência.

Você também notará uma ampla gama de habilidades de leitura. Há leitores excepcionais, que modelam a leitura expressiva e engajada, mas há também alguns que têm dificuldade. Mesmo assim, aqueles que precisam se esforçar não têm medo de ler, mesmo quando se torna complicado para eles. Há uma cultura de apoio constante. E Jessica reage ao fluxo de dados que os alunos lendo em voz alta lhe oferecem para ajudá-los. Ela pede que eles incorporem significado em sua expressão ou releiam palavras que não entenderam na primeira vez. Por fim, você notará que a garota que lê primeiro no vídeo também lê novamente depois. Não só é o máximo em seleção de leitores imprevisíveis – só porque você leu uma vez não significa que o jogo acabou na aula de Jessica –, mas esta é uma garota que ainda está desenvolvendo suas habilidades de fluência. Ela recebe dupla prática! E ela está feliz por ler.

Isso não é pouca coisa. Esses alunos são do 6º ano. Os vários estágios de seu desenvolvimento como leitores estão passando rapidamente. Compare muitas e muitas práticas alegres para um leitor em desenvolvimento com a alternativa: a sensação intrusiva para tal leitor de que ler é uma fonte de constrangimento, algo em que ela nunca será boa, algo que ele quer evitar. Isso pode ser, e é, uma profecia autorrealizável para milhares de alunos.

Uma última nota. Anteriormente, observei que uma das coisas que eu gostava no nome *Leitura em FASE* é que uma fase é um estágio em uma série de eventos. O ideal é que a *Leitura em FASE* seja combinada e incorporada a outras atividades de sala de aula, como cinco minutos de *Leitura em FASE* para dar vida ao texto e, em seguida, escrever sobre um texto que parece vívido. Ou 10 minutos de leitura silenciosa com a voz e o cenário do texto ganhando vida. Ou uma discussão sobre o livro que todos acabaram de ler. Imagine o quão mais rica será a discussão de *O Sol é para todos* na aula de Maggie depois que seus alunos ouvirem a história ganhar vida através das leituras de Maggie, Arshe e Ronnie. Há muito mais profundidade para responder. Imagine também como será mais provável que eles peguem o livro e o leiam naquela noite para fazer a lição de casa, quando isso os fez rir juntos como um grupo naquela tarde na escola.

TÉCNICA 25: CIRCULE

O local onde você fica enquanto trabalha é um aspecto crítico do ensino. Ele molda as informações que você coleta sobre os alunos e ajuda a determinar os tipos de interações que você pode usar para orientá-los e apoiá-los.

Será que você consegue ficar naturalmente ao lado de um aluno enquanto ele resolve um problema corretamente pela primeira vez, encorajando-o discretamente e preservando sua privacidade: "Sim, é isso" ou "Muito melhor" ou "Agora você entendeu!"?

Você pode sutilmente se mover para perto de outro aluno enquanto explica a lição de casa e, portanto, fornecer responsabilização de modo gentil para mantê-lo na tarefa e anotar a tarefa?

Você deve conseguir andar pela sala de forma fácil e rápida, podendo chegar a qualquer lugar sem navegar em uma pilha de mochilas ou pedir para empurrar cadeiras. Na verdade, se você tiver que pedir permissão para chegar a qualquer lugar na sala de aula ou se parecer forçado para você ficar em qualquer lugar, essa não é realmente a sua sala e, mais importante, você pode não conseguir moldá-la de maneira ideal para dar apoio ao aprendizado do aluno.

Circular descreve regras e hábitos para o movimento estratégico e intencional de um professor pela sala durante todas as partes de uma aula.

Etapa 1: cruze a fronteira

A sua fronteira na sala de aula é a linha imaginária que percorre o comprimento da sala, paralela e cerca de um metro e meio na frente do quadro, geralmente sobre o ponto onde começam as primeiras mesas dos alunos.

Alguns professores são lentos ou talvez fiquem hesitantes em cruzar a fronteira" – ultrapassar essa barreira imaginária e sair por entre mesas e fileiras. Eles podem passar a aula inteira indo e voltando de um canto para o outro na frente da sala. Ou apenas encostado em sua mesa em frente ao quadro. Mas atravessar a fronteira adiciona energia ao seu ensino e permite que você observe o que os alunos estão fazendo. Você pode ficar ao lado da mesa de um aluno e sutilmente levantar as sobrancelhas enquanto faz uma pergunta intrigante, ou colocar a mão em seu ombro enquanto avança pela sala.

É importante cruzar a fronteira nos primeiros minutos da aula, se possível. (Um benefício da técnica 20, *Faça agora*, é que ela cria uma oportunidade natural de circular e observar o que os alunos estão fazendo logo no início da aula.) Você quer que fique claro para os alunos que é normal você ir a qualquer lugar da sala de aula e a qualquer hora. Quanto mais esperar para cruzar a fronteira, menos natural e normal vai parecer para você fazer isso.

Ser capaz de se aproximar dos alunos de forma natural e fácil aumenta a gama de ferramentas que você tem para interagir com eles. A Técnica 9, *Observação Ativa*, por exemplo, é dedicada ao papel crítico que a coleta sistemática de dados por meio da circulação desempenha na verificação da compreensão. As ferramentas discutidas exigem atravessar o limite como uma ação natural.

Assim, também, faça com que diversas interações se tornem mais comuns. Você pode ser muito mais discreto com Alfred, por exemplo. Durante toda a aula, parece que ele está mexendo em alguma coisa no chão, inclinando-se sob a mesa e movendo a cadeira para frente e para trás para... bem, você não tem certeza. Mas ele não tem nada em suas anotações e não terminou nenhum problema. E agora ele está distraindo os alunos ao seu redor. Se você estiver posicionado apenas na frente da sala, estará limitado a uma pergunta que provavelmente distrairá (e possivelmente produzirá uma resposta mais perturbadora), como "Alfred, o que você está fazendo?" ou "Alfred, por favor, sente-se corretamente em sua cadeira".

Porém, saindo para investigar enquanto você chama um aluno do outro lado da sala, você percebe que alguém derramou algo pegajoso no chão, embaixo da mesa de Alfred. Isso está grudando em seus sapatos e ele está lutando para manter o foco. "Alfred, querido, vá para esta mesa", você pode agora falar em voz baixa. Ou talvez possa levar alguns pedaços de papel-toalha para Alfred logo depois, enquanto a discussão em classe continua, e dizer: "Experimente isso, querido. Limpe e depois eu volto para ter certeza de que você começou o problema número 1." Ou talvez não haja algo pegajoso no chão, e Alfred só precise de um aviso para permanecer na tarefa. Agora que você está perto dele, você pode fazer isso com um sussurro. Ele vai apreciar isso. E talvez seja mais provável que ele vá em frente.

Uma solução *discreta*, uma solução *de vou arrumar o que você precisa enquanto eu continuo ensinando*, uma solução de *ficar ao seu lado para ajudá-lo a completar a tarefa ou entender qual é o problema*. Isso só é possível se você conseguir chegar a qualquer lugar da sala de aula naturalmente, sem atrair atenção indevida do resto da turma: Olha! Ela está se movendo em direção a Alfred! É muito melhor que pareça que Alfred estava já na sua rota natural pela sala. Sua interação com Alfred não pode ser a primeira vez naquela aula que você cruzou a fronteira.

Cruzar a fronteira, em outras palavras, permite que você colete informações constantemente – mesmo quando não sabe que precisa coletar informações. Se circular mais, verá mais do que está acontecendo na sala de aula, especialmente do ponto de vista de seus alunos – e usará a privacidade e a proximidade para resolver problemas e se comunicar com cada um individualmente.

Mas isso só funciona se for uma norma, um hábito do professor. Se você andar pela sala de aula para estabelecer proximidade apenas quando precisar (por exemplo, para abordar uma situação comportamental), isso chamará a atenção para suas ações, tornando quase impossível interagir com a sutileza e a delicadeza de que às vezes você precisa.

Acesso total necessário

Depois de cruzar a fronteira, você deve ter acesso total a toda a sala. Você deve ser capaz de ficar de forma simples e natural ao lado de qualquer aluno em sua sala a qualquer momento, sem interromper seu ensino, escuta ou observação. Ao fazer isso, pode criar um clima de responsabilização gentil.

Responsabilização gentil significa, por exemplo, que, quando os alunos estão escrevendo respostas curtas, eles podem prever que, em algum momento, você olhará incentivando eles – mas também que verá se estão fazendo seu melhor trabalho. Responsabilização gentil significa que os alunos não pegarão seus smartphones, em parte porque você pediu, mas em parte porque há uma chance de que você esteja observando.

Se mover-se entre dois pontos quaisquer exigir que você mexa e tire mochilas do lugar, ou então que movimente várias cadeiras, a posse da sala já não é mais sua. Se você tiver que dizer "com licença" para contornar as cadeiras, mochilas e mesas para chegar ao canto de trás, você estará pedindo permissão ao aluno – ou interrompendo seu trabalho – para ficar naquele espaço. Isso significa que haverá lugares em que a responsabilização gentil não vai chegar.

Garanta seu acesso total à sala, mantendo as passagens amplas e desobstruídas. Encontre um lugar para mochilas que não impeça seu movimento, por exemplo, e considere sentar seus alunos em pares em vez de longos arcos ou fileiras, para que você possa ficar diretamente ao lado de qualquer pessoa a qualquer momento.

Engaje os alunos enquanto você *Circula*

É bom estar próximo e presente em todos os lugares da sala, mas é melhor ainda se estiver constantemente trabalhando. Se estiver ensinando faça intervenções verbais e não verbais frequentes (um sorriso; uma mão sutilmente no ombro; "Verifique sua ortografia" para um aluno enquanto observa suas anotações). Se os alunos estiverem concluindo um trabalho individual, olhe atentamente para o que eles estão fazendo.

Nesses casos, pode ser útil tentar misturar e combinar as interações a seguir à medida que você *Circula*.

Passeio simples. Você passa pela mesa de um aluno devagar o suficiente para mostrar que está monitorando o que ele está fazendo, mas sem qualquer outro envolvimento.

Toque/não verbal. Você tem uma interação breve e silenciosa, talvez apenas ajustando o trabalho de um aluno por uma fração de segundo para mostrar que está observando o trabalho dele, digamos, ou talvez usando um gesto rápido não verbal – um polegar para cima para um bom progresso, outro gesto para indicar "Vamos, continue."

Leitura/revisão básica. Você para e faz questão de ler ou revisar o que um aluno está trabalhando enquanto está em sua mesa. Você pode comentar sobre o que um aluno escreveu, mas não necessariamente. Ler o trabalho de um aluno, por si só, é uma mensagem poderosa.

Leitura de recolhimento. Você para e pega o trabalho de uma aluna e lê aquilo que ela está fazendo, sugerindo um nível ainda maior de interesse e observação de seu trabalho. Eles estarão observando você agora, então sua expressão facial é crítica. Geralmente, eu creio, o interesse benigno é o melhor. *Estou lendo isso porque me importo com suas ideias*. Administre sua fala (veja a técnica 12, *Cultura do erro*) e não deixe passar muito tempo até decidir dar *feedback*. Se você não conseguir pensar em nada para dizer, tente: "Continue".

Essas duas últimas opções são especialmente importantes. Ler, avaliar e responder ao trabalho do aluno em "tempo real" são indispensáveis para verificar a compreensão, mostrar seu interesse no trabalho dos alunos e definir um tom de responsabilização – todas as funções que são críticas para sua capacidade de fornecer suporte acadêmico e rigor ("Tente isso de novo, Charles"; "Certo, Jamel"; "Você não me mostrou a terceira etapa").

Rodada de pontos

Recentemente, uma colega da Holanda, Carla van Doornen, compartilhou uma ideia para dar *feedback* enquanto circulava, que achei fascinante: uma "rodada de pontos".

A ideia é simples: você passa trabalhos individuais aos alunos e, enquanto eles estão trabalhando, você *Circula* para observar. Se o trabalho deles contém um erro, você coloca um ponto no papel. É muito sutil e não é uma marca permanente de "errado" – apenas um lembrete de que há algo que precisa ser verificado. A melhor parte é que isso é *tudo* que você faz. Sem comentários verbais. Não há instruções para "verificar novamente". A ideia é que o ponto lembre os alunos, sutilmente, de encontrar seu próprio erro e, com o tempo, estimule a autorreflexão e a autocorreção. Você pode até pedir aos alunos que discutam: quem levou um ponto e encontrou seus erros?

Mais tarde, Rue Ratray, na época da Edward Brooke Charter School em East Boston, pegou a ideia da rodada de pontos e foi um passo adiante. Em vez de usar apenas um ponto para indicar uma resposta errada, Rue usou três cores – verde, amarelo e vermelho – para indicar diferentes graus de precisão. Depois de *Circular* por mais ou menos 10 minutos e marcar as afirmações de tese, ele então pedia a vários alunos "verdes" que lessem seus trabalhos, seguidos por vários alunos "amarelos". Isso permitia que os alunos discernissem diferenças sutis entre o trabalho que estava completo e o trabalho que estava "quase lá". Especialmente para os alunos que receberam pontos vermelhos (que agora sabiam que não estavam no caminho certo), era útil ouvir modelos de respostas bem-sucedidas. Essa adaptação "fez uma enorme diferença imediatamente em sua escrita", relatou Rue, talvez porque se baseie na observação de Dylan Wiliam sobre os benefícios dos modelos em comparação com rubricas e outros descritores abstratos (veja a técnica 21, *Mostre as etapas*) e a "Lei do Julgamento Comparativo" para diferenciar com mais precisão e rapidez os principais aspectos da qualidade do trabalho.[28]

Mova-se sistematicamente

Conforme você se move pela sala, seu objetivo é ser sistemático – cobrir todas as partes da sala e estar ciente do que está acontecendo em todos os lugares, além de mostrar que seus movimentos e quaisquer interações enquanto você *circula* são universais. É provável que você envolva qualquer pessoa a qualquer momento, verificando seu trabalho, acenando para ele ou compartilhando um sorriso.

No vídeo *Denarius Frazier: Resto*, que aparece com destaque no Capítulo 3, você pode se lembrar de como Denarius se movia sistematicamente pela sala para dar *feedback* a todos os alunos e até mesmo projetou sua sala de modo que sua rota típica de observação revelasse mais dados.

Recentemente, minha equipe e eu notamos como alguns dos melhores professores costumavam "andar pelo circuito" ao abordar os alunos que precisavam corrigir. Digamos que neste caso seja Alphonse, que está fora da tarefa e distraindo o aluno ao seu lado. Se você caminha muito diretamente em direção a Alphonse, dá a entender que está ansioso e tenso. A longo prazo, isso será contraproducente. Mover-se muito diretamente também pode fazer com que outros alunos observem sua interação com Alphonse. Fazer uma rota um pouco sinuosa até Alphonse pode tornar sua interação mais discreta e pode lhe dar alguns segundos para escolher suas palavras com cuidado antes de chegar.

Porém, sistemático não é o mesmo que previsível. Muitas vezes, é benéfico evitar usar o mesmo padrão todas as vezes (da esquerda para a direita, ou no sentido horário ao redor da sala). Varie seu padrão, pule a interação com alguns alunos e invista muito no tempo gasto com outros de forma imprevisível enquanto você *circula*.

Posicione-se por percepção

À medida que você *Circula*, seu objetivo deve ser permanecer de frente ao máximo possível da turma. Dessa forma, você pode ver o que está acontecendo ao seu redor rapidamente e com um custo de transação mínimo. Você pode levantar os olhos rapidamente do trabalho de um aluno e depois voltar a ler em uma fração de segundo. Virar as costas, por outro lado, cria um ponto cego e pode até convidar ao comportamento oportunista.

Assim como a própria Terra, é importante girar dois eixos ao mesmo tempo: revolução (mover-se pela sala) e rotação (virar-se para o "centro de gravidade").

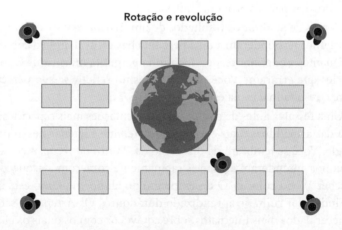

Rotação e revolução

Isso pode exigir que você considere de que lado dos alunos você fica enquanto *Circula*, ou que se reoriente ao tirar o papel de um aluno da mesa dele para ler. Em segundo lugar, um pouco de mistério pode ajudar. Muitas vezes vale a pena ficar onde você possa ver os alunos, mas eles não possam ver exatamente o que você está fazendo, de pé sobre o ombro de um aluno enquanto você lê seu trabalho, por exemplo, ou de pé no fundo da sala de aula enquanto a turma discute um tópico.

Além da circulação exemplar de Denarius Frazier em *Denarius Frazier: Resto*, vários dos vídeos Pedra Angular no livro são excelentes exemplos da melhor forma de circulação. Eu particularmente recomendo assistir *Christine Torres: Pedra Angular*; *Gabby Woolf: Pedra Angular*; *Narlene Pacheco: Pedra Angular*; e *Nicole Warren: Pedra Angular*. Observe como eles se movem facilmente pela sala enquanto ensinam naturalmente. Mesmo quando o espaço da sala de aula é apertado, você notará os professores se movendo para ensinar na maioria das áreas da sala, indo de frente para trás e interagindo com os alunos enquanto fazem isso.

TÉCNICA 26: ARREMATE

Quando o sinal toca no final da aula e os alunos recolhem suas coisas, muitas vezes temos uma noção intuitiva de como foi nossa aula, mas, sem dados objetivos, pode ser difícil saber com certeza como a compreensão dos alunos mudou como resultado do tempo que passaram juntos. Para que nossos alunos avancem ao máximo, precisamos de melhores informações. Para ter uma fotografia confiável do pensamento dos alunos, recomendo terminar sua aula com uma curta sequência de perguntas que revele até que ponto eles dominaram o conteúdo central do dia (assim como, talvez ainda mais importante, quem ainda está com dificuldades e com o quê). Quando você coleta isso dos alunos antes de saírem e revisa os dados, isso se chama *Arremate*. O uso do *Arremate* pode estabelecer um hábito produtivo de avaliação do aluno (e prática de recuperação) no final de uma aula e também garantir que você termine cada sessão com informações que pode usar para analisar o progresso de seus alunos e se informar para as próximas aulas.

Depois de analisar os resultados de um *Arremate*, você espera saber: quantos de seus alunos responderam a uma pergunta básica, avaliando o conteúdo corretamente? Quantos poderiam responder a uma pergunta mais sutil? Que erro cometeram aqueles que erraram? Você pode até mesmo refletir se sua percepção "instintiva" sobre o resultado da aula estava correta e por quê.

Uma ressalva antes de compartilhar orientações mais específicas sobre *Arremate*: uma das armadilhas mais comuns do *Arremate* é igualar desempenho com aprendizado. Você se lembrará da discussão da *Prática da recuperação* que, uma vez que os alunos aprenderam algo, eles rapidamente começam a esquecê-lo. Como Harry Fletcher Wood coloca: "O desempenho do aluno enquanto está sendo ensinado é um indicador ruim de aprendizado duradouro". Os *Arremates* são projetados para fornecer dados mais imediatos sobre equívocos com os quais os alunos podem estar lutando *enquanto estão no processo de aprendizado*, não para medir a forma como comprometeram conhecimentos ou habilidades aprendidas anteriormente com a memória de longo prazo. Eles oferecem a você a oportunidade de intervir o mais próximo possível do ponto de mal-entendido, para que os alunos possam gastar seu valioso tempo e espaço cognitivo lembrando corretamente. Porém, uma vez que você começa a ganhar habilidade com os *Arremates*, tem conhecimento, não aprendizado. Para isso, precisa retornar aos conceitos ao longo do tempo.

Características dos *Arremates* eficazes

Confira a seguir algumas características gerais de *Arremate* eficazes.

Eles são rápidos. duas ou três perguntas são uma boa regra geral. Não é um teste da matéria. Você quer ter uma boa ideia de como seus alunos se saíram na parte central do seu objetivo e, considerando o tempo que você tem, poder revisar os dados em alguns minutos.

Eles são preparados para gerar dados. Pense em fazer cada pergunta (ou parte de uma pergunta) para se concentrar em uma parte específica do conteúdo, em vez de fazer várias perguntas que resumam todo o conteúdo. Dessa forma, se os alunos errarem, você saberá em qual parte está o problema. Lembre-se também de variar os formatos – uma múltipla escolha e uma resposta aberta, digamos. Você precisa saber que os alunos podem responder das duas maneiras.

Eles geram ótimos Faça agora. Depois de analisar os dados, deixe seus alunos fazerem o mesmo. Quando os alunos tiverem dificuldades, comece a aula do dia seguinte refazendo as perguntas ou estudando as respostas erradas do *Arremate*.

Eles são previsíveis. Um *Arremate* eficaz não introduz novos conceitos ou habilidades. Ele deve refletir o trabalho que os alunos fizeram na aula. Honestamente, não há problema se uma pergunta no *Arremate* repetir ou reafirmar uma pergunta-chave da própria aula.

Variação: a estampa

Os *Arremates* são elaborados para que sejam rápidos e voltados aos dados. Ocasionalmente, porém, substitua por outra forma de avaliação diária. São as chamadas *estampas*. O nome foi cunhado por Paul Bambrick-Santoyo, que o usa para se referir a um resumo iniciado pelo aluno dos principais pontos de aprendizagem. Às vezes, um professor pede a um aluno para "estampar o aprendizado" durante a aula... que é recapitular os pontos importantes de uma discussão, digamos. Mas uma estampa também pode ser uma atividade escrita – um *Arremate* aberto, se você preferir. Uma estampa é um pouco mais longa do que os *Arremates* e quase sempre são abertas. Ela pede que um aluno resuma suas conclusões. Ao construir nosso Currículo Reconsiderado de Leitura, descobrimos que usamos um *Arremate* na grande maioria dos dias, mas ocasionalmente usamos uma estampa. Eles levaram o dobro do tempo, mas pediram aos alunos que concluíssem uma reflexão mais ampla e abrangente. Os dados não são tão nítidos e há mais para avaliar. Mas isso lhes dá a oportunidade de avaliar o pensamento mais avançado e rigoroso.

Por comparação, aqui estão três exemplos de *Arremates* que escrevemos em nossas unidades curriculares e uma "estampa" típica.

Exemplo 1: *Romeu e Julieta*

Arremate

1. Qual das seguintes linhas sugere o clima sombrio e **trágico** por trás do Ato 1, cena 4? Circule todas as respostas corretas.

    a. "Eu tenho uma alma de chumbo/Então me jogue no chão..."

    b. "Estou muito dolorido e perfurado com seu dardo..."

    c. "Peça emprestado as asas do cupido/E voe com eles acima de um limite comum."

    d. "Minha mente estremece/Alguma consequência ainda pairando nas estrelas."

2. Selecione uma das linhas circuladas e, de 2 a 3 frases, explique como ela desenvolve um estado de espírito **trágico**:
___
___
___

Exemplo 2: *O doador*

Arremate

1. Cite pelo menos duas regras que existem na comunidade e liste pelo menos duas coisas sobre a comunidade que ainda são **ambíguas**.

Regras	Ambiguidades

2. Em uma frase cuidadosamente elaborada, descreva o grau em que os membros da comunidade parecem *apreensivos* ou *obedientes*. Você pode escolher uma ou ambas as palavras para usar em sua resposta.
___
___
___

Exemplo 3: *Roll of thunder, hear my cry*

Arremate

1. Complete cada uma das seguintes sentenças:
   - A família Logan possui terras **porque** _____
   _____

   - A família Logan possui terras, **mas** _____
   _____

   - **Como** a família Logan possui terras, _____
   _____

ESTAMPA: *SENHOR DAS MOSCAS*

Estampa. Esta lição é intitulada: "É assim que você pode se sentir na floresta". Quem diz e o que quer dizer com isso? Explique por que acontece, usando um ou dois detalhes da leitura de hoje.

_____
_____
_____
_____
_____
_____
_____
_____
_____
_____
_____

Aviso dos professores sobre o *Arremate*

Como o *Arremate* é uma das técnicas mais usadas e profundamente confiáveis no livro, recentemente pedi conselhos a alguns professores, e os resultados foram surpreendentes. Os *insights* vieram dos Estados Unidos e do Reino Unido; eles vieram de professores de escolas distritais, professores de escolas públicas e de escolas particulares. Eles vieram de professores cujas aulas eu assisti e admirei, e professores que nunca conheci. Aqui estão algumas pérolas.

Reveja os dados com eficiência

Um dos temas-chave foi a revisão dos dados. Os professores aconselharam analisar os dados rapidamente e usar alguma forma de processamento padrão e de baixo custo de transação para facilitar a ação. Leanne Riordan, de Baltimore, sugere olhar para os *Arremates* o mais rápido possível, logo após a aula, se possível, e classificá-los em três pilhas – Sim, Alguns e Não – com base nas respostas. Depois de procurar os motivos pelos quais os alunos perderam um conceito inteiramente ou o compreenderam parcialmente, faça anotações rápidas diretamente no *Arremate*. Você pode usar essas pilhas para diferenciar pequenos grupos no dia seguinte ou para criar um *Faça agora* para toda a turma, se necessário.

Como uma dica adicional, mantenha a pilha Não no topo como um lembrete para verificar com esses alunos com mais frequência no dia seguinte. Como alternativa, rastrear o número de alunos que obtêm uma certa pontuação e adicionar notas para resumir equívocos pode ajudá-lo a se responsabilizar pela avaliação noturna e dar uma ideia de como foi a aula.

De mãos dadas com a rápida revisão dos resultados está a criação de um formato que torne muito fácil fazer isso. Por exemplo, Janice Smith, de Durham, Carolina do Norte, usa notas adesivas, pedindo aos alunos que escrevam seu nome na frente e sua resposta no verso. Ao sair da sala de aula, os alunos colam as notas na porta, permitindo que Janice as folheie rapidamente entre as aulas e insira dados facilmente em uma planilha no final do dia. Independentemente de você usar folhetos ou apenas fazer com que os alunos escrevam suas respostas em algo tão simples quanto uma nota adesiva, garantir um posicionamento consistente (uma variedade de *Padronize o formato*) torna a revisão das respostas muito mais eficiente.

Tenha um propósito claro

Outro tema comum envolve a finalidade dos *Arremates*. Um professor do Reino Unido falou sobre a importância de ter "uma noção clara do motivo pelo qual você está usando os *Arremates*". Se os *Arremates* mostrarem pouca compreensão em toda a classe, então volte a ensinar; se os *Arremates* mostrarem apenas alguns alunos com dificuldades, então esse pequeno grupo pode precisar de uma intervenção separada; se a turma entender, mas estiver um pouco insegura, concentre-se nas áreas de incerteza para o dever de casa ou durante os intervalos regulares de 10 minutos por algumas semanas; se os *Arremates* revelarem que a turma está bastante segura sobre um determinado tópico, agende uma atualização em uma semana ou duas, mas não gaste muito tempo com esse tópico, pois haverá coisas melhores para usá-lo. Resumindo, responder a *Arremates* geralmente é ser empreendedor com o tempo.

Alexa Miller, uma professora do 4º ano em Nova York, também abordou esse tema, dizendo que deixa os *Arremates* no armário dos alunos para serem corrigidos na manhã seguinte. Isso funciona bem para professores do ensino fundamental, porque os alunos podem corrigir erros durante o café da manhã enquanto o professor *Circula* para auxiliar e verificar novamente. Essa etapa extra no processo de triagem para correção ajuda a manter os grupos pequenos.

Havia um ótimo conselho de planejamento de uma professora nota 10 cujas aulas eu assisti várias vezes. Heather Snodgrass, de Nashville, aconselhou: "[Eu] escrevo o *Arremate* primeiro, antes de planejar qualquer outra parte da aula. Isso me ajuda a focar nos pontos-chave que são essenciais para transmitir o conteúdo mais importante e, ocasionalmente, me ajuda a refinar o objetivo, de modo que estou aprimorando uma habilidade gerenciável e adequadamente rigorosa." Ela acrescentou: "Também gosto de ter uma rotina consistente para os alunos que sempre terminam seus *Arremates* rapidamente. Uma que usei para matemática é pedir aos alunos que escrevam seus próprios problemas sobre a habilidade que aprendemos naquele dia. Os alunos também gostam se tiverem a oportunidade de resolver os problemas uns dos outros."

NOTAS

1. Os puristas do *Aula nota 10* notarão a mudança no nome desta técnica de *Dê nome às etapas* para *Mostre as etapas*. A ideia central é dividir tarefas complexas em etapas discretas e ensiná-las e praticá-las. Eu tirei a ênfase da parte do nome. O nome pode ser útil, mas também pode levar a um foco excessivo em um acrônimo resultante – ou seja, você se apaixona por seu acrônimo e não o retira quando os alunos estiverem prontos.

2. Birch e Bloom cunharam esse termo em um artigo de 2007: "The curse of knowledge in reasoning about false beliefs.". Eu sou parcial ao tratamento de Greg Ashman em *The power of explicit teaching and direct instruction*.

3. Em um estudo de como os físicos estudaram problemas complexos, Chi, Glaser e Feltovich descobriram que os especialistas veem princípios profundos quando os novatos veem características superficiais.

4. Em 30 de janeiro de 2021. Obrigado às pessoas adoráveis e perspicazes que compartilharam seus pensamentos. É reconfortante saber que ainda existem cantos de sanidade, bondade e comunidade nas mídias sociais.

5. Usei esse termo no *Aula nota 10 1.0* para me referir a exercícios envolventes para conquistar o interesse dos alunos no início de uma aula ou unidade.

6. A adição de detalhes excessivos e estranhos, observa o fantasma de Hemingway, não torna um ensaio melhor.

7. *Mostre o texto* (técnica 13) é uma ferramenta ideal para isso.

8. Projeto que seus alunos do 5º ano acabaram de concluir: "Casas misteriosas". Os desenhos, em pastel sobre cartolina preta, são inspirados em um estudo de obras de arte semelhantes de Victoria Taylor-Gore.

9. Estão surgindo muitas pesquisas sobre como apresentar material em notas, para que seja mais eficaz para os alunos e maximize sua memória de trabalho. Diagramas são incluídos, por exemplo, mas somente feitos cuidadosamente com notas explicativas curtas e informações irrelevantes muito limitadas. Se este tópico é do seu interesse, a *Dual coding,* de Oliver Caviglioli é um excelente ponto de partida.

10. Pam A. Mueller e Daniel Oppenheimer realizaram três estudos separados para comparar os que anotavam à mão com aqueles que faziam anotações em *laptops* (MUELLER, P. A.; OPPENHEIMER, D. The pen is mightier than the keyboard: advantages of longhand over laptop note taking. *Psychological Science*, v. 25, n. 6, p.1159–1168, 2014). "Em três estudos", escreveram os autores, "descobrimos que os alunos que fizeram anotações em *laptops* tiveram um desempenho pior em questões conceituais do que os alunos que fizeram anotações à mão. Mostramos que, embora fazer mais anotações possa ser benéfico, a tendência dos que anotavam no *laptop* de transcrever as palestras na íntegra, em vez de processar informações e reformulá--las com suas próprias palavras, é prejudicial ao aprendizado." Em uma discussão de 2014 sobre a pesquisa de Mueller e Oppenheimer na *Scientific American*, Cindi May observa: "Como as anotações à mão contêm as próprias palavras e caligrafia dos alunos, elas podem servir como dicas de memória mais eficazes ao recriar o contexto (por exemplo, processos de pensamento, emoções, conclusões) bem como o conteúdo (por exemplo, fatos individuais) da sessão de aprendizagem original." Alguns pesquisadores sugerem que as notas digitadas oferecem outras vantagens (por exemplo, podem ser preferíveis porque podem ser editadas mais facilmente). Isso pode ser verdade, mas também é verdade que ter um *laptop* durante a aula faz com que os alunos façam outras tarefas e se distraiam. *Teachers vs Tech?*, de Daisy Christodoulou, resume grande parte da pesquisa nesta área. Ela cita o estudo de 2016 de Carter, Greenberg e Walker: os alunos que não levaram dispositivos eletrônicos para um curso se saíram melhor do que aqueles que o fizeram. Cita também o estudo de Glass e Kang de 2018, no qual os alunos foram divididos aleatoriamente em dois grupos, um com dispositivos e outro sem, com o resultado sendo que os alunos sem dispositivos se saíram melhor. Uma possível razão pode ser os benefícios de tomar notas à mão. Outra pode ser a redução do foco atencional causado pela presença de um dispositivo com tela.

11. Segui meu próprio conselho aqui. Quando meu filho foi para a faculdade, dei a ele dois conselhos acadêmicos: (1) Nunca falte à aula e (2) guarde o *laptop* durante a aula e escreva suas anotações à mão, depois redigite as anotações para revisar.

12. O que é importante para os professores serem consistentes enquanto escrevem no quadro!

13. O livro dela deveria ser leitura obrigatória para todo professor. Você poderá ler minha resenha: LEMOV, D. (2019). Forgetting how to read: a neuroscientist examines reading in the age of screens. *Education Next*, v. 9, n. 2, p. 78-79, 2019. Disponível em: https://www.educationnext.org/forgetting-how-to-read-review-reader-come-home-maryanne-wolf/. Acesso em: 22 ago. 2022.

14. As taxas de leitura caíram de forma especialmente acentuada ao longo dos anos, quando os alunos normalmente recebem um smartphone, de 76% aos 8 anos para 40% aos 14 anos. (CLARK, C.; TERAVAINEN-GOFF, A. Children and young people's reading in 2019 Findings from our Annual Literacy Survey. *National Literacy Trust*, 2020. Disponível em: https://files.eric.ed.gov/fulltext/ED607777.pdf. Acesso em: 23 ago. 2022).

15. Talvez como resultado, o ACT de 2005 revelou que "apenas cerca de metade dos alunos testados pelo ACT de nossa nação estão prontos para leitura de nível universitário".

16. É importante estar ciente de que o smartphone é projetado para quebrar a atenção e viciar seus usuários, e tem muito sucesso ao fazê-lo. A que distância você está do seu? Quando você o verificou pela última vez? Agora que eu mencionei isso, você está ansioso para dar uma olhada?

17. *As vinhas da ira* fornece um exemplo fortuito – ele alterna entre capítulos escritos em prosa direta e capítulos escritos em uma variedade de estilos experimentais que mesclam prosa e poesia. Os alunos podem ler o romance de forma independente? Depende de qual capítulo você atribui.

18. Também vale a pena notar que começar com a leitura compartilhada pode funcionar como uma transição eficaz para a leitura individual – é muito mais fácil continuar lendo algo que vocês começaram juntos, em vez de começar do nada.

19. *Controle o jogo* – que você pode continuar usando, se preferir – originalmente veio do jogo de futebol. Certos meio-campistas têm o trabalho de controlar o jogo, não monopolizando a bola, mas sendo um ponto de pivô breve e quase invisível: a bola chega até eles e eles a passam para outro lugar. Eles coordenam o ataque e definem o ritmo, determinando quando os outros terão oportunidades e preparando-os para o sucesso. Esses jogadores raramente marcam os gols. O trabalho deles é organizar e organizar o time, levar a bola para os outros para que eles possam marcar. Esse processo – a bola entra rapidamente, eles a passam para outro jogador, a bola volta e eles rapidamente a movem novamente em uma direção diferente – me lembrou o que um professor faz ao orientar as oportunidades de leitura pela sala. Na verdade, era uma referência obscura e peculiar na melhor das hipóteses. Mas havia muitas técnicas para nomear e você não consegue acertar todas. Pelo menos, não era uma sigla.

20. O relatório da Student Achievement Partners é apenas um dos muitos que enfatizam o papel crítico da fluência na compreensão em todos os níveis de ensino, pois há uma extensa pesquisa sobre esse ponto. Mais informações podem ser acessadas em: A short guide to placing text at the center of learning. Disponível em: https://achievethecore.org/content/upload/A%20Short%20Guide%20to%20Placing%20Text%20at%20the%20Center%20of%20Learning.pdf.

21. Esta é uma alusão deliberada ao excelente livro de Mark Seidenberg, *Language at the speed of sight*. Deveria ser leitura obrigatória em todos os programas de pós-graduação e graduação.

22. SHANAHAN, T. Wake up reading wars combatants: fluency instruction is part of the science of reading. *Shanahan on Literacy*. 2019. Disponível em: https://www.shanahanonliteracy.com/blog/wake-up-reading-wars-combatants-fluency-instruction-is-part-of-the-science-of-reading#sthash.dwSaMZNq.dpbs. Acesso em: 22 ago. 2022.

23. O livro de Maryanne Wolf, *O cérebro no mundo digital*, é um excelente estudo sobre como a exposição constante à tecnologia está mudando as partes do cérebro que usamos quando lemos. Essas partes do cérebro são neuroplásticas – elas mudam em resposta ao que são solicitadas a fazer. Recomendo fortemente o livro. Eu também escrevi uma resenha do livro que mostra o caso mais amplo de que não tenho tempo para explicar por que o livro de Wolf é tão importante. Disponível em: https://www.educationnext.org/forgetting-how-to-read-reviewreader-come-home-maryanne-wolf/.

24. E, infelizmente, mesmo dentro dos muros de muitas escolas.

25. Especialmente para leitura individual.

26. Em alguns casos, os desafios da leitura oral dos alunos passaram a dominar a conversa, a ponto de os professores serem rotineiramente aconselhados a "nunca pedir que os alunos leiam em voz alta". Muitas vezes é referido com desdém pela frase pejorativa "leitura de pipoca", mas criar um espantalho simplista não é motivo para descartar uma prática crucial em sala de aula. Certamente há desafios para a leitura oral do aluno, mas eles também são facilmente administrados e superados por um professor capacitado na sala de aula.

27. Ver CAVIGLIOLI, O. *Dual coding with teachers*. Woodbridge: John Catt Educational, 2019.

28. Discuto a Lei dos Julgamentos Comparativos na técnica 13, *Mostre o texto*. Como observei lá, ela foi derivada na década de 1920 pelo psicólogo Louis Thurstone e demonstra que as pessoas fazem melhores julgamentos sobre qualidade e aprendem mais com a análise quando solicitadas a comparar dois exemplos de algo do que quando tentam julgar a qualidade de um exemplo de algo.

RITMO

Recentemente, observei a aula de química de Sadie McCleary na West Guilford High School em Greensboro, Carolina do Norte. (Você pode ver imagens da aula de Sadie no vídeo *Sadie McCleary: Pedra Angular*.) A aula era sobre o movimento de partículas, pressão e a lei dos gases compostos e estava repleta de energia produtiva e foco. Cinco, dez, quinze, vinte minutos se passaram enquanto Sadie envolvia toda a turma em um trabalho rigoroso e ponderado, algo que seria difícil alcançar em uma outra sala de aula.

Quando o cronômetro encerrou o *Faça agora*, os alunos terminaram de escrever e Sadie iniciou uma correção rápida com chamadas *De surpresa*, lembrando aos alunos que eles deveriam conhecer as relações entre volume, pressão e temperatura de cor. Os alunos que foram chamados já haviam terminado a tarefa e os que não foram chamados checaram e corrigiram suas respostas. A linguagem dela era clara e precisa: "A resposta é 120 litros. Façam um certinho se essa é a resposta que encontram. Excelente."

Ela fez uma transição perfeita para um *Virem e conversem*, pedindo aos alunos que explicassem o que aconteceu com a pressão de um gás quando a temperatura aumentou em um recipiente fixo. Depois de terminar o *Virem e conversem* calorosa e nitidamente ("Parem onde vocês estão"), ela realizou uma chamada *De surpresa* com Sterling, que deu uma resposta clara, concisa e precisa. "Lindo", disse Sadie. "Excelente".

Em seguida, ela propôs aos alunos uma nova questão: como a temperatura e o volume mudariam conforme a pressão aumentasse em um recipiente elástico? "Discuta com seu colega", ela disse. Os alunos imediatamente começaram a discutir em pares, e Sadie ouvia a conversa à mesa da frente.

Quando a energia da discussão foi baixando, ela fez uma pausa na aula e foi chamando *De surpresa* um a um dos alunos para explicar a resposta. Após uma resposta sucinta e bem-formulada (completa, com "brilho" tanto para os alunos quanto para seus colegas), Sadie passou para uma nova pergunta. Os alunos iniciaram uma nova discussão entre eles.

Logo os alunos pegaram seus cadernos para fazer anotações sobre um novo tópico: a Lei do Gases Compostos.

O restante da lição fluiu de forma perfeita. Os alunos estavam pensando em diversos formatos: anotando, conversando com um colega, respondendo às perguntas de Sadie enquanto ela verificava a compreensão. As atividades mudavam com alguma frequência, mas as tarefas eram sempre claras e suficientemente diferentes da tarefa anterior. O pessoal trabalhava com energia e motivação: a abordagem com que os alunos se relacionam era diferente e nova, mas focada de forma consistente no tópico da aula.

O psicólogo Mihaly Csikszentmihalyi cunhou o termo "fluxo" para se referir a um estado mental em que uma pessoa que realiza uma atividade está tão imersa nela que começa a perder a noção do tempo. Todos nós já passamos por isso: você olha para cima e de repente a aula (ou treino ou ensaio) está quase no fim. Você achou que estava apenas começando! Os estados de fluxo acontecem com mais frequência quando as pessoas estão muito absorvidas em uma tarefa que envolve um grau significativo de estimulação mental contínua. As discussões sobre a teoria do fluxo muitas vezes observam a felicidade que ela traz aos participantes. Perder-se no trabalho de alguma tarefa não é apenas produtivo, é gratificante.

Isso nos lembra de que as pessoas gostam quando o engajamento é feito de forma positiva e produtiva e de que os alunos muitas vezes se frustram quando entram em uma sala de aula e percebem que não será assim. O nome escolhido por Csikszentmihalyi para esse estado, fluxo, ressalta que ele está conectado de alguma forma a uma percepção de movimento, de impulso constante para a frente, e isso é algo que foi perceptível na aula de Sadie.

Os professores costumam usar o termo *ritmo* para descrever os aspectos da lição de Sadie que deram o movimento, mas a ideia subjacente é difícil de definir. Tem algo a ver com o impulso, mas o ritmo não pode ser apenas um sinônimo da rapidez com que você passa pelo conteúdo. Embora Sadie alternasse as perguntas de forma rápida, a aula não parecia corrida; na verdade, embora parecesse que as coisas estavam sempre mudando, Sadie manteve o foco em apenas um ou dois tópicos.

Tem algo de irônico nisso. O trabalho de ensinar e aprender pode parecer rápido quando você está devagar – e pode parecer lento quando você está rápido. Às vezes, você está resolvendo problemas, por exemplo, determinando a inclinação de uma linha ou lendo apenas alguns parágrafos de *O Sol é para todos*, mas há energia fluindo no ar. Em alguma ocasião, você está discutindo três capítulos sobre a Revolução Norte-americana, mas os minutos passam lentamente, e os alunos parecem olhar para o nada. Às vezes, achamos que uma lição demorada é resultado na nossa metodologia: "Você não deve liderar a revisão; deve deixar os alunos revisarem!". Mas a lentidão da aula também pode ocorrer de forma menos tradicional. Quem nunca precisou instigar a conversa em uma "discussão liderada por alunos" que, no planejamento, deixaria os estudantes entusiasmados?

Portanto, ritmo não é a velocidade com que você aborda o conteúdo nem é necessariamente uma questão de metodologia. É mais a percepção de progresso de seus alunos enquanto você ensina, ou seja, *a ilusão de velocidade*. Um professor com ritmo forte cria uma percepção de progresso rápido quando *quer* que os alunos sintam que estão "em movimento". E eles equilibram isso com momentos em que preferem um ritmo mais lento e reflexivo.

A arquitetura do cérebro humano é cheia de paradoxos, muitos deles criados por dezenas de milhares de anos de refinamento evolutivo para um ambiente não exatamente como aquele em que vivemos atualmente. Sabemos que atenção e permanência em uma tarefa gera aprendizado de longo prazo, por exemplo. "As grandes recompensas", cognitivamente falando, advêm do "esforço constante e com foco", observa o psicólogo cognitivo Daniel J. Levitin, da Universidade McGill. No entanto, nossos cérebros estão programados para o "viés da novidade" e são "facilmente estimulados por algo novo".[1] "Os humanos buscam obter uma experiência nova tanto quanto procuram por comida ou um relacionamento amoroso.", escreve Levitin.[2] Gratificar a "parte do cérebro que busca novidades" induz a uma "sensação de prazer".[1] Somos atraídos pela distração porque, em muitos momentos, ela foi fundamental para a sobrevivência, aponta Maryanne Wolf em *O cérebro no mundo digital*. No longo arco da pré-história, atender imediatamente a um novo estímulo significava que você estaria pronto quando algo saísse de dentro do matagal, com os dentes à mostra. Nós evoluímos com o tempo. O viés de novidade é o termo para a atenção especial que damos ao que é novo.

E o viés da novidade, muitos leitores saberão, é o princípio por trás do domínio dos *smartphones* sobre todos nós, mas o ensino de Sadie o aproveita de maneira benéfica e equilibrada. Seus alunos estão sempre focados no conteúdo, mas sua capacidade de usar o número certo de novidades atrai os alunos e os incentiva. Ela cria novidades estratégicas; maneiras novas e alternadas de envolvimento que mantêm o foco no mesmo material durante toda a aula. Quando você espia por trás da cortina, os primeiros dez minutos são apenas uma série de problemas sobre pressão, temperatura e volume, mas mudando a forma como os alunos interagem com os problemas na velocidade certa – de *Virem e conversem* à chamada *De surpresa* para, mais tarde, anotações – maximiza o envolvimento e a atenção. Talvez o equilíbrio ideal dessas coisas seja a origem do "fluxo".

Muitas vezes, o mais importante para alcançar o ritmo ideal é dominar a percepção de tempo dos alunos e a tensão entre atenção e novidade. As alternâncias de Sadie entre as atividades (da escrita para o *Virem e conversem*, digamos) eram evidentes, para que os alunos não perdessem o foco. Uma transição longa e com muitas informações pode interromper as ideias deles na memória de trabalho, mas a atenção cuidadosa às transições faz com que ideias importantes sejam mantidas na memória de trabalho mesmo quando as atividades mudam. Linhas claras e bem definidas entre as atividades também contribuem de outras maneiras. Como o final de uma atividade e o início da próxima são distintos, se torna mais fácil de perceber a novidade, a introdução de uma nova atividade. Além disso, os alunos sentem seu próprio progresso à medida que avançam nas tarefas, o que traz motivação. Uma analogia: dirigir seu carro a 90 quilômetros por hora na rodovia não parece rápido. Sua experiência é de monotonia contínua – árvores ou casas à distância e um trecho ininterrupto de muretas divisórias. Mas dirija a essa velocidade em uma estrada estreita ou em um bairro residencial e de repente você sente que está correndo muito. Aquele grupo de casas ao longe torna-se, de fato, uma casa e depois outra e depois outra. Quando você as distingue a cada passo, elas se tornam como marcos que indicam a você que algo veio e já se foi. Elas criam uma ilusão que multiplica a percepção do seu próprio progresso. Uma professora como Sadie costuma fazer algo semelhante: quanto mais ela cria marcos, mais seus alunos percebem que uma nova tarefa veio e se foi, e ela usa isso para aumentar a influência do viés da novidade.

Neste capítulo, discutirei maneiras de capturar e gerenciar o tipo de impulso que é possível perceber na aula de Sadie. Como, às vezes, você precisa realizar uma atividade por um longo período, também descreverei algumas ferramentas para estruturar atividades (lentas ou rápidas), para que você possa ser mais eficaz em ajudar os alunos em um trabalho rigoroso (e a perderem a noção do tempo), independentemente da duração de uma atividade.

As ferramentas que geram ritmo podem ser divididas em dois grupos. O primeiro envolve variar os *tipos* de atividades em que seus alunos se envolvem durante uma aula, com o objetivo de causar mudanças dinâmicas no pensamento e na participação, envolvendo-os de maneiras diferentes. O segundo grupo de habilidades envolve o gerenciamento de atividades e as *transições* entre elas para garantir mudanças claras, decisivas e perceptíveis – a ilusão de velocidade. Muitas dessas ferramentas lidam com a percepção – gerenciando a ilusão de velocidade, maximizando os marcos ao tornar visíveis os começos e os finais, para que os alunos estejam mais conscientes das mudanças ao seu redor.

Uma última observação: geralmente, a velocidade e a mudança são empolgantes e interessantes, mas como acontece com a maioria das coisas boas, é melhor que haja moderação e equilíbrio, por isso é útil também pensar nos limites da velocidade. Meu colega Chi Tschang certa vez mencionou que muita passividade não era a única maneira de os alunos se distraírem. "Se houver duas (ou três) atividades altamente cinestésicas em sequência, o nível de energia da turma pode disparar e as crianças podem perder o foco". Muita velocidade pode ser tão problemática quanto o oposto. O objetivo é o equilíbrio. A boa notícia é que as ferramentas de ritmo muitas vezes podem fazer o que você escolhe parecer dinâmico e envolvente, mesmo quando, em essência, é reflexivo, deliberado, metódico e até lento.

TÉCNICA 27: MUDE O RITMO

Uma das chaves para o sucesso de Sadie é sua tomada de decisão sobre a mudança de atividades. Os alunos mantêm o pensamento sobre uma mesma ideia, mas se relacionam com ela de formas diferentes. Eu chamo essa ideia de **Mude o ritmo**. Ela ajuda a alcançar o equilíbrio adequado de "rápido" e "lento", fluxo e foco, impulso e atenção.

Mudando os tipos de atividade

Correndo o risco de simplificar demais um tópico complexo, deixe-me sugerir seis tipos de atividades em que podemos pedir a participação dos alunos. Cada uma exige que os alunos pensem e se envolvam de uma maneira diferente. São eles:

1. assimilar o conhecimento diretamente das fontes, como instruções diretas do professor ou leitura de um texto;
2. participar da prática guiada;
3. executar habilidades sem o apoio do professor, como na prática individual;
4. discutir ideias com colegas de turma;
5. refletir de forma individual sobre uma ideia – pensando calma e profundamente, muitas vezes por escrito;
6. revisar o material previamente trabalhado para apropriá-lo na memória de longo prazo (ou seja, *Prática da recuperação*).

Todos os seis tipos de atividades são importantes, e os alunos devem se envolver em todos eles com frequência para obter um treino mental completo.

Algumas ressalvas sobre esses tipos de atividade:

Todos os seis tipos de atividade são importantes para que os alunos se envolvam regularmente, mas para escolher qual usar é preciso mais do que apenas considerar o que parece adequado em um determinado momento. Como e quando você usa um tipo de atividade afeta o desempenho das outras. A assimilação de conhecimento, por exemplo, é provavelmente o tipo de atividade mais importante, se não por si só, pela sua importância em fazer os outros funcionarem bem. A ciência cognitiva é clara sobre isso: as outras atividades, que consideramos, às vezes de forma correta, às vezes não, como mais analíticas e de "ordem superior", são mais produtivas quando os alunos têm um forte conhecimento prévio sobre o tópico. Faça uma pausa agora, por exemplo, e reflita por dois minutos e meio sobre as decisões de Napoleão e Lee de atacar em Waterloo e Gettysburg, respectivamente. Eles foram sábios? As decisões refletiram o domínio da personalidade sobre as estratégias?

Essa é uma atividade de pensamento de ordem superior se você conhece bem o tópico, mas se não sabe o suficiente sobre história militar, não há uma ordem muito superior em seu pensamento. Na verdade, não há muito pensamento. Deixe-me citar Daniel Willingham novamente aqui: "Pensar bem requer conhecer os fatos, e isso é verdade não simplesmente porque você precisa pensar sobre algo. Os próprios processos com os quais os professores mais se preocupam – processos de pensamento crítico, como raciocínio e resolução de problemas – estão intimamente interligados com o conhecimento factual que está na memória de longo prazo (não apenas encontrado no ambiente)."

Aqui está o que o Conselho Nacional de Pesquisa pensa sobre o tema: "Mais de um século de pesquisa sobre transferência produziu poucas evidências de que o ensino pode desenvolver competências cognitivas gerais que são transferíveis para qualquer nova disciplina, problema ou contexto".[3] A cognição não é uma habilidade transferível e é sempre específica do contexto e dependente do conhecimento. A prática guiada, a discussão e a reflexão são todas formas de ajudar os alunos a pensar profundamente e de maneira superior, mas somente se forem precedidas por um forte investimento em conhecimento, ensinado diretamente.

Em sua pesquisa, Barak Rosenshine oferece uma excelente descrição sobre isso. "Em um estudo sobre o ensino da matemática, ... professores menos eficazes fizeram apresentações e explicações muito mais curtas e depois ... disseram aos alunos para resolverem problemas. Observou-se que os professores que menos tiveram sucesso foram aqueles que precisaram passar de aluno em aluno explicando o material novamente."[4]

Em segundo lugar, como discutirei em breve, muitas vezes é preciso alternar entre os tipos de atividade para que haja uma instrução eficaz. Sua aula provavelmente teria menos sucesso se você escolhesse um tipo de atividade para *toda a aula* e seria mais bem-sucedida se você usasse dois ou três e se perguntasse, por exemplo: quando a discussão é ideal e por quanto tempo e qual atividade depois dela criará mais sinergia? É possível sentir isso na aula de Sadie – incorpora perfeitamente Instrução Direta (por meio de anotações dos alunos), discussão com colegas, do tipo *Virem e conversem*, e prática guiada.

É claro que não existe uma fórmula. Você não usará a mesma abordagem todas as vezes. Cada lição exigirá algo diferente; o estilo e a abordagem de cada professor moldarão o prosseguimento. O objetivo é criar uma sensação de fluxo, mas na verdade há *sentimentos* de fluxo – alguns mais rápidos, outros mais lentos, alguns mais altos, outros mais silenciosos.

Com isso em mente, vejamos um pouco mais sobre esses seis tipos de atividade.

Atividade 1: instrução direta/assimilação de conhecimento

Quando os alunos são apresentados a novas informações enquanto ouvem, leem ou fazem anotações, eles estão envolvidos na instrução direta/assimilação de conhecimento. Isso pode envolver uma turma lendo um texto (silenciosamente ou em voz alta) ou um professor dando uma palestra, modelando um problema ou compartilhando uma apresentação (com ou sem questionamento ocasional dos alunos).

A ideia de instrução direta pode, a princípio, parecer antitética para o ritmo, mas isso é apenas se você a imaginar em caricatura – como o professor no *Curtindo a vida adoidado* falando para uma sala de alunos quase dormindo. Quando a instrução direta é bem implementada, ela não só tem efeitos importantes na compreensão do aluno, mas também pode ser enérgica e contribuir positivamente para o ritmo. E a chave para implementá-lo bem? Como Barak Rosenshine aponta, a instrução direta, como todos os métodos, deve responder às limitações da memória de trabalho. "Apresentar muito material de uma só vez pode confundir os alunos, porque sua memória de trabalho pode ser incapaz de processá-lo. ... Professores mais eficazes não sobrecarregam seus alunos apresentando muito material de uma só vez. Em vez disso, esses professores apresentam apenas pequenas quantidades de material novo em determinado momento e, em seguida, ajudam os alunos enquanto praticam esse material."[4]

A princípio, isso parece contradizer a observação de Rosenshine sobre a importância de investir em conhecimento prévio antes de envolver os alunos em formas mais interativas de processamento, mas isso não acontece. Você pode imaginar como Sadie McCleary poderia realizar as duas coisas. Ela pode passar alguns minutos explicando um novo conceito, com os alunos tomando notas. Então eles podem fazer uma pausa: "Discuta com seu colega como isso pode se aplicar a X. Comecem." Depois, talvez um pouco de chamadas *De surpresa* para garantir que os alunos entenderam. Então ela pode passar alguns minutos explicando um pouco mais sobre o conceito. Em seguida, uma atividade diferente para envolver e dar tempo à memória de trabalho para processar. "Tire um minuto para resumir o que fizemos até agora por escrito. Comecem." Em seguida, ela pode pedir a alguns alunos que compartilhem suas anotações. Eles podem discutir rapidamente. Em seguida, para o quadro novamente. *Slides* preparados. Tomar notas enquanto ela explica um pouco mais sobre o conceito. Mudar a maneira de ensinar e outras formas de assimilação de conhecimento para atividades reflexivas curtas e vice-versa é a chave para engajar os pontos fortes da memória de trabalho e superar suas limitações. Fazer isso requer fortes habilidades de ritmo em termos de projeto de atividades e em termos de sua capacidade de fazer mudanças eficientes e energizantes, e suas escolhas instrucionais atingem o equilíbrio entre novidade e foco.

A primeira parte da lição de Christine Torres, em que ela está introduzindo novas palavras de vocabulário, é um exemplo perfeito disso, especialmente porque ensinar novas palavras de vocabulário é, para muitos professores, uma atividade notoriamente de baixa energia: "Aqui estão nossas novas palavras, por favor copiem abaixo as definições". Muitos professores respondem a esse desafio tornando a atividade independente: "Pesquisem essas palavras". Isso pode resultar em uma compreensão mais pobre das palavras e levar mais tempo. Mas olhe para a abordagem de Christine (veja que esse segmento de sua lição leva um pouco mais de dois minutos no vídeo em *Christine Torres: Pedra Angular*). Os passos dela são:

Identificar a palavra e pedir aos alunos que a repitam.

Fornecer uma definição.

Pedir aos alunos que leiam uma situação envolvendo a palavra (neste caso "cáustico". (O que um juiz do *American idol* poderia ter dito se fizesse um comentário cáustico?)

Pedir aos alunos que se *Virem e conversem* sobre o exemplo.

Chamadas rápidas *De surpresa* rapidamente para ouvir algumas respostas.

Mostrar uma gravura: "Como esta imagem demonstra a palavra 'cáustico'?" *Virem e conversem* novamente.

Chamar *De surpresa* para ouvir as respostas.

O conhecimento é disseminado via instrução direta e é seguido por um tipo de atividade diferente (geralmente, discussão em pares), mas os ciclos são muito curtos, de modo que a energia é impressionantemente alta, e os alunos de Christine aprendem novos conhecimentos em um ambiente alegre e fluente.

Atividade 2: prática guiada/questionamento guiado

Quando os alunos se engajam em atividades que envolvem um vai e vem mais amplo com o professor, praticando a aplicação do conhecimento, eles estão engajados na prática guiada/questionamento guiado. Rosenshine ressalta a importância dessa etapa para trabalhar os exemplos e liberar a autonomia gradativamente aos alunos. A prática guiada pode envolver a execução das etapas na resolução de um problema, com o professor fazendo perguntas para lembrar aos alunos qual passo a seguir, ou pode envolver a explicação de uma passagem de texto com o professor fornecendo consistentemente perguntas novas e mais direcionadas para desbloquear a compreensão. Geralmente ela é usada antes que os alunos tenham domínio independente. Alguns exemplos:

Depois de perguntar a seus alunos o que aconteceria com a pressão em um recipiente fixo se a temperatura aumentasse, Sadie pergunta: "OK, por que a pressão aumentaria?"

Um aluno diz: "Porque há mais colisões".

"Mas por que há mais colisões?", Sadie pergunta.

"Porque as partículas estão se movendo mais rápido."

"OK, e se o contêiner fosse flexível? O que aconteceria?"

Uma aula resolve um problema envolvendo sistemas de equações em conjunto, com o professor pedindo a vários alunos que expliquem as etapas, identifiquem a próxima etapa ou resolvam os cálculos necessários em uma determinada etapa.

Durante uma leitura atenta, um professor pede a seus alunos que anotem cada referência ao sol nas primeiras páginas de *As vinhas da ira*. Por meio de uma série de perguntas (algumas escritas, outras orais), a classe desvenda a forma como Steinbeck revela o impacto devastador do sol sobre a terra e seu povo.

Para maximizar os benefícios do viés da novidade com a prática guiada, uma professora normalmente separa as perguntas, ou seja, divide as perguntas em partes menores para que ela possa perguntá-las mais rapidamente a um número maior de alunos, maximizando assim a percepção dos marcos. Os participantes das chamadas *De surpresa* para cada etapa também podem criar mais uma sensação de impulso e fluxo. Por outro lado, o risco de se mover mais rapidamente é que alguns alunos podem ter dificuldade para acompanhar ou processar o que viram. Por isso, pode ser benéfico encerrar um pouco de prática guiada com uma oportunidade mais lenta para anotações ou reflexões, como em "OK, reservem 90 segundos para ter certeza de que vocês acertaram cada passo em suas anotações e, em seguida, façam uma anotação para si mesmo sobre suas conclusões para resolver esse tipo de problema". A prática individual – "OK, agora tentem por conta própria; vocês têm três minutos e depois vamos fazer o *check-in*" – também é uma boa maneira de permitir que os alunos absorvam o que aprenderam durante a prática guiada.

Atividade 3: prática independente

Quando os alunos realizam o trabalho que sabem fazer por conta própria, eles estão engajados na prática independente (PI). A PI geralmente é feita sem apoio significativo do professor; muitas vezes em silêncio. Mas só porque o trabalho é silencioso e independente não o torna uma PI. Por exemplo, a leitura silenciosa geralmente é a assimilação de conhecimento, e refletir ou debater soluções para questões que os alunos não sabem como resolver é reflexão e geração de ideias, o próximo tópico desta seção. A título de distinção, a PI implica a execução autônoma de uma competência ou aplicação de uma base de conhecimentos que os alunos se encontram em fase final de domínio. Alguns exemplos:

- Os alunos aplicam o que aprenderam sobre "mostrar, não contar" escrevendo três frases sobre a experiência de um personagem chamado Jonas enquanto ele anda de montanha-russa (sem nunca dizer que ele andou de montanha-russa).
- Os alunos resolvem de forma individual um conjunto de problemas envolvendo sistemas de equações.
- Os alunos escrevem um resumo das importantes maneiras pelas quais a vida cotidiana na América do século XVIII era diferente de hoje.

A prática independente geralmente é atribuída em grandes partes e no final da lição na variedade "você tem até o final da aula para começar a fazer isso". Isso não está errado, mas também pode ser alocado em partes menores, no meio da aula. Imagine Christine Torres acrescentando um pouco ao final de sua lição de vocabulário: "Reserve três minutos para escrever uma série de frases, cada uma usando corretamente uma dessas três novas palavras do vocabulário". Ou Sadie McCleary no meio das notas: "Hoje à noite vocês terão uma série de problemas para fazer como lição de casa, mas veja se vocês podem resolver esse problema sozinhos agora. Vocês não precisam resolvê-lo, apenas prepará-lo corretamente. Um minuto. Comecem".

Mudar para a PI também é uma ótima maneira de desacelerar enquanto você mantém o fluxo. Ou seja, a tensão entre atenção e novidade é capturada na ideia de deslocamento (mudança) para a prática independente (altamente focada).

Atividade 4: reflexão e geração de ideia

A reflexão geralmente se parece com a PI, mas serve a um propósito diferente. Na PI, os alunos executam o trabalho que sabem fazer por conta própria. Na reflexão, os alunos têm tempo para pensar de uma forma mais aberta sobre as coisas que estão aprendendo ou ainda não entendem. A reflexão é muitas vezes silenciosa e frequentemente envolve a escrita. Quando a tarefa envolve o *brainstorming* de soluções potenciais, é a geração de ideias. Alguns exemplos:

- Um professor pede aos alunos que reflitam por escrito sobre como as diferenças na vida cotidiana no século XVIII podem ter levado as pessoas a entender o papel da família de forma diferente de como fazemos hoje.
- Um professor pede aos alunos que reflitam sobre as escolhas de estilo de uma autora e por que ela pode ter usado uma imagem repetida.
- Um professor pede aos alunos que façam anotações para si mesmos sobre as chaves para resolver um tipo de problema difícil depois de resolver alguns em grupo.

As atividades de reflexão são independentes, portanto funcionam muito como a PI, mas costumam parecer um pouco mais lentas, pois são abertas e mais formativas. Assim, elas podem trazer uma sensação de lentidão de volta a uma aula, mesmo em pequenas partes. Também é importante incluí-las porque os alunos que, fora da escola, são constantemente estimulados por seus smartphones, passam cada vez menos tempo refletindo e deixando a mente vagar. Pode haver algum valor em fazer com que isso aconteça na escola.

Atividade 5: discussão

As atividades nas quais os alunos desenvolvem ideias e respostas conversando diretamente uns com os outros, em pequenos grupos ou em classe, são chamadas de discussão. Isso pode envolver um *Virem e conversem* (como vimos na aula de Sadie) ou o uso de *Hábitos de discussão* (ver técnica 44), que servem para tornar uma discussão mais produtiva e eficiente. Em alguns casos, você pode inserir lotes de discussão durante a prática orientada ou o questionamento para garantir que os alunos *Processem em lotes* (técnica 45) – ou seja, façam um certo número de comentários sem mediação sua. Chamamos isso de "jogar vôlei, não tênis". Alguns exemplos:

- Uma professora pede aos alunos que compartilhem suas opiniões sobre a ética de alimentos e organismos geneticamente modificados. Ela anota três ou quatro comentários de alunos em sequência e depois retorna à sua apresentação sobre o tópico.

- Um professor pede aos alunos que participem de uma discussão de 10 minutos com toda a classe sobre o impacto da corrupção na política americana na década de 1890.

- Um professor pede aos alunos que *Virem e conversem* (técnica 43) com um colega para identificar o erro de outro colega ao somar duas frações com denominadores diferentes.

Embora as discussões com toda a turma sejam ótimas, elas costumam ter um custo de transação mais alto – leva tempo para prepará-las e dar a várias pessoas a chance de conversar. Equilibrar discussões maiores com discussões em pares pode permitir que você as inclua com mais frequência e em intervalos mais curtos, especialmente porque um *Virem e conversem* pode ser facilmente transformado em uma rotina que os alunos começam rápida e facilmente, preservando assim as ideias na memória de trabalho. Você pode ver Sadie e Christine fazendo isso ao longo de suas aulas.

Atividade 6: revisão/*Prática da recuperação*

A *Prática da recuperação* serve para revisar o conteúdo previamente dominado para garantir sua codificação na memória de longo prazo e facilitar sua fácil recuperação. Incluir a revisão não é benéfico apenas do ponto de vista da aprendizagem. John Sweller lembra aos professores que "a principal função da instrução é permitir que os alunos acumulem informações críticas na memória de longo prazo". Sadie está fazendo isso no início de sua aula, enquanto os alunos resolvem problemas que aprenderam a fazer no início da semana.

Por ser tão importante para o aprendizado e tão facilmente esquecido – e às vezes descartado por educadores que não leram a pesquisa – a *Prática de recuperação* é sua própria técnica. Porém, como a discussão aqui é sobre alternar entre atividades para criar um fluxo dinâmico em sua aula, vale a pena notar como pode ser útil inserir pequenos lotes de prática de recuperação no meio de outras atividades do ponto de vista do ritmo. Isso muitas vezes é rápido e enérgico; pode ser feito em doses curtas; muitas vezes faz com que os alunos se sintam bem-sucedidos.

Vamos dar uma olhada mais de perto em como os diferentes tipos de atividades podem ser reunidos em uma aula – neste caso, uma ministrada por Jessica Bracey, da North Star Academy Vailsburg Middle School (veja o vídeo *Jessica Bracey: Pedra Angular*). Considere as atividades entre as quais Jessica alterna. Quando a aula começa, Jessica pede aos alunos que resumam o que aconteceu no capítulo anterior do romance que estão lendo. Enquanto seus alunos comentam, ela intervém para pedir esclarecimentos ou direcionar a próxima pergunta a um determinado aluno: "Sim, a pulseira de Angel foi roubada. O que mais está acontecendo?" Esse é um questionamento guiado. Os alunos de Jessica passam cerca de dois minutos envolvidos, e ela "desmembra" suas perguntas, espalhando o trabalho de resumir entre vários alunos. Em seguida, ela passa para a *Leitura em FASE*, continuando a história do dia anterior, antes de pedir aos alunos que façam uma pausa e respondam a uma pergunta em seus diários de respostas de leitura. Depois que eles escrevem de forma independente, ela lidera uma discussão com toda a turma, na qual os alunos respondem ao pensamento uns dos outros.

Muitas vezes tentamos manter a aula interessante fazendo coisas "novas" com os alunos, mas o que torna a aula de Jessica interessante é fazer atividades *familiares*. Ao alternar entre atividades que os alunos sabem fazer bem, Jessica cria uma sensação de fluxo. Os alunos estão constantemente envolvidos, mas muitas vezes de novas maneiras. Em questão de segundos, eles passam da leitura para a escrita em seus diários de respostas de leitura, porque já fizeram isso muitas vezes. Parar para explicar uma nova atividade que eles não tinham feito antes – por exemplo, "Vamos fazer um novo tipo de escrita hoje; deixe-me explicar como funciona..." – resultaria em muito tempo de inatividade enquanto ela explica todos os detalhes e enquanto seus alunos internalizam o processo, usando a valiosa capacidade da memória de trabalho para seguir um novo conjunto de instruções. Mesmo que possa parecer que uma nova atividade seria mais interessante, provavelmente teria o efeito oposto. (Você pode ler mais sobre o poder dos sistemas e rotinas acadêmicas no Capítulo 10.)

Depois de um ou dois minutos de discussão, os alunos de Jessica voltam a ler. Na verdade, Jessica repete o mesmo ciclo novamente: os alunos leem, escrevem em seus diários de reflexão e discutem durante a aula, com os ciclos ficando mais longos, e as perguntas ficando mais difíceis com o passar do tempo.

Em um workshop recente, os professores compartilharam que o ciclo recorrente mais curto de ler-escrever-discutir era diferente do que eles costumavam fazer em suas aulas. Eles faziam as mesmas três atividades, mas em partes longas e "não recorrentes". Por exemplo, em uma aula típica, eles podem ler de 15 a 20 minutos, escrever de 5 a 10 minutos e discutir por mais 10 ou 15 minutos, antes de passar para um *Arremate* e encerrar. Como Jessica demonstra, você pode levar energia e engajamento para sua aula simplesmente dividindo esses pedaços em ciclos mais curtos das mesmas atividades.

TÉCNICA 28: MARQUE AS ETAPAS

O ritmo de Nicole Warren no vídeo *Nicole Warren: Pedra Angular* é magistral. A aula começa com uma energia incrível, que atrai os alunos e os torna ativos e engajados: uma música; um *Virem e conversem*; uma discussão das reflexões dos alunos sobre o *Virem e conversem*; e um período mais longo de trabalho individual focado, com os alunos se concentrando individualmente, em parte devido à energia das atividades anteriores. Em outras palavras, parte do sucesso da lição de Nicole é seu preparo cuidadoso do fluxo de atividade para atividade, mas também vê-la liberar seus alunos para o *Virem e conversem* pouco menos de um minuto no vídeo, ou para a prática individual com pouco menos de quatro minutos. Há uma tarefa clara e envolvente. Em seguida, um pequeno atraso para o suspense. Então, de repente, um sinal nítido e rápido para começar, com os alunos entrando em ação. Parte do que torna o ritmo tão poderoso é a qualidade das transições que iniciam cada atividade.

Quando você toma medidas para tornar o início e o fim das atividades visíveis e nítidos, você *Marca as etapas*. Ao chamar a atenção para as mudanças nas atividades, você garante que seus alunos possam perceber os marcos com clareza e torna mais fácil para eles perceberem e serem atraídos por novas atividades. Você está basicamente aproveitando o viés da novidade de uma forma produtiva.

Etapa 1: começar

A primeira maneira de *Marcar as etapas* é com um *aviso para começar* – passar de uma atividade para outra com um sinal. Existem muitas vantagens quando todos começam ao mesmo tempo, por uma declaração como: "Ok, alunos. Vocês têm três minutos para escrever uma resposta a esta pergunta. Prontos? Começar!" tem várias vantagens.

Primeiro, tornar o início de uma atividade "popular" faz com que a atividade em si pareça um evento especial. Ao usar o termo "começar", você cria entusiasmo e antecipação – muito parecido com uma corrida – fazendo com que os alunos comecem juntos, como uma equipe. Isso não apenas enquadra positivamente a próxima atividade, mas também faz com que todos na classe comecem exatamente na hora certa. Esse atraso de meio segundo faz com que os alunos trabalhem mais diligentemente, uma vez que são "permitidos" a isso. Além do mais, os alunos veem todos os seus colegas se ajustando – normalizando a ideia de fazer uso produtivo do tempo.

O sinal para iniciar não precisa ser "começar", é claro. Existem dezenas de opções que você pode usar (por exemplo, "está com vocês"; "podem iniciar"; "agora" etc.), mas como Peps Mccrea explica em *Motivated teaching*, esse sinal é uma parte essencial da rotina. Ele descreve o sinal ideal como "diferente", o que significa que não será mal interpretado, "multimodal", combinando linguagem ou fala com ação ou posição e "incisivo". Com sinais que se encaixam nesses critérios, argumenta Mccrea, tornamos as normas mais visíveis e, portanto, mais difundidas por toda a turma. Se não estiver claro se todos os outros realmente começaram algo, haverá um incentivo potencial para dar um tempo e evitar ser um ponto fora da curva (o primeiro a começar). Se todos começarem na hora, não haverá motivos para gerenciar estrategicamente o ponto de partida ideal. Todos os outros apenas começaram. Melhor acompanhar!

Anteriormente, mencionei que você pode usar ferramentas de ritmo para tornar o trabalho "mais lento", mais reflexivo e envolvente. Algumas adaptações simples do sinal para *começar* podem ajudar. Você pode, por exemplo, encorajar um pensamento mais profundo e reflexivo, induzindo os alunos com uma cadência mais lenta e silenciosa: "Ah, uma pergunta fascinante: quem é o herói deste livro? Vocês têm três minutos para refletir por escrito. [Pausa] Quem é o herói e como você sabe disso?" Agora, talvez você tenha baixado a voz para um sussurro e diga em uma cadência mais lenta: "*Comecem...*" Essa abordagem ainda socializa o uso eficiente do tempo, fazendo com que os alunos comecem imediatamente e em grupo, mas sua entrega mais lenta e silenciosa da sugestão de início pode comunicar algo sobre o tom de reflexão que você espera. Mesmo usando o sinal "Comecem" em comparação com o sinal "Começar!" sugere menos uma corrida e mais uma jornada. Dessa forma, você obtém os benefícios de todos começarem na hora e fazer bom uso do tempo, mas também uma comunicação clara e eficiente da ideia: "Quero que você pense profundamente aqui; procuro reflexão tanto quanto produtividade".

Na aula de Christine Torres, vemos seu sinal de *começar* de várias maneiras. Durante a seção de lançamento de vocabulário da sua lição, seus sinais para *Virem e conversem* são de alta energia e nítidos – "15 segundos com seu companheiro de equipe, vão!" Os alunos entram na conversa sem um segundo a perder. Seu objetivo nessa seção da lição é um alto índice de engajamento e participação. Ela quer aumentar a energia da sala e fazer essa parte da lição parecer rápida. Para uma pergunta um pouco mais desafiadora, ela dá um pouco mais de tempo e diminui o ritmo de sua entrega: "Como esta imagem demonstra a palavra 'cáustico'? Observe atentamente a imagem. 30' segundos com seu companheiro de equipe para discutir. Como a imagem demonstra a palavra 'cáustico'? Pronto, comecem." Mais tarde na aula, enquanto ela orienta os alunos através de uma discussão rigorosa sobre a bravura de Annemarie, suas dicas são ainda mais lentas e refletem o foco pensativo que ela espera que os alunos tragam para uma tarefa de escrita: "Com um colega de equipe... responda às perguntas 2A e 2B. Três minutos, se não terminarem, tudo bem... Três minutos, comecem." Em todos os três casos, os alunos têm um sinal claro para começar a trabalhar (assim como um limite de tempo preciso, sobre o qual falaremos em breve), mas as variações sutis em seu tom e a velocidade com que ela dá as instruções refletem o tipo de energia que espera que os alunos levem para a tarefa.

Para ver como os professores usam dicas claras para *Marque as etapas* (enquanto sinalizam o tipo de trabalho que esperam que os alunos se envolvam), confira o vídeo *Montagem: Marque as etapas* de professores mandando seus alunos para o trabalho individual. Primeiro: Hasan Clayton. "Quatro minutos, em silêncio. Vamos ver o que você lembra. Olhos atentos", diz ele. Seu tom calmo e firme e sua presença indicam que é um momento de reflexão profunda. Até mesmo o ritmo com que ele começa a se movimentar pela sala de aula indica que essa atividade deve ser concluída com foco constante e silencioso. Em contraste, as instruções quentes e nítidas de Tamesha McGuire para sua aula do jardim de infância – "Prontos... preparar... comecem a trabalhar!" (completadas com um sorriso brilhante) – iniciam o trabalho independente com energia e entusiasmo. À medida que os alunos começam a trabalhar, sua narração alegre mantém a energia da partida. O sinal de Jamila Hammett para seu pequeno grupo de alunos do 3º ano é mais silencioso – um aluno lê a pergunta e ela diz simplesmente: "Vão em frente, vocês têm um minuto". Ela permanece em silêncio enquanto os lápis dos alunos começam a se mover para lidar com o desafio de *A arte da frase*. Em cada exemplo, o professor influencia o ritmo e a energia da sala através do tom e da linguagem de seus sinais. Ao mesmo tempo, todas as três dicas são claras e específicas o suficiente para *Marcar as etapas* entre as atividades e garantir que todos os alunos estejam preparados para começar ao mesmo tempo.

Término limpo

Ser capaz de encerrar uma atividade de forma confiável na hora também é uma habilidade crítica por vários motivos – o mais óbvio é o gerenciamento do tempo. Em quantas reuniões você já esteve em que a pessoa que a dirigia não conseguiu dizer: "Ok, terminamos com isto; agora vamos passar para isto", à medida que se tornava cada vez mais óbvio que a reunião se estenderia ao longo do tempo ou que outros tópicos seriam truncados? O uso do tempo na sala de aula pode causar um desserviço semelhante quando um professor não consegue terminar uma atividade de forma confiável para começar a próxima.

Há mais valor em fazer as atividades terminarem de forma nítida e clara – uma habilidade que chamo de *término limpo* – do que apenas gerenciamento de tempo. Terminar na hora certa estabelece um ponto de transição claro e discernível de uma atividade para outra e pode realmente ajudar os alunos a manter a continuidade de seu pensamento nas tarefas. Os alunos são mais capazes de transportar o que está em sua memória de trabalho de uma atividade para outra se a transição for eficiente e nossa linguagem for clara. Considere o exemplo do parágrafo anterior. Você disse aos seus alunos: "Vocês têm três minutos para refletir por escrito: quem é o herói e como você sabe disso?" Se for fazer a transição da escrita para uma discussão com toda a turma ou um *Virem e conversem*, você deseja minimizar a interrupção na mudança entre as atividades para que os alunos possam se lembrar das ideias que acabaram de desenvolver. Você quer que a escrita termine na hora certa, em um único momento, para que possa começar imediatamente a aguardar o próximo passo sem que ninguém perca a linha de pensamento. Se a sua transição da escrita para a discussão for rápida – alguns segundos no máximo –, as ideias que os alunos tinham antes da transição têm maior probabilidade de passar para a segunda atividade.

À medida que os três minutos alocados de escrita chegam ao fim, você pode fornecer um lembrete preliminar de que estará encerrando em breve: algo como "Vou precisar que abaixem os lápis em 20 segundos. Tentem terminar esse último pensamento." Quando você chegar ao final do tempo alocado, o ideal é que haja um sinal. O cronômetro dispararia e você diria: "Eu ouço o cronômetro, e isso significa lápis para baixo e olhos para cima, por favor". A cereja do bolo é que as transições nítidas e visíveis também afetam o ritmo. O marco é vivo e claro, e os alunos podem vê-lo passar. Melhor ainda, quando o marco é claro, você também pode conectar as partes da lição usando sequências, linguagem que destaca os tópicos mais importantes da lição, que une várias atividades. (Para mais informações sobre sequências, consulte o Capítulo 5, "Estrutura da aula".)

Uma nota final a ser observada: as mesmas ferramentas usadas para acelerar o ritmo, levemente adaptadas, também podem desacelerar as coisas. Por exemplo, você pode dizer à sua turma, calmamente e com um ritmo lento e reflexivo: "Em 30 segundos, a sessão de redação do diário vai terminar. Ouvindo o bipe, por favor, fechem seus diários e olhem para a frente." Então, pode deixar o cronômetro apitar por alguns segundos ou deixar uma pausa silenciosa de alguns segundos e acrescentar: "Bom. Agora estamos prontos para discutir." Esse ainda é um término limpo com etapas marcadas, mas estabelece um ritmo mais lento e um tom mais silencioso. Na verdade, você poderia argumentar que *Marque as etapas* é *mais* útil para esse tipo de tarefa mais lenta e pensativa, em que intervir para ser mais diretivo também é mais perturbador para o clima tranquilo e reflexivo da sala. As transições nítidas costumam ser mais úteis exatamente no momento em que você menos espera e onde seu uso é menos intuitivo.

TÉCNICA 29: TODAS AS MÃOS

Levantar a mão é um ato que merece alguma reflexão, mesmo que a princípio pareça simples.

Por exemplo, toda vez que os alunos levantam as mãos, eles marcam a passagem de um evento digno de ação. Eles dizem, tanto para si mesmos quanto para os outros: "Existe uma pergunta e eu quero respondê-la". A questão é diferenciada da anterior. Ela tem novidade. Agora ela é um marco. A intenção de responder também distingue o momento. É uma decisão de que a aula vale a pena. As recompensas sobre a liberdade de falar superam os riscos, há uma mudança na autopercepção do aluno: eu não estava só sentado aqui passivamente; eu estava tendo ideias. Eu quero compartilhá-las. O ato de levantar a mão pode atrair os alunos para a aula e transformá-los de fora para dentro.

Levantar a mão também é contagioso. Quando os alunos veem seus colegas se voluntariando avidamente, estabelece-se uma norma de que a sala de aula é um lugar seguro e envolvente do qual os outros querem fazer parte, e o incentivo para participar se espalha pela sala. "As normas que mantemos surgem predominantemente de nossa observação dos outros", diz Peps Mccrea. E tomar a decisão de se envolver publicamente com o conteúdo afirma que o aluno acha que vale a pena fazer parte do grupo e de sua atividade. É um referendo sobre o valor da turma ou da lição.

Para os professores, a visão de uma multidão de voluntários significa não ter que tentar arrastar os participantes para a conversa. Poucas coisas fazem o tempo passar mais devagar, mesmo em uma reunião de equipe, do que uma pergunta pairando no ar enquanto todos evitamos os olhares uns dos outros. Os segundos se prolongam enquanto todos se mexem desconfortavelmente em suas cadeiras.

Muito do que pensamos sobre uma sala de aula quando a observamos é, na verdade, uma leitura da semiótica de levantar a mão: os alunos estão ansiosos para falar? As mãos são esparsas e relutantes? Os alunos falam sem levantar a mão?

O *Todas as mãos* ajuda você a gerenciar aspectos das mãos levantadas dos alunos para maximizar os benefícios de sua influência no ritmo e no envolvimento e a moldar a percepção dos alunos sobre o que está acontecendo na sala de aula.

Mãos para baixo

Pode parecer contraintuitivo (especialmente em uma técnica chamada *Todas as mãos*), mas o ato de baixar a mão também é importante: diz que uma pergunta foi respondida e uma nova está chegando. Ele insere um marco e faz com que os alunos percebam eventos separados. Um período indiferenciado em que a turma estava "falando sobre o governo" passa a ser uma pergunta sobre o Poder Executivo seguida de uma pergunta sobre o Poder Judiciário seguida de outra sobre o Poder Legislativo. Os marcos estão passando rapidamente. O ritmo é acelerado.

Como alternativa, todos nós já tivemos o aluno cuja mão fica permanentemente levantada ao longo de uma série de perguntas e respostas, acenando no ar por minutos de cada vez. Se você o chamar, é provavelmente não terá uma resposta para o comentário mais recente ou ao tópico atualmente em discussão. É provável que você receba uma resposta a uma pergunta que o fez levantar a mão 10 minutos atrás. É mais provável que você esteja chamando alguém que queira falar, mas não necessariamente para responder ou se conectar às ideias dos outros.

Abaixar a mão também comunica respeito por seus colegas, porque é difícil ouvir e levantar a mão ao mesmo tempo. Uma sala de aula onde as mãos estão para cima enquanto alguém fala significa: "O que você está dizendo não vai mudar o que eu quero dizer". É muito difícil ouvir com atenção a ideia de outra pessoa quando a mão levantada é uma dica para tentar manter sua própria ideia anterior em sua memória de trabalho. Abaixar as mãos quando outra pessoa está falando comunica respeito e interesse pela ideia de outra pessoa. Para garantir que o entusiasmo dos alunos em participar não seja diminuído toda vez que eles abaixam as mãos, é útil compartilhar a lógica para os alunos e ter uma dica clara de quando as mãos devem ser levantadas ou abaixadas, mesmo algo tão simples como "mãos para baixo" ou um gesto não verbal para lembrar os alunos de estarem totalmente atentos aos comentários de seu colega de turma. (Para saber mais sobre o efeito que essa escuta ponto a ponto pode ter sobre o orador, confira a técnica 44, *Hábitos de discussão*.)

Você pode ver um exemplo de como isso funciona na lição de vocabulário de Christine Torres. "A palavra 'implorar' significa o quê?" Christine pergunta, e quase todas as mãos estão no ar enquanto ela faz uma breve pausa antes de identificar Jovon como o aluno que responderá. Enquanto ela faz isso, cada mão desce, como se dissesse *Jovon, estamos ouvindo. É sua vez*. Segundos depois, Christine diz: "Leia a situação para mim em tom alto e firme..." e, novamente, quase todas as mãos se levantam antes que ela chame Juju, e assim por diante. Isso lembra aos alunos de que agora é a hora de ouvir o que Juju diz, não ficar pensando no que você teria dito. Segundos depois, Christine pergunta: "O que a garota fez nessa situação? Use a definição". Mais uma vez, cada mão se levanta. Agora é a vez de Etani, e o processo de colocar as mãos para baixo – novamente, isso acontece na hora, porque Christine ensinou – lembra aos alunos do resto da rotina implícita quando alguém é chamado. Abaixar a mão para ouvir indica o próximo passo no comportamento de escuta: fazer contato visual com Etani. James Clear descreve isso como "empilhamento de hábitos": um hábito leva a outro, e uma série de ações positivas podem resultar de forma confiável se estiverem conectadas consistentemente a uma primeira ação simples.

Além do efeito de cada interação individual, no uso de *Todas as mãos* por Christine, você pode ver claramente os marcos passando. A ilusão de velocidade foi criada. Uma atividade tradicionalmente lenta – o vocabulário – ganhou vida.

Dê uma pausa na divagação

Em qualquer grupo de pessoas, algumas ocasionalmente apenas vagueiam e isolam-se, física ou intelectualmente – mesmo quando é benéfico ou apropriado ficar juntos. Quando você tem terreno a percorrer como professor, nem sempre pode deixar todos seguirem pela tangente. Um bom vaqueiro tem que saber como trazer os desgarrados de volta ao redil rápida e suavemente. Um bom professor também. Faz parte do seu trabalho.

Da mesma forma, mesmo quando eles estão ansiosos para compartilhar, os comentários dos alunos podem inadvertidamente atrapalhar o ritmo ou o foco de uma aula por causarem distração ou simplesmente estarem fora do tópico. Não me entenda mal. Adoro comentários longos e perspicazes dos alunos – quando eles vêm na hora certa. No entanto, um comentário longo e pouco relacionado, que envolve referências a vários programas e filmes pouco relevantes na hora errada quebra o ritmo. (Pode ser que mesmo com as melhores intenções e oferecido no "momento certo".) Aí está você, finalmente tendo uma discussão de qualidade sobre *O doador* acontecendo, com muitas crianças se interessando. Faltam apenas cinco minutos na aula, mas há muito pensamento bom acontecendo, e talvez a epifania sobre o que significa "libertação" está prestes a acontecer, quando um jovem desgarrado começa uma discussão prolixa e sinuosa de alguns de seus destaques pessoais do romance. Ele perdeu sua linha de pensamento agora, por isso está jogando palavras no problema – tentando usar a quantidade para compensar a perda de clareza. Naquele momento, isso se parece um pouco com uma jogada dupla, exceto que talvez sejam várias jogadas duplas (eu digo isso com carinho). De repente, o otimismo de que você vai conseguir sair disso e chegar à epifania evapora no ar.

Nessa situação, você precisa de uma maneira de pressionar a pausa na digressão, para ajudá-lo a interromper seu comentário, mesmo que ele não tenha se oferecido para terminá-lo. Se você puder fazê-lo de forma calorosa e com habilidade, sem deixar seu aluno constrangido, isso é bom para a discussão em classe (e, portanto, para o aprendizado) e *bom para ele*. Deixá-lo seguir em frente é um desserviço. Ser "útil" é dar um empurrãozinho para ajudar os jovens a entenderem como ler seu público e o ambiente.

Terminar uma digressão de forma rápida e educada requer apenas um pouco de técnica. Eu chamo isso de pressionar a pausa, porque a palavra "pausa" é muito útil, especialmente quando seguida por uma declaração apontando o que é útil sobre o que já foi compartilhado. "Pare aí, Daniel. Você já nos deu muita coisa para falar. Vamos deixar outras pessoas responderem." *Pronto*. A positividade é importante. Algumas outras variações podem incluir: "Ooh. Uma pausa aí. Você mencionou as memórias que ele começou a receber e como elas são emotivas. Quem mais pensou nisso?" ou mesmo "Ooh. Pausa. Interessante. Sim, as memórias são muito emotivas. Quem pode nos dizer por que isso importa?" Você também pode redirecionar os alunos para a parte mais produtiva de sua resposta: "Pausa. Essa frase, 'mais emoção do que ele já sentiu'. Vamos nos concentrar nisso por um minuto." Essa é uma maneira de cortá-lo gentilmente antes que possa ir muito longe, enquanto ainda extrai valor de sua resposta e, você espera, ajudando-o a ver o que havia de valioso nela para a próxima vez.

Se for capaz de expressar seu apreço pela participação de um aluno, mantendo o foco na questão em mãos, será mais provável que você interfira e aperte a pausa quando for necessário para o bem da comunidade de aprendizado. Embora alguns comentários inesperados dos alunos valham seu peso em ouro, outros não, e é trabalho do professor manter o ritmo da aula através de como o tempo é alocado na aula.

Uma nota final: sou um grande fã da palavra "pause", especificamente, nesta aplicação, em oposição às palavras "pare" ou "congele" ou qualquer outra coisa. Pause implica que a parada é temporária e tem gentileza. "Parar" costuma fazer parecer que você fez algo errado – "pausar" implica que você começará de novo em algum momento, que continuará compartilhando seu pensamento, o que, felizmente, é verdade.

Aulas *on-line* com fluxo

O ritmo baseia-se no princípio do fluxo, a ideia de que as pessoas têm prazer em serem arrebatadas por uma atividade envolvente e dinâmica. Esse é um fator crítico de excelência na sala de aula. *On-line*, é necessário evitar o desastre. Os alunos que estão entediados ou não sentem nenhuma conexão com a aula não podem sair de uma sala de aula. Se eles se desligarem, você poderá ver – na página vazia diante deles ou na falta de acompanhamento da tarefa. Às vezes, eles farão você ver o desengajamento deles por meio do comportamento. *On-line* talvez você não perceba isso. Os alunos desengajados simplesmente escaparão. Eles vão desligar a câmera se você deixar e só Deus sabe o que eles estão fazendo. Ou eles passam para outra tela ou se envolvem em seu telefone ou em algum outro dispositivo. Eles estarão jogando *Minecraft* ou no TikTok e você nunca saberá.

Portanto, o ensino em um ambiente *on-line* valoriza o ritmo. O impulso de uma aula precisa atrair os alunos desde o início e manter seu foco. No vídeo *Arrianna Chopp: Meios de participação*, você pode ver Arrianna Chopp da Libertas Prep em Los Angeles gerando ritmo para sua aula *on-line* desde o início. Poucos segundos após o início da aula, há uma tarefa que todos concluem (responder no bate-papo). Arianna incentiva "narrando o bate-papo", ou seja, deixando os alunos saberem o que ela vê e aprecia quando eles participam, mas também criando uma sensação de impulso para tornar a participação visível para outros alunos. É como uma onda de impulso que ela rapidamente traduz em uma pequena discussão em que três alunos seguidos dão sua opinião. É rápido, envolvente e inclusivo para todos. Não há tempo para se perder nos cantos mais distantes da internet. Possivelmente, esse senso de dinamismo – especialmente no início da lição – é algo que podemos tomar emprestado *on-line*.

TÉCNICA 30: TRABALHE COM O RELÓGIO

Medimos as coisas porque elas importam. O tempo é o maior recurso administrado por você, professor de sala de aula. Por isso, medir esse tempo de maneira intencional, estratégica e muitas vezes visível é fundamental para moldar a experiência de seus alunos na sala de aula. A essa habilidade damos o nome de *Trabalhe com o relógio*.

Mostre o relógio

Primeiro, *mostre o relógio*: torne o tempo visível para os alunos. Mostrar como você separa o tempo – indicando quanto tempo permite para certas atividades e que você acompanha sua passagem durante uma aula – ajudará os alunos a entenderem que valoriza sua alocação sábia e cuidadosa e, em última análise, os ensinará a estar atentos a isso também.

Mostrar o relógio também tem o benefício de ajudá-los a se disciplinarem. Que professor não planejou cinco minutos para uma atividade, por exemplo, mas sem querer gastou 15? Que professor não disse a seus alunos: "Vocês têm 10 minutos para trabalhar nisso", mas perdeu a noção do tempo e deu aos alunos o dobro – ou metade – disso? O resultado muitas vezes pode ser uma lição que termina de forma incompleta. Você não chega ao fim da história ou do experimento, ou termina apenas com a prática assistida, em vez da prática individual.

Quando você pedir que os alunos para resolvam um problema por alguns minutos, dê o seu melhor palpite sobre quanto tempo isso deve levar e diga: "OK, tentem um desses sozinhos. Vocês têm três minutos." Em seguida, inicie seu cronômetro ou, melhor ainda, inicie um cronômetro suspenso – talvez um relógio LCD que você possa projetar no teto ou na parede. Se os alunos puderem ver o relógio, eles poderão se autogerenciar – aprendendo, por exemplo, a controlar seu tempo para dar uma resposta curta.

Alguns podem protestar que não querem ficar presos a uma alocação de tempo específica para uma atividade quando não sabem realmente quanto tempo levará, mas é importante lembrar que você não está realmente preso a uma alocação de tempo inicial. Se o tempo que deu não foi suficiente, sempre pode estendê-lo ("OK, estamos tendo bastante trabalho e parece que mais dois minutos podem ajudar") ou encurtá-lo ("Uau, suas respostas são muito interessantes e boas demais para esperar os três minutos completos, então faremos o *check-in* com dois minutos!").

Mostrar o relógio dá origem a uma cultura sensível ao tempo. Eu adoraria dizer a vocês que as salas de aula deveriam ser lugares atemporais, onde levamos o tempo que precisamos e seguimos cada digressão, mas todos sabemos que essa não é a realidade de nossos períodos diários de 40, 50 ou 60 minutos. É mais provável que ocasionalmente você possa divagar um pouco se administrar muito bem o tempo que sobrar.

Mostrar o tempo também permite que você *fale sobre* o tempo com menos frequência. Projetar um relógio enquanto ele conta os minutos ou segundos de uma atividade não requer explicação adicional depois que seus alunos aprenderem a atendê-la (e uma vez que eles saibam que você a cumprirá). Você apenas diz: "Ok, vamos lá", inicia o relógio e deixa-o funcionar, talvez oferecendo um lembrete ocasional ("Você ouvirá o bipe em menos de um minuto", por exemplo). Em seguida, diga: "Ok, vamos ver como nos saímos", quando o cronômetro finalmente terminar.

Vários anos de aplicação das ferramentas de professores experientes levaram minha equipe Teach Like a Champion das Uncommon Schools a usar isso em nossas oficinas. Durante o trabalho individual (ou intervalos!), muitas vezes projetamos um cronômetro da internet para que os participantes soubessem onde estavam no tempo alocado. Geralmente descobrimos que eles preferem a autogestão a serem constantemente avisados por nós – em especial nos intervalos do almoço.

Você pode incentivar os alunos a adotarem o gerenciamento de tempo e desenvolverem habilidades de gerenciamento de tempo, criando oportunidades para que eles concluam várias tarefas durante um bloco de tempo independente. "Estou colocando 20 minutos no relógio. Nesse tempo, você precisa editar seu parágrafo e completar a autoavaliação."

Use incrementos específicos, sem números redondos

Se está mostrando o relógio ou só você pode vê-lo, é valioso *usar horários específicos e incrementos ímpares* ao discutir alocações de tempo com sua turma. Considere este estudo de caso. Se eu estivesse liderando uma sessão de desenvolvimento profissional para professores e dissesse: "Ok, vamos fazer uma pequena pausa e retomar em 10 minutos", provavelmente não teria pessoas prontas para trabalhar em 10 minutos. A alocação de tempo que usei – 10 minutos – soa como uma estimativa. Os números redondos geralmente contêm um "cerca de" implícito neles, como em "Vamos retomar em cerca de 10 minutos". Ironicamente, eu chamaria as pessoas de volta e prontas para trabalhar muito mais rapidamente se desse a elas um incremento de tempo maior para o intervalo, *desde que fosse específico*. Se eu tivesse que escolher entre "Ok, vamos fazer uma pequena pausa e recomeçar em 10 minutos" e "Ok, vamos fazer uma pequena pausa e recomeçar em 12 minutos", apostaria sempre na segunda opção.

Em sua sala de aula, diga exatamente quanto tempo os alunos têm para uma atividade e varie suas alocações. Usar quatro minutos de trabalho em grupo geralmente é melhor do que cinco minutos (e usar três minutos é melhor do que "dois minutos", o que também soa como uma estimativa), mas melhor do que ambos é uma rodada inicial de escrita individual por dois minutos e meio e, em seguida, uma discussão em grupo por três minutos. A variação nas alocações para diferentes atividades ou diferentes iterações da mesma atividade comunica sua intencionalidade sobre o tempo. Você se preocupa e especifica o tempo, e isso faz com que os outros respeitem você também. Tendo acostumado a fazer desse jeito, é provável que obtenha uma resposta muito boa das pessoas se ocasionalmente usar "dois minutos" ou algum número arredondado.

No vídeo *Emily Badillo: Direto ao trabalho*, que mostra uma lição recente do 4º ano sobre *O número das estrelas*, Emily Badillo inicia uma tarefa de redação com quatro minutos (não cinco!) de tempo de trabalho. Depois de explicar que procurará frases de exemplo para compartilhar com a turma, Emily sugere ao grupo que comece reafirmando o tempo: "Vocês têm quatro minutos. Podem ir direto ao trabalho." Ela imediatamente marca em quatro minutos o cronômetro vermelho preso ao quadro da frente, para que todos os alunos possam ficar de olho em seu tempo enquanto trabalham. Enquanto circula, Emily fica de olho no relógio para que ela possa fornecer marcações de tempo verbais para os alunos enquanto eles andam. "Vocês estão trabalhando há um minuto", diz ela. "Parece que quase todo mundo terminou com a primeira frase. Mantenham essa velocidade." Essas frases ajudam os alunos a verificarem seu próprio ritmo e marcar a passagem do tempo – O quanto eu fiz neste primeiro minuto? Estou no mesmo ritmo do restante da turma? – mas é entregue de forma calorosa e positiva, enfatizando o sucesso e encorajando aqueles que ainda não terminaram. Depois de mais dois minutos de trabalho, Emily se dirige à turma novamente – "Vocês têm um minuto e 36 segundos restantes. Vão o mais longe que puderem." A precisão aqui ajuda os alunos a verem que ela levará a sério o fim do horário do exercício (não é uma aproximação ou estimativa), mas seu incentivo para "chegar o mais longe que puder" diminui a pressão, assegurando aos alunos que, embora o grupo pare em breve, o trabalho de cada pessoa é fazer o máximo de progresso possível no tempo previsto. Finalmente, ela diz aos alunos: "Vocês têm 25 segundos restantes, terminem a frase em que estão", preparando os alunos para a deixa final e garantindo que não sejam pegos de surpresa pelo cronômetro. Quando o cronômetro dispara, Emily diz simplesmente: "Parem onde estiverem e abaixem o lápis", interrompe o cronômetro e começa a chamar *De surpresa* os alunos para compartilharem seus trabalhos.

Vemos professores usando frases do *Trabalhe com o relógio* em alguns momentos-chave de uma atividade – no início ou no lançamento para definir expectativas, periodicamente ao longo do tempo de trabalho para definir padrões de progresso ou incentivar a resistência, nos últimos 30 segundos, para sugerir aos alunos que concluam seu pensamento e se preparem para a transição. Aqui estão algumas frases que podem ser úteis:

"Vocês têm os próximos dois minutos para responder à segunda pergunta. Se terminarem antes, tentem a terceira pergunta como um desafio."

"Vocês estão trabalhando há dois minutos e 30 segundos. Parece que a maioria de nós está trabalhando no terceiro problema."

"Temos cerca de três minutos restantes. Vocês devem passar de sua leitura para responder à primeira pergunta de reflexão."

"Encerrem a conversa com seu colega nos próximos 10 segundos."

"Vocês ouvirão o sinal do cronômetro em 40 segundos. Terminem a frase em que estão trabalhando."

Usando contagens regressivas de modo eficaz

Uma *contagem regressiva* é uma declaração de desejo de fazer algo dentro de um prazo explícito – um que seja mais curto do que poderia ser. Com base nas observações, encorajo o uso criterioso da contagem regressiva na maioria das salas de aula, especialmente quando seguem alguns prós e contras importantes.

Faça isso

Use contagens regressivas para tarefas simples, finalizações ou transições. Esteja ciente de que você interromperá uma certa porcentagem do trabalho na sala. Por esse motivo, tente fazer a transição, ao longo do tempo, para contagens regressivas menos narradas, aconselhando os alunos a estarem "prontos para os bipes [do cronômetro] em 10 segundos" ou simplesmente contando os dígitos selecionados (por exemplo, "10, nove [pausa por alguns segundos], cinco, quatro [pausa], dois e um.")

Use a contagem regressiva mais baixa possível. Cuidado ao dar aos alunos muito tempo para fazer uma tarefa simples. Abaixar o lápis não deve levar 10 segundos, então não use uma contagem regressiva de 10. Experimente três. A ideia por trás de uma contagem regressiva é dar aos alunos tempo suficiente para fazer algo bem feito. Não apresse os alunos definindo uma meta irracional, mas encoraje-os constantemente a gerenciar seu tempo com eficiência durante as transições e outras tarefas comuns e a estar atentos à eficiência nas tarefas acadêmicas.

Narre o acompanhamento *durante* uma contagem regressiva. Se eu narrar durante a contagem regressiva, por exemplo, "Vou precisar que olhem para cá em cinco, quatro, Nick está pronto, dois, Sarah está pronta", estou descrevendo alunos que superaram as expectativas. Em outras palavras, chame a atenção dos alunos para exemplos *durante um período em que todos ainda podem atender às suas expectativas para eles.*

Não faça isso

Não estique uma contagem regressiva – isto é, não diminua a velocidade para corresponder ao comportamento do aluno. Se você fizer isso, ajustará a contagem regressiva para o entusiasmo (ou falta dele) que os alunos demonstram, e não o contrário.

Isso anula todo o propósito. É muito melhor terminar na hora e responder com *feedback*: "Parece que não conseguimos. Da próxima vez, temos que ser mais rápidos para podermos voltar ao romance."

Não narre o acompanhamento *após* o término de uma contagem regressiva. Ao fazer isso, você está descrevendo um aluno que apenas fez o que você pediu e corre o risco de parecer que está implorando por um acompanhamento ("Você não pode, por favor, tentar ser como as crianças que fizeram o que eu pedi?"). Isso pode minar as expectativas de forma tão eficaz quanto pode reforçá-las.

Não exagere nos alunos que atenderam às suas expectativas. Alguns agradecimentos rápidos daqueles que estão prontos é algo ótimo. Se exagerar, parecerá que você se preocupa que os alunos não cumpram o que pediu para eles fazerem.

TÉCNICA 31: CADA MINUTO CONTA

Respeite o tempo dos alunos gastando cada minuto intencionalmente.

Observei um dos meus momentos favoritos no ensino – simples, humilde e poderoso – no início do meu processo de estudo para *Aula nota 10*, quando vi Annette Riffle, da North Star Academy, em Newark, trabalhando com seus alunos de matemática do 5º ano. O momento começou com uma cena absolutamente típica. Os alunos resolveram um problema no plano de coordenadas individualmente em suas mesas. Eles tiveram que traçar certos pontos para mostrar os contornos de um estádio hipotético. Annette encerrou o trabalho individual com um final nítido e acentuado – uma série de palmas que ela dá e que os alunos ecoam para chamar a atenção. Então ela disse: "Alguém venha mostra seu estádio", entregando o marcador para uma garota chamada Kadheisha, que se aproximou animadamente da frente da sala para modelar seu trabalho no projetor.

Geralmente não acontece muita coisa enquanto um aluno mostra seu trabalho. 29 alunos sentam e esperam 30 segundos ou um minuto enquanto o aluno em questão completa o trabalho que eles revisarão em breve. Talvez em algumas aulas, três ou quatro alunos coloquem problemas no quadro ao mesmo tempo. Mas o resto do grupo faz muito pouco, mesmo que seja instruído a "prestar atenção ao que está sendo escrito". 29 alunos desperdiçando 30 segundos é o mesmo que um aluno desperdiçando quase 15 minutos e, além disso, quantidades preciosas de impulso também são desperdiçadas, reenergizando os alunos que perderam a tarefa.

O que veio a seguir na aula de Annette, porém, foi brilhante.

Enquanto Kadheisha fazia seu trabalho no quadro, Annette fez uma rápida revisão dos principais termos e ideias com o restante de seus alunos. "Em que quadrante estamos? Fátima? E como chamamos essa linha ao longo da parte inferior? Sean? E em que direção corre o eixo x, Shatavia? O resultado não foi apenas um uso produtivo do tempo e o reforço de fatos-chave durante o que, de outra forma, seria um tempo de inatividade, mas também um exercício que aumentou a probabilidade de os alunos usarem palavras-chave do vocabulário para analisar e descrever o trabalho de Kadheisha.

O tempo, conforme me lembrei ao assistir a aula de Annette, é água no deserto. É o recurso mais precioso de um professor – deve ser cultivado, guardado e conservado. Cada minuto é importante e a maneira como o usamos mostra aos alunos onde estão nossas prioridades. Devemos trabalhar para maximizar os preciosos momentos de aula que compartilhamos com os alunos para garantir que estamos usando nosso tempo da maneira mais intencional possível. Isso não quer dizer que devemos evitar todo o tempo de inatividade ou pausas – afinal, elas podem ser oportunidades para interações significativas com os alunos –, mas sim enfatizar que devemos ser deliberados e ponderados em nossa escolha sobre como gastar até o menor incremento de tempo. Dominar o *Cada minuto conta* significa decidir como passar o tempo intencionalmente, mesmo nos momentos entre atividades ou outros momentos do dia a dia que são fáceis de perder.

Cada minuto conta... mesmo no corredor

Um dos primeiros vídeos que filmamos no que se tornou o projeto Teach Like a Champion, muito antes de existir esse nome, é um pequeno vídeo do professor de história Jamey Verilli gerenciando seus minutos em uma tarde na North Star Academy. Esperando o restante da turma chegar, com alguns de seus alunos no corredor do lado de fora de sua sala de aula, ele começa a questionar os alunos sobre seu vocabulário:

"O que significa estar 'sujeito' a fazer alguma coisa?"

"Você pode usá-lo em uma frase, John?"

"Quem estaria sujeito à terra em uma cidade da Idade Média?"

"O que você está sujeito a fazer agora?"

A aula ainda nem começou. Nem na sala de aula, nem durante o horário de aula, mas Jamey reconheceu uma oportunidade de aprendizado. Enquanto isso, seus alunos estão animados, sorrindo, felizes por estarem engajados e mostrando seus conhecimentos.

O tempo sem propósito pode matar o impulso. Uma razão pela qual os alunos de Jamey estão tão envolvidos e engajados é a mensagem que ele está enviando. Ele está mostrando que acredita que o tempo deles é importante, não deve ser desperdiçado, e que eles e o que estão aprendendo são de grande importância. Um professor como Jamey cria um senso de significado e produtividade que permeia a sala.

O primeiro passo em *Cada minuto conta* é psicológico: recalibrar suas expectativas para que você não pense "são apenas 30 segundos", mas sim "Meu Deus, 30 segundos – como podemos usar isso bem?" Há uma confiança silenciosa implícita em tal mudança. O professor que pensa "são apenas 30 segundos" supõe que não poderia fazer muito com 30 segundos, então por que se incomodar? O segundo professor sabe, acredita e aceita o quanto ele pode realizar mesmo em um período de tempo tão curto. Afinal, quase tudo que aprendemos, aprendemos no final, em um minuto. Houve um minuto extra de reflexão, prática, explicação ou discussão que nos levou ao topo e aperfeiçoou nossa habilidade ou conhecimento. Não há razão para acreditar que a profundidade do aprendizado tenha que se correlacionar com o *glamour*, a previsibilidade e a formalidade do cenário. O momento crítico pode chegar às 14h59 na tarde de sexta-feira, quando os ônibus começarem a encher o pátio em frente à escola, como pode ser no meio de sua aula na manhã de quarta-feira.

Depois de abraçar essa noção, você começará a ver oportunidades de tempo em todos os lugares, onde antes, ao que parece, não existia nenhum. Um pouco de planejamento antecipado ocasional ajudará você a aproveitar ao máximo. Manter à mão – na "manga" – algumas atividades e grupos de questões temáticas, alinhadas ao que você está ensinando, pode fazer a diferença.

Perguntas na manga

Se você trabalha em uma escola, está alerta para o constante potencial para o inesperado. As escolas são organizações complexas, onde o fluxo perfeito de eventos programados às vezes é interrompido. Portanto, é útil estar pronto para o inesperado, deixando um portfólio de perguntas rápidas e úteis na manga, prontas para serem usadas. Essas atividades também são muito mais fáceis de incorporar de improviso quando os alunos as reconhecem como algo familiar, que eles já conhecem. Você pode optar por dar um nome às atividades que faz com mais frequência para que os alunos saibam o que esperar. Por exemplo, "Vamos fazer um pouco de bingo de vocabulário" economiza o tempo que você precisaria para explicar um novo procedimento ou atividade. Elas podem estar no seu bolso (em um conjunto de cartões de anotação), literal ou metaforicamente. Planeje as perguntas periodicamente (a cada três semanas aproximadamente) e com antecedência, para que estejam alinhadas aos principais objetivos de sua unidade atual. Conheço também professores que mantêm uma lista mental de bons tópicos para perguntas e respostas entre as habilidades dominadas, permitindo-lhes evoluir estrategicamente na prática e garantir a retenção do conteúdo dominado. Você sempre pode revisar o vocabulário-chave, assim como sempre pode pedir aos alunos que coloquem eventos históricos em ordem cronológica ou que coloquem os eventos de um romance em sequência.

Sem nenhum adereço, você sempre pode perguntar "cadeias matemáticas" – problemas de matemática sequenciais como "3 × 6. Agora dobrou. Pegue a raiz quadrada desse número. Subtraia 17 e pegue o valor absoluto. Some 104. Sua resposta é?" Meu colega Paul Powell fazia isso diariamente quando abriu uma escola – a Troy

Prep em Troy, Nova York – em um prédio em que os alunos ficavam esperando muito tempo pelo início das aulas. Durante esse tempo, Paul lançava problemas para os alunos, que ficavam esperando nas escadas e eles dominavam horas de matemática – resultando em algumas das notas de matemática mais altas do estado de Nova York.

NOTAS

1. LEVITIN, D. J. Why the modern world is bad for your brain. *The Guardian*, 2015. Disponível em: https://www.theguardian.com/science/2015/jan/18/modern-world-bad-for-brain-daniel-j-levitin-organized-mind-information-overload. Acesso em: 1 set. 2022.
2. LEVITIN, D. The organized mind: thinking straight in the age of information overload. New York: Plume, 2015 *apud* WOLF, M. Reader, come home: the reading brain in a digital world. New York: Harpers, 2018.
3. EDUCATION for life and work developing transferable knowledge and skills in the 21st century. Washington: National Academies, 2012. Disponível em: https://sites.nationalacademies.org/cs/groups/dbassesite/documents/webpage/dbasse_070621.pdf. Acesso em: 1 set. 2022.
4. ROSENSHINE, B. Research-based strategies: that all teachers should know. *American Educator*, 2012. Disponível em: https://www.aft.org/sites/default/files/Rosenshine.pdf. Acesso em: 1 set. 2022.

CRIANDO PROPORÇÃO PELO QUESTIONAMENTO

Veja como você deve pensar sobre a memória: ela é o resíduo do pensamento, o que significa que quanto mais você pensa em algo, mais provável é que você se lembre disso mais tarde.

– Daniel Willingham[1]

O termo "proporção" refere-se à proporção de trabalho cognitivo feito pelos alunos durante uma aula. Isso é importante para os professores refletirem. Os alunos lembram-se daquilo que pensam, diz-nos Daniel Willingham. Portanto, um dos principais objetivos do nosso ensino é fazer os alunos – de preferência, todos eles – pensarem bastante sobre o conteúdo mais importante da atividade. Mas é claro que há um pouco mais do que isso. "Dificuldade desejável" é como os psicólogos cognitivos chamam a ideia de que pensar mais sobre algo o codifica mais profundamente na memória e, portanto, torna mais fácil de lembrar – e provavelmente também codifica mais coisas que tenham significado em primeiro lugar.

Poderíamos representar o conceito de proporção graficamente assim:

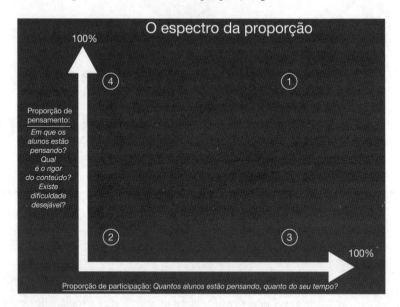

Compreender este diagrama requer a definição de dois termos para descrever o pensamento dos alunos durante a aula. O primeiro é *proporção de participação*. Eu coloquei isso no eixo x. Ele faz a pergunta de quem participa e com que frequência. Se eu fizer uma pergunta e todos na minha sala de aula responderem mentalmente ou pegarem o lápis e começarem a escrever pensamentos, minha taxa de participação é alta. Todos na sala estão respondendo à minha pergunta. Se for uma discussão e todos estiverem ouvindo atentamente o palestrante, minha proporção de participação é alta. Potencialmente, é ainda mais alta se eu ocasionalmente dividir toda a discussão do meu grupo em discussões em pares (*Virem e conversem*); de repente, mais pessoas estão participando. Minha proporção de participação, então, é alta.

Se eu estivesse medindo minha proporção de participação, no entanto, teria de medi-la ao longo de toda a aula. Um minuto ou dois de participação total não é tão bom quanto todos estarem envolvidos e participando de toda a aula.

Uma maneira fácil de obter um alta proporção de participação pode ser fazer muitos *Todos juntos*. Os alunos adoram – pelo menos, os mais jovens – e posso ver que todos estão respondendo às minhas perguntas. *Se eu somar seis e seis, o que obtenho... turma?!*

O problema, claro, é que, embora somar seis e seis seja útil até certo ponto, não há muita "dificuldade desejável". Meu questionamento não será desafiador o suficiente para garantir uma compreensão profunda da matemática. Para fazer isso, tenho que fazer perguntas mais difíceis sobre coisas mais difíceis. Os alunos têm que se esforçar um pouco. Eu poderia chamar o rigor do pensamento deles de *proporção de pensamento* e colocá-lo no meu eixo y.[2]

Eu poderia aumentar ainda mais minha proporção de pensamento se meus alunos pensassem profundamente sobre questões substantivas *de várias maneiras*. Escrever, por exemplo, é especialmente desafiador. Escrever e depois ouvir como os outros pensaram sobre a mesma questão pode ser ainda mais difícil, com ideias inesperadas sugeridas por outros para disputar e reconciliar com meus próprios pensamentos. Pelo menos isso aconteceria se eu fosse um bom ouvinte. Se eu tivesse que reescrever minha ideia inicial com base no que ouvi na discussão e depois explicar minhas mudanças para um parceiro, meu pensamento poderia ter ainda mais profundidade e variedade.

Se isso acontecesse de forma constante ao longo da aula, eu poderia colocar minha classe geral no ponto 1 do espectro de proporção apresentado. Minha proporção de pensamento seria alta o tempo todo, assim como minha proporção de participação.

Isso seria melhor do que minha técnica de *Todos juntos* com fatos matemáticos, que chegaria ao ponto 3: alta proporção de participação, mas baixa proporção de pensamento.

Se, em vez disso, eu relembrasse minhas perguntas mais profundas sobre a natureza da matemática e tivesse uma discussão profunda sobre isso com os dois ou três alunos mais engajados da aula, eu poderia chegar ao ponto 4, alta proporção de pensamento, baixa proporção de participação.

Infelizmente, seria mais fácil do que eu imaginava chegar ao ponto 2: baixa proporção de pensamento, baixa proporção de participação. Eu poderia chegar lá por meio de um plano de aula banal, gerando perguntas chatas e alunos entediados. Mas, com a mesma probabilidade, eu poderia chegar lá com uma atividade promissora e falta de atenção à técnica de ensino. Por exemplo, se eu permitisse que os alunos respondessem às perguntas, e os dois ou três alunos que mais falam na minha turma começassem a dizer a primeira resposta que pudessem pensar para cada pergunta, eu chegaria rapidamente ao ponto 2. Até mesmo esses dois ou três não estariam pensando muito e todos os outros teriam percebido há muito tempo que não estavam respondendo e, em pensamento, estariam em outro lugar. Nesse caso, eu poderia fazer as perguntas mais brilhantes do mundo. Duas ou três pessoas respondendo com ideias pouco pensadas é suficiente para tornar irrelevantes minhas perguntas perfeitas.

Os três capítulos seguintes tratam de aumentar a compreensão e o conhecimento dos alunos – sem mencionar a motivação e o engajamento – seguindo três caminhos até o ponto 1.

No Capítulo 7, abordaremos como as habilidades de questionamento podem aumentar a proporção de pensamento e a proporção de participação. Por exemplo, se eu puder usar os *Meios de participação* para sinalizar aos meus três alunos mais faladores que gostaria que eles levantassem a mão, a menos que indicados de outra forma, posso de repente desacelerar as coisas e fazê-los pensar mais profundamente sobre minhas perguntas. "Talvez sua primeira resposta não seja a melhor..." Eu digo, e eles param para reconsiderar. Com o tempo, eu os ensino a pensar lenta e profundamente. Se eu começar a chamar *De surpresa*, posso fazer mais alunos compartilharem respostas (mesmo aqueles que não se voluntariam a princípio) e ainda mais alunos do que isso para responder mentalmente, preparando-se para o fato de que poderiam simplesmente ser chamados. De repente, estamos nos movendo para cima e para a direita no gráfico.

No Capítulo 8, abordaremos como a escrita pode aumentar a proporção. Se eu fizer minha pergunta e pedir a todos que escrevam alguns pensamentos iniciais, de repente tenho 30 alunos respondendo a uma questão que antes poderia ter apenas um ou dois alunos engajados. Multipliquei minha proporção de participação, mas também minha proporção de pensamento. Os alunos têm que escolher sintaxe e vocabulário coordenados e precisos para escrever uma ideia, especialmente se, novamente, às vezes eu puder fazê-los trabalhar mais devagar e deliberadamente. Ou mesmo para reescrever com precisão. Escrever é inerentemente mais difícil do que falar. Mais uma vez, de repente, estamos navegando para cima e para a direita.

No Capítulo 9, falaremos a respeito da discussão e de como ela pode ajudar a aumentar a proporção. Há um bilhete dourado nesse capítulo, uma joia escondida que nem todos reconhecem o valor. É a percepção de que a proporção durante uma discussão – e, de fato, a qualidade da discussão de forma mais ampla – é moldada pelo menos tanto, ou até mais, pelo grau e qualidade da audição quanto pelo grau e qualidade da fala. Vivemos em um mundo no qual, às vezes, estamos todos falando (ou gritando), e ninguém está ouvindo (a menos que gritar de volta conte). Nossas salas de aula serão melhores se forem o antídoto para tal cenário. Então, talvez um título melhor para o Capítulo 9 seja "Proporção por meio da discussão e da escuta".

Antes de chegarmos a esses tópicos, há um fator adicional a ser considerado: o pré-requisito do conhecimento. Citando Daniel Willingham mais uma vez:

> Os dados dos últimos 30 anos levam a uma conclusão que não é cientificamente contestável. Pensar bem requer conhecer fatos, e isso não é verdade simplesmente porque você precisa de algo para pensar. Os próprios processos com os quais os professores mais se preocupam – processos de pensamento crítico, como raciocínio e resolução de problemas – estão intimamente entrelaçados com o conhecimento factual que está na memória de longo prazo (não apenas encontrado no ambiente).

As ferramentas na caixa de ferramentas de proporção são maravilhosas, mas funcionam apenas se forem empregadas em ambientes ricos em conhecimento (e enriquecidos em conhecimento). Ou seja: onde os alunos sabem muito sobre os tópicos que você pede para eles pensarem porque você os ensinou. Se você quer uma proporção de pensamento alta, deve ter fatos. Sim, "meros fatos". (Estou fazendo uma pausa aqui enquanto uma nuvem desce sobre alguns dos meus leitores.) Os alunos devem ter fatos para usar, aplicar, considerar, conectar e refletir. Claro, os fatos são ainda melhores se estiverem conectados em um corpo de conhecimento profundo e organizado, cujo nome elegante é *esquema*.[3] Em um ambiente rico em conhecimento, porém, mesmo "fatos desconectados", como aquele espantalho dos educadores futuristas de todo o mundo, não ficam desconectados por muito tempo.[4] Em breve, os alunos verão conexões entre as coisas que eles sabem e seus fatos não serão mais desconectados – duplamente se os colocarmos em situações que tornam mais provável a conexão dos pedaços de conhecimento que eles têm.

Compartilho isso porque o poder do conhecimento é uma das coisas mais incompreendidas na educação. Você já ouviu esses mesmos futuristas e seus assistentes em TED Talks e nas mídias sociais dizendo que os fatos são irrelevantes porque você pode procurar qualquer coisa no Google, mas isso não é, de fato, verdade. Para usar o conhecimento no pensamento crítico, ele deve estar em sua memória de longo prazo. O que chamamos de *insight* ou mesmo criatividade é muitas vezes um pouco de conhecimento da memória de longo prazo que surge no momento em que aprendemos sobre outra coisa e anunciamos uma conexão que anteriormente não era óbvia.[5] Mas, além disso, a teoria do "é só procurar no Google" não funciona porque é improvável que você saiba que há uma conexão entre algo que você não conhece e o que você está lendo ou aprendendo, então é improvável que você pense em procurar por isso.[6] E mesmo se o fizesse, você teria que mantê-lo em sua memória de curto prazo depois de procurá-lo, e isso o deixaria com menos memória de trabalho para os saltos criativos.

A taxonomia de Bloom, pelo menos quando apresentada em forma de pirâmide, é um típico ponto de confusão. Os educadores geralmente presumem que o conhecimento e os fatos na base da pirâmide significam que eles são a parte menos importante. Muitos seguidores de Bloom, por sua vez, insistem que ele compreendia a profunda importância do conhecimento e pretendia dar a entender que a coisa toda *repousava sobre uma base de conhecimento* porque esta era muito importante. É um alívio ouvir isso, mas não muda o fato de que muitos (a maioria?) educadores não pensam dessa maneira. Se você tem uma pirâmide, todo professor olha para ela e quer guiar seus alunos até o topo: *Estamos todos em síntese, o tempo todo nesta sala de aula*. Infelizmente, a ciência cognitiva nos diz que isso está errado. Na verdade, são os fatos modestos que funcionam como combustível e fazem todo o motor cognitivo funcionar.

Criando proporção pelo questionamento

Os professores adoram fazer perguntas. E com razão. As perguntas podem fazer os alunos pensarem profundamente sobre o conteúdo, e o que eles pensam é o que provavelmente aprenderão e lembrarão.[7] E é claro que as perguntas podem estimular a discussão e o aprendizado entre colegas.

Mas *poder* e *fazer* são coisas diferentes. Todos nós fomos inspirados por questionamentos profundos, mas todos nós também vimos, e muitos de nós (inclusive eu) ensinamos lições em que as perguntas, uma vez feitas, ficam no ar, sem resposta. Ou então geram um punhado de respostas tímidas e obrigatórias: os mesmos poucos alunos (ou um aluno) gritando o primeiro pensamento que vem à mente.

Em outras palavras, só porque fazemos perguntas não significa que os alunos as respondam – ou pensem muito sobre elas. Portanto, vale a pena usar algumas ferramentas para refinar o questionamento e garantir que ele dê suporte a fortes proporções de participação e de pensamento. Como ponto de partida, vamos diferenciar duas reações diferentes que os alunos podem ter às perguntas, as quais podem ser valiosas em sala de aula.

Primeiro, há o pensamento. De maneira ideal, todos em uma determinada classe pensariam rigorosamente sobre cada pergunta que você fizer e tentariam respondê-la *em suas mentes*. Esta é uma atividade diferente de responder à pergunta e compartilhar seus pensamentos *em voz alta*. Responder e pensar são variáveis separadas.

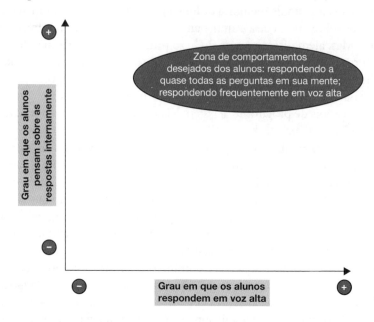

Isso pode parecer um ponto misterioso, mas para sermos os professores que nossos alunos merecem, precisamos tornar a relação entre nós confiável. Imagine que você é o professor e eu sou seu aluno. Quando você faz uma pergunta, penso profundamente na minha resposta e também compartilho com o grupo partes de minhas percepções. Todos os meus colegas fazem o mesmo. Esse é o ideal, mas não é fácil. Eu mal poderia pensar na pergunta e responder reflexivamente em cima do que está na minha cabeça. Eu estaria respondendo, mas você teria falhado em provocar muita reflexão. Ou eu poderia pensar profundamente, mas nunca compartilhar esses pensamentos particulares, deixando você e todos os meus colegas adivinhando até que ponto eu estava envolvido e aprendendo sobre o conteúdo da aula. Então você *pensaria*, mas não *responderia*. E, claro, eu não poderia pensar nem responder à pergunta. Eu poderia me sentar e fazer minha imaginação voar enquanto as aulas aconteciam ao meu redor.

De fato, o grau de pensamento que tenho e o grau de minha intenção de responder estão correlacionados; *as normas de resposta moldam as normas de pensamento*. É menos provável que eu pense totalmente em suas perguntas se souber que é improvável que compartilhe meu pensamento com outras pessoas. Contudo, se responder bem e por completo for a norma social na sala de aula – ou seja, a maioria dos meus colegas responde com frequência e com esforço total, então acho que é a coisa natural a fazer –, é mais provável que eu persista em fazer o trabalho duro de pensar, porque eu também quero ser capaz de responder.

Talvez alguns alunos persistam na investigação mais rigorosa quando deixados por sua própria vontade e autodisciplina, mas a maioria (inclusive eu![8]) exige a possibilidade de compartilhar sua resposta para sustentar e encorajar seu melhor pensamento. Portanto, a menos que gerenciemos o processo de quem responde, quando e como, é muito menos provável que ocorra a maior quantidade de pensamento entre uma variedade maior de alunos.

Eu sei que ainda não disse nada sobre o conteúdo das perguntas, e isso pode preocupar alguns leitores. Nem é preciso dizer que a qualidade da sua pergunta tem profunda importância. Entre outros benefícios, uma boa pergunta cria um forte incentivo (ou desincentivo) para responder. Também é verdade, porém, que se as questões envolverem apenas um grupo restrito de alunos ou apenas os envolverem sem entusiasmo, *a qualidade da pergunta não importará muito*. Você pode fazer a pergunta mais profunda do mundo; se apenas um ou dois alunos pensarem profundamente sobre ela, com a expectativa de que eles possam responder, tudo terá sido em vão. Se queremos melhorar o questionamento, é necessário primeiro abordar a cultura e o contexto em que as questões são feitas.

Assim, as técnicas neste capítulo incluem *Tempo de espera* (como construir "hábitos de pensamento" nos momentos após a pergunta ser feita e antes que as respostas sejam dadas) e *De surpresa* (que, entre outras coisas, garante que todos os alunos sintam que podem ser chamados para responder e, portanto, se envolvam plenamente em pensar sobre as perguntas). Também discutirei o *Todos juntos*, que pode ajudar a construir normas de participação engajada, e *Meios de participação*, que é uma reflexão sobre a etapa negligenciada de comunicar aos alunos como você pedirá que eles respondam às perguntas. Por fim, discutirei o *Divida em partes*, o processo de usar questões adicionais para ajudar os alunos quando estiverem emperrados.

Guia básico para a escrita da pergunta

É claro que a forma como você elabora suas perguntas é importante, então, antes de nos aprofundarmos nas técnicas para construir proporção por meio de questionamentos, vou compartilhar algumas notas sobre como escrever perguntas melhores, que se concentram em duas coisas: preparação e propósito.

1. *Preparação*. É difícil pensar em uma ótima pergunta no meio da aula. Você precisa de sua memória de trabalho em outro lugar. Ou sua pergunta ou outra coisa provavelmente sofrerá se você tentar pensar na maneira perfeita de desvendar a ironia da prosa de Jane Austen no momento em que seus alunos a estiverem lendo. Sempre que possível, planeje e escreva suas perguntas com antecedência – as questões exatas que você fará ou os principais questionamentos que você *poderá* fazer. Até mesmo um primeiro rascunho ajuda. Se você alterá-lo no meio da atividade, isso é uma coisa boa: se um segundo rascunho melhorar o primeiro, isso não diminui o valor do anterior.

2. *Propósito*. O objetivo não é fazer perguntas, mas usá-las para estimular diferentes tipos de pensamento. Uma pergunta é um meio para um fim, portanto, se seu objetivo é usar o questionamento em uma aula, é necessário dar o próximo passo: usá-lo para quê?

Se o objetivo final é usar o pensamento para incentivar diferentes tipos de pensamento, vale a pena notar que muitas vezes caímos em hábitos inconscientes – fazendo consistentemente os mesmos tipos de perguntas – e, assim, provocando os mesmos tipos de pensamento, talvez ignorando oportunidades para diferentes tipos de questões, que irão suscitar diferentes tipos de pensamento. Categorizar as perguntas pelo tipo de pensamento que elas procuram promover é um esforço imperfeito, na melhor das hipóteses, mas pode ajudar a colocar para fora nossos hábitos e maneiras familiares. Com isso em mente, aqui estão cinco propósitos para as perguntas:

1. Descoberta. Algumas perguntas têm como objetivo fazer os alunos *descobrirem* ou derivarem uma nova ideia. Eu poderia fazer perguntas destinadas a fazer você perceber que um autor está falando sobre algo que o *leitor* sabe, mas o *personagem principal* não. Quando você explica que isso está acontecendo, eu digo que isso é chamado de "ironia dramática".

2. Aplicação. Igualmente rigoroso – às vezes mais – é começar com a ideia e pedir aos alunos que apliquem ou expliquem sua *aplicação*. Eu lhe digo que "ironia dramática" é quando o leitor sabe algo que o personagem principal não sabe e então pergunto: "Por que o autor está usando ironia dramática aqui?" ou "Qual é a diferença da última vez que ele a usou?".

3. Verificação da compreensão. Há também perguntas de verificação da compreensão, que são retrospectivas: "Por que dissemos que o autor estava usando ironia dramática? Onde estava a ironia dramática na leitura de ontem?".

4. Prática da recuperação. Usamos perguntas da *Prática da recuperação* para codificar ideias na memória de longo prazo dos alunos, como "Por favor, defina ironia dramática para mim, Charles".

5. Perguntas baseadas em percepção. As perguntas *baseadas em percepção* pedem aos alunos que descrevam o que eles percebem. Estas são cruciais, mas subestimadas. A percepção é o primeiro passo para a compreensão e, ao descrever o que veem, os alunos devem priorizar o que consideram mais importante. Quando você pergunta: "O que você percebe sobre a linguagem de Emma nesta passagem, Charles?". Ele pode lhe dizer muitas coisas, mas também revelar que deixou passar uma frase essencial sobre a ironia. Ou talvez ele a tenha visto. Até que ele possa observar os fenômenos-chave por si mesmo, ele não é totalmente autônomo.

Usando perguntas baseadas em percepção: que diferenças você vê?

A Análise de Sensibilidade é uma ferramenta de leitura atenta que meus colegas e eu descrevemos no Currículo de Leitura Reconsiderado, em que o professor apresenta uma frase de um texto para os alunos e pede que eles a comparem com uma versão semelhante que eles criaram com uma ou duas pequenas alterações.

A ideia é que os alunos analisem o impacto da escolha de palavras ou sintaxe comparando exemplos com diferenças sutis. A chave está na sutileza das diferenças. A pesquisa sobre julgamento comparativo sugere que esta é uma maneira especialmente eficaz de desbloquear a compreensão de nuance e complexidade. Os alunos percebem uma ligeira diferença de tom ou humor e, assim, desenvolvem um ouvido para a linguagem.

Ao testar planos de aula para o Currículo de Leitura Reconsiderado que desenvolvemos, me ofereci para dar uma aula sobre o romance *Esperanza rising* que incluía uma pergunta da Análise de Sensibilidade, e me esforcei muito.

A frase em questão descrevia a experiência do protagonista em uma tempestade de poeira.

O original era:

"Milhares de acres de solo cultivado estavam se tornando alimento para *la tormenta* e o céu estava se transformando em uma névoa marrom rodopiante."

A alternativa era:

"Milhares de acres de solo cultivado foram soprados ao ar e o céu estava se transformando em uma névoa marrom rodopiante."

Os alunos saltaram para a brincadeira. A ideia era ajudá-los a ver o impacto da personificação – que fazia a tempestade parecer viva, talvez como um monstro –, mas suas respostas eram vagas. "O original era mais descritivo", opinou um aluno. "Isso fez você sentir mais as coisas", disse outro. Eles se esforçaram para olhar cuidadosamente para as diferenças na escolha das palavras e eu lutei para ajudá-los. Estávamos tateando como se estivéssemos em uma tempestade de poeira.

Depois, Colleen Driggs, que estava observando, aconselhou: "Concentre-se na percepção primeiro. Peça-lhes que comecem por observar as diferenças que veem entre as duas frases. *Depois* peça que analisem".

Isso foi simples, mas brilhante. Minha primeira pergunta deveria ter sido simplesmente: "Que diferenças vocês veem entre as duas frases?". Isso teria levado os alunos a descrever (e ver) as mudanças *primeiro* e *depois* pensar sobre seus impactos. Eu precisava começar certificando-me de que eles viram a diferença, para depois perguntar por que isso importava. A compreensão quase sempre começa com a percepção... para mim, assim como para meus alunos.

Colleen me fez ver a oportunidade de mudar para perguntas baseadas em percepção. Eu estava fazendo perguntas de aplicação e descoberta. Ao me ajudar a ver como uma questão de percepção era diferente, ela me permitiu pensar em como usá-la. Em parte, é por isso que sugiro ocasionalmente perguntar a si mesmo: "Que tipo de pergunta eu usei lá? Qual era o seu propósito? Eu poderia ter usado um tipo diferente de pergunta?".

TÉCNICA 32: FUNDAMENTOS DE FRASE

A maneira como fazemos uma pergunta pode ajudar a garantir que vale a pena tentar responder do ponto de vista do ouvinte; a estrutura da questão pode ter influência significativa no grau de pensamento e na resposta que inspira. Compreender alguns "fundamentos de frase" pode ajudar a garantir que suas perguntas envolvam seus alunos como você esperava.

A armadilha do óbvio

Uma razão pela qual os alunos não respondem ou pensam nas perguntas é porque elas não parecem valer a pena responder, muitas vezes porque são retóricas – o professor não espera realmente uma resposta – ou, pior, tão óbvias que *parecem* retóricas. Você pode chamar isso de *armadilha do óbvio*. Questões com respostas óbvias são assassinas da cultura intelectual porque fingem fazer uma pergunta quando não há realmente nenhuma pergunta. *Por que você está me perguntando isso?*, pensam os alunos. Se você costuma fazer perguntas sem sentido, você se torna cético em relação ao questionador. Os alunos ficam relutantes em responder nessas circunstâncias. Quando todos sabem claramente a resposta, a pessoa que responde em voz alta parece ser tola: alheia e ansiosa demais. Às vezes, procuramos iniciar uma discussão com uma pergunta "fácil", mas como a resposta parece tão óbvia, os participantes relutam em responder, talvez pensando que perderam alguma coisa ou que na verdade era uma pergunta capciosa. O efeito é o oposto da intenção. Matamos a cultura de questionar desde o início. Em longo prazo, também. Com o tempo, fazer perguntas com respostas óbvias enfraquece a credibilidade do seu questionamento de forma mais ampla.

Perguntas do tipo sim/não e perguntas com apenas duas respostas possíveis são especialmente vulneráveis à *armadilha do óbvio*. E, óbvio ou não, muitas vezes reduzem a qualidade do ambiente de aprendizagem porque as respostas de uma alternativa são a reação natural.

Considere um professor de ciências que pergunta, durante um laboratório: "Devemos adicionar nossa solução agora ou esperar até que ela se esfrie?".

Não forneci contexto suficiente para indicar se a solução deve ser adicionada agora, mas aposto que a resposta é bem provável que devemos esperar. Você interromperia uma aula para perguntar "Devemos adicionar a solução agora ou esperar até que ela esfrie?" se a resposta fosse que você deveria adicionar a solução agora? Improvável. Você apenas diria: "Agora adicionamos nossa solução". Ou você perguntaria: "O que devemos fazer agora?". A resposta é óbvia e os alunos provavelmente perceberão a pergunta como retórica ou pensarão: *Por que você está nos perguntando?*

Uma razão para isso acontecer é porque um professor está tentando fazer uma pergunta quando na verdade quer apenas explicar algo: "É importante lembrar que devemos esperar a solução esfriar". Ou ainda: "É importante lembrar que devemos esperar a solução esfriar. Por quê?". Não há problema em dizer coisas às pessoas diretamente. Parecer fazer uma pergunta quando você quer dizer algo aos alunos é uma perda de tempo e cria uma cultura em que as questões não parecem ser atraentes e autênticas. É difícil construir engajamento intelectual a partir desse tipo de experiência.

As perguntas "Devo adicionar a solução agora?" e "Devo adicionar a solução agora ou esperar até que esfrie?" também não são inspiradoras porque são binárias. Há duas alternativas possíveis em cada caso. "Sim" ou "não" na primeira pergunta e "agora" ou "mais tarde" na segunda. "O que eu deveria fazer agora?" seria mais interessante. "O que devo procurar agora?" – seria melhor uma pergunta baseada na percepção, para a qual a resposta pode ser "a temperatura". Ou "O que está acontecendo agora?" que, supondo que você não consiga ver nada acontecendo no momento, pode ter um foco mais retrospectivo e lhe permitir verificar a compreensão do conteúdo ensinado anteriormente. Essas perguntas são todas mais interessantes porque há mais de duas respostas possíveis. É importante simplesmente tornar a pergunta não binária.

As perguntas binárias também são problemáticas porque são especialmente propensas a "dicas", que ocorrem quando o questionador adiciona inflexão de voz em uma palavra ou frase para sugerir a resposta. Um pouco de ênfase no "agora" ou talvez no "deixar esfriar" – "Devemos adicionar a solução *agora*? Ou *deixar esfriar*?" – torna a resposta duplamente redundante. Suas perguntas podem ser sobre jogo de bocha, algo sobre o qual eu não sei exatamente nada, mas com uma pergunta binária e um pouco de inflexão de voz para me alertar, consigo dez respostas corretas entre dez perguntas feitas.

Evite "vender gato por lebre"

Outra maneira pela qual as perguntas podem dar errado é porque você faz uma pergunta, dá aos alunos tempo para pensar sobre ela e, em seguida, chama-os para responder a uma pergunta diferente ou a uma pergunta que você reformula de uma maneira que muda seu significado. "Como Jonas está mudando neste capítulo? Virem-se e conversem com seu colega por um minuto e meio", você diz. Mas depois do *Virem e conversem* você diz: "Ótimo. Onde e como vemos a ansiedade de Jonas aparecendo?". A aluna ansiosa que levantou a mão pensando que seria feita a pergunta original é pega de surpresa. Ela mostrou seu entusiasmo e agora pode ter dificuldades para responder em público. Isso é comprar gato por lebre, fato que torna menos provável que ela continue levantando a mão com tanta confiança ou com a mesma frequência.

Na maioria das vezes, o gato por lebre acontece porque não nos preparamos. Se você pensar em sua pergunta no momento, terá que mantê-la em sua memória de trabalho enquanto ouve as respostas dos alunos, administra a sala de aula, pensa no conteúdo, e assim por diante. Sob essas condições, é fácil esquecer sua própria pergunta – ou lembrar apenas a ideia geral. É mais uma razão para planejar (e anotar) suas perguntas-chave com antecedência.[9] Se você usar questões que são pensadas no momento, escreva-as no quadro assim que puder. O visual ajudará os alunos a permanecerem disciplinados para responder e também o ajudará a lembrar do questionamento original.

TÉCNICA 33: TEMPO DE ESPERA

Depois de fazer uma pergunta à sua turma, o professor típico espera cerca de um segundo antes de receber uma resposta. Os desafios e limitações impostos por tal hábito são significativos. As respostas que o professor pode esperar obter depois de menos de um segundo de reflexão provavelmente não serão as mais ricas, as mais reflexivas ou as mais desenvolvidas que seus alunos podem gerar. E receber as respostas depois de apenas um segundo tem o efeito de incentivar sistematicamente os alunos a levantar a mão com a primeira resposta que pensarem, em vez da melhor resposta. Se os alunos esperarem mais, alguém terá respondido. Além disso, receber respostas imediatas aumenta a probabilidade de o professor perder tempo. Ele provavelmente terá que responder a uma resposta pior antes de obter uma boa. Um pouco de espera muitas vezes pode economizar tempo no final, pois garante que você comece com respostas iniciais de maior qualidade.

Tempo de espera é a prática de inserir uma pequena pausa – geralmente apenas uma fração de segundo – antes de receber uma resposta. Em circunstâncias ideais, o que acontece durante o *Tempo de espera* é pensar, por isso é uma ferramenta poderosa para aumentar a proporção de pensamento.

Alguns dos benefícios de esperar alguns segundos entre a pergunta e a resposta são:

- permitir que mais mãos se levantem;
- permitir que uma variedade maior de alunos levante a mão;
- dar suporte para respostas melhores e mais rigorosas;
- incentivar mais trabalho cognitivo durante a "espera";
- aumentar do uso de evidência nas respostas.

Você pode ver um ótimo exemplo de *Tempo de espera* no vídeo *Maggie Johnson: Foco no porquê* de uma aula de inglês de 8º ano na Troy Prep Middle School. A turma está discutindo *O Sol é para todos*, e o vídeo começa quando Maggie segue alguns textos que ela pediu para seus alunos fazerem. "Enquanto eu andava, [percebi que] muitos de vocês foram capazes de me dizer qual é a diferença de opinião entre tia Alexandra e Atticus na Calpurnia", diz Maggie. "A questão é: por quê?"

Após cerca de um segundo (a quantidade de tempo que um professor típico espera), há apenas uma mão no ar. Então Maggie espera. Depois de mais ou menos três segundos, talvez mais oito alunos tenham levantado a mão. Apenas um ou dois segundos de tempo de reflexão adicional, e uma enxurrada de alunos se oferece entusiasticamente para participar, tendo percebido que têm alguma visão sobre o assunto. Seu sorriso e o jeito brincalhão com que ela levanta as sobrancelhas remove qualquer constrangimento. Em alguns segundos, mais algumas mãos se erguem, estas um pouco mais hesitantes. Isso é especialmente interessante: o último grupo de alunos que levantou a mão parece não ter certeza de que queria arriscar, mas decidiu. De várias maneiras, essas são exatamente as crianças que você quer que levantem as mãos, e é emocionante ver a coragem que alguns segundos provocam.

No final, Maggie dá, pelas minhas contas, oito segundos de *Tempo de espera* antes de chamar Jaya para responder. Como resultado, ela tem escolhas melhores: uma dúzia de crianças que pensaram em uma resposta. Se a resposta do primeiro aluno precisar ser desenvolvida, ela tem muitos alunos para chamar. E eles provavelmente terão respostas mais ponderadas do que ela provavelmente teria recebido do aluno cuja mão levantou assim que Maggie parou de falar.

Para sua próxima pergunta, Maggie dá quase 13 segundos de *Tempo de espera*. Novamente, você pode ver os alunos começando a levantar as mãos, devagar, pensativamente. Observe a garota na primeira fila à direita que começa a levantar a mão, a abaixa e depois a levanta lentamente outra vez. Aparentemente, ela está lutando para saber se deve se juntar ou não. Talvez ela esteja se perguntando se deve arriscar. Talvez ela esteja se perguntando se sua resposta já é sólida o suficiente. Mas o tempo extra permite que ela supere suas dúvidas ou refine sua resposta. Ao mesmo tempo, vários alunos estão usando o tempo para escanear o livro em busca de ideias úteis, fato evidenciado pela narração de Maggie.

Um processo semelhante ocorre novamente nos sete segundos de *Tempo de espera* que Maggie oferece em resposta à sua terceira pergunta: "O que Atticus diz novamente sobre o pássaro-imitador?". O que chama a atenção aqui são os altos níveis de participação, entusiasmo e reflexão entre os alunos de Maggie. Eles amam o livro, investem nele, e por isso estão pensando profundamente. Ou é o contrário? Eles amam e sentem o investimento no livro porque ela os fez refletir profundamente sobre ele?

A implementação do *Tempo de espera* pode ser um desafio. É difícil disciplinar-se para permitir que o tempo passe depois de uma pergunta, e é necessário um pouco de prática. Criar o hábito de contar mentalmente até três ou narrar sua intenção de esperar (por exemplo, "Vou dar alguns segundos... OK, vamos ver o que vocês têm a dizer") pode ajudar.

Mesmo assim, não há garantias de que os alunos usarão o *Tempo de espera* para pensar. Para piorar ainda mais, é difícil avaliar o que os alunos fazem com o tempo que você dá. Pode não ser necessariamente evidente para os alunos a forma como eles devem responder à sua espera. O que isso nos diz é que existem etapas necessárias para ensinar, lembrar e aculturar seus alunos para que usem o *Tempo de espera* de forma eficaz e garantir que ele seja o mais produtivo possível.

Etapa 1: narrar as mãos

Como discuti anteriormente, os alunos são mais propensos a pensar de forma produtiva sobre uma pergunta se esperarem respondê-la. O grau em que eles pensam durante o *Tempo de espera* é em parte uma função de suas expectativas sobre o que vai acontecer a seguir. Se esperam usar as ideias que geram, provavelmente farão bom uso do *Tempo de espera*. *De surpresa*, a técnica que abordarei a seguir, é uma maneira de fazer isso – ela torna possível que qualquer pessoa seja chamada e, assim, socializa a prontidão e o engajamento durante o tempo alocado para pensar. Mas ser chamado *De surpresa* está longe de ser uma garantia e, ainda melhor e mais confiável, são as próprias expectativas dos alunos sobre suas prováveis ações. Um aluno que pensa "Procuro levantar a mão" é um aluno que coloca o pensamento em prática. Se os alunos acreditam que o que se faz depois de passar um tempo pensando é oferecer-se para compartilhar ideias, se esperam levantar a mão, eles internalizaram uma crença que os leva a se engajarem no pensamento ativo. A correlação é imperfeita, é claro, mas se a expectativa – provavelmente vou levantar a mão – se tornar a norma, é provável que o pensamento ideal também o seja.

Infelizmente, porém, há muitas salas de aula onde as mãos no ar são infrequentes ou limitadas a alguns alunos, e onde a não participação é natural, às vezes uma norma. Nessas salas de aula, o *Tempo de espera* será menos eficaz e a proporção será menor. Se a produtividade do *Tempo de espera* é influenciada pela probabilidade de uma mão ser levantada depois, um movimento produtivo, especialmente no início do ano, é encorajar, promover e socializar a mão levantada por *narrar as mãos*.

Digamos que você pergunte: "Qual foi o propósito do primeiro Congresso Continental?". Talvez um ou dois alunos levantem a mão. Outros sentam-se passivamente. A maioria dos alunos, provavelmente, está engajada em um cálculo sutil e silencioso: *O professor está realmente esperando que todos levantemos nossas mãos?* Seu primeiro objetivo é construir uma norma, a expectativa de que a maioria da turma provavelmente o fará. Você pode fazer isso "elevando sua visibilidade", aponta Peps McCrea, aumentando a "profusão" de uma ação (a parcela de alunos que a realizam) e sua "proeminência" (o quanto as pessoas percebem o comportamento e acreditam que você o valoriza). "Uma mão", você diz em voz alta. "Duas mãos. Agora três." Você está gerando impulso. Talvez uma aluna neutra, que tinha algo a oferecer, mas que estava lendo com cautela a norma da sala de aula, agora levante a mão. "Quatro mãos", você diz, sorrindo, relaxado, sem pressa. Você quer mãos, mas especialmente mãos de alunos que se deram ao trabalho. "Cinco", você diz. "Obrigado, Kesha. Obrigado, Lance. Ótimo. Agora estou começando a ver essas mãos."

Sua mensagem é: eu percebo e me importo quando você levanta a mão e, cada vez mais, muitos de seus colegas estão fazendo isso.

No vídeo *Josefina Maino: Preciso de mais mãos*, você pode ver Josefina narrando o levantamento de mãos em sua aula de matemática na Escola Astoreca em Santiago, Chile. "O que significa que uma desigualdade tem um 'conjunto de soluções'?", ela pergunta. Aqui está a cena, depois que ela permitiu talvez quatro ou cinco segundos de tempo de espera:

Isso é típico das salas de aula em todos os lugares. Quatro mãos estão levantadas: o suficiente para ela encontrar alguém para chamar. Ao longo da aula, quatro ou cinco mãos significam que não será tão estranho quanto quando são apenas duas crianças. Ela pode ensinar nessas condições. Muitos professores o fazem.

Mas vale a pena perguntar: quantos desses alunos sentados com as mãos para baixo estão pensando? Quantos estão respondendo à pergunta? Será que Josefina poderia construir uma cultura na qual se esperasse que eles se envolvessem e, assim, pensassem mais ativamente sobre as coisas, como o que entendemos por um conjunto de soluções para uma desigualdade?

Sim, ela poderia, como veremos em breve. Ela começa apenas a contar as mãos, deixando claro que valoriza a amplitude da participação. Apenas o ato de contar as mãos em voz alta incentiva mais voluntariado. Ela chega facilmente aos 12. Ela pede 16 voluntários no mínimo – 13, 14 e 15 vão um pouco mais devagar. A de Alonzo é a 16ª mão. Josefina agradece. E o chama. Ele estava hesitante e ela quer, agora, fazê-lo se sentir bem-sucedido, fazer com que ele persista nesse novo comportamento de levantar a mão que ele adotou.

Ela caminha em direção a ele, repetindo a pergunta para ter certeza de que ele se lembra, mas também fazendo a conexão parecer mais pessoal. Isso é um pouco de *Cordial/rigoroso* (técnica 61) – ela o lembra não verbalmente de responder em uma frase completa (*O formato importa*, técnica 18) – e esse é o gesto que ela está fazendo.

Quando Alonso está à altura da ocasião, o aperto de mão de Josefina e os estalos de apoio da turma são lindos – e incentivam todos na aula a levantarem as mãos também.

Há muitas inovações que você pode incluir na abordagem para enfatizar e valorizar aspectos diferentes. Por exemplo, se você estiver tentando socializar a tomada de riscos e incentivar os alunos a se sentirem à vontade para levantar a mão para perguntas difíceis ou quando eles não tiverem certeza de que estão certos, você pode dizer: "Agora estou começando a ver aquelas mãos *corajosas*". Ou você pode dizer: "Adoro especialmente quando os alunos levantam a mão quando *não têm* certeza. Isso me mostra coragem". Você pode sinalizar aos alunos que não está esperando uma resposta final polida: "Esta é realmente complicada. Estou curioso sobre suas reações iniciais. Vocês podem começar e depois vamos trabalhar nisso juntos".

Ou você pode diminuir sua cadência e ficar duplamente calmo. "Duas mãos. Três mãos. Tomem seu tempo, mas se esforcem para compartilhar."

Ou, em vez de contar, você pode apenas verbalizar apreciação. "Obrigado, Jeremy, por levantar a mão. Obrigado, Jasmim. Obrigado, Carlos. Vou dar aos outros mais alguns segundos."

Se você ainda não tiver mãos suficientes, continue. Normas e expectativas não vão mudar de uma só vez. Mas você também pode estar pronto com alguns recuos, como dizer: "Hmmm. Muitos de nós parecem inseguros. Vou dar 20 segundos para discutir com seu parceiro". Você pode até dizer aos seus alunos para abaixar as mãos. "Quero que todos vocês gastem 15 segundos e voltem ao texto e encontrem a resposta. Eu quero ver todo mundo relendo, e eu vou dizer quando vocês poderão levantar a mão." Depois de 15 ou 20 segundos, você pode dizer: "OK, agora as mãos!".

Ou talvez, "Hmmm. Surpreso ao ver tão poucas mãos. Mark, conte-nos tudo o que você *acha* que sabe". Essa é uma chamada *De surpresa*, como você provavelmente sabe, mas bastante solidária. E se Mark não estiver com a mão levantada, mas alguns alunos o fizerem, isso comunica que todos os alunos na sala fazem parte da conversa, quer tenham levantado a mão ou não. Estudantes relutantes também podem entrar no jogo. Você estaria usando um pouco de responsabilização gentil para apoiar o encorajamento gentil. Juntos, eles provavelmente farão a diferença.

O vídeo *Aidan Thomas: Montagem do Tempo de espera* mostra um compêndio das técnicas de narração de mãos de Aidan. Você pode ver como sua energia é sempre positiva e como ele varia sua abordagem, mas está constantemente nisso durante todo o período de aula. Ele está criando uma cultura de levantar as mãos.

Etapa 2: estimular habilidades de pensamento

Depois de normalizar e reforçar a expectativa de levantar a mão, outra ação produtiva para aproveitar ao máximo o *Tempo de espera* é *estimular habilidades de pensamento*. Este é um passo pelo qual você ensina os alunos a tornar o *Tempo de espera* útil, fornecendo orientação sobre *como* usar seus três, cinco ou 12 segundos para serem mais produtivos. Por exemplo:

"Estou vendo pessoas pensando profundamente e anotando seus pensamentos. Vou dar a todos mais alguns segundos para fazer isso."

"Estou vendo as pessoas voltando ao capítulo para ver se conseguem encontrar a cena. Parece uma ótima ideia."

"Espero que alguém consiga conectar essa cena a outra peça, de preferência *Macbeth*."

"Vou dar muito tempo a todos porque essa pergunta é complicada. Sua primeira resposta pode não ser a melhor."

Em outras palavras, há uma suposição de que os alunos sabem que podem e devem fazer coisas assim nos breves períodos de tempo que você fornece para pensar. Em cada um desses casos, o professor está explicando coisas que, como aprendizes especialistas, sabemos que são ações produtivas. Elas podem ser pragmáticas – para anotar ideias, verificar suas anotações ou olhar para trás no texto – ou mais abstratas: pensar em conexões mais amplas ou verificar seu primeiro pensamento. Saber como usar tais ações começa por estar ciente delas.

Cerca de um minuto depois do vídeo *Akilah Bond: Pedra Angular*, Akilah pergunta: "Como Cam ajudou Eric a encontrar a nota?". Ela lembra alguns alunos de abaixar as mãos para garantir que eles usem o *Tempo de espera* e, em seguida, apontando para as anotações da discussão anterior da turma, observa: "Imani está analisando o que sabemos sobre os personagens. Bela jogada". O objetivo das notas é reforçar a memória dos alunos de momentos-chave da história. Esse é exatamente o tipo de coisa que é óbvia para adultos, mas não para alunos do 2º ano, talvez, então Akilah está reforçando que o ideal é revisar para ajudá-los a pensar. Entre isso e lembrá-los de abaixar as mãos e não ter pressa, ela está ensinando-os a usar o *Tempo de espera* quando chegarem lá.

Etapa 3: torne o *Tempo de espera* transparente

Quando você pretende dar aos alunos mais do que alguns segundos de *Tempo de espera*, é útil tornar esse fato explícito, para que eles possam administrar suas ações de acordo, especialmente à medida que ficam cada vez melhores no uso dessa técnica para construir ideias. Ainda mais se você estiver dando a eles períodos mais longos de *Tempo de espera*.

Digamos que eu seja um aluno da sua turma e você faça uma pergunta difícil, algo como: "Que forças políticas puxaram os estados fronteiriços em direção à Confederação e como Lincoln respondeu a elas?". Você dá à turma algum *Tempo de espera*, e eu começo a refletir. Após cerca de cinco segundos, tenho algumas ideias iniciais – estou pronto para ser chamado – e começo a desacelerar meu pensamento.

Mas digamos que você estava esperando por algo um pouco mais robusto – você estava esperando que eu estivesse pronto para citar alguns incidentes específicos e descrever como eles se conectam, e você decidiu dar à turma 20 ou 30 segundos de *Tempo de espera* para certificar-se de que pensamos profundamente. Seria mais provável que eu atendesse às suas expectativas se você deixasse suas intenções transparentes dizendo algo como: "Esta é uma pergunta difícil. Exige que você reflita sobre vários fatores. Eu lhes darei 30 segundos ou mais".

Agora posso avaliar de acordo com as minhas reflexões. Eu começaria entendendo que este não era um momento descartável e persistiria em refletir porque você me disse quanto *Tempo de espera* deveria esperar. Se não, você pode me dar 30 segundos para pensar e eu não os usaria, simplesmente porque eu não sabia que os teria.

Etapa 4: dê um tempo real de reflexão

O quarto passo é simples: pare de falar. Isso é fundamental porque os primeiros passos exigem que você narre as coisas e interrompa o pensamento dos alunos. Isso deve ser equilibrado com *tempo real de reflexão*, que, por exigir inação, pode ser difícil de lembrar de fornecer. Contar silenciosamente para si mesmo pode ajudá-lo a construir o hábito necessário de autodisciplina. Você também pode andar pela sala enquanto espera, com o objetivo de aguardar até chegar a um ponto específico do outro lado da sala antes de chamar alguém. Ou você pode usar o relógio a seu favor, dizendo: "Vou chamar alguém em 10 segundos" e forçar a si mesmo a esperar até que o ponteiro dos segundos o libere. Depois da socialização de levantar a mão e de elogiar, lembre-se que esta é a parte mais importante: tem de haver algum momento em que ninguém esteja falando, em que os alunos estejam pensando. Pelo seu silêncio, você está insinuando que isso é tão importante quanto qualquer coisa que eles farão durante todo o dia.

TÉCNICA 34: DE SURPRESA

A chamada *De surpresa*, prática de chamar os alunos independentemente de eles terem levantado a mão, é uma técnica muito importante, que pode provocar uma cadeia de efeitos surpreendentes e positivos na sala de aula. Existem poucas técnicas que podem transformar um ambiente de aprendizagem para melhor tão rapidamente. Dito isso, por ser uma técnica tão poderosa, é importante que seja usada corretamente. Felizmente, acertar alguns aspectos simples gera grande probabilidade de que a chamada *De surpresa* o ajude a construir uma sala de aula inclusiva, consistente e, sinceramente, feliz.

Vou começar compartilhando dois vídeos que acho que ajudam a demonstrar com clareza como tornar a chamada de *De surpresa* eficaz. O primeiro é de Denarius Frazier em sua aula de geometria do 2º ano. A segunda é de Na'Jee Carter em seu grupo de leitura do 2º ano. Como adoro esses vídeos e acho que eles têm muito a nos ensinar, primeiro vou narrar cada um deles cronologicamente; depois voltarei e explicarei os princípios-chave de uma chamada *De surpresa* eficaz.

Vamos começar com *Denarius Frazier: Partes de um círculo*. É o início da aula e Denarius planejou algumas *Práticas da recuperação* para codificar conceitos-chave na memória de longo prazo antes de avançar para novos conteúdos. "Reservem um segundo para olhar para este diagrama", ele diz, "e preparem-se para algumas perguntas...". Enquanto ele faz isso, um sorriso caloroso e acolhedor ilumina seu rosto. Embora ele não tenha feito uma única pergunta ainda, várias coisas importantes já aconteceram.

Primeiro, Denarius indicou a seus alunos que ele está se preparando para a chamada *De surpresa* (ele usa a técnica com frequência, especialmente no início da aula, e sua declaração "Vou fazer algumas perguntas" sugere que eles a esperem aqui).

Com a chamada *De surpresa* chegando, todos os alunos sabem que podem ser responsáveis por responder, então sua atenção e foco aumentam. Isso é tão universalmente importante que é fácil ignorar: só podemos aprender o que atendemos. Os alunos são muito mais propensos a pensar atentamente sobre cada pergunta e respondê-la em sua cabeça porque podem ser solicitados a responder em voz alta. É provável que as perguntas de Denarius estimulem o pensamento máximo de todos os alunos e as respostas verbais de alguns deles.

O sorriso de Denarius também é importante, diz que *Eu me importo com você* ou *Eu quero que você tenha sucesso* ou *Isso é uma coisa boa*. Há uma responsabilidade gentil para os alunos manterem o foco na matemática. Isso é o que fazem os adultos que se preocupam com os jovens.

A primeira pergunta de Denarius é: "Dê-me um exemplo de um raio... [pausa]... Ricardo", e todos na sala olham para o diagrama e procuram um exemplo de raio durante essa pausa.

Se ele tivesse dito "Quem pode me dar um exemplo de raio?" e esperado as mãos levantadas, alguns alunos saberiam que responderiam porque planejaram levantar a mão. Outros, porém, não encontraram um raio porque não planejaram levantar a mão ou ainda não tinham certeza se queriam participar. A proporção seria baixa.

Se ele tivesse dito "Ricardo, dê-me um exemplo de raio" e usado a chamada *De surpresa*, outros alunos poderiam ou não ter pensado na resposta, já que eles sabiam que o *De surpresa* foi direcionado a Ricardo. Mas a forma como Denarius enquadra a pergunta faz cada aluno fazer o trabalho durante a pausa entre o questionamento e a identificação da pessoa que irá responder. A receita aqui é: Pergunta. Pausa. Nome. O tempo significa que todos os alunos da turma de Denarius estão procurando no diagrama um exemplo de raio em preparação para sua possível chamada *De surpresa*. A proporção foi multiplicada, se não por 30, pelo menos muitas vezes.

Um detalhe: Denarius dá a seus alunos seis ou sete segundos de *Tempo de espera* para que observem e pensem sobre o diagrama antes mesmo de fazer a primeira pergunta. Na verdade, há *Tempo de espera* por toda parte. Isso nos lembra de outra coisa importante. A chamada *De surpresa* nunca é uma "pegadinha". Denarius não está tentando pegar os alunos sonhando acordados ou constrangê-los a prestar atenção; a intenção por trás da técnica é prepará-los para que tenham sucesso. Dar-lhes tempo para se orientar e pensar em suas respostas ajuda nisso. Professores eficazes fazem alunos se sentirem seguros e bem-sucedidos, até mesmo mais responsáveis e atentos.

Há mais sabedoria no vídeo também: a universalidade da chamada *De surpresa* de Denarius, por exemplo. Está claro que ele não está implicando com Ricardo – ou qualquer outra pessoa – porque muitas pessoas são chamadas *De surpresa* durante a aula. Não são as que mais têm dificuldade ou as na fila de trás ou qualquer grupo identificável. É assim que fazemos aqui. *De surpresa* chega a todos porque o Sr. Frazier cuida para que todos estejam pensando, engajados e participando. Ao espalhar suas chamadas *De surpresa* pela sala, Denarius indica que está atento ao progresso de cada aluno.

Denarius também enfatiza a universalidade e positividade da técnica sorrindo enquanto questiona os alunos. Aqui ele está pedindo a Shamari para identificar uma corda:

Há outro momento crítico quando Denarius chama Shamari e ela responde incorretamente, confundindo um diâmetro com uma corda. Os professores se preocupam com o que fazer se um aluno travar ou der uma resposta incorreta quando for chamado *De surpresa* (na verdade, é uma das principais razões pelas quais alguns são relutantes em experimentar a técnica, uma consideração importante para os treinadores e líderes escolares estarem cientes), mas Denarius oferece uma solução simples e eficaz. Ele responde com *Virem e conversem* para que todos discutam a questão. Implícita nessa decisão está a ideia de que, se Shamari não sabia, outros provavelmente também não sabiam. (Você também pode tornar essa suposição explícita dizendo em voz alta: "Hmm. Pergunta difícil. Aposto que muitos de nós estão com dificuldade nisso. Vamos revisar".) Saindo do *Virem e conversem*, há outra chamada *De surpresa* para ter certeza de que os alunos se engajaram totalmente.

Agora vamos entrar na sala de aula de Na'Jee para assistir ao vídeo *Na'Jee Carter: Montagem da chamada De surpresa*. Seu grupo de leitura está discutindo conflitos internos e externos em histórias. Após um rápido *Todos juntos* em que os alunos respondem que existem dois tipos de conflito, Na'Jee chama *De surpresa* Marcel para identificá-los. "Marcel, fale comigo...", ele diz. A escolha de linguagem de Na'Jee aqui é impressionante. Ele espera que Marcel saiba, mas oferece um pouco de espaço de negociação. Qual é a resposta errada para "Fale comigo"? Na'Jee pode transformar quase qualquer resposta de Marcel em um ponto de partida positivo para a discussão. Ele pode fazer Marcel e o grupo se sentirem bem-sucedidos desde o início e aumentar sua motivação e senso de progresso. Eles estarão mais engajados e mais dispostos a assumir riscos acadêmicos. Vemos esse ciclo de sucesso inicial em motivar os participantes mesmo com adultos em nossos *workshops*, onde as pessoas às vezes relutam em arriscar levantar a mão na frente de mais de 100 pessoas. Em geral, se começarmos o dia chamando *De surpresa* de uma maneira que garanta seu sucesso, eles começam a levantar as mãos por vontade própria. Por meio da chamada *De surpresa*, eles entraram com sucesso na conversa e se sentiram à vontade para falar na frente de 100 colegas. O *De surpresa* permitiu que corressem o risco e provassem algo para si mesmos; motivação, confiança e o levantar de mãos aumentam.

Com isso em mente, a formulação da segunda pergunta de Na'Jee beira o brilhante: "Conte-me sobre o conflito interno, Yedidiah...". Mais uma vez, a abertura da pergunta permite a Yedidiah muitas maneiras de contribuir para a conversa. Ele é capaz de colaborar, mesmo que não saiba cada parte da resposta. Na'Jee torna seguro começar sem ter que ser perfeito.

A terceira chamada *De surpresa* de Na'Jee é um pouco mais complicada. Ele está aumentando um pouco o desafio agora, mas quando Yedidiah consegue, a apreciação de Na'Jee é simples e rápida, mas adorável: "Você conseguiu, cara".

Há mais duas chamadas *De surpresa* imediatamente depois: "Você pode me falar sobre esse conflito, Marcel?" e "E que tipo de conflito foi esse, Mark?" e então a pergunta ainda mais interessante de Na'Jee: "Yedidiah, eu quero que você comece a falar sobre que tipo de conflito você já vê evidências...".

O enquadramento sugere, ao pedir a Yedidiah que *comece a falar*, que é claro que ele não será capaz de discorrer sobre tudo. Ele é convidado apenas para começar a aula. Se houver desdobramentos para expandir seu pensamento, bem, esperávamos isso desde o início e Yedidiah sentirá sua contribuição para a conversa não como incompleta, mas como exatamente o que foi útil para a turma naquele momento. Em outras palavras, ele se sentirá bem-sucedido.

Assim como na aula de Denarius, você pode ver prontamente o calor e a positividade na chamada *De surpresa* de Na'Jee. Ele também está sorrindo enquanto faz as chamadas *De surpresa*. Na foto a seguir, ele está ouvindo a resposta de Marcel à sua primeira chamada *De surpresa*, relaxado e sorridente. Seu sorriso diz ao aluno: *Esta chamada De surpresa me permite ouvir sua voz. Isso é uma coisa boa.*

O primeiro tipo de conflito é o conflito interno.

Observe também, na próxima foto, a linguagem corporal de Na'Jee depois que ele chamou *De surpresa* Yedidiah e está ouvindo sua resposta. Sua linguagem corporal – olhos em Yedidiah, expressão facial de interesse genuíno, cabeça inclinada como se estivesse considerando cada frase fascinante – é uma forma diferente de positividade. Na'Jee parece um estudante universitário ouvindo um colega em um seminário. Sua linguagem corporal diz: *O que você está dizendo é interessante e importante. Eu estou ouvindo. Eu valorizo.* Isso é tão importante para a positividade quanto um sorriso – possivelmente mais. Ele está construindo e reforçando a identidade acadêmica.

Existem cinco princípios-chave implícitos na chamada *De surpresa* eficaz, todos os quais Denarius e Na'Jee já modelaram. São eles: positividade, previsibilidade, universalidade, intencionalidade e conectividade.

Princípio 1: mantenha a chamada *De surpresa* positiva

Tanto Denarius quanto Na'Jee se esforçam para fazer uma chamada *De surpresa* parecer positiva e natural. Seus sorrisos são o maior indicador disso e lembram aos alunos que relaxem, que seu professor quer que eles se saiam bem. Você também pode verbalizar essa ideia para que fique ainda mais óbvia. "Vamos fazer a *Prática da recuperação* com a chamada *De surpresa* para nos ajudar a lembrar dessas ideias. Estou animado para ver como estamos." Ou você pode dizer o que Brittney Moore diz para seus alunos do 3º ano enquanto observa seu trabalho e se prepara para a chamada *De surpresa* no vídeo *Brittney Moore: Muito difícil escolher*. "Vai ser muito difícil escolher uma pessoa para compartilhar", diz ela, com sua voz otimista e animada. A implicação é clara: você escolhe alguém para chamar *De surpresa* porque ama o trabalho deles e a turma se beneficiará ao ouvir seus pensamentos. Sob essas condições, dificilmente há uma criança que não gostaria de ser chamada *De surpresa*. Afinal, isso é uma honra. Confira o vídeo *Summer Payne: Rodadas individuais*, que eu peguei dos arquivos da 1ª edição do *Aula nota 10* (essas crianças superfofas do jardim de infância provavelmente estão na faculdade agora!), para que você a veja cantando "pode ser sua vez, escute seu nome" e lembre-se de que a positividade desta ou de qualquer técnica está quase sempre sob seu controle. Quero dizer, sua chamada *De surpresa* é a sua vez. Quem não quer a sua vez?

Os comportamentos de escuta também são importantes para estabelecer a positividade da chamada *De surpresa* – pense aqui na cabeça inclinada de Na'Jee ouvindo Yedidiah. Eles fazem a interação parecer uma conversa, não um programa de perguntas, com a positividade decorrente da sensação de que o professor valoriza as ideias dos alunos. Um pouco de aceno de cabeça ou outro gesto que comunica algo como, *o que você está dizendo agora é muito interessante*, é sempre útil, assim como o movimento. De alguma forma, um professor que fica andando devagar enquanto ouve comunica uma espécie de interesse professoral.

É claro que a maior fonte de emoções positivas para os alunos durante a chamada *De surpresa* é seu próprio sucesso, e esse é um poderoso motivador. A chamada *De surpresa* exige que os alunos se envolvam em uma atividade que pode ser desafiadora, imprevisível e talvez até causar um pouco de tensão saudável. E então eles conseguem. Esse sentimento de sucesso pode ser poderoso, ainda mais porque eles conseguiram algo difícil. Isso não significa que todas as perguntas da chamada *De surpresa* devem ser fáceis – o desafio precisa ser real. Porém, é mais uma razão para que os professores planejem suas sequências de chamadas *De surpresa* para *começar* com uma pergunta que prepara os alunos para o sucesso, como um preâmbulo para um desafio maior. Depois os alunos, como vimos no vídeo de Na'Jee, podem seguir o ciclo de sucesso--motivação-sucesso durante a aula.

Outro aspecto da chamada *De surpresa* que leva à positividade pode ocasionalmente iludir os professores quando eles não estão preparados: tanto a pergunta quanto a resposta ideal devem ser claras. Todo professor já teve a experiência de fazer uma pergunta que, em retrospecto, era confusa ou pouco clara. É duplamente importante evitar esse tipo de pergunta ao chamar *De surpresa*, quando é essencial que os alunos estejam preparados para o sucesso. Muitos professores abordam esse desafio planejando suas perguntas e respostas exatas, palavra por palavra, como parte de seu processo de planejamento de aula.

Uma última orientação para garantir que a chamada *De surpresa* seja uma experiência positiva é criar um pouco de cultura em torno de como responder quando os alunos forem chamados e não tiverem certeza da resposta. Considere o poder de explicar aos alunos com antecedência o que fazer se: 1) eles não souberem a resposta ("Diga 'não tenho certeza' e depois adicione 'mas' e depois me dê seu melhor palpite" ou "Repita a pergunta e me diga por que ou como você está confuso"); ou 2) o colega não consegue responder ("Sejam solidários. Sorriam calorosamente e mantenham os olhos nele. Não levantem a mão até que o colega termine de tentar e lembrem-se de que todos nós estaremos lá em algum momento").

Princípio 2: torne a chamada *De surpresa* previsível

De certa forma, a chamada *De surpresa* funciona ao contrário: ela é elaborada para influenciar o que a precede, para fazer todos pensarem mais, criando uma expectativa de que alguém pode acabar sendo solicitado a responder logo depois. Isso significa que, quanto mais provável for que os alunos vejam uma chamada *De surpresa* chegando, mais focados, ativos e atentos eles estejam durante o pensamento que a precede. Assim, a chamada *De surpresa* deve ser previsível. Usá-la regularmente é uma das melhores maneiras de fazer isso. Se a chamada *De surpresa* for uma coisa cotidiana, os alunos criarão o hábito de aumentar a atenção e ficarão cada vez melhores em responder.

Também é importante pensar no inverso: se suas chamadas *De surpresa* surpreenderem os alunos, eles podem aprender uma lição ("Droga, eu deveria estar pronto!"), mas tarde demais para ajudá-los. Eles também podem se sentir emboscados, pegos de surpresa e, portanto, mais propensos a pensar no passado (*Por que ela fez isso?*) do que no futuro (*Eu estarei pronto!*). Uma chamada *De surpresa* nunca deve parecer uma "pegadinha" para os alunos, e usá-la dessa maneira – para tentar constranger Marcus um pouco perguntando "O que acabei de dizer, Marcus?", porque você não acha que ele estava prestando atenção – é pegar uma ferramenta de aprendizagem poderosa e positiva e transformá-la em uma mutação contraproducente que interfere na confiança entre professor e alunos.

Você pode ver evidências de previsibilidade nas salas de aula de Denarius e Na'Jee – principalmente no fato de que os alunos não parecem tão surpresos com a chamada *De surpresa*. Eles reagem naturalmente e... bem, honestamente, eles quase não reagem. A técnica é uma ocorrência familiar para eles. Na verdade, há uma equação implícita nisso: quanto *mais* acontece, *mais naturalmente* se desenvolve e os alunos ficam mais à vontade. Se a resposta dos alunos for inicialmente mais ou menos, continue assim. Certifique-se de ter positividade, de que suas perguntas sejam boas e, em seguida, persista. Com o tempo, isso se tornará parte da estrutura de sua sala de aula e os maiores benefícios serão acumulados quando fizer isso.

Outra maneira de tornar a chamada *De surpresa* previsível é torná-la transparente – informando aos alunos que ela está chegando. Por exemplo: "Dediquem alguns minutos para trabalhar nisso, então eu vou chamar alguns de vocês para ouvir seus pensamentos". De repente, o incentivo para fazer o melhor trabalho é ainda mais forte. "*Virem e conversem* com seu colega, e eu chamarei alguns grupos para compartilhar depois de suas conversas." Você também pode sinalizar logo no início que os alunos podem esperar pela chamada *De surpresa* durante a aula. Isso não apenas permite que eles saibam o que está por vir e os mantém engajados durante toda a aula, mas se você acha estranho iniciar a chamada *De surpresa* nas primeiras vezes em que o faz, é realmente mais fácil fazê-lo imediatamente. Você pode planejar e então não há nenhum sentimento estranho para superar quando de repente começar.

Outra etapa essencial para tornar a chamada *De surpresa* previsível para seus alunos é um discurso de lançamento. Os discursos de Na'Jee e Denarius não podem ser vistos nesses vídeos porque ocorreram no primeiro ou segundo dia de aula. Um lançamento é o máximo em previsibilidade – você torna o quê, o porquê e o como totalmente transparentes para os alunos antes de usar a técnica para que eles vejam o que está acontecendo e saibam como reagir. Você pode dizer algo como:

> Nesta aula, vou fazer uma chamada *De surpresa* com vocês. Isso significa que posso pedir que respondam a uma pergunta ou compartilhem sua opinião, tenham vocês levantado a mão ou não. Isso me permite equilibrar quem participa e ouvir de todos. E às vezes eu quero saber o que você e só você está pensando. Vou tentar me lembrar de sorrir quando eu chamar *De surpresa*, que é minha maneira de lembrá-los de que sempre quero que vocês se saiam bem. Então, se eu chamar alguém, faça o seu melhor, mesmo que se sinta um pouco nervoso. Se você estiver empacado, conte-nos sobre o que está confuso e nós o ajudaremos. É para isso que seus colegas e eu estamos aqui. Mas, honestamente, acho que vocês vão se surpreender. Vamos tentar um pouco agora...

BreOnna Tindall, da Denver School of Science and Technology, cuja técnica de ensino aparece ao longo deste livro, compartilhou alguns grandes detalhes desse lançamento. "Eu digo a eles a diferença entre os diversos tipos de chamadas – vou procurar voluntários, adoro mãos, faremos algumas chamadas combinadas. Posso colocar um sinal na sua página se for chamar você. E há também a chamada *De surpresa*, que é outra oportunidade para eu variar as vozes na sala, porque às vezes eu sei que você conhece o material, talvez você seja apenas tímido, talvez precise de um empurrão, talvez não saiba que conhece. Conversamos sobre isso [quando eu lancei a chamada *De surpresa*] e eles se sentem empolgados na maior parte do tempo."

A última coisa que pode ajudar a fazer a chamada *De surpresa* parecer algo natural e previsível em sua sala de aula é a prática – a sua própria. Uma introdução desajeitada e hesitante à chamada *De surpresa* pelo professor deixa os alunos embaraçados e hesitantes. A chamada *De surpresa* de Denarius e Na'Jee parece natural, contínua e conversacional em parte porque eles fizeram muito isso, mas quando você estiver começando, ensaiar algumas vezes antes da aula pode ser muito útil.

É especialmente útil praticar a primeira ou as duas primeiras chamadas *De surpresa* – isso é quando você provavelmente fará uma pausa, hesitará ou mudará de repente. E, como sua memória de trabalho provavelmente estará sob intensa pressão na primeira vez que você tentar, pratique sorrir calorosamente quando ensaiar – isso tornará seus primeiros treinamentos bem melhores.

Princípio 3: a chamada *De surpresa* deve ser universal

Os professores que utilizam a chamada *De surpresa* se esforçam para deixar claro que ela é universal, feita sempre para todos, e não um esforço para destacar os alunos por falta de atenção, em resposta a comportamentos específicos ou de acordo com algum outro cálculo oculto. Você pode ver isso claramente na aula de Denarius. Ele chama *De surpresa* sete alunos – o suficiente para deixar claro que qualquer um pode ser chamado, não apenas indivíduos ou grupos em particular. Isso é muito típico. Ele costuma fazer a chamada *De surpresa* em lotes, para que não pareça que uma pessoa está "na mira do professor". E ele tem o cuidado de chamar *De surpresa* todos os tipos de alunos – não apenas aqueles cuja atenção pode ser questionada, digamos, ou que estão obviamente acima ou abaixo na escala de desempenho. Por fim, não há nada em seus gestos – apertar os olhos, por exemplo – para fazer parecer que ele está procurando por alguém ou algum comportamento para se agarrar. Os sete alunos que ele chama *De surpresa* estão espalhados uniformemente pela sala. Esses aspectos parecem triviais, mas são lembretes visuais de que a chamada *De surpresa* trata de expectativas – "É assim que fazemos aqui" – e Denarius ressalta isso fazendo perguntas em um tom calmo e uniforme, com um sorriso ou um olhar de interesse sincero.

Seja cauteloso, então, ao vincular suas chamadas *De surpresa* a comportamentos específicos quando você não tiver certeza de que os alunos estão ansiosos para serem chamados. Se você disser: "Hmm, eu vejo você se escondendo ali, Caitlin", não apenas corre o risco de deixar Caitlin constrangida, mas também faz os alunos pensarem se eles parecem estar se escondendo e o que eles deverão fazer se quiserem (ou não) ser chamados *De surpresa*.

É claro que existem momentos em que a chamada *De surpre*sa é pessoal. Às vezes queremos enviar uma mensagem para um aluno: *Eu escolhi você por um motivo; Eu quero ouvir sua opinião; Sua voz importa*. Mas esse motivo quase sempre deve ser positivo. Você foi selecionado como uma honra, ou por causa de uma perspectiva única, ou porque eu quero que você saiba que sua voz é importante. A chamada *De surpresa* de Brittney Moore em que ela descreve como não consegue decidir quem chamar, é um ótimo exemplo. Ocasionalmente, ficará claro para um aluno que ele foi escolhido porque cometeu um erro comum que vale a pena estudar. Se você pretende tentar isso, não deixe de ler a técnica 12, *Cultura do erro*, para ter certeza de que o contexto faz os alunos se sentirem seguros e apoiados.

Na'Jee também está usando a chamada *De surpresa* em um pequeno grupo, de forma sistemática, pois sinaliza que ela se aplica a todos os lugares. Alguns professores costumam pensar em pequenos grupos como mais informais e não como o local onde os sistemas e as técnicas se aplicam. Porém, vale lembrar por que estamos em pequenos grupos (por exemplo, grupos de leitura): achamos que o que estamos fazendo lá é tão importante que estamos dispostos a multiplicar a quantidade de recursos que aplicamos por aluno. Se for esse o caso, devemos usar os sistemas que aumentam a produtividade e também o foco. Na'Jee é caloroso e acolhedor com seu grupo de leitura de quatro pessoas, mas mesmo assim ele faz chamadas *De surpresa*, assim como Brittney e Summer.

Princípio 4: chamada *De surpresa* intencional

Talvez este seja o princípio não mencionado que dá suporte aos outros quatro, mas é útil dizer diretamente: embora suas chamadas *De surpresa* possam às vezes ou muitas vezes parecer aleatórias para seus alunos, elas geralmente devem ser intencionais e, muitas vezes, planejadas antes de serem executadas. No Capítulo 2, "Preparação da aula", discuto a decisão de antemão a quem chamar – alunos específicos ou categorias. Suas notas poderiam dizer, chamada *De surpresa Abraham/Sasha* ou chamada *De surpresa de duas vozes mais calmas* ou *circular* para verificar a compreensão e chamada *De surpresa de um "quase certo"*. Isso exige que você use dados – de avaliações, como bilhetes de saída, ou de observações em tempo real durante a aula. Brittney Moore chama *De surpresa* um de seus alunos três ou quatro vezes na aula que gravamos. Ela queria praticar mais porque, ao olhar para os dados na noite anterior, havia notado que essa aluna estava com dificuldades e queria ter certeza de que ela teria várias chances. Às vezes você terá que fazer a escolha de quem chamar com uma reviravolta mais apertada, após a *Observação ativa*, por exemplo. Em seguida, você desejará usar as respostas dos alunos para determinar quem será chamado após o momento de *Todo mundo escreve* ou *Virem e conversem*.

Na maioria das vezes, quando você chama *De surpresa* um aluno para contribuir com seus pensamentos para a conversa, você deve ter um palpite assertivo do que eles vão dizer – ou você deve selecioná-los devido ao que você sabe sobre seus padrões de participação acadêmica, sucesso e esforço.

> **Pré-chamada:** na pré-chamada, você revela ao aluno que está chamando que sua chamada *De surpresa* é intencional, informando com antecedência que você pedirá que ele fale. Christine Torres faz isso durante sua aula de Pedra Angular quando ela diz a Makaye durante o *Virem e conversem*: "Estou indo até você para compartilhar". Isso indica para o aluno que você irá chamá-lo *De surpresa*, o que pode permitir tempo extra para se preparar ou sugerir que sua ideia é especialmente digna, criando assim positividade. Você também pode usar a pré-chamada antes que os alunos concluam seu trabalho, para incentivar o esforço. "Vou chamar vocês para a pergunta nº 4. Usem o tempo que vocês ainda têm para revisar". Você também pode usá-la ocasionalmente para sinalizar a dinâmica da discussão desde o início. Por exemplo, depois de alguns minutos escrevendo sobre como o protagonista está mudando, você

pode iniciar a conversa dizendo: "Mal posso esperar para ouvir o que vocês pensam. Vamos começar a discussão com Jasmine, depois Carlos e depois Imani. Certifiquem-se de compartilhar uns com os outros e usar seus *Hábitos de discussão...*".

Os professores às vezes se preocupam que o uso da chamada *De surpresa* possa ser contraproducente, deixando os alunos ansiosos. É importante estar ciente das preocupações dos alunos e também fazer o nosso melhor para aliviar suas ansiedades. Raramente vejo um aluno que não consiga se adaptar com relativa rapidez – quase nunca em salas de aula onde a chamada *De surpresa* foi implementada de forma positiva e de acordo com os princípios que descrevo neste capítulo. Não há muito com que se preocupar quando se é questionado por um adulto atencioso.

Dito isso, não há dois seres humanos iguais e você pode, em algum momento, ter um aluno que apresenta dificuldade com a chamada *De surpresa*. Eu ofereço duas orientações nesse caso: primeiro, um pouco mais de construção de relacionamento ajuda bastante. Falar com um aluno em particular e tranquilizá-lo sobre sua apreciação por ele e sua crença na capacidade dele de lidar com qualquer uma das expectativas de sua sala de aula é um bom passo inicial. Em segundo lugar, ofereça modificações iniciais; por exemplo, informe o aluno com antecedência por meio de uma pré-chamada ou talvez um aceno de que uma chamada *De surpresa* está por vir nas primeiras vezes que você a usar. Se for esse o caso, eu também sugiro planejar as primeiras experiências do aluno para que ele tenha certeza de que terá sucesso – e é capaz de responder e se sentir silenciosamente bem-sucedido (em vez de acumular muitos elogios, o que pode apenas torná-lo autoconsciente). "Por favor, leia as instruções para mim, Chris" é um ótimo ponto de partida (a resposta está bem na frente deles). Vale a pena notar que a resposta mais eficaz às ansiedades – mesmo aquelas muito mais pronunciadas e debilitantes do que um pouco de nervosismo – é a "exposição sistemática gradual" a fenômenos indutores de ansiedade, como observam Jonathan Haidt e Greg Lukianoff.[10] A solução para uma criança que tem medo de pular na piscina é incentivá-la a fazê-lo em um ambiente de segurança psicológica. A realização da tarefa geralmente vence o medo.

Princípio 5: conecte suas chamadas *De surpresa*

Do ponto de vista do professor, muito das chamadas *De surpresa* é sobre decidir estrategicamente quem vai falar (embora isso possa parecer aleatório, da perspectiva do aluno). Mas, de muitas maneiras, ela também tem a ver com socializar a escuta, e o quinto princípio é maximizar esse potencial. Desagrupar e usar pedidos de seguimento são duas formas de fazer isso.

Ao "desagrupar", você divide as perguntas maiores em uma série de perguntas menores, de preferência com respostas dependentes, e as distribui para vários alunos. Isso pode ajudar a construir energia e impulso em seu ritmo de aula; também cria uma cultura de responsabilização entre pares. Responder a uma parte da pergunta exige que os alunos ouçam e reajam à resposta anterior. Considere, primeiro, a Sra. Martin, que chamou *De surpresa* D'Juan para perguntar a ele como encontrar o volume de um cilindro. A turma ouve enquanto D'Juan descreve habilmente os cálculos necessários, mas eles se tornam participantes cada vez mais passivos da troca. Na verdade, D'Juan realmente conhece o assunto e ele orgulhosamente estende sua resposta para que seja a mais completa e metódica possível. Ironicamente, isso tem um efeito contraproducente na turma. Quanto mais tempo a resposta levar, mais fácil será entrar em sintonia. Os alunos percebem que não responderão a essa pergunta.

Agora, compare essa sequência com esta, na qual a Sra. Martin desagrupa a pergunta:

Sra. Martin: Quantas variáveis e constantes temos que considerar para encontrar o volume de um cilindro? D'Juan?

D'Juan: Três delas.

Sra. Martin: Bom. Diga-me uma, Janella.

Janella: O raio.

Sra. Martin: OK, e D'Juan, essa é uma variável ou uma constante?

D'Juan: O raio é uma variável.

Sra. Martin: OK, então qual é a outra variável, Carl?

Carl: Altura é a outra variável.

Sra. Martin: Bom. Então, qual é a constante que usamos, Kat?

Kat: Pi.

Sra. Martin: E como sabemos que ele é uma constante, Jameer?

Jameer: Bem, porque ele nunca muda.

Sra. Martin: Bom. Assim, Taylor, quando eu multiplico minha constante e minhas duas variáveis eu obtenho o volume, certo?

Taylor: Não, você precisa elevar o raio ao quadrado.

Sra. Martin: Ah, sim. Obrigado, Taylor. Muito bem.

Ao dividir uma única pergunta em partes e ao chamar *De surpresa* vários alunos, a Sra. Martin mantém todos em alerta; ao tornar as perguntas dependentes umas das outras, ela faz eles prestarem ainda mais atenção ao que os outros dizem. Não apenas seis alunos estavam engajados ativamente em uma situação na qual apenas um havia estado antes, mas todos os alunos provavelmente estavam pensando nas respostas em silêncio, dada a possibilidade de serem chamados. E como os alunos estão todos trabalhando juntos para responder a uma pergunta, a separação tende a construir uma cultura coesa positiva. Isso faz da escola um esporte coletivo.

Seguimento é o termo para sequenciar uma série de sugestões que também fazem com que os alunos ouçam, reflitam e expandam as respostas uns dos outros. Digamos que a Sra. Carrasco esteja ensinando seus alunos sobre placas tectônicas.

Sra. Carrasco:	Jennifer, o que isso nos diz que causa terremotos?
Jennifer:	As placas.
Sra. Carrasco:	Fazendo o quê?
Jennifer:	Colidindo.
Sra. Carrasco:	Poderia desenvolver isso um pouco, por favor... Jalen?
Jalen:	Bem, as placas colidem e às vezes uma desliza sob a outra, mas outras vezes elas se esfregam umas nas outras.
Sra. Carrasco:	Bom complemento, Jalen. Uma coisa que ainda não falamos é sobre o papel da pressão. Você poderia acrescentar algo, Teana?
Teana:	Acho que sim. Creio que, enquanto as placas colidem de uma das formas como Jalen falou, a pressão se acumula cada vez mais e, de repente, há um terremoto.

Nessa sequência, a Sra. Carrasco usou dicas de seguimento – frases que pedem explicitamente aos alunos que expandam ou reajam à resposta anterior para construir uma cultura de escuta. Suas frases são *Você pode desenvolver isso, Jalen?* e *Você poderia acrescentar algo, Teana?* Tenho certeza que você pode imaginar outras. Concordar ou discordar é comum, embora eu prefira perguntas que não limitem as respostas potenciais a apenas duas. Vale a pena notar a diferença em seus seguimentos: o primeiro, para Jalen, é aberto – ele pode se desenvolver da maneira que quiser – mas o de Teana vem com orientação – por favor, fale sobre o papel da pressão. Em ambos os casos, a escuta eficaz é reforçada e se torna crítica para o sucesso.

Quatro propósitos da chamada *De surpresa*

Na seção anterior, discuti os princípios de *como* fazer a chamada *De surpresa*, mas também é importante saber *por que* você está fazendo, para poder fazer as adaptações necessárias. Posso pensar em pelo menos quatro propósitos para a técnica.

Propósito 1: equidade de vozes

Deixe-me começar descrevendo minha própria chamada *De surpresa*, uma que a princípio você pode não pensar como tal, mas que espero que enquadre a conversa sobre isso sob uma nova luz. Tenho três filhos e, recentemente, no jantar, a discussão foi dominada pelos meus dois filhos mais velhos. Suas vozes eram confiantes. Claro, gostaríamos de saber o que aconteceu com Aijah e Jane na aula de matemática ou Nilaan e Derrin no treino de futebol. Minha filha ficou quieta na ponta da mesa, acompanhando a conversa com os olhos. Seu irmão e irmã são cinco e sete anos mais velhos, então talvez ela tenha se perguntado: será que as histórias do dia dela também seriam relevantes para a discussão? Elas teriam a aprovação de seus irmãos mais velhos? Quando e como ela poderia começar e tentar?

Então eu a chamei *De surpresa*, virando-me para ela durante uma pequena pausa na discussão e dizendo: "E você, Goose? Você ainda está fazendo astronomia nas aulas de ciências?".

Ela não tinha se oferecido para participar da conversa, mas eu queria que soubesse que sua voz era importante e que suas contribuições eram importantes. Eu queria mostrar a ela a importância de sua voz para a conversa. Se ela se sentia nervosa, eu procurei quebrar o gelo.

Há poucas coisas mais inclusivas que você pode fazer do que pedir a opinião ou as ideias de alguém, especialmente quando eles ainda não sabem se sua voz é importante em uma sala. Perguntar "O que você acha?" a um aluno que não se ofereceu como voluntário é dizer-lhe que sua voz é importante. Essa ideia se chama "equidade de voz" e comecei a usá-la depois de uma conversa com alguns colegas que formavam professores para o Peace Corps na África Subsaariana.

Em muitas partes dos países onde trabalharam, "as meninas não são chamadas", observou uma das integrantes da equipe, Becky Banton. Há uma norma de gênero não mencionada, e as meninas muitas vezes não falam prontamente. Às vezes, a norma vem de suas famílias e às vezes apesar de suas famílias. A expectativa é transmitida de forma invisível, social, misteriosa – mas inexoravelmente.

"Elas se sentam quietas no fundo da sala, sabendo as respostas, mas não participam ativamente, não levantam as mãos, não vão ao quadro", observou Becky.

"Quando nossos professores fazem a chamada *De surpresa*, especialmente quando eles sabem que uma garota tem uma boa ideia por ter se manifestado primeiro e eles dizem: 'Venha para a frente e nos conte o que você pensa', as meninas respondem, elas conseguem e você vê isso em seus rostos", disse Audrey Spencer. "É tão rápido. No espaço de uma única aula. Isso aumenta a confiança delas e, em seguida, vemos um aumento em suas conquistas."

Quando há uma norma ou uma expectativa de que uma aluna não deve ou não pode falar em sala de aula, seja social (as meninas devem ser passivas) ou pessoal (há três crianças que se voluntariam; eu não sou uma delas), a chamada *De surpresa* quebra a norma *para* a aluna, absolvendo-a da responsabilidade pela violação do que é ou aparenta ser um código social e talvez até fazendo-a ver o código como uma falsa construção.

A chamada *De surpresa* pode lembrar ao aluno que sua voz é importante e, muitas vezes, que ele é capaz de participar ativamente. Nesse sentido, é um lembrete de que parte da responsabilidade de um professor é reforçar o direito, a legitimidade e, às vezes, talvez, a responsabilidade de todos de falar – para o bem de seu próprio aprendizado e contribuir para a comunidade da sala de aula.

De fato, um estudo recente sugere como a chamada *De surpresa* é poderosa por moldar as crenças e expectativas dos alunos sobre sua própria participação. O estudo, de Elisa Dallimore e colegas, testou o efeito da chamada *De surpresa* na participação voluntária, avaliando o que aconteceu ao longo do tempo com os alunos em turmas nas quais a técnica era frequentemente usada pelo professor em comparação com turmas em que não era usada.[11] O que eles descobriram foi que "significativamente mais alunos respondem a perguntas voluntariamente em aulas com alto número de chamadas *De surpresa*, e que o número de alunos que respondem voluntariamente a perguntas em aulas com alto número de chamadas *De surpresa* aumenta com o tempo". Em outras palavras, há um efeito duplo. Não só mais alunos participam de aulas em que o professor chama *De surpresa* por causa das chamadas diretas, mas também porque depois – talvez porque tenham sucesso ou percebam mais fortemente a norma da participação universal – *eles começam a participar mais por opção*. Além disso, o efeito que os autores descrevem "também aumenta com o tempo". Quanto mais chamadas *De surpresa* se tornam parte da estrutura da aula, mais profundamente fazem os alunos escolherem levantar as mãos. Finalmente, a resposta afetiva dos alunos à discussão em classe mudou. Os autores descobriram que o conforto deles em participar também aumentou. Ser chamado *De surpresa* não causou estresse, mas sim conforto e confiança.

Propósito 2: criar uma cultura de atenção engajada e responsabilização gentil

Mais adiante neste capítulo – na técnica 36, *Meios de participação* –, você verá um técnico de futebol, James Beeston, explicando a seus jogadores por que ele chamará *De surpresa* durante o treinamento: "Às vezes eu posso chamar vocês, mesmo que não levantem a mão para pedir a palavra, porque o jogo exige que estejam ligados o tempo todo". O que James sabe é que, se o jogo exige, a prática deve prepará-los para isso. Seu trabalho é ajudá-los a serem os melhores atletas que puderem ser. Prepare a criança para a estrada, não a estrada para a criança, como diz a expressão. De alguma forma, entendemos que um treinador deve preparar cada atleta para que possa alcançar o nível mais alto. Este é o sinal de um bom treinador e parte de como ele mostra que se importa. Talvez seja por isso que os laços entre os atletas e seus treinadores costumam ser tão profundos.

É preciso dizer que os professores devem preparar cada aluno como se eles também fossem para os níveis mais altos? Que isso significa um ambiente de aprendizado que também exige que eles estejam, nas palavras de James, "ligados o tempo todo"? Preocupar-se com os jovens é construir um ambiente que os prepare com amor e apoio para o sucesso, e isso requer esforço e atenção, acima de tudo. Onde as pessoas direcionam e focam sua atenção e como elas têm sucesso ao focar essa atenção desempenharão um papel importante na determinação do que elas realizam, tanto na sala de aula quanto de forma mais ampla. E a atenção é um hábito, principalmente moldado tanto por decisões individuais quanto por uma cultura mais ampla. O efeito dos *smartphones* sobre nossa capacidade de concentração deve deixar isso bem claro.

Chamada *De surpresa* é uma das diversas ferramentas que constroem uma rede de responsabilidade gentil em sua cultura de sala de aula. Certamente, você pode decidir não usá-la e deixar os níveis de esforço e atenção de seus alunos ao acaso. Muitos professores fazem isso. Mas, pelo menos na minha opinião, é um desserviço aos jovens com quem nos preocupamos não mergulhá-los em uma cultura que os socialize para atender, focar e dar o seu melhor todos os dias. James chama *De surpresa* porque ele se importa. O mesmo acontece com um professor.[12]

Propósito 3: verificar a compreensão

Como discuto no Capítulo 3, saber a diferença entre "Eu ensinei" e "Eles aprenderam" é o principal desafio do ensino, e requer uma coleta de dados eficaz e em tempo real. Esta é uma das contribuições mais importantes da chamada *De surpresa*. Para avaliar por completo o que os alunos de sua turma sabem, você deve ser capaz de fazer perguntas a qualquer (e a cada) aluno a qualquer momento. Os alunos que participam voluntariamente são mais propensos a saber a resposta do que aqueles que não o fazem. Se você ficar limitado a avaliar apenas esses alunos quando fizer uma pergunta, nunca poderá avaliar todos os membros da turma e sempre achará que a turma aprendeu mais do que realmente aprendeu. Quando você decide usar perguntas para avaliar a compreensão dos alunos, seu padrão deve ser usar quantidades significativas de chamada *De surpresa*. Isso permitirá que você não apenas chame as pessoas "aleatoriamente", mas também vá um passo além e chame o que provavelmente será uma amostra estatística da sala – ou os alunos com os quais você está preocupado. Esses aspectos são críticos para garantir a precisão dos dados que você coleta.

Esta é uma segunda aplicação relacionada: um dos maiores desafios na verificação da compreensão é a lacuna entre o desempenho e o aprendizado. O que nossos alunos parecem ser capazes de fazer no final de uma aula é quase sempre em parte um falso positivo. Eles ainda não começaram a esquecer. Avaliamos o que achamos que nossos alunos sabem no final de uma aula e, mesmo que suas respostas estejam todas corretas, provavelmente superestimaremos seu conhecimento porque o esquecimento ainda não aconteceu. O que é crítico para deter a força penetrante do esquecimento é a *Prática da recuperação* (consulte a técnica 7), e a chamada *De surpresa* é a melhor maneira de incorporá-la em suas aulas. Ela permite que você torne sua *Prática da recuperação* rápida e enérgica, para que possa ser feita com frequência. Os alunos gostam, e isso lhe permite maximizar o número de alunos recapitulando cada resposta. O vídeo *Partes de um círculo* de Denarius Frazier é um exemplo disso: ele garantiu o domínio em longo prazo dos principais termos geométricos por meio da *Prática da recuperação*, e a chamada *De surpresa* garante que todos estejam se beneficiando.

Propósito 4: ritmo

Imagine esta cena de uma sala de aula perto de você. O Sr. K está revisando um problema do dever de casa da noite passada. Ele diz: "OK, quem gostaria de nos dizer como responderam o número 2 na tarefa de casa?". Pausa. Olhares atentos. Finalmente, depois de cinco ou seis segundos, Natalie levanta a mão. Infelizmente, Natalie também respondeu à pergunta anterior, então o Sr. K tenta outra abordagem. "Estou vendo as mesmas duas ou três mãos", diz ele, examinando lenta e desajeitadamente. "Preciso lembrá-los de que a participação é avaliada na minha aula?" Os professores perdem muito tempo – dez ou 15 segundos por pergunta, talvez, mas horas e horas em longo prazo, fazendo o que o Sr. K está fazendo: implorando para que alguém responda às suas perguntas. O que é pior, ouvir seu professor implorar para que alguém participe diminui o ritmo – a percepção dos alunos sobre a passagem do tempo – drasticamente. Teria sido muito mais simples, muito mais rápido e muito menos doloroso para todos se o Sr. K dissesse: "OK, vamos dar uma olhada no segundo problema. Como você respondeu, Mamadou?".

Uma das melhores maneiras de envolver os alunos no aprendizado é fazê-lo parecer dinâmico e valioso, para dar-lhe fluxo. Isso faz com que pareça algo importante e envolvente. Implorar por mãos levantadas é o antifluxo. Isso anuncia que o trem parou e está preso nos trilhos. Faz com que os alunos percam a fé na competência do professor ("Veja, ninguém participa da aula do Sr. K; ele é tão chato") e no valor da sala de aula. A chamada *De surpresa* é uma das melhores maneiras de controlar o ritmo da aula, mantendo as coisas em movimento quando você quiser (como Na'Jee Carter, que usa sua chamada *De surpresa* para manter as coisas em movimento), ou desacelerar um pouco, como Denarius Frazier, que a utiliza para desincentivar o levantamento de mãos ansiosas, que poderiam pressionar ele e os alunos a ir mais rápido.

Dois equívocos comuns, mas importantes

Existem dois equívocos comuns sobre a chamada *De surpresa* que merecem ser discutidos. Em ambos os casos, eles envolvem confundi-la com uma técnica diferente.

O primeiro equívoco envolve geradores aleatórios – nomes de alunos escritos em palitos de picolé e retirados de uma lata ou de um aplicativo de computador para selecioná-los aleatoriamente para participar. O uso desses geradores aleatórios é comum e os participantes dos *workshops* geralmente o sugerem como a melhor maneira de chamar *De surpresa*. Geradores aleatórios podem ser bastante úteis às vezes, mas quero explicar por que, na minha opinião, eles não são um exemplo de chamada *De surpresa*. Novamente, eles são bons para usar às vezes, mas as razões pelas quais eles não são uma forma de chamada *De surpresa* são importantes e eu quero passar um tempo explicando o motivo.

A primeira razão é que os palitos não são estratégicos. Intencionalidade – a quem você chama e quando – importa. Você escolhe chamar Daniella ou Domari porque elas têm uma ótima resposta ou porque ficaram quietas ou porque muitas vezes ficam confusas em situações semelhantes ou porque são seus alunos de "águas paradas são profundas" (aqueles que nunca se voluntariam, mas os queixos geralmente caem depois de seus comentários inesperados e perspicazes). Anteriormente, discuti a importância de decidir para quem você chamará *De surpresa* e por quê. *A chamada De surpresa raramente é realmente aleatória, embora possa parecer assim para parte dos alunos.*

Na verdade, muitas vezes é benéfico *comunicar essa intencionalidade aos alunos*. O uso de um gerador aleatório *torna explícito que você não está tomando decisões intencionais sobre quem irá chamar*, mas essa geralmente é a parte mais importante. Por exemplo, dizer: "David, em que você está pensando?" diz a David que você valoriza sua opinião única e está pensando em seu ponto de vista naquele momento. Usar palitos é dizer: "Qualquer um pode ir em seguida. É tudo igual para mim". Não há mais nada de especial em pedir a opinião de David, então, um palito de picolé fez a escolha.[13] A mensagem de inclusão – sua voz importa – e equidade de voz não é comunicada pelo acaso.

Outra diferença fundamental é a eficiência. Tirar os palitos de picolé leva tempo. Cada vez que você puxa um ("Vamos lá! Vamos ver quem é! Opa, Jaden não está aqui...") leva tempo. E interrompe o fluxo da conversa normal. É difícil para Amari se basear e elaborar o ponto de Janelle se houver um evento festivo no meio.

Mais uma vez, não estou dizendo para não usar palitos de picolé. Um benefício é que eles são psicologicamente fáceis e não exigem tanta coragem dos professores quanto a chamada *De surpresa*, então podem ser um ponto de partida para professores que estão ansiosos por não chamar os alunos sem as mãos levantadas. E eles podem ser uma maneira divertida e fácil de lembrar seus alunos de que é importante que todos participem. Podem funcionar bem com a *Prática da recuperação*; o jogo de puxar o palito é mais compatível com o conteúdo organizado em torno de questões específicas do que uma discussão que se baseia na continuidade dos comentários. Mas, por favor, deixe-me esclarecer: palitos de picolé não são o mesmo que chamada *De surpresa*.

O segundo equívoco tem a ver com uma técnica muitas vezes chamada de "mãos para baixo", na qual o professor diz aos alunos para baixarem as mãos porque ela é chamada *De surpresa*. Faça isso muitas vezes e os alunos podem não levantar as mãos. Novamente, meu argumento não é que "mãos para baixo" não seja uma abordagem válida – é uma adaptação da chamada *De surpresa* – mas acho que tem limitações, por isso é importante entender as diferenças.

Um dos principais objetivos da chamada *De surpresa* é construir o engajamento e o envolvimento dos alunos. Um dos resultados mais importantes de ser chamado *De surpresa*, de fato, é o aumento do desejo de *levantar* a mão e a crença cada vez maior de que é capaz de contribuir. Essa foi uma grande parte da história para meus colegas do Peace Corps – não apenas que a chamada *De surpresa* permitia que as meninas participassem onde, de outra forma, elas teriam sanção social, mas também porque *isso fez com que gradualmente começassem a levantar as mãos por conta própria*. Portanto, queremos equilibrar a chamada *De surpresa* com o levantar de mãos para oferecer oportunidades para os alunos *optarem* por participar, mesmo enquanto os escolhemos chamando *De surpresa*. Além disso, levantar a mão fornece dados críticos. Quantas mãos vemos e quão ansiosamente elas foram levantadas nos diz muito sobre nossa classe, seus interesses e sua confiança. É claro que não há problema em ocasionalmente dizer aos alunos para baixarem as mãos – pode ser uma boa mudança de ritmo – dizer algo como: "Sem mãos levantadas pelos próximos minutos; estou partindo para a chamada *De surpresa*", pode ser especialmente útil para torná-la previsível. Contudo, como a chamada *De surpresa* é algo que podemos fazer com a mesma facilidade quando os alunos estão levantando a mão, creio que é melhor permitir mãos levantadas.

Assim... "mãos para baixo" ou palitos de picolé poderiam ser úteis e uma ocasional mudança de ritmo divertida? Sim. Mas os professores geralmente assumem que alcançam os mesmos fins e valores que a chamada *De surpresa*, e eu só quero deixar claro por que acho que elas são diferentes.

Chamada *De surpresa* em sinergia

Os vídeos que escolhi da chamada *De surpresa* de Denarius e Na'Jee são incomuns por vários motivos: primeiro, pela habilidade e proficiência que mostram. Você está assistindo mestres trabalhando, pelo menos na minha opinião, e isso é bom ter em mente se você estiver apenas começando a usar a técnica. Sua chamada *De surpresa* pode não se parecer com a deles imediatamente. Outro aspecto que distingue esses dois vídeos é que eles mostram Denarius e Na'Jee no meio de sequências sustentadas de forte dependência da chamada *De surpresa*. Isso, é claro, torna mais fácil ver e estudar como eles fazem o que fazem. Mas também é uma distorção. Muito da chamada *De surpresa* deles e de outros mestres acontece em combinação com (e embutido em) outras técnicas de questionamento e engajamento. Nesses casos, a chamada *De surpresa* em si ocorre com menos frequência, mas ainda é essencial porque funciona muito bem em sinergia com outras técnicas. Escrevo mais sobre essa sinergia na técnica 36, *Meios de participação*, e você pode vê-la em ação em muitos dos vídeos Pedra Angular.

No vídeo *Sadie McCleary: Pedra Angular*, por exemplo, Sadie começa a revisar as respostas quando a *Faça agora* termina. Ela chama *De surpresa* Alissa, Alex e N'Kaye, mas então ela envia os alunos para um *Virem e conversem* para revisar as regras do movimento das partículas. Há uma chamada *De surpresa* para Sterling. Em seguida, outro *Virem e conversem*. J'Karah é chamado *De surpresa* para revisar. Após, outro *Virem e conversem* e uma pré-chamada para Habib. Para o acompanhamento – por que a "energia cinética média" não está incorreta? – ela aceita voluntários. Depois, outro *Virem e conversem* seguido de um pouco de prática escrita. Ela vai e volta, mudando o formato ou usando *Meios de participação* (técnica 36). Mas as maneiras pelas quais a chamada *De surpresa* funciona particularmente bem em combinação com outras técnicas merecem reflexão. É, por exemplo, um reforço ideal para uma atividade como *Virem e conversem*, que você pode usar para aumentar a proporção em sua sala de aula, porque a chamada *De surpresa* em seguida aumenta a responsabilização e, portanto, o envolvimento em tarefas descentralizadas, nas quais você não pode monitorar o que todos estão fazendo. O *Virem e conversem*, por sua vez, fornece um contrapeso à chamada *De surpresa*, pois leva o foco atento desenvolvido via chamada *De surpresa* e o canaliza para uma interação ponto a ponto que maximiza o engajamento ativo. Portanto, Sadie é especialmente propensa a usar a chamada *De surpresa* antes ou depois de um *Virem e conversem*.

A chamada *De surpresa* é igualmente ideal para aumentar a atenção e o esforço dos alunos durante um *Todo mundo escreve*. Dar aos alunos dois minutos para escrever sobre como Jonas está mudando no capítulo, por exemplo, é uma ótima atividade, mas é ainda melhor se você chamar *De surpresa* Ella depois disso – "Ella, por favor, compartilhe um pouco do que você escreveu". E é ainda melhor que você *Circule* devagar, lendo os pensamentos dos alunos enquanto eles os escrevem e depois chamando *De surpresa* para validar e discutir uma resposta em particular – "Ella, fiquei impressionado com o seu uso da expressão 'tensão crescente'. Pode nos dizer um pouco sobre o que você quis dizer e onde você vê isso?". Um pouco de responsabilização carinhosa após o trabalho individual, realizado por meio da chamada *De surpresa* ocasional, ajuda os alunos a tirar o máximo proveito da tarefa individual.

Tempo para o nome

É importante decidir onde na chamada *De surpresa* você vai citar o nome do aluno que irá atender. A abordagem padrão é fazer a pergunta, pausar e chamar um aluno – por exemplo, "Quanto é três vezes nove [pausa], James?". O uso da sequência *pergunta, pausa, nome* garante que todos comecem a preparar uma resposta durante a pausa. Por exemplo, todo mundo faz três vezes nove, com um aluno apenas chamado para responder em voz alta. Dizer o nome primeiro, como em "Jairo, quanto é três vezes nove?", resultará em menos alunos preparando a resposta, porque eles sabem que não serão chamados. Como a diferença na proporção é significativa (25 alunos respondendo a uma pergunta e um dizendo em voz alta *versus* um aluno respondendo a uma pergunta e 25 assistindo), então o padrão *pergunta, pausa, nome* é mais proveitoso.

Em alguns casos, no entanto, chamar o nome de um aluno primeiro – *nome, pausa, pergunta* – pode ser benéfico. Pode sugerir ao aluno que ouça atentamente antes que a pergunta seja feita e aumentar a probabilidade de sucesso. Isso pode ser especialmente eficaz com alunos que podem estar relutantes em serem chamados *De surpresa* ou que podem ter dificuldades nas primeiras vezes, talvez devido a dificuldades de processamento de linguagem ou porque o conhecimento da língua ainda esteja em desenvolvimento. Usar o nome primeiro também pode ajudar a esclarecer seus *Meios de participação* (ver técnica 36). Depois de um coro de *Todos juntos* (técnica 35), por exemplo, dizendo: "E, Damari, por que multiplicamos aí?", sinalizaria aos alunos que você não está mais pedindo que deem respostas. Em alguns casos, colocando o nome no meio da pergunta – "E como o vento, Damani, desempenha um papel no processo de erosão?" – pode deixar seu questionamento seguir o tópico de conversação do comentário anterior e criar continuidade, mas confirmando a atenção total do aluno que você está chamando *De surpresa* para que ele ouça a pergunta.

TÉCNICA 35: TODOS JUNTOS

Todos juntos tem duas partes: um professor fazendo uma pergunta ou compartilhando informações e toda a turma respondendo ou repetindo a frase em voz alta, em uníssono, para dar ênfase ou para ajudar a codificá-la na memória. Se você estiver fazendo a *Prática da recuperação*, por exemplo, lançar algumas oportunidades em que todos respondem aumenta a construção da memória.

Professor: Como chamamos quando dois personagens muito diferentes são colocados lado a lado para dar ênfase?

Turma: Justaposição!

Pedir à sua turma para responder ou repetir em uníssono também pode ser uma grande mudança de ritmo que pode expandir a participação e criar energia e impulso. Você pode ver Christine Torres usando essa técnica no início da seção de vocabulário em sua aula Pedra Angular. Ela introduz uma nova palavra do vocabulário e pede que seus alunos a repitam em conjunto.

Christine: A primeira palavra que vamos aprender é *implorar*. Implorar em dois – um, dois...

Turma: Implorar!

Christine: E a palavra "implorar" significa o quê? Leia para mim, por favor, alto e orgulhoso... [verificando as mãos levantadas]... Jovon?

Por que usar o *Todos juntos* aqui? Primeiro, isso dá a cada aluno a oportunidade de um pouco de prática, que não é exatamente a *Prática da recuperação*, mas sim a pronúncia, que é importante, especialmente com o vocabulário. Se os alunos não estiverem confiantes em dizer uma palavra, se não souberem pronunciá-la, será muito menos provável que a usem ou prestem atenção enquanto estão lendo. Os alunos tendem a pular palavras que não conseguem pronunciar.[14] Então você notará que toda vez que Christine introduz uma palavra nova, toda a turma pratica a pronúncia, rápida e eficientemente. Então, à medida que usam a palavra, ficam mais confiantes e fluentes em usá-la.

Há outros motivos para usar o *Todos juntos* aqui também. A aula de Christine começa com um tom elevado. A energia e o entusiasmo são altos. Você pode observá-la e pensar: *Bem, se minhas crianças fossem tão entusiasmadas, eu também ensinaria assim*, mas o inverso é mais comum. Os alunos dela estão entusiasmados por causa dos seus movimentos de ensino. Há, por exemplo, uma conexão entre o uso do *Todos juntos* por Christine e o fato de que praticamente todas as mãos na sala se levantam quando ela pede que um voluntário leia a definição. Por um lado, todos já participaram. De modo geral, as pessoas respondem às normas e Christine tornou a norma de participação visível e universal. Quanto mais consistentes e visíveis são as normas, mais elas influenciam as pessoas. Todos estão envolvidos e também veem todos ao seu redor positivamente engajados na lição. A coisa natural a fazer, então, é continuar a corresponder à norma de engajamento entusiástico que foi estabelecida. Agora é mais provável que você levante a mão.

Porém, eu diria que há ainda mais acontecendo neste momento do *Todos juntos*. Os seres humanos evoluíram para confiar naquilo que levou à nossa sobrevivência como espécie. Isso tem tanto a ver com nossa capacidade de coordenar e construir laços mútuos quanto com qualquer coisa que façamos como indivíduos. Sobrevivemos formando grupos produtivos coesos e, como resultado, não apenas ansiamos por fazer parte desses grupos, mas também sentimos conforto e pertencimento quando estamos dentro de um. "O cérebro é um órgão social", escreve Zaretta Hammond em *Culturally responsive teaching and the brain*. "Ele tem um desejo de 'contato', um 'desejo de estar com outras pessoas'". Todas as sociedades do planeta cantam, por exemplo, em parte porque cantar é uma maneira de se tornar parte do coletivo. Cantamos juntos e juntamos nossas vozes. As emoções de fazer isso são muitas vezes surpreendentemente profundas. É por isso que cantar – e especificamente, cantar em grupo, em coro – costuma fazer parte da adoração em todo o mundo.

Hammond também esclarece algo fundamental sobre as sociedades norte-americanas – e ocidentais. Somos muito individualistas. Ela cita o Índice de Dimensões Culturais do psicólogo holandês Geert Hofstede, que inclui um *ranking* de todos os países do mundo de acordo com seu nível de individualismo na sociedade. Os Estados Unidos estão no extremo do espectro (com o Reino Unido não muito atrás), sendo a sociedade mais individualista – ou menos coletivista – da Terra. Isso tem seus benefícios – a autossuficiência robusta e pronta para fazer é geralmente uma coisa boa –, mas também levanta algumas questões. A primeira delas é: como é se engajar nas escolas de uma sociedade anormalmente individualista se você vem de uma menos individualista. Parte de ser receptivo a alunos de outras culturas é entender que eles têm uma visão do mundo mais orientada ao grupo. Todo aquele *eu* e *você* pode parecer estranho quando se está acostumado com *nós*.

Uma segunda questão é: que sabedoria existe para nossas escolas centradas no individualismo em uma abordagem mais coletiva. O conhecimento coletivo, a confiança do grupo e a identidade derivada do esforço compartilhado são, de fato, bons aspectos para o aprendizado. Eles tornam nossas escolas mais inclusivas e aumentam o sentimento de pertencimento.

Como discuto em *Hábitos de atenção*, sentir-se parte de algo é um dos motivadores mais profundos do mundo, como destaca Daniel Coyle em *Equipes brilhantes*. E raramente mudamos de ideia sobre algo que acreditamos ser verdade, a menos que tenhamos um forte senso de conexão com a pessoa que compartilha informações que podem nos fazer mudar, explica Jonathan Haidt em *A mente moralista*. Nossas crenças são um reflexo de quem somos quando nos sentimos parte de algo. Tiramos nossa identidade de nossa comunidade, mesmo que a comunidade seja muitas vezes fugaz em nossa sociedade.

Todos juntos é um pequeno pedaço do tecido da cultura da sala de aula, mas, bem feito, pode criar momentos que constroem uma percepção de união. Fazer as coisas em uníssono nos lembra que pertencemos a um grupo. É por isso que essa técnica é motivadora e inclusiva. De forma breve, mas visceral, todos na sala fazem parte de algo coletivo. Talvez esses momentos pareçam um pouco com cantar em um coral, que é universal para sociedades e religiões ao redor do mundo.

Vale observar que o *Todos juntos* pode evocar esse sentimento apenas na medida em que a resposta reforça a união, ou seja, os alunos estão verdadeiramente em uníssono. É por isso que as dicas de entrada são tão importantes. A de Christine é a mesma toda vez que usa a técnica. É clara, nítida e distinta. Se não estiver claro o que ela está pedindo aos alunos e a dica for ambígua, eles podem hesitar em seguir adiante ou podem não seguir em frente. E então o poder momentâneo de "todos nós a uma só voz" é perdido.

"A próxima palavra é cáustico. Cáustico em dois – um, dois..." Christine diz, elevando sua voz para tornar a dica distinta de outra maneira. Mais uma vez, a resposta é nítida e enérgica, porque a dica é consistente.

Dicas de entrada de *Todos juntos*

Dicas de entrada

Todos juntos se trata de universalidade. Todos os alunos precisam responder, ou então a mensagem será mal interpretada e os benefícios serão reduzidos. Porém, para que os alunos participem com entusiasmo, eles devem saber com confiança quando cantar sem medo de serem os únicos a cantar. Para garantir que isso aconteça, use um sinal específico – geralmente verbal ("Turma!", "Todo mundo!", "Um, dois...") para indicar que os alunos devem responder. Esse sinal, chamado de *dica de entrada*, possibilita que todos respondam juntos e com confiança. A clareza do sinal também permite evitar respostas de todos quando você deseja chamar apenas um aluno.

Como as dicas são críticas, vale a pena examiná-las um pouco mais. Existem vários tipos de dicas de entrada a serem consideradas.

Dica de entrada baseada em contagem

Dicas de entrada baseadas em contagem são altamente eficazes, pois são distintas – você as usa apenas para o *Todos juntos* e elas deixam claro o momento certo da resposta.[15] Como elas têm uma contagem regressiva curta (Christine diz: "Em dois: um, dois..."), dão aos alunos apenas um momento para se preparar e garantir que todos comecem na hora certa.

Pedido em grupo

Usar um termo coletivo para toda a turma (como dizer "todos" ou "turma") também pode funcionar, especialmente porque os avisos em geral lembram os alunos da participação em grupo. Se você não conseguir, pode simplesmente repetir o aviso com um pouco mais de ênfase: "*Todo mundo*, por favor".

Gestos não verbais

Um terceiro tipo de dica de entrada é um gesto não verbal: uma palma, uma mão caída, um movimento circular com o dedo. Estes têm a vantagem da velocidade e não exigem que você interrompa o fluxo da aula. Eles também podem ser desafiadores, pois o tom tem que ser correto ou podem parecer uma coisa de professor. Além disso, haverá momentos em que você pode não ter a atenção visual de todos (ou seja, estão terminando anotações ou simplesmente se distraindo momentaneamente), e então corre o risco de perder alguns alunos na resposta.

Mudança de tom

Um quarto tipo de dica de entrada emprega uma mudança no tom e/ou volume. O professor aumenta a inflexão e muitas vezes o volume das últimas palavras de uma frase para implicar uma pergunta; os alunos reconhecem isso como um alerta e respondem com firmeza. Esta é muitas vezes a forma mais eficiente do *Todos juntos*; em longo prazo, geralmente é o mais fácil de usar – é contínuo, rápido e natural – mas é o mais difícil de ser usado. É mais fácil para os alunos perderem uma dica de entrada e eles só reconhecerão a dica se você usar o *Todos juntos* de forma consistente e frequente. Se você não se sentir imediatamente confiante e confortável com o *Todos juntos*, pense em começar dominando uma dica mais simples, como muitos professores fazem.

Muitos professores pensam em *Todos juntos* como uma técnica aplicável entre os alunos mais jovens, porém menos entre os alunos mais velhos. Eles imaginam a facilidade e os benefícios dos alunos do 2º ano, dizendo "Bom trabalho, Cheyenne!" em uníssono, como fazem no vídeo *Akilah Bond: Pedra Angular*, ou "Pregado!" como um grupo para elogiar o trabalho de Akheem em *Sarah Wright: Tio Luis*.

Porém, embora pareça diferente com alunos do ensino médio, ainda é valioso, como você pode ver em *Sadie McCleary: Meios de participação*. Ela pede a um aluno que explique em que se baseia a escala de temperatura Celsius e, quando sua resposta sugere que ele não tem certeza sobre o ponto de ebulição da água, Sadie reconhece isso como uma informação fundamental que os alunos precisarão na memória de longo prazo. Ela usa o *Todos juntos* para fazê-los praticarem a lembrança dessa informação, para melhor codificá-la.

Sua sugestão é um *pedido em grupo* – "Digam-me" – e ela o usa para permitir a identificação clara dos momentos em que gostaria que os alunos fossem chamados e que respondessem ao longo de suas aulas. Seus momentos do *Todos juntos* são pouco frequentes. Talvez seja por isso que eles funcionem com alunos mais velhos; ela não os usa demais. Mas também significa que a dica tem que ser mais clara. Misturar o *Todos juntos* mais raro com alunos do ensino médio os ajuda a concentrar a atenção e a permanecer ativamente engajados. É um pouco de novidade, e por isso chama a atenção. Evolutivamente, o que é novo e inesperado recebe mais atenção porque, em nossa antiga história como espécie humana, pode conter informações de sobrevivência. Esse fenômeno é conhecido como o "viés da novidade" e nos diz que, mesmo que o *Todos juntos* em si não seja a maneira mais concreta de interagir com o conteúdo da sala de aula, feito criteriosamente – como uma variação e não como um tema –, pode ajudar a chamar a atenção. Mas isso também explica por que Sadie rapidamente se afasta do *Todos juntos* depois de uma ou duas interações. Os benefícios do viés da novidade se desgastam rapidamente.

Aqui está algo aparentemente óbvio que Christine e Sadie têm em comum. Seus alunos estão repetindo algo importante. Na aula de Christine, é a palavra do vocabulário com a qual ela espera familiarizar os alunos. Na aula de Sadie, são os pontos de congelamento e ebulição da água.

Isso é importante notar, porque *Todos juntos* é uma daquelas técnicas que podem ter um pouco do problema de atratividade. É bom ver seus alunos envolvidos como um grupo coeso e positivo. Mas essa sensação de gratificação momentânea também facilita o uso excessivo da técnica ou a aplicação de formas menos ideais.

Uma cena interessante no excelente *How the other half learns*[16], de Robert Pondiscio, envolve a CEO da Success Academy, Eva Moskowitz, observando uma aula com um grupo de administradores escolares.

Os alunos estão calculando o número de bolas de vôlei em um grupo no qual o número total de bolas é conhecido, bem como o número de bolas que *não* são de vôlei. O professor chama uma criança chamada Dmitri para discutir seu trabalho.

"O número total é 32", ele conclui.

"O número total do quê?", ela insiste.

"Um... de..."

"O número total de...?", ela sinaliza em voz alta para a turma responder.

"Bolas!", alguns dos alunos respondem, mas não todos.

"O número total de..."

"Bolas!" Desta vez, a turma inteira responde em uníssono, cada criança aparentemente determinada a gritar mais alto do que as outras.

Ela se volta para a criança que hesitou. "Assim, Dmitri, esses 32 são o número total de..."

A turma inteira novamente responde para Dmitri. "Bolas!", eles gritam. É ensurdecedor.

Moskowitz já viu o suficiente e vai embora. "Vocês têm um problema endêmico com gritos sem sentido e todos respondendo juntos. Leve-os para um lugar mais intelectual", ela diz [ao diretor] no corredor... "Eles sabem o que é uma bola. Eles sabem o que é uma bola desde que eram crianças." Moskowitz está visivelmente irritada.

Concordo com a avaliação de Moskowitz. Com qualquer "técnica" existe o risco de uso excessivo ou de má aplicação. Você pega um martelo e de repente tudo parece um prego. Multiplique esse risco por dez no *Todos juntos* por causa de seu apelo aos professores. É bom obter uma resposta vibrante e otimista. A tentação pode ser usá-lo de novo e de novo. De repente, é um pouco de compulsão – usado em demasia com intencionalidade limitada – que pode facilmente se transformar em má execução. Como acontece com qualquer técnica, você deve estar ciente do lado negativo e responder às preocupações que Moskowitz levanta: Para que propósito estou usando? O que estou fazendo com que os alunos repitam e por quê? Estou abusando dessa técnica?

Todos juntos com leitura

Em uma aula recente, Eric Snider, do Brooklyn, estava lendo um artigo que descrevia as características da ficção científica com seus alunos. Ele começou a ler em voz alta com a expectativa de que seus alunos o acompanhassem, lendo por conta própria em seus assentos. Para ajudá-los a se sentirem motivados a acompanhá-lo, ele usou uma "verificação pontual de *Todos juntos*".

"Alguns fatos importantes a serem observados", ele começou, lendo, "a maioria dos escritores de ficção científica cria...". A palavra seguinte era "mundos", mas Eric não a leu. Em vez disso, ele sinalizou para seus alunos, a maioria dos quais gritou "mundos!". Isso parecia demonstrar que eles estavam acompanhando com sucesso. No entanto, Eric estava preocupado. "Isso foi cerca de 80% [de nós]", observou, caminhando até o retroprojetor no qual estava exibindo o texto. "Estamos bem aqui", continuou ele, apontando para o lugar no texto onde estava lendo. Ele então começou de novo. "A maioria dos escritores de ficção científica cria mundos críveis com elementos familiares", ele leu, continuando além do ponto de verificação original. "A ficção científica geralmente contém avançadas..." Aqui ele sinalizou novamente, ao que todos os seus alunos entraram na conversa: "*tecnologias!*". Tendo usado *Todos juntos* para coletar dados sobre quem estava lendo e para reforçar a importância de ler junto, ele agora podia continuar a ler, sabendo que os alunos estavam mais propensos a acompanhá-lo.

TÉCNICA 36: MEIOS DE PARTICIPAÇÃO

O vídeo *Sadie McCreary: Meios de participação* mostra a aula de química de Sadie na Eastern Guilford HS em Greensboro, Carolina do Norte. Sadie está navegando pelo tipo de lição que todo professor desejaria. Seus alunos são participantes dispostos e ativos. Eles são focados e produtivos. A aula parece positiva, rigorosa e dinâmica. Não há tempo de inatividade.

Primeiro, Sadie descreve uma série de perguntas para os alunos responderem "em voz alta com um parceiro". À medida que ela dá essas instruções, a sala ganha vida de modo fácil e natural. Os alunos tagarelam, fazendo a tarefa sem hesitação; todos estão participando. Saindo do *Virem e conversem*, Sadie chama *De surpresa* os alunos de forma calorosa e inclusiva para verificar suas respostas. Essas perguntas de acompanhamento garantem que a proporção de pensamento também seja alta: "A escala de temperatura Celsius é baseada em quê, Matthew?", ela pergunta.

Matthew está pronto para sua chamada *De surpresa*, observando que a escala Celsius é baseada no ponto de congelamento da água e, com um lembrete gentil, também em seu ponto de ebulição. Sadie muda para *Todos juntos* para reforçar a importância do ponto de congelamento e do ponto de ebulição, e seus alunos parecem ler sua mente, respondendo de forma nítida e em uníssono. Ela volta para a chamada *De surpresa* para avaliar o quanto os alunos entenderam a escala Kelvin e, mais uma vez, as coisas funcionam quase perfeitamente conforme o planejado – ela é facilmente capaz de testar a turma e envolver qualquer aluno. Um levantador de mão ansioso no canto da frente realmente quer fazer sua parte. Alguns professores podem precisar confiar nele para conduzir a conversa – a mão dele é a única no momento –, mas não Sadie. O ansioso levantador de mãos espera pacientemente – e não grita – enquanto ela chama *De surpresa* mais alguns alunos e depois pede voluntários, o que ela consegue facilmente. Não há nenhum pedido constrangedor para que mais ou diferentes alunos levantem as mãos. Quando Sadie pede que eles façam anotações, os alunos atualizam suas anotações claras e organizadas sem problemas.

A atividade parece galopar e, no entanto, ela parece relativamente fácil para Sadie, que permanece parada na frente da sala, sorrindo graciosamente.

A atividade de Sadie é tão bem-sucedida devido à sua clareza sobre o que fazer e quando. Para os alunos de sua turma, há uma série de rotinas familiares sobre como o conteúdo será engajado e não há ambiguidade sobre qual delas usar e quando. Chamamos essas rotinas de engajamento de *Meios de participação*. Investir tempo em planejá-las e garantir o que você usará quando estiver claro para os alunos aumenta a probabilidade de você se encontrar como Sadie: sorrindo no meio de uma aula repleta de energia e produtividade.

As rotinas são importantes. Elas "evitam a falta de atenção na sala de aula e ajudam os alunos a aprender coisas difíceis mais rapidamente", escreve Peps Mccrea, permitindo que a memória de trabalho se concentre na tarefa acadêmica em vez do processo de realização dessa tarefa, que se tornou familiar e habitual. No 100º *Virem e conversem*, quando você disser: "Com seu parceiro, como a estrutura das camadas eletrônicas nos ajuda a explicar o comportamento dos gases nobres? Comecem!", os alunos têm quase toda a sua memória de trabalho focada na pergunta e quase nenhuma em uma série de possíveis distrações: *Com quem devo falar? Ela quer falar comigo? Todo mundo vai fazer isso? Eu deveria estar escrevendo isso?*

As dicas são sempre o primeiro passo em qualquer rotina. "Uma rotina", continua Mccrea, "é uma sequência de ações desencadeadas por um *prompt* ou sugestão específica que é repetida com tanta frequência que se torna uma resposta automática [ou quase automática]". A dica inicia a cadeia de ações para qualquer hábito. Assim, os *Meios de participação* envolvem a estruturação de rotinas claras para cada um dos formatos pelos quais os alunos participam de sua aula e, em seguida, sinaliza de forma rápida, confiável (e muitas vezes sutil) qual formato você gostaria que eles usassem. A dica prepara os alunos para se envolverem com confiança, de maneira e com carga mínima na memória de trabalho. Se eles participam de formas que não são ideais – dando respostas quando não queremos ou não respondendo quando esperamos que o façam –, geralmente é porque não comunicamos claramente os *Meios de participação* para uma determinada pergunta. Considerar as respostas por meio dessa lente também pode nos ajudar a *assumir o melhor* (veja a técnica 59, *Discurso positivo*). Quando os alunos gritam ou se envolvem em outros comportamentos que não esperávamos, um primeiro passo útil pode ser considerar se nossa própria concepção dos *Meios de participação* pode não ter sido clara.

Assista novamente e veja como as dicas de Sadie são intencionais. Seu "padrão" – o sistema de expectativa de como participar, a menos que seja sinalizado de outra forma – é que, se ela fizer uma pergunta, você levanta a mão se quiser responder. Há sempre, também, a possibilidade da chamada *De surpresa*. Essa clareza sobre como responder permite que ela recorra ao levantar de mãos ou à chamada *De surpresa* e conceda o *Tempo de espera* que ela quiser. Os alunos entendem isso porque ela explicou a eles. Ocasionalmente, quando ela está especialmente ansiosa por mãos, ela comunica isso aos alunos dizendo "Mãos!" ou levantando a sua própria mão. Quando ela quer *Todos juntos*, ela diz "Digam-me" e os alunos entendem esse sinal. Quando ela diz "Com seus parceiros", todo mundo sabe que um *Virem e conversem* está chegando e eles sabem exatamente como envolver seu parceiro. Como Sadie estabeleceu essas dicas para tornar seus *Meios de participação* claros, a sala rapidamente ganha vida sempre que ela faz uma pergunta.

Em muitas salas de aula, no entanto, os professores fazem perguntas aos alunos sem sinalizar claramente em que formato eles devem responder. Quando os alunos têm que se perguntar *Devo levantar minha mão? Posso falar em voz alta? Essa pergunta foi retórica? Devo escrever isso?*, há hesitação, confusão e falta de acompanhamento em vez da energia intelectual vívida da sala de aula de Sadie. Você tem salas de aula onde os professores fazem perguntas muito boas, mas os mesmos poucos alunos hesitam em responder repetidamente. Ou então salas de aula onde o professor fará uma pergunta e, depois de alguns segundos de aparente impassibilidade dos alunos, ele mesmo responderá. Como apontei na introdução sobre proporção, não importa quão boa seja a pergunta se apenas dois ou três alunos se derem ao trabalho de respondê-la. *Meios de participação* é o sistema de sinalização pelo qual você alterna de forma clara e transparente entre os formatos em que os alunos podem responder, como na chamada *De surpresa*, pedindo voluntários, e no *Virem e conversem*, para que todos respondam de forma produtiva e confiante.

A palavra "padrão" aqui descreve as regras básicas de participação que estão sempre em vigor na sala de aula de Sadie, a menos que ela indique o contrário. São elas: levante a mão, não grite e saiba que posso pedir sua opinião por meio de uma chamada *De surpresa*.

A primeira etapa nos *Meios de participação*, então, é o lançamento, no qual você explica o padrão (e talvez alguns dos outros sistemas que usará para participação) e o motivo. Deve ser breve, mas convincente. Melhor apenas descrever o padrão e adicionar descrições curtas dos outros formatos mais tarde, em vez de falar até cansar no primeiro dia!

Ironicamente, um dos melhores modelos que tenho de um professor fazendo isso não é um docente de sala de aula, mas um treinador de futebol, James Beeston. O campo de futebol não é a sala de aula, mas afirmo que há muito para todo educador aprender com a forma como James desenvolve suas expectativas no vídeo *James Beeston: Ligados em todos os momentos*. A seguir, transcrevo o que ele diz:

> A principal coisa da sessão de hoje à noite... Isso vai exigir intensidade do ponto de vista físico e mental. Eu vou fazer perguntas a vocês o tempo todo, para ter certeza de que entenderam. Não gritem a resposta. Isso é uma coisa grande e importante porque quero que vocês pensem nas respostas que estão dando. Se você souber a resposta e eu fizer assim [levantar a mão], levante a mão. Se você não souber a resposta, tudo bem. Vamos trabalhar com isso; vamos resolver problemas juntos. Às vezes eu posso chamar vocês mesmo que sua mão não esteja levantada, ok? Porque o jogo exige que vocês estejam ligados o tempo todo, então eu vou chamar alguns de vocês às vezes para ter certeza de que ainda estão focados, tudo bem, assim ficamos ligados desde o primeiro até o último minuto.

Esse "lançamento" leva cerca de 45 segundos para James. Ele explica o que vai fazer ("Às vezes eu posso chamar vocês, mesmo que sua mão não esteja levantada") e o motivo ("...o jogo exige que vocês estejam ligados o tempo todo"). Ele diz a eles o que fazer quando inicia uma rotina ("...não gritem; quero que vocês pensem nas respostas"). Ele define seus padrões altos, mas também torna seguro lutar ("Vamos trabalhar com isso; vamos resolver problemas juntos"). E então ele imediatamente começa a praticar o que prega para que os jogadores entendam que ele está falando sério, porque eles começam a construir o hábito naquele momento.

Na verdade, um segundo vídeo de James, *James Beeston: Como podemos usar isso?*, mostra-o questionando seus jogadores um pouco mais tarde (depois de praticarem por 20 minutos ou mais). De um ponto de vista de proporção – quantos participantes pensam sobre suas perguntas, quanto tempo e com que profundidade –, seria difícil que ele se saísse muito melhor.

Para estabelecer seu padrão, Sadie fez um lançamento muito semelhante em seu primeiro dia. Em seguida, ela colocou novas rotinas e suas dicas usando um diagrama como o seguinte, que captura algumas das rotinas comuns que os alunos usam para participar da aula, as dicas que um professor pode usar para sinalizá-las e alguns outros fatores a serem considerados.

Meios de participação	Expectativas	Dica	Notas
Chamada *De surpresa* (ou voluntários)	Levantem suas mãos. Eu posso chamar pelas mãos ou *De surpresa*.	Padrão "Vou pedir a alguns de vocês para compartilharem" ou "Esteja pronto, eu posso chamar *De surpresa*" para aumentar a previsibilidade.	Explique aos alunos que, se você não sinalizar algo mais, isso significa (1) levante sua mão, (2) não chame, (3) esteja pronto para uma chamada *De surpresa*.

Voluntários (apenas)	Estou apenas procurando voluntários para chamar, mas quero vários.	"Mãos!" "Sua vez." Não verbal: professor levanta a mão enquanto pergunta.	Relembre-os caso alguém fale (não verbal ou "Mãos, por favor").
Todos juntos	Vocês serão chamados para responder todos ao mesmo tempo depois da minha dica.	"Falem." Inflexão no final da pergunta.	Às vezes, use um sinal de que você está pronto para o *Todos juntos*, por exemplo, "Agora: mãos!" ou "Agora: chamada *De surpresa*".
Virem e conversem	Vocês vão *Virar e conversar* com o colega designado.	"Com o seu colega..." "Virem e conversem..."	Observe que BreOnna Tindall tem colegas de ombro e de rosto. A dica é "Colega de rosto/ombro".
Todo mundo escreve	Vocês usarão lápis e papel...	"Em suas anotações..." "Pare e anote..." "É com vocês..." "Escrevam em silêncio..."	Esteja pronto com um "Se estiver empacado".
Outros *Meios de participação* podem incluir o *Mostre o texto* e o uso do quadro e de sinais com as mãos.			

Para estabelecer essa técnica em sua sala de aula, você pode começar fazendo um diagrama como este. Seja específico ao planejar suas expectativas e sugestões. Por fim, crie e pratique seu lançamento. Leia mais sobre como construir um procedimento em uma rotina na técnica 50, *Criação de rotina*.

Depois de estabelecer os procedimentos, o planejamento dos *Meios de participação* pode se tornar parte da preparação da aula (consulte a técnica 3, *Movimentos de entrega*). Para maximizar o envolvimento e o fluxo, você deve tratar as várias abordagens de modo incremental. Vemos Sadie fazer isso em sua aula de química. Passe da chamada *De surpresa* para *Virem e conversem*, depois alguns voluntários e um pouco de *Todos juntos*. Depois disso, um pouco de *Todo mundo escreve*.

Quando conversei com Sadie, ela compartilhou essa orientação sobre como planeja os *Meios de participação*: "Nos meus melhores dias, planejo com antecedência. Se for uma pergunta mais pesada, sempre peço aos alunos que escrevam ou *Virem e conversem* primeiro para aumentar a participação, depois circulo enquanto eles estão conversando e chamo calorosamente alguns alunos [chamo essa técnica de "pré-chamada"]. Se for uma pergunta fácil o suficiente para fazer em voz alta e eu quiser coletar dados no momento, chamando alunos específicos, então eu chamo *De surpresa* aqueles que normalmente são melhores, médios ou piores para ter uma ideia se eles entenderam o conceito. Para algo realmente simples que eu quero que todos os alunos se lembrem rapidamente – resposta em coro e todos nós falamos em voz alta".

Antecipação

Em um *blog* recente, o professor de ciências Adam Boxer compartilhou uma ideia que ele chamou de "antecipação" para tirar o máximo proveito dos *Meios de participação*. Sua reflexão começou com a observação de que, mesmo que você comunique diligentemente os *Meios de participação* desejados, alguns alunos ainda podem não ouvi-lo se chegar ao final de suas orientações. Ele dá este exemplo:

> *"Qual é a equação da fotossíntese em palavras? Por favor, escreva sua resposta em seu miniquadro branco e segure-o virado para baixo até que eu peça para você me mostrar."*

"Em face disso, esta é uma boa instrução. A pergunta é clara e os *Meios de participação* são estabelecidos em termos de como os alunos escreverão e apresentarão sua resposta", escreve Boxer, mas acrescenta que você ainda pode acabar com os alunos levantando seus quadros antes que você peça isso. "No segundo em que você faz a pergunta, eles começam a escrever a resposta (ou, pelo menos, a pensar nela) e não estão mais ouvindo você. Não é que eles estejam sendo desafiadores ou brincando, eles simplesmente não compreenderam as instruções. E, novamente, não é porque a instrução não é clara... é uma propriedade da sua colocação." Ele sugere antecipar – colocar os *Meios de participação* no início das instruções para que os alunos os ouçam primeiro e os processem antes que comecem a pensar sobre a pergunta.

> *"Ok, em um segundo eu vou fazer uma pergunta. Por favor, escreva sua resposta em seu miniquadro branco e segure-o virado para baixo até que eu peça para você me mostrar. Qual é a equação da fotossíntese em palavras?"*

Se as rotinas não estiverem firmemente estabelecidas, ele sugere usar um roteiro mais parecido com este para gerar um acompanhamento confiável:

> *"OK, eu vou fazer uma pergunta e vocês vão fazer um [levante um dedo], escrever sua resposta em um miniquadro branco; dois [levante dois dedos], mantê-lo virado para baixo; e três [levante três dedos], mostrar-me apenas quando eu pedir."*

Você pode até pedir aos alunos que repitam isso para você, caso ainda esteja criando rotinas, sugere Boxer.[17]

Aqui estão alguns de seus exemplos de outras frases de *Meios de participação* antecipadas:

"Colocando suas mãos no ar, gostaria que vocês me dissessem..."

"Sem gritar, alguém pode me dizer..."

"Em silêncio, vocês vão..."

"Eu aposto dez libras como vai funcionar cada vez melhor", observa ele.

Aulas *on-line*: ícones de *Meios de participação*

A mudança para o ensino remoto apresentou um conjunto único de desafios para a memória de trabalho dos professores – desafios que minha equipe e eu sentimos quando realizamos treinamentos *on-line*. Assim como diversos professores, muitas vezes nos encontramos usando uma apresentação para estruturar nossa sessão. À medida que apresentávamos um *slide*, muitas vezes pensávamos no que o próximo *slide* cobriria e tentávamos avaliar como nossos participantes estavam respondendo à sessão – lendo suas expressões, passando para o bate-papo para responder a suas perguntas ou comentários, preparando um sala de apoio. O novo ambiente e a adição de tecnologia resultaram em sobrecarga da memória de trabalho, e foi surpreendentemente fácil esquecer como queríamos que os participantes se envolvessem no conteúdo de cada *slide*. Mesmo que tivéssemos planejado nossos *Meios de participação*, às vezes esquecemos de usar o que planejamos na hora certa e da forma certa. Ou nos lembramos, mas lutamos para ouvir e responder da melhor forma possível. Nossa solução foi usar ícones para facilitar a memorização dos nossos *Meios de participação*, para que nossa memória de trabalho pudesse ser focada nos participantes.

Desenvolvemos um conjunto de ícones que colocamos na parte inferior de nossos *slides* para nos lembrar dos *Meios de participação* que planejamos:

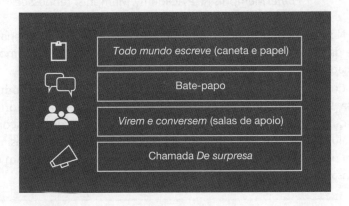

De repente, não precisávamos nos esforçar para lembrar quais movimentos de participação havíamos planejado. Com nossa memória de trabalho livre, podíamos ouvir muito melhor a discussão e pensar mais profundamente sobre o conteúdo. Compartilhamos essa ideia com várias escolas e as vimos fazer coisas notáveis com ela. Memphis Rise, uma escola em Memphis, Tennessee, por exemplo, padronizou os ícones em todo o corpo docente e deu aos professores um glossário dos termos e orientação sobre como usá-los bem. Aqui está uma página desse documento:

Fonte: Memphis Rise Academy, Memphis, Tennessee.

No vídeo *Madalyn McClelland: Mapas*, você pode ver não apenas como Madalyn usa os ícones para orientar seu próprio ensino, mas também como tornar a participação transparente para os alunos.

Curiosamente, essa é uma ideia que também pode ser produtiva em sala de aula. Uma das minhas escolas favoritas no Reino Unido, a Torquay Academy em Torquay, também desenvolveu um conjunto de ícones que eles compartilham com os alunos. Eles também dividem a intenção das técnicas de ensino que representam para que, quando virem o ícone do *Tempo de espera*, saibam que o objetivo é pensar profundamente e não se apressar, e assim por diante.[18]

TÉCNICA 37: DIVIDA EM PARTES

Divida em partes é uma ferramenta de ensino poderosa, mas pode ser um desafio de usar porque é uma estratégia principalmente reativa. Isso é útil imediatamente após uma resposta incorreta ou insuficiente.

Como responder de forma eficaz e eficiente a essas situações é um dos desafios contínuos do ensino. Sabemos que repetir a pergunta um pouco mais devagar ou mais alto provavelmente não ajudará, mas o que pode ser feito em vez disso?

Com o *Divida em partes*, o objetivo é fazer uma pergunta ou apresentar uma nova informação que ajudará o aluno a responder corretamente e ainda o fará pensar o máximo possível. Em termos mais simples, você deseja fornecer a menor dica viável, ajudando o aluno a ativar o que ele *sabe* para obter a resposta correta.

No vídeo *Narlene Pacheco: Pedra Angular*, veja um exemplo que mostra tanto a habilidade de Narlene quanto os desafios da técnica. Seus alunos do jardim de infância estão segmentando palavras – "bat" (morcego) neste caso – mas uma de suas alunas está com as letras fora de ordem. Ela tem b-t-a. "Soletre morcego para mim", diz Narlene, administrando cuidadosamente sua fala (veja a técnica 12, *Cultura do erro*). Quando sua jovem estudante faz isso corretamente, ela aponta para seu papel: "O que você escreveu aqui?". É um *Divida em partes* ideal, já que Narlene não deu nenhuma informação nova. Ela acabou de pedir à aluna que revise seu trabalho com atenção redobrada. Se ela conseguiu agora, isso foi baseado totalmente em uma autocorreção. Mas ela ainda não vê seu erro.

"Leia o que você tem", diz Narlene, seu segundo esforço para o *Divida em partes*, mas novamente não é suficiente. Então, Narlene dá um passo adiante: "Qual é o primeiro som? Você tem isso?", ela pergunta. Seu tom é impecável: solidário, sem um pingo de frustração ou julgamento. "Qual é o segundo som?", ela continua. "Tuh", sua aluna responde. Ela está estreitando seu foco para uma parte específica do trabalho que é desafiadora. "Qual é a palavra?", Narlene agora pergunta. "Buh-ahtuh", diz sua aluna e, ao fazê-lo, detecta seu erro e o corrige. Narlene a ajudou a resolver enquanto fazia o máximo de trabalho possível, e sua aluna está feliz: ela descobriu em vez de simplesmente ouvir de alguém.

Menor dica viável

Um professor nunca sabe realmente que conhecimento um determinado aluno tem, nem exatamente qual é o tamanho da lacuna entre o que sabe e o que precisa saber para ter sucesso. Como o ideal é fazer o aluno aplicar o que sabe ao máximo, é útil tentar fornecer a menor dica (bem-sucedida) possível.

Fornecer uma dica mínima chega à tensão no *Divida em partes*. Enquanto um objetivo é dividir as coisas até o menor grau possível, outro é fazê-lo rapidamente, gerenciando o tempo e o ritmo. Adicionar meticulosamente uma fatia fina de conhecimento a cada dica anterior seria o meio perfeito de fazer os alunos realizarem a maior quantidade de trabalho cognitivo, mas atrapalharia a instrução em uma série de exercícios que prejudicariam seu ritmo e levariam a uma rápida frustração por parte dos alunos.

Às vezes, diante de uma resposta errada, você terá que passar para outra coisa. Portanto, embora seu objetivo de longo prazo seja maximizar o trabalho cognitivo que os alunos fazem, você também terá que equilibrar esses objetivos de longo prazo com realidades práticas de curto prazo. A boa notícia é que, quanto mais você usar o *Divida em partes*, melhor (e mais rápido) seus alunos chegarão à sua metade da equação.

Como funciona o *Divida em partes*

Quando você faz uma pergunta e a resposta não é suficiente para ser considerada correta, seu primeiro objetivo é levar o aluno à resposta certa. Seu segundo objetivo é manter seu *Divida em partes* rigoroso, fornecendo a menor dica viável.

Dê uma olhada na figura a seguir. Se você puder fornecer uma dica como A, que faça o aluno preencher a maior parte da lacuna, ele provavelmente aprenderá e lembrará mais do que se você usar uma dica como C. "A memória é o resíduo do pensamento", diz Daniel Willingham. Há mais pensamentos para lembrar em A.

Ambos são mais desafiadores do que D, que resolve o problema sem nenhum *Divida em partes* (dando a resposta ou fazendo outra pessoa responder). Novamente, você quer a menor dica que funcione em consideração ao ritmo, tempo, rigor, e assim por diante. A é desejável se você puder, mas nem sempre será capaz. Às vezes, você também terá que usar D.

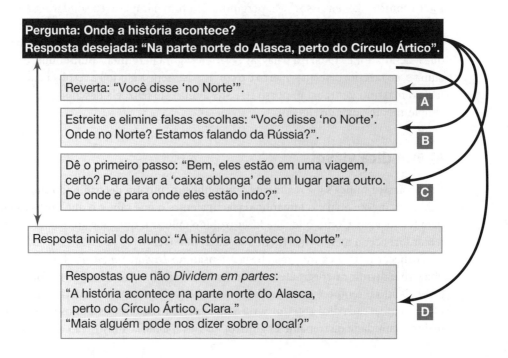

Planejamento para *Dividir em partes*

Uma das melhores maneiras de ter sucesso com o *Divida em partes* é se preparar para ele: com o *Planeje para o erro* e o *Planejamento exemplar* (veja o Capítulo 2), mesmo que você não antecipe o erro exato cometido pelos alunos, com o tempo você melhorará em antecipar os tipos de coisas que os alunos erram e as respostas que ajudam. Você faz um exercício como esse, em outras palavras, como parte de um investimento de longo prazo em seu próprio conhecimento.

Conforme você planeja *Dividir em partes* – ou mesmo quando você usa a técnica sem planejar –, há benefícios em construir seu "alcance", os tipos de avisos que você se sente confortável em usar. Todos nós costumamos ser criaturas de hábitos; com o tempo, nossas dicas se tornam previsíveis. O uso de várias maneiras de oferecer dicas aos alunos pode auxiliá-lo a se conectar com mais tipos de pensadores, além de fornecer uma variedade de ajuda mais ampla e flexível.

Forneça um exemplo

Se você obteve um olhar vazio quando pediu a definição de um número primo, pode dizer: "Sete é um" ou "Sete é um, e onze também". Se você quiser *Dividir em partes* ainda mais, pode sugerir: "Sete é um, mas oito não é". Você poderia então dar um passo adiante observando: "Os fatores de oito incluem dois e quatro". Também poderia fornecer exemplos adicionais se a pergunta que confundiu o aluno foi originalmente baseada em uma categoria. Por exemplo, um aluno da aula de redação do 5º ano de Jaimie Brillante teve dificuldade para identificar a classe gramatical da palavra *owner*. Jaimie deu a dica: "Bem, *owner* estaria logicamente na mesma classe gramatical que outras palavras que terminam em *-er*. *Dancer, swimmer, singer*. O que são?", ela perguntou. "São pessoas", respondeu o aluno. Jaimie falou "E as pessoas têm que ser...", e o aluno interveio: "Substantivos!".

Forneça uma regra

Na aula de leitura do 6º ano de Christy Huelskamp no Williamsburg Collegiate, no Brooklyn, uma aluna respondeu incorretamente que *indiscriminado* era um verbo quando usado na frase: "James era um leitor indiscriminado; ele pegava qualquer livro da biblioteca e o lia de capa a capa". Christy respondeu com uma regra: "Um verbo é uma ação ou um estado de ser. O 'indiscriminado' é uma ação?". A aluna rapidamente reconheceu que estava modificando um substantivo. "É um adjetivo", disse ela.

Forneça a etapa que falta (ou a primeira)

Quando uma aluna da aula de matemática do 5º ano não conseguiu explicar o que havia de errado em escrever o número quinze sextos, Kelli Ragin deu uma dica: "Bem, o que sempre fazemos quando o numerador é maior que o denominador?". Instantaneamente a aluna percebeu: "Ah, precisamos formar um número misto. Então eu divido quinze por seis".

Reverta

Às vezes, é suficiente repetir a resposta de um aluno para ele. Muitos de nós reconhecemos instantaneamente nossos erros quando eles são reproduzidos para nós, como se estivessem em uma fita. Você pode ver um ótimo exemplo disso no vídeo *Jessica Bracey: O que você disse é*.

Jessica está lendo um romance chamado *Círculo de ouro* com seus alunos do 5º ano. Ela chama Gavin para analisar as ações da personagem Toni. Sua primeira resposta é sólida e ele observa corretamente que Toni é uma personagem sorrateira que está tentando enganar Angel e Charlene para que revelem sua desonestidade, então Jessica segue com outra pergunta: "Por que isso é importante?". Gavin se sai bem aqui também: é importante porque se Toni os enganar, ela revelará a verdade sobre uma pulseira roubada e defenderá a honra de sua amiga Mattie. Agora Jessica segue novamente: "E o que isso revela sobre Toni como amiga?". Dessa vez, porém, Gavin fica preso. Ele trava e não consegue responder. Até certo ponto, isso é inevitável... se seguirmos boas respostas com mais perguntas – sejam elas *Puxe mais* ou *Certo é certo* –, em algum momento chegaremos aos limites do que um aluno pode responder no momento. O que fazer então? Como podemos tirar o máximo proveito deles e promover o sucesso?

A resposta de Jessica é simples e elegante. Ela usa uma reversão, simplesmente repetindo as palavras de Gavin para ele: "Então, Gavin, o que você disse é que Toni é sorrateira, que ela é uma pessoa ardilosa e que ela está fazendo isso porque ela está tentando chegar à verdade sobre quem roubou a pulseira de Angel. Por que isso é importante e o que isso revela sobre Toni como amiga?".

A partir daí, Gavin pega facilmente e conclui sua análise: isso revela que Toni é uma amiga prestativa e querida. Ela está tentando isentar Mattie. Ele até usa a palavra "meticulosa".

Esse é um ótimo momento. Em vez de ficar "preso" e não apenas sentir que falhou, Gavin persiste e faz outra camada de análise. Ele conclui com sucesso, fazendo ele mesmo o trabalho cognitivo.

Alguns pontos menores

Observe o afeto de Jessica, que é neutro e emocionalmente constante enquanto ela faz a pergunta novamente. Ela não está irritada com Gavin. Não há negatividade na reversão, mas também não há nada de pegajoso nisso. Ela sabe que ele pode conseguir, então ela está firme no comando.

Ela também evita "excessos" (ver técnica 32, *Fundamentos de frase*). Ou seja, toma cuidado para não revelar muito com sua inflexão. Para entender como isso pode ter acontecido, considere uma reversão na situação a seguir.

Você está estudando o ciclo da água e pede uma explicação do que acontece com o vapor de água quando atinge a atmosfera. Um aluno responde: "Você obtém evaporação – vapor d'água formando gotículas que se tornam nuvens". Isso está errado, é claro. Ele confundiu evaporação com condensação.

Dizer "Você disse: 'Você obtém evaporação – vapor d'água formando gotículas que se tornam nuvens'", sem ênfase discernível em qualquer palavra, torna sua reversão muito mais rigorosa do que se dissesse algo como: "Você disse: 'Você obtém *evaporação* – vapor d'água formando gotículas que se tornam nuvens'". A ênfase na palavra "evaporação" aponta o aluno para o fato de que é o erro e ele pode fazer a correção com muito mais facilidade. Portanto, gerenciar a inflexão, como Jessica faz no vídeo, gera rigor.

Para ser justo, se seu aluno ainda não conseguiu responder à sua pergunta de evaporação, seu próximo passo pode ser adicionar alguma ênfase, mas você deve começar com a menor dica possível, porque deseja que ele faça o máximo de análise que puder.

Jessica então termina com outra jogada interessante. Ela reforça positivamente o trabalho de Gavin – "Esse foi um pensamento muito forte" – e depois pede reforço positivo da classe.

Elimine escolhas

Quando a aluna de Jaimie Brillante se esforçou para reconhecer que *owner* era um substantivo, Jaimie poderia ter eliminado algumas escolhas falsas da seguinte forma: "Bem, vamos passar por algumas das opções. Se fosse um verbo, seria uma ação. Você ou eu podemos dono? Bem, que tal um adjetivo? Está me dizendo de que tipo ou quanto de alguma coisa?". Narlene também fez isso com sua jovem estudante quando a ajudou a estabelecer que seu primeiro som havia sido segmentado corretamente.

Lutando com o colapso de rigor

Colapso de rigor refere-se ao que acontece quando você faz uma pergunta difícil que os alunos não conseguem responder e progressivamente a *Divide em Partes* até que a pergunta grande seja uma questão que agora não tenha o rigor da original.

Reduzir a pergunta de forma gradual e cautelosa para que os alunos façam o máximo de trabalho cognitivo possível geralmente é uma coisa boa, mas como você consegue isso sem ter uma aula composta por questionamentos simples ou mesmo simplistas?

Em uma aula que minha equipe e eu observamos recentemente, uma turma estava lendo *The outsiders*, e o professor perguntou aos alunos sobre a seguinte troca entre Cherry, um "Soc" (ou seja, alguém em uma classe socioeconômica mais alta) e Ponyboy, um "Greaser" (de uma classe socioeconômica mais baixa):

"Você lê muito, não é, Ponyboy?", perguntou Cherry.

Fiquei espantado. "Sim. Por quê?"

Ela meio que deu de ombros. "Eu só achei que sim. Aposto que você também assiste o pôr do sol. Eu costumava ver o pôr do sol, antes de ficar tão ocupada. Sinto saudade."

O professor perguntou o que Cherry queria dizer com "antes de ficar tão ocupada". Cherry era o tipo de pessoa que provavelmente estava "ocupada" fazendo coisas como trabalhos escolares e atividades, o tipo de coisa do seu lado da sala, enquanto Ponyboy não estava. Eles poderiam ter sido almas gêmeas – observadores do pôr do sol –, mas as expectativas de classe e casta (pelo menos em parte) os colocam em lugares diferentes.

As crianças não entenderam isso. Quando perguntados, os alunos postularam que o tipo de coisa que Cherry estava fazendo incluía "ir às compras e sair com os amigos". Como sair com os amigos era o que Ponyboy faria, o professor tentou diminuir um pouco a complexidade. "Alguém pode conectar isso à frase 'a corrida dos ratos'?" (Eles haviam discutido anteriormente o uso do termo por Ponyboy para depreciar a tentativa de ter sucesso e cruzar a divisão de classes.) Mais uma vez, os alunos se esforçaram para fazer a conexão. Então o professor tentou quebrar ainda mais o mal-entendido, esperando que os alunos reconhecessem as diferenças na forma como os dois personagens passavam o tempo. Quem era mais propenso a ter aulas de música? Ela perguntou. Cherry ou Ponyboy? Por quê? Ponyboy não tinha pais para supervisioná-lo. Se esse era um tipo de coisa que Cherry poderia estar fazendo quando estava "ocupada", quais seriam as outras?

A boa notícia é que o professor descobriu e abordou o mal-entendido fundamental entre sua turma, mas o resultado também foi que uma conversa rigorosa e metafórica com implicações sobre classe socioeconômica foi substituída por uma literal. A sequência terminou com uma pequena e estreita dedução sobre quem tinha mais probabilidade de ter aulas de música e nunca voltou às implicações sobre caráter ou classe: colapso de rigor.

Logo, depois de selecionar as perguntas, muitas vezes é importante dar um sentido mais amplo à resposta que os alunos deram. Imagine, por exemplo, se o professor dissesse algo como "Bom, agora conecte isso a um dos temas que discutimos no livro" ou "Bom, agora conecte isso à nossa discussão sobre divisão de classes".

Se *Dividir em partes* toma uma pergunta ampla e a restringe, às vezes é necessário um último movimento de conectar o estreito a um ponto mais amplo.

NOTAS

1. WILLIGHAM, D. T. Ask the cognitive scientist: what will improve a student's memory? *American Educator*, 2008-2009. Disponível em: https://www.aft.org/periodical/american-educator/winter-2008-2009/ask-cognitive-scientist-what-will-improve#:~:text=And%20here's%20how%20you%20should,let%20me%20clarify%20one%20point. Acesso em: 30 ago. 2022.

2. Também vale a pena observar que a dificuldade desejável considera que os alunos estão tendo sucesso em seu pensamento na maior parte do tempo. Lembramos melhor das coisas que somos capazes de responder, e menos, para a maioria de nós, se cogitarmos sobre gigantescas questões abstratas do ser e do nada.

3. O termo esquema é usado de forma vaga e um pouco imprudente – muitas vezes, na sala de aula com alunos muito jovens, como um jargão – então costumo evitá-lo.

Refiro-me apenas ao conhecimento, que é realmente o que é: muito conhecimento que está conectado.

4. Ou seja, se você sabe algo, começará a conectá-lo a outras coisas sobre as quais está pensando e aprendendo, e isso se tornará uma teia de conexões e fatos. Indiscutivelmente, essa é a diferença entre conhecimento e informação e expressa por que as escolas devem ser intencionais sobre como apresentam o conhecimento – elas podem moldar a estrutura organizacional tanto quanto a quantidade de conhecimento que os alunos aprendem (consulte a técnica 5, *Organizadores do conhecimento*). Ironicamente, porém, aqueles que afirmam que as escolas ensinam fatos isolados não só não parecem ter estado em muitas escolas recentemente, mas também parecem não ter conhecimento sobre como funciona a cognição humana. Como uma nota à parte, tenho certeza de que a frase "mesmo fatos isolados não permanecem assim por muito tempo" vem de algo que Daisy Christodoulou escreveu, mas não consegui encontrar uma citação. Ainda assim, esta é uma boa oportunidade para recomendar seu livro *Seven myths about education*.

5. Uma entrevista com Paul Simon no Dick Cavett Show (Disponível em: https://www.youtube.com/watch?v=qFt0cP-klQI) é um bom exemplo. Simon está discutindo como ele escreveu a música *Bridge over troubled water*. Ele descreve estar travado e de repente pensar em um *Chorale* de Bach, que transpôs e inseriu na música (mas somente porque o conhecimento de corais e como eles soavam estava em sua memória de longo prazo). Em um segundo momento, Simon lembra, um álbum gospel que estava "constantemente na minha cabeça", porque ele o tocava toda hora, "deve ter me influenciado inconscientemente porque comecei a ir para as mudanças no gospel...". Para fazer isso, ele teve que codificar o conhecimento de como o gospel soava em geral e quais "mudanças" do gospel soavam em sua memória de longo prazo, tocando o disco repetidamente. E a própria compreensão da ideia de padrões típicos de mudança de acordes ("mudanças") depende do conhecimento da teoria musical; você tem que saber quais são as "mudanças" para ouvi-las. Tudo isso fez com que percepções "chegassem a ele" de repente, enquanto pensava em sua própria música. A inspiração e a criatividade baseavam-se no amplo conhecimento de Bach, gospel e teoria musical. As percepções eram tanto sobre as fusões de vários esquemas de conhecimento quanto sobre qualquer outra coisa.

6. Paul Simon, por exemplo, seria extremamente improvável de pensar: acho que vou ler sobre *Chorales* de Bach porque talvez eles se encaixem aqui na minha música. Ele já tinha que ter o conhecimento para poder fazer a conexão. O conhecimento é o que lhe diz o que "procurar".

7. Veja Willingham, especialmente. "A memória é o resíduo do pensamento, o que significa que quanto mais *você pensa sobre* algo, mais provável é que você se lembre disso mais tarde." Cientistas cognitivos como Willingham argumentariam que, se você não se lembra, não aprendeu realmente, e é por isso que a memória e o aprendizado estão intimamente relacionados. (WILLIGHAM, D. T. Ask the cognitive scientist: what will improve a student's memory? *American Educator*, 2008-2009. Disponível em: https://www.aft.org/periodical/american-educator/winter-2008-2009/

ask-cognitive-scientist-what-will-improve#:~:text=And%20here's%20how%20you%20should,let%20me%20clarify%20one%20point. Acesso em: 30 ago. 2022.)

8. Se tem uma coisa que minha vida profissional na pandemia me ensinou é que preciso ter a possibilidade de ter que responder para me manter totalmente engajado. Tendo visto isso em mil chamadas de Zoom, reconheço seus ecos nas interações presenciais.

9. Outra maneira de planejar perguntas com antecedência pode ajudar: é mais provável que você evite fazer uma pergunta para a qual, após reflexão, não haja uma resposta clara.

10. HAID, J.; LUKIANOFF, G., *The coddling of the american mind*. New York: Penguin Books, 2019. p. 29.

11. DALLIMORE, E. J.; HERTENSTEIN, J. H.; PLATT, M. B. Impact of Cold-Calling on Student Voluntary Participation. *Journal of Management Education*. v. 37, n. 3, p. 305-341, 2013. Os autores compararam 16 seções de um único curso com mais de 600 alunos no total em que metade dos professores utilizou a chamada *De surpresa* e metade não.

12. A chamada *De surpresa* é um ótimo exemplo do paradoxo do *band-aid* do Prefácio deste livro. Ela envolve ansiedade para o professor. Será que vai bem? Será estressante para os alunos? É mais difícil descobrir como remover *band-aids* lentamente do que justificar arrancá-los rapidamente. Algumas pessoas vão escolher o último. Mas você não precisa.

13. Sou grato a Ellie Ryall, professora de história na Inglaterra que compartilhou esse pensamento via Twitter. Desde então, ela teve a sabedoria de abandonar o Twitter e, portanto, não posso dar a ela a nota de rodapé que ela merece.

14. Você pode ler mais sobre o impacto da pronúncia e a importância da consciência fonêmica nesse artigo seminal sobre o efeito Matthew na leitura: https://www.psychologytoday.com/files/u81/Stanovich__1986_.pdf.

15. Elas também podem ser interrompidas se os alunos não estiverem totalmente atentos na preparação para *Todos juntos*. Uma contagem de "um, dois!" pode ocasionalmente ser interrompida pelo professor ("Um...") para indicar que a turma não está pronta, mantendo a expectativa da diversão que está por vir.

16. O livro é uma reflexão profunda e desafiadora sobre escolas, pais e escolhas por dezenas de razões. Eu o recomendo por razões muito mais concretas do que uma reflexão sobre o *Todos juntos*.

17. Você pode ler a postagem completa do *blog* disponível aqui: https://achemicalorthodoxy.wordpress.com/2020/10/14/front-loading/.

18. Você pode ler mais sobre a Torquay Academy e a Memphis Rise e seus sistemas voltados para alunos nas "*field notes*" do *Teach Like a Champion*. Memphis Rise: https://teachlikeachampion.com/blog/how-memphis-rise-helps-teachers-build-vibrantonline-culture/; *Blog* da Academia Torquay: https://teachlikeachampion.com/blog/learn-like-champion-torquay-academys-students-loop-tlac/.

CRIANDO PROPORÇÃO PELA ESCRITA

A quantidade e a qualidade da escrita dos alunos em sua sala de aula é um dos determinantes mais importantes do sucesso acadêmico deles – possivelmente a coisa mais importante –, então, uma das mudanças mais simples e poderosas que você pode fazer é aumentar a quantidade de escrita que eles fazem – especialmente escrita de alta qualidade. Por que perguntar "Quem pode me dizer o que Jonas acabou de perceber sobre o que significa ser *libertado*?" e pedir a um ou dois alunos que respondam, quando você poderia dizer: "Por favor, me digam o que Jonas acabou de perceber sobre o que significa ser *libertado*. Um minuto para escrever alguns pensamentos. Vão!". Essa mudança significa que todo aluno responde e todo aluno luta para escrever o pensamento em uma sintaxe precisa. Os professores geralmente definem uma frase como "um pensamento completo". Ao fazê-los escreverem mais, incentivamos que transformem suas noções vagas ou ideias em desenvolvimento em pensamentos completos; praticar o desenvolvimento de pensamentos completos é praticar talvez a tarefa central do pensamento.

No entanto, aumentar a quantidade de escrita em sua turma levanta questões importantes, desde o prático (*Como faço para que eles realmente escrevam?*) ao filosófico (*Onde, na sequência de aprendizagem, a escrita é mais valiosa? Como posso construir uma cultura de revisão orientada ao processo em minha escrita?*). Por essa razão, este capítulo examina técnicas que podem ajudá-lo a usar a escrita para obter o efeito máximo, tanto na proporção de participação quanto na proporção de pensamento.

TÉCNICA 38: TODO MUNDO ESCREVE

Quando pensamos na escrita que faz parte do processo de aprendizagem e domínio do conteúdo, vemos os professores utilizarem três tipos principais.

Um deles, a escrita do desenvolvimento, definirei na técnica 41, *A arte da frase*. Por enquanto quero definir um conceito chamado *escrita formativa* e compará-lo com a *escrita somativa* mais comum. A técnica *Todo mundo escreve* é sobre o uso de estímulos de escrita formativa com frequência durante a aula.

A escrita formativa é a escrita na qual os alunos procuram decidir em vez de explicar o que pensam. O objetivo é usar a escrita como uma ferramenta para pensar: desenvolver e descobrir novas percepções em vez de justificar uma opinião que já têm. Em contraste, o objetivo da escrita somativa é explicar ou justificar a opinião do escritor e, muitas vezes, incluir evidências para criar um argumento de apoio. A escrita somativa diz: *Aqui está o que eu penso e por quê*. Para concluir uma tarefa de escrita somativa, os alunos já devem saber o que pensam, estar prontos para reunir evidências e escolher uma estrutura apropriada para apresentar um argumento convincente.

Provavelmente, a escrita somativa é a forma mais comum de escrita analítica feita nas escolas, em parte porque parece que – e, portanto (muitas vezes pensamos) – deve preparar os alunos para os tipos de perguntas que são feitas nas avaliações.

Novamente, na escrita somativa você precisa saber o que pensa antes de começar; na escrita formativa o objetivo é descobrir. A seguir é apresentada uma galeria de estímulos somativos e formativos de diferentes assuntos, colocados lado a lado para comparação.

	Estímulos formativos	**Estímulos somativos**
Literatura	O que os figos podem simbolizar neste capítulo? Quais são algumas das razões pelas quais eles continuam aparecendo?	Explique o simbolismo dos figos no capítulo e explique o que Muñoz-Ryan estava tentando realizar com esse símbolo. Faça referência a pelo menos três ocasiões em que os figos aparecem.
Matemática	Por que resolver esse sistema de equações pode ser mais difícil do que o último exemplo?	Explique como você resolveu o sistema de equações anterior.
Ciência	Você esperaria que os neurônios tivessem uma razão entre área e volume alta ou baixa? Por quê?	Explique se os neurônios têm uma razão entre área e volume alta ou baixa. Certifique-se de fazer referência a detalhes específicos sobre o desenho celular.
História	O que o impressiona na civilização olmeca, especialmente quaisquer imagens ou ideias que possam aparecer em culturas mesoamericanas posteriores?	Explique até que ponto a civilização olmeca influenciou as civilizações subsequentes no México. Inclua duas evidências para apoiar seu argumento.

Educação infantil	Como Paddington pode estar se sentindo nesse momento? Por quê?	Com base nessa história, quais são os dois traços de caráter que descrevem Paddington? Comprove sua resposta com detalhes do texto.
Artes	Que ideias o artista pode tentar transmitir com sua escolha de cores aqui?	Explique a teoria da cor de Picasso durante seu Período Azul e o impacto que ela teve no mundo da arte.

Uma coisa que você provavelmente notou é a abertura dos estímulos formativos. Eles pedem "algumas razões" em vez de "a razão" ou "as razões" – todos eles, presumivelmente. A mudança encoraja os alunos a considerar mais de uma resposta possível e implica que é difícil dizer quantas razões podem existir. Eles fazem perguntas para as quais é difícil estar totalmente errado, desde que você seja diligente e ponderado, como em: "O que o impressiona...". Talvez a palavra mais importante em muitos estímulos formativos seja o verbo "poder". "O que os figos *podem* simbolizar?" em vez de "O que simbolizam os figos?" ou "Que ideias o artista *pode tentar* transmitir com sua escolha de cores?". "Pode" deixa claro que o objetivo é explorar, não provar; as apostas são reduzidas.

A redução das apostas pode ser poderosa com a escrita. Colocar palavras na página é intimidante, por isso é compreensível que muitos alunos possam ter problemas para iniciar o processo. "Não sei como começar", dizem-nos. Muitas vezes, talvez, seja porque os estímulos somativos colocam o padrão em um nível muito alto. "Explique sua opinião sobre X ou Y." Há Xs e Ys no mundo sobre os quais venho pensando há anos e ainda não cheguei a uma opinião completa. Proponho que a capacidade de pensar sem decidir cedo demais é uma atividade muito boa intelectualmente. Um estímulo formativo permite que você comece com talvez. *Talvez um dos motivos seja...*

Alguns anos atrás, discutimos a ideia de escrita formativa com Ashley LaGrassa, então professora de inglês do 8º ano na Rochester Prep em Rochester, Nova York, e ela decidiu tentar. Afinal, o 8º ano pode ser um dos níveis de ensino mais difíceis para fazer os alunos se abrirem por escrito.

"A ideia de que uma simples mudança de formato poderia tornar minha sala de aula mais segura para os alunos, levando-os a correr riscos e se envolver mais profundamente, era muito atraente para deixar passar", disse Ashley, "e o resultado foi uma das lições mais alegres do ano. Meus alunos do 8º ano se lançaram com perguntas desafiadoras, eufóricos com a possibilidade de várias respostas 'certas." Depois, ela refletiu sobre o que funcionou e por quê.

A lição se concentrou em "Beauty: When the Other-Dancer Is the Self", de Alice Walker, e começou com a escrita formativa como parte do *Faça agora*: "Como as experiências de Alice Walker poderiam ter influenciado sua escrita?".

"Minha esperança ao incluir a palavra 'poderiam' era ajudar os alunos a se sentirem seguros, participando com pensamentos aprofundados em vez de respostas abrangentes", disse ela. Os alunos participaram e ela ficou alegremente surpresa ao ver "o dobro de mãos que de costume" se oferecendo para compartilhar suas respostas. Em uma pergunta posterior, *Reflita sobre o papel do gênero na experiência de Walker*, ela novamente descobriu que "os alunos foram direto para o trabalho. Não havia ninguém folheando o material ou reescrevendo a pergunta para passar o tempo. Os alunos começavam a anotar rapidamente seus pensamentos; aparentemente, o senso de possibilidade da pergunta os fez se sentirem mais confiantes em arriscar".

A discussão seguinte também ganhou vida. "Em instantes, os alunos estavam analisando profundamente o impacto que uma cicatriz discutida no texto teve sobre Walker à luz de seu gênero, passando de sua experiência específica para uma mensagem sobre a sociedade em geral. Ao pedir aos alunos suas *reflexões*, a pergunta os convidava a compartilhar todos os pensamentos e sugeria uma validade para diversas respostas. Isso os encorajou e os preparou para assumir os riscos."

As perguntas formativas tornaram a escrita uma "aventura de baixo risco" em que os alunos "nem sempre precisavam ter uma discussão final sobre o tema para discutir a história". Você pode ver isso no vídeo *Arielle Hoo: Pedra Angular*. Arielle pede que seus alunos escrevam suas "conjecturas" para iniciar sua reflexão sobre um problema. Ela está sugerindo: "Estamos apenas pensando e experimentando ideias neste momento". Ela diz "*vão*" e a turma entra em ação.

Ironicamente, é mais provável que os alunos tenham um argumento final forte sobre o tema se tiverem tido tempo para refletir sobre a ideia de maneira formativa primeiro. Em outras palavras, o argumento não é que a escrita formativa seja "melhor" do que a escrita somativa, porque não é. Ambas são importantes e os alunos precisam ser capazes de fazer as duas coisas. Em vez disso, o argumento é que a escrita formativa *também* é necessária – se for mais provável que seja negligenciada – e que os dois tipos de escrita são sinérgicos de várias maneiras. Por exemplo, a escrita formativa ajuda os alunos a se envolverem e se preocuparem com o texto, para que se sintam mais envolvidos em qualquer argumento que decidam defender ou explicar na escrita somativa... o que, por sua vez, os ajuda a entender quais aspectos devem procurar entender ou descobrir por meio da escrita formativa.

Outro aspecto importante dos estímulos de escrita usados no *Todo mundo escreve*: eles ocorrem e se repetem, no meio e ao longo da atividade, enquanto as ideias são recentes. Os professores costumam chamar seus estímulos do *Todo mundo escreve* de *Pare e anote* por duas razões: 1) a palavra "anote" expressa a informalidade e a natureza conjectural do exercício. E as respostas são bem curtas. Não são ensaios. São reflexões de 45, 60 e 90 segundos; 2) o "pare" implica que *os alunos estão no meio* de outra tarefa. Queremos que eles escrevam de modo formativo enquanto experimentam uma ideia, uma pergunta, uma incerteza. Queremos que eles "parem" e trabalhem nisso na página enquanto a pergunta está fresca em suas cabeças.

Portanto, a ideia por trás do *Todo mundo escreve* é simples. Peça aos alunos que escrevam com frequência e de modo formativo e façam isso no meio da aula, em rajadas curtas ao longo de sua aula. De repente, você despertará os alunos para um lado totalmente novo da escrita. Você os ajudará a aprender a pensar por escrito.

Alguns outros benefícios do *Todo mundo escreve*:

- Como você pode revisar as ideias dos alunos com antecedência, lendo por cima dos ombros deles, pode selecionar respostas úteis para iniciar a discussão. Claro, haverá outras vezes em que, em vez de buscar respostas exemplares, você procurará resultados do *Pare e anote* que mostrem ideias parcialmente desenvolvidas ou que mostrem uma confusão comum. Tudo depende do que você está procurando.

- Se você usar o *Todo mundo escreve* antes da discussão, então cada ideia compartilhada em voz alta é, na verdade, um segundo rascunho, um pensamento de maior qualidade do que o que seria compartilhado sem a oportunidade de pensar por escrito primeiro.

- *Todo mundo escreve* também permite que você chame *De surpresa* os alunos com a confiança de que eles estão prontos para o sucesso, porque você sabe que todos estão preparados com pensamentos. Você pode simplesmente perguntar "Sobre o que você escreveu, Avery?" para dar o pontapé inicial.

Um pensamento final: quanto mais você usa a escrita, melhor (e mais eficiente) seus alunos conseguem usá-la. Na primeira vez que você tentar, pode levar algum tempo para os alunos começarem; a qualidade pode ser apenas razoável. Porém, no momento em que eles estão respondendo à pergunta de reflexão número 87, como os alunos de *Jessica Bracey: Pedra Angular* fazem, eles são muito bons e muito eficientes em usar o momento do *Todo mundo escreve* como uma oportunidade para desenvolver seus pensamentos. Ter praticado algo importante 86 vezes terá esse efeito. Isso certamente ficou evidente na aula de Jessica: não apenas a discussão pós-escrita foi de alta qualidade, mas começou com quase todas as mãos levantadas. Tendo tido a oportunidade de "escrever para determinar o que pensam", eles agora estão prontos para discutir, expandir e refinar suas ideias na discussão.

TÉCNICA 39: SOLO SILENCIOSO

O ensino bem-sucedido geralmente consiste em momentos sublimes alcançados em parte por meio de ferramentas comuns. Isso certamente é verdade para este capítulo, que descreve como as mudanças na maneira como pedimos aos alunos que escrevam podem transformar o modo como eles pensam e maximizar o valor e a qualidade de outras atividades em que nos envolvemos. Se você conseguir que todos na sala escrevam por um período prolongado de tempo, os benefícios para o pensamento e a discussão serão diversos.

- Dar aos alunos a oportunidade de escrever por um minuto ou mais antes de uma discussão levará a uma melhor compreensão, participação mais confiante e ideias de melhor qualidade para compartilhar.

- Reflexões escritas curtas e formativas em meio ao aprendizado podem ajudar os alunos não apenas a documentar seu pensamento, mas a descobri-lo e expandi-lo.

- Acompanhar aluno por aluno e ver as ideias com as quais eles estão trabalhando em resposta a uma pergunta pode permitir que você "cace" (selecione alunos ou ideias que merecem a atenção e o foco da classe) em vez de "pescar" (chame-os cegamente na esperança de que o que eles compartilham será pertinente ou apropriado). Uma chamada *De surpresa* que começa com: "Tariq, você usou uma palavra fascinante em sua reflexão: rejeitado. Você pode falar um pouco sobre isso?", muda não apenas a discussão, mas a percepção de Tariq de si mesmo como um pensador valorizado na sala de aula.

Essas são coisas poderosas. Mas o *se* em "Se você conseguir que todos escrevam" é um grande problema, especialmente se você aumentar ainda mais sua visão – como em: "Se você puder fazer todos os alunos escreverem de boa vontade, com atenção e na hora certa, e sustentar o esforço por um período significativo".

Esse é um caso em que o sublime repousa sobre o domínio do mundano. A técnica *Solo silencioso* envolve um objetivo aparentemente comum: ensinar os alunos a escrever de forma confiável, na hora certa, como uma questão de hábito. Uma vez estabelecida, a técnica é quase invisível, manifestada em momentos humildes que os observadores podem ignorar. Você diz, a respeito do resultado de um experimento ou uma cena do romance: "Bem, isso foi inesperado. Reserve 90 segundos para refletir por escrito sobre as razões pelas quais isso pode ter acontecido. Agora!". Mesmo que de repente todos os lápis estejam rabiscando, os observadores podem bocejar e olhar pelas janelas. Eles podem ver isso como um tempo de inatividade – uma pequena pausa na aula. Podem pensar que seus alunos chegaram à sua sala de aula fazendo isso naturalmente. É claro que eles estariam errados.

O *Solo silencioso* permite que você solicite aos alunos que comecem uma tarefa em que a proporção de participação é alta – todos na sala estão respondendo à pergunta ao mesmo tempo – e a proporção de pensamento também – enquadrar ideias cuidadosamente em palavras é uma tarefa inerentemente difícil. Mas estabelecer a capacidade de evocar um momento como esse – de forma confiável, repetidas vezes – requer consistência e atenção aos detalhes.

Quero fazer uma pausa aqui e ressaltar o papel do silêncio no *Solo silencioso*. A rotina necessária não se trata apenas de escrever, mas *escrever silenciosamente*. Para alguns, esse é um acordo difícil. Sua visão de uma turma ideal pode ser caracterizada por discussões ruidosas ou debates apaixonados. No entanto, fornecer tempo para reflexão focada e ponderada (normalmente antes dessa discussão ou debate em voz alta) dá a todos os alunos um momento para reunir suas próprias ideias, ouvir sua própria voz interior e capturar ideias evasivas que só rendem quando você se apega a elas. O silêncio é necessário para a reflexão mais profunda.[1] Os alunos merecem experimentá-lo – duplamente em um mundo cheio de telas onde exatamente essa reflexão contínua e ininterrupta é tão rara. Eles podem não ter essa oportunidade em nenhum outro lugar.

O tempo que seus alunos passam transcrevendo as reflexões de uma mente tranquila aumentará sua capacidade de manter o foco e provavelmente resultará em seu melhor pensamento. Ironicamente, a discussão resultante terá mais chances de ganhar vida se você permitir que ela seja precedida por um silêncio para pensar.

Você pode ver o poder do sistema em ação no vídeo *Montagem: Solo silencioso*.

Segundos após o rápido "olhar para dentro" de Hasan Clayton, todos os alunos estão trabalhando, refletindo cuidadosamente ao escrever sobre a pergunta de Hasan. Eles começam na sugestão e sustentam isso por quatro minutos sólidos. Quatro minutos de reflexão sustentada em um mundo onde a atenção é cada vez mais fraturada e interrompida pela tecnologia é algo profundo.

Em um piscar de olhos, os alunos do 1º ano de Tamesha McGuire estão começando e escrevendo também, refletindo sobre as estratégias que usaram para fazer conjuntos de dez. Compare isso com uma sala de aula típica, na qual um professor pode pedir respostas verbais: "Que estratégias você usou para fazer dez?". Nesse caso, alguns alunos podem responder, descrevendo de maneira corajosa, mas talvez imprecisa, o que fizeram. Na sala de aula de Tamesha, todos respondem e descrevem seus pensamentos com a escolha precisa de palavras e a sintaxe que a escrita exige. Você não pode flexionar a palavra escrita como a falada. Escrever é pensar mais. As duas relações foram multiplicadas.

"Vão em frente, vocês têm um minuto", Jamila Hammet diz aos alunos em sua mesa; eles pegam seus lápis e começam. A escrita é de duração mais curta que a de Hasan. Eles estão lendo *Por causa de Winn-Dixie* e a pergunta é sobre como eles se sentem ao olhar para a foto de um cachorro. A tarefa é sobre a natureza dos laços entre animais e humanos. Ela quer inserir um curto período de reflexão pessoal para ajudar os alunos a entender melhor os personagens do romance. Enquanto escrevem, eles estão focados, atentos e muito felizes por levar seus pensamentos ao papel. Como a rotina é bastante sólida, Jamila pode inserir pequenas rajadas de escrita como essa em quase qualquer ponto de sua aula, para aumentar a qualidade da reflexão dos alunos, a quantidade de participação ou para dar a eles um momento para mudar de marcha e responder com atenção.

Você pode ver uma versão desse sistema, ligeiramente modificada para alunos mais velhos, na aula de química de Sadie McCleary. Seus alunos respondem a três perguntas em seis minutos. Eficiente, focado e eficaz, cada aluno está na tarefa e fazendo o trabalho principal de química de forma independente e por escrito.

O objetivo do *Solo silencioso*, como mostram esses professores, é um hábito compartilhado: no qual todos os alunos se envolvem e alguns talvez anseiam. Na montagem, há dicas sobre como o hábito foi construído e mantido:

- Tamesha é calorosa, otimista e alegre. Ela primeiro elogia o esforço onde o encontra, nomeando alunos específicos para que se sintam vistos e importantes, depois passa rapidamente para a leitura silenciosa classe a classe para mostrar o quanto valoriza suas ideias.

- Hasan também mostra seu apreço pelos alunos que começam a escrever imediatamente. Ele modula sua voz, baixando-a para usar um tom mais reflexivo, que corresponda à tarefa. Ele lembra seus alunos para escrever em frases completas.

- A linguagem de Jamila – "vão em frente" – e sua dica com o sorriso implicam que os alunos devem estar ansiosos para escrever e apreciar a oportunidade de reflexão. Talvez a princípio alguns sim e outros não, mas suspeito que sua introdução tenha feito pelo menos alguns se sentirem mais animados.

- Sadie adapta sua rotina a um conjunto de problemas. Ela é clara sobre a tarefa e o tempo e habilmente evita a interrupção na transição para o começo com um sinal não verbal de "um momento!" e uma promessa de entrar em contato com seus alunos individualmente. Interromper o momento teria sido uma catástrofe para o foco que ela havia criado.

A desvantagem desses vídeos é que eles mostram – principalmente – como fica *depois* que a rotina é formada. Aplicar o que sabemos sobre a construção de hábitos fortes e bem-sucedidos será fundamental para entender as etapas iniciais necessárias para estabelecer o *Solo silencioso* em sua sala de aula.

Um hábito é uma cadeia de ações que acontecem em sequência. Uma vez que uma ação depende da anterior, devemos ser intencionais sobre o *design* das partes componentes e como os alunos as aprendem. Para sustentar e maximizar um hábito, também temos que pensar na motivação – como fazer os alunos adotarem o hábito de bom grado, como eles parecem fazer nas salas de aula de Hasan, Tamesha, Jamila e Sadie, para que o trabalho individual se torne uma alegria em vez de uma tarefa? Temos que perguntar: *O que faz com que os alunos sigam – ansiosamente até – a cadeia de ações do hábito?*

Para transformar uma atividade em uma rotina, torne suas instruções *simples*, *claras* e *escalonadas*, diz Peps Mccrea.[2] Você quer primeiros passos que sejam facilmente lembrados e que exijam poucas decisões. Isso torna o hábito fácil de ativar, como um contraexemplo pode mostrar. Digamos que você planejou que os alunos refletissem sobre sua pergunta por escrito durante três minutos. Você diz: "Por favor, peguem um pedaço de papel e respondam à pergunta: Por que a maioria dos animais vive no dossel de uma floresta tropical típica?". Infelizmente, neste momento, o sucesso já está em dúvida. Você tem 30 alunos e alguns deles terão dificuldade em encontrar papel. Alguém terá que decidir que tipo de papel usar... e possivelmente discutir isso com um colega... ou perguntar a você: *Este papel está bom? Não tenho papel de caderno. Posso usar este?* Alguém vai pedir algo para escrever. A distração substituirá o zumbido silencioso de pensar por escrito – *Já começamos, Sra. Collins?* – e os três minutos que você reservou para esta tarefa escrita irão evaporar rapidamente.

Se os alunos já têm cadernos à mão ou em suas mesas, quando você diz: "Por que a maioria dos animais vive no dossel de uma floresta tropical típica? Vão", o início da cadeia de ações seria muito mais fácil e haveria menos interrupções. Observe como isso acontece no vídeo *Jessica Bracey: Pedra Angular*. Ela diz a seus alunos para começarem a escrever em seus cadernos, que estão em suas mesas. Em segundos, todos estão profundamente engajados na tarefa. Cada aluno. A velocidade de sua resposta é importante. Não é apenas que o tempo potencialmente desperdiçado se torna produtivo, é que há continuidade de pensamento. As ideias que estavam em suas mentes enquanto eles leem ainda estão lá enquanto eles escrevem, sem serem perturbados por uma busca por papel ou por um lápis. Rotinas como essa recebem atenção tanto quanto ganham tempo.

Você pode substituir os diários por notas ou cadernos (como Sadie McCleary faz) ou por um pacote. Na verdade, como discuto na técnica 4, *Planeje em dobro*, um dos principais benefícios de ter um pacote – um documento único no qual os alunos podem se envolver com todos os aspectos da aula – é que ele preserva a continuidade do pensamento durante toda a aula. Quando a pergunta é escrita, os alunos podem verificá-la para não perder de vista o foco enquanto escrevem. Ter a pergunta escrita com antecedência também simplifica a orientação. Uma das razões pelas quais as instruções são vagas ou pouco claras é que estamos tentando enquadrar a pergunta conforme a explicamos. Planejá-la com antecedência e escrevê-la protege contra isso.

Lembre-se, por exemplo, do pacote do Currículo de Leitura Reconsiderado que compartilhei na técnica 4, *Planeje em dobro*. Como todos os alunos estão trabalhando na mesma página e todos têm o mesmo espaço para refletir antes da discussão, cada cérebro maximiza seu envolvimento com a tarefa acadêmica, em vez da logística de como e onde completá-la. Quando você dá a dica, os alunos mergulham no momento da escrita com seus pensamentos intactos. A simplicidade tornou o hábito fácil de ativar, com benefícios no foco e na profundidade do pensamento.

"Facilite a primeira ação logo de cara", continua Mccrea, e os alunos estarão mais envolvidos no restante da rotina. Os vídeos da montagem do *Solo silencioso* mostram o poder disso. O objetivo quando você começa a construir a rotina é a etapa de ativação mais simples possível: fazer os lápis se moverem. Todos eles. Agora mesmo. Mais tarde, você pode acrescentar outras expectativas; por enquanto, você quer tornar isso o mais simples possível para ter sucesso. É muito útil que a dica para começar seja consistente – as mesmas palavras todas as vezes – e que seja curta e entregue em um tom nítido que desperte nos alunos uma reação imediata e decisiva. Mccrea observa que uma boa dica deve ser "contundente" – curta e entregue com uma mudança de tom ou ritmo. As dicas do vídeo têm isso em comum. Queremos alunos começando imediatamente. A sincronia de todos agindo ao mesmo tempo torna a norma mais visível e a reforça. "Vão!" é uma ótima dica forte – como em *Um minuto para pensar por escrito. Vão!* – mas existem alternativas: Hasan diz "Olhem para mim" e Tamesha usa um "Mãos à obra!" um pouco mais divertido.

O segundo aspecto-chave da etapa de ativação é que ela seja *bem definida*. Quanto menos dúvida, melhor. "Sempre que possível, as ações devem ser coisas que podem ser consideradas feitas ou não feitas, em vez de parcialmente feitas." Aí fica claro, então, se a rotina está acontecendo de maneira produtiva e exitosa. É por isso que o movimento dos lápis é um primeiro passo tão ideal. Se os lápis estão se movendo, o *Solo silencioso* está acontecendo. Se não estiverem, esse não é o hábito que você imaginou e, portanto, não atende aos alunos da melhor maneira possível. A dica de entrada de alguns professores ao estabelecer a rotina é "Lápis em ação. Vão!". Mais tarde, eles removem a parte "Lápis em ação".

No entanto, a importância de um começo rápido levanta uma questão importante. Os alunos, compreensivelmente, podem pedir tempo para pensar antes de escrever. Como discuto na técnica 38, *Todo mundo escreve*, pensar por meio da escrita é, para a maioria dos alunos, uma nova maneira de processar e inicialmente desejarão fazer isso da maneira que perceberam ter sido mais bem-sucedidos no passado, primeiro refletindo e depois escrevendo. É aqui que a entrega para os alunos é fundamental. Você pode dizer algo como: "Quando eu disser vão, façam o possível para responder à pergunta 2 do seu pacote. Este exercício não vale nota – o que você escreve é para você e você não me entregará.[3] Desafie-se a pensar por escrito! Espero ver seus lápis se movendo o tempo todo. Vão!". Ou você pode dizer: "Vai ser difícil, mas se esforcem. Vocês aprenderão a escrever usando também suas ansiedades e preocupações. Se você ficar travado, escreva sobre por que você está assim". Ou então diga: "Uma pergunta melhor poderia ter sido... Mas mantenha seu lápis em movimento! Vão!". As chaves aqui são aliviar a pressão que os alunos podem estar sentindo para obter a resposta "certa" e fazê-los começar a pensar por escrito. Mais tarde, você poderá acrescentar expectativas[4] e a técnica estabelecerá para seus alunos uma ferramenta cognitiva indispensável. Por enquanto, você quer uma norma vibrante e positiva.

Você também pode começar pequeno. Na primeira vez que realizar a escrita com *Solo silencioso*, faça isso por 45 segundos. Desafie os alunos a ver se eles conseguem escrever o tempo todo. Ajude-os tornando a pergunta inicial interessante e talvez dando-lhes uma frase para começar sua resposta, caso tenham dificuldade. Garantir o sucesso é garantir a adesão. Da próxima vez, seu objetivo será um minuto. Mais adiante, 90 segundos. Dentro de um mês, eles estarão escrevendo por cinco ou dez minutos seguidos. Mas se você tentar começar com dez minutos, provavelmente não chegará lá porque os alunos irão, efetivamente, encontrar muita dificuldade. Você quer que eles pratiquem o sucesso.

É provável que os alunos continuem a buscar ajuda com essa tarefa desafiadora, mesmo após o início e mesmo após o tempo ter sido estendido. À medida que você circula, os alunos provavelmente vão chamá-lo e querer dizer o que estão pensando em vez de ou antes de escrever. Lembre-se, permitir que eles falem em vez de escrever para explorar seus pensamentos não os ajudará a aprender a pensar por escrito, e esse é o hábito cognitivo que estamos buscando. Tente dizer algo como "Mal posso esperar para ler depois de escrever" ou "Ótimo, escreva isso antes que esqueça". Essa breve conversa estimulante os reorienta para o desafio essencial da tarefa (a escrita) e os tranquiliza em um momento difícil, em que tudo o que eles fizerem será valioso para eles mesmos e para o debate da turma.

Algumas notas extras de implementação:

- Outra fonte importante de motivação é a transparência de propósito. Compreender o "porquê" por trás de uma tarefa geralmente ajuda os relutantes ou céticos a começar. Você gostaria de entender por que essa "escrita silenciosa" também não foi um trabalho duro. Então você pode visualizar – brevemente! – o que vem mais tarde na aula ("Reserve um minuto *Solo silencioso* para escrever algumas ideias sobre o que a boneca de Esperanza pode representar. Vamos usar essas ideias para preparar nossa discussão sobre simbolismo quando o cronômetro disparar") ou fazer investimentos adiantados ("Lendo seus rostos, acho que este capítulo os intrigou. Mal posso esperar para ler alguns de seus pensamentos. Reserve um minuto para anotar suas observações. Vão!"). Vincular momentos de *Solo silencioso* com o planejamento maior da aula pode ajudar os alunos a se sentirem envolvidos em sua escrita e mais propensos a aproveitar ao máximo o tempo oferecido.

- A motivação dos alunos também é afetada pelo que você faz enquanto eles trabalham. Se o seu afeto e suas ações mostrarem aos alunos que as ideias deles têm valor, isso lhes dará um incentivo para continuar escrevendo. Enquanto você circula pela sala, lembre aos alunos, de modo gentil e caloroso, sobre as expectativas, se for preciso – "mantenham esses lápis em movimento" –, mas não exclusivamente ou mesmo principalmente. Certifique-se também de ter tempo para ler sobre os ombros, comentar e acenar com a cabeça de modo apreciativo. *Ah, que interessante, Carol. Mal posso esperar para falar sobre isso, Grant. Legal, Israel. Ótima frase...* ou apenas levante as sobrancelhas e sorria. Apreciar o conteúdo do que os alunos escrevem os faz se sentirem bem-sucedidos e estudiosos, além de ajudá-los a tornar o pensamento forte um hábito.

O vídeo *Emily Badillo: Três minutos por conta própria* mostra muitos dos elementos da construção de hábitos em ação. Emily é professora convidada na sala de aula onde esse vídeo foi gravado, então é a primeira vez que ela trabalha com esses alunos. (Ela está fazendo um piloto do Currículo de Leitura Reconsiderado que minha equipe desenvolveu.[5]) Você pode ver que a pergunta dela já está escrita em um pacote que todos os alunos têm em suas mesas. A tarefa dos alunos é começar a escrever assim que lerem. A propósito, ela chama explicitamente o hábito de escrever individualmente de *Solo silencioso*. É uma frase cativante, mas também lembra seus alunos das regras. Tiramos o nome desse hábito ao ouvir um professor – não temos certeza de quem! – usando esta frase: *Solo silencioso. Dois minutos. O que Cassie acabou de descobrir? Vão.*

Algumas outras coisas que você verá Emily fazer (e o tempo no vídeo em que você as vê):

0:18: Emily cria uma tarefa desafiadora que os alunos "conseguem" fazer se terminarem cedo. Isso está definido positivamente (um desafio), mas uma grande desculpa para eles não estarem escrevendo ("Eu terminei!") já foi eliminada.

0:26: Emily ajusta o cronômetro. Isso torna o objetivo de escrever por três minutos real e tangível. (Outros detalhes podem ser vistos na técnica 30, *Trabalhe com o relógio*.)

0:29: Emily diminui seu ritmo de circulação e olha com cuidado para ver se os alunos estão seguindo – com cuidado suficiente para que eles a notem em sua visão periférica. A mensagem é: estou olhando atentamente para ver se todos estão escrevendo. Se você mostrar que isso é importante para você, será muito mais provável que seja importante para os alunos.

0:32: Emily narra sua expectativa: ela está "procurando uma mesa onde o lápis de todo mundo está se movendo". Há aquela etapa de ativação clara e inequívoca.

0:35: Emily observa exemplos de bom acompanhamento de Ezra, Logan e outros.

1:02: Emily diz a um aluno que prefere falar do que escrever: "Não me diga, escreva". Seu tom é agradecido, mas ela também reforça as expectativas para a escrita.

1:19: Circulando, Emily se concentra em envolver as ideias dos alunos e faz perguntas para mostrar que está lendo com atenção. No instante 1:50, Emily toma o cuidado de mostrar apreço pelo esforço – "Bom trabalho. Continuem". É especialmente importante que a última coisa que os alunos ouçam seja a frase "Continuem". Isso garante que sua apreciação não promova acidentalmente menos acompanhamento.

Você também notará que há longos períodos de silêncio para pensar e trabalhar. Emily cria silêncio – ela deixa suas expectativas claras e as reforça – mas também honra o próprio silêncio. E, claro, após esses três minutos de trabalho silencioso, os alunos terão a chance de compartilhar suas ideias em voz alta com os colegas. Ao reservar esse tempo para escrever em silêncio, Emily garante que os alunos tenham tempo para processar e ideias para partilhar.

TÉCNICA 40: ANTECIPE A ESCRITA

Em muitas aulas, a escrita serve como um fundamento – para uma discussão, uma demonstração, um laboratório, uma apresentação ou alguma outra parte das atividades. Muitas vezes é certo, bom e lógico que a escrita venha por último. Ela é uma ferramenta ideal para sintetizar e processar ideias. Mas também há imenso valor quando a escrita vem em primeiro lugar. *Antecipe a escrita* refere-se a planejar as aulas para que a escrita ocorra desde o início.

Considere, primeiro, duas sequências comuns – vamos chamá-las de LDE e ADE (leitura-discussão-escrita e atividade-discussão-escrita). Você pode fazer LDE se estiver lendo um conto com um final ambíguo. Você pode terminar o último parágrafo e perguntar: "Então, o que significa a linha final da história? O que aconteceu e por quê?". Uma discussão pode acontecer, com os alunos primeiro fazendo conjecturas de vários tipos. Provavelmente, eles trariam evidências à medida que os detalhes do final da história fossem discutidos.

Com ADE, você pode observar uma reação química ou talvez ouvir uma música e depois discuti-la. O que achamos que está acontecendo no béquer e por quê? O que achamos que o compositor estava tentando comunicar?

Após essas discussões, você pediria a seus alunos que escrevessem sobre o texto que leram ou a atividade que fizeram. Enquanto escreviam, eles se baseavam em duas fontes de informação: o que eles tiraram da história ou da atividade e o que seus colegas disseram na discussão. Idealmente, um aluno pegaria sua compreensão inicial da leitura ou da atividade e acrescentaria algumas nuances e detalhes adicionais obtidos da discussão. Porém, nem sempre funciona dessa maneira, especialmente para alunos mais fracos, com os leitores mais fracos particularmente em risco.

Em muitos casos, os alunos são capazes de usar o que ouvem e aprendem na discussão para a escrita, convencendo você de que eles entenderam a leitura (ou o experimento de laboratório ou uma palestra) muito mais do que entenderam de fato. Você pode chamar isso de "pegar carona". Portanto, embora seja valioso usar um exercício final de redação para avaliar o quanto seus alunos sabem ou para permitir que eles sintetizem ideias, a redação nesse caso combina informações obtidas de duas fontes, uma geralmente mais fácil de entender do que a outra. Você (e seus alunos) podem facilmente obter um falso positivo – uma indicação errônea de domínio – como resultado de pegar carona.

Isso aconteceu com alguns colegas de uma escola em que trabalho. Eles estavam trabalhando em uma unidade na qual os alunos liam *Romeu e Julieta* e se esforçavam para ter uma discussão de nível universitário sobre isso. Nesse caso, a discussão foi realizada em parte *on-line* e via bate-papo – fato que teve o resultado imprevisto de permitir que os professores voltassem e analisassem depois. À medida que a discussão se desenrolava, eles tinham motivos para isso.

Originalmente, meus colegas achavam que sua unidade havia sido um triunfo. As discussões foram ricas e, graças à responsabilidade da estrutura do bate-papo, eles puderam acompanhar facilmente quem havia participado quantas vezes, garantindo que todos contribuíssem.

Mas, como um fundamento, os alunos foram convidados a escrever um artigo analisando uma passagem da peça, e os trabalhos foram uma decepção impressionante. Você já deve ter passado por isso uma ou duas vezes, provavelmente. Eles mal podiam esperar para ver o que os alunos escreviam, mas à medida que liam cada trabalho em sequência, passavam da expectativa para a decepção, o desânimo e o desespero. Para onde foi a percepção incisiva e a análise profunda? Então eles perceberam que tinham uma transcrição de todas as suas discussões. Eles voltaram para procurar pistas e descobriram que a discussão estava realmente cheia de ideias excelentes, mas que, uma e outra vez, essas ideias eram abordadas por apenas dois alunos, com o resto da turma pegando carona em suas descobertas. A turma foi capaz de refletir sobre uma percepção única e poderosa, *uma vez que foi feita*, mas apenas duas meninas foram capazes de gerar consistentemente essas ideias subjacentes. Elas (e somente elas) foram capazes de discernir a origem dos conflitos e temas centrais na verborragia elisabetana de Shakespeare. Uma vez que elas colocaram isso claramente, outros foram capazes de participar. "Ah, é sobre lealdade? Eu posso falar sobre isso!"

É bom, de certa forma, que as ideias dessas duas estudantes tenham permeado a sala. Mas isso também convenceu os professores de que os demais tinham maior e mais amplo domínio da leitura de Shakespeare do que realmente tinham. Isso foi agravado pelo fato de que os docentes não tinham nenhuma ferramenta para medir se os alunos eram capazes de gerar algum significado diretamente pelo texto. Ler – ou analisar um conjunto de dados ou fazer outra atividade – depois discutir, depois avaliar, é problemático se você quiser saber se os alunos podem fazer a primeira tarefa sozinhos. Se quiser saber isso, você terá que obter alguma forma de avaliação antes da discussão.

À medida que os alunos avançam em suas carreiras educacionais, eles se encontrarão cada vez mais em situações em que devem entender um texto ou um experimento ou alguma outra atividade-chave de aprendizagem por conta própria – sem um grupo de 30 colegas com quem destilar as informações e discutir primeiro. À medida que amadurecem, eles agregarão valor em ambientes profissionais por serem aqueles que podem gerar ideias diretamente a partir da experiência inicial.

Uma das maneiras mais simples de resolver isso é mudar o ciclo de LDE para LED, ou de ADE para AED, e colocar a escrita antes da discussão. Você ainda recebe o benefício de uma troca de ideias no final, mas não antes de todos praticarem o pensamento profundo e autônomo: *O que acabei de ver? O que isso significava? Como posso dar sentido a isso?* Além dos outros benefícios da escrita, fazer essa troca também permite avaliar o que os alunos sabem imediatamente, antes da discussão. Você pode até mesmo projetar a discussão para responder ao entendimento inicial apresentado nos trabalhos dos alunos.

Mas o *Antecipe a escrita* pode ir um passo além. Pode ajudar os alunos a tirar muito mais proveito da própria discussão. Pense por um minuto sobre o que queremos que os alunos façam, cognitivamente, durante a parte da discussão em que estão ouvindo seus colegas. Queremos que eles ouçam, é claro, mas o que mais? Com frequência, tácita ou explicitamente, pedimos a eles que decidam se concordam ou discordam do orador, mas isso é uma simplificação excessiva do tipo de vida intelectual que nossos alunos podem aspirar. Nas conversas da vida, aqueles cujos comentários se concentram simplesmente em "concordo" ou "discordo" são limitados. Muito mais interessantes são as discussões com comentários mais como "Concordo que essa evidência é importante, mas interpretei de maneira diferente" ou "A primeira parte do seu comentário é perspicaz, mas acho que você exagerou no significado".

Pedir aos alunos que ouçam e se concentrem se concordam ou discordam pode fomentar uma situação improdutiva: uma discussão cheia de alunos de braços cruzados dizendo: "Bem, é só o que eu acho", talvez um pouco mais alto na segunda vez. O aprendizado e o crescimento não são maximizados quando os alunos estão focados em provar que sua opinião original estava certa e "ganhar" a discussão, em vez de, digamos, ouvir informações que possam levá-los a mudar seu pensamento original, a desenvolver uma opinião flexível que modera e modula sua reação inicial à luz das perspectivas dos outros. Certamente ficamos exasperados quando, em nossa vida fora da escola, nos deparamos com pessoas que querem ganhar discussões em vez de ouvir os outros na suposição de que podem aprender alguma coisa. Devemos ter cuidado com o reforço desse tipo de comportamento em nossas escolas.

Próxima pergunta, então: como podemos socializar os alunos para pensar na discussão como uma ferramenta para refinar ou revisar seu próprio pensamento à luz dos pontos levantados por outros? Uma maneira eficaz é pedir-lhes que escrevam e depois escutem a discussão *com o entendimento de que o próximo passo será revisar sua opinião original*. Ou seja, mudar para LEDR ou AEDR (ler-escrever-discutir-revisar ou atividade-escrever-discutir-revisar) dá estrutura à ideia de que, durante uma discussão, o que os alunos devem fazer é rastrear ideias que usarão para revisar sua opinião posteriormente. Na verdade, isso se torna um hábito. O processo termina com eles mudando de opinião. Espera-se que eles mudem.

Isso não apenas oferece muita prática de revisão – uma habilidade sobre a qual escrevo na técnica 42, *Revisão regular*, que é pelo menos tão importante quanto escrever uma ideia inicial – mas também faz os alunos se envolverem na discussão com uma mentalidade mais flexível: o que posso aprender aqui, e como vou aplicá-lo à minha ideia? Essa mentalidade não é apenas teórica – alguém me diz que eu deveria estar fazendo isso. Na prática, como estudante, sou incitado, idealmente repetidas vezes, a fazê-lo com o objetivo de me tornar muito bom em apresentar uma opinião inicial, anotá-la para que seja formada em palavras, participar de uma troca com colegas em que colho ideias que posso tecer em meu próprio pensamento e, em seguida, revisar minha opinião inicial por escrito – transformando as mudanças em meu pensamento em palavras e sintaxe específicas e visíveis. Se os alunos pudessem fazer isso todos os dias, acredito que a diferença para sua aprendizagem, e também para uma população propensa a uma confiança justa e reflexiva de que sua opinião é certamente a única correta, seria significativa.

A seguir, é apresentado um modelo que costumamos usar em nossos *workshops* para mostrar como você pode colocar isso em prática na sala de aula.

> **Exemplo de *Antecipe a escrita*
> no pacote de trabalho do aluno**
>
> ***Todo mundo escreve* #1:** O que a linguagem figurada no primeiro e segundo versos poderia nos dizer sobre as flores?
>
> _____
> _____
> _____
> _____
> _____
>
> *MODELO*
>
> **Notas do acompanhador da discussão**
>
> **Reescreva *Todo mundo escreve* #1:** O que a linguagem figurada no primeiro e segundo versos poderia nos dizer sobre as flores?
>
> _____
> _____
> _____
> _____
> _____

Observe que a pergunta inicial é "formativa" (veja *Todo mundo escreve*, técnica 38) e usa a palavra "poderia". Observe também o espaço reservado para anotações durante a discussão e o fato de que a pós-escrita é a mesma pergunta. Você *pode* mudar isso, é claro, mas eu gosto da ideia de que a mensagem é que eu quero que o aluno responda à mesma pergunta, apenas de forma mais perspicaz. Você também pode adicionar mais linhas abaixo da pergunta para sugerir que deseja pensar mais após a discussão, mas, novamente, gosto da ideia de que é exatamente a mesma coisa. A mensagem é tanto sobre como mudar o que foi escrito quanto sobre como adicionar algo a isso. *Eu não quero mais; eu quero melhor.* Dito isso, mudanças sutis podem ser boas. Um professor em um *workshop* em Londres (desculpe, não me lembro quem!) observou que ele mudaria um pouco a pergunta para que a primeira fosse *O que a linguagem figurada no primeira e segundo versos* lhe *diz sobre as flores?* e a segunda *O que a linguagem figurada no primeiro e segundo versos* nos *diz sobre as flores?* Eu gosto dessa ideia – e da ideia de que há muitas maneiras de brincar com o conceito da escrita, de maneira disciplinada, antes e depois de uma discussão.

Você pode ver vários ótimos exemplos de *Antecipe a escrita* em dois dos vídeos Pedra Angular deste livro. A explosão de mãos aos dois minutos do vídeo de Jessica Bracey é em parte resultado do fato de que todos os alunos escreveram primeiro.

Assim também acontece com as mãos no início da aula de Arielle Hoo, quando ela pede que escrevam suas conjecturas. E é claro que no final da aula de Arielle há uma revisão em grupo sobre a escrita.

TÉCNICA 41: A ARTE DA FRASE

Em *Todo mundo escreve*, eu defini dois tipos de escrita: formativa e somativa. Agora quero apresentar um terceiro: a escrita de desenvolvimento, que é projetada para construir o *controle sintático* por meio da *prática deliberada*. Vou definir esses termos em seguida, mas primeiro quero explicar por que a escrita de desenvolvimento é tão importante.

Há pouco tempo, visitei uma escola de grande sucesso. A instrução era firme e as crianças haviam aceitado a cultura. Elas adoravam estar lá, trabalhavam duro e eram felizes; elas foram muito bem sucedidas – sem dúvida, era a melhor escola na cidade. Mas a instituição pediu à minha equipe e a mim para ajudá-los a pensar sobre seus resultados de leitura, que ficaram para trás em relação ao restante de seus excelentes resultados.

Lembro-me de uma aula de inglês em particular. Os alunos estavam lendo um romance desafiador e pararam para escrever sobre ele durante a aula. O *Solo silencioso* (técnica 39) foi perfeito e eles escreveram com energia e empenho desde o momento em que a professora disse "Vão!" até que ela disse "OK, lápis na mesa". Porém, enquanto eles escreviam, andei pela sala e li sobre os ombros dos alunos. O que eu vi foi uma imensa quantidade de escrita diligente, mas muitas vezes incipiente – frases e palavras se esforçavam para expressar ideias, mas não eram muito coerentes. Muitas vezes havia uma palavra bem escolhida, uma expressão perspicaz no meio de uma frase em ruínas, mas as peças não se somavam. O todo era quase sempre menor que a soma das partes. Os alunos se esforçaram, mas não produziram ideias ou argumentos claros.

O que faltava aos alunos era o controle sintático, que Bruce Saddler define como "a capacidade de criar diversas frases que expressam claramente um significado pretendido".[6]

Para dominar uma frase, para dar-lhe o poder de capturar um pensamento complexo com nuances e precisão, é preciso dominar um conjunto de ferramentas que raramente são nomeadas e ainda mais raramente ensinadas – em parte porque muitas vezes as desprezamos.

A frase no parágrafo anterior, por exemplo, exigia um par de frases preposicionais introdutórias, a segunda ecoando a primeira de maneira vagamente apositiva. Exigia um travessão. Exigia conjunções subordinativas. Eu tive que construir uma frase em que o sujeito – "um", a propósito – era a vigésima primeira palavra.

Não tente negar. Assim que você leu as palavras *frases preposicionais introdutórias*, a música parou e a festa acabou. Alguns leitores se benzeram reflexivamente ao som daquelas antigas palavras pagas. *Ah, outros pensaram, ele está indo para a "gramática". Eu sabia que ele era da velha escola, mas...*

A gramática, como todas as pessoas boas sabem, é cruel com as crianças. A maioria dos professores modernos lhe dirá que ela é de uso limitado, a paixão dos antigos rabugentos, apenas fracamente visível, agora, na poeira de giz do tempo.

"Para mim, a instrução gramatical é sobre a estrutura da frase", escreve Daisy Christodoulou. "Trata-se de ajudar os alunos a organizar seus pensamentos em frases coerentes e lógicas."[7] Seu propósito é a sintaxe, cujo domínio continua sendo algo que podemos ensinar com alegria e sucesso sem memorizar mil termos, como o *modificador adverbial*.[8] As formas sintáticas são ferramentas mágicas e, felizmente, exercícios de escrita cuidadosamente planejados podem desenvolvê-las.

Coordenação e subordinação são bons exemplos. Quando usados habilmente, esses *e* e *mas* e *assim* e *apesar* são ferramentas de sintaxe. Eles vagam pela terra humildemente procurando nos explicar as maneiras pelas quais as ideias estão conectadas. Eles calmamente nos dizem: *Há duas ideias aqui, mas uma é mais importante que a outra*. Ou *causou a outra*. Ou *a segunda ideia depende de a outra acontecer primeiro*. Ou *contrasta com a primeira*.

É um superpoder, quando uma pessoa consegue coordenar e subordinar de forma hábil e suave. As conexões entre as ideias geralmente criam a maior parte do significado. Mas elas também são onde tudo se desfaz para muitos alunos, tanto na leitura quanto na escrita. Ao ler um texto complexo, as palavras e frases de um enunciado podem ser suficientemente claras por conta própria, mas lê-las em uma combinação extensa pode representar um problema. Seu aluno entende a ideia na primeira metade da frase, mas perde a sugestão sintática que explica sua relação com a segunda metade. De repente ele está perdido. Os leitores que não dominam o vocabulário oculto da sintaxe estão sempre lutando contra uma maré crescente de falta de sentido. Para escritores que não têm controle sintático, todos, exceto os mais simples fios de pensamento, resistem ao seu domínio. A precisão é importante porque as ideias são criadas pelas palavras que as criam. Antes disso, elas são apenas o material do nevoeiro e do instinto. "A linguagem é a mãe, não a serva do pensamento", é como W. H. Auden expressou essa ideia.

A *arte da frase* é o nome para ferramentas projetadas para ensinar o controle sintático, felizmente de maneiras bastante agradáveis e sem quaisquer diagramas complexos de frases. Essas ferramentas dependem, em parte, de exercícios curtos, cada um com um objetivo claro em que os alunos usam e dominam aspectos específicos do controle sintático. Prática deliberada, se você preferir. Você provavelmente acha que os alunos já praticam bastante com a escrita, mas, como Judith Hochman observa em seu excelente livro *The writing revolution*,[9] a escrita é bastante realizada, mas não muito ensinada.

Há duas coisas que um exercício de escrita de desenvolvimento precisa trabalhar: profundidade de conteúdo e escassez. Os dois funcionam juntos. Como Judith Hochman aponta, a escrita de desenvolvimento sempre deve ser incorporada ao conteúdo que você está ensinando. Os alunos precisam ter uma ideia de substância com a qual lutar e precisam saber coisas conectadas a essa ideia (lembre-se da observação de Daniel Willingham, que discuto no Capítulo 1, de que o pensamento de ordem superior depende do conhecimento prévio). Quando os alunos têm muito a dizer sobre um conceito e são levados a expressá-lo, você gera escassez. Normalmente, isso significa exigir que eles escrevam uma única frase. Isso causa pressão externa sobre a frase – os alunos que querem dizer muito, mas estão limitados a uma única frase, de repente devem começar a usar uma versão nova e expandida para abranger tudo. A necessidade é a mãe da invenção sintática.

Você pode ver isso em um momento no vídeo da aula de Jamila Hammet que assistimos na discussão de *Solo silencioso*. Seus alunos estão lendo *Por causa de Winn-Dixie*, de Kate DiCamillo, um romance sobre o profundo relacionamento entre uma menina e seu cachorro. Os alunos são convidados a olhar para a foto de um cachorro adorável e amoroso, que talvez os faça lembrar de Winn-Dixie, e descrever como se sentem. Sem restrições, um aluno poderia escrever: "Eu amo esse cachorro. Ele é fofo e eu gostaria de brincar com ele. Eu gostaria de jogar uma bola para ele e deixá-lo buscar. Eu gostaria de ver se ele quer se deitar ao meu lado e assistir a um filme".

O que você pode obter, em outras palavras, é o que recebemos com tanta frequência. Escrita relativamente endurecida, sem imaginação, usando uma construção simples e receptiva das frases.

Mas um aluno forçado a colocar todos os seus pensamentos em uma única frase poderia escrever:

> *Eu amo esse cachorro porque ele é muito fofo e eu imagino a gente brincando, eu jogando uma bola para ele pegar ou então nós dois deitados no sofá assistindo a um filme.*

Essa é uma frase que empurra para fora os limites do aluno. Ele está expandindo o quanto e com que facilidade pode capturar "um pensamento completo". Observe todas as ferramentas sintáticas que foram usadas – honestamente, não sei como chamá-las. A restrição causou isso – a restrição combinada com alunos tendo muito a dizer e, idealmente, sabendo bastante sobre um assunto.

A propósito, você também deve esperar que os erros apareçam à medida que os alunos tentam escrever frases mais complexas. Claro que vão aparecer. E isso é uma coisa boa – eles estão no limite de seu domínio. Certifique-se de combinar *A arte da frase* e outros exercícios de escrita de desenvolvimento com a técnica 42, *Revisão regular*, para garantir um forte equilíbrio entre exploração e precisão.

Porém, *A arte da frase* com frequência também inclui restrições e parâmetros adicionais que tornam a prática deliberada e fazem os alunos se concentrarem no uso de ferramentas sintáticas específicas, o que torna os exercícios ainda mais interessantes.

Por exemplo, Jamila pode ter pedido a seus alunos que escrevessem uma única frase sobre o cachorro na foto, mas começassem com "Olhando para o cachorro...". Assim, elas os faria praticarem usando uma forma gramatical sofisticada – uma frase com particípio introdutório. Ou ela poderia ter pedido a eles que começassem a frase com: "Quando alguém olha para um cachorro assim...". Agora ela estaria fazendo eles usarem "alguém" como sujeito. Se os alunos irão ler frases assim, criá-las intencionalmente pode ajudar muito.

Ou então Jamila poderia ter pedido aos alunos que começassem com: "À primeira vista...". Agora os alunos estariam usando uma frase preposicional introdutória, mas ela também os faria olhar para a imagem duas vezes. O que você não viu à primeira vista, que um segundo olhar poderia revelar?

Anteriormente, em sua aula, Jamila havia dado aos alunos um artigo de não ficção para lerem sobre a história dos laços entre animais e humanos e a domesticação de cães. Ela poderia ter pedido aos alunos: "Escrevam uma única frase descrevendo como sua reação ao cachorro pode explicar algumas das razões pelas quais os cães foram domesticados no início da história humana. Usem a palavra 'ligação'. Ou citem uma palavra ou frase do artigo em seu texto".

Regras como essas permitem que você escolha deliberadamente palavras, frases ou formas gramaticais para os alunos praticarem o uso. Com o tempo, eles desenvolvem facilidade com uma grande variedade deles em sua escrita, mesmo que não saibam seus nomes. Como você provavelmente já deve estar pensando, essa exposição fortalece a capacidade dos alunos de compreender essas frases quando se deparam com elas durante a leitura de um texto complexo.

Iniciadores e parâmetros da frase

Vamos tomar um minuto para definir três tipos de sentenças para *A arte da frase*. O primeiro usa "iniciadores de frase", vocabulário específico que os alunos devem usar no início de sua escrita, como:

> *Resuma os dados deste gráfico em uma frase completa e bem escrita que comece com "Ao longo do tempo...".*

À primeira vista, um pedido com um iniciador de sentença pode parecer mais fácil de responder do que um pedido sem ele, porque contém andaimes instrucionais, mas de muitas maneiras o oposto pode ser simultaneamente verdadeiro. A frase agora é empurrada para um território sintático novo e, muitas vezes, desconhecido. Sem serem pressionados dessa maneira, os alunos provavelmente não expandirão muito seu repertório de formas sintáticas. Agora, imagine os diferentes termos com os quais você pode pedir aos alunos que comecem uma frase:

"Crescendo exponencialmente..."

"A linha que expressa a função..."

"O relacionamento entre..."

"Em longo prazo,..."

"Quando a linha se aproxima da vertical,..."

Cada um deles tem um efeito diferente na escrita e no pensamento dos alunos, empurrando-os não apenas para uma nova sintaxe, mas potencialmente para um novo pensamento.

Outra abordagem que você pode usar para orientar as frases que os alunos escrevem são os *parâmetros de frase*. Eles vão desde pedir aos alunos que usem uma palavra ou frase específica (por exemplo, "Certifique-se de usar 'caractere padrão' em sua resposta" ou "Use a palavra 'ambíguo'") até nomear uma forma gramatical específica: "Escreva uma frase usando uma oração subordinada com a palavra 'apesar'" ou "Escreva uma frase começando com um particípio". Você também pode fornecer parâmetros para o comprimento. "Em uma frase de não mais que oito palavras...". Ou, talvez, se você quisesse ir além da "regra" de uma única frase, poderia ensinar o ritmo da frase dessa forma: "Descreva o conflito na pintura *Três de Maio*, de Goya, em duas frases de pelo menos 12 palavras e uma de não mais de cinco". Eu pessoalmente gosto de limites de palavras. Uma consequência não intencional do uso dessas ferramentas pode ser o reforço tácito de frases *longas* – que geralmente é o resultado de forçar os limites sintáticos de alguém. Mas é claro que, embora seja preciso construir uma frase longa e/ou complexa, frases longas e complexas nem sempre são as melhores. Curto e doce é muitas vezes a definição de excelência. Portanto, um parâmetro que você pode usar ocasionalmente – implícito em uma das frases do exemplo – é um limite de palavras: "Em uma frase de seis ou menos palavras...".

O terceiro tipo de pedidos de *A arte da frase* não é denominacional. Eles simplesmente solicitam aos alunos que capturem uma grande ideia em uma única frase sem outras regras, em geral em termos de "em uma frase cuidadosamente elaborada" ou "em uma frase bonita" para incentivar os alunos a se orgulharem do desafio implícito.

Observei que o pedido com um parâmetro pode ser surpreendentemente mais rigoroso. Isso geralmente é verdade, mas é claro que nem sempre. Às vezes, uma solicitação aberta, como "Descreva a reação de Christopher em uma frase artisticamente elaborada" é ideal, especialmente para alunos que desenvolveram uma fluidez cada vez maior com estruturas de frases. Os melhores resultados provavelmente virão, eu suspeito, de pedir aos alunos que escrevam um equilíbrio de frases com e sem parâmetros.

Por fim, um lugar ideal para usar *A arte da frase* é no final de uma aula, já que parte de seu propósito é ajudar os alunos a sintetizar e resumir. Imagine uma escola onde todas as aulas de todas as matérias terminassem com os alunos escrevendo (e revisando!) uma única frase artisticamente elaborada capturando com nuances e sofisticação a ideia mais importante ou desafiadora daquela aula. *A arte da frase*, em suma, pode prestar um ótimo serviço como o *Arremate* ou o *Faça agora* do dia seguinte. Imagine: você encerra a aula fazendo todos definirem uma ideia-chave por escrito; no dia seguinte, os alunos recebem suas frases de volta com orientações individualizadas, como "Revisar para usar o termo *apesar de*" ou "Reescreva, esclarecendo a que o pronome 'isso' se refere" ou com um desafio como "Ótimo! Agora veja se você pode usar a palavra *anabólico*".

A arte da frase encontra os pequenos

Você deve estar se perguntando: essa ideia é viável com meus pequenos? Eu creio que a resposta é sim. Um vídeo adorável de Brittany Rumph com seus alunos do ensino fundamental, *Brittany Rumph: Frase inventiva*, mostra um pouco do que é possível.

Observe que os alunos elaboram suas frases em planilhas que enquadram a escrita como arte em um museu. Mais tarde, Brittany colocará muitos dos melhores nas paredes para celebrá-los e incentivá-los, mas a mensagem implícita é: *Ao escrever uma frase bonita, cada um de vocês está criando arte com suas palavras.*

Mesmo sem esse detalhe, você sabe que Brittany dá muito valor à escrita dos alunos. O tom de celebração está em toda parte – na maneira como ela lê ótimas frases em voz alta e faz um *Todos juntos* para colocar um ponto de exclamação no uso da palavra "magnífico" por um aluno. O trabalho de seus alunos, o da maioria deles, é cheio, como você poderia esperar de grafias inventadas e coisas desse tipo. Mas também é repleto de uma capacidade de sintaxe complexa que está muito à frente do que você poderia esperar. Em breve, sua ortografia e caligrafia os acompanharão e seu controle sintático lhes servirá bem. Nas palavras de Jeremiah, eles estarão escrevendo frases *suculentas* desde o início.

No vídeo *Sarah Fischler: Seis meses exaustivos*, você pode assistir à professora de ciências do 7º ano Sarah Fischler usando a técnica. Minha equipe e eu adoramos a variedade de pedidos que ela usa – e a frequência, bem como a especificidade lúdica, mas prática, de seus limites de tempo (um ótimo exemplo da eficácia de limites de tempo precisos). Os alunos de Sarah processam constantemente a escrita de várias maneiras e com prazer.

Leitura obrigatória: *The writing revolution*

Nenhum livro é melhor para ajudar os educadores a pensar em expandir a capacidade dos alunos de elaborar frases e aumentar seu controle sintático do que *The writing revolution*, de Judith Hochman.[10] Entre os destaques estão as atividades de desenvolvimento de escrita que ela sugere, os quais são semelhantes e funcionam em sinergia com o trabalho da *Arte da frase*. Nós os usamos regularmente em nosso Currículo de Leitura Reconsiderado. Estes são alguns dos melhores resumos:

> *Porque. Mas. Assim.* Pegue uma "frase do núcleo" (uma frase curta e simples) e expanda-a três vezes, cada uma delas usando uma das três conjunções, *porque*, *mas* e *assim*. Isso não apenas ensina uma parte central do controle sintático, mas faz os alunos pensarem sobre uma ideia de três maneiras diferentes.

> *Apostos.* Expanda uma frase do núcleo com uma frase apositiva. Isso ensina seu uso, a capacidade de inserir ideias no meio da frase e faz os alunos expandirem e aplicarem mais conhecimento prévio.

Expansão da frase. Pegue uma frase do núcleo e expanda-a com alguma quantidade de *quem, quando, o quê, onde* e *por quê*.

Para exemplos dessas e de outras joias de Hochman, consulte a técnica 42, *Revisão regular*.

Um dos benefícios da escrita de desenvolvimento é que ela ensina gramática de forma funcional, a serviço da criação de ideias. Para esse fim, as escolas podem pensar em um escopo e sequência de atividades de desenvolvimento de escrita para ensinar elementos-chave da gramática de forma sistemática. Aqui está uma versão de um modelo muito simples que elaborei enquanto desenvolvia nosso Currículo de Leitura Reconsiderado.

Escopo e sequência de escrita de desenvolvimento	
Progressão	**Principais enunciados de escrita de desenvolvimento** (os exemplos usam "Esperanza abriu seus olhos...")
5º ano	• *Combine sentenças:* "Esperanza abriu seus olhos. Ela tinha estado dormindo. Ela sonhou que seu pai estava com ela".
	• *Expanda com porque, mas, então:* "Esperanza abriu seu olhos, então viu que não havia sido um sonho".
	• *Expanda com depois, durante, antes:* "Esperanza abriu seus olhos durante um sonho em que seu pai ainda estava presente".
	• *Expansão (E):* Acrescente detalhes respondendo a três das cinco questões de quem, o quê, onde, quando e por quê: "Esperanza abriu seus olhos quando acordou, sentindo-se ansiosa, em sua própria cama".
	• *Expanda com apostos:* "Esperanza, uma jovem cujo pai tinha acabado de ser morto, abriu seus olhos".
6º ano	**Enunciados anteriores extras:**
	• *Porque, mas, então 2.0*: versões mais sofisticadas (por exemplo, *embora, consequentemente, como resultado de*) • Esperanza abriu seu olhos, embora tenha feito isso relutantemente.
	Desenvolva com frase preposicional:
	• *Introdutória:* "Após uma noite de sono agitada, Esperanza abriu seus olhos...".
	• *No meio da frase:* "Esperanza, no meio de um pesadelo, abriu seus olhos...".
	Desenvolver com frase no particípio:
	• *Introdutória:* "Esperando que tudo isso fosse um sonho, Esperanza abriu seus olhos".
	• *No meio da frase:* "Esperanza, sonhando com seu pai, abriu seus olhos".

TÉCNICA 42: REVISÃO REGULAR

Na técnica anterior, *A arte da frase*, descrevi como os exercícios curtos de desenvolvimento de escrita podem aproveitar os benefícios da prática deliberada e ajudar a evitar uma armadilha comum para os professores – passar muito trabalho de escrita, mas nunca conseguir ensinar aos alunos as habilidades fundamentais de expressão ou controle sintático.

Muitas vezes, o domínio das ferramentas sintáticas vem tanto da revisão quanto do ato inicial de escrever. Por revisão, quero dizer o processo de fazer perguntas rigorosas, mas diretas, sobre a formação de uma ideia escrita: *Essa palavra captura exatamente o que quero dizer? Eu poderia expressar minha ideia com mais precisão, talvez com menos palavras? Se eu mudar a ordem, como isso afetaria o significado? Se minhas palavras não forem claras, o que exatamente eu quis dizer?*[11]

A maioria de nós submete nossos próprios escritos ao processo de revisão com frequência e, para alguns de nós, constantemente. Nós revisamos até mesmo um *e-mail* informal para um colega, ou apagamos e usamos uma palavra diferente três vezes ao enviar uma mensagem de texto explicando a um amigo sobre o atraso. A revisão é algo cotidiano no mundo real, mas muitas vezes é um evento especial na sala de aula – uma atividade formal aplicada principalmente com composições e peças mais longas. Muitas vezes, é codificado no que alguns professores chamam de *processo de escrita*, que pode levar uma semana para ser concluído, com cada etapa (rascunho, revisão, edição) ganhando seu próprio dia. Ao longo do ano, há talvez três ou quatro "dias de revisão".

Eu diria que para tornar a escrita dos alunos poderosa e também permitir que ela faça os escritores pensarem mais profundamente – ou seja, para aumentar a proporção de pensamento –, a revisão deve sempre fazer parte da escrita. De certa forma, quanto menos identificável como um "passo separado", melhor.

A técnica de *Revisão regular* segue a ideia simples de que podemos melhorar a escrita dos alunos fazendo da revisão um ato cotidiano, muitas vezes feito em pequenas doses simples, e criando o hábito de revisar regularmente todos os tipos de escrita, não apenas trabalhos formais.

Acho profunda esta observação de Bruce Saddler: "As frases representam veículos de comunicação que são literalmente *composições em miniatura*", escreve ele. Poderíamos aplicar o processo de redação e revisão reservado para composições mais longas com mais frequência, e provavelmente com mais sucesso, a exercícios de escrita menores, apenas pensando neles como composições também. Exercícios de escrita de desenvolvimento de uma sentença, por exemplo, são veículos perfeitos para revisão. Pequenos e focados, eles são ideais para uma prática bem-sucedida e deliberada.[12]

As habilidades são dominadas quando praticadas regularmente, mesmo que praticadas em partes menores. Você pode chamar isso de Efeito Ioiô. Quando criança, o pai de um grande violoncelista o ensinou a tocar em doses curtas, frequentes e intensas. Ele tocava melhor, e com mais atenção, porque tocava mais curto. A frequência da prática e o nível de foco e atenção envolvidos são muitas vezes mais importantes do que a duração na formação dos resultados.[13] Cinco minutos de prática por dia durante dez dias, feitos com foco e atenção, provavelmente o levarão mais longe do que uma hora de prática em uma única ocasião, embora o número de minutos aplicados seja maior no segundo caso – duplamente se o seu nível de atenção começar a diminuir mais perto do final da hora.

Revisar textos menores com mais frequência permite foco e energia. Também nos permite ter um único objetivo muito específico para cada rodada de prática – algo que o psicólogo cognitivo Anders Ericsson aponta como fundamental para acelerar o aprendizado na prática. Se há apenas uma coisa para focar e melhorar, é fácil de visualizar – e depois apoiar as pessoas à medida que elas aplicam essa ideia em particular. *Vamos adicionar um verbo ativo aqui. Vamos descobrir por que essa sintaxe não funciona.* Conseguiu ver a diferença entre esses pedidos focados e um "revise seu parágrafo" mais geral? Há uma tarefa clara para começar, para que os alunos saibam o que procurar e mudar; a tarefa então termina com um progresso visível, dando a eles a sensação de sucesso que discutimos anteriormente. Isso os fará desejarem continuar na empreitada.

Como ocorre atualmente, os professores gastam uma quantidade imensa de tempo dando *feedback* aos alunos sobre sua escrita. Marcamos seus ensaios com diversos comentários que esperamos que eles leiam – quando devolvermos seus trabalhos em três ou quatro semanas – e talvez os apliquem, em um momento indeterminado no futuro. Muitas vezes, quando leem nossas resmas de *feedback*, mal se lembram do original escrito. Além do intervalo de tempo, geralmente há muito *feedback* para usar. A maior parte será ignorada e os alunos praticarão ignorar o *feedback*. Eu sou seu aluno e entre as 15 sugestões que você deu no meu trabalho de três páginas está a de usar verbos mais ativos e tornar minha tese mais clara. Talvez eu encontre oportunidades para usar verbos ativos, talvez não. Mas geralmente não há oportunidade clara e imediata para começar a tentar responder e aplicar a essa infinidade de "oportunidades de melhoria". Mesmo se eu quisesse tentar fazer todas as suas alterações, é provável que leve mais um mês para ter uma oportunidade.

Claro que você poderia me garantir a chance de reescrever minha tese me pedindo para revisar todo o ensaio, mas o custo de transação é alto. Para nós dois. Eu reescrevo a redação – assim como meus 29 colegas de turma em suas próprias redações – e você está de volta a três semanas temendo a pilha de 30 redações olhando para você de maneira acusadora no canto de sua mesa.

E se nós, como professores, aplicássemos nosso *feedback* não à escrita do maior tamanho de unidade, mas do menor? E se eu escrevesse uma frase e você sugerisse que eu a reescrevesse com mais verbos ativos e eu fizesse isso ali mesmo? Três minutos depois, você diria: "Sim, muito melhor, Doug. Viu como sua frase ficou diferente?". E eu concordaria, porque pude ver que fiz a diferença ao fazer uma mudança imediata e focada. Eu poderia olhar para o antes e depois para visualizar a mudança. E então talvez você dissesse: "Tente outro". Ou então: "Aqui está outra composição de uma frase para escrever. Concentre-se nos verbos ativos". "Sim", você diria, revisando meu trabalho apenas uma questão de segundos depois de concluí-lo. O ciclo de *feedback* de repente é rápido, focado e eficaz.

Revisão em nível de frase é prática de alta qualidade

Para maximizar os benefícios da prática, sugere Ericsson, primeiro ela deve ter objetivos específicos bem definidos. "Estamos trabalhando em nossa escrita" é insuficientemente vago. "Estamos trabalhando com o uso de verbos ativos em nossa escrita" ou "Estamos incorporando citações indiretas em nossa escrita" ou "Estamos iniciando o texto com frases preposicionais" são objetivos claros e específicos.

Progredimos mais se ensinarmos habilidades maiores ligando uma série de pequenos passos, agregando habilidades menores em um todo maior. Para isso, precisaremos que a prática em nível de sentença ocorra com frequência. Daisy Christodoulou faz uma observação semelhante em seu excelente livro, *Making good progress*. Presumimos que a melhor maneira de se preparar para uma tarefa que queremos avaliar é atribuir tarefas iguais repetidamente. Mas isso muitas vezes sobrecarrega a memória de trabalho dos alunos, como nos diz a teoria da carga cognitiva. Os alunos mostrarão mais domínio na tarefa final, mais complexa, se primeiro construírem esse domínio por meio da prática em partes discretas e gerenciáveis. Para ser claro, seus alunos escreverão composições de três páginas muito melhores se, ao longo do tempo com você, tiverem praticado regularmente a escrita e a revisão de frases excelentes.

Para obter o máximo benefício, a prática também requer uma mentalidade focada e atenção total, aconselha Ericsson. Obviamente, essa capacidade de foco é ditada em parte pela vibração da cultura da sala de aula, mas atividades mais curtas são uma maneira ideal de maximizar a capacidade de atenção dos alunos em qualquer idade. À medida que a prática gera resultados e os alunos experimentam o sucesso, sua capacidade de expandir a duração de seu foco atento também aumenta. Em outras palavras, como escrevo na técnica 39, *Solo silencioso*, comece pequeno.

Por fim, de acordo com Ericsson, a prática eficaz requer o oferecimento (e uso) de *feedback* de qualidade de uma fonte experiente. Novamente, com unidades menores de escrita, o *feedback* pode ser dado mais rapidamente e os alunos serão mais facilmente socializados para usá-lo. E, é claro, à medida que o fazem e veem mudanças positivas, é provável que se tornem mais motivados, gostando mais de escrever.

Mostre o texto: melhor amigo da revisão

Para dar vida à revisão, os professores precisam de uma ferramenta para tornar o processo visível, e para isso existe o *Mostre o texto* (técnica 13). A técnica é discutida extensivamente no Capítulo 3, mas também serve como um ótimo recurso para o ensino de revisão. O *Mostre o texto* permite que você torne o processo de revisão (muitas vezes privado e individualizado) legível e significativo para todos os alunos em sua sala de aula. Esse aspecto é um divisor de águas.

Em muitas salas de aula, uma troca típica de "revisão" sem o *Mostre o texto* pode ser algo assim:

1. Uma aluna, Martina, lê sua resposta em voz alta.
2. O professor diz à turma: "Vamos dar um *feedback* à Martina. O que foi eficaz na resposta dela?".
3. Uma colega de classe, trabalhando a partir de sua memória limitada e duvidosa do que Martina escreveu, faz uma observação vaga: "Ela deu detalhes muito bons".
4. O professor tenta evocar um exemplo específico para discutir: "Bom. O que havia de bom nos detalhes dela?".
5. A aluna que comenta, com a memória desaparecendo rapidamente, tenta corajosamente responder, mas oferece uma resposta ainda mais vaga. "Hum, não me lembro exatamente; só me lembro que eles eram muito bons".

Essa troca bem-intencionada é basicamente uma perda de tempo tanto para Martina quanto para a turma. Se você vai ter tempo de aula para praticar a revisão (e eu certamente espero que você faça), então precisa ter certeza de que tanto o aluno que é autor original quanto o restante da turma (agora no papel de "revisores assistentes") são capazes de buscar significado no exercício. Portanto, precisamos manter a escrita sobre a qual estamos falando na memória de trabalho dos alunos – ela deve permanecer visível para eles. O *Mostre o texto* faz isso, permitindo que um professor solicite análises precisas e acionáveis. Se eu projetar a escrita de Martina, posso dizer: "Gosto da frase da tese de Martina, especialmente seu uso de um verbo forte como 'devorar'" e, em seguida, usar a imagem projetada para apontar isso para todos. Ou "Gosto da frase da tese da Martina, mas ficaria ainda melhor se ela colocasse na voz ativa. Quem pode nos mostrar como fazer isso?". Dessa forma, quando falamos sobre o que há de bom em um determinado texto ou como ele pode ser melhorado, as pessoas não estão apenas acompanhando, mas são capazes de pensar ativamente sobre a tarefa de revisão. Como a maioria das informações que levamos para o cérebro chega até nós visualmente, os alunos agora entenderão e lembrarão muito melhor da revisão sobre a qual você está falando.

Tornar um problema visível também permite que você faça perguntas com base na percepção. Perguntar a um aluno "Você vê algum verbo que poderíamos melhorar?" é muito melhor do que dizer "Amari usou um verbo mais ou menos aqui, vamos ver se podemos melhorá-lo". A primeira questão não apenas faz os alunos exercitarem a habilidade de melhorar os verbos, mas reconhecerem – e praticarem o reconhecimento – lugares onde isso precisa ser feito, onde a escrita pode se beneficiar da melhoria. Sem a etapa crítica de perceber oportunidades de revisão por conta própria, eles não aprenderão a escrever de forma independente.

Por fim, depois de alavancar a mente de todos os alunos da turma e extrair pensamentos de vários deles sobre a revisão em mãos, você pode criar uma oportunidade para todos aplicarem o aprendizado que acabaram de fazer. "Ótimo, agora vamos todos analisar nossas frases, verificar as que estão na voz ativa e revisar as que estão na voz passiva." Por meio do uso do *Mostre o texto*, a proporção de pensamento e a proporção de participação na tarefa de revisão aumentaram exponencialmente.

Aliás, uma ótima maneira que tenho visto para os professores garantirem que todos os alunos aprendam com as oportunidades de revisão é fazendo algo chamado "reescrita *off-line*". Após o *Mostre o texto* do aluno A, forneça *feedback*, peça à turma para revisar e, em seguida, faça o *Mostre o texto* do trabalho do aluno Z para ver se ele aplicou o *feedback* também. Isso garante que todos sejam responsáveis por aplicar o *feedback*, não apenas a pessoa que *Mostrou o texto*. Isso também dá aos alunos o tempo e o espaço de que precisam para fazer revisões ponderadas, o que pode ser especialmente útil para aqueles que precisam de mais tempo de processamento antes de aplicar o *feedback* com eficácia.

Sobre a revisão da escrita

Aqui estão algumas dicas para ajudá-lo a tornar as revisões o mais produtivas possível.

Judith Hochman observou que é importante distinguir a *edição*, que é corrigir erros básicos como uso de maiúsculas e minúsculas, pontuação e ortografia, da *revisão*, que é a tarefa de melhorar a escrita – especificamente revisando a estrutura ou a escolha das palavras. Como Hochman apontou, se você deixar os alunos escolherem, eles geralmente editarão, principalmente porque é mais fácil adicionar uma letra maiúscula que ficou faltando do que revisar uma frase para usar uma conjunção subordinativa, por exemplo. Na verdade, muitos professores também preferem editar em vez de revisar por esse mesmo motivo. Porém, é claro que o verdadeiro trabalho está na revisão.

Uma tarefa de alto valor que Hochman sugere é pedir aos alunos que adicionem uma frase apositiva a uma frase que não tem substância. Em uma aula na New Dorp High School em Staten Island, uma professora começou a revisar a frase "Gandhi teve um impacto". Ela primeiro pediu a seus alunos que usassem um *Virem e conversem* para escrever quatro bons apostos para descrever Gandhi. Os alunos então inseriram os melhores apostos na frase para que se lesse, por exemplo, "Gandhi, um importante líder pacifista, teve um impacto". Depois que a professora solicitou que acrescentassem mais alguns esclarecimentos, os alunos criaram frases como: "Gandhi, um pacifista e líder importante na Índia, teve um forte impacto na sociedade". E a melhor parte não era tanto que seus alunos tinham tornado essa frase nitidamente melhor, era que eles estavam aprendendo a usar um dispositivo replicável, a inclusão de uma frase apositiva, para melhorar qualquer frase que pudessem escrever. Esse é o poder de uma boa tarefa de revisão: ela ensina uma habilidade replicável. Com agradecimentos a Hochman pelas ideias que informam algumas dessas sugestões, aqui estão mais algumas tarefas de revisão de alto valor:

1. Deem uma olhada no trabalho de Ivan aqui. Quero que vocês encontrem dois lugares onde um vocabulário técnico mais específico pode tornar o trabalho dele ainda melhor.

2. Deem uma olhada no trabalho de Ivan aqui. Quero que vocês encontrem pelo menos um lugar onde ele pode substituir uma citação direta por uma paráfrase parcial ou total. Estejam prontos para nos mostrar como ele poderia escrever dentro ou fora da citação.

3. Deem uma olhada no trabalho de Ivan aqui. Quero que vocês encontrem seus dois melhores e mais dinâmicos verbos e depois encontrem dois verbos que poderiam ser atualizados para tornar sua escrita mais forte.

4. Deem uma olhada no trabalho de Ivan aqui. Quero que vocês usem uma conjunção subordinativa para acrescentar informações cruciais.

5. Deem uma olhada no trabalho de Ivan aqui. Quero que vocês incluam uma frase começando com "mas", "porque" ou "assim", para melhorar esta frase.

6. Deem uma olhada no trabalho de Ivan aqui. Quero que vocês peguem essas duas frases e as juntem, para mostrar como as ideias se conectam e tornam sua escrita mais fluida.

NOTAS

1. Um estudo recente mostrou que o ruído de fundo, em especial aquele na forma de vozes humanas, reduzia rapidamente a compreensão da leitura. O efeito foi mais forte nos leitores mais fracos. Existe alguma razão para pensar que escrever seria diferente? Ver GUERRA, G. *et al.* Loudness and intelligibility of irrelevant background speech differentially hinder children's short story reading. *Mind, Brain, and Education*, v. 15, p. 77-87, 2021.

2. MCCREA, P. *Motivated teaching*: harnessing the science of motivation to boost attention and effort in the classroom. [S.l.]: Createspace Independent Publishing Platform, 2021. Por favor, leia esse livro, ele é realmente espetacular.

3. Significa que você não entregará hoje. Uma vez que você tenha todos trabalhando, você pode coletar ocasionalmente, fazer um *Mostre o texto* ou qualquer outra coisa, mas primeiro você só quer que os alunos escrevam, então reduza as perguntas, ansiedades e distrações sempre que possível.

4. Algumas aulas obviamente estarão prontas para isso imediatamente e precisarão de menos incentivo e podem oferecer mais desafios, como "Use seu novo vocabulário" ou "Tente pensar em vários motivos", desde o início.

5. Para saber mais sobre o currículo, confira o *site Teach Like a Champion*: https://teachlikeachampion.com/reading-reconsidered-curriculum/.

6. Gosto de usar uma versão ligeiramente adaptada da definição de Saddler: "A capacidade de usar diversas estruturas sintáticas para criar uma série de frases que expressam claramente um significado pretendido".

7. LOVELL, O. *TOT092*: techniques over strategies, on teaching grammar, + more. 2021. Disponível em: https://www.ollielovell.com/tot/092/#Some_insightful_thoughts_on_teaching_Grammar_via_DaisyChristo. Acesso em: 30 ago. 2022.

8. Eu não tenho ideia de quais são os termos técnicos para descrever a maioria dos elementos de sintaxe que eu estava usando naquela frase extravagante (nem estou sugerindo que fantasia é igual a bom). "Vagamente aposto" certamente não é um termo técnico. Mas posso usar a maioria dessas ferramentas, mesmo que não saiba como são chamadas. Pelo menos, eu tenho um controle sintático razoável.

9. Você olhou com amor para o seu exemplar do livro dela, colocado em um lugar de honra em sua estante, enquanto o lia? Se não, isso sugere que você não leu. Mas deveria.

10. Para ser justo, ele é ótimo em todos os aspectos da escrita. Eu uso o trabalho dela sobre frases apenas em parte.

11. Uma história da minha infância: no 5º ano escrevi um relatório de livro. Minha frase introdutória dizia que o livro era interessante. "Você não pode escrever um relatório de livro em que sua frase introdutória chame o livro de interessante", disse minha mãe. "Que tipo de interessante? Por quê?" De volta ao meu quarto, passei 20 minutos me perguntando: "Bem, o que havia de tão interessante nele? Por quê? Que palavra poderia capturar isso?". Reescrevi minha frase quatro ou cinco vezes para entender e expressar com mais clareza o que sentia. É possível que eu ainda tenha tirado um C.

12. Grande parte da minha discussão sobre a prática deliberada baseia-se nas ideias do falecido Anders Ericsson, talvez o principal pesquisador da ideia de "prática deliberada" e o criador desse termo. Eu recomendo seu livro: ERICSSON, E.; POOL, R. *Direto ao ponto*: os segredos da nova ciência da expertise. Belo Horizonte: Gutenberg, 2017.

13. É certo que, se você quiser ser um ioiô, precisará de ambos.

CRIANDO PROPORÇÃO PELA DISCUSSÃO

Stephen Covey observou há mais de 30 anos que "a maioria das pessoas não ouve com a intenção de entender. Elas ouvem com a intenção de responder".[1] Essa observação talvez nunca tenha sido mais verdadeira do que hoje, quando corremos o risco de trabalhar em salas de aula que ecoam as formas cada vez mais dominantes e contraproducentes de discussão, ainda mais fortes na mídia social – um lado explodindo um ponto de vista que eles têm certeza de que não está errado nem se parece com o lado oposto, que está ocupado preparando uma resposta no mesmo nível. O objetivo de provar que está certo em uma discussão é muito diferente do objetivo de aprender com ela. Sem uma escuta cuidadosa, um propósito compartilhado claro e uma sensação de que a discussão deve adicionar ao nosso entendimento coletivo e individual, não estamos realmente obtendo o que deveríamos com isso. Talvez sem essas coisas não estejamos nem sequer discutindo.

Vale pelo menos perguntar se nossas salas de aula podem contribuir involuntariamente para a tendência das pessoas de adotarem um discurso mais amplo, caracterizado muito mais pela necessidade de falar o que deve ser falado do que pela busca da escuta e das diferenças. Será que nossos alunos estão aprendendo a ouvir bem? Uma pergunta pode ser mais poderosa que uma manifestação assertiva? Supor que sua primeira impressão pode estar errada, e apenas talvez acreditar que eles tiveram sucesso se e quando eles mudaram seu pensamento? Sabedoria, principalmente, é perceber o quanto você sabe pouco. Quanta conversa existe e com que avidez ela é oferecida muitas vezes é o critério pelo qual medimos nossas discussões. Falar, afinal, é fácil de verificar e medir. Mas podemos ser mais bem servidos socializando os alunos para ouvir e prosseguir com uma mentalidade que diz: "Provavelmente tenho muito a aprender com os outros". Seria mais difícil, mas talvez mais valioso, medir nossas discussões com base tanto no ouvir quanto no falar.

Discussões *eficazes* em sala de aula são raras. Muitas pessoas podem dizer que isso é porque é difícil fazer os alunos falarem. Na verdade, os professores *dizem aos alunos* que, durante a discussão, quase sempre eles querem que eles falem mais. Os alunos são avaliados por sua participação e isso geralmente significa quantas vezes eles falam, e talvez com pontos extras pela força de sua opinião. Uma *boa* discussão, nesse paradigma, significa muitos alunos falando, e uma ótima significa muitos alunos falando *e expressando opiniões com vigor e confiança*. Colby argumenta vigorosa e repetidamente sobre a Lei Kansas-Nebraska e estamos satisfeitos. Olhe para ele se esforçando por suas ideias![2] Ele sabe no que acredita e não se deixará influenciar!

Falar muito é ter sucesso. Falar mais alto, ser mais ardente em suas opiniões e crenças, é ter mais sucesso.

Mas falar só melhora o pensamento do aluno se for parte de uma troca e se as pessoas estiverem ouvindo umas às outras – idealmente com mentes abertas inclinadas a considerar e potencialmente mudar as reações e opiniões iniciais. Uma discussão verdadeira exige que os alunos ouçam bem e respondam após uma consideração cuidadosa. Talvez a ideia de que Colby tenha certeza do que acredita e não se deixe influenciar não seja algo totalmente bom.

Além disso, para que uma discussão seja eficaz, o objetivo deve ser mais do que provar que você está certo e os outros estão errados. O nome disso é debate. Na sala de aula, o propósito deve ser aprender em vez de vencer a discussão –, informar em vez de confirmar o que você achava que sabia. Todos os participantes, então, estão trabalhando para finalmente responder à pergunta: o que eu ou nós aprendemos com esse processo?

Neste capítulo vou tratar de como falar, mas vou tentar abordar tanto o falar quanto o ouvir. Embora devamos incentivar a fala, é o ouvir – e talvez o ideal seja falar em conjunto com o ouvir com atenção – que é mais valioso em nossas discussões.

Um modelo mental claro é um bom ponto de partida. Algo diferente de "falar mais e falar mais alto" deve moldar nosso propósito. Se não formos claros sobre como a discussão é diferente dos alunos apenas falando, podemos obter apenas alunos falando.[3]

Neste capítulo, discutirei ferramentas para construir discussões mais produtivas. Vou começar com o *Virem e conversem*, um procedimento para discussões em pares. Um benefício de uma sala de aula onde as conversas em pares são excelentes é que elas podem apoiar e melhorar muitos dos hábitos que suportam discussões maiores com todo o grupo. Em segundo lugar, falarei sobre os *Hábitos de discussão*, que descreve como construir hábitos produtivos para fomentar a colaboração e a coesão nas discussões. Em seguida, discutirei o *Processo em lotes*: deixar os alunos falarem e responderem uns aos outros frequentemente, em curtas sequências. Vou encerrar com a *Discussão disciplinada*, que sugere que ajudar as pessoas a permanecer no tópico e seguir um tema é uma habilidade negligenciada. Costumamos valorizar ideias "fora da caixa", mas comentários "dentro da caixa" costumam ser muito mais valiosos.

TÉCNICA 43: VIREM E CONVERSEM

Virem e conversem – uma discussão curta, em pares – é uma ferramenta de ensino comum, usada em milhares de salas de aula, que oferece muitos benefícios. Entre outros:

- Aumenta a proporção de participação. Você diz "Por que o Scout tem medo? *Virem e conversem* com seu colega por 30 segundos. Vão!" e de repente 15 vozes estão indo ao mesmo tempo em vez de apenas uma. Em pouco tempo, você deu a quase todos a chance de compartilhar uma resposta.

- Pode aumentar a disposição dos alunos relutantes em falar em ambientes maiores. Uma aluna ensaia uma ideia que talvez não tenha apresentado na frente de 30 pessoas e descobre que ela se sai bem ou ganha a admiração de seu colega. Assim, ela se torna mais disposta a compartilhar o que pensa com todo o grupo.

- É uma ótima resposta quando a turma parece travada. Você faz uma pergunta, recebe apenas um punhado de mãos ou talvez nenhuma, e responde: "Hmmm. Ninguém parece muito certo. *Virem e conversem* com seu colega por 30 segundos. Veja se conseguem ter algumas ideias. Vão!". De repente, você tem uma solução alternativa para explicar a resposta.

- Pode permitir que você ouça as conversas e escolha comentários valiosos para iniciar a discussão, como "Maria, você poderia compartilhar o que você e Justine conversaram?".

Mas há desafios acompanhando os benefícios. *Poder* resultar em 15 pessoas falando ao mesmo tempo não significa que isso vai acontecer, e um *Virem e conversem* desconectado, onde há poucos virando e ainda menos conversando, é desgastante para o cultivo dessa cultura. E há uma variedade de desafios de responsabilização:

- As conversas podem desviar-se do tópico atribuído e podem nem sequer abordar o tópico. (Afinal, é emocionante ter a chance de conversar com seu colega no meio da aula.)

- Existe o risco de que os alunos em um *Virem e conversem* ouçam mal – que seu colega seja apenas um alvo para suas próprias palavras e não uma fonte de ideias.

- Mesmo que todos estejam no tópico e ouvindo o máximo possível, informações errôneas ainda podem se espalhar. Billy SabeComCerteza diz a Tammy CostumaAcreditar que tirar a raiz quadrada de alguma coisa significa dividi-la por dois; ela acena com a cabeça, começa a memorizá-lo, e você nunca saberá disso. O pesquisador educacional Graham Nuthall, observando cuidadosamente os alunos durante as aulas,[4] descobriu que eles frequentemente persuadiam seus colegas de classe de que informações errôneas eram verdadeiras. Os mais crédulos provavelmente seriam aqueles com o conhecimento mais fraco sobre um tópico.

Portanto, *usado com frequência* nem sempre implica *bem usado*. Os detalhes de execução são críticos. A execução de BreOnna Tindall de seu *Virem e conversem* no vídeo *BreOnna Tindall: Pedra Angular* oferece um roteiro. Os alunos leram uma pequena passagem sobre a ideia de "justiça cega" e foram solicitados a discutir se a ideia de justiça ser cega deveria ser um símbolo positivo ou negativo. BreOnna dá uma orientação: "Um minuto para *Virem e conversem*. Compartilhe sua resposta com seu colega da frente. Vão!". De repente, a sala ganha vida.

Seu sucesso começa com as instruções. Eles são nítidos e claros, sem uma palavra estranha, *economia de linguagem* exemplificada. A velocidade e a energia da transição coroada pela dica para a ação "Vão!" significa que todos começam exatamente ao mesmo tempo. Ninguém tem tempo ou incentivo para olhar ao redor e ver se seus colegas estão realmente fazendo isso. Dessa forma, suas instruções exemplificam a técnica 28, *Marque as etapas*.

Claro que é fundamental que o *Virem e conversem* seja um procedimento familiar. BreOnna ensinou seus alunos a fazê-lo e eles o praticaram. No vídeo, você pode ver a familiaridade deles com isso. Eles sabem quem é seu colega sem precisar perguntar; eles iniciam suas conversas com conforto e naturalidade; eles falam no volume adequado. E, talvez, acima de tudo, a prática lhes ensinou que, já que todos vão participar do *Virem e conversem* com energia e entusiasmo, eles podem fazer o mesmo com segurança. Essa falta de hesitação é uma das principais razões pelas quais, apenas alguns segundos após o aviso, a sala ganha vida.

Curiosamente, não é apenas um procedimento. Como a frase "*Virem e conversem* com seu colega da frente" indica, existem *colegas da frente* e também *colegas do lado*. BreOnna pode manter as coisas atualizadas mudando com quais colegas os alunos conversam. O *layout* de sua sala é projetado em torno do *Virem e conversem*!

E não negligencie a frase "compartilhe sua resposta", pois isso implica algo importante. Claro, eles têm muito a dizer. Os alunos escreveram primeiro e estão compartilhando o que escreveram. Tal como acontece com as discussões do grupo inteiro, escrever primeiro significa uma discussão com o colega mais concreta e inclusiva (ver técnica 40, *Antecipe a escrita*). Como veremos, o *Virem e conversem* funciona melhor quando pensado em sinergia com o que acontece antes e depois.

Por fim, BreOnna diz a seus alunos que eles terão (apenas) um minuto para conversar. Isso os ajuda a avaliar o tamanho adequado de seus comentários. E, ironicamente, manter o *Virem e conversem* curto maximiza seu valor. Essa é uma premissa para a discussão em classe maior, então BreOnna quer que os alunos tenham ainda mais a dizer quando terminarem. Ela não quer que eles digam tudo ainda.

Você pode ver muitos dos mesmos temas no vídeo *Sarah Wright: Pedra Angular*. Primeiro, Sarah faz uma pergunta: "Supondo que você fosse o Tio Luis [no romance *Esperanza rising*, de Pam Muñoz-Ryan], o que você diria?". Essa é uma reiteração de uma pergunta que eles já responderam por escrito, e agora podem compartilhar seu brilhantismo. Há mãos levantadas, e em grande quantidade. Os alunos estão ansiosos para conversar, então este pode parecer um momento surpreendente para escolher um *Virem e conversem*. Um de seus melhores usos, como já observei, é ajudar a criar engajamento quando os alunos hesitam. Mas aqui é útil pelo motivo oposto. Quando você tem muitas mãos ansiosas, o *Virem e conversem* pode ser uma ótima maneira de deixar todos conversarem e minimizar a frustração de que *tive uma ótima resposta e não consegui compartilhar*.

Como na sala de aula de BreOnna, as instruções de Sarah são nítidas e claras, sem exagero de palavras. Elas terminam com uma dica consistente – o mesmo que Breonna, "Vão!" – e novamente a sala fica cheia de vida. Você pode então ver Sarah circulando, ouvindo as respostas, compartilhando sua apreciação e talvez decidindo a quem chamar.

Mas, novamente, nem todo *Virem e conversem* se parece com isso. Como um professor constrói esse nível de energia e produtividade?

O primeiro passo é garantir que os alunos se sintam responsáveis por fazer a tarefa à sua frente da melhor maneira possível. Depois de fazer isso, você pode começar a projetar a atividade para o máximo rigor. Essa atitude "inclusiva" é alcançada principalmente por meio da construção intencional de hábitos. Nos vídeos, nem BreOnna nem Sarah dizem a seus alunos: "Estejam atentos; sejam ativos; façam o seu melhor e falem sobre o assunto em questão". Esses aspectos são compreendidos. Os alunos os fazem automaticamente, o que significa que são cuidadosamente ensinados e reforçados até que se torne rotina.

Crie a rotina

Virem e conversem é um procedimento recorrente em sala de aula; um meio comum para os alunos envolverem suas ideias. Quanto mais frequentemente algo se repete na sala de aula, mais importante é torná-lo uma rotina – mapear as etapas do procedimento, depois ensaiar e repetir até que aconteça sem problemas e quase sem esgotar a memória de trabalho. Você pode ler mais no Capítulo 10 sobre instalação de rotinas, mas alguns aspectos específicos da rotina *Virem e conversem* merecem comentários específicos.

"Meus *Virem e conversem* costumavam ser bastante ineficazes", compartilhou BreOnna. "[Os alunos] não falavam – ou falavam sobre outra coisa." Agora, porém, ela cria "um lançamento extenso onde eu explico 'é isso que estou esperando [conversas ativas sobre o assunto; fazendo perguntas uns aos outros], esse é o tipo de linguagem que eu quero ouvir [vocabulário acadêmico]. Eu quero ver essas ações [assentindo; encarando um ao outro; mostrando ao seu colega que você está ouvindo].'

Pode parecer um pouco do Tipo A, mas honestamente acho que as crianças simplesmente não sabem como ter uma conversa acadêmica de modo a destacar o melhor em seu colega. Eu tento garantir que eles tenham todas as ferramentas antes que precisem delas."

Quem fará parceria com quem deve ser definido com antecedência para que as conversas possam começar sem mais ação ou discussão, como acontece nas aulas de BreOnna e Sarah. Geralmente, os colegas devem ser pares que estão sentados lado a lado e devem permanecer assim durante a aula – embora, como observei, os alunos de BreOnna tenham dois pares de colegas em potencial: um colega do lado e um colega da frente. Na aula de Sarah, há apenas um colega, mas em ambos os casos, esse colega é claramente estabelecido antes do início da aula.

O valor não está apenas no fato de que, quando os alunos estão conversando com um colega em dois segundos, eles estão usando o tempo com eficiência. É que uma transição rápida e familiar preserva a continuidade do pensamento. O que quer que estivesse em sua mente enquanto escreviam permanece em sua memória de trabalho quando eles entram no *Virem e conversem*. Cinco ou dez segundos gastos procurando um colega ou vasculhando a sala para ver se todo mundo está fazendo o *Virem e conversem* é mais do que suficiente para retirar um pensamento-chave da memória de trabalho.

Em outras palavras, para o bem do pensamento, a transição deverá ser suave, precisa e quase invisivelmente eficiente.

A dica de entrada

Observe os alunos durante o *Virem e conversem* no vídeo *Christine Torres: Pedra Angular*. O primeiro exemplo começa com Christine perguntando: "Como a imagem *implora*? Quinze segundos com seu colega. Vão!".

Poucos minutos depois, ela pergunta: "Que comentário ácido o juiz poderia ter feito? Quinze segundos para o *Virem e conversem*. Vão!".

Em cada caso, a dica é curta, nítida e precisa e a resposta é uma energia decisiva para gerar impulso – talvez entusiasmo seja uma palavra melhor – na turma.

Você acha que os alunos do ensino médio não fariam isso? Assista aos alunos de Denarius Frazier no início do vídeo *Denarius Frazier: Pedra Angular*: "Diga ao seu colega o que você quer lembrar toda vez que estivermos fazendo divisão sintética". Ou ao de Sadie McCleary no início de sua *Pedra Angular*: "Com seu colega: o que acontece com a pressão de um gás quando você aumenta a temperatura e por quê, com base no movimento das partículas? Vão!".

Não há um pingo de relutância ou cinismo à vista. Os alunos nesses vídeos estão nos mostrando que percebem e reagem às normas da sala de aula. Se olharem ao redor da sala e perceberem hesitação, se não virem os outros se virando e conversando imediatamente, eles não perceberão que a atividade é a norma. Alguns alunos não o farão e aqueles que o fizerem provavelmente fingirão a participação necessária, mas procurarão fazer o mínimo necessário.

Porém, se os alunos percebem nas primeiras frações de segundo que o engajamento positivo universal é a norma, ou se eles assumem – ao anteciparem a vinda do *Virem e conversem* – que todos irão naturalmente participar com interesse e entusiasmo, então você tem o tipo de energia vibrante que pode ser vista nas salas de aula de Christine, BreOnna, Sarah, Denarius e Sadie.

Em outras palavras, é fundamental que o *Virem e conversem* se torne um procedimento familiar e bem ensaiado, e é fundamental que seja lançado com uma dica de entrada que seja tanto uma *instrução* – aqui está o que fazer – quanto um *sinal* para começar, e assim deve ser curto, nítido e claro. Você precisa de palavras suficientes para esclarecer a pergunta e a tarefa; além disso, manter a dica de entrada curta e vigorosa gera energia.

Não é coincidência, então, que as dicas de entrada que vemos sejam tão semelhantes.

A receita é **Definir. Nomear. [Tempo]. Ir!** em quase todos os casos. Os professores definem a pergunta com clareza, depois identificam que a tarefa é um *Virem e conversem* e então (às vezes) definem um contexto de tempo. Então eles dão um sinal consistente para começar. Não é surpresa que o sinal quase sempre seja "Vão!", dado o objetivo de construir uma norma imediatamente visível de engajamento positivo.

Vale a pena demorar um pouco no primeiro passo, definindo a pergunta. Uma vez que um procedimento forte tenha sido instalado (veja as técnicas 49 e 50, em particular, para obter orientação sobre essa etapa crítica), a definição é a parte mais complicada. É muito difícil entrar em uma discussão com energia e entusiasmo se você não tiver certeza sobre a pergunta ou o que ela significa. E isso significa que, para os professores, a pergunta para discussão deve ser cuidadosamente formulada e possivelmente elaborada com antecedência. Às vezes você usará uma de forma reativa no momento – "Hmm. Estamos um pouco divididos na resposta. Virem-se e discutam com seus colegas..." – mas, na maioria das vezes, professores como os que assistimos provavelmente redigiram seus *Virem e conversem* em suas anotações. No Capítulo 2, você pode ver um exemplo de como Christine prepara essa parte da aula.

Também vale a pena notar que pode haver casos em que você queira variar sua cadência, tom e inflexão ao formular uma questão. Por exemplo, se eu achasse que a pergunta era especialmente desafiadora e ponderada e quisesse que os alunos pensassem com cuidado antes de começarem a *Virar e conversar*, eu poderia dar minhas instruções com uma cadência mais lenta e um tom reflexivo. Recentemente, assisti Rue Ratray (então da Edward Brooke Charter School, em Boston) fazer isso com maestria em uma de suas aulas. Os alunos estavam lendo uma entrevista com Lois Lowry sobre seu romance *O doador*, e se depararam com uma frase que exigia uma leitura atenta. "Eu concordo com Nijah", disse Rue. "Precisamos desmembrar a frase '*Rejeitar a autoridade e a sabedoria do corpo governante*'. O que *isso* significa?", ele perguntou. Ele falou devagar e inclinou a cabeça ligeiramente em aparente confusão. Ele parou por alguns segundos para deixar a pergunta penetrar. Depois: "*Virem e conversem* com seu colega. Vão!".

Quando ele disse isso, a classe ganhou vida. A frase que Rue usou, "*Virem e conversem* com seu colega. Vão!" foi fundamental para esse sucesso. Ela era familiar porque ele a usava constantemente há semanas enquanto os mandava para as sessões de *Virem e conversem*. Mas aqui ele combinou com um pouco de *Tempo de espera* de antemão... quatro ou cinco segundos para começar a refletir antes de falar. Denarius Frazier também usa um longo trecho de *Tempo de espera* antes de sua sugestão nítida para *Virem e conversem* no início do seu Pedra Angular, para dar um tom mais pensativo e reflexivo.

Se a transição para o *Virem e conversem* for nítida e a rotina conhecida, você pode criar a técnica no calor do momento. Observe como o *Virem e conversem* se desdobra no vídeo *Alonte Johnson: Coragem de mãe* durante a aula de Alonte sobre o poema de Edna St. Vincent Millay "The Courage That My Mother Had". O *Virem e conversem* de Alonte não foi planejado – uma reação ao pequeno número de mãos levantadas que ele vê quando faz sua pergunta. Ele pensa... *Ah! Eles são reticentes. Vou deixá-los falar para construir suas ideias e aumentar sua confiança*. Ele até compartilha essa intenção com eles no final: "Fico feliz em ver tantas outras mãos...". Somente quando a rotina é perfeita e clara você pode lançá-la de improviso desse jeito. Mas, se você puder, é uma ferramenta ideal para responder ao desinteresse.

Como administrar as viradas e os comportamentos de escuta

Uma sugestão rápida e consistente de *Virem e conversem* ajuda a promover uma discussão enérgica entre todos os alunos. Mas para retornar a um dos temas deste capítulo, o valor da discussão que vem depois depende tanto da qualidade da audição quanto da qualidade da fala, então vale a pena dedicar um momento para considerar algumas das formas como os professores podem construir e reforçar comportamentos de escuta durante o *Virem e conversem*.

Um dos meus favoritos é o uso ocasional de viradas controladas – intencionalmente deixando um colega ou outro começar primeiro. Isso é valioso porque podemos fazer duas suposições importantes sobre a maioria dos *Virem e conversem*. Primeiro, a conversa dentro deles não será dividida igualmente. Às vezes, a primeira pessoa a falar vai falar por todo o período da atividade. Isso pode ser por motivos legítimos – o *Virem e conversem* é curto e demora um pouco para explicar algo, ou eles estão presos em uma ideia. Em segundo lugar, podemos supor que alguns alunos estão mais inclinados a falar do que outros. Eles provavelmente interpretarão a frase "*Virem e conversem* com seu colega, vão!" como uma dica para começar a falar sozinhos. Outros são mais reservados por natureza. Eles provavelmente interpretarão a frase "*Virem e conversem* com seu colega, vão!" como uma sugestão para olhar para o colega e incentivá-lo a começar a falar. Nem sempre, é claro, mas existem tendências, mais fortes ou mais fracas, entre alunos específicos. Se os emparelharmos de forma neutra, aqueles que tendem a falar mais falarão mais – quando talvez seja mais benéfico para eles praticar a escuta – e aqueles que são mais quietos estarão mais inclinados a ouvir – quando talvez seja bom para eles falar um pouco mais.

Eric Snider, da Achievement First Bushwick Middle School, usou a ideia de turnos gerenciados para abordar isso em uma aula recente. Sua turma estava lendo Ray Bradbury. Durante uma cena tensa, Eric olhou para seus alunos. "Com o que David, o filho, está se sentindo preocupado?" Fazendo uma breve pausa, ele acrescentou: "Cabelo comprido com cabelo curto". Essa frase foi o estímulo para um *Virem e conversem*. Isso significava que o membro de cada par com cabelo mais comprido iniciaria a conversa. Outras vezes, quando Eric usava a dica de entrada, ele dizia: "Cabelo curto com cabelo comprido",[5] para inverter quem vinha primeiro e garantir o equilíbrio na participação. Outras vezes, é claro, ele não especificava quem começava e deixava isso para os alunos. A ideia é ocasionalmente aumentar a equidade da fala, equilibrando as funções de falar e ouvir.

Uma ferramenta relacionada que pode equilibrar a equidade da fala durante as sessões de *Virem e conversem* é inserir um ponto de troca intencional. Por exemplo, "Estamos na metade dos seus 90 segundos. Por favor, certifiquem-se de trocar de colega, se ainda não o fez".

Outro recurso útil para socializar a escuta no *Virem e conversem* é pedir aos alunos que se refiram à ideia do colega ao chamá-los depois, como em: "Rodrigo, sobre o que você e Kelsey conversaram?". Ou, depois que Rodrigo diz "Acho que a reação vai liberar energia térmica", perguntando "A Kelsey concordou?". Ou, em ocasiões em que os alunos mencionam espontaneamente o pensamento de seus colegas – "Não tínhamos certeza, mas Kelsey achava que seria exotérmico" –, dizendo "Obrigado por citar as ideias de seu colega".

Você também poderia ser mais objetivo: "Eu adoraria ouvir alguns membros da turma cujo colega compartilhou um exemplo particularmente útil durante o *Virem e conversem*" ou "Gostaria de começar com alguém cujo colega disse algo surpreendente". Deixar os alunos saberem que notamos e nos importamos quando eles mostram que valorizam as contribuições de seus pares é uma maneira de fazê-los participar mais.

"Ao questionar depois de um *Virem e conversem*, pergunto sobre as conversas", observou Bill Wilkinson, vice-diretor de ciências da Beechen Cliff School, em Bath, Inglaterra. Ele sugere fazer perguntas como: 1) Quais pares discordaram na resposta no início?; 2) Quais pares concordaram no final?; 3) Qual de vocês mudou de ideia? Diga-nos o porquê; 4) Não me diga o que você pensou, me diga o que seu colega pensou.

O desafio da responsabilização

Aqui estão algumas ferramentas que podem ajudar a garantir que suas sessões de *Virem e conversem* sejam responsáveis e focadas, ou seja, que os alunos sintam uma leve pressão para fazer o seu melhor trabalho e permanecer na tarefa.

Use uma chamada *De surpresa* (técnica 34) para definir a expectativa de que todos devem estar prontos para falar sobre alguma percepção que obtiveram após a conclusão do *Virem e conversem*. Assuma um tom positivo e certifique-se de parecer genuinamente interessado: Magalie, conte-nos um pouco sobre o que você e Donald conversaram... Se isso for relativamente previsível, os alunos saberão que precisam estar prontos para resumir sua conversa. Muitas vezes você pode tornar essa probabilidade de uma chamada *De surpresa* mais transparente, informando os alunos de antemão que é provável que ocorra: "Um minuto para discutir as imagens que você notou com seu colega. Eu posso chamar *De surpresa* alguns de vocês para compartilhar, então esteja pronto com o que você e seu colega discutiram. Vão!".

Circular durante o *Virem e conversem* e ouvir as conversas lhe oferece uma recompensa dupla – permite que você demonstre apreciação e interesse pelo bom trabalho e garanta tacitamente que os alunos estejam focados e produtivos. Você pode ver nas fotos a seguir de Christine Torres, Sarah Wright e BreOnna Tindall como elas usam a linguagem corporal e a postura para mostrar seu interesse no que ouvem os alunos dizerem enquanto circulam. Em alguns casos, elas estão respondendo verbalmente. Em outros, elas estão apenas ouvindo e mostrando o quanto apreciam o esforço máximo.

Virem e trabalhem. Você também pode transformar seu *Virem e conversem* em *Virem e trabalhem*. Um ótimo exemplo pode ser visto no vídeo *Gabby Woolf: Pedra Angular*. Depois de uma rodada de *Leitura em FASE* (técnica 24) com sua turma, Gabby pede aos alunos que leiam a próxima seção de texto uns para os outros em pares. É um trabalho de parceria, mas o que eles fazem juntos é algo diferente de discussão. Isso pode significar: "Com seu colega, crie uma lista de três palavras para descrever o cenário" ou "Com seu colega, escreva uma hipótese descrevendo os resultados que você acha que pode ver no experimento". "Com seu colega, resolva o problema 4. Vou chamar *De surpresa* alguns de vocês para ouvir suas respostas. Vão!" Pedir uma entrega clara enfatiza um pouco mais a responsabilidade porque a tarefa é mais evidente. Se for uma tarefa escrita, serve ainda melhor para esse propósito: você pode observá-la enquanto circula. Pode solicitar aos alunos que "compartilhem o que você escreveu", e pode até coletar o trabalho para revisá-lo mais tarde.

Uma pequena lição para professores do ano de 2020 e instrução *on-line* vem de fazer *Virem e conversem on-line* via salas de apoio. O motivo mais comum pelo qual os pares estão fora da tarefa em uma sala de apoio *on-line* é que os alunos não conseguem se lembrar ou não entenderam a pergunta! Portanto, certificar-se de que a questão esteja absolutamente clara – e possivelmente até mesmo escrita em algum lugar se o *Virem e conversem* tiver mais de um minuto de duração – pode ajudar a lembrar as pessoas do que elas deveriam estar discutindo.[6]

Uma nota final sobre responsabilização e foco. Os alunos se envolvem totalmente no *Virem e conversem* em grande parte porque é seu hábito fazê-lo. Queremos evitar que eles adquiram o hábito de ficar olhando uns para os outros durante um *Virem e conversem* por ter pouca coisa para falar. Na verdade, queremos evitar que eles tenham essa experiência. Desejamos que eles assumam que a conversa será ativa e útil. Uma razão pela qual os alunos podem ter experiências com sessões de *Virem e conversem* desengajadas e passivas é porque, de outra forma, as sessões produtivas foram muito longas e resultaram em momentos embaraçosos quando eles e seus colegas já tinham falado. Esse é o meu primeiro tópico na próxima seção, mas vale a pena notar que sustentar o *Virem e conversem* curto também desempenha um papel importante para manter os alunos engajados.

Planejamento e sequência com rigor

Recentemente assisti a uma aula, cujo tema foi atrito, de uma turma de ciências do ensino médio. A turma havia lido um artigo sobre como o atrito pode afetar os movimentos de uma bola de basquete durante um jogo, e o professor pediu que fizessem um *Virem e conversem* para discutir o que aprenderam. A sugestão do professor era nítida e ele havia estabelecido uma cultura de responsabilização positiva, então os alunos entraram em ação, compartilhando sua energia, sua empolgação e, como se viu depois, uma grande quantidade de desinformação.

Quando o professor pediu aos alunos que compartilhassem as ideias que discutiram em duplas, os três primeiros em cada quatro dividiram ideias mal aplicadas ou não entendiam como o atrito funcionava. Quase todos, diziam os dados, compartilharam e acreditaram em interpretações errôneas sobre o artigo. De repente, ele precisava fazer algum esclarecimento.

Essa história nos lembra que há momentos em que, mesmo com sistemas eficientes e responsáveis, sessões de *Virem e conversem* podem ser dominadas pela disseminação de ideias de baixa qualidade – ou errôneas. Na aula que assisti, o professor se deparou com esse fato porque teve a sorte de ouvir respostas que revelaram os problemas e tomou a sábia decisão de processar o *Virem e conversem* por meio de uma discussão mais ampla e liderada depois. Vamos fazer uma pausa aqui para considerar todas as sessões de *Virem e conversem* nas quais a desinformação foi espalhada alegre e seriamente entre os alunos participantes, que não sabiam que o que estavam ouvindo (ou dizendo e lembrando) estava totalmente errado, tudo sem que o professor soubesse. Como Graham Nuthall aponta em *The hidden lives of learners*, a desinformação gerada por colegas pode ser profundamente influente no pensamento dos alunos.

Um *Virem e conversem* por si só é uma ótima ferramenta para aumentar a proporção de participação – multiplica vozes e faz todos continuarem, dando a eles uma maneira de baixo risco de compartilhar ideias, ensaiar um pensamento mais amplo, desenvolver sua primeira impressão ou ouvir uma reação alternativa, tudo de modo semiprivado, onde não há problema em dizer: "Opa, na verdade essa foi realmente uma péssima ideia!". Mas o *Virem e conversem* também pode envolver os alunos compartilhando ideias que precisam de desenvolvimento e esclarecimento. Pode envolver a disseminação de desinformação e viés de confirmação. Pode gerar pensamento que requer mais reflexão e orientação.

Talvez a maneira mais útil de pensar sobre *Virem e conversem* seja como um ensaio para alguma outra atividade: uma discussão com toda a turma, uma síntese escrita, uma representação gráfica e comparação das ideias geradas. O propósito da técnica é generativo – vamos reunir muitas ideias, descobrir o que faz sentido e por quê. Depois de um *Virem e conversem*, as ideias geradas são analisadas, estudadas, esclarecidas e confirmadas – talvez até editadas, revisadas e priorizadas – de forma pública, para que os alunos vejam o que foi bom, o que foi melhor e possivelmente o que estava errado.

Aqui, então, estão três atividades principais para "depois", a fim de garantir que o *Virem e conversem* traga rigor e alto padrão para sua sala de aula.

Análise com toda a turma

Ensine aos alunos que a primeira ideia nem sempre é a melhor, que desenvolver uma resposta firme muitas vezes exige rever seus pensamentos iniciais e considerá-los à luz de outros critérios ou análises. Isso pode soar como "Vamos dar uma olhada em algumas das ideias que tivemos e ver quais delas fazem mais sentido" ou "Vamos tentar usar o que sabemos sobre atrito para testar algumas de nossas ideias e ver se elas são precisas". Ou então você pode tentar algo como "Vamos colocar algumas delas no quadro e listar as evidências que parecem apoiar (ou não) algumas de nossas ideias".

Discussão com toda a turma

Use o *Virem e conversem* como ponto de partida para uma discussão mais profunda com toda a turma, que desenvolva e expanda o pensamento inicial dos alunos. Isso pode soar como "Vamos elaborar o pensamento que começamos a construir", possivelmente com uma conclusão, como "Enquanto conversamos, fique à vontade para modificar o que você já escreveu". Ou você pode tentar: "Agora vamos tentar juntar nossas ideias para encontrar alguns 'melhores' exemplos". Ou, por fim, você pode simplesmente reconhecer que o *Virem e conversem* inicial foi um aquecimento: "Agora que começamos a discutir algumas ideias, vamos dar uma olhada na frase juntos e ver se conseguimos entender o que ela significa".

Anotação com toda a turma

Acompanhe o *Virem e conversem* processando esses pensamentos iniciais – fazendo os alunos compartilharem, melhorarem e priorizarem o conteúdo de suas discussões coletivas de "pares". A expectativa é que eles peguem o que falaram em seu *Virem e conversem*, desenvolvam ouvindo e comparando com o que os outros tiraram da discussão e acompanhem uma ampla gama de pensamentos sobre o assunto, não apenas os seus. Isso pode soar como "Adicione duas frases aos itens na página três" ou "Agora vamos olhar para a passagem e circular todas as evidências que encontramos como um grupo. Certifique-se de fazer anotações para que você tenha todas as ideias de nossa turma em seu material".

O que vem primeiro?

Outra maneira de aumentar a proporção de pensamento em seu *Virem e conversem* é adicionar uma atividade antes que ocorra.

Deixar os alunos escreverem primeiro é o mais óbvio. Podemos ver os efeitos disso na sala de aula de BreOnna Tindall. O que os alunos estão discutindo em pares não é a reação do momento, mas algo que eles estão trabalhando com as palavras por vários minutos. A proporção de pensamento é maior. Como discuto no capítulo sobre como escrever para obter proporção, escrever primeiro ajuda qualquer discussão – até mesmo uma conversa em dupla. Acrescenta rigor e permite que as pessoas ouçam melhor.

Tempo para pensar antes de um *Virem e conversem* também pode ajudar. Isso é simples e rápido e oferece alguns dos benefícios que você obtém ao permitir que os alunos escrevam primeiro. É o que Rue Ratray estava fazendo quando perguntou a seus alunos sobre *O doador* – "Precisamos quebrar a frase 'Rejeitar a autoridade e a sabedoria do corpo governante'. O que isso significa?". Como você deve se lembrar, ele parou por quatro ou cinco segundos antes de enviar os alunos para um *Virem e conversem*, deixando-os refletir e gerar ideias iniciais. Você pode facilmente esticar esse tempo de reflexão e torná-lo mais transparente:

- "Precisamos quebrar a frase 'Rejeitar a autoridade e a sabedoria do corpo governante'. O que isso significa? Pensem por 10 segundos sobre o que essa frase significa antes de falar com um colega a respeito. [Passam-se dez segundos] OK. Compartilhem seus pensamentos com seu colega. Vão!" ou

- "Precisamos quebrar a frase 'Rejeitar a autoridade e a sabedoria do corpo governante'. O que isso significa? Anotem algumas ideias durante 15 segundos. O que essa frase significa? Depois eu vou deixar você conversar com um colega sobre isso. [Decorridos 15 segundos] OK. Compartilhem seus pensamentos com seu colega. Vão!".

Nesses dois exemplos, você tornaria o *Virem e conversem* ainda melhor, certificando-se de que a pergunta fosse anotada no quadro ou no pacote do aluno e, assim, ajudando-os a se lembrar da pergunta assim que a conversa começasse.

Inserir um *Virem e conversem* quando os alunos estiverem empacados também pode ser uma ferramenta útil. Aqui você não está planejando uma atividade preliminar, mas localizando um lugar onde a proporção de pensamento é alta e um pensamento mais ativo ajudaria. É isso que Alonte Johnson e Denarius Frazier estão fazendo com suas sessões improvisadas de *Virem e conversem*. O momento em que os alunos estão travados é um ótimo momento para deixá-los "pensar" em pares.

Melhorando

Um pensamento final sobre a construção de mais rigor nas sessões de *Virem e conversem*: além de uma pergunta clara, um prazo e uma dica para começar, suas orientações também podem levar os alunos a usar ou discutir ideias-chave específicas. Por exemplo: "Reservem 45 segundos para discutir com seu colega sobre o que está acontecendo. Esforcem-se para usar as palavras 'fibras do veio'. Vou colocá-las no quadro para ajudá-los a lembrar. Se o seu colega não usar essas palavras, peça a ele para repetir usando o termo-chave, pois vamos usá-lo quando compartilharmos, após suas conversas".

Crista da onda e limites de tempo precisos

Duas regras gerais podem ajudá-lo a gerenciar o tempo (e sua marcação) durante o *Virem e conversem*. A primeira, *crista da onda*, diz respeito à observação de que essa técnica é quase sempre uma atividade preliminar. Raramente é a pedra angular para trabalhar em um tópico, mas sim um ponto médio no qual as ideias são ensaiadas e desenvolvidas antes de serem colhidas, refinadas e desenvolvidas. Se você estiver fazendo a transição de um *Virem e conversem* para uma atividade que permita uma melhor síntese, você quer que os alunos ainda estejam trabalhando ativamente com as ideias e ansiosos para levá-las adiante, em vez de sentir que "terminaram" com uma ideia quando o *Virem e conversem* terminar. Se for muito longo e os alunos tiverem falado sobre todas as suas ideias, ficando sem nada para dizer enquanto o relógio continua correndo, isso vai esgotar a energia e fazê-los perceber o *Virem e conversem* como uma atividade em que não há muita urgência para discutir as coisas, porque é provável que haja tempo morto para preencher. Essa percepção provavelmente influenciará o comportamento em todos os *Virem e conversem*.

Se você fosse representar graficamente o nível de energia durante um *Virem e conversem*, poderia parecer uma curva normal com uma cauda gorda no final. O ideal é que você termine no ponto máximo, quando as ideias estiverem explodindo e os alunos ansiosos para chegar aos próximos passos, antes da longa descida. Essa é a crista da onda (veja a Figura 9.1).

Limites de tempo precisos e claros

Outra regra geral é ser preciso com o tempo. Imagine que você é um aluno e está participando de um *Virem e conversem*, mas não sabe quanto tempo vai durar.

 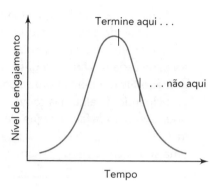

Figura 9.1 Crista da onda. Momento da sua dica de saída, para que o *Virem e conversem* termine com o máximo de interesse e energia, não quando a onda diminui.

Quarenta e cinco segundos? Dois minutos? Quinze minutos? Não conhecer essas informações básicas pode dificultar a avaliação do quanto falar. Você precisa expor a ideia básica e parar para que a outra pessoa possa apresentar sua ideia? Sua conversa é sobre análise profunda? Você deve fazer uma pergunta ponderada ao seu colega? Informar os participantes sobre os parâmetros de tempo os ajuda a gerenciar seus comentários e suas conversas para fazer o melhor uso do tempo. Dizer "*Virem e conversem* com seu vizinho pelos próximos 30 segundos" significa apenas compartilhar algumas ideias iniciais. Seja rápido e deixe a outra pessoa falar. Dizer "Dois minutos e meio para discutir o papel do ambiente. Vão!" fornece orientação; além disso, seu uso de incrementos específicos e ímpares mostra que sua alocação de tempo é cuidadosa, específica e intencional. Ele diz aos alunos que o tempo e seu uso cuidadoso são importantes para você, então também devem ser importantes para eles. Se você usar um cronômetro para acompanhar esse tempo alocado, isso também o ajudará a manter-se responsável por avançar na atividade e não perder a noção do tempo ao conversar com um aluno que ficou travado ou que está altamente engajado, por exemplo. E, com o tempo, vai lhe ajudar a fazer alocações de tempo mais inteligentes e específicas para as sessões de *Virem e conversem*.

Aulas *on-line*: sessões remotas de *Virem e conversem*

Sessões de *Virem e conversem* foram fundamentais para o engajamento durante o ensino remoto. Elas nos permitiram aumentar a proporção e deixar que estudantes muitas vezes isolados conversassem entre si. Mas as sessões de *Virem e conversem* *on-line* – salas de apoio em pares – também foram duplamente desafiadoras. O vídeo *Ben Esser: Virem e conversem mais curto* mostra como Ben resolveu muitos desses desafios. Os alunos escreviam as respostas primeiro, por isso esse *Virem e conversem* é uma oportunidade para ensaiar e explicar ideias. Talvez por isso a alocação de tempo seja curta, e Ben enfatiza esse fato dizendo aos alunos que será curto. Ele quer que eles saiam prontos para falar com o grupo inteiro. Ser claro sobre o tempo ajuda os alunos a avaliar quanto tempo devem falar; garantir que eles tenham muito a dizer ajuda a superar algum constrangimento potencial de estar em uma sala de espera sem muita coisa a dizer. Você também pode ver que ele está gerenciando a vez de cada um falar – a pessoa com o nome que vem primeiro no alfabeto vai primeiro. Ele também aborda a possibilidade de os alunos ficarem de fora da tarefa, participando de algumas conversas com os pares. Na verdade, Bem chama *De surpresa* Suraya para falar porque ele chegou em seu grupo e achou que ela tinha uma ideia interessante. Ela provavelmente sabe disso e vê a chamada *De surpresa* como uma aprovação de seu pensamento.

TÉCNICA 44: HÁBITOS DE DISCUSSÃO

Imagine por um momento que estamos sentados com um grupo de pessoas. Você diz: "Acabei de ler *O doador*. Ele é muito bom e psicologicamente chocante".

Eu digo: "Estou quase terminando *Jogos vorazes*. É muito violento, mas ainda é muito bom".

Então nossa amiga Corinne se junta. "Eu simplesmente não consegui entrar em *Jogos vorazes*", ela diz.

Essa série de comentários não se qualifica como uma discussão – pelo menos, não no sentido mais amplo. Em vez disso, exemplifica o que muitas vezes está faltando quando chamamos interações verbais desconectadas de "discussão". Meu comentário, "Estou quase terminando *Jogos vorazes*", foi uma resposta ao seu comentário sobre *O doador*, por exemplo? Eu disse isso porque ambos são romances distópicos e vejo alguma conexão? Eu ouvi seu ponto sobre ele ser psicologicamente chocante? Estou comparando isso com a violência de *Jogos vorazes*? Estou apenas usando a oportunidade para falar sobre um livro que eu gosto em vez de um que você gosta? Estou tentando falar sobre *O doador* ou mudando de assunto? Se eu tivesse dito algo como: "Ouvi falar sobre *O doador*. Alguém me disse que *Jogos vorazes* seria semelhante, mas não é tão bom para mim. Talvez porque seja muito violento", eu estaria conectando meu comentário ao seu e deixando claro como eles estavam relacionados. E eu estaria deixando claro que escutei atentamente o que você disse.

O comentário de Corinne foi semelhante. Quando ela disse: "Eu não consegui entrar em *Jogos vorazes*", ela estava mudando de assunto devido à sua incapacidade de terminar os livros? Desculpar-se da conversa alegando que não havia lido o livro? Ou ela estava dizendo que parou de ler *Jogos vorazes* porque era muito violento? Ela estava acompanhando meu comentário? Ela ouviu? Um pouco de definição – "Engraçado, a violência não me incomodou, mas eu não consegui entrar em *Jogos vorazes*. Simplesmente não foi tão bem escrito quanto *O doador*" – poderia ter nos ajudado a ver essas conexões e unir nossos comentários. Na verdade, ela estava comparando os livros que nós dois mencionamos e mostrando que estava pensando na conexão.

Todos nós poderíamos ter conectado nossas ideias e demonstrado que estávamos ouvindo, mas não o fizemos. Nossos comentários estavam relacionados, mas não eram realmente uma discussão, mas uma série de declarações vagamente agrupadas em torno de uma ideia.

Muitas vezes, as conversas na sala de aula são semelhantes a isso. Uma discussão deve ser *um esforço mútuo de um grupo de pessoas para desenvolver, refinar ou contextualizar uma ideia ou conjunto de ideias*, e isso é diferente de uma série de comentários vagamente relacionados. O que caracteriza a discussão nas salas de aula mais bem-sucedidas é o compromisso de conectar e relacionar ideias e opiniões. Uma discussão valiosa apresentará comentários que são consistentemente úteis para os outros, não apenas interessantes para aqueles que os fizeram, e que estabelecem a compreensão e o interesse do orador no que foi dito anteriormente.

As pessoas que tornam uma conversa eficaz *mostram* que estão ouvindo com atenção, oferecendo ocasionalmente breves resumos dos comentários de outros participantes ou fazendo um esforço específico para conectar o assunto que estão abordando àquilo que outra pessoa disse. Um comentário que se refere a ideias anteriores e se esforça por essa conexão gera uma discussão – por exemplo, dizer "Engraçado, a violência não me incomodou" esclarece o argumento e mostra apreço pelo que outros interlocutores disseram. E isso nos faz sentir que pertencemos e temos assunto para contribuir. Nos convence a compartilhar mais, e talvez a acreditar que somos um pouco mais capazes.

Em geral, é claro, as pessoas não pensam conscientemente, *vou deixar claro que estou construindo o ponto de vista de outra pessoa ou vou reforçar que valorizo a pessoa com quem estou falando agora, mesmo discordando*. A maioria das ações positivas de construção de discussões são hábitos desencadeados pelo senso intuitivo de um conversador de como a discussão deve funcionar – um modelo mental. Portanto, se um professor puder incutir fortes hábitos de conversação e um modelo mental eficaz, ele ajudará os alunos a construir naturalmente discussões conectadas, nas quais os participantes demonstram apreço uns pelos outros.

Culturas que expressam apreço durante a discussão, e especialmente quando há desacordo, são importantes por mais razões do que apenas por cordialidade. Em seu livro *A mente moralista*, Jonathan Haidt explica que as pessoas são muito mais propensas a mudar de opinião quando gostam da pessoa com quem estão conversando e sabem que ela gosta e se importa com ela. As ideias que nos mudam vêm de pessoas que percebemos como aliadas. Gostamos e confiamos nelas primeiro; então ouvimos com abertura. Isso é especialmente verdade quando já acreditamos em algo. Alguém que nos confronta quase nunca muda uma crença estabelecida; só alguém em quem *queremos* acreditar faz isso, constata Haidt. Portanto, quando o respeito mútuo e a segurança psicológica prevalecem, onde o caráter é colaborativo e a mensagem é *Estamos trabalhando juntos para entender isso*, é provável que ocorra a verdadeira mente aberta e o aprendizado máximo.

Na maioria dos casos, boas habilidades de discussão, aquelas que permitem que certas pessoas extraiam o melhor de seus colegas, não ocorrem "naturalmente" – em especial não hoje, quando modelos abrasivos de conversa são tão comumente normalizados nas mídias sociais. Para ter grandes discussões confiáveis em sua sala de aula, é preciso incutir tais comportamentos deliberadamente. Fazer isso é uma técnica que chamo de *Hábitos de discussão*, e é uma ferramenta poderosa. O retorno do investimento em ensinar os alunos a discutir é imenso.

O primeiro passo para a construção de fortes *Hábitos de discussão* é uma série de comportamentos quase invisíveis, exibidos pelos participantes de uma conversa, que sinalizam a importância do empreendimento e lembram aos demais participantes de sua pertença a uma comunidade que os valoriza. Isso inclui aspectos como estabelecer e manter contato visual e envolver-se frequentemente em *comportamentos não verbais pró-sociais*, como acenar para mostrar compreensão e outros que descrevi na técnica crítica *Hábitos de atenção*. "Um pequeno sinal pode ter um efeito enorme no sentimento de pertencimento e participação das pessoas", diz o psicólogo social Gregory Walton a Daniel Coyle em *Equipes brilhantes*. "Mas a coisa mais profunda a perceber é que você não pode dar a dica apenas uma vez." Tem que ocorrer com frequência e de forma constante.

As ações fundamentais que os participantes realizam para construir uma discussão forte são ouvir atentamente e mostrar aos que estão falando que eles se importam com o que estão dizendo. Ninguém faz uma discussão para mudar a percepção para uma sala cheia de pessoas cuja linguagem corporal diz *eu não me importo*. Manter o contato visual não apenas ajuda a comunicar as duas ideias, mas também ajuda os alunos a se disciplinarem para prestar atenção à pessoa que estão ouvindo e os ajuda a "ouvir mais". Ao olhar para o orador, o ouvinte capta gestos e expressões faciais que acrescentam significado às próprias palavras.

Um fundamento adicional vem da técnica *O formato importa*. Os alunos devem falar alto o suficiente para serem ouvidos com clareza. Isso funciona melhor quando é um hábito. Nada quebra o fio da discussão como o professor dizendo: "Carly, não conseguimos ouvi-la" ou, pior, a situação não ser corrigida. *Tudo bem se não pudermos ouvir você* constitui uma declaração bem clara sobre a importância dada aos pensamentos de Carly. Não apenas as pessoas não podem responder ao que não podem ouvir, mas quando estão se esforçando para ouvir, suas expressões faciais e linguagem corporal mudam. Você não pode fazer uma cara do tipo "o que você está dizendo é interessante" quando está fazendo uma cara de "eu mal posso ouvir você".

À importância do contato visual, dos comportamentos de escuta e do reforço do volume da voz, podemos acrescentar três fundamentos adicionais específicos: nomes, olhar recíproco e reformulação.

Considere este momento de uma discussão em uma sala de aula de 8º ano sobre o discurso de posse de Lincoln.

"Acho que Lincoln parecia fraco e talvez em conflito em estender um 'ramo de oliveira' para os estados do sul", diz Jabari.

"Não", rebate Michelle, "ele diz que fará cumprir as leis federais nos estados que se separarem. Ele está traçando uma linha clara na areia, mas tentando não parecer que está provocando conflito". Michelle está olhando para a professora enquanto diz isso, dando a entender que ela é a pessoa cuja opinião mais importa. Jabari, e o fato de que o argumento que ela está respondendo é dele, não é tão relevante para Michelle.

Agora imagine a cena um pouco diferente. Michelle se vira para Jabari. "Jabari", diz ela, "não vejo as palavras de Lincoln como 'conflitantes'. Ele está traçando uma linha clara na areia, mas tentando não parecer que está provocando conflito".

Ao olhar para Jabari, ao usar seu nome na resposta e implicitamente resumir seu ponto de vista e usar suas palavras exatas – "Eu não leio as palavras de Lincoln como conflitantes" –, Michelle enfatizou o fato de que ela está respondendo a ele diretamente. Suas ações dizem, *eu escutei atentamente seu argumento; eu entendi e respeito*. Alex Pentland, que lidera o programa de Estudos de Conexão no MIT, observa que estudos sobre desempenho de equipe descobriram que culturas em que "os membros se comunicam diretamente uns com os outros... não apenas com o líder da equipe",[7] costumam ser ambientes de aprendizado mais bem sucedidos e colaborativos.

De maneira recíproca, olhando para Jabari – olhando de volta para ele para mostrar que ela está respondendo a ele –, reformulando seu argumento e usando seu nome, tudo isso costura o tecido do apoio e da conexão. Eles reforçam um senso de comunidade na sala de aula durante toda a discussão.

Talvez seja por isso que muitas vezes vejo professores positivos fora da curva, reforçando essa expectativa em sala de aula, seja verbal – "Ótimo; vire-se para Janelle e diga isso a ela" – ou não verbalmente, com um breve apontar do dedo ou dos olhos, lembrando os alunos de olhar para a pessoa a quem estão respondendo. Eles estão lembrando seus alunos de como é importante que as pessoas que pretendem discutir uma ideia conversem umas com as outras.

Agora vamos melhorar ainda mais a resposta de Michelle. Se ela dissesse: "Eu li essa passagem de forma diferente, Jabari. Eu não leio as palavras de Lincoln como 'conflitantes'", suas palavras "eu li essa passagem de forma diferente" mostram que ela está relacionando seu argumento com o dele. *Concordo que essas são palavras importantes; aqui está uma maneira diferente de pensar sobre elas.* Fazer o esforço para enquadrar a conexão mostra que ela acha que o comentário de Jabari foi importante. Os participantes que, como Michelle, fazem referência tácita a comentários anteriores por meio de estruturas sintáticas incorporadas à gramática de suas frases, os tornam importantes. Estas são algumas frases típicas que têm esse efeito:

"Eu entendo por que você diria isso, mas..."

"Eu estava pensando em algo semelhante, que..."

"E então houve outro exemplo disso..."

"Algo que não leva em conta é..."

"Eu quero me basear no que você disse..."

Em cada um desses exemplos – se o novo orador está concordando com o primeiro orador, discordando dele, ou em algum ponto intermediário –, o comentário começa por enquadrar a relação entre o comentário atual e o anterior, de preferência de alguma forma respeitosa. Ensinar os alunos a usar estruturas como essas para entrelaçar seus comentários com aqueles ao seu redor resulta em discussões mais coesas. Isso geralmente é feito por meio do uso de *iniciadores de frases* – sentenças curtas que os professores socializam os alunos para usar e adaptar, facilitando a construção da ideia de outra pessoa.

Muitos professores começam colocando frases como essas em suas paredes e passam alguns dias pedindo aos alunos que pratiquem usando as básicas, dizendo coisas como: "Ótimo, você pode usar um iniciador de frase para enquadrar essa resposta e falar diretamente com Aleisha?" ou "Hoje vou apenas ouvir como você usa nossos iniciadores de frases para se referir um ao outro durante nossa discussão". Ou, como BreOnna Tindall descreveu, elogiando o uso eficaz deles: "Ah, você construiu essa ideia muito bem. Aquilo foi tão bom!". Com o tempo, a própria lista passaria a ser menos crítica, pois usar os iniciadores de frases e suas adaptações se tornaria um hábito.

As frases mais simples para iniciar são "Concordo porque..." ou "Discordo porque...". Elas são úteis, especialmente para que os alunos comecem a responder uns aos outros e a situar seus comentários na conversa mais ampla, mas como muitos dos professores que conheço desenvolveram seu uso de iniciadores de frases ao longo do tempo, eles se esforçaram para ir além do rápido "concordo" ou "discordo". Os iniciadores de frases não refletem apenas como os alunos pensam durante as discussões, eles também os moldam – nesse caso, costumam socializar os alunos para tomar partido, para se concentrar em "ganhar" a discussão, para se empolgar e tentar provar que seu comentário original estava certo. As melhores discussões são menos sobre provar que você está certo do que sobre encontrar um terreno comum, talvez com algumas nuances. Concordar/discordar é um ponto de partida aceitável, mas os alunos podem e devem pensar de maneiras mais complexas. Portanto, é importante apresentar iniciadores de frases que os levem a encontrar outras maneiras de conectar seus argumentos:

"Há outra evidência que devemos pensar..."

"Há algumas evidências que me fazem não ter certeza do que pensar..."

"Gostaria de desenvolver a ideia de _____"

"Creio que há duas maneiras de ler isso..."

"Há outro exemplo daquilo que _____ está falando..."

"Outra forma de interpretar isso é..."

"Acho que isso é mais complexo do que estamos dizendo porque..."

Os sinais não verbais também podem ser críticos para criar o hábito de usar iniciadores de frases. Maggie Johnson, professora de leitura da Troy Prep Middle

School, criou diferentes sinais de mão que seus alunos usavam quando queriam desenvolver a ideia de outra pessoa em vez de fazer um novo comentário. Quando eles querem fazer um novo argumento durante uma discussão, levantam a mão da maneira normal. Quando querem "complementar", desenvolver ou responder ao argumento anterior, levantam dois dedos. Isso permite que Maggie molde a direção da discussão mesmo sem participar dela. Ela pode decidir se é mais valioso ficar com o argumento atual ou passar para um novo, e pode se mover nessa direção simplesmente escolhendo quem chama para falar em seguida. Na verdade, manter uma discussão focada em um ponto de importância ou valor é uma das coisas mais importantes para um professor atender durante a discussão, um tópico que discutirei na técnica 46, *Discussão disciplinada*.

Um último elemento de *Hábitos de discussão* é a inclusão de movimentos de ensino que fazem os alunos construírem o hábito – um modelo mental, idealmente – de um orador se baseando no anterior. Questionamentos de prosseguimento – uma adaptação do "prosseguimento" da chamada *De surpresa* (técnica 34) – e pedidos de acompanhamento podem ajudar. Em um prosseguimento, o professor pede consistentemente a um aluno para responder a algo que outro aluno disse, quer o segundo aluno tenha ou não se oferecido para fazê-lo. Algo tão simples como "Skylar, você concorda com Markus?" (perguntado de boa fé e não como uma "pegadinha"; veja a chamada *De surpresa* para mais detalhes) estabelece a expectativa de que Skylar deve estar sempre ouvindo com atenção para poder oferecer uma resposta razoável, mesmo que seja apenas para dizer que não tem certeza sobre um determinado argumento. Esperar que Skylar seja capaz de responder reforça a escuta entre pares e, mais importante, reforça que ouvir é uma expectativa, não importa quem esteja falando – é uma cortesia não reservada apenas ao professor. Claro que para criar o hábito de prosseguimento na discussão você poderia usá-lo sem a chamada *De surpresa*. Skylar pode ter levantado a mão e, em vez de simplesmente chamá-lo dizendo seu nome, você pode lembrá-lo da expectativa de que ele desenvolva o comentário anterior dizendo: "Skylar, o que você acha do que Markus acabou de dizer?".

Em vez de fazer uma pergunta diretiva, como "Skylar, você concorda com Markus?", a solicitação de prosseguimento é não diretiva, com o resultado de interromper menos o fio da conversa e evitar direcionar a resposta do segundo aluno, o que em alguns casos faz parte do objetivo da discussão. Um professor que está usando o pedido de prosseguimento pode manter seus alunos atentos e ouvindo uns aos outros, usando pedidos de acompanhamento rápidos, cinco ou seis vezes por aula – o suficiente para ser previsivelmente imprevisível sem interromper o fluxo de alunos respondendo diretamente uns aos outros por meio da chamada *De surpresa*.

Você pode ver Christine Torres fazendo isso na segunda metade de seu vídeo *Pedra Angular*. Ela pede aos alunos que opinem se Kirsty é corajosa quando ela responde aos soldados nazistas em uma cena-chave de *O número das estrelas*.

Mark diz que sim: ela é jovem, vulnerável e corajosa ao falar com aqueles que estão no poder.

"Continue, Jasmine...", Christine diz. Esse pedido lembra Jasmine de consultar a resposta de Mark e contextualizar suas observações de acordo. É como dizer *desenvolva*, *pondere* ou *diga mais*, *construa* para lembrar um aluno de consultar o comentário anterior e permanecer no tópico em questão, mas ao contrário do *concordo ou discordo* (ou *você concorda*?), mais comumente usado para uma gama mais ampla de respostas possíveis. Incentivar os alunos a concordar/discordar concentra-os em quem está certo, em vez de formas de pensamento mais sutis. Isso estreita a gama de respostas potenciais.

Nesse caso, Jasmine escolhe uma conexão relativamente direta entre seu comentário e o de Mark: "Concordo com você, Mark", diz ela, "e gostaria de continuar com isso...". Ela está conectada diretamente a Mark para mostrar que é uma discussão e indicou como seu comentário está relacionado. Ela estará descrevendo mais evidências da bravura de Kirsty.

O próximo a ser chamado é Nate. "O que você acha, Nate?", diz Cristina. É um lembrete sutil para situar sua observação em relação aos comentários de Mark e Jasmine.

"Eu respeitosamente discordo de vocês, Mark e Jasmine", Nate começa.

Por meio dessa abordagem, pedidos como "desenvolva" permitem que Christine lembre seus alunos de praticar a resposta uns aos outros com pouca intervenção dela.

Há certa sofisticação e maturidade evidente em uma aula que usa *Hábitos de discussão*, mas a técnica é eficaz até mesmo com alunos mais jovens. Por exemplo, Anthony, no vídeo *Pedra Angular* de Akilah Bond, responde a Cheyenne dizendo: "Eu meio que concordo com você, Cheyenne", e Michael começa a acrescentar: "O que está faltando na resposta de Sonoa é...".

TÉCNICA 45: PROCESSO EM LOTES

Você pode ver alguns dos elementos fortes dos *Hábitos de discussão* e outros tópicos deste livro no vídeo *Jason Brewer: Processo em lotes*. Discutindo as mudanças no trabalho provocadas pelos estágios iniciais da industrialização nos Estados Unidos, os alunos estão atentos e apoiam uns aos outros. Seus comportamentos de escuta e rastreamento pró-sociais (ver *Hábitos de atenção*, técnica 48) são fortes. Parece o tipo de sala de aula onde você pode ter uma conversa concreta em um ambiente de apoio. Você provavelmente também notará o excelente *Tempo de espera* (técnica 33) de Jason antes de chamar sua primeira aluna, Mahaira. A resposta dela está errada, mas seus colegas de turma continuam apoiando e respeitando e Jason administra sua fala (veja a técnica 12, *Cultura do erro*) lindamente. Ele apenas diz: "Concorda ou discorda?... Nyesha...". É uma sequência do livro didático, lembrando Nyesha de fundamentar seu comentário no de Mahaira.

"Eu respeitosamente discordo de você, Mahaira", Nyesha começa, continuando a apontar como o aumento de peças substituíveis exigiu menos habilidade dos trabalhadores, permitindo que os donos das fábricas as substituíssem como desejassem. Ela fala diretamente com Mahaira e se refere à resposta de sua colega de forma graciosa.

Jason então chama um terceiro aluno: "Marty, o que você acha?", lembrando-o de manter o foco no tópico atual com um pedido de prosseguimento que dá ampla latitude e abre a oportunidade para ele incorporar os comentários de sua colega em suas próprias reflexões.

É uma discussão curta, mas produtiva. Jason não diz quase nada sobre o conteúdo da conversa nos espaços entre os comentários de seus três alunos, exceto para chamar o próximo orador e gentilmente lembrá-los das normas da discussão. Ele não diz: "Isso mesmo, alguém gostaria de construir a partir da ideia de Nyesha?" ou "Marty fez uma observação importante!" ou "Quase, Mahaira, mas acho que você deixou algo de fora". Somente no final, após três comentários dos alunos, ele intervém, fazendo perguntas à turma sobre um exemplo hipotético em que Drayvon trabalha em uma fábrica e pede um aumento de salário.

Além de socializar fortes *Hábitos de discussão*, Jason está *Processando em lotes*, estabelecendo sequências muito curtas nas quais os alunos têm minidiscussões entre pares, mesmo dentro de outras atividades de aula, como instrução direta ou questionamento (ver Capítulo 6). Jason não precisa interromper a aula e anunciar: "OK, vamos ter uma discussão agora". Apenas deixando três alunos se revezarem diretamente em uma sequência sem precisar interferir até o final, ele permite que uma minidiscussão surja naturalmente. Somente depois que três alunos ofereceram seus comentários é que ele comenta algo, em vez de responder a cada um individualmente. Em vez de jogar tênis (comentários vão aluno-professor-aluno--professor-aluno-professor) na aula de Jason, eles jogam vôlei: os comentários vão aluno-aluno-aluno-professor.

Você pode ver outro exemplo no vídeo *Josh Sullivan: Fale mais sobre isso*. Enquanto eles respondem à sua pergunta, Josh decide deixar três alunos falarem, sem fazer comentários. Ou, pelo menos, sem fazer comentários verbais. Sua expressão, gestos e as notas que ele escreve silenciosamente no quadro mostram que ele está ouvindo e desenvolvendo sua avaliação à medida que os alunos falam. Em um ambiente no qual normas fortes como *Hábitos de atenção*, *Hábitos de discussão* e, claro, voluntariado por meio de levantamento de mãos, estão em vigor, isso pode facilitar breves explosões de discurso de aluno para aluno em meio a outras atividades.

Obviamente, a chave é resistir à mediação de todos os comentários e permitir que sequências curtas de três ou quatro alunos ocorram. (Depois você poderá intervir para comentar e orientar.) Mas também é importante modelar uma escuta atenta e ponderada. Isso não apenas reforça a importância dos comentários dos alunos, mas também ajuda a resistir a falar, já que muito do que dizemos entre os comentários é projetado para mostrar o tipo de interesse e aprovação que muitas vezes podemos expressar sem palavras. Pessoalmente, prefiro dizer os nomes dos alunos em vez de apenas apontar para os palestrantes, e às vezes também é útil adicionar lembretes de baixo custo de transação, explicando as normas de discussão estabelecidas, como "Construa com base nisso, Henry". Ainda é *Processo em lotes* se você falar entre os comentários dos alunos, desde que o que você diga seja apenas para gerenciar o processo (ou seja, escolher quem é o próximo) em vez de comentar ideias. E é claro que ainda pode ser benéfico para o professor comentar as ideias oferecidas durante o *Processo em lotes* – você só precisa esperar um pouco para que os alunos conversem uns com os outros primeiro.

Outro benefício do uso de *Processo em lotes* é que ele combina perfeitamente com nossa compreensão de prática deliberada. Iterações curtas de prática espaçada construirão uma habilidade de forma mais completa do que doses maiores, mas menos frequentes. Faça algo um pouco todos os dias – por dois minutos, digamos – e você ficará melhor nisso do que se fizer duas vezes por mês em um bloco maior – 40 minutos, digamos. Em uma escola com a qual trabalhamos de perto, onde os alunos eram especialmente adeptos da discussão, a chave para a transformação foi o pedido do diretor de que todos os professores dedicassem um minuto durante cada aula para praticar os fundamentos da discussão entre colegas. Essa pequena quantidade de prática diária acabou sendo mais produtiva e mais fácil de orquestrar do que as formas mais elaboradas de discussões que exigiam 15 minutos hipotéticos que todos esperavam que ainda estivessem lá no final de uma aula.

O professor de história Ryan Miller usou essa abordagem para discussão de aluno para aluno na Williamsburg Collegiate Charter School, no Brooklyn. Em todas as aulas, Ryan perguntava o que achava que seria uma pergunta desafiadora e interessante, marcava dois minutos no relógio e depois recuava e deixava os alunos falarem e responderem diretamente uns aos outros com pouca mediação ou intervenção dele, exceto para identificar o próximo orador. Ele achou que dois minutos eram bastante tempo, e usar um cronômetro de forma transparente trouxe as melhores ideias – os alunos tinham que fazer contribuições valiosas, não preencher o tempo –, sem deixar as coisas continuarem por muito tempo. De repente, ele poderia cair em uma discussão de dois minutos a qualquer momento: *Vamos fazer uma pausa enquanto Kennedy e seu gabinete estão planejando sua resposta aos mísseis e marcar dois minutos no relógio. Quais foram algumas ações alternativas que eles poderiam ter considerado?*

Alguns outros pontos que Ryan fez sobre seu *Processo em lotes* diário: ele é sempre disciplinado em fazer a conversa se conectar à ideia central da aula. E ele treinou seus alunos cuidadosamente nos *Hábitos de discussão* para que fossem eficazes em responder à construção das ideias uns dos outros. Ryan intervém para orientar os alunos a permanecerem na tarefa e evitar comentários fora dela, desviar-se do assunto ou não desenvolver a ideia anterior. Essas ações fazem parte da técnica final deste capítulo, *Discussão disciplinada*.

Minha colega Hannah Solomon, que tem o hábito de administrar escolas caracterizadas pelo rigor e alegria, ofereceu algumas sugestões a serem consideradas se você optar por experimentar essa ideia:

- A preparação dos alunos é fundamental para que isso tenha sucesso – as crianças precisam ser claras sobre a questão, ter bastante tempo de processamento (de preferência por escrito, para que os professores possam usar a chamada *De surpresa* para "agitar a panela", se a conversa ficar mais lenta) e ter recebido apoio em como responder uns aos outros (ou seja, *Hábitos de discussão*) antes de o professor iniciar o cronômetro e se sentar.

- Os professores precisam escolher intencionalmente se devem ou não resumir as principais conclusões no final dos dois minutos – esclarecendo equívocos ou afirmando algo como: "Vamos continuar trabalhando com esse desafio à medida que avançamos".

- Os professores devem ser transparentes sobre os *Meios de participação* – são todos voluntários ou usaremos algumas chamadas *De surpresa* ou algum outro modelo?

- Um desafio com técnicas semelhantes a essa nos primeiros níveis de ensino é que tanta desinformação pode ser compartilhada que os professores precisam arrumar depois – portanto, é importante considerar o papel da alimentação do conhecimento. Essa é uma atividade que funciona muito melhor quando todos aprenderam muito e têm um forte conhecimento prévio.

Discussão sobre lembretes visuais para auxiliar a memória

Uma maneira de ajudar os alunos a permanecer no tópico e validar as ideias de seus colegas é ajudá-los a lembrá-las. Isso pode parecer trivial, mas sabemos que as pessoas só conseguem manter uma ou duas ideias na memória de trabalho de cada vez e essa lembrança desaparece rapidamente. Trinta segundos depois de ouvir a grande ideia de Kimani, será difícil para seus colegas se lembrarem exatamente do que ele disse. Você pode escrever um breve lembrete no quadro: "Jonas alarmado com os sentimentos porque ele não sabe o que são" ou talvez simplesmente "'Jonas não sabe o que são sentimentos' – Kimani".

Agora os alunos podem pensar no comentário de Kimani. Lembrar-se dele. Consultá-lo novamente. Mesmo com vários comentários feitos no meio, eles podem usar os *Hábitos de discussão* não apenas para construir o comentário mais recente, mas aqueles que ocorreram há alguns minutos. Ele fornece a ajuda quando um aluno diz: "Gostaria de falar sobre o que Kimani disse anteriormente a respeito de Jonas não saber o que são sentimentos...".

Você pode fazer isso no quadro, no retroprojetor ou em um cavalete. É importante notar que é diferente da técnica 22, *Quadro = papel*, porque os alunos podem não estar escrevendo o que você escreve. Você é o escriba da memória. O trabalho

deles é ouvir. Aqui está Jessica Bracey fazendo isso enquanto Omar comenta em seu vídeo *Pedra Angular*.

Ela está ajudando a manter a ideia dele viva para os alunos usarem durante a discussão e você pode ver os resultados.

Claro, como com qualquer outra coisa, há alguma instrução explícita a ser feita. Os alunos não saberão o que você está fazendo e como fazer uso disso quando você o apresentar, a menos que você diga a eles: *Estou anotando ideias-chave aqui para que vocês possam consultá-las e reunir suas ideias. Isso nos ajudará a ter uma discussão real na qual nos conectamos e lembramos das ideias uns dos outros.*

TÉCNICA 46: DISCUSSÃO DISCIPLINADA

Uma discussão eficaz precisa de um propósito compartilhado – em dois níveis. Ela precisa de um tópico específico que os participantes concordem tacitamente em discutir e precisa de um modelo mental compartilhado do que significa discutir alguma coisa. Se as pessoas estão apenas tentando provar que estão certas, isso é um debate. A discussão deve envolver alguma reflexão ao longo das linhas de: o que eu, ou nós, aprendemos aqui? E uma discussão geralmente é melhor se for coesa. "Se você persegue cinco coelhos, não pega nenhum", diz um amigo meu, o que significa que, se você tentar falar sobre tudo, não resolverá nada.

Com isso em mente, aqui está um momento-chave de uma discussão na aula de inglês de Rue Ratray, gravada quando ele lecionava na Edward Brooke Charter School, em Boston. A discussão foi sobre o romance *O doador*, de Lois Lowry, especificamente a relação dos indivíduos com a autoridade. A comunidade aceitava bem os ditames do governo, observaram os alunos. Então uma aluna, chamada Sofia, comentou que Jonas era uma exceção. Ele "não estava disposto a aceitar ou concordar com as ideias do governo". Rue chamou outro aluno, Khalid, mas Khalid de repente mudou de assunto.

"Carol e eu conversamos sobre como gostamos dessa frase que..."

"Espere um minuto, Khalid", Rue ordenou. "O que você acha do que Sofia disse?"

Quando Rue redirecionou Khalid antes que ele pudesse compartilhar sua ideia, ele arriscou interromper sua linha de pensamento. Ele poderia esquecer o que estava prestes a dizer. Por que fazer isso? A razão é que Rue estava olhando para mais longe – ele estava lembrando a Khalid que um comentário muito desconectado do comentário ou tópico anterior prejudicava a discussão, mesmo que fosse interessante para ele. Rue estava ensinando aos alunos um aspecto crítico de ter uma discussão bem-sucedida, lembrando-os da autodisciplina necessária para a discussão. Contribuintes eficazes para uma discussão reconhecem quando a troca do assunto prejudica a conversa geral. Dar aos alunos a oportunidade de praticar as habilidades de discussão significa apoiá-los à medida que desenvolvem essa metaconsciência.

Infelizmente, em muitas salas de aula, o momento em que alguém termina um pensamento significa que é início de temporada; não há expectativa de que o próximo comentário fique com o mesmo tópico e o resultado são conversas que têm uma sensação fraturada e dispersa. De fato, os alunos costumam dizer: "O que eu ia falar era...", o que implica que eles estão mudando de assunto (e que o comentário anterior foi relativamente normal). Faça isso o suficiente e você evitará a substância e a profundidade resultantes da luta com as nuances de um problema específico. E sugere aos palestrantes anteriores que seus comentários não valem a pena. Por que continuar contribuindo se você diz algo em que está pensando e é ignorado pelo próximo orador como se nunca tivesse acontecido? Em outras palavras, facilmente se esquece que uma das características mais importantes de uma boa discussão é o seu caráter atual.

Ryan Miller fez uma jogada semelhante em uma lição recente. Os alunos estavam examinando documentos de fonte primária sobre a intervenção do presidente Teddy Roosevelt no Panamá. Um estudante comentou que as alegações de Roosevelt de que os Estados Unidos não estavam envolvidos eram um esforço para esconder as intenções do governo. O colega seguinte fez uma mudança repentina de assunto, quase como se o ponto anterior nunca tivesse sido feito, então Ryan interveio: "Isso é interessante, mas eu gostaria de ouvir alguém responder ao comentário de Sara antes de passarmos para outro assunto".

O objetivo de Ryan e Rue nessas intervenções era fazer os alunos internalizarem um modelo mental de discussão que inclui autodisciplina e reconhecimento da necessidade de ler o próprio público entre os participantes. Em uma boa discussão, as pessoas não falam apenas sobre o que querem a qualquer momento.

Esse é um exemplo do que chamo de *gerenciamento de meta*, a primeira parte da técnica de *Discussão disciplinada*, que estimula o foco e a autoconsciência na discussão. Isso às vezes requer manter uma discussão "dentro da caixa" e lembrar aos alunos "Vamos continuar no nosso tópico original agora" ou perguntar "Como isso está conectado ao tópico em questão?".

A segunda parte da *Discussão disciplinada* é a *reflexão intencional*, uma adaptação da *estampagem*, termo que Paul Bambrick-Santoyo usa para descrever a escrita após uma discussão em que os participantes resumem ideias-chave, ou, nesse caso, refletem deliberadamente sobre questões como: "O que eu aprendi (ou nós aprendemos) com nossa discussão?" ou "Como suas opiniões mudaram?". Escrever sobre esses tópicos dá a eles importância e permanência e garante que o tempo gasto na discussão não seja desperdiçado. Como Paul Kirscher e seus colegas nos lembram, aprender é uma mudança na memória de longo prazo. A discussão pode ser rica, mas, a menos que os alunos se lembrem dela, não terão aprendido muito. Escrever ajuda a preencher essa lacuna.

Quanto mais tempo você gasta na discussão, mais importante é certificar-se de que as conclusões claras sejam enquadradas e que o processo de codificá-las na memória de longo prazo seja iniciado. A *reflexão intencional* significa que uma discussão não termina apenas com o professor dizendo que acabou. Ela termina com o professor dizendo algo como:

"Tirem um minuto para anotar suas conclusões da discussão."

Ou (para enfatizar a escuta um pouco mais): "Reservem um minuto para fazer um resumo de alguns dos comentários mais úteis de seus colegas".

Ou (para enfatizar a abertura a novas ideias): "Reservem um minuto para anotar como sua perspectiva mudou no decorrer da discussão".

Essa também seria uma ótima aplicação ocasional de *A arte da frase* (técnica 41):

"Ótima discussão. Dois minutos agora para capturar sua lição mais importante em uma frase cuidadosamente elaborada."

Ou: "Ótima discussão. Dois minutos para capturar os dois pontos de vista diferentes que ouvimos em uma frase completa".

Claro que você não precisa ser um purista sobre o uso de *A arte da frase*. O *Solo silencioso* poderia ser suficiente. "Dois minutos para capturar os três principais eventos históricos que discutimos e como eles foram conectados. Vão!"

No entanto, eu prefiro escrever em cima do *Virem e conversem*. Escrever codifica ideias mais profundamente na memória – lembramos o que pensamos, diz Daniel Willingham, e é geralmente uma forma mais difícil de pensar do que falar. Além disso, isso deixa os alunos com um registro escrito que eles podem consultar.

Curiosamente, em sua *Pedra Angular*, Arielle Hoo conclui sua discussão em sala de aula sobre linhas paralelas sobrepostas com um resumo escrito, mas ela faz disso uma atividade compartilhada para a turma. Oferece um iniciador de frase e vários alunos contribuem com ideias. Ela refina e seleciona entre eles, criando um resumo que é superior em conteúdo ao que qualquer aluno poderia ter criado. Os alunos então o copiam como seu registro dos procedimentos. Minha equipe e eu chamamos esse tipo de resumo escrito – uma criação compartilhada e organizada do professor, que resulta em um exemplo de maior qualidade do que qualquer indivíduo poderia produzir – de *exemplo trabalhado coletivamente*. Essa é uma ótima maneira de terminar uma aula.

Administrando a meta – o caso dentro da caixa

Costumamos valorizar o "pensar fora da caixa". A frase evoca criatividade, saltos cognitivos e material bruto da percepção. Na discussão em sala de aula, no entanto, geralmente é mais valioso mantê-lo *dentro* da caixa – manter o foco em um tópico específico, manter uma reflexão constante e profunda sobre todos os lados de uma ideia. Claro, os dois não são mutuamente exclusivos, mas há certa tensão entre eles. Os alunos às vezes buscam comentários que estão distantes, em vez de focados e atuais, porque acreditam que é assim que acontece "fora da caixa". Às vezes até os encorajamos a fazê-lo. Ainda assim, se não ensinarmos aos alunos como manter ideias sobre o tópico, garantimos grandes saltos laterais, ocasionalmente às custas do progresso futuro. Deixe-me dar um exemplo.

Passei algum tempo observando as aulas em uma escola perto de mim, e uma das coisas que me impressionou foi a forma como as discussões diferiam entre as salas de aula. Em algumas, os alunos fizeram contribuições relevantes e perspicazes. Em outras, os comentários eram interessantes para o aluno que os fazia, mas não tão úteis ou instigantes para os outros. Eles eram misteriosos e solipsistas – inteligentes, talvez, mas tão egocêntricos que era difícil dizer. O curioso é que eu estava observando o mesmo grupo de alunos em salas diferentes. Comecei a me perguntar: "Por que eles estavam tão atentos à perspectiva de seus colegas em uma aula e o oposto em outra?".

Em uma sala de aula, o professor perguntou: "O que é justiça?". Um aluno respondeu com uma citação obscura de uma história em quadrinhos que ninguém mais tinha ouvido falar. Outro respondeu que era como pizza. Eles se desviaram de uma analogia obscura para outra. Eles certamente estavam fora da caixa. O professor também fez conexões obscuras. O texto que eles estavam lendo era como "aquele comercial na TV". Então foi "como aquela música", e ele citou algumas letras. Ele chamou essas conexões de texto para texto, mas não eram. Seu efeito não foi lançar o texto sob uma luz nova e reveladora, mas distrair a classe de qualquer reflexão sustentada sobre ele. Os comentários dos alunos espelhavam suas escolhas. Referiam-se a algo misterioso ou compreensível apenas para eles e o professor nunca os ajudava a pensar em como seus comentários eram úteis para os outros. Talvez seu modelo mental fosse vago e ele não imaginasse que as discussões fossem caracterizadas por comentários atuais e oportunos. Certa vez, tive um professor que ocasionalmente respondia a comentários com: "Como isso se relaciona com o que estávamos falando?". Isso nos ajudou a ver muito rapidamente que a discussão não era apenas sobre nós e nosso desejo de falar sobre quais pensamentos estavam em nossas mentes, mas sobre o objetivo mútuo de desenvolver uma visão compartilhada sobre um tópico.

O poder de estruturar expectativas sobre a discussão ficou evidente na aula de matemática em que muitos dos mesmos alunos estiveram no início do dia. Era o primeiro dia deles estudando taxa de variação, e seu professor acabara de observar que o tempo era quase sempre uma variável independente quando aparecia em um problema de taxa de variação. "Será sua variável independente 99% do tempo", disse ele. Ele perguntou aos alunos se eles tinham alguma dúvida. Seguiram-se vários questionamentos nos quais os alunos refletiram sobre como certos problemas de taxa de variação seriam representados em um gráfico de linhas. Então um aluno pediu um exemplo de uma situação em que o tempo poderia ser a variável dependente, e o professor disse: "Para pensar em um exemplo, eu teria que inventar algo bem obscuro. Talvez façamos isso mais tarde, mas por enquanto vamos apenas supor que será a variável independente".

Apesar de sua sugestão, outra aluna levantou a mão e começou a pensar em "e se", imaginando em voz alta como o tempo poderia se tornar uma variável dependente. Foi ótimo que ela estivesse se fazendo essa pergunta e, embora muitos professores pudessem tê-la encorajado, seu comentário foi menos útil para os outros na sala. O professor estava tentando ajudar a turma a chegar a um entendimento coletivo da taxa de variação em um nível conceitual, não a divagar em uma área que ele havia acabado de indicar que não valia a pena. Sua resposta foi brilhante: "Você está pensando fora da caixa. Mas quero que nos concentremos em pensar dentro da caixa agora, em realmente entender a taxa de variação, o que é e como funciona. Então vamos ficar assim agora". Então ele sorriu genuína e sinceramente e eles voltaram a falar sobre a taxa de variação.

Embora alguns professores possam estar relutantes em circunscrever a discussão dessa maneira, isso foi imensamente produtivo. Basicamente, ele disse: "Aqui está o que estamos fazendo como grupo agora. Isso é algo que você deve prestar atenção ao falar – o que o grupo está tentando fazer e por quê". Parte da responsabilidade de um professor é ensinar aos alunos quando e como participar de forma produtiva em uma discussão.

Em suma, você *gerencia a meta* quando, por meio de *feedback* e modelagem, orienta os alunos na dinâmica de construção de conversas, especificamente como fazer os tipos de comentários mais produtivos em um determinado cenário. Em vez de presumir que eles sabem como tornar uma discussão valiosa, você investe em ensiná-los à medida que avançam. Talvez haja momentos em que você queira *mais* fora da caixa. Se isso acontecer, você pode usar metacomentários como: "Quero ouvir algumas pessoas que estão dispostas a fazer algumas conexões mais amplas". De qualquer forma, o gerenciamento da meta depende de duas ferramentas principais: modelar o tipo de participação que você deseja em uma discussão e fornecer *feedback* de apoio constante sobre como envolver seus colegas de maneira significativa, conectada e mutuamente produtiva.

NOTAS

1. A maioria das pessoas – você deve ter notado – está confiante de que isso se aplica a outras pessoas além delas mesmas.

2. Devemos perceber outro risco: os alunos geralmente reconhecem que expressar opiniões ardentes – mesmo aquelas que eles podem não ter – mostra interesse e é um caminho para uma nota mais alta. Colby pode muito bem saber que aumentar sua paixão pela Lei Kansas-Nebraska é uma ótima maneira de melhorar sua nota.

3. Para ser claro, há momentos em que incentivamos a conversa para permitir que os alunos processem ou aumentem a taxa de participação. Isso é ótimo, mas é diferente da discussão, quando devemos apoiar os alunos a lembrar e construir suas habilidades para a parte do processo referente à escuta.

4. Existem várias vinhetas sobre isso em NUTHALL, G. *The hidden lives of learners*. Wellignton: Nzcer, 2007.

5. Existem muitas maneiras diferentes de designar as duas metades de cada par -- "janela" e "porta" ou "parede" (designando a parte da sala de aula à qual eles estão mais próximos) geralmente funciona.

6. Outra constatação sobre sessões *Virem e conversem* que vem do ensino *on-line* é que muito tempo é desperdiçado na dança social desajeitada de iniciar a conversa. Quem irá primeiro? O que você diz para começar? Moldar a rotina no início do ano – por exemplo, dizer "Quando você se reunir com seu colega, simplesmente cumprimente-o e diga 'O que você achou?'" – ajudou muitos professores com isso. Talvez haja um equivalente para a sala de aula.

7. Citado em COYLE, D. *Equipes brilhantes*: como criar grupos fortes e motivados. 2. ed. Rio de Janeiro: Sextante: 2021.

PROCEDIMENTOS E ROTINAS

Eu gostaria que todos pudessem ter visto a sala de aula do 2º ano de Sam DeLuke e Meghan Hurley na Troy Prep Elementary School no dia que a visitei recentemente. Quando entrei, encontrei Sam sentado em um canto, ouvindo cinco alunos discutindo um capítulo de livro. Ao me aproximar, os ouvi fazendo declarações sofisticadas como "acho que você perdeu uma evidência, Zariah" e "concordo com o argumento de David e quero desenvolvê-lo" (ver técnica 44, *Hábitos de discussão*). Em outro canto, Meghan lia um livro sobre formigas em voz alta para dez alunos que se apegavam a cada palavra. No centro da sala, seis alunos estavam absortos nas páginas de sua leitura individual, enquanto outro grupo se agachava para redigir parágrafos explicando o tema de uma história que haviam lido.

Alguns minutos depois, por sugestão de Sam, um dos grupos do centro guardou suas coisas, levantou-se e caminhou silenciosamente até o canto de Meghan. Outros, que não fizeram a transição, continuavam trabalhando. Mais tarde, com um gesto sutil e sem nunca interromper sua instrução, ela instigou uma aluna a distribuir livros para colegas que não os tinham.

Os alunos da turma de Sam e Meghan trabalhavam em uma postura autônoma e de autogestão. A função executiva é geralmente descrita como incluindo os seguintes tipos de habilidades:

- prestar atenção;
- organizar, planejar e priorizar;
- iniciar tarefas e manter o foco nelas até a conclusão;

- compreender diferentes pontos de vista;
- regular as emoções;
- automonitoramento (acompanhar o que você está fazendo).

Os alunos marcavam seu ritmo e administravam seu próprio tempo. Eles ouviam com atenção e extraíam o melhor de seus colegas quando trabalhavam juntos. A sala parecia correr sozinha.

Paradoxalmente, a autonomia e a autogestão que tanto faziam parte da experiência do aluno eram produtos de estrutura e planejamento; os alunos criaram hábitos de uma série de procedimentos que Sam e Meghan projetaram – como trabalhar em sua mesa; como gerenciar materiais; como se mover de um lugar para outro na sala; como pedir ajuda se estivesse confuso e o professor estivesse ocupado ensinando outras pessoas – e foi essa mesma estrutura e planejamento, ironicamente, que permitiu maior autonomia. Os momentos em que um breve lembrete de Sam iniciava uma transição perfeitamente orquestrada não contrastavam com os momentos em que os alunos trabalhavam em suas mesas com independência; eles os permitiam, os fomentavam e os tornavam produtivos.

Sam e Meghan dedicaram-se com afinco em seus *procedimentos*, que fornecem aos alunos orientações explícitas sobre como executar tarefas recorrentes, como trabalhar de forma independente, fazer a transição entre pequenos grupos e responder a perguntas em sala de aula. Durante as primeiras semanas do ano, eles contaram com a prática constante para reforçar as expectativas. Se você os tivesse visto na época, talvez não tivesse entendido para onde tudo estava indo – *Por que toda a estrutura? Por que todo o "simplesmente assim" com cada pedacinho? Por que tanto foco no processo de deslocamento de um lugar para outro ou de participação na discussão?* Mas cada uma dessas peças "simplesmente assim" tomou seu lugar dentro de um sistema, uma rede de procedimentos que permitiu a Sam e Meghan ensinar aos alunos hábitos que acabaram levando a mais independência. Com o tempo, esses procedimentos tornaram-se automáticos ou *rotineiros* – na maioria das vezes, os alunos eram capazes de executá-los por conta própria. A partir desse ponto, Sam e Meghan podiam dar autonomia a seus alunos porque eles sabiam como gerenciá-la de forma produtiva e porque os professores podiam iniciá-la, ajustá-la ou corrigi-la com uma única palavra ou gesto.

Essa é uma ideia que não é exclusiva da sala de aula. Procedimentos e rotinas como os de Sam e Meghan representam a internalização intencional de hábitos compartilhados em sala de aula. E os hábitos, vale notar, têm uma profunda influência em nossas vidas. Tornam-se pedras angulares. Você desenvolve um hábito positivo e saudável em sua vida, como ler ou malhar, e é mais provável que isso resulte no desenvolvimento de outras pessoas. "Normalmente, as pessoas que se exercitam começam a comer melhor e se tornam mais produtivas no trabalho. Elas fumam menos e mostram mais paciência com colegas e familiares. Usam seus cartões de crédito com menos frequência e dizem que se sentem menos estressadas. O exercício é um hábito fundamental que desencadeia mudanças generalizadas", escreve Charles Duhigg em *O poder do hábito*. Esse tipo de comportamento parece autodisciplina – bem, ele é autodisciplina, mas autodisciplina facilitada. Com hábitos produtivos, fica mais fácil ser produtivo. E isso é importante para os alunos porque os estudos descobriram que a autodisciplina prediz o desempenho acadêmico "de forma mais robusta do que... o QI", escreve Duhigg, e tem "um efeito maior no desempenho acadêmico do que a capacidade intelectual".

Este capítulo é o estudo da maneira como desenvolvemos hábitos positivos compartilhados na sala de aula. Essa discussão pode se beneficiar das definições de alguns termos-chave:

- **Procedimento:** o projeto em que o professor estabelece a maneira como ele e seus alunos executarão de forma eficiente e produtiva uma tarefa ou ação recorrente em sala de aula.
- **Sistema:** uma rede de procedimentos relacionados que ajudam os professores a atingir os objetivos finais: ajudar os alunos a manter um fichário organizado, gerenciar o comportamento, mover materiais, participar com sucesso de uma discussão, e assim por diante.
- **Rotina:** um procedimento ou sistema que se tornou automático, que os alunos fazem sem muita supervisão, sem pensamento intencional (em outras palavras, como um hábito), e/ou por vontade própria e sem orientação do professor (por exemplo, anotando durante uma leitura).

No vídeo *Nikki Bowen: De pé*, publicado originalmente no livro *Great habits, great readers*, de Paul Bambrick-Santoyo, Aja Settles e Juliana Worrell, você pode ver o impressionante sistema de Nikki para estudantes trocando de grupo de alfabetização. Isso não só maximiza o tempo de aprendizagem, fazendo transições rápidas, mas também garante que os alunos cheguem a cada estação com a mente focada e pronta para aprender. Em segundos, eles estão prontos para trabalhar. Entre outras coisas, este é um ótimo exemplo de como os termos *sistema*, *procedimento* e *rotina* se cruzam. O sistema de transições de Nikki é, na verdade, composto por uma série de procedimentos de componentes separados. Uma vez que os alunos aprenderam os procedimentos, os praticaram e os ligaram tranquilamente como um hábito, eles se tornaram uma *rotina*. Separar o *sistema* em uma série de *procedimentos* permitiu que Nikki dividisse o processo de aprendizagem em partes (considerando a memória de trabalho dos alunos) e também aplicasse as partes em outros sistemas de sala de aula. Todas as transições de sua sala de aula começam com "posição do aluno" – ou seja, alunos mostrando que estão atentos e prontos – e o processo de percorrer os caminhos é semelhante, não importa onde eles estejam andando dentro da sala.

Meu objetivo neste capítulo é abrir um pouco a cortina e revelar as maneiras pelas quais professores como Nikki, Sam e Meghan usam procedimentos e rotinas para criar salas de aula rigorosas, alegres e ordenadas, que concedam aos alunos independência real. No início do capítulo, veremos especificamente duas rotinas familiares e

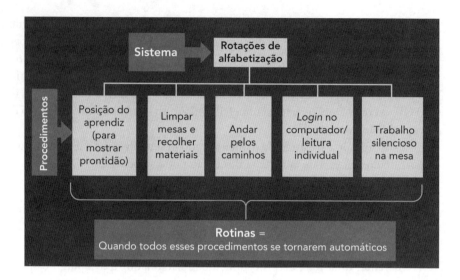

importantes que estão ligadas para formar um sistema para o início da aula: *Abertura* e *rotina de entrada*. Depois disso, estudaremos *Hábitos de atenção*, que é uma rotina para interações sociais básicas de e entre alunos durante o aprendizado. Mas é claro que uma grande sala de aula tem muito mais procedimentos e rotinas do que isso, então, depois, exploraremos o "como" por trás do projeto e instalação de procedimentos e rotinas, para que você possa preparar os alunos para o sucesso em sua sala de aula e fora dela.

Dito isso, também é importante observar quantos exemplos de procedimentos e rotinas são descritos em *outras partes* deste livro. Isso também pode nos ajudar a vislumbrar a variedade de tipos de sistemas que você pode incluir em sua sala de aula.

Existem três grandes categorias de procedimentos e rotinas:

1. **Rotinas acadêmicas:** como parte do processo de aprendizagem, ajude os alunos a completarem as tarefas em que se envolvem. Em outras partes do livro, você encontrará inúmeros exemplos dessas rotinas. *Virem e conversem* é praticamente uma rotina para conversas entre pares. *Hábitos de discussão* são um conjunto de procedimentos para uso e adaptação durante discussões maiores. *Solo silencioso* é uma rotina para fazer a escrita individual ocorrer de forma suave e universal. A *Leitura em FASE* é uma ferramenta para tornar a leitura oral uma rotina produtiva. *Mostre-me* é uma rotina – ou um grupo de rotinas – que permite verificar o trabalho dos alunos de forma simples e fácil. Todas essas técnicas existem para melhorar a eficácia da implementação. Então, no final, todos os seus *Meios de participação* – chamada *De surpresa*, *Mostre o texto* e *Todos juntos* – funcionam se forem rotinas previsíveis nas quais, quando você chama os alunos, eles esperam que você faça isso, entendem o espírito em que é feito e sabem como responder.

2. **Rotinas de procedimento:** ajude os alunos a gerenciar materiais e ir de um lugar para outro enquanto maximizam a eficiência. Há uma dúzia de rotinas que você pode instalar para facilitar a logística corriqueira da sala de aula: fazer fila na porta, distribuir e recolher papéis, mover-se para o tapete (para os pequenos), pegar materiais. Neste capítulo, discutirei duas dessas rotinas: *Abertura* e *Rotina de entrada*. Elas podem parecer banais, mas espero que você perceba sua profunda importância depois de ler sobre elas. Mas há mais em outros lugares – *Todas as mãos*, no Capítulo 6, por exemplo.

3. **Rotinas culturais:** ajude os alunos a expressar valores, normas e aspirações compartilhadas. Talvez você tenha notado, na sala de aula de Jessica Bracey ou de Denarius Frazier, como os alunos se elogiam pelo esforço ou pensamento de qualidade, seja quando o professor sugere ou por vontade própria (veja também o vídeo *Jon Bogard: Vá para PI*). Talvez você esteja ciente de como alguns professores socializam seus alunos para "enviar mágica" para um colega que está temporariamente empacado enquanto tenta responder a uma pergunta. Em vez de gritar, fazem um gesto que diz: *Eu te apoio; Eu sei que você vai conseguir*. O primeiro deles, de longe, é o *Hábitos de atenção*, e sua importância é capturada nesta fotografia:

Este é o aluno de Jessica, Omar, respondendo sua pergunta sobre a motivação do protagonista no romance que estão lendo. Ele fica um pouco nervoso no começo. Ele estaria certo? Ele falou bem? É seguro compartilhar? Mas ele responde longamente – ele continua, dando mais detalhes e opiniões e ganhando confiança. Em parte, faz isso devido à rotina social que você pode ver aqui: seus colegas olhando para ele, afirmando que estão ouvindo e que suas palavras são importantes.

Vale a pena notar também que as próprias rotinas dos professores são uma parte crítica de uma sala de aula bem-sucedida. O Capítulo 2 é, na verdade, um estudo dos procedimentos de preparação que esperamos que se tornem rotineiros. Como você circula e observa dados são outros exemplos de rotinas críticas voltadas para os docentes.

Antes de prosseguirmos, uma palavra sobre o poder coletivo das rotinas: digamos que todos em sua turma tenham sua própria rotina para retirar seus materiais e concluam o processo em alguns segundos. Ela seria tão boa quanto uma rotina compartilhada, na qual todos fazem da mesma maneira? Seria melhor ainda? Todo mundo realizando a mesma tarefa no mesmo punhado de segundos, cada um fazendo do seu jeito, parece ser muito mais atraente. Em outras palavras, por que as rotinas têm que ser coletivas?

O primeiro motivo é que isso as torna fáceis de apoiar e gerenciar. É improvável que todos consigam encontrar sua própria maneira de fazer a mesma coisa – é improvável que você obtenha o resultado desejado – porém, mesmo que eles o fizessem, você seria pressionado a ajudar um aluno que se esforçou individualmente para guiá-lo, mesmo com o entendimento de que havia uma maneira certa de fazê-lo. *Você precisará certificar-se de que seu caderno está sobre a mesa todas as manhãs quando pegar seu material*, em vez de perguntar: *Bem, onde você costuma guardar seu caderno, em sua mochila ou em sua mesa?* Como uma criança normalmente desorganizada que era menos propensa a encontrar o caminho para o ensino médio, eu também posso dizer que estava entre as menos propensas a aceitar a orientação de alguém sobre como ser mais produtivo. Eu não entendia e, portanto, não via a sabedoria e resisti ao que as pessoas estavam tentando me dizer.

E, é claro, a produtividade do grupo requer coordenação. Você pode passar da cadeira para a mesa da maneira que quiser quando for o único na sala. Quando 30 pessoas estão fazendo isso ao mesmo tempo, a única maneira de evitar colisões desnecessárias ou negociar sobre quem fará a transição primeiro nessa fileira ou naquela coluna é organizá-la.

Uma segunda razão para a coordenação é que procedimentos e rotinas claros são extremamente eficazes no estabelecimento de normas: "Quando não temos certeza de como nos comportar", escreve Tom Bennett, "olhamos para outras pessoas como um guia seguro do que fazer. Isso se chama prova social, termo cunhado por Cialdini em 1984. Ao ver o que os outros fazem, temos 'prova' de que essa é a coisa certa". Uma norma clara não apenas encoraja as pessoas a seguirem, mas muitas vezes lhes dá conforto. Reduz a ansiedade que muitos alunos sentem de que podem fazer a coisa errada e parecer tolos. Como revela o vídeo *Nicole Warren: Pedra Angular*, a aula de Nicole está cheia de rotinas que seus alunos conhecem bem. Isso ajuda a criar uma sensação de fluxo e estímulo que aumenta a motivação. Há um fluxo ininterrupto de energia. Mas observe também como seus alunos estão felizes por saber exatamente o que fazer, por ver os outros ao seu redor fazendo o mesmo e se juntar a eles. Para retornar a um ponto que mencionei no Capítulo 7, Zaretta Hammond chama o cérebro de "um órgão social" e observa que ele "tem um desejo de 'contato', um 'desejo de estar com outras pessoas'". Em geral isso é refletido na universalidade e no poder do canto – em todas as culturas do mundo, cantar juntos é uma forma de se tornar parte de um grupo unificado, literal e simbolicamente. Unimos nossas vozes

– em adoração ou não – e as emoções de fazê-lo são surpreendentemente profundas. Parte disso é a música e parte é a certeza de pertencimento criada pela coordenação. Pode ser exagerado e mal utilizado, é claro, mas também é profundo e elementar. Tom Bennett escreve sobre os benefícios psicológicos da "sensação coletiva de fazer parte de um grande grupo compartilhando objetivos e atividades".[1] Isso lembra aos alunos que eles pertencem. Longe de ser militarista e sem alma, administradas adequadamente, executadas com uma pitada de felicidade ou mesmo alegria e investidas de significado por um professor, as rotinas compartilhadas muitas vezes são reconfortantes.

Um terceiro motivo para as rotinas coletivas serem poderosas é que, ironicamente, elas nos ajudam a focar nossa cognição onde ela é mais útil. Ter o hábito de escrever uma resposta no meio da leitura de um romance – que eu chamo de *Pare e anote* na seção *Todo mundo escreve* – libera os alunos para escrever mais e melhor, pois sua mente está no livro e não onde escrever ou se deve usar lápis ou caneta. Da mesma forma, adquirir o hábito de fazer algo produtivo torna isso mais fácil e permite que você guarde força de vontade e autodisciplina para outras coisas. Esta é, em parte, a história oculta da educação escolar. O sucesso conta com muitas coisas, mas uma delas é completar todas as suas tarefas e exercícios a tempo e se você está particularmente com vontade de fazer isso naquele dia. Quando os cientistas analisam pessoas que parecem ter mais autodisciplina, escreve James Clear, acontece que elas são realmente melhores em "estruturar sua vida de forma que não exija força de vontade e autocontrole".[2] Elas têm melhores hábitos e realizam comportamentos produtivos automaticamente. Elas não precisam se basear na autodisciplina para cuidar dos hábitos cotidianos, pois suas rotinas e hábitos já fazem isso. Aconselhando indivíduos sobre como mudar sua vida para melhor, Clear basicamente descreve uma sala de aula de alto desempenho, com procedimentos e rotinas fortes. "Uma das coisas mais eficazes que você pode fazer para construir hábitos melhores é ingressar em uma cultura em que o comportamento desejado é o comportamento normal... Sua cultura define suas expectativas para o que é "normal". Cerque-se de pessoas que têm os hábitos que você deseja... Vocês vão subir juntos."[3]

Em outras palavras, procedimentos e rotinas em sala de aula, que na realidade são hábitos compartilhados, elaborados cuidadosamente por um adulto amoroso, são críticos para quase todos os objetivos que buscamos nas escolas.

TÉCNICA 47: ABERTURA E ROTINA DE ENTRADA

As pessoas constantemente leem os ambientes e tiram deles dicas sociais, e esse processo começa segundos após entrar em um espaço. Menos que isso, na verdade. Formamos muitas de nossas impressões e opiniões quase instantaneamente, explica Jonathan Haidt em *A mente moralista*, muitas vezes criando explicações lógicas para nossas respostas somente mais tarde. Como grande parte do nosso comportamento, esse processo está escondido de nós – não estamos cientes de que o fazemos, mas mesmo assim o fazemos. O "nós" nesta afirmação inclui seus alunos.

As primeiras impressões deles importam, não apenas no primeiro dia de aula, mas todos os dias, e assim, a forma como a aula começa – e de fato como a cultura e as expectativas são comunicadas no tempo ambíguo e transitório *antes* do início da aula – é fundamental para estabelecer normas, comunicando a cultura. A maneira como você escolhe cumprimentar os alunos quando eles cruzam os umbrais de sua porta comunica o que provavelmente acontecerá quando eles entrarem em sua sala de aula, e o que as pessoas esperam que aconteça é muito mais provável de acontecer. Com a cultura, acertar e manter algo certo é muito mais fácil do que consertar uma vez que isso dá errado. A *Abertura* garante que você terá o hábito de acertar no início de cada dia.

A chegada dos alunos à sala de aula deve resultar no recebimento da mensagem de pertencimento; que seu professor esteja preparado e capacitado; e que, como aprendizes, seu tempo será bem gasto. Também é importante oferecer um lembrete sutil de que as expectativas em sua sala de aula são maiores do que no corredor ou em qualquer outro espaço. O que acontece em sua sala de aula é mais importante, e uma mudança sutil deve ocorrer quando os alunos entram, não muito diferente do que a maioria das pessoas faz ao entrar em uma igreja, mesquita ou sinagoga – elas baixam a voz e mudam o teor de suas interações para refletir a dignidade do espaço. Suas ações dizem: *O que acontece aqui é importante*. Ninguém lhes diz para fazer essa mudança. Elas a leem nas dicas oferecidas pelo ambiente e pela forma como os outros ao seu redor agem. Uma sala de aula não é uma casa de culto – não queremos uma mudança para a mesma cultura que você veria lá —, mas queremos uma mudança, um reconhecimento de que os alunos estão entrando em um lugar de valor compartilhado e importância elevada.

Com isso em mente, assista aos primeiros momentos nas salas de aula de Sadie McCleary, Darren Hollingsworth, Trona Cenac, Steve Chiger e Tamesha McGuire, todos diferentes e ao mesmo tempo semelhantes. Cada um comunica diferentes culturas, mas eles transmitem e reforçam a cultura de forma clara. Utilizam rotinas diferentes, mas sinalizam que o lugar que o aluno está entrando será um espaço produtivo de aprendizado. Aqui, estamos vendo professores que são *formadores de cultura*, em vez de *tomadores de cultura*.

Comece com o vídeo *Darren Hollingsworth: Muito inteligente!* Como não começar com Darren? Não podemos vê-lo no início, mas podemos ouvi-lo cumprimentar os alunos no corredor: "Olha isso! Inteligente.[4] Inteligente!". Descrevendo seus alunos em geral e alguns individualmente, ele diz: "Super inteligente". Ele é otimista e irreprimível, mas também confiante e absolutamente claro sobre o que deve acontecer quando os alunos entrarem em sua sala. Ele os cumprimenta pelo nome, comunicando que são conhecidos e importantes, mas quando eles entram há uma tarefa visível a seguir ("Minha turma, entrem direto. Material para fora, senhoras e senhores!") e os alunos seguem com suas expectativas claras, definindo a norma para um início de aula feliz e produtivo. Isso logo se torna rotina. É assim que a aula começa com o Sr. Hollingsworth. Os alunos se sentirão conhecidos e incluídos e também esperam que seu tempo seja bem gasto.

Observe algo que se tornará um tema. Darren está posicionado no ponto de entrada, onde ele pode ver claramente sua sala e também cumprimentar todos os alunos. Não há outra maneira de entrar, e isso permite que ele diminua o fluxo para a sala e, se necessário, lembre os alunos das expectativas elevadas. Ele faz isso, de fato, interrompendo a fila brevemente porque não está arrumada o suficiente. De brincadeira, ele os chama de bagunceiros – certamente não o são —, mas os alunos corrigem seu comportamento já produtivo para torná-lo ainda melhor. Alegria, inclusão e altas expectativas são mensagens transmitidas com sucesso.

No vídeo *Sadie McCleary: Pegue uma de cada*, Sadie é talvez um pouco menos exuberante, mas não menos calorosa, genuína e graciosa ao cumprimentar seus alunos. Há pequenos momentos de diálogo – "Oi, N'Kaye. Prazer em ver você", "Oi, Alexa" e "Gostei dos seus óculos" – e lembretes sobre materiais para que todos tenham o que precisam desde o início. "Peguem um de cada [há dois folhetos perto da porta] e uma calculadora, se precisar." Há também pequenos lembretes de expectativa elevada: "Celular guardado, por favor", ela diz a um deles. Os alunos pegam o *Faça agora* da cesta, vão para suas mesas e começam a trabalhar. É uma manhã caótica para Sadie, porque há câmeras gravando a aula e nem todos assinaram uma permissão para serem filmados, então durante a *Abertura* ela também está remanejando os alunos para colocá-los em assentos desconhecidos (com alguns fora da visão da câmera), mas tudo isso ocorre de forma notavelmente tranquila porque todos sabem o que fazer e porque ela aparece na porta sinalizando organização, prontidão e expectativa. Os alunos se sentem vistos e cuidados, mas também começam a trabalhar rapidamente. Em outras palavras, a *Abertura* pode parecer um tempo de inatividade, mas não é. Um aluno demora um pouco demais falando sobre algo que é melhor tratar mais tarde ("Vou te ajudar nisso daqui a pouco", diz Sadie). Esse tempo é realmente fundamental para definir as expectativas. Para Sadie, não é um tempo de inatividade.

Observe algumas das semelhanças na técnica de Darren e Sadie. Ambos ficam na porta, onde podem controlar o fluxo, mesmo que os alunos de Sadie cheguem aos poucos e não façam fila do lado de fora da porta. Ela aproveita a oportunidade para definir um tom caloroso e gracioso e lembrar os alunos de maneira simples que, quando eles entram na sala de aula, as expectativas são diferentes, mais elevadas – o que fazemos aqui é profundamente importante. Grandes professores muitas vezes combinam esses pequenos reinícios e lembretes com momentos calorosos e graciosos do tipo "estou vendo você" – "Adorei os novos óculos", "Que bom te ver", "Como foi o debate?" – aproveitando muitas oportunidades para usar os nomes dos alunos. Tudo isso constrói relacionamentos, fazendo-os se sentirem "conhecidos" (parte da receita para que se sintam *seguros, bem-sucedidos e conhecidos*, que meu colega Dan Cotton apresentou).

Trona (*Trona Cenac: Vai ficar tudo bem*) está cumprimentando seus alunos no início do ano. Eles tiveram várias aventuras e têm muita coisa para contar a ela. Há emoção e bom sentimento, mas ela também canaliza isso para as primeiras tarefas. A mensagem é: *É ótimo ver vocês; Eu me importo com vocês e também temos muito o que fazer, e é assim que vamos começar*. Ela é um pouco mais explícita sobre as expectativas diárias porque está no início do ano. Assim como Darren e Sadie, ela está no ponto estreito do umbral da porta, a fim de controlar o fluxo para dentro da sala. E Trona garante que pode manter sua visão da sala de aula e do corredor à medida que os alunos entram. Você notará quanto do trabalho ela faz fora da sala. Se você pode fazer isso, é inteligente, porque os hábitos são poderosos. Isso significa que a sala de aula é o seu espaço e os alunos nunca a veem de outra forma que não seja como você deseja. Portanto, o processo de entrar e mudar ligeiramente de comportamento torna-se uma questão de hábito.

Steve Chiger aplica ideias semelhantes (veja o vídeo *Steve Chiger: Saber o que fazer*). Ele cumprimenta os alunos calorosamente, chamando-os pelo nome, e parece otimista com a aula, e mesmo que os alunos estejam muito atentos, também interrompe o processo de entrada muito brevemente porque "pensou ter ouvido alguma coisa". Depois, você pode ver os alunos se envolverem produtivamente em sua rotina de entrada. Ele sinalizou expectativas e elevou a importância do espaço, e os alunos reagiram de acordo.

Tamesha McGuire mostra um ambiente ligeiramente diferente (veja o vídeo *Tamesha McGuire: Ajeitem suas cadeiras*). Ela já está na sala conversando amigavelmente com os meninos e se preparando para a aula quando entram as meninas, que estavam em outro lugar. Ela bate palmas duas vezes e muda o tom para mostrar que a aula começou, e as meninas sabem instantaneamente que entraram em um espaço de importância elevada. Ela não está na porta, no entanto, é uma *Abertura*.

Os temas até agora incluem cumprimentar seus alunos, ficando fisicamente na soleira da porta, quando possível – parado na porta, aproveitando a oportunidade para lembrar aos alunos onde eles estão (eles estão com você agora, e não importa quais sejam as expectativas em outros lugares, você sempre espera o melhor deles), como você se sente em relação a eles (cuidadoso, caloroso, mas também com uma dica de que o rigor pode surgir conforme a necessidade) e o que você espera deles (excelência, atenção e esforço). Durante essa rotina, cada aluno que entra cumprimenta você, aperta sua mão, olha nos olhos e oferece uma saudação civil e cordial e vice-versa. É um ritual de cortesia e carinho.

Você pode usar a saudação para envolver os alunos rapidamente e construir um relacionamento: "Adorei seu dever de casa, David"; "Bom jogo ontem à noite, Shayna"; "Espero grandes coisas de você hoje, Sr. Williams!"; "Seu cabelo está ótimo, Shanice!". Você não terá tempo para dizer algo assim para todos os alunos, mas poderá escolher alguns a cada dia, ao longo do tempo, conectando-se eles e lembrando-os que você os conhece como indivíduos. Você também pode gerar conexão enquanto reforça as expectativas para a *Abertura*, agradecendo calorosamente com saudações fortes: "Toca aqui, Jamal"; "Adoro o entusiasmo, Terry".

Você também pode dar as boas-vindas aos alunos com uma descrição do que está por vir e um lembrete do que é esperado: "Temos um teste hoje. É melhor usar esse *Faça agora* para se preparar". Você também deve usar a *Abertura* para definir expectativas, corrigindo apertos de mão fracos, roupas desarrumadas, cumprimentos apáticos ou contato visual ruim. Felizmente, isso é fácil de fazer porque a *Abertura* tem uma consequência embutida. Faça errado e, se for preciso, volte e tente novamente.

Quando você estiver na porta, posicione-se para *ver os dois lados*, mantendo a visão dos alunos que já entraram em sua sala de aula, bem como daqueles que você está cumprimentando. Assim que entrarem, narre um pouco de comportamento positivo: "Obrigado por ir *direto* ao trabalho"; "Bom trabalho, Jamila. Foi bom ver que você fez a lição de casa imediatamente". Se você notar que vários alunos na turma não estão atendendo às expectativas, pode lembrá-los calorosamente do que eles devem fazer: "Vejam se essas cadeiras estão dobradas, para que todos possam passar" ou "Lembrem-se de que nós entramos em silêncio".

Se não for possível para você cumprimentar os alunos na porta (seja por motivos de política escolar ou porque você percorre as salas de aula), crie outro ritual para significar o início de algo formal, como faz Tamesha. O que importa é que você use o poder do ritual para ajudar os alunos a ver, desde o momento em que entram na sua sala de aula, que ela é diferente dos outros lugares que eles frequentam.

Para professores ocupados, o momento logo após os alunos entrarem na sala de aula – enquanto eles estão entrando, sentando e (espera-se) trabalhando em um *Faça agora* – às vezes pode ser uma reflexão tardia. Alguns o usam para completar tarefas burocráticas – grampear pacotes, organizar materiais de instrução, escrever os objetivos da aula no quadro ou reunir rapidamente seus pensamentos. Aos olhos deles, os primeiros minutos de aula são ideais para se preparar para uma aula que não começará até que eles comecem a apresentar conteúdo novo.

É claro que há momentos em que você precisa reservar um minuto para realizar alguma tarefa, mas é importante reconhecer que todas as aulas começam *assim que os alunos passam pela porta*. Dois minutos neste momento contam tanto em termos de aprendizado potencial quanto dois minutos durante o núcleo de sua aula e, é claro, você e as normas de sua sala de aula ainda estão se comunicando aos alunos: *Vejam o que fazer aqui; aqui está o que vocês devem esperar*.

Portanto, vale a pena ser intencional sobre o início da aula, planejando uma maneira *correta* mais eficiente para os alunos entrarem na sala de aula, concluírem o *Faça agora*, prepararem seus materiais de aprendizagem e fazerem a transição para o centro da aula – e, em seguida, criar um hábito consistente disso para cada aluno. Quando isso acontece, por ser uma rotina, essa é uma situação ganha-ganha. Os alunos são produtivos, você é produtivo e, com tudo se movendo com eficiência organizada, é mais provável que você tenha tempo para revisar sua aula, arrumar a sala, conversar com alunos individualmente e talvez tomar um gole de café.

Rotina de entrada

Rotina de entrada refere-se a projetar a sequência de eventos na sala de aula desde o momento em que os alunos entram, presumivelmente após a *Abertura*, até o início da aula. Ela é fundamental por três motivos:

1. Define o tom para tudo o que vem depois. A cultura da sala de aula não é estática de um dia para outro. Ela é moldada pelos minutos iniciais de uma aula – quer você os estabeleça intencionalmente ou não.

2. De um ponto de vista do *ritmo*, um início forte e enérgico para sua aula cria impulso. Ele socializa os alunos para trabalhar com disciplina, urgência e eficiência assim que passam pela porta. Comece devagar e você poderá passar o resto da aula lutando para recuperar o impulso que perdeu, e que pode nunca mais ser recuperado.

3. A *Rotina de entrada* geralmente inclui um *Faça agora*, que prepara o terreno para o domínio ao visualizar ou revisar com eficiência o conteúdo de alta qualidade que os alunos precisam dominar. Ela constrói os hábitos acadêmicos de que os alunos precisarão para ter sucesso.

Se você entrasse em uma sala de aula de grande sucesso logo após o sinal tocar, provavelmente descobriria que poderia dividir a rotina que os alunos usam para iniciar a aula em três partes: 1) da porta para o *Faça agora;* 2) *Faça agora;* e 3) revisão do *Faça agora*.

O primeiro componente da *Rotina de entrada* compreende como os alunos vão da porta ao seu *Faça agora*. Ao contrário da *Abertura*, que precede imediatamente a entrada dos alunos na sala e se concentra em estabelecer normas e expectativas comportamentais, da porta para o *Faça agora* trata-se de criar um hábito do que é eficiente, produtivo e instrutivo à medida que os alunos se sentam.

Um arranjo típico pode ser algo desse tipo: assim que os alunos cruzam a soleira da porta da sala de aula, eles pegam um pacote de materiais de uma mesa ou balcão no lado de dentro, como Sadie McCleary faz. Em alguns casos, especialmente no ensino fundamental, os pacotes já podem estar nas mesas deles. Você pode ver que Christine Torres fez isso no início de sua aula no vídeo *Christine Torres: Silenciosamente a seus lugares* .

Um pouco de afirmação calorosa e apreciativa, como a de Christine, permite que os alunos saibam que você valoriza seus esforços. "Obrigado por ir *direto* ao trabalho, James", "Lindsay já está respondendo a pergunta número um do *Faça agora*", e coisas desse tipo. Discipline seu discurso para que seja conciso e preciso, e reforce silenciosamente o comportamento diligente. Uma vez que os procedimentos de abertura se tornem rotineiros, use o discurso com menos frequência. O objetivo é chegar a um ponto em que você precise falar muito pouco – ou nada – para que a turma passe da porta de entrada para a rotina *Faça agora*. Quando Christine agradece, os comentários são cuidadosamente espaçados e há muito tempo para pensar. Ela quer evitar que suas afirmações pareçam mecânicas – isso pode acontecer se houver muitas saudações e elas parecerem repetitivas – e quer ter certeza de criar um ambiente de trabalho no qual os alunos possam ser produtivos e não tenham seu pensamento interrompido.

Alguns pontos principais maximizam a eficácia da porta para o *Faça agora*:

- É mais eficiente fazer os alunos pegarem seus pacotes em uma mesa do que você tentar entregá-los na porta. A última abordagem o retarda e o força a realizar múltiplas tarefas, quando sua mente deveria estar em estabelecer expectativas e criar relacionamentos.
- Os alunos devem saber onde se sentar. O tempo gasto vagando, procurando um lugar, decidindo onde sentar ou conversando sobre decidir onde sentar ("Posso sentar ao lado dele? Ele vai pensar que estou flertando?") é um desperdício de tempo e energia de aprendizado. Defina as cadeiras ou permita que os alunos utilizem assentos fixos.
- O que quer que os alunos precisem fazer com o dever de casa (colocá-lo em uma cesta, colocá-lo no canto esquerdo da frente de sua mesa, passá-lo para o representante da turma), eles devem fazer todos os dias e sem aviso. Isso permite que você os colete sem problemas, e fazê-lo no início de cada aula enfatiza tacitamente sua importância.
- Coloque seu *Faça agora* (a segunda parte desta rotina) no mesmo lugar todos os dias: no quadro, em um folheto interativo ou no pacote. Os objetivos da aula, a agenda e o dever de casa para a próxima aula já devem estar no quadro, também no mesmo local previsível todos os dias.

Como parte da *Rotina de entrada*, estabelecer a rotina do *Faça agora* é fundamental. O *Faça agora* permite que você agilize o tempo de instrução, construa hábitos diligentes e use um bloco discreto de tempo em que seus alunos possam praticar e, assim, sustentar e desenvolver sua proficiência em habilidades que já dominam. Essa questão – garantir que os alunos não percam por desuso o que já dominaram – é um dos desafios ocultos do ensino.

Na técnica 20, eu discuto os detalhes de um *Faça agora* eficaz.

TÉCNICA 48: HÁBITOS DE ATENÇÃO

"O que poucas pessoas entendem é como deve ser dada atenção central a cada função que desempenhamos", escreve a pesquisadora Maryanne Wolf. "Aquilo que nós prestamos atenção é, em última análise, aquilo que aprendemos", concorda Peps Mccrea. É o "porteiro" não anunciado do aprendizado. A capacidade de manter o foco e a concentração é a fonte não reconhecida do sucesso de muitos alunos, e a incapacidade de prestar atenção é a ruína de outros.

"A neurociência nos lembra que, antes que possamos ser motivados a aprender o que está à nossa frente, devemos prestar atenção a isso", diz Zaretta Hammond. "A marca registrada de um aprendiz independente é sua capacidade de direcionar sua atenção à sua própria propensão."[5] Construir fortes hábitos de atenção é dar aos alunos a administração de seu próprio pensamento.

Atenção seletiva é o termo para a capacidade de selecionar o que você presta atenção – bloquear as distrações e se concentrar na tarefa em mãos. Isso tem "efeitos reverberantes" no sucesso em linguagem, literatura e matemática, observam as cientistas cognitivas Courtney Stevens e Daphne Bavelier. Elas acrescentam que há potencialmente "grandes benefícios em incorporar atividades de treinamento de atenção no contexto escolar".[6]

Se os jovens podem construir hábitos de atenção seletiva sustentada, sua probabilidade de sucesso aumenta. Isso sempre foi verdade, mas é ampliado hoje, quando grande parte do nosso universo – a parte *on-line* dele – é projetada para fragmentar nossa atenção e atraí-la para onde ela possa ser comercializada e vendida.

A técnica *Hábitos de atenção* busca estabelecer rotinas que façam os alunos focarem sua atenção durante as aulas e construírem hábitos atencionais mais fortes. Além disso, ela procura usar os sinais que as pessoas enviam quando atendem outra pessoa para construir uma comunidade de aprendizagem mais forte e inclusiva.

Eu costumava chamar a técnica de SOPRe/POSSO em virtude das siglas que as escolas costumavam usar para descrever suas expectativas em sala de aula. Ainda sugiro o uso de um acrônimo para descrever os hábitos de atenção essenciais, mas mudei o nome e a descrição para focar mais no *porquê*. Entenda o propósito da técnica e você terá muito mais chances de usá-la de forma eficaz.

Em particular, os "hábitos" da técnica se concentram no rastreamento visual e na linguagem corporal pró-social – linguagem que comunica apoio e pertencimento aos oradores. Pode ser útil, antes de ler mais, observar esses aspectos em ação em uma sala de aula. Sugiro que você faça isso em duas partes, primeiro assistindo ao vídeo Pedra Angular de Christine Torres, que mostra dois grandes segmentos de sua aula, enquanto ela primeiro ensina novas palavras de vocabulário e depois conduz uma discussão sobre o romance *O número das estrelas*, de Lois Lowry. Os alunos de Christine, acho que você concordará, estão extraordinariamente engajados e atenciosos: eles lutam entusiasticamente com novas palavras e são racionais, respeitosos e atentos ao discutir uma questão difícil. A seguir, assista ao vídeo *Christine Torres: Hábitos de atenção* para ver uma montagem de momentos extraídos dessa aula. Observe como é importante que os alunos olhem uns para os outros, como sua linguagem corporal mostra aos colegas que eles pertencem e suas ideias são bem-vindas. Observe como eles são atenciosos, confiantes e produtivos como resultado.

"Dicas visuais", escreve James Clear em *Hábitos atômicos*, "são o maior catalisador do nosso comportamento. Para onde olhamos molda nossa atenção mais do que qualquer fator isolado".[7] Muitas vezes não somos totalmente intencionais ou mesmo conscientes de onde olhamos e por que, no entanto, moldar os hábitos de olhar dos alunos pode levar a uma mudança profunda, não apenas em suas ações e cognição, mas naqueles ao seu redor. Por exemplo, engajar-se em comportamentos que mostram a um orador que você está ouvindo com atenção – acenando com a cabeça e parecendo interessado – geralmente é uma autorrealização. Eles fazem você prestar mais atenção e também fazem o orador sentir um forte senso de afirmação e pertencimento. Observe, portanto, com que frequência – e com que habilidade – Christine reforça essas coisas.

Há uma forte conexão entre esses comportamentos e nossa capacidade de criar comunidade na sala de aula. Pertencer[8] é sem dúvida o motivador mais poderoso que existe. Nosso cérebro inconsciente está "obcecado com isso", escreve Daniel Coyle em seu livro *Equipes brilhantes*, mas acrescenta que o cérebro "precisa ser continuamente alimentado por sinais de conexão segura". Examinando a pesquisa, ele observa que "Postura e expressão são incrivelmente importantes. É a maneira como provamos que estamos em sincronia com alguém". No entanto, "um mero indício de pertencimento não é suficiente... somos construídos para exigir muita sinalização, e por repetidas vezes".

Você pode ver isso acontecendo na sala de aula de Christine. Seus alunos estão constantemente sinalizando uns aos outros que eles pertencem. Eles se viram e se encaram. Eles acenam, reagem e encorajam. E esse sinal é mais forte quando seus colegas estão compartilhando ideias importantes. Existe um risco que todo aluno corre ao levantar sua mão, pois fazer isso e dizer algo verdadeiro na frente de um grupo de colegas é arriscar o fracasso ou, pior ainda, o julgamento por parte deles. Sim, sua resposta pode estar desastrosamente errada, mas, pior do que isso, a resposta não verbal de seus colegas pode dizer: *Nenhum de nós se importa com o que você acabou de dizer* ou *Ah, espere, você disse alguma coisa? Eu mal notei* ou *Por favor, me diga que você não fez um comentário sobre o livro*. Se for esse o caso, apenas um raro aluno levantará a mão.[9] A jornada de aprendizagem é evitada quando os alunos devem arriscar a transgressão social para embarcar nela. "Independentemente de quão forte seja a lógica de sua conversa estimulante", escreve Peps Mccrea, "poucos alunos farão mais perguntas em sala de aula se sentirem que isso resultará em zombaria de seus colegas".

Porém, na sala de aula de Christine, levantar a mão e começar a formular um pensamento é aproveitar o calor da aceitação e do encorajamento. A cultura em sua sala de aula não apenas *permite* que os alunos assumam esse risco necessário, mas os atrai amorosamente para a luz. É profundo e belo – um presente para os jovens e, acima de tudo, para aqueles hesitantes e relutantes. O que você vê na sala de aula dela não é algo que vai acontecer naturalmente, entre qualquer grupo de pessoas, a menos que o professor o construa intencionalmente.

Há quem diga que construir tal cultura é coercitivo e repressivo, mas espero que essa reflexão deixe claro que este não é o caso.[10] Pedir aos alunos que estejam atentos a seus corpos é *criar* oportunidades para suas mentes e espíritos; ajudá-los a construir hábitos que os auxiliem a se concentrar é ajudá-los a aproveitar o poder de seu pensamento. Quando os colegas sinalizam intencionalmente pertencimento e encorajamento uns aos outros, eles os liberam de barreiras invisíveis que os constrangem, barreiras que para alguns alunos existirão na maioria das salas de aula em que entrarão em suas vidas. Moldar esses sinais é dar aos alunos poder e comunidade no lugar da dependência e do isolamento.

O contato visual e a linguagem corporal são os meios que usamos para mostrar a alguém que eles são importantes e pertencem ao grupo. Compreender nossa evolução como espécie pode nos ajudar a entender o motivo para isso.

Vamos começar com nossos olhos, que têm uma parte externa branca chamada esclera. Em todos os outros primatas, a área ao redor da pupila é escura e, como resultado, não é possível rastrear claramente os movimentos dos olhos. Os cientistas explicam esse aspecto singular da evolução humana por meio da Hipótese do Olho Cooperativo. Os humanos agem com um nível de cooperação nunca visto no reino dos mamíferos. Como espécie, sobrevivemos por causa dessa capacidade (e desejo) inigualável de coordenar e colaborar. Para a maior parte da história evolutiva, ser expulso do grupo era morte certa. Nossos olhos se adaptaram para olhar do jeito que olham porque as informações contidas no olhar de nossos pares – *Eu sou aceito e respeitado? Qual é o meu status? Eu pertenço ao grupo?* – são fundamentais para a sobrevivência. "Por centenas de milhares de anos, precisávamos de maneiras de desenvolver coesão porque dependíamos muito uns dos outros. Usamos sinais muito antes de usarmos a linguagem", diz Alex Pentland, do Laboratório de Dinâmica Humana do MIT.[11] Nossa fisiologia é projetada para comunicar esses sinais e somos profundamente sensíveis ao que é dito pelos olhos de nossos pares – mesmo que normalmente não tenhamos consciência disso.

"Pertencer parece acontecer de dentro para fora", resume Coyle, "mas na verdade acontece de fora para dentro". Os alunos na sala de aula de Christine sentem que pertencem porque seus colegas estão sinalizando para eles que eles pertencem, e que *ainda* pertencem (apenas possivelmente eles pertencem *especialmente*) quando e se participam do aprendizado.

A versão original desta técnica – e seu nome – referia-se a siglas como POSSO, que várias escolas de destaque usavam para articular os sinais de pertencimento e atenção que as pessoas usam quando estão em grupos:

Pergunte e responda

Olhe para quem está falando

Sente-se direito

Sinalize com a cabeça

Ouça

Elementos especialmente cruciais dessa lista foram "seguir quem está falando" – isto é, seguir com os olhos a pessoa que está falando – e sentar – você não aprende bem se estiver desleixado, ou se estiver com a cabeça baixa em sua mesa, e permitir-se verificar fisicamente faz com que você confirme mentalmente. Se nos preocupamos com os jovens, se acreditamos que seu aprendizado e seu futuro são importantes, não podemos permitir que eles simplesmente optem por não participar do aprendizado.

Acrônimos práticos como POSSO permitem que os professores expliquem e reforcem os comportamentos componentes: "Não se esqueça do POSSO", "Verifique seu S" (ou seja, certifique-se de estar sentado corretamente) ou "Por favor, acompanhe Guadalupe enquanto ela compartilha sua resposta". Ou simplesmente chame Guadalupe e diga: "Olhem para Guadalupe, por favor". Mas pode haver desafios com essas siglas. Primeiro, elas se concentram na ação sem sempre descrever completamente seu propósito, e uma coisa boa pode facilmente ser distorcida quando o objetivo não é claro. As partes que compõem o POSSO, por exemplo, são fáceis de gerenciar e, portanto, os professores – talvez um professor com dificuldades, para quem uma sala de aula organizada tenha sido difícil – podem se prender ao comportamento sem buscar seu propósito.

Um desafio adicional pode ser que o gerenciamento de comportamentos de atenção pode ser bem-sucedido o suficiente para levar a uma disseminação na gestão de comportamentos menos claramente ligados à atenção: mãos cruzadas sobre a mesa, costas retas contra a cadeira, e assim por diante. Para ser claro, esses comportamentos não são algo que discuti em *Aula nota 10*, mas certamente já vi salas de aula onde eles são reforçados de maneira contraproducente e, às vezes, na crença de que este livro os endossa. Pode ser útil lembrar os alunos que eles correm o risco de se distrair com o POSSO – ou que estão enviando mensagens sem apoio aos colegas; dizer aos alunos para manterem os pés no chão ou interrompê-los quando estão produtivamente envolvidos em uma discussão para dizer-lhes para cruzar as mãos sobre a mesa não é útil.[12] E se eles quiserem fazer anotações?

Hábitos de atenção também implica pedir aos alunos que às vezes nos acompanhem como professores. Há pessoas que lhe dirão que isso também é uma forma de tirania, mas dizer às crianças que elas não precisam prestar atenção aos adultos é uma versão barata da liberdade em troca pela educação. "Quando os pais me perguntaram por que seus alunos deveriam me seguir quando eu falava, expliquei: 'Se eu não consigo ver os olhos do seu filho, não sei se ele ouviu. Não sei se ele será capaz de completar a tarefa de aprendizado'", diz meu colega Darryl Williams sobre seus dias de liderança na escola. "Eu expliquei a partir de uma perspectiva de equidade. Uma das razões pelas quais chamamos a atenção dos alunos é dar a eles a oportunidade de serem bem-sucedidos em uma tarefa." Esse é um educador que esclarece seu propósito e que entende o que sustenta a autonomia para os jovens.

Para enfrentar esses desafios, vou propor o que acho que é uma sigla melhor – com a ressalva de que cada escola ou sala de aula deve refletir individualmente sobre qualquer sigla que pretenda escolher. Essas são as ferramentas que achamos que vão construir hábitos de atenção positivos em nossos alunos? Se os alunos trabalharem duro e atenderem a essas expectativas, isso melhorará sua capacidade de aprender de maneira positiva? A resposta deve ser sim, ou não vale a pena incluir as expectativas. Mas, se a resposta for sim, você não deve deixar de incluí-las.

Com tudo isso em mente, fica claro que há informações que podemos adicionar às descrições dos hábitos de atenção para fornecer lembretes mais consistentes aos professores e alunos sobre seu propósito. Considere o "S" de "Sinalize com a cabeça" em POSSO. Isso não apenas mostra interesse nas ideias de outra pessoa, mas também faz você se envolver ativamente em ouvir. Aqui está uma lista atualizada dos *Hábitos de atenção*, com a sigla SOPRe, revisada para enfatizar o propósito de forma mais clara:

- **S**ente-se direito para parecer interessado e permanecer engajado.
- **O**lhe para quem está falando para mostrar aos outros que as ideias deles importam.
- **P**reste atenção e aprecie as ideias de seus colegas sinalizando com a cabeça, sorrindo, etc., quando eles falarem.
- **Re**formule as palavras da pessoa que falou antes de você para que ela saiba que você está ouvindo.

Nessa sigla, você pode ver que adicionei detalhes sobre o propósito. Sinalizar com a cabeça está incluído na etapa "prestar atenção e apreciar", para enfatizar a importância de apreciar seus colegas de classe. Dito isso, você pode substituir o P de "Prestar e apreciar" por um P chamado "Prestar atenção e audição ativa" (para ajudá-lo a se concentrar e mostrar que você valoriza seus colegas). "Sentar-se direito" também inclui um propósito, *para que você pareça interessado e engajado*. Você também notará que eu trouxe uma ideia da técnica *Hábitos de discussão*, "reformular", mas você pode abandoná-la, se quiser, talvez substituindo-a por outra coisa. Novamente, estou descrevendo opções aqui porque os comportamentos descritos em qualquer sigla (e as expectativas) devem ser cuidadosamente pensados na escola ou na sala de aula. Minha versão do SOPRe pode ser útil, mas as adaptações que você fizer a tornarão ainda melhor para o seu caso específico.

Entretanto, há outra peça que é necessária. *Hábitos de atenção* só funcionam se se tornarem hábitos. Você pode ver como isso é importante para Christine Torres. Sua cultura em sala de aula é forte – excepcional, você poderia dizer. É calorosa, encorajadora e inclusiva para todos. É divertida, atrativa e acadêmica. E, no entanto, ela ainda está moldando, reforçando e corrigindo amorosamente os *Hábitos de atenção* o tempo todo. Ela consegue estabelecer um equilíbrio cuidadoso. Se você tiver que explicar e lembrar toda vez que quiser que o contato visual valide um orador, isso se tornará uma interrupção constante da conversa que você está tentando honrar. Mas só porque as coisas estão indo bem não significa que ela se esqueça de manter o ambiente. Ela reforça isso com amor, cedo e muitas vezes com uma pitada de humor, para que seus lembretes sejam gentis. Ter um acrônimo a ajuda porque permite abreviar os lembretes com facilidade.

Alguns detalhes a serem observados na aula de Christine:

- Com frequência, ela lembra os alunos com antecedência para que sigam, por meio da linguagem que usa para chamar um aluno, como no segmento 1: "O que a menina fez na situação? Siga, Etani...".

- Ocasionalmente ela narra o positivo para tornar a norma mais visível, como no segmento 2: "Siga, Azariah. Seguindo Jada; seguindo Juju". Uma vez, ela lembra um aluno de retribuir o sinal – virar e encarar seus colegas de classe enquanto eles o estão acompanhando. Outras vezes, ela lembra os alunos de forma indireta e divertida, como no segmento 4: "Ooh, Jasmine, garota, espere até que todos os olhos estejam atentos".

- Você também pode ver hábitos em formação. Observe como, sem que ela peça aos alunos, eles se voltam e se envolvem cara a cara e expressivamente em seu *Virem e conversem*. Muitos professores podem contar histórias de afeto e desinteresse expressos em conversas em pares, mas não na aula de Christine.

- A cultura continua, também, no momento em que ela chama Nate sem pedir que o sigam... ainda assim, seus colegas de classe se voltam para ele. O sinal de pertencimento é alto e claro.

- A montagem termina com Christine pedindo aos alunos que a acompanhem. Ela está dando a eles uma informação importante. É fundamental que eles ouçam e participem. Ao pedir acompanhamento, ela sinaliza a importância extra do momento. Os alunos olham para uma direção e, sem que ela peça, ajustam sua própria postura.

Dito isso, mesmo uma rotina bem estabelecida é um padrão – entendido como a condição básica, mas uma condição que pode ser mudada ou desativada. Eu testemunhei um exemplo disso na aula de história de Torian Black na Freedom Prep em Memphis uma manhã, não muito tempo atrás.

Durante sua aula, ele deu aos alunos diversas tarefas de leitura e escrita para serem concluídas em grupos. As atividades eram complexas e davam aos alunos uma quantidade significativa de autonomia, por isso era importante que eles ouvissem com atenção e acertassem as instruções. Seus lembretes gentis para "ouvir com atenção" foram acompanhados por um sorriso caloroso e gracioso. Isso não apenas transmitia crença e carinho, mas também confiança. Como resultado, as coisas ficaram bem nítidas e o tempo da aula foi gasto nas atividades conforme planejado.

Mas aqui foi a minha parte favorita. Enquanto revisava uma parte das instruções, Torian disse: "Não há necessidade de me seguir; vocês podem simplesmente ler na página à sua frente".

Mais tarde, ele resumiu as instruções e usou essa frase novamente com uma voz calorosa e calma: "Não há necessidade de me seguir". Assim, os alunos continuaram lendo.

Eu amo essa frase... "Não há necessidade de me seguir." Ela tem várias consequências ao mesmo tempo.

Primeiro, ela lembra aos alunos que há uma expectativa intacta na sala de aula de que os ouvintes devem seguir os falantes. Mas também mostra intencionalidade por parte de Torian. Uma regra prática realmente útil para gerenciar uma sala de aula é *Porque você pode não significa que você deve*. Torian poderia reforçar a expectativa de que os alunos o seguissem enquanto ele dava instruções? Sim. Ele deveria? Não. E na verdade ele queria que eles lessem as instruções, não olhando para ele nesse caso. Ou talvez ele quisesse dar a eles um pouco de flexibilidade extra, porque estavam no ponto. Ele lhes deu permissão para não seguir o padrão enquanto os lembrava de que esse ainda era o padrão – uma maneira perfeita e elegante de evitar ambiguidades. Mas ele também os lembrou que a falta de seguir o orador com o olhar foi intencional, e não um acidente. O sistema e a exceção coexistiram com facilidade e sua frase permitiu que Torian desligasse temporariamente o padrão enquanto o reforçava como uma expectativa.

Vamos encerrar então com dois exemplos de como são as salas de aula nas quais há fortes *Hábitos de atenção*. Primeiro, confira o vídeo Pedra Angular da sala de aula de BreOnna Tindall. Seus alunos se entreolham enquanto compartilham seus pensamentos sobre *Frederick Douglass: autobiografia de um escravo*. Você pode sentir a confiança deles à medida que suas ideias são validadas pelo grupo. A importância de suas contribuições é reforçada a cada passo e, assim, o lado educacional dos alunos é destacado, mesmo para aqueles que inicialmente hesitam em falar. O ambiente, a cultura, os modifica.

Em particular, observe como, após o *Virem e conversem* inicial, um aluno, Adriel, é chamado para compartilhar sua resposta. A propósito, essa é uma chamada *De surpresa*. Adriel não levantou a mão. Mas o equilíbrio das vozes é importante. Em uma boa sala de aula, a voz de todos importa e BreOnna expressa isso com sua chamada *De surpresa*. Adriel está nervoso? Talvez. Mas, além do interesse sincero e do sorriso gracioso de BreOnna, seus colegas de classe o seguem para mostrar que suas ideias são importantes para eles. Isso o atrai. Eles estalam os dedos ocasionalmente enquanto ele fala para encorajar e apreciar seu pensamento. Notando que está sendo respeitado, ele fala com seriedade e profundidade. Ele não faria isso se o contato visual e a linguagem corporal não o encorajassem, por exemplo, se eles se curvassem na cadeira ou desviassem o olhar pela janela. Ninguém faria. Deixado sozinho, ele poderia ter ficado em silêncio, mas aqui ele é atraído para a luz do sol de seus pares. Mudar as dicas sociais que ele vê gera mudança no seu comportamento. Ele está descobrindo que suas ideias são dignas de apreciação de seus colegas. Uma sala de aula com fortes *Hábitos de atenção* que mencionei anteriormente é como um espelho brilhante. Ela reflete os talentos de seus alunos, mas os transforma ao mesmo tempo.

Procedimentos e rotinas **405**

O relacionamento de Adriel com BreOnna certamente influencia seu trabalho na escola, mas não tanto quanto as interações com seus colegas. Assim, BreOnna procurou moldá-los e orientá-los para que sejam o mais benéfico possível.

Observe também que BreOnna chama Renée em seguida. Ela também tem muito a dizer e podemos ver que ela sabe que a cultura da sala de aula abraçará as reflexões em sua mente. Veja também como ela se baseia em Adriel. Isso acontece em parte por causa dos hábitos da sala de aula, mas é importante reconhecer que os *Hábitos de discussão* dependem dos *Hábitos de atenção*. Ela está atenta e focada durante o *Virem e conversem* – quando ela acompanhou e acenou com a cabeça e encorajou e se fixou em suas conversas – e enquanto Adriel estava falando. Sua resposta reflete fortes hábitos de atenção.

Por fim, confira a sala de aula de matemática do 1º ano do ensino médio de Denarius Frazier na Uncommon Collegiate High School no Brooklyn (veja no vídeo *Denarius Frazier: Soluções*). Usar *Hábitos de atenção* com alunos do ensino médio pode parecer assustador, mas os resultados são surpreendentemente semelhantes. Enquanto assiste, espero que observe a alta "relação" na sala de aula – são os alunos que fazem o trabalho. Eles se envolvem ativamente em tarefas desafiadoras e dignas. O nível da discussão é alto. Você também pode notar a mente aberta de Vanessa, que começa a defender sua resposta, reconhece seu erro e muda seu pensamento sem ficar na defensiva. Olhe para a imagem do momento em que isso acontece. O contato visual – seguir – é importante, assim como as expressões faciais. O momento acontece porque ela está recebendo fortes sinais de segurança psicológica e pertencimento: os olhos e rostos de seus colegas e a linguagem corporal dizem *Estamos com você*.

O que estamos vendo é em parte antinatural. Pelo menos começa assim. A princípio, nenhum grupo de pessoas se comportará por conta própria de maneira educacionalmente ótima para o grupo como um todo. Assim, pode ser verdade que os alunos comecem a seguir os outros principalmente porque um professor pediu a eles. Eles são estimulados, para usar o termo de Richard Thaler e Cass Sunstein, para um ambiente que incentiva a tomada de decisão ideal dos participantes, mas uma vez que houve o estímulo, a ação muitas vezes se torna sua, um veículo pelo qual eles expressam uma cultura de pertencimento e apoio mútuo, por vontade própria. Eles sentem a diferença e, tendo sentido, abraçam-na. A sala de aula é mais humanizada do que "desumanizada" pela prática de seguir o aluno que está falando.

TÉCNICA 49: CONSTRUA A EFICIÊNCIA

Quer usem o termo ou não, quase todos os educadores desenvolvem *procedimentos* – definem maneiras de concluir tarefas recorrentes – e os ensinam aos alunos. Uma razão pela qual os procedimentos são tão onipresentes nas salas de aula é que, quando bem projetados, ajudam os professores a economizar tempo para a aprendizagem. Uma segunda razão é que os procedimentos "*hackeiam* a atenção" – economizam memória de trabalho para coisas mais importantes. Um terceiro benefício um pouco mais oculto é que, quando os alunos sabem o que fazer sem que lhes seja dito, os professores precisam fazer menos correções e podem conversar com eles sobre coisas mais importantes ou mais positivas. Ainda assim, como todo educador sabe, nem todos os procedimentos são criados da mesma forma. Às vezes, um procedimento mal projetado pode dificultar a execução de uma tarefa. Para evitar essa armadilha, recomendo criar procedimentos que satisfaçam cinco critérios: simplicidade, planeje as palavras, rápido é melhor, pouca narração necessária e planejamento duplo.

Simplicidade. Planeje a maneira mais simples de concluir cada tarefa-chave corretamente. Embora este ponto possa parecer óbvio, os professores às vezes são tentados a criar procedimentos elaborados porque executá-los pode ser divertido. Adicionar aquela sequência extra do *Todos juntos* ou manter os alunos em uma fila por mais 15 segundos também pode fazer as coisas parecerem ordenadas. Mas, no final, esses são incentivos perversos. Você quer procedimentos para poder aprender. Ponto. A versão mais simples é a melhor.

Se você não tiver certeza se deve ou não adicionar algo ao seu procedimento, pergunte a si mesmo: isso ajuda meus alunos a realizar a tarefa? Vou querer exigir que eles executem essa etapa toda vez que fizerem essa tarefa pelo resto do ano? A produtividade que ganho será maior que o custo em tempo? A resposta geralmente será sim, mas esforce-se para garantir isso a cada etapa e reduza o procedimento a um punhado de ações.

Planeje as palavras. "Primeiro, há uma sugestão, um gatilho que diz ao seu cérebro... qual hábito usar", escreve Charles Duhigg em *O poder do hábito*, "depois há a rotina". As palavras que indicam o início de um procedimento e as que orientam seus passos *fazem parte da rotina*. Elas devem ser planejadas com tanto cuidado e usadas tão consistentemente quanto qualquer outra parte. Observe com que cuidado Nikki Bowen diz a palavra "transição" para seus alunos do 1º ano no vídeo *Nikki Bowen: De* *pé* e como "parceiros de ombro" ou "parceiros de mesa" é a sugestão para uma versão diferente de *Virem e conversem* no vídeo *BreOnna Tindall: Pedra Angular*.

Rápido é melhor. Aproveite ao máximo o tempo de aula mostrando aos alunos a maneira mais rápida e correta de fazer algo. Mesmo encurtando seus procedimentos por meros segundos pode levar a grandes economias ao longo de um ano letivo. Para ter uma ideia de quanto tempo está em jogo, digamos que seus alunos concluíram dez transições por dia. Em seguida, imagine que você reduziu essas transições em um minuto cada e manteve esse ritmo por 200 dias letivos. Ou seja, isso permitiria que você economizasse uma *semana* inteira de tempo de instrução. Essa é mais uma semana que você pode passar analisando os temas em *A revolução dos bichos*, ensinando os alunos a dissecar um sapo ou ajudando-os a dominar a habilidade de adicionar frações com denominadores diferentes. Olhar isso do lado oposto pode lhe dar uma noção de quanto tempo os procedimentos ineficientes podem roubar de você e de seus alunos.

Para desafiar seus alunos a acertar o mais rápido possível e se disciplinar para se concentrar na velocidade, pratique os procedimentos contra o relógio. Use um cronômetro para medir e comemorar o progresso enquanto os desafia continuamente a executar os procedimentos um pouco mais rápido. "Fizemos isso em 16 segundos ontem; vamos tentar fazer em 12 hoje!"

Dito isso, tenha em mente que você está fotografando para a "versão correta" mais rápida possível; se seus alunos forem tão rápidos a ponto de errarem, é melhor que eles voltem, façam mais devagar, mas na medida certa, e continuem praticando. Uma vez feito corretamente, você pode tentar acelerar.

Pouca narração necessária. Quando se trata de estabelecer um procedimento, é preferível usar menos palavras para administrar a execução. O objetivo é a autonomia, e muitas orientações do professor impedem que os alunos internalizem como fazê-lo por conta própria. A autonomia também é perdida se os alunos precisarem de você para explicar cada detalhe.

Além disso, fornecer muito apoio verbal (na forma de dicas ou lembretes) diminui a sensação de satisfação que os alunos obtêm ao concluir com êxito um procedimento sem sua ajuda. Dizer menos os ajuda a se sentirem mais independentes e a se apropriarem mais disso.

Planeje as frases que deseja usar em cada etapa para garantir sua clareza e eficiência. Use-as consistentemente e com o mínimo de vocabulário possível. Com o tempo, remova os lembretes verbais e use apenas os não verbais, aos quais os alunos podem se referir apenas se precisarem deles. Com o tempo, remova também esses lembretes; só interfira para reforçar o procedimento se os alunos mostrarem que precisam disso.

Planejamento duplo. Planeje o que você *e* seus alunos farão em cada etapa de um procedimento. Em seguida, percorra o procedimento você mesmo ou com colegas para garantir que funcione e que não haja pontos cegos inesperados.

TÉCNICA 50: CRIAÇÃO DE ROTINA

Um procedimento muito bem projetado ainda não é uma ferramenta para o sucesso em sua sala de aula até que se torne um hábito, e existem seis chaves para "instalar" uma rotina. A *Criação de rotina* estabelece as bases para o sucesso, abrindo caminho por meio de explicações claras e reforços consistentes que somem à medida que a excelência se torna habitual – mas nunca desaparecem totalmente.

O processo de instalação começa com um "lançamento", um pequeno discurso no qual você explica não apenas o *quê*, mas o *porquê*. Os alunos estarão mais envolvidos se entenderem seu propósito e o valor que eles atribuem a esse entendimento aumenta conforme avançam nos níveis de ensino. Um lançamento não precisa ser uma descrição longa; você vai querer instalar muitas rotinas, então, para muitos, uma frase ou uma sentença servirá. "Queremos ter certeza de gastar nosso tempo em coisas mais importantes, então queremos fazê-lo rapidamente." Outras rotinas mais significativas podem justificar um pouco mais de explicação – um discurso de lançamento com algumas frases. Veja, por exemplo, o técnico de futebol James Beeston explicando seus meios de participação para seus atletas nos treinos. Ele fará chamada *De surpresa*, como lhes diz, porque o jogo exigirá muito deles, então o treinamento também deve exigir. Não seria difícil fazer uma versão em sala de aula disso, só tome cuidado para não exagerar. Não se desculpe por querer o melhor para os alunos, apenas ajude-os a entender por que é melhor. Seja explícito, claro e honesto. E sorria, como diz Jo Facer em *Simplicity rules*. Você está ajudando os alunos a fazer coisas que os farão prosperar e ter sucesso. Isso é uma coisa boa.

Em seguida, você desejará delinear o procedimento, provavelmente orientar os alunos por ele se for complexo – arrume suas coisas, levante-se, empurre sua cadeira e prepare-se para fazer uma fila na porta – e se os alunos forem mais jovens, talvez até numere os passos no início para que você possa praticar mais intencionalmente, dizendo "Vamos nos certificar de que entendemos o passo número 2" ou usando dicas não verbais, como Lauren Moyle faz no vídeo *Lauren Moyle: Esse é o seu desafio*. A numeração tem o efeito de dividir o procedimento em etapas discretas que os alunos podem dominar e se comprometer mais facilmente com a memória de longo prazo. Se você estiver ensinando-o a passar de um local para outro, também pode ser útil usar um método chamado *movimento ponto a ponto*. A ideia é identificar um local ou uma ação e, em seguida, solicitar aos alunos que se movam até esse ponto e parem (por exemplo, "Por favor, parem no canto do corredor"). A análise da transição em etapas fornece pontos de partida e parada claros, permitindo controlar o ritmo com mais precisão. Se você não estabelecer pontos finais claros, liberar os alunos para praticar uma nova transição pode levar a uma grande confusão, empurrões e brigas difíceis de parar, quanto mais administrar.

Em seguida, adapte e descreva. Ou seja, explique e mostre como fazer o procedimento, pois isso oferece aos alunos um roteiro visual que eles podem seguir e estabelece uma linguagem comum em torno do procedimento. Isso é especialmente útil para "pontos problemáticos", partes que geralmente são complicadas para os alunos e que, portanto, você deseja ver e entender com antecedência, ou erros comuns que os alunos cometerão ao levantar a mão ("Não estou agitando a mão no ar, não a estou levantando acima da minha cabeça"). Isso torna a diferença entre o correto e o incorreto mais visível para os alunos. E uma demonstração contém mais detalhes do que você pode obter em palavras, e pesquisas sugerem que a memória de trabalho para informações auditivas e visuais pode ser aditiva. Ou seja, os alunos podem absorver o dobro antes que a memória de trabalho fique sobrecarregada.

Depois de adaptar e descrever, você vai querer deixar os alunos praticarem. Em grande quantidade. Para dominar os procedimentos de verdade, eles precisam de prática repetida com *feedback* oportuno sobre sua execução. Com muita frequência, os professores não pedem aos alunos que pratiquem o suficiente antes de liberá-los para executar os procedimentos por conta própria. Isso os prepara para o fracasso. Com alunos mais jovens, você pode querer praticar isoladamente – isto é, separar a prática do contexto em que será executada e ser muito deliberado: "Vamos praticar empurrar nossas cadeiras e nos preparar para a fila agora". Frequentemente, vemos professores com os procedimentos mais eficazes usando a prática de simulação – isto é, distorcendo a prática deliberadamente de maneira a torná-la menos realista, porém mais focada e eficaz na construção de habilidades. Para uma transição em uma sala de artes onde há muitos materiais, você pode começar fazendo os alunos praticarem sem materiais primeiro, para entender a rotina, e depois adicionar giz de cera, cola e tinta para garantir que eles possam fazê-lo na complexidade total – e potencial total para derramar – quando eles já conhecerem o jeito certo.

Aqui estão algumas maneiras pelas quais você pode ver a prática de simulação:

1. *Etapa isolada*. Às vezes, os professores escolhem apenas um pequeno aspecto de um procedimento e o praticam repetidas vezes ou na metade da velocidade, para garantir que seus alunos o entendam. Só então eles irão acelerá-lo em tempo real ou vinculá-lo às etapas anteriores e posteriores.

2. *Simplificado estrategicamente*. Às vezes, um professor remove uma distração para tornar a prática mais eficaz – por exemplo, praticando uma transição sem livros nas primeiras vezes ("Imagine que você está carregando seus livros") ou praticando o processo de guardar materiais na aula de artes sem os apetrechos reais nas primeiras vezes. Dessa forma, os alunos podem se fixar nas etapas com simplicidade e sem lápis e giz de cera rolando no chão.

3. *Falsos erros*. Outras vezes, um professor pedirá aos alunos que cometam deliberadamente um erro comum para encenar como deverão responder. "O que você faz se for para a esquerda se todos estão indo para a direita? Vamos tentar e depois resolver."

Com alunos mais velhos, a prática é muito mais atraente se estiver incorporada ao conteúdo real, mesmo se ele for relativamente simples. O vídeo *Mallory Grossman: Enquete rápida* é um ótimo exemplo. Mallory inventa uma maneira para os alunos praticarem suas novas rotinas três vezes ao longo da primeira aula. Meus colegas da equipe Teach Like a Champion (TLAC) e eu também passamos a acreditar em outra coisa que Mallory está fazendo aqui – incorporando a prática de procedimentos no conteúdo para alunos acima do nível primário. Isso permite que eles sintam os benefícios das rotinas e torna a prática mais natural.

Um erro comum é parar de praticar quando uma rotina parece estável. As rotinas exigem manutenção periódica para garantir que permaneçam em perfeitas condições de funcionamento. É importante haver um *feedback* ocasional ou um *Faça de novo* – "Opa, estávamos um pouco lentos para começar com nosso *Pare e anote* ou nosso *Virem e conversem*. Vamos praticá-los novamente". E lembre-se da curva do esquecimento: para aprender algo, os alunos precisam começar a esquecer e depois voltar a fazer algo – geralmente várias vezes. E uma rotina forte em outubro não garante uma rotina forte em dezembro. Um pequeno reforço, mesmo antes de ser necessário, é sempre inteligente, duplamente porque você pode praticar sem dar a entender que algo está errado: "Vamos estar superatentos aos nossos *Hábitos de discussão* ou *Hábitos de atenção* hoje".

Quando os alunos conseguirem concluir um procedimento da maneira correta, esforce-se para transferir a propriedade, passando parte da responsabilidade para eles. Isso lhes dará maior sensação de realização, independência e propriedade sobre as estruturas da sala de aula.

Recentemente, gravamos uma aula para assistir à aula de inglês do 8º ano de Maggie Johnson na Troy Preparatory Middle School e descobrimos uma joia escondida nos primeiros segundos do vídeo.

"Lápis na mesa quando você ouvir o bipe", disse ela, referindo-se ao cronômetro que está prestes a disparar e significa o fim do trabalho individual. "Sem contagem regressiva hoje." Na verdade, não haveria contagem regressiva como parte da rotina de Maggie pelo resto do ano, ela informou a eles mais tarde. Maggie estava fazendo a transição de suas crianças de um sistema altamente eficaz para outro – substituindo uma contagem regressiva narrada pelo professor por um sistema mais simples, rápido e maduro, no qual seus alunos ficam atentos por conta própria para ouvir o bipe. O sistema de contagem regressiva de Maggie era muito eficaz e, às vezes, é nas coisas que vão bem em nossas aulas que nos agarramos com mais força – às vezes por tempo demais ou, pelo menos, esse é o risco. No caso de Maggie, apesar do sistema eficaz já em vigor, ela percebeu que, mesmo no 8º ano, seus alunos estavam prontos para um pouco mais de autonomia e autogestão, ou que eliminar a contagem regressiva seria mais rápido e menos prejudicial ao trabalho que eles estavam fazendo, ou ambos.

Resumindo, o que estávamos observando na aula de Maggie era uma transferência de propriedade. Na verdade, ela estava dizendo: "Vocês provaram que podem dominar essa parte do estudo por conta própria, então agora vou lhes dar mais autonomia. Vocês 'possuem' o ritmo no qual ganham mais liberdade para se autogerenciar". Isso pode ser muito poderoso, especialmente quando os alunos entendem que a autonomia é conquistada por meio do domínio e do acompanhamento.

Outras notas sobre transferência de propriedade

- **Diga "Vocês estão prontos".** Lembre os alunos que você está dando a eles mais autonomia em reconhecimento a maturidade e responsabilidade deles... que eles mereceram. Muitas vezes é ótimo fazer disso um processo gradual, pois é melhor dar do que tirar.
- **"Vocês sabem".** Ao remover andaimes instrucionais, adicione linguagem para tornar suas ações transparentes. Lembre os alunos que 1) eles sabem o que fazer e 2) você está ciente e aprecia isso. "Vocês não precisam mais dos meus lembretes..."
- **Um pouco menos em sincronia.** Você pode transferir a responsabilidade para os alunos simplificando uma rotina ou eliminando etapas, ou simplesmente permitindo que eles concluam o procedimento sem exigir que seja feito em coordenação exata com os colegas.
- **Liderança compartilhada.** Permita que os alunos assumam papéis de liderança – orientando seus colegas de classe para iniciar os estágios de uma rotina, monitorando ou avaliando seu sucesso, modelando para outros, tendo tarefas ou responsabilidades específicas.

Uma ressalva é importante aqui: alguns professores assumem que, como a autonomia conquistada é uma forma efetiva de transferência de propriedade, eles fariam bem em transferir a propriedade desde o início com uma barganha tácita: "Eu vou dar a vocês muita autonomia, mas quero que me mostrem que estão entendendo como usá-la, ou então eu vou tomá-la de volta". Isso geralmente é menos eficaz. A menos que você tenha começado com disciplina – ensinando e estabelecendo como devem ser as rotinas –, os alunos não saberão o que você quer dizer com "como usá-la" e provavelmente terão dificuldades. Sua escolha será, então, remover a autonomia que você ofereceu no início – potencialmente enviando mensagens de que os sistemas que você estabelece agora são uma punição, e não "como fazemos as coisas", e realizando uma instalação mais difícil (tirar a liberdade é mais difícil do que dá-la) – ou deixar de controlar as liberdades quando os alunos se esforçam, o que significa sistemas e rotinas ruins para o ano. Ganhar autonomia ajudará os alunos a valorizá-la e compreendê-la.

Antes tarde do que nunca: dicas para reiniciar procedimentos e rotinas

Os procedimentos são mais bem instalados e transformados em rotina no início do ano, mas sempre há momentos em que um novo procedimento ou sistema (ou seja, um conjunto de procedimentos relacionados) precisa ser instalado no meio do ano. A cultura começou a escorregar, ou o moral a declinar. Você percebe vários meses no ano em que há algo que gostaria de ter tornado rotina desde o início. Talvez você tenha chegado cru, no meio do ano, dando continuidade a um professor sem sistemas e tenha sido solicitado a reconstruir a cultura. Um "reinício" da sala de aula, que geralmente envolve a implantação de novos sistemas e a reintrodução ou modificação dos antigos, pode ser uma necessidade. Antes de redefinir, considere as dicas listadas a seguir para garantir que tudo seja o mais tranquilo possível.

- **Estabeleça uma meta.** Conecte o reinício a uma meta inspiradora que chame a atenção ou a uma data importante – agora ou no futuro (por exemplo, "Só temos 60 dias antes das provas finais. Precisamos estar prontos, então vamos acertar algumas coisinhas").
- **Reinicie após um intervalo.** Aproveite os períodos fora das aulas, eles fornecem uma desculpa natural para reintroduzir procedimentos antigos ou fazer uma ruptura com o passado. ("Acabamos de voltar do fim de semana prolongado e é um bom momento para aprimorar todos os nossos procedimentos, para estarmos focados e engajados em nosso próximo romance.")
- **Seja transparente.** Explique brevemente *por que* você está reiniciando. Se não fizer isso, corre o risco de confundir os alunos e perder a adesão deles. "Às vezes, quando fazemos as coisas repetidamente, ficamos um pouco desleixados com nossa execução. É normal para todos, mas está nos fazendo perder tempo de aprendizado importante que vocês precisam para se preparar para a faculdade. Vamos pensar em quando eu ensinei X no início do ano – vamos revisar o que precisamos fazer e praticar não apenas bem, mas perfeitamente."
- **Esteja em sintonia com seus colegas.** Coordenar seu reinício com outros professores em seu ano escolar, em sua sala ou em toda a escola, fornece um reforço mais consistente para os alunos e, portanto, para uma mudança mais fácil e rápida.
- **Acompanhe com elogios precisos.** Reconheça o progresso e elogie os alunos que superaram suas expectativas. Se eles aprenderem os procedimentos com menos prática do que no início do ano, reconheça seu crescimento. Isso mostra aos alunos que seu reinício não é uma punição ou acusação, mas sim uma expressão de sua crença na capacidade deles de atender às suas altas expectativas.

Incentivos

Incentivos são uma forma de elogio público para estudantes que demonstram excelência ou exemplificam virtudes. Se você pode consistentemente permitir que os colegas de classe elogiem um ao outro em dois segundos, você pode construir uma cultura que valoriza a realização e o esforço sem sacrificar a ordem ou o tempo na tarefa. À medida que os alunos apreciam a cultura dos incentivos, você pode até ensiná-los uma grande variedade deles (consulte, no final do capítulo, uma lista de sugestões) e deixar um aluno indicar incentivos para um colega de classe que fez um ótimo trabalho.

A chave é investir o tempo desde o início para ensinar os alunos a dar incentivos da maneira certa: de forma nítida, rápida e entusiástica, assim como você faria com qualquer rotina. Garantir que você ensine seus alunos a oferecer incentivos que atendam aos seguintes critérios ajudará bastante a assegurar seu sucesso:

- **Rápidos.** Você deve ser capaz de sinalizar um incentivo em um segundo. Da mesma forma, o incentivo em si deve ser rápido porque você não tem tempo a perder e porque não há nada menos energizante do que uma exortação que começa forte, mas não dá em nada. Se não estiver nítido, reforce com *Faça de novo* (técnica 51, em seguida) e certifique-se de acertar.

- **Viscerais.** Os incentivos costumam ser poderosos quando dependem do movimento e do som, especialmente o som percussivo. Incentivos que não usam muito em termos de palavras são menos propensos a serem cansativos; sua meia-vida é mais longa porque não há frase para se desgastar. Um rápido "Legal" é bom, mas algo como "A caminho da faculdade!" é provável que envelheça (e mostre sua idade) rapidamente. Além disso, há algo divertido e poderoso a respeito do trovão da percussão em grupo.

- **Universais.** Quando você dá incentivos, todos se juntam. Cabe a você definir e impor essa expectativa.

- **Entusiasmados.** O tom é enérgico e animado. Deve ser uma pausa – breve e divertida – do trabalho duro. Resista à tentação de torná-lo muito adulto; não é preciso narrar valores e expressar um credo pessoal alinhado à missão. Se for um pouco tolo, ele reforçará momentos em que os alunos já demonstraram essas coisas. Incentivos são o ponto de exclamação, não a frase.

- **Renováveis.** Deixe seus alunos sugerirem e desenvolverem ideias para os incentivos. Eles renovarão constantemente os sistemas com ideias novas e divertidas e participarão com mais vigor porque ajudaram a inventá-las. E se os alunos estão sempre pensando em novos incentivos, eles nunca ficarão cansativos, chatos ou obrigatórios.

TÉCNICA 51: FAÇA DE NOVO

As rotinas fornecem aos alunos um modelo claro de como executar tarefas comuns com sucesso e limpar a memória de trabalho para tarefas maiores. Se a transição for rápida e automática, as mentes deles podem ficar desocupadas para vagar ou refletir sobre o conteúdo, como a sua no caminho para o trabalho, talvez. Em outras palavras, quanto mais familiar for a rotina, mais ela beneficia sua sala de aula e seus alunos. O que isso implica é muita prática. A única forma de construir um hábito é praticar com *feedback* e correção. É aí que entra o *Faça de novo*. É uma ideia muito simples: quando estamos aprendendo algo e precisamos refinar a rotina ou quando não fizemos algo tão bem quanto poderíamos, a resposta mais produtiva é simplesmente fazer de novo, um pouco melhor, um pouco mais nítido. Esta resposta – "Isso não estava certo; vamos tentar de novo" ou "Isso foi bom, mas vamos tentar de novo e ver se podemos ser ótimos" – é muito superior às alternativas: ignorar o problema e deixar a qualidade do acompanhamento diminuir, castigar os alunos pela má execução ou carregar sua memória de trabalho com *feedback* que não conseguirão usar. Ao fazê-los se esforçarem para fazer tudo de novo e melhor, você aproveita o poder da repetição e da prática para construir cultura e autodisciplina fortes sem dor.

Faça de novo, em outras palavras, é a ferramenta perfeita para ajudar a manter a proficiência em algo que seus alunos sabem fazer. A técnica pode ser facilmente aplicada a procedimentos matemáticos – "Tentem isso novamente e não se esqueçam de alinhar os decimais" – e hábitos de sala de aula – "Só um minuto, pessoal. Carlton, por favor, comece sua resposta novamente e todos nós estaremos prestando atenção e olhando para você enquanto você fala".

Em muitas situações, isso é eficaz porque:

- *Reduz o ciclo de* feedback. A ciência comportamental mostrou que, quanto menor o intervalo de tempo entre uma ação e uma resposta, mais eficaz será a resposta para a mudança do comportamento. Digamos que você tenha deixado claro que o retorno do intervalo dos alunos deve ser tranquilo e organizado e um grupo de alunos venha do recreio de forma desordenada. Esperar três horas depois da volta deles para conversar é menos provável de mudar seu comportamento do que uma resposta que ocorra imediatamente. Se a reação vier imediatamente depois, enquanto a ação original estiver fresca na mente dos alunos, as duas estarão mais claramente associadas em sua memória. No cenário três horas depois, eles estarão mais propensos a pensar: "Ela não quer que eu vá para o recreio". Se feito na hora, eles são mais propensos a relembrar e refletir sobre como entraram na sala de aula. *Faça de novo* encurta o ciclo de *feedback* em comparação com quase qualquer outra consequência.

- *Estabelece um padrão de excelência, não apenas um acompanhamento mínimo.* *Faça de novo* é apropriado não apenas para momentos em que os alunos fazem algo mal; é ideal para momentos em que os alunos fazem algo bem quando o objetivo é a excelência. Dizer "Isso foi bom, mas eu quero ótimo" ou "Nesta aula, vamos nos esforçar para fazer tudo de forma excelente; vamos ver se podemos usar um pouco mais de expressão quando lemos" permite que um professor estabeleça um padrão de excelência, no qual o bom sempre pode ser melhor e o melhor sempre pode apontar para o máximo. Isso pode dar um impulso na cultura da sua sala de aula, substituindo o aceitável pelo excelente, primeiro nas pequenas coisas e depois em todas as coisas.

- *Promove a cultura e a responsabilidade do grupo*. Embora os indivíduos possam ser facilmente solicitados a *Fazer de novo*, a técnica é especialmente eficaz como resposta aos esforços do grupo. Se três ou quatro alunos não se derem ao trabalho de se envolver no *Virem e conversem*, a melhor solução pode ser interromper a aula inteira e dizer: "Só um segundo. Alguns de nós podem ter se distraído no início desse *Virem e conversem*. É importante que todos estejamos envolvidos na questão e em nosso parceiro. Vou deixar com vocês de novo e estou ansioso para ver suas melhores habilidades de conversação. Vão!". Como um aparte, há momentos em que parece errado responsabilizar grupos demais por indivíduos que tentam aliciar seus propósitos. Basta dizer que, porque você *pode* alavancar a responsabilização do grupo, não significa que você *deva* fazê-lo em todas as situações.

- *Termina com sucesso.* A última coisa que você lembra de um evento geralmente molda sua percepção dele de forma mais ampla. *Faça de novo* encerra com sucesso uma situação em que um processo foi feito com qualidade insuficiente. A última coisa que os alunos fazem em uma sequência é realizar uma atividade da maneira correta. Isso ajuda a enraizar a percepção e a memória de como é o correto. Também ajuda a construir a memória muscular. Os alunos constroem o hábito de fazer certo, repetidamente. Na verdade, um dos momentos mais interessantes para o *Faça de novo* é na codificação do sucesso. Como em: "Isso foi perfeito. Faça de novo da mesma forma para que você se lembre exatamente como é". O "isso" pode ser um problema de matemática ou tocar uma colcheia perfeita. Aliás, assista ao vídeo *John Burmeister: Trinado*. Nele, John, que é um dos meus professores de música favoritos, está ensinando violoncelo para uma aluna individual. Observe quantas vezes ela toca um trinado enquanto aprende – 11 vezes, na verdade. Às vezes, porque não está lá; às vezes para adicionar uma camada de detalhe; às vezes para codificar o sucesso – mais três assim.

- *É reutilizável.* Como mostra o vídeo de violoncelo de John, *Faça de novo* pode ser reutilizado com frequência para que você sempre tenha um modo de responder que seja produtivo. Não é preciso ficar inventando novas respostas. Pode ser positivo ao administrar a terceira iteração: "Creio que podemos fazer isso ainda melhor. Vamos fazer mais uma tentativa!". Adicione um cronômetro a algumas rotinas e o desafio do *Faça de novo* (e faça melhor) só se torna mais poderoso.

No entanto, é importante executar bem a técnica. O *Faça de novo* deve ser positivo sempre que possível, com foco em melhorar e, em uma sala de aula ótima, informado por uma narrativa constante de "bom, melhor, ótimo". Ou seja, "apenas fazer" é substituído por fazer bem feito. Na verdade, um colega sugeriu que um nome melhor para essa técnica é *Faça melhor*, pois capta *melhor* a ideia de que o objetivo da escola é fazer as coisas de novo para ser o melhor que você pode ser. O objetivo não é apenas conformidade, mas excelência, mesmo nas pequenas coisas.

Faça de novo pode ser uma ferramenta eficaz para gerenciar a afeição. Às vezes, as atitudes das pessoas mudam de fora para dentro. Pedir a uma turma de baixa energia para repetir algo com entusiasmo (especialmente e criticamente, enquanto modela esses atributos você mesmo) pode começar a ser uma profecia autorrealizável. Assim, a técnica é uma ótima oportunidade para desafiar os alunos positivamente a mostrar o seu melhor. Dizer "Oooh, vamos nos alinhar novamente e provar por que somos o melhor grupo de leitura da escola" geralmente é melhor do que dizer "Classe, isso foi muito desleixado. Vamos fazer isso de novo até conseguirmos acertar", mesmo que o objetivo em ambos os casos seja fazer de novo até acertar exatamente. Você pode ver Kirby Jarrell fazer um trabalho adorável no vídeo *Kirby Jarrell: Vai, Brown!*. A turma está cronometrando quanto tempo leva para guardar os materiais da aula anterior e ter seus romances prontos em cima da mesa. Michaela está verificando o relógio e ela relata que levou 48 segundos, um tempo excelente, então Kirby decide comemorar fazendo seus alunos dizerem: "48 segundos? Vai para a Brown!" [Esse é o nome da universidade]. Os alunos fazem isso e a energia se mistura um pouco. Com um sorriso caloroso e um pouco de bravura – todo mundo quer abrir mão de uma ideia que parece não funcionar – Kirby, de brincadeira, pede aos alunos que façam novamente com mais entusiasmo. E eles fazem isso! Então o nível de energia aumenta na aula e os alunos parecem um pouco energizados. Esse é um pequeno momento descartável – talvez Kirby mantenha o canto na próxima aula, talvez não –, mas imagine a mensagem se ela apenas deixasse o acompanhamento medíocre continuar sendo o ponto final. A mensagem poderia ter sido *Oh, isso foi estranho. Se a Sra. Jarrell pedir para você fazer algo bobo, pode esperar que nós desistiremos.* Aqui isso termina de forma agradável e improvisada, mas sem perder sua cultura entusiasmada e lúdica em sala de aula.

Por fim, os professores às vezes acham que precisam esperar até que toda uma rotina ou atividade seja feita antes de pedir à turma que tente novamente. Na verdade, você deve fazer os alunos voltarem e tentarem novamente assim que souber que o nível de execução não atenderá ao padrão que você definiu para eles. Não espere a rotina acabar. Novamente, isso conectará melhor o estímulo à resposta. Digamos que os alunos estão fazendo fila para o almoço, e o exercício é ficar de pé em silêncio, empurrar suas cadeiras, virar o rosto para a porta e seguir o líder da mesa até lá. Se os alunos esquecerem de empurrar suas cadeiras, peça-lhes que se sentem e tentem novamente. Isso economiza tempo e reforça a responsabilização imediata.

Juntando tudo

No vídeo *Montagem: Faça de novo*, você pode ver alguns exemplos de vídeos intrigantes do *Faça de novo* em sala de aula. Você terá que observar com cuidado porque eles vêm e vão rápido, o que faz parte da técnica. Quanto menos barulho, menos perturbação e menos censura aos alunos, melhor. Simples e claro, sem julgamentos e até mesmo positivo quando possível. Você pode ver isso na aula de Erica Lim. Ela está começando o dia e quer ter certeza de definir as expectativas para o acompanhamento da saudação. É algo simples, mas você não precisa fazer isso se não quiser questionar o acompanhamento em todas as tarefas. Então ela oferece um lembrete simples, rápido e emocionalmente constante do que ela sabe que seus alunos do ensino médio conseguem fazer. Denarius Frazier também é emocionalmente constante. Se tentarmos usar ferramentas que construam uma cultura positiva e mostrem apreço pelo sucesso, elas serão positivas apenas se forem universais. Quando a resposta é inesperada, Denarius pede rapidamente para que seja refeita – quanto mais rápido, melhor – e ele é quase inexpressivo, mostrando uma pitada de surpresa. Muito melhor, diz ele, quando os alunos seguem adiante. Ele reforçou essa rotina e a norma de acompanhamento em todas essas rotinas. É um movimento pequeno, mas importante, e é a simplicidade das respostas e a falta de alarido de Denarius que o torna bem-sucedido. A abordagem de Sarah Ott é semelhante e diferente. Quando os alunos demoram a responder, ela é brincalhona, otimista e enérgica, em vez de firme, mas ainda consegue realizar o *Faça de novo* rapidamente. É uma técnica que geralmente consegue obter mais com menos.

NOTAS

1. BENNET, T. *The running the room companion*: issues in classroom management and strategies to deal with them. Woodbridge: John Catt Educational, 2021., p. 104.
2. CLEAR, K. *Hábitos atômicos*: Um método fácil e comprovado de criar bons hábitos. Rio de Janeiro: Alta Books, 2019., p. 93.
3. CLEAR, K. *Hábitos atômicos*: Um método fácil e comprovado de criar bons hábitos. Rio de Janeiro: Alta Books, 2019., p. 117.
4. Para os leitores dos Estados Unidos: na Inglaterra, chamar os alunos de "inteligentes" significa que eles parecem afiados e prontos para começar.
5. Hammond discute a atenção em HAMMOND, Z. L. *Culturally responsive teaching and the brain: promoting authentic engagement and rigor among culturally and linguistically diverse students*. Thousand Oaks: Corwin, 2014. Aprender, ela prossegue, "requer atenção concentrada. envolvimento ativo e processamento consciente pelo aluno" (p. 48).
6. STEVENS, C.; BAVELIER, D. The role of selective attention on academic foundations: a cognitive neuroscience perspective. *Developmental cognitive neuroscience*, 2 Suppl, Suppl 1, p. S30–S48, 2012.
7. Não é coincidência que engenheiros de tecnologia usem a expressão *"eyeballs"* (globos oculares) para descrever o nível de atenção comandado por seu *software*. *Eyeballs* são a moeda da economia *gig*, embora, é claro, o propósito do *software* seja o oposto do de um professor – ele busca chamar a atenção por meio da distração. Os professores procuram desenvolver a capacidade de manter e focar a concentração. Será que é preciso salientar que o vencedor desta batalha – se os jovens passam de uma notificação empurrada para outra ou conseguem manter o foco no que é mais importante – tem importância profunda para os hábitos cognitivos de uma geração?
8. Também chamado de segurança psicológica.
9. Você pode ver a história de um desses exemplos no excelente livro de Ron Suskind, *A hope in the unseen* (SUSKIND, R. *A hope in the unseen*: an American odyssey from the Inner City to the Ivy League. Thousand Oaks: Corwin, 2010.), sobre Cedric

Jennings, que consegue ir do ensino médio em Anacostia para a Brown University. O preço de seu sucesso é enorme. Aonde quer que vá, ele é um estranho e muito mais – um alvo constante de zombaria. Os seres humanos são profundamente sociais e poucas pessoas preciosas embarcarão em uma jornada que resultará em se tornarem desprezadas.

10. Por que as pessoas trafegam nessa distorção? Talvez alguns acreditem genuinamente porque não viram salas de aula como a de Christine. Alguns talvez confundam a autoridade benigna e benéfica de um professor com autoritarismo – o abuso de autoridade. Porém, para outros, é um ato egoísta. Eles usam palavras como "carcerário" para descrevê-lo, para exonerar-se da responsabilidade. Ninguém duvida que o nosso sistema educacional é um sistema que restringe sistematicamente as oportunidades das crianças pobres e das minorias. Para alguns, fazer seu próprio protesto é a prioridade; seu objetivo é deixar claro que eles não são responsáveis. Infelizmente, gritar *slogans* não resolve os problemas. Prefiro resolver o problema e melhorar as salas de aula, mesmo que isso me deixe vulnerável a calúnias simplistas e egoístas.

11. Pentland é citado em COYLE, D. *Equipes brilhantes*: como criar grupos fortes e motivados 2. ed. Rio de Janeiro: Sextante, 2021.

11

ALTAS EXPECTATIVAS DE COMPORTAMENTO

Uma sala de aula deve ser organizada para que haja aprendizado.

Alguns educadores vão se opor a essa afirmação.

"De jeito nenhum", eles podem dizer. "Aprender é confuso, caótico, barulhento e imprevisível. A desordem faz parte da educação."

Mas o que eles queriam dizer com desordem seria uma sala de aula em que, após 40 minutos da frenética construção de pontes suspensas com palitos de dente e pastilhas elásticas, todos se limpassem direito e o professor tivesse alguns momentos para perguntar com um sorriso maroto: "Bem, turma, o que aprendemos?".

Eles se referiam a uma aula em que os jovens se engajassem entusiasticamente em uma discussão desgastada com muita discordância – sobre um livro que todos haviam lido e do qual tinham uma cópia pronta.

Eles não estão falando de uma sala de aula onde levariam dez minutos para que os alunos ouvissem e seguissem as instruções para a construção da ponte ou uma sala de aula onde os alunos que levantassem a mão durante a discussão corressem o risco de violar normas sociais poderosas e não ditas. Ou onde um aluno murmurasse e sorrisse toda vez que as duas garotas na frente dele falassem em voz alta. Ou onde eles teriam que se perguntar o que aquele aluno estava falando baixinho para as meninas.

O que eles queriam dizer com desordenado seria a quantidade certa de desordem e imprevisibilidade quando eles a escolheram, projetaram e delegaram. Ordem, em outras palavras.

Um dos principais desafios do ensino é que é muito, muito difícil criar salas de aula caracterizadas de forma confiável pela segurança psicológica e onde os alunos encorajem o que há de melhor uns dos outros; onde, quando necessário, eles possam pensar profundamente em meio ao silêncio e desenvolver sua capacidade de prestar atenção; onde o desejo de alguns de buscar o aprendizado assiduamente é honrado e apoiado, mesmo quando outros não tenham vontade de fazê-lo.

É muito mais fácil dizer que a ordem não importa ou é contraproducente. É mais fácil afirmar que a responsabilidade de um professor de ser capaz de impor criteriosamente o silêncio é o mesmo que um desejo covarde de suprimir as vozes dos alunos. É mais fácil argumentar que o exercício da autoridade benevolente e necessária é uma forma de autoritarismo e confundir essas palavras com sons semelhantes, mas muito diferentes. Estabelecer salas de aula organizadas é o lugar ideal para o paradoxo do *band-aid*.[1]

A democracia, em uma sala de aula, é problemática quando 28 pessoas querem aprender química e duas querem persistir em fazer sons hilários de arrotos. Os 28 não exigem uma maioria simples para prosseguir. Eles precisam de unanimidade. A liberdade de um ou dois alunos para fazer esses sons inteligentes ou dizer não à ideia de ouvir e seguir instruções é muitas vezes uma decisão *de fato* para todos os outros. A aula simplesmente não prosseguirá conforme o planejado.

Esse é um desafio antigo, mas também cada vez mais difícil de superar. Nossa sociedade é a mais individualista do planeta (adaptar-se ao seu individualismo é um dos maiores desafios para os alunos que vêm de outras culturas) e está crescendo cada vez mais. Existem poucos momentos e lugares preciosos em que as pessoas aceitarão que devem estar dispostas a restringir seus próprios comportamentos e desejos para o bem comum. Isso costumava ser dado como certo; as pessoas estavam orgulhosas de fazer sua parte e criaram seus filhos para esperar isso também, mas não mais. A recusa de alguns indivíduos em usar máscaras para ajudar a mitigar uma pandemia, por exemplo, ressalta o quão difícil é socializar tais ações em nossa sociedade. E, no entanto, as escolas estão entre as últimas instituições que pedem e dependem desse comportamento cada vez mais desconhecido – onde um bem comum maior (aprendizagem e conhecimento para todos) é alcançado por meio de pequenos sacrifícios pessoais (mostrar ou talvez até fingir interesse pelo que seus colegas estão dizendo, mesmo quando você não tem vontade).

A qualquer momento, os alunos em sua sala de aula serão uma mistura de estoicos e impulsivos; altruístas e egoístas; virtuosos e irrefletidos; sábios e tolos.[2] Espero que sejam mais virtuosos e sábios do que irrefletidos e tolos, mas certamente serão um pouco de ambos. E nessa mistura, os direitos daqueles que sonham com átomos e estrutura celular ou ideias sobre a mentalidade de Grant ao amanhecer em Vicksburg são frágeis. Eles exigem proteção. Quanto mais virtude e sabedoria entre a maioria de seus jovens, mais imperativo é que você proteja o direito deles de aprender, por meio de um ambiente ideal. E deixe-me dizer uma palavra aqui para os tolos – dos quais posso dizer que muitas vezes fui um. Parte do ensino é evitar graciosa e humanamente que a malícia da criança inclinada a tolices ocasionais se torne um obstáculo ao seu próprio aprendizado e ao dos outros. Esperam-se decisões míopes por parte dos mais jovens. Todo mundo escolhe a diversão no lugar da química em algum momento. Que tais inclinações sejam naturais e comuns não significa que devemos permiti-las indiscriminadamente, ou que constrangê-las deva ser algo cruel ou áspero – na verdade, é o contrário, e com habilidade tais ações podem parecer (e ser) uma forma de cuidado. Há muito espaço para risos na hora certa.

O vídeo *Emily Bisso: Escreva o que eu escrevo* conta uma versão dessa história. A turma de Emily está fazendo anotações. Exceto Joshua. Ele está distraído e quer a atenção de Emily e vai perder o aprendizado. Vou deixar os detalhes de sua adorável interação, para fazê-lo voltar a aprender, para mais adiante no capítulo, mas não é apenas o tom dela que expressa amor e carinho. É a ação em si. Será importante que Joshua aprenda o conteúdo da aula e aprenda a ser estudioso se quiser prosperar. Preocupar-se com ele é colocá-lo de volta aos trilhos.

"Não é possível que os desejos de todos sejam atendidos ao mesmo tempo que os de todos os outros", Tom Bennett nos lembra em *Running the room*. "Às vezes, os desejos individuais serão equilibrados com o bem maior da comunidade... É impossível que todos se comportem como bem entendem." Isso quer dizer que você não pode ser professor e não estar preparado para pedir ou exigir que alguns alunos às vezes façam o que não estão dispostos a fazer. Fazer isso é o exercício da responsabilidade que nos é confiada, não abuso de autoridade.

E – aqui está um resumo do que trata este capítulo – a maioria das tarefas exigidas de nós para garantir que o tipo e a quantidade certa de ordem pode ser feita de maneira calorosa e graciosa, de modo cuidadoso e muitas vezes com um sorriso. Com habilidade, elas podem se tornar menos visíveis (na verdade, uma das principais habilidades que tento apontar na técnica 55, *Intervenção menos invasiva*, é torná-las o mais invisíveis possível) e podem ser despojadas de emoções cáusticas (técnica 56, *Gentileza firme e calma*). Ou, melhor ainda, momentos de conflito podem ser desviados e evitados antes mesmo de acontecerem – ou muitos deles podem. Nem todos podemos alcançar o estado de graça de Emily Bisso na interação com Joshua; nem toda interação pode ser resolvida de forma tão simples e satisfatória. Mas o objetivo é lembrar o que Emily está nos dizendo tanto quanto o que ela está dizendo a Joshua: *Faço isso porque me importo e, estando atento à minha técnica, sou mais capaz de fazê-lo de maneira a ajudar os alunos a prosperar.* Na verdade, o sucesso de Emily é tanto resultado de seu domínio de "presença silenciosa", "economia de linguagem" e "viver no agora" (elementos de *Voz de comando* que discuto mais adiante neste capítulo, e de *Discurso positivo*, que discuto no próximo capítulo), pois sua intenção é ser cuidadosa. Ninguém aceita esse trabalho porque quer gritar com os jovens e ter interações conflitantes com eles. Porém, milhares de professores fazem isso todos os dias. Eles fazem isso porque as situações em que somos colocados como professores são imensamente desafiadoras e exigem mais do que boas intenções para resolver de forma otimizada. Exigem técnica. Todos devemos entender que a graça que uma professora como Emily mostra é, pelo menos em parte, uma técnica disfarçada.

Antes de passarmos à técnica, é preciso estabelecer que desculpar (ou pior, justificar) salas de aula desarrumadas é permitir que oportunidades preciosas sejam roubadas dos jovens – geralmente os mais vulneráveis. Os professores são investidos de autoridade para garantir que certos direitos sejam protegidos exatamente porque esses direitos são preciosamente importantes e exigem a cooperação de todos para serem sustentados. E os educadores, em sua maioria, são insuficientemente treinados e preparados para essa pequena, mas crítica, parte do trabalho.

Isso não é uma pequena falha. Uma pesquisa nacional recente com professores[3] descobriu que *mais de três quartos* (77%) acreditavam que "a maioria dos alunos sofria" porque alguns deles eram persistentemente perturbadores. Mas é claro que os problemas escolares, como tudo o mais, não são distribuídos uniformemente na sociedade. Nas escolas com mais de 75% dos alunos elegíveis para almoços gratuitos ou a preços reduzidos, mais da metade dos professores[4] foi mais longe e disse que "os problemas de comportamento dos alunos contribuíram para um ambiente desordenado ou inseguro, dificultando o aprendizado de muitos alunos". Para aqueles que podem estar se perguntando, os autores também desagregaram os resultados por raça de professor e encontraram poucas diferenças. Sobre a questão de saber se o comportamento dos alunos "contribuiu para um ambiente desordenado ou inseguro, dificultando o aprendizado de muitos alunos", por exemplo, professores negros disseram sim aproximadamente na mesma proporção que professores brancos: 60% para educadores negros a 57% para educadores brancos. A questão, em outras palavras, não parece ser professores brancos vendo comportamento inofensivo entre crianças negras e enxergando perigo e desafio onde não existe, embora, é claro, devamos estar sempre cientes de que isso é um risco. Os dados sugerem que a questão é que quase todo aluno matriculado em uma escola não caracterizada por privilégio econômico é destinado a passar uma parte significativa de seus anos de aprendizagem em salas de aula onde a falta de ordem dificulta a aprendizagem.

Esta é a norma.

Além disso, os próprios alunos se sentem inseguros a maior parte do tempo na escola. Um estudo de 2018 do United Negro College Fund (UNCF) relatou que menos da metade dos estudantes afro-americanos (43%) se sentem seguros na escola.[5] Pense por um momento sobre a enormidade dessa descoberta – sentir-se inseguro é *normal* – é como o estudante negro médio se sente na escola, de acordo com a pesquisa. E esses dados não estão desagregados para mostrar o impacto discrepante sobre os alunos negros em escolas de alta pobreza, especificamente.

Os pais, não surpreendentemente, também se preocupam. Outro relatório da UNCF descobriu que eles priorizam um ambiente seguro, protegido e livre de violência como o fator mais importante ao escolher uma escola para seus filhos.[6]

Dado que as escolas eficazes são o veículo mais importante na sociedade para garantir a igualdade e o acesso a oportunidades, esses dados representam um imposto maciço e regressivo sobre as famílias pobres. Mas o problema não é apenas o comportamento flagrante. As interrupções menores são crônicas em muitas salas de aula e resultam não apenas na perda de tempo de aprendizado, mas também na interrupção do foco do aluno. Um relatório do governo do Reino Unido em 2013-2014 encontrou comportamentos como gritar sem permissão, falar desnecessariamente enquanto o professor estava ensinando, ser lento para iniciar um trabalho ou seguir instruções, mostrar falta de respeito pelos colegas ou professor, não chegar à aula com materiais necessários e o uso de celulares são problemas crônicos em muitas salas de aula. "As descobertas desse relatório são profundamente preocupantes", escreveu a Inspetoria-Chefe de Sua Majestade, "não porque a segurança dos alunos esteja em risco... mas porque esse tipo de comportamento tem um impacto negativo nas chances de vida de muitos alunos. Ele também pode afastar professores esforçados de sua profissão."[7]

E, no entanto, ainda há mais para a história. Suspensões desnecessárias são um problema crônico nas escolas e também podem ter consequências em cascata para os alunos suspensos – eles perdem as aulas e ficam mais para trás; são mais propensos a abandonar a escola ou tornar-se ainda mais desengajados. Dito isso, permitir os comportamentos que levam à suspensão não deve ser uma opção, por razões refletidas nos dados mencionados anteriormente. Pelo menos duas etapas são fundamentais – e muitas vezes negligenciadas – para enfrentar esse desafio. A primeira é que as escolas devem se tornar mais inclinadas a usar o ensino como uma resposta quando os alunos são perturbadores. Para esse fim, minha colega Hilary Lewis desenvolveu um Currículo de Reitor de Alunos, por exemplo. Ele oferece lições robustas e produtivas que contêm comportamentos substitutos e oportunidades para desenvolver conhecimento e sustentar a reflexão no lugar da mera punição quando os alunos se comportam de maneira perturbadora ou contraproducente.[8] A outra etapa é que os professores desenvolvam a capacidade de impedir que os problemas cheguem ao ponto em que os alunos exijam tais medidas disciplinares. Resolver as tensões naturais que surgem na sala de aula com calma e eficiência é uma habilidade essencial de um professor experiente. A prevenção e a redução do conflito são quase sempre preferíveis a uma resposta pós-evento, por melhor que ela seja.

Há uma tendência entre alguns educadores de equiparar salas de aula ordenadas com taxas mais altas de suspensão e outras consequências disciplinares severas, mas na verdade é o contrário. As normas são a influência mais difundida sobre os comportamentos dos indivíduos. Os alunos são mais propensos a se envolver em comportamentos mais extremos em ambientes em que esses comportamentos parecem plausíveis ou mesmo comuns, onde as coisas saem rapidamente do controle, onde há pouco aprendizado acontecendo, onde há pressão dos colegas para testar limites e onde a cultura pouco faz para conter esse impulso. Infelizmente, quando isso acontece, os alunos geralmente sentem uma pressão tácita para se engajar em comportamentos que eles não querem fazer e sabem que estão errados. Todo diretor lhe dirá que parte das suspensões são de jovens que não têm um relacionamento positivo e produtivo com a escola, e parte é de crianças que gostam da escola e querem ter sucesso lá e, no entanto, fazem algo perigoso, estúpido ou mesquinho, de uma maneira que parece totalmente fora do seu feitio. Um professor que pode usar as ferramentas deste capítulo para estabelecer um ambiente de aprendizagem caloroso, atencioso e humano, que ofereça limites consistentes, está engajado no trabalho de evitar as suspensões.

Há um elemento final para uma sala de aula organizada que também é facilmente esquecido. "Autodisciplina, autorregulação, trabalho duro e paciência", escreve Tom Bennett em *Running the room*, são "características extremamente importantes de pessoas bem-sucedidas em vários contextos... Tudo de valor que você pode conceber foi adquirido por meio de esforço sustentado, prática e gratificação futura". Uma sala de aula organizada constrói esses hábitos – você quer falar, mas se disciplina para ouvir primeiro; você está cansado alguns dias, mas completa suas tarefas apesar disso.

Em outras palavras, o comportamento produtivo e positivo faz parte de um currículo invisível nas escolas, que reforça as habilidades de funcionamento executivo e permite que os alunos prosperem. Os estudantes aprendem a entender como trabalhar dentro dos parâmetros de um grupo ou organização. Jovens que são rudes com professores e colegas da turma, que respondem e têm dificuldade para abraçar objetivos comuns "não vão se transformar magicamente em principais candidatos aos melhores empregos" ou em membros colaborativos da equipe do projeto, observa Jo Facer em *Simplicity rules*. Aprender essas coisas é estar pronto para começar seu próprio negócio, criar filhos ou ser o tipo de colega valioso que traz grandeza a uma equipe ou projeto.

E só porque os ensinamos a entender como trabalhar dentro dos parâmetros de um grupo ou organização "não significa que eles não possam retroceder intelectualmente", continua Facer. Aprender a ser um membro produtivo de um grupo não o impede de tomar medidas políticas ou sociais diante de normas sociais injustas e mais amplas. Os alunos que estiveram em salas de aula bem administradas não foram "socializados para serem compatíveis". Eu não compro o argumento de que se você gritar na aula e não seguir a instrução do seu professor, você está aprendendo pensamento independente e um compromisso com a justiça. Ou que agregar reuniões produtivas e estar desatento às necessidades do grupo é preparar para a liderança. Tratar escolas sem regras como locais de libertação propõe uma visão bastante irrealista do que a desobediência civil e a dissidência organizada implicam. Na verdade, existe uma grande quantidade de reuniões necessárias para organizar grupos e esclarecer objetivos. Melhor ter aprendido a expressar claramente suas ideias, aprender a trabalhar dentro das normas do grupo. Esses alunos permanecem capacitados para enfrentar a injustiça quando isso é justificado e, de fato, têm mais ferramentas para fazê-lo quando necessário – uma boa educação ensina muitas coisas aos alunos, incluindo a história e as ferramentas de resistência à injustiça.

Isso me faz voltar à expressão comportamento "produtivo e positivo", que usei anteriormente. Ela nos lembra que o propósito dessas técnicas não é tanto prevenir o comportamento negativo, mas socializar comportamentos positivos e produtivos, que ajudarão os jovens a prosperar em todos os ambientes de sua vida. Nosso objetivo é criar algo bom, e um dos resultados será a prevenção dos comportamentos negativos no decorrer do caminho.

TÉCNICA 52: O QUE FAZER

Dar instruções é um dos aspectos mais negligenciados do ensino, tanto por causa de sua mundanidade quanto por sua familiaridade. Estamos sempre fazendo isso, mas parece tão profundo quanto pedir um sanduíche.

Mas instruções ruins – aquelas que são incertas ou sinuosas (ou seja, confusas e compostas por extensão e repetição) – têm consequências de longo alcance. Por exemplo:

- Minhas instruções não são claras, então alguns alunos não as seguem e perdemos tempo.
- Minhas instruções não são claras, então alguns alunos fazem a tarefa incorretamente e ficam confusos.
- Minhas instruções não são claras, então alguns alunos ficam confusos e eu fico bravo com eles por não fazerem o que eu queria. Eles sentem meu sentimento de frustração e ficam frustrados em troca.
- Minhas instruções não são claras, então os alunos supõem que estou confuso ou não preparado ou que não estou muito certo sobre o que quero.
- Minhas instruções não são claras, então algum estudante empreendedor aproveita a área nebulosa e finge não entender fazendo algo completamente diferente. Isso não seria engraçado!

Acontece que dar instruções eficazes é uma das competências centrais do ensino e *O que fazer* é a arte de instruir de forma eficaz. É um estudo de caso sobre pequenas coisas com grandes consequências.

A versão mais básica de más instruções ocorre quando os professores dizem aos alunos o que não fazer. Deixe-me dar alguns exemplos:

"Kevin, você não deveria olhar pela janela."

"Cheryl, não se distraia."

"Turma, não me entreguem trabalho desorganizado e bagunçado."

Agora deixe-me reescrevê-los para mostrar como eles podem ser diferentes (reconhecendo que um professor perito provavelmente os tornaria muito melhores):

"Kevin, verifique se tudo o que está no quadro está escrito em suas anotações."

"Cheryl, por favor, vire-se para Carly e compartilhe seus pensamentos sobre o início do Capítulo 2."

"Turma, certifiquem-se de que as casas decimais estejam alinhadas, escrevam com cuidado e circulem sua resposta final."

Em cada um desses casos, é provável que a revisão ajude os alunos a serem bem-sucedidos porque descreve ações específicas, concretas e observáveis. Quando houver várias etapas, elas deverão estar em uma sequência clara.

Instruções específicas. Instruções eficazes dividem tarefas maiores em etapas gerenciáveis, que os alunos podem seguir. Eu poderia ter corrigido "não me entreguem trabalho desorganizado e bagunçado" com "certifique-se de que seu trabalho esteja limpo e organizado", por exemplo. Isso pode ser bom. Mas é uma suposição de que os alunos sabem o que significa fazer um trabalho limpo e organizado. E mesmo que o façam, um lembrete sempre ajuda. Portanto, dividir a tarefa em etapas mais específicas é, de certa forma, ensinar aos alunos os passos componentes da organização.

Você pode ter uma ideia de como instruções claras e específicas ajudam os alunos a ter sucesso e se envolver produtivamente no trabalho da aula no vídeo *Denarius Frazier: Confira com seu colega*. A sensação incipiente de fluxo, o modo como Denarius está construindo uma sensação de foco e impulso ininterruptos, deriva de suas instruções simples e claras saindo do *Faça agora* – "Lápis na mesa e me acompanhem" – e para iniciar o *Virem e conversem*: "Vão em frente e verifiquem com seu colega. Vocês têm 30 segundos. Vão". Claro e específico, e quase impossível de ser mal interpretado. Ou assista ao momento no início do vídeo *Gabby Woolf: Pedra Angular*. "Nós vamos ler o início do Capítulo 4", Gabby observa e os alunos olham placidamente para ela. Em seguida, ela acrescenta uma instrução clara e específica: "Olhem para o texto à sua frente, por favor". Observe quantos alunos de repente entram em ação e pegam seus livros. Veja quantos deles não pensaram em abrir seus livros e quanto tempo improdutivo de aprendizado foi evitado pela simples clareza dessa pequena frase inserida no início da atividade.

Instruções concretas. Instruções eficazes envolvem, quando possível, tarefas claras e acionáveis que os alunos sabem como executar. Não é apenas que a instrução sobre o trabalho limpo e organizado o divide em etapas claras e gerenciáveis, mas elas são concretas o suficiente para serem fáceis de interpretar. Referem-se a coisas como alinhar as casas decimais em vez de "trabalho cuidadosamente apresentado". A primeira é muito mais concreta e, idealmente, eu teria ensinado os alunos a alinhar casas decimais, para que eles soubessem exatamente o que eu quis dizer e provavelmente o façam da maneira correta. O mesmo vale para a minha instrução para Cheryl, que, vamos supor, está perdendo um *Virem e conversem* e está distraída ou talvez se virando e tentando chamar a atenção de outra pessoa na aula. *Cheryl, por favor, comece o Virem e conversem* diria a ela o que fazer, mas ainda é vago. Em outras palavras, o que quero dizer com isso? Cheryl poderia entender mal. Embora muitos leitores provavelmente apareçam com exemplos ainda melhores, tentei "encurtar a mudança" como Chip e Dan Heath descrevem em *Switch*. Tornei o primeiro passo mais fácil de seguir, deixando-o mais claro e menor.

Você pode ver como as instruções específicas e concretas de Sadie McCleary para sua aula de química ajudam todos os alunos a se prepararem de forma simples e fácil no vídeo *Sadie McCleary: Anotações para hoje*. Sadie os ensinou a intitular um papel para fazer anotações, então, quando ela disser: "Hoje é a lição 14", eles entendem que é isso que devem escrever no topo de suas anotações sob a frase "Unidade 2: Matéria", que eles já escreveram. Observe como ela é específica sobre o que exatamente eles devem escrever. Além de garantir que estejam prontos para fazer anotações, isso sinaliza aos alunos sua própria preparação cuidadosa.

Instruções sequenciais. Mencionei anteriormente que instruções eficazes devem descrever uma sequência de ações concretas e específicas. Isso permite que você as acompanhe: se houver uma série de etapas e um aluno for inclinado à distração, você pode analisá-las mais lentamente ou até mesmo uma a uma, verificando a conclusão ou pelo menos o progresso em uma antes de nomear a seguinte. Aprendi isso como pai quando meus filhos eram pequenos. Pode haver dias em que eu poderia dizer, com sucesso: *OK, use a toalha, coloque seu pijama e escove os dentes*. Também havia dias em que tantas instruções ao mesmo tempo terminariam em um desastre. Se um dos meus filhos estivesse saindo do chuveiro e se sentindo tonto ou distraído, eu dividiria as instruções. Eu começaria: *OK, pegue sua toalha e seque-se*. Quando isso foi feito, eu diria: *Ótimo, agora vista seu pijama*. Quando isso acabasse, eu diria: *Bom, agora vá até a pia para escovar os dentes*. Portanto, você pode acompanhar suas instruções para Cheryl se não tiver certeza de sua mentalidade e da probabilidade de seu acompanhamento. *Cheryl, vire-se de frente para Carly. Bom, por favor, dê a ela um pouco de contato visual para que ela saiba que você está ouvindo. OK, agora compartilhe seu pensamento ou pergunte o que ela pensou.*

Jason Brewer faz um trabalho muito bom ao acompanhar suas instruções sequenciais de *O que fazer* por um motivo diferente no vídeo *Jason Brewer: Lápis na mesa*. Ele quer dar aos alunos tempo para terminar bem cada tarefa após suas instruções, sem pressa, então ele as analisa uma a uma com muito espaço entre elas e com uma voz calma e tranquila.

Instruções observáveis. Quanto mais observável você torna uma instrução, mais pode avaliar o acompanhamento e, se necessário, reforçar a responsabilidade de um aluno que está confuso, distraído ou não especialmente inclinado a ir em frente no momento. Dizer a um aluno para "prestar atenção" é o contraexemplo clássico. É não observável. Então, se eu pedir a Caleb para prestar atenção e na minha opinião ele não melhorar e eu disser: "Caleb, eu pedi para você prestar atenção", ele provavelmente responderia: "Mas eu *estava* prestando atenção", seja porque ele acreditava que estava ou porque ele estava procurando evitar a responsabilidade. Mas se minhas instruções fossem observáveis: "Caleb, pegue seu lápis e faça anotações no espaço no alto da sua folha de papel", e Caleb continuasse com dificuldade, eu poderia primeiro dizer: "Caleb, pegue seu lápis, por favor", e observar seu acompanhamento, dando minhas novas instruções a partir daí com base em sua resposta. É muito mais difícil sustentar um argumento "eu peguei meu lápis" quando seu lápis não está em sua mão do que sustentar um argumento "eu estava prestando atenção". Agora, a falta de acompanhamento de Caleb é clara e inequívoca; então, se eu tiver que responder com algum tipo de consequência, ficará claro – para mim e para ele – que isso tem justificativa.

No vídeo *Arielle Hoo: Olhos aqui*, as instruções de *O que fazer* de Arielle – impecáveis, claras, calorosas e graciosas – sempre começam com uma instrução observável: "Olhem para cá" ou "Acompanhem-me aqui". Isso permite que ela procure acompanhamento e atenção e certifique-se de que os alunos ouçam toda a matemática. Ela combina suas instruções *O que fazer* com vários exemplos excepcionais da técnica 53, *Olhar de radar/ser visto observando*.

Chaves para a entrega efetiva com *O que fazer*

Economia da linguagem. Talvez o conselho mais útil para tornar as instruções de *O que fazer* eficazes seja usar o mínimo de palavras possível. Mais palavras muitas vezes tornam a tarefa necessária menos clara ou mais ambígua. Você pode pensar que a economia da linguagem faria você parecer severo, mas é claro que a nitidez pode ser feita com graça e calor, como o vídeo *Tamesha McGuire: Linha de base* demonstra lindamente. As instruções de Tamesha são: "Arrumem suas cadeiras", "Lápis na mão" e "Escrevam seu nome". Todas elas têm apenas três palavras, o que ajuda seus alunos do jardim de infância a trabalhar alegremente e dá a ela muito tempo para circular e compartilhar seu fervor em vez de oferecer lembretes repetidos. Isso é especialmente importante com sua primeira instrução. Você pode ver isso no vídeo *Denarius Frazier: Experimentem essa grade*, em que as instruções de Denarius soam muito como as de Tamesha: "Em pares", "Dois minutos", "Você faz um", "Experimente essa grade, preencha todos os espaços em branco que puder". A nitidez e a clareza das duas primeiras instruções conquistam a atenção e o foco dos alunos.

Uma segunda chave para o sucesso é usar o *Equilíbrio emocional*, ou seja, fornecer instruções e correções em um tom uniforme, mesmo se você estiver se sentindo um pouco exausto ou frustrado, para que os alunos se concentrem e respondam às suas palavras, não às suas emoções. Isso é bastante evidente em todos os exemplos que vimos até agora. Não há tensão para distrair os alunos da tarefa.

O que fazer **consistente.** Use uma linguagem consistente com a maior frequência possível, para que as próprias instruções sejam uma espécie de rotina em si mesmas. Por exemplo, sempre dizer "Lápis nos lugares" geralmente funciona melhor do que uma combinação imprevisível de "Lápis em seus lugares", "Lápis em suas casas", "Lápis para baixo", "Abaixem seus lápis", "Vamos deixar esses lápis de lado", e assim por diante. Você não precisa ser obsessivo com isso, mas aumentar a consistência da linguagem em suas instruções permite torná-las mais como um hábito. Isso libera você para se concentrar em sua aula e torna mais fácil para os alunos fazerem o que você pediu. Parte do motivo pelo qual a aula de Denarius começa tão bem é que ele é consistente com a frase que usa para fechar o *Faça agora* quase todos os dias. É quase sempre "Lápis para baixo e olhos para cá" ou algo muito semelhante. Se houver momentos em que você mais deseja acompanhar, use a versão mais familiar da instrução.

Dar um *O que fazer* **no início**, ou seja, antes de uma dica para começar, é uma ótima maneira de garantir que os alunos ouçam todas as suas instruções e não se distraiam enquanto isso ocorre. Por exemplo, dizer: "Quando eu disser 'vão', por favor, virem-se para o seu parceiro e discutam suas observações sobre o início do capítulo", dá a você a oportunidade de garantir que todos tenham ouvido a instrução e estejam atentos, além de acrescentar mais detalhes – "Vou pedir a alguns de vocês que compartilhem a observação do seu parceiro" –, antes que os alunos se apressem para o *Virem e conversem*. Se a sua turma estiver especialmente entusiasmada e for uma tarefa que eles estão animados para fazer, você pode até dizer: "Quando eu disser 'vão', mas não antes disso, por favor, virem-se para seu parceiro e discutam suas observações...". A propósito, isso também torna o início do *Virem e conversem* mais nítido e mais visível, e as normas que são mais visíveis têm maior probabilidade de se tornarem rapidamente universais.

Por sua vez, você pode notar as instruções em *Arielle Hoo: Olhos aqui*, no qual ela diz: "Olhos aqui em quatro... três... dois...". Ela iniciou o seu *O que fazer*, mas também fez uma contagem regressiva para os alunos antes da dica, para que eles tenham um pouco de tempo e espaço e possam terminar o que estão escrevendo.

O que fazer simplificado

Se um aluno não responder à sua orientação de *O que fazer*, simplifique-a, seja removendo palavras, solicitando uma ação ainda mais concreta ou reduzindo o número de passos. Por exemplo, se você disser a um aluno "Pegue seu lápis e faça anotações no topo da página", e ele não fizer isso, você pode dizer "Pegue seu lápis, por favor". Se você ainda não conseguir que ele o acompanhe, aponte para o lápis. "Lápis na mão, por favor, Roberta." Dividir as instruções facilita o ensino e reforça suas expectativas sobre como os estudantes devem concluir uma tarefa.

E quando sua instrução é explicitamente em resposta a um aluno que precisa de redirecionamento? Adaptar o *O que fazer* ao tipo de situação – e sua avaliação de suas possíveis causas – pode ajudar a garantir o sucesso tanto na execução da tarefa quanto na preservação dos relacionamentos.

Padrão. A causa do mau acompanhamento não é clara e pode ser plausivelmente benigna, como distração ou confusão:

Assuma o melhor. "Hmm, não devo ter sido claro. Quando estamos na 'posição de aprendiz', isso significa que paramos de falar".

Aja como se: depois de oferecer um *O que fazer*, olhe para o outro lado como se tivesse certeza de que eles seguirão. Em seguida, use um olhar de confirmação para monitorar, conforme a necessidade.

Ambíguo. A causa do mau acompanhamento não é clara, mas tem sido persistente ou parece que pode incluir algum aproveitamento da área duvidosa.

Simplifique: remova palavras, escolha apenas uma etapa.

Equilíbrio emocional: verifique se você está calmo e firme; remova as variáveis emocionais.

Desafiador. A causa do mau acompanhamento parece ser deliberada ou de teste de limite. O comportamento é repetido ou a situação é especialmente desafiadora.

Encurte a mudança: divida o próximo passo na menor tarefa possível. Por exemplo, você diz a um aluno: "Levante-se da sua mesa e vá até a porta, por favor", mas ele não o faz. Você diz: "Levante-se da sua mesa, por favor". Ela ainda não faz isso. Você diz: "Empurre sua cadeira para trás. Bom. Agora levante-se. Obrigado".

Insira agradecimentos cuidadosos: quando um aluno estiver em um ciclo negativo, ajude-o a perceber cada passo produtivo de volta ao caminho do sucesso, reconhecendo-o com um tom suave. Por exemplo, um reitor de alunos lidando com alguém chateado pode dizer "Por favor, sente-se nesta cadeira" com muita calma e depois acrescentar "obrigado" (com muito pouco afeto) quando o aluno tiver feito isso. Então, talvez: "Por favor, vire-se e olhe para mim para eu saber que você está pronto para discutir isso". Assim que isso acontecer, o reitor pode reconhecer que o aluno está se esforçando: "Assim está muito melhor. Obrigado". Então ele pode tentar: "Agora, quando você estiver pronto para falar, por favor, acene com a cabeça". Mais uma vez, você pode reconhecer com "obrigado", talvez acrescentando: "Obrigado por me mostrar que está pronto para falar sobre isso. Obrigado".

Aulas *on-line*: *O que fazer* remoto

A importância das instruções é crítica – e criticamente negligenciada – na maioria dos ambientes. Ensinar remotamente fez com que muitos de nós enfrentássemos os desafios da clareza nesse novo cenário. Com uma internet falhando e um potencial aumentado de distrações, com a dificuldade de combinar dicas não verbais com instruções e o fato de que as instruções dos professores de repente eram dadas em uma voz minúscula que emanava de uma janela no canto da tela, muitas vezes os alunos facilmente perdiam uma instrução *on-line*. E, é claro, a rede de segurança que existe para os alunos há muito tempo (se você não sabe o que fazer,

Altas expectativas de comportamento **431**

veja o que as pessoas ao seu lado estão fazendo) também desaparece quando você está sentado sozinho na mesa da cozinha.

Sob tais condições, os professores aprenderam uma ou duas coisas sobre como dar instruções.

Um dos nossos vídeos favoritos foi este da "tela de orientação" de Alonzo Hall no início de sua aula. Suas instruções verbais também são dadas visualmente, com absoluta clareza e absoluta simplicidade, de modo que são muito mais difíceis de perder ou entender mal. *Aqui está o que fazer*, dizem eles, com as partes mais importantes destacadas.

Vamos nos organizar!

- Bem-vindos de volta à aula de matemática!
- Para esta tarefa, você precisa de:
    1. Algumas folhas de papel (pode ser caderno ou folha solta)
    2. Um lápis
- Por favor, pare o vídeo e pegue o seu material. Continue quando estiver com tudo pronto para prosseguir!

E aqui está Eric Snider dando as instruções para o trabalho independente de forma visual e oral, *deixando uma versão delas para os alunos consultarem ao longo da atividade*, para que possam sempre se reorientar.

Trabalho individual até 13h30
☐ 1. Leia as páginas 195-199. Finalmente é hora de as meninas trabalharem! Descubra o que acontece e esteja pronto para... uma reviravolta na história.
☐ 2. Responda às perguntas 4-6 da atividade da aula.
☐ 3. Faça o *quiz* do Socrative.
☐ 4. Responda a TODAS as perguntas e depois → "Entregue" a atividade da aula.
☐ 5. Comece o IR para o seu registro de leitura. Voltaremos a nos reunir às 13h30.

O que Alonzo e Eric estão fazendo está ligado à ciência cognitiva. "Palavras faladas desaparecem", observa Oliver Caviglioli em seu livro sobre a ciência dos métodos visuais, *Dual coding*. Isso é chamado de *efeito da informação transitória* e nos lembra que qualquer coisa que seja exclusivamente verbal é mais difícil de estudar e lembrar e muitas vezes exerce uma carga pesada na memória de trabalho. Isso tem implicações educacionais, mas também culturais: devemos colocar lembretes em todos os lugares se quisermos que as pessoas se lembrem.

Nossos lembretes devem ser simples! Limitar informações irrelevantes é outro conselho que Caviglioli fornece sobre recursos visuais. Os gráficos são mais úteis quando escassos e focados, simples e sem informações irrelevantes; por exemplo, menos cores são melhores e desenhos de linhas geralmente são melhores do que fotos, se quisermos que as pessoas se concentrem no conteúdo e processem as principais ideias.

TÉCNICA 53: OLHAR DE RADAR/SER VISTO OBSERVANDO

Na técnica 52, *O que fazer*, compartilhei um vídeo de Arielle Hoo dando instruções para sua aula de matemática (*Arielle Hoo: Olhos aqui*). Ela é um modelo de clareza e seus alunos respondem lindamente, trabalhando com atenção, reflexão e satisfação.

Você pode ter uma noção ainda mais clara da cultura da sala de Arielle no vídeo *Arielle Hoo: Pedra Angular*, retirado da mesma aula. Observe duas coisas muito simples, mas muito importantes que ela faz depois de dar suas instruções: "Olhem para cá em quatro... três...".

Eu cortei e colei uma série de fotos tiradas do vídeo aqui e as numerei de um a quatro para mostrar o que ela faz um pouco mais claramente:

A primeira coisa que Arielle faz é olhar. Ela dá suas instruções e, em vez de olhar para suas anotações ou para o quadro, ela leva um segundo para examinar a sala, da direita para a esquerda. Isso permite que ela confirme que os alunos estão seguindo suas instruções. Se não estiverem, ela pretende ajustar. Talvez ela não tenha sido clara o suficiente e queira repetir suas instruções com um pouco mais de clareza:

"Opa, deixe-me ser um pouco mais clara...". Talvez eles estejam um pouco tontos e ela queira diminuir a voz um pouco para definir um tom mais calmo. Com certeza, ela não vai querer avançar muito rápido se os alunos estiverem mostrando sinais de distração. De qualquer forma, a lição é que um professor só pode administrar aquilo que vê, portanto, as ações que permitem que você veja de forma mais clara e abrangente são críticas e constituem um conjunto crítico de habilidades que raramente é falado. Eu chamo essas ações de *criar radar*.

Voltando à sala de aula de Arielle e olhando para a turma para ver se eles entenderam, o que sua ação diz aos alunos naquele momento é pelo menos tão importante quanto o que ela descobre ao olhar. Sua mensagem é: *Eu me importo se você faz o que eu peço. Vou notar se você faz isso ou não.* Quando mostramos que é importante para nós, é mais importante para os alunos. Apenas olhando, e fazendo-os saber que olhamos, tornamos mais provável que eles sigam adiante; talvez em parte porque eliminamos alguma área ainda confusa, mas mais provavelmente porque simplesmente mostramos que isso importa. Se você tiver um relacionamento forte com os alunos, poderá influenciá-los profundamente. Se ainda está construindo-o, a clareza e a competência que você mostra ajudarão a conquistar sua confiança e respeito.

Uma breve digressão aqui antes de voltar à segunda coisa que Arielle faz. Assista ao pequeno vídeo da professora do 4º ano Katie Kroell (*Katie Kroell: Sacrifício*). Ela é uma excelente educadora, mas escolhi esse vídeo principalmente porque é um estudo da natureza humana. Observe o jovem em primeiro plano à esquerda. Ele está pegando algo de sua mochila. Pode ser qualquer coisa: um lápis extra ou algo que ele queira mostrar a um colega de turma. Cerca de dez segundos de vídeo, Katie olha em sua direção:

Ela não faz mais nada. Ela não acena com a cabeça nem balança o dedo ou franze a testa. Na verdade, nem está claro como ela se sente sobre o que o aluno está fazendo. Ela apenas olha e ele decide por conta própria não tirar o que quer que seja de sua mochila. A escolha é dele, mas sua decisão muda porque ele sabe que sua professora está ciente disso. *Eu não preciso disso agora.* Quando as pessoas sabem que os outros estão cientes do que estão fazendo, elas se tornam mais conscientes de suas próprias escolhas e decidem de forma diferente. Isso é verdade em quase todos os lugares em nossas vidas. Há uma rua perto da minha casa onde um dispositivo na beira da estrada mostra sua velocidade quando você passa. Não tira foto. Não há consequências. Ele simplesmente diz a que velocidade você está indo. No entanto, todos os motoristas que passam por lá reduzem a velocidade.[9]

Isso é parte do que está acontecendo na sala de aula de Arielle. Quando os alunos sabem que seu professor os vê e se importa se eles seguem uma instrução, de repente eles ficam muito mais propensos a segui-la.

E isso me leva à segunda coisa que Arielle faz. Ela exagera sua aparência levemente para que os alunos fiquem mais conscientes disso. Você pode observar melhor nas fotos. Ela levanta o queixo em uma pequena pantomima. *Me vê observando?* Isso aumenta o efeito dos benefícios preventivos de olhar, especialmente para os alunos que são menos propensos a perceber sem a ênfase extra. Eu chamo essa ideia de *ser visto observando*. Olhar é mais eficaz quando os alunos estão cientes disso, para que possamos ajudá-los a se tornarem mais conscientes por meio de ações não verbais sutis e, assim, evitar comportamentos que exigiriam correção. É um presente para todos.

Para voltar à foto da sala de aula de Katie, vale a pena perguntar se seu aluno teria visto seu olhar questionador se ela não tivesse, como Arielle, levantado um pouco o queixo para torná-la mais legível para o estudante.

Vamos chamar esse movimento de *queixo para cima* para torná-lo fácil de lembrar e replicar. E enquanto estamos falando disso, vamos fazer uma varredura deliberada de um lado a outro da sala – para criar o hábito de olhar bem –, um *giro*. A base do *Olhar de radar* é o *giro* – a varredura deliberada da sala de aula que faz você ter certeza de ver o máximo que puder. Leva apenas um segundo ou dois. O ideal é que isso se torne um hábito – você daria instruções e faria essa varredura sem sequer planejar fazer isso.[10] Isso parece ser um hábito para Arielle – sua mente está em outras coisas enquanto ela faz a varredura. Mas isso a ajuda a manter todos engajados positivamente e defende contra pontos cegos. E se ela vê algo pequeno, pode redirecioná-lo de forma simples e rápida enquanto ainda é pequeno. A ideia de pegar as coisas cedo, enquanto elas são pequenas, para que a correção também possa ser pequena, é chamada de "pegar cedo". Falarei disso mais adiante neste capítulo. Mas para pegá-lo cedo, você tem que vê-lo cedo. Então é preciso olhar sistematicamente.

Você pode observar Arielle respondendo ao que seu giro revela quando ela diz: "Esperando no dois". Conforme discutiremos em breve, isso é chamado de correção individual anônima e permite que os alunos saibam que ela está ciente de que estão um pouco atrasados, mas preservando seu anonimato. Neste caso, eles rapidamente acompanham o restante da turma. Um problema potencial é evitado.

Você também pode notar que Arielle dá meio passo para trás quando ela faz a varredura. É o equivalente a recuar quando você está tirando uma fotografia para incluir todos na foto. Isso permite que ela veja mais da turma com menos giro, e nos lembra que onde você está é um fator importante no que e quão bem você vê.

O giro de Julia Addeo (veja o vídeo *Julia Addeo: Pedra Angular*) é especialmente bom. É uma parte crítica de sua transição por volta dos dois minutos em seu vídeo. "Apenas um *feedback*. Acompanhe aqui", ela diz para garantir que os alunos que estavam trabalhando em seu conjunto de problemas agora participem da discussão. Ela está no retroprojetor e não pode se dar ao luxo de se mudar para um novo local. Talvez por isso ela olhe da esquerda para a direita e depois de volta para a esquerda, deixando claro (sem qualquer palavra) que o foco deles é crítico e importante para ela. Seus alunos reconhecem isso e segundos depois ela está ensinando para uma sala com 30 alunos atentos a ela.

O vídeo *Denarius Frazier: Pedra Angular* mostra Denarius usando um giro para varrer a sala várias vezes. O exemplo mais claro e melhor ocorre por volta dos 10:20 minutos, porque sua amplitude de movimento é relativamente estreita. Isso porque ele adotou uma abordagem ainda mais intencional para a questão do local onde deve ficar. Quando você fica no canto da sala, reduz drasticamente o campo de visão que precisa escanear e administrar de outra forma. Assim fica mais fácil ver tudo. Chamo essa posição de Poleiro de Pastore, em homenagem ao primeiro professor que observei usando-a de forma consistente e intencional, Patrick Pastore.

Você pode ver o professor de matemática Rodolpho Loureiro de pé consistentemente no Poleiro de Pastore para observar melhor em *Rodolpho Loureiro: Corrijam seus erros*. Cada vez que ele dá uma instrução, caminha até o canto de sua sala e observa de lá. Isso torna mais fácil para ele ver se os alunos estão acompanhando. O movimento para o canto provavelmente também deixa mais claro para os alunos que ele está observando e que é hora de concluir a tarefa. A combinação desses dois efeitos permite que Rodolpho relaxe e sorria calorosamente. Pontos de bônus para Rodolpho por usar cantos diferentes, para que ele veja alunos diferentes com mais clareza a cada vez e esteja ligado com o desempenho de todos.

Aqui está um desenho rápido que demonstra a importância do Poleiro de Pastore. Para ver a sala de aula a partir do centro, na frente, você precisa varrer um campo visual de cerca de 150°. Isso é muito para ver, mas faça com cuidado e preste atenção especial aos pontos cegos nos cantos do campo visual. No entanto, se você caminhar até o canto da sua sala, poderá ver toda a sala varrendo um campo visual de apenas 80°. Agora a varredura é muito mais simples.

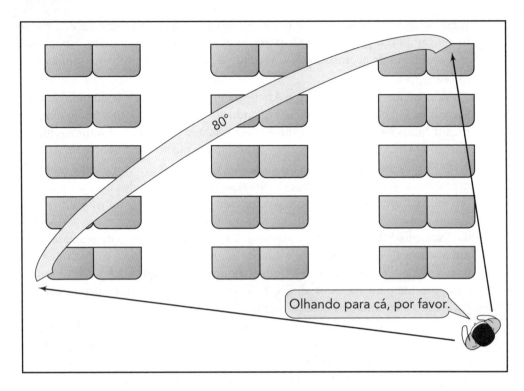

Ser visto observando é o complemento do *Olhar de radar*. Um é ver bem, e o outro é inventar maneiras de sutilmente lembrar os alunos de que você os está vendo.

No vídeo *Marisa Ancona: Canetas no papel*, você pode ver Marisa fazendo isso antes mesmo que a aula comece. Observe como seus alunos se acomodam e se preparam para a aula. Em grande parte, isso ocorre porque ela dá muito valor a isso. Ela está visivelmente observando, firme e calmamente com um pouco de *queixo para cima*, e fazendo seu caminho de um canto da sala para o outro o tempo todo. O que a professora mostra que valoriza, os alunos são mais propensos a valorizar, e Marisa demonstra o quanto ela valoriza o foco do aluno sem falar uma palavra.

Observando as várias pantomimas não ditas que os professores usam para garantir que seus alunos os observem olhando, meus colegas da equipe Teach Like a Champion (TLAC) começaram a dar nomes bem-humorados e alegres para as mais comuns entre elas. Eles incluem o *giro* e o *queixo para cima* descritos anteriormente, além do *aspersor*, uma adaptação do *giro* em que um professor começa a girar e momentaneamente volta no meio do caminho na direção que ele acabou de varrer como se dissesse, momentaneamente, "Oh, acho que acabei de ver alguma coisa. Não. Está tudo bem". Isso torna a deliberação da varredura mais visível. Nós o chamamos de *aspersor* porque alguém na sala percebeu que parecia o movimento de dança dos anos 1980 com o mesmo nome (em inglês, *sprinkler*), e a brincadeira pegou. Começamos a dar nomes de dança a todos os movimentos do *Ser visto observando*. A seguir estão mais alguns dos nossos favoritos.

A coluna invisível. Um professor move a cabeça ligeiramente para o lado depois de dar uma instrução como se estivesse tentando olhar em torno de algo (uma coluna invisível). Você pode ver Rodolpho Loureiro modelando sua versão desse movimento atemporal no vídeo *Montagem: Ser visto observando*.

Na ponta dos pés. Um professor fica por um momento na ponta dos pés enquanto olha para a sala, como se estivesse apenas confirmando que tudo está bem em algum lugar difícil de ser visto. Kirby Jarrell modela uma versão especialmente impressionante disso no vídeo *Montagem: Ser visto observando*.

O dedo no disco. Uma professora traça o rastro de seu olhar em um *giro* com o dedo esticado, estilo ponteiro, como um dos movimentos com disco de vinil que você não usa há décadas. Ele sugere *Deixe-me apenas verificar todos esses lugares* e torna o *giro* óbvio para aqueles que são menos propensos a observá-lo. Tamesha McGuire leva isso para o próximo nível com seus alunos do jardim de infância no vídeo *Montagem: Ser visto observando*. Obviamente, seu objetivo aqui é tornar sua ação especialmente visível para as crianças. Apenas uma pitada de dedo no disco, baixo, sutil, talvez com o dedo na barriga, provavelmente seja o truque para os seus alunos do 8º ano.

O político. Uma professora age como uma aspirante a titular de cargo que entra no palco antes de um grande discurso e aponta em reconhecimento a todos os seus aparentes amigos e apoiadores na plateia – um aqui, outro ali. Como professor, você envia uma mensagem otimista semelhante a "Vejo todos vocês lá fora" quando gesticula rapidamente para as pessoas na plateia que estão demonstrando da mesma forma que elas estão com você. O irreprimível Darren Hollingsworth modela uma versão útil desse movimento no vídeo *Montagem: Ser visto observando* e você pode ver Patrick Pastore realizando sua versão lá também – nada menos do que enquanto está no Poleiro de Pastore.

O *quarterback*. Um professor se move como um *quarterback* da NFL que, agachado atrás do centro, olha rapidamente para a defesa. Só porque ele está abaixado não significa que ele não vai fazer uma varredura. Da mesma forma, quando os professores campeões se agacham para conversar com um aluno, eles passam os olhos rapidamente pela sala, para ter certeza de que estão vendo o campo inteiro. Kathryn Orfuss não está conversando com um aluno no vídeo *Montagem: Ser visto observando* – ela está no retroprojetor –, mas dá uma boa noção de como olhar por cima e proativamente enquanto estiver fazendo outra coisa.

Para resumir, não buscar acompanhamento depois de dar uma instrução pode sugerir que não notamos ou não nos importamos se os alunos estão seguindo nossas instruções, mas fazer o contrário – mostrar que nos importamos que eles façam o que pedimos – é, na verdade, um incentivo positivo muito forte para a maioria deles.

TÉCNICA 54: TORNE AS EXPECTATIVAS VISÍVEIS

Como regra geral, quanto mais visível for a ação que você pedir aos alunos para executarem, mais fácil será verificar se eles a cumprem e mais eles reconhecerão implicitamente que você pode ver claramente o que fazem. Isso os torna mais propensos a fazer o que você pediu e torna mais fácil para você responsabilizá-los. Alguns dos professores mais eficazes têm uma maneira de tornar as "instruções observáveis" divertidas e táteis, aumentando tanto o incentivo para seguir em frente quanto sua capacidade de administrar.

Um colega meu, David McBride, usou essa ideia para ajudar um professor que, na época, estava lutando para manter os alunos concentrados. Com base em *Olhar de radar* e *Ser visto observando*, David pediu ao professor que escrevesse três pontos em sua aula quando ele fosse dar uma tarefa clara e garantisse que 100% dos alunos a fizessem, mesmo que no início isso fosse apenas temporário. Ele queria começar mostrando ao professor que os alunos iriam e poderiam seguir suas instruções; que uma sala onde todos estivessem produtivamente engajados estava ao seu alcance.

Davi pediu-lhe:

- Dê uma instrução observável.

- Use o *Olhar de radar* para varrer intencional e estrategicamente para ver se ela está sendo feita.

- Fique no Poleiro de Pastore durante a varredura.

- Narre o acompanhamento de pelo menos dois alunos que fizeram imediatamente o que pediu.

- Corrija calorosamente pelo menos um aluno, se os estudantes não atenderem às expectativas.

David chamou isso de "*reset*" e funcionou em alguns casos, mas em outros foi menos útil porque o professor nem sempre via comportamentos fora da tarefa. Assim, David mudou sua instrução para enfatizar a visibilidade das expectativas.

"Quero que você escolha uma instrução especialmente visível. Algo que você sabe que os alunos saibam que você pode vê-los fazendo. Substitua '*Lápis na mesa e olhando para cá*' por '*Olhem para mim*', por exemplo, e depois procure por isso enquanto você faz a varredura."

Os resultados foram incríveis. Os alunos que largavam os lápis eram dez vezes mais visíveis para o professor do que o contato visual fugaz e difícil de avaliar. Era mais fácil ver quem estava seguindo conforme solicitado. Não apenas isso, mas os alunos sentiram a maior clareza implícita nas novas instruções.

Era evidente para eles que seria óbvio para o professor se eles seguiram adiante. Havia algumas crianças desafiadoras no grupo, mas havia um número muito maior de alunos que começaram a sentir que não fazer o que o professor pedia era um tipo de jogo na sala de aula – um desafio para ver se eles não conseguiam fazer o que o professor pedia sem que ele percebesse. Logo, jogar esse jogo se tornou uma norma. Havia jogos que as crianças jogavam no intervalo e jogá-los significava pertencer ao clube. Uma versão disso começou a surgir na sala de aula também.

Porém, de repente, com a eliminação da era mais obscura, um número maior de alunos que não vinha acompanhando consistentemente começou a mudar seu comportamento. A norma mudou de repente. As crianças desafiadoras ainda estavam lá, mas eram poucas e espaçadas. Houve um ou dois rebeldes ousados que induziram aqueles ao seu redor a segui-los, a fim de testar o professor, mas de repente os rebeldes não tinham mais seguidores. Um estudo de caso na observação dos Heath Brothers indicou que o tamanho do problema necessariamente se correlaciona com o tamanho da solução.

Essa história de uma sala de aula revigorada e um professor salvo – ele estava a ponto de desistir – começou por tornar mais visível uma instrução simples e, assim, eliminar a ambiguidade. O acompanhamento é mais fácil de gerenciar e monitorar quando as instruções pedem aos alunos que façam algo visível. Se você pode vê-lo, você pode administrá-lo.

Aqui estão mais alguns exemplos de como você pode tornar as expectativas mais visíveis:

- Diga "Lápis na mesa" em vez de "Abaixem os lápis".
- Diga "Livros abertos à sua frente" em vez de "Livros para fora".
- Diga "Deixe-me ver os lápis se movendo" em vez de "Vocês deveriam estar escrevendo".

Minha história aqui não deve transparecer que tornar as expectativas visíveis é principalmente uma estratégia reativa, ou uma estratégia de correção para um professor em dificuldades. Você deve ter notado que Denarius Frazier, que aparece ao longo deste livro e que certamente é um dos professores mais excepcionais que conheci, começa sua aula no vídeo *Denarius Frazier: Converse com seu colega* quase com a instrução exata que David pediu ao seu professor para usar: "Peguem um lápis e olhem para mim em três... dois... um".

TÉCNICA 55: INTERVENÇÃO MENOS INVASIVA

O objetivo das intervenções comportamentais é colocar 100% dos alunos na tarefa, atentos e engajados positivamente na melhor aula possível. Ironicamente, intervenções constantes e demoradas, destinadas a garantir que todos estejam com você, às vezes podem tornar o ensino quase impossível. Quando a instrução é pausada, seja por causa de uma interrupção ou porque o professor precisou responder à interrupção, o resultado é que *ninguém* está na tarefa porque, quando o professor não está ensinando, geralmente não há tarefa. E durante o hiato que pode resultar de uma interrupção, muitos alunos encontrarão outra coisa para prestar atenção – suas mentes vagarão, eles se virarão para olhar pela janela, se voltarão para um amigo e começarão a ter conversas paralelas. Quando a instrução finalmente recomeça, eles estão mais distraídos e menos atentos, então o truque é corrigir quaisquer problemas ou interrupções usando a intervenção menos invasiva e garantir que todos continuem trabalhando.

Digamos que eu esteja ensinando, mas Roberta deitou a cabeça na mesa e, de olhos fechados, está dormindo, ou fingindo dormir. Estou plenamente consciente da importância de corrigir a situação. Não só Roberta perderá a aula se eu permitir que ela durma – somando, assim, o que a deixou cansada com uma lacuna em seu aprendizado – mas sua ação é uma declaração para outros alunos de que eles também podem abaixar a cabeça e dormir se estiverem cansados ou simplesmente não estiverem "a fim" de estudar naquele dia. Depois da aula, devo me certificar de que Roberta está bem, caso eu tenha dúvidas – é possível que haja problemas que exijam apoio, mas também não vamos nos apressar em supor isso; há também uma chance de que Roberta esteja simplesmente cansada, como os adolescentes costumam estar, e que este é um momento de responsabilização amorosa. Se eu permitir que Roberta tire uma soneca, não será a última vez que isso acontecerá: em breve terei uma sala de aula onde, quando lhes convier, alguns de meus alunos farão o mesmo – alguns em julgamento silencioso sobre a escola ou a sociedade ou os adultos ou ao meu ensino, e alguns apenas porque podem fazer isso. Ou então porque essa se tornou a norma.

Digamos que, sabendo de tudo isso, eu pare minha aula sobre a Grande Depressão e fale com Roberta: "Roberta, o que estamos estudando hoje é muito importante para você saber. Vamos escrever ensaios sobre isso, mas você também falará sobre essa época constantemente na faculdade; por favor, levante a cabeça e nos acompanhe". Mesmo no melhor cenário – Roberta levantando a cabeça e voltando ao trabalho imediatamente – minha interação durou vários segundos e, durante esse período, não houve mais discussão sobre a Grande Depressão. Não apenas a aprendizagem parou, mas também o engajamento, e mentes afiadas estão agora procurando um substituto.

Pode até ser que agora eu tenha outros fogos para combater. "Jane, não permitimos o uso de celulares em sala de aula", digo à aluna que pegou um durante um intervalo. "Carlos, eu preciso que você preste atenção." Cada vez que paro para corrigir um aluno, corro o risco de perder outro. Talvez eu não consiga continuar o que estava fazendo.

Vai ser uma luta a partir daqui para recuperar o impulso. O resíduo de atenção, que discuto no Capítulo 1, significa que parte do que os alunos pensaram enquanto a tarefa foi interrompida permanecerá em sua mente quando a interrupção terminar. E se as paradas forem frequentes, nunca alcançaremos o tipo de estado de fluxo ininterrupto que caracteriza a instrução em sua melhor forma.

E, claro, há todas as perguntas sobre como Roberta se sentirá ao ver todos olhando para ela. Sim, ela precisa estar acordada e engajada na aula. Mas ter todo mundo olhando para ela dificilmente a ajudará a se concentrar. E isso pode fazê-la ficar ressentida comigo ou até mesmo se recusar a sentar e estudar.

Então, como um professor especialista lidaria com isso? Ele conversaria com Roberta? Quase com certeza. Ela pode não sentir isso no momento, mas daqui a dez anos vai desejar não ter dormido durante as aulas. E, se solicitados, seus pais dificilmente diriam: "Por favor, deixe minha filha dormir durante as aulas".

O objetivo pode ser o mesmo, então, mas o *como* seria muito diferente. O professor procuraria tornar a correção o mais invisível possível e, talvez mais importante, faria a correção *enquanto ainda ensinava*. Ele valorizaria a privacidade. Poderia caminhar enquanto ainda está ensinando e colocar uma mão gentil no cotovelo de Roberta, mas direcionar o olhar para a turma (em vez de para Roberta) enquanto faz isso, a fim de dar a ela o máximo de privacidade possível para recuperar sua atenção. Se Roberta ainda demorasse a reagir, ele poderia sussurrar para ela em uma pequena pausa: "Acerte sua postura, por favor". Se isso não funcionar, é possível encontrar um momento plausível para pedir à turma que se envolva em alguma outra tarefa, como um *Virem e conversem* – "Por favor, reservem 30 segundos para revisar a definição da Defesa Civil com seu parceiro. Vão!" –, enquanto faz uma intervenção breve e discreta: "Roberta, você deve estar cansada, mas a aula é importante demais para eu permitir que você durma. Abra seu caderno em uma folha vazia. O cabeçalho deve ser 'A Grande Depressão'. Voltarei para conferir com você em 30 segundos".

O professor seria calmo e firme. Mas, acima de tudo, seria o mais rápido possível para manter vivo o fio da instrução para os outros 29 alunos da sala de aula. E aí está o segredo: se você conseguir corrigir de forma não invasiva, provavelmente será capaz de definir e reforçar as expectativas com sucesso e consistência.

Seis intervenções

Ao observar os grandes gestores de sala de aula, minha equipe e eu fizemos uma lista de seis intervenções úteis, classificadas por ordem, da menos invasiva à mais invasiva. O objetivo, de modo geral, é estar o mais próximo possível do topo desta lista o mais rápido possível.

Intervenção 1: intervenção não verbal

A primeira da lista é uma *intervenção não verbal*. Observei isso durante uma aula recente ministrada por Ashley Hinton. Enquanto Ashley ensinava seus alunos a escrever parágrafos descritivos, ela constantemente fazia microcorreções com um gesto de mão ou modelagem intencional da ação que esperava que os alunos tomassem. Ao fazer isso, ela nunca partiu o fio de seu ensino envolvente; alunos distraídos foram corrigidos em particular e sem custo para a aula.

Você pode assistir Ashley fazendo isso no vídeo *Ashley Hinton: Montagem não verbal*. Observe como ela aborda questões menores com intervenções não verbais sutis e oportunas, enquanto ainda são pequenas e podem ser corrigidas com um pequeno ajuste – problema pequeno é igual à solução pequena e, nesse caso, sem interrupção. Isso também torna mais fácil para Ashley permanecer positiva em seu tom enquanto faz suas correções. Além disso, ela *Circula* (técnica 25) constantemente nesses momentos. Sempre em movimento, ela consegue abordar um aluno para dar um pouco mais de clareza às suas correções sem que os outros percebam. Seus gestos são consistentes – ela se concentra em apenas duas ou três expectativas que deseja ver – e, claro, continua ensinando.

É importante lembrar que uma intervenção não verbal não é inerentemente não invasiva, mesmo que pareça assim quando Ashley a faz. Para não ser invasivo, você precisa continuar ensinando e se movendo, incorporando correções no fluxo maior da aula. Recentemente, observei uma professora em dificuldades para usar atitudes não verbais para abordar o comportamento em sua sala de aula. A razão? Ela falhou em continuar ensinando enquanto fazia correções não verbais. Interrompeu sua discussão e caminhou duas fileiras à sua esquerda enquanto a turma a observava atentamente. Ela parou, fez um gesto dramático para um aluno se sentar e olhou para ele esperando que seguisse suas instruções. Nesse ponto, sem nenhuma instrução acontecendo, todos estavam olhando para ela e para o aluno em questão. Apesar da natureza não verbal da interação, sua intervenção falhou no teste "não invasivo".

Por último, as intervenções não verbais funcionam melhor quando são consistentes e limitadas em escopo. Para começar a usá-las, posso escolher uma ou duas distrações de baixo nível mais comuns em minhas salas de aula e desenvolver uma técnica não verbal consistente para cada uma delas. Se houver apenas alguns sinais, você pode usá-los e seus alunos podem processá-los sem distrair nenhum de vocês do conteúdo da lição. De sua parte, Ashley Hinton optou por usar gestos para lembrar seus alunos de acompanhar o orador com os olhos (ver técnica 48, *Hábitos de atenção*), abaixando as mãos quando um colega está falando e sentando-se com atenção.

Intervenção 2: correção positiva em grupo

Um pouco mais invasiva, mas ainda com uma pegada muito pequena, é a *correção positiva em grupo* – um lembrete rápido e verbal dado a todo o grupo, aconselhando-o a tomar uma ação específica. Como uma intervenção não verbal, uma correção positiva em grupo é ideal para detectar precocemente o comportamento fora da tarefa. A palavra "positivo" vem do conceito de que esta intervenção sempre descreve a solução (um positivo) e não o problema (um negativo). "Grupo" refere-se ao fato de ser direcionada a toda a turma e não a alunos específicos. Como o objetivo é não ser invasiva, essa forma de correção tende a ser muito curta e preserva a economia da linguagem. "Verifiquem se vocês estão sentados direito" (ou "Verifiquem seu SOPRe", se preferir usar a sigla) é um clássico. Em cerca de um segundo você estará de volta ao ensino. Se precisar aumentar o nível de responsabilização com alunos específicos, pode fazer isso de forma não verbal ao mesmo tempo; ou seja, você pode dizer: "Preciso ver todo mundo escrevendo", enquanto se concentra rapidamente em um aluno individual que precisa de um pouco mais de apoio com algum contato visual e talvez um leve aceno de cabeça. A ideia é que, ao falar com o grupo, isso também corrija aqueles alunos que você possa não estar vendo.

É claro que, embora você possa estabelecer a responsabilização não verbal para os indivíduos, você mantém os descumpridores fora do palco público. Dizer o nome de um aluno geralmente faz as pessoas olharem para ele, e isso pode causar ressentimento ou às vezes recompensa (ou seja, ser olhado é o que ele quer). Se você se esforçar para mostrar que está tentando resolver algo sem "chamar um aluno" e preservando sua privacidade, o resultado geralmente é positivo.

Intervenção 3: correção individual anônima

A próxima intervenção, uma *correção individual anônima*, é semelhante a uma *correção positiva em grupo* na medida em que descreve a solução; no entanto, deixa explícito que há pessoas (ainda que anônimas) que ainda não atenderam às expectativas. Você pode combiná-la com uma correção de grupo positiva para soar assim: "Olhando para cá, por favor [*correção positiva em grupo*]. Eu preciso de mais alguém olhando [*correção individual anônima*]".

Assim como na correção positiva em grupo, você pode complementar uma correção individual anônima com atitudes não verbais, especialmente contato visual e um aceno de cabeça rápido, para estabelecer direta e particularmente quem você espera que resolva a situação rapidamente. A combinação de responsabilização verbal do grupo e responsabilização individual não verbal pode ser especialmente eficaz.

Laura Baxter faz um bom trabalho no vídeo *Laura Baxter: Fila laranja*. Duas vezes ela faz uma breve pausa para lembrar aos alunos que seu foco precisa melhorar ou eles precisam olhar para a frente, mas ela está sempre calma e mantém as pessoas a que ela está se referindo anônimas, embora em um caso você possa ver que há um contato visual sutil – tão sutil que você não percebe seus colegas se virando para ver quem está causando o problema. Sua economia da linguagem também é grande.

Intervenção 4: correção individual privada

O próximo nível de intervenção é uma *correção individual privada* (CIP). Quando você precisa citar nomes, ainda pode usar a privacidade. E quando for necessário passar mais tempo com um aluno, pode tornar isso menos invasivo pedindo à turma que trabalhe de forma individual ou fazendo sua intervenção em um momento em que é fácil ficar fora do foco de atenção.

Essa foi uma das estratégias que sugeri que um professor mestre poderia tentar, especialmente se Roberta não tivesse respondido a esforços anteriores menos invasivos para colocá-la em ação – "Por favor, reservem 30 segundos para revisar a definição da Defesa Civil com seu parceiro. Vão!"[11]. Depois faça uma breve intervenção o mais privada possível. "Roberta, você deve estar cansada, mas a aula é importante demais para eu permitir que você durma. Abra seu caderno em uma folha vazia.

O cabeçalho deve ser 'A Grande Depressão'. Voltarei para conferir com você em 30 segundos."

Aqui, com a voz baixa para mostrar que você não está tentando tornar algo público, a intervenção provavelmente será mais eficaz, em especial se você tiver o cuidado de descrever a solução, não o problema (ver técnica 52, *O que fazer*) e enfatizar o propósito ("É importante que você aprenda isso") acima do poder (e é por isso que algo como "Quando eu peço a alguém para se sentar, espero que faça isso" geralmente é ineficaz).

Você pode ver Josh Goodrich, então do Oasis South Bank em Londres, fazer uma correção individual privada no vídeo *Josh Goodrich: Vamos fazer*. A maioria de seus alunos está trabalhando de maneira diligente, mas um aluno simplesmente não conseguiu começar. Josh o vê e se aproxima, baixando sua voz em um sussurro: "Eu preciso ver você escrevendo em dez segundos. Vamos lá, companheiro". Seu tom é calmo e firme. Suas instruções são claras. Ele sussurra para preservar a privacidade e é rápido. Alguém pode estar sentado a dois assentos de distância e nem perceber nada.

Equilibre com o elogio preciso individual privado

Chamamos uma *correção individual privada* de CIP, para abreviar, e seu parceiro é o EPIP, ou *elogio preciso individual privado*. Quando você usa o EPIP, caminha até um aluno, assim como faria quando faz uma CIP, mas sussurra um *feedback* positivo em vez de críticas. Se os alunos esperam que uma intervenção privada possa ser positiva ou corretiva, eles estarão mais abertos a você à medida que os aborda. Você também ganha confiança em suas críticas, equilibrando-as com elogios. Acima de tudo, constrói uma defesa contra o tipo de espionagem que os alunos fazem quando estão curiosos ou se agradam com o infortúnio dos outros. Em outras palavras, se o conteúdo é imprevisível – às vezes positivo, às vezes corretivo ou construtivo –, a necessidade urgente de ouvir sua conversa privada desaparece. Francamente, a ideia de que você poderia abordar Roberta e dizer "Achei essa resposta excelente. Continue com o bom trabalho" não é muito intrigante para os bisbilhoteiros. Esses comentários positivos podem ajudar a proteger a privacidade do aluno quando você precisar dizer a Roberta para se sentar.

Intervenção 5: correção pública super-rápida

Seria ótimo se você pudesse fazer cada correção de forma rápida e privada, mas todos nós sabemos que em um lugar complexo, como uma sala de aula, isso simplesmente não funciona assim. Às vezes, você será forçado a fazer correções ou dar lembretes a alunos individuais durante momentos públicos. Nesses casos, seus objetivos devem se limitar à quantidade de tempo que um aluno está "em foco" para algo negativo, concentrar-se em dizer a ele o que fazer certo em vez do que ele fez de errado e, em seguida, chamar a atenção de todos para algo mais, idealmente algo mais positivo, e ainda mais se isso ajudar a reforçar normas positivas. Isso é chamado de *correção pública super-rápida*, e pode se parecer com: "Quentin, preciso do seu lápis em movimento... assim como aqueles seus colegas aqui na fileira de trás!" ou "Quentin, preciso do seu lápis em movimento" e depois "Josefina, mal posso esperar para ouvir sobre o que você está escrevendo".

Talvez a ação isolada mais eficaz para "esconder" uma correção ou lembrete público seja sussurrar. Mesmo que você esteja em público. Mesmo que todos ainda possam ouvi-lo. Você pode ver isso sendo feito de forma eficaz no vídeo *Jason Armstrong: Não perca isso*. Jason, de fato, faz duas correções de alunos que estão desligados da tarefa, e ambas são basicamente públicas e audíveis. Ele está na frente da turma quando as faz, mas elas *parecem* ser correções individuais porque ele as sussurra. Ao abaixar a voz, ele está lembrando aos alunos que está corrigindo que está fazendo tudo o que pode para manter isso o mais privado possível, que é sensível e respeitoso com seus sentimentos e não deseja constrangê-los. Um sussurro, mesmo que todos possam ouvir, diz: "Estou tentando fazer isso sem chamar muita atenção para você". Isso cria confiança e a ilusão de privacidade. Por essa razão, uma *correção com sussurro* é uma das ferramentas mais poderosas que um professor pode usar.

Intervenção 6: consequência

A última forma de intervenção é uma consequência. Dar consequências é algo técnico e desafiador – o suficiente para que seja objeto de sua própria técnica, mais adiante neste capítulo; no entanto, vale a pena notar que muitos dos elementos não invasivos que discuti (sussurrar, tornar a conversa privada, etc.) também podem ser aplicados a uma consequência.

Incompreensões comuns

Um equívoco comum sobre os níveis de intervenção é que eles representam um processo ou uma fórmula – que você deve sempre progredir metodicamente ao longo de cada nível, tentando todos os seis tipos de correção em sequência antes de chegar a uma consequência. Embora o objetivo seja estar o mais próximo possível do topo da lista, grandes gestores de sala de aula são fiéis àquilo que funciona. Às vezes eles vão direto para uma consequência, às vezes vão e voltam entre os níveis, e, ocasionalmente, eles usam várias intervenções com um aluno desligado da tarefa. De fato, usar os níveis 1 a 5 implica que os alunos estão fazendo (ou parecem estar fazendo) um esforço de boa fé para cumprir as expectativas quando lembrados. O comportamento deliberado e perturbador na maioria das vezes é um comportamento que deve gerar uma consequência.

Outro equívoco comum é que ignorar o mau comportamento – ou abordá-lo elogiando os alunos que estão se comportando – é a forma menos invasiva de intervenção. Na verdade, ignorar o mau comportamento é a forma *mais* invasiva de intervenção, porque o comportamento se torna mais provável de persistir e se expandir. O objetivo é abordar o comportamento rapidamente, enquanto sua manifestação ainda é mínima e a resposta necessária ainda é pequena.

TÉCNICA 56: GENTILEZA FIRME E CALMA

Grandes gestores de sala de aula são firmes no comando. Eles podem mostrar paixão ao discutir história ou ciência, mas quando pedem a um aluno para trabalhar ou para não dar respostas, são calmos e compostos. Eles agem como se não pudessem imaginar um universo no qual os alunos não seguiriam, e isso, por sua vez, faz os estudantes os acompanharem. Esses professores fazem seu trabalho com sutileza e geralmente tomam medidas para envolver os alunos sem conflito. Aqui estão seis regras gerais para ensinar com *Gentileza firme e calma*.

Regra 1: corrija no começo

Às vezes queremos acreditar que um problema, deixado sozinho, vai se curar por conta própria. Na maioria das vezes, ele persiste ou piora, porque enviamos a mensagem de que vamos tolerá-lo por um tempo. Eventualmente, temos que intervir com uma correção maior, em parte porque o comportamento ficou mais ousado ou perturbador e em parte porque estamos começando a ficar frustrados. Aqui está uma frase que minha equipe usa e que os professores costumam achar útil para a autorreflexão: se você estiver bravo, é porque esperou demais. Em geral é melhor consertar algo com um pequeno ajuste no começo do que fazer uma intervenção maior depois. É muito mais provável que você corrija positivamente e com um sorriso quando suas correções parecerem pequenos ajustes para você e seus alunos.

Regra 2: valorize propósito acima do poder

A razão pela qual você corrige comportamentos na sala de aula é que isso leva a um ambiente de aprendizado vibrante e positivo, ao desempenho do aluno e até a hábitos de autodisciplina. Esforce-se para fazer sua linguagem enfatizar constantemente que o objetivo é ajudar os alunos a aprender e ter sucesso, não reforçar seu próprio poder. Declarações como "Quando eu pedir para você sentar, eu quero ver você sentado" devem ser evitadas. "Por favor, anote isso para que você esteja preparado para o teste" ou "Você precisará chegar na hora da aula para que tenhamos 60 minutos aprendendo juntos" são muito melhores. Mantenha as correções firmes e nítidas, mas tente lembrar aos alunos (e a você mesmo) que suas altas expectativas são, no final, sobre eles, não sobre você.

Regra 3: lembre-se de que "obrigado" é a expressão mais forte

Dizer "obrigado" depois que um aluno segue uma instrução é uma das coisas mais sutilmente poderosas que você pode fazer, e por duas razões. Em primeiro lugar, é um sinal de que existe uma comunidade forte, caracterizada pela civilidade e valorização mútua, quando se usa frequentemente "por favor" e "obrigado". Portanto, é bom modelar "por favor" e "obrigado" em sua sala de aula, especialmente nos momentos em que os alunos podem questionar se ainda se aplicam; por exemplo, eles ainda são membros plenos da comunidade quando recebem um redirecionamento? Claro, mas quando você diz: "Mãos dobradas à sua frente, por favor, Maya", isso sutilmente a lembra disso. Depois, quando Maya cruzar as mãos, você poderá dizer, em um tom baixo e levemente abafado: "Obrigado".

Dizer "obrigado" também reforça as expectativas e normaliza o acompanhamento. Você só diria "obrigado" porque Maya seguiu sua instrução. Isso mostra seu apreço por ela e sutilmente lembra a todos na classe que a norma é fazer o que o professor pediu.

Regra 4: use linguagem universal

Procure oportunidades para lembrar aos alunos que as expectativas são universais e não pessoais. Embora "preciso de você comigo" seja bom, "precisamos de vocês conosco" é ainda melhor. Isso sugere que o aprendizado é um aprendizado em equipe e sutilmente diz que o restante da turma também está atendendo às expectativas que você está pedindo a um indivíduo para aderir. "Vamos nos certificar de que todos estamos acompanhando quem fala", como alternativa para "Por favor, certifiquem-se de que vocês estejam acompanhando quem fala", lembra a todos que a expectativa é universal.

Regra 5: rosto brilhante

Seu rosto brilhante é seu sorriso de professor – ou pelo menos sua expressão padrão apropriada à sua idade para "Gosto deste trabalho, gosto das pessoas aqui e estou bastante confiante de que estou no comando". Você pode ver o rosto brilhante de Patrick Pastore quando ele levanta o olhar para examinar sua turma quase todos os dias. Ele começa com um sorriso, não uma carranca. Seu rosto brilhante e agradável é confiante. Seu plano, diz, é confiar, mas verificar. Isso é muito diferente de um professor cuja carranca diz que *não estou feliz aqui, estou preocupado com os alunos seguindo minhas instruções*, ou até mesmo *estou esperando que eles não façam o que eu peço, porque tenho certeza que isso vai acontecer*. Isso pode ser uma profecia autorrealizável.

Para enfatizar, seu rosto brilhante não precisa ser um sorriso enorme e radiante, especialmente se não for sincero. É apenas uma expressão agradável que exala um grau de positividade e confiança que combina com seu estilo e a faixa etária de seus alunos. Com crianças do jardim de infância, pode realmente ser um sorriso irreprimível. Com alunos do ensino médio, pode ser um pouco mais moderado.

É importante usar essa expressão sempre que possível, mas é especialmente bom mostrá-la imediatamente após ou mesmo durante um redirecionamento ou correção – primeiro, para lembrar os alunos de que tudo está bem e, segundo, para lembrar particularmente ao aluno que você pode ter precisado redirecionar que ele ainda está em seu bom lugar.

Regra 6: use seu olhar de confirmação

Confiar e demonstrar confiança estão entre as coisas mais importantes que você pode comunicar na construção de um relacionamento com os outros. Mostrar confiança é autorrealizável – se você sinalizar que confia, os alunos o acompanharão quando fizer uma solicitação.

Há momentos em que é fundamental perguntar e depois olhar ou deixar de lado e mostrar que você confia nos alunos para seguir adiante. Um olhar de confirmação é a ferramenta ideal para verificar o acompanhamento. Para usá-lo, você se afasta e depois olha estrategicamente para trás. Às vezes, um aluno precisa de um pouco de espaço para se reunir e decidir que quer fazer a coisa certa, e um olhar de confirmação pode oferecer isso. É melhor começar por ser breve com o atraso antes de um olhar de confirmação e, em seguida, estendê-lo um pouco mais ao longo do tempo com a turma. Às vezes, os professores usam isso explicitamente com os alunos, como em: "Vou me afastar e, quando olhar para trás, quero ver vocês com o lápis na mão, escrevendo sua resposta". É claro que você precisará acompanhar de forma decisiva se o seu olhar de confirmação revelar falta de acompanhamento, mas usá-lo pode sugerir uma autoconfiança potente e calma para a sua turma.

TÉCNICA 57: ARTE DA CONSEQUÊNCIA

Infelizmente, apesar de seus melhores esforços para redirecionar o comportamento improdutivo com sutileza e graça, para evitar que pequenas coisas se tornem coisas maiores e para encorajar os alunos a escolherem fazer as coisas mais positivas, você terá que dar consequências em sua sala de aula. Isso é quase inevitável e não é uma afirmação sobre o que você acredita ou não acredita sobre os alunos. Você deve amar seus alunos e querer o melhor para eles, mas ocasionalmente ainda estará em uma situação que exige consequências. Em muitos casos, você dará consequências *porque* se preocupa com seus alunos. A chave é dar consequências sensatas, com justiça e humanidade, com o objetivo de transformar comportamentos improdutivos em comportamentos positivos, em vez de punir.

E, no final, se suas consequências forem apropriadas – ou seja, na maioria dos casos, elas permitirem que os alunos aprendam lições a um custo baixo – dadas com humanidade e apoiadas pelo ensino, elas serão úteis. "Tratar os alunos como tendo responsabilidade sobre suas ações é vital se quisermos ensiná-los a aceitar a responsabilidade por si mesmos, a gerenciar suas próprias vidas, a crescer em maturidade", escreve Tom Bennett. "Os alunos devem aprender a se autorregular, a restringir seus próprios desejos e caprichos imediatos, a perseverar mesmo quando não querem antes que possam aprender... um comportamento independente."

As observações de Bennett nos levam a reconhecer algo que muitas vezes perdemos de vista: uma consequência justa, razoável e administrável é um ato de cuidado com um aluno que deve aprender a respeitar, estabelecer limites e autorregular-se. Claro que não queremos deixá-los infelizes, mas uma pequena infelicidade agora é preferível a grandes decepções mais tarde – e, claro, também é preferível a permitir que os direitos e a dignidade dos outros sejam atrapalhados. Para um aluno que é muito impulsivo, a vida pode trazer uma série de desafios potenciais com os quais nunca desejaríamos que eles tivessem que lutar. Se as consequências na escola puderem ajudá-los a substituir sua impulsividade por respostas mais disciplinadas, teremos feito um favor aos alunos. Tente expressar aos alunos se e quando você deve dar consequências, que elas são um ato de cuidado.

Mas toda essa conversa de consequências como um ato de cuidado também pode sair pela culatra. E as consequências são notoriamente complicadas. Como tenho certeza que quase todos os professores podem atestar, elas nem sempre têm o efeito pretendido. Quem não deu uma consequência que, em vez de reduzir um comportamento negativo, na verdade o piorou? Enquanto minha equipe e eu nos propusemos a aprender com grandes professores, observamos salas de aula onde as consequências tiveram o efeito pretendido, não apenas algumas vezes, mas quase todo o tempo, e essas observações comunicam o que chamei de *Arte da consequência*.

Princípios da consequência eficaz

As consequências, usadas adequadamente, não são meras punições com um nome ameno. Seu objetivo é reforçar com eficiência a tomada de decisões corretas – para responder a situações em que erros são cometidos para que os alunos aprendam com eles. Seu intuito deve ser desenvolver e ensinar, e esse objetivo pode e deve ser evidente na forma como você emprega as consequências. As seções a seguir descrevem alguns princípios que geram consequências eficazes.

Incremental

Não é o tamanho de uma consequência que muda o comportamento do aluno, mas a consistência dela. Elaborar consequências para que possam ser alocadas em incrementos menores permite que os alunos aprendam com os erros a um custo gerenciável. "Pequeno erro, pequena consequência" funciona muito bem para os alunos e é melhor para você também. Se suas consequências forem dolorosas para os alunos que você ama, você hesitará e provavelmente não as usará. Planeje um sistema de consequências que comece pequeno e aumente gradualmente em severidade. A primeira resposta deve ser um desincentivo, não um evento que altere a vida.

Todos nós já vimos um aluno do ensino fundamental ficar desolado com uma mudança de cor. Esta é uma razão pela qual em muitas salas de aula eu vi um gráfico de mudança de cor que mostra todos em verde enquanto o professor está quase chorando de frustração. O sistema não é incremental, então não é usado. Uma mudança simples é subdividir uma mudança de cor (verde para amarelo ou amarelo para vermelho) em uma série de três verificações. Se um aluno está gritando e você pediu para ele parar, mas a ação persiste, ele está dizendo que precisa de um lembrete mais claro, mas uma marca é muito mais útil do que uma mudança de cor. "Essa é uma marca para você, Donald", você pode sussurrar, "por favor, se esforce mais para não gritar quando for a vez de outra pessoa falar".

Outro benefício das consequências pequenas e em escala é que elas permitem que você responda de forma consistente, mas ainda oferece aos alunos um caminho claro e viável para o sucesso. Um aluno que perde todos os seus privilégios não tem mais incentivo para permanecer no jogo.

Rápida

Uma consequência imediata está mais intimamente associada à ação que a causou do que uma consequência tardia. Se o objetivo é moldar o comportamento em vez de puni-lo, tente dar uma consequência imediatamente. Uma consequência menor no momento (por exemplo, "Crianças, voltem para a porta e entrem na sala em silêncio, por favor") muitas vezes será mais eficaz do que uma consequência maior que ocorre mais tarde ("Senhores, quero conversar com vocês depois da aula"). Consequências rápidas também reduzem a quantidade de tempo que o comportamento de um aluno permanece em cena. Este último benefício remove o incentivo dos alunos a se envolverem em comportamentos de busca de atenção e minimiza as chances de que eles se estendam.

Consistente

As respostas devem ser previsíveis na mente dos alunos: "Se eu fizer X, acontecerá Y". Se eles não tiverem certeza do que vai acontecer, então terão um incentivo para "testar" e ver. Assim, consistência e incremento andam juntos. Estamos tentando ensinar, não punir, então a mensagem não deve ser *Está tudo bem algumas vezes, mas não em outras*.

O uso consistente da mesma linguagem reduz os custos de transação envolvidos em dar consequências e também os torna mais legíveis para os alunos (por exemplo, "Michael, por favor, não grite, dois reais escolares" ou "Michael, gritando, dois reais escolares"[12]). Os alunos não terão que se preocupar em tentar decifrar suas consequências e você não terá que gastar tempo explicando. E é claro que você vai querer explicar com antecedência o que é gritar e por que isso é um problema. O que se espera dos alunos deve estar definido para eles.

Se você e seus alunos trocarem de atividade ou se mudarem para diferentes áreas da sala, seu sistema de gerenciamento deve acompanhar. Esteja você ensinando nas mesas ou no tapete, mantenha o sistema e a abordagem que os alunos conhecem e compreendem. Caso contrário, eles aprenderão rapidamente quando e onde podem testar os limites.

O mais privado possível

Na técnica 55, *Intervenção menos invasiva*, discuti os benefícios da privacidade. Quando você procura empregá-la, você lembra ao aluno que não está tentando envergonhá-lo e evita situações em que as respostas são públicas e pode ocorrer um vai e vem corrosivo no relacionamento. Essas coisas são duplamente importantes ao dar consequências. Queremos que os alunos saibam que damos consequências quando devemos, e devemos estar preparados para que eles não fiquem felizes com isso. Em ambos os casos, a privacidade ajuda. Usar uma correção com sussurro, um gesto não verbal ou uma correção individual pode ajudar.

Despersonalizada

Evite personalizar as consequências mantendo-as o mais privadas possível (com um sussurro, durante uma interação individual, por exemplo) e julgando ações em vez de pessoas (por exemplo, "Isso foi falta de consideração com seus colegas, Daniel", *versus* "Você é muito imprudente, Daniel."). Manter a privacidade mostra consideração pelo aluno, o que pode ajudar bastante a preservar seu relacionamento com ele. Também mantém o comportamento fora de cena, o que reduz a probabilidade de comportamento de busca de atenção ou um impasse público que não beneficia ninguém.

Finalmente, esforce-se para lembrar que as emoções fortes do professor distraem os alunos de refletir sobre os comportamentos que resultaram em uma consequência. Mantenha uma expressão facial neutra e um tom de voz firme quando der a consequência, e então continue ensinando com ardor e entusiasmo.

Notas sobre entrega

Além de exalar *Equilíbrio emocional*, proteger a privacidade e garantir que as consequências sejam focadas no propósito, não no poder, os professores que dão consequências que mudam de forma confiável o comportamento para melhor seguem os princípios descritos nas próximas seções.

Use uma afirmação de retorno

Provavelmente é seguro dizer que todo professor encontrou um aluno que se desliga assim que recebe uma consequência. Nesse instante, alguns alunos sentem como se o mundo inteiro estivesse contra eles, incluindo você, então se convencem de que devem reduzir suas perdas e parar de tentar. Seu objetivo é sugerir o contrário e empurrá-los para uma direção produtiva. Uma maneira é entregar uma declaração de "retorno" que mostre aos alunos que o sucesso ainda está ao seu alcance. Por exemplo, você pode dizer algo como "Michael, por favor, não grite. São dois reais escolares. Eu sei que você pode fazer isso" ou "São dois reais escolares. Mal posso esperar para ver sua mão levantada para eu poder chamá-lo". Quando você usa declarações de retorno, você os socializa a persistirem diante da pressão emocional, que é uma habilidade para a vida que os beneficiará muito depois de saírem da sala de aula.

Mantenha o ritmo

Responder ao comportamento por meio de palestras ou discursos desmotiva o restante da turma e aumenta a probabilidade de outros incêndios aparecerem. A seguir estão algumas dicas para manter o ritmo quando as emoções estão em alta e você precisa dar uma consequência.

Descreva o que os alunos *deveriam fazer*, ao contrário do que eles *não estão fazendo* ("Michael, eu preciso da sua atenção" é melhor do que "Michael, pela última vez, pare de se distrair!").

Use o mínimo de vocabulário que puder ("São dois reais. Preciso que você me acompanhe", em vez de "Você acabou de ganhar uma dedução de dois reais porque escolheu desenhar caricaturas quando deveria ouvir a lição. Você deveria saber melhor...", e assim por diante). Isso maximiza o tempo de instrução e minimiza a quantidade de tempo que os alunos permanecem em destaque.

Volte aos trilhos

Quando se trata de consequências, o objetivo é entrar, sair e *seguir em frente* com a tarefa de ensinar. Os professores que conseguem colocar *todos* os alunos de volta nos trilhos depois de uma consequência lembram de mostrar que acabou.

O que você foca depois de dar uma consequência diz muito aos alunos sobre o que você valoriza. Se você deseja que eles continuem aprendendo, retome a instrução com animação e energia. Encontre uma oportunidade de conversar com os alunos de maneira calma e descontraída para mostrar que a interação acabou. Você pode até mesmo dar um passo adiante, trazendo quem recebeu uma consequência positiva de volta ao fluxo da aula, fazendo uma pergunta ou reconhecendo seu trabalho. Fazer isso modela o perdão e mostra aos alunos que você ainda os valoriza e deseja que eles sejam bem-sucedidos.

A pergunta de um milhão de dólares: consequência ou correção?

Um dos aspectos mais complicados do gerenciamento de uma sala de aula é decidir quando dar uma consequência em vez de uma correção. A questão é difícil, em parte porque os professores devem decidir caso a caso. Dito isso, a seguir são apresentadas algumas regras úteis.

Persistência e repetição. Quando os alunos se envolvem *persistentemente* em comportamentos fora da tarefa que eles sabem que não deveriam, isso deve levá-lo mais a uma consequência. Isso vale especialmente quando os alunos continuam apesar de sua(s) correção(ões). Se, em vez disso, o comportamento parece ser um erro ocasional causado por distração ou mal-entendido, então erre pelo lado da correção.

Grau de perturbação. Se o comportamento de um aluno não atrapalha o aprendizado dos outros, é mais provável que uma correção seja necessária. Por sua vez, se o comportamento do aluno distrai ou perturba os outros, é mais provável que uma consequência seja justificada. Você tem a responsabilidade de manter o ambiente do grupo.

Motivação. Se um aluno estiver claramente testando suas expectativas, dê uma consequência. Tolerar o desafio intencional corrói sua autoridade aos olhos do aluno, bem como do restante da turma. Apenas certifique-se de que é o caso antes de se apressar para julgar.

O que vem depois

Na maioria dos casos, muitas das ações que tomamos quando damos uma consequência são moldadas pelo fato de que estamos ensinando ou cuidando de um grupo de pessoas. Assim, há uma grande oportunidade e muitas vezes uma responsabilidade para uma conversa de acompanhamento planejada para explicar e, ainda melhor, para ensinar. Aqui estão algumas observações.

Explicado, com amor

A primeira coisa é lembrar aos alunos que você deve dar-lhes consequências porque se importa com eles. Você quer que eles entendam algo que estão lutando para aprender ou ouçam algo que estão lutando para ouvir porque você se importa e quer o melhor para eles. Saiba distinguir entre o comportamento e a pessoa. "Eu acredito em você e acho que você é um ótimo garoto, mas é claro que não posso permitir que você empurre outra pessoa na sala de aula, assim como não ficaria bem para mim se outra pessoa o empurrasse". Faça isso com calma e *Equilíbrio emocional*. Se você estiver chateado, não tente uma explicação até que esteja confiante de que pode manter o *Equilíbrio emocional*.

Ensinando um comportamento substituto

Não é suficiente, em longo prazo, dizer a alguém para não fazer algo. Como educadores, nosso trabalho é ensinar às pessoas *o que fazer*. O que um aluno pode fazer, em vez disso, no momento em que está inclinado a fazer algo contraproducente, é conhecido como **comportamento de substituição**. *Em vez de reagir rapidamente com raiva para um colega, aqui estão três perguntas que eu devo me fazer. Em vez de gritar, posso anotar o que eu queria dizer ou enviar uma dica para um colega da turma, para que eles entendam que eu também sei a resposta.*

Não será suficiente para os alunos conhecerem um comportamento de substituição, é claro. Se eles forem capazes de usá-lo, terão que praticar um pouco. Como em: *Eu vou fazer algumas perguntas para as quais vocês sabem a resposta, e vocês vão praticar escrever uma ou duas palavras, para que se lembrem do que querem dizer, em vez de gritar, OK?* Essa pode ser uma ótima maneira de fazer do "conversar sobre o assunto" uma tarefa produtiva e ativa.

O conhecimento prévio é profundamente importante para a aprendizagem. Isso começa com o vocabulário. Dar nome a alguma coisa é conjurá-la para que exista. *Quando você deixa de fazer algo que tem vontade de fazer, isso se chama autorregulação.* Assim fica mais fácil falar.

Contudo, o conhecimento prévio pode ir mais longe. Você pode dar a um aluno impulsivo um pequeno artigo sobre o papel da amígdala na atenção plena – resumindo a ideia de que, se você puder atrasar sua resposta por um segundo, poderá regulá-la melhor. Se os alunos entendem a ciência por trás do que está acontecendo com eles, podem ter mais sucesso ao fazer mudanças.

Um artigo bom e breve sobre o papel da amígdala pode ser difícil de encontrar no momento em que você precisa, obviamente, então pode valer a pena manter alguns artigos sobre desafios previsíveis à mão. Essa é a ideia por trás do Currículo do Reitor de Alunos[13] que minha equipe desenvolveu sob a liderança de Hilary Lewis. É um conjunto de dezenas de lições reflexivas baseadas em conhecimento para ajudar os alunos a refletir sobre comportamentos improdutivos comuns.

Autoverificação

Dar consequências aos alunos é difícil. Isso raramente os deixará felizes. Raramente deixará os professores felizes. Existe o risco de que, apesar de seus melhores esforços para ser sempre justo, preciso e criterioso, você esteja errado ao dar uma consequência, no caso de única ocorrência, ou talvez tenha entendido mal um determinado aluno de forma ainda mais ampla. Haverá uma aluna em quem você, de alguma forma, vê o erro mais do que ela merece, ou outra que você nunca percebe quando dá o seu melhor. Porém, ainda é preciso estabelecer limites para os alunos. É importante ter em mente a orientação de Tom Bennett de que "Tratar os alunos como tendo responsabilidade sobre suas ações é vital se quisermos ensiná-los a aceitar a responsabilidade por si mesmos, a gerenciar suas próprias vidas e crescer em maturidade". Da mesma forma, esses quatro conjuntos de perguntas devem ser formulados para ajudá-lo a ter certeza de que está no caminho certo.

- **Sobre o projeto.** Seu sistema de consequências é escalonado e gradual? Existem pequenas consequências que os alunos podem usar para aprender lições a baixo custo? As consequências são incrementais e escalonadas? Elas sempre especificam o comportamento que as causou, para que os alunos saibam e possam aprender com o que fizeram de errado? O sistema está alinhado em toda a escola? Existem consequências positivas também, para que o comportamento positivo dos alunos também seja reforçado? O reforço positivo é intermitente, ocasional e enquadrado na apreciação do esforço extra (em vez de uma expectativa)?

- **Sobre a decisão.** Estou mais inclinado a dar consequências para comportamentos persistentes e repetitivos e menos inclinado a corrigir incidentes isolados, de baixo nível? Estou mais inclinado a dar consequências a comportamentos que atrapalham as oportunidades de aprendizado de outros alunos ou colocam em risco sua segurança? Estou mais inclinado a corrigir comportamentos que afetam apenas o aluno envolvido? Quando possível, levo em consideração a motivação? Nós, como escola ou equipe, tomamos essas decisões de maneira semelhante e consistente?
- **Sobre a entrega.** Sou o mais privado possível? Tento abaixar minha voz ou sussurrar se estiver em público? Sou emocionalmente constante ao pedir ao aluno que se concentre em suas próprias ações? Identifico o comportamento, para que meus alunos saibam o que eu acho que eles fizeram de errado? Sou rápido e volto a ensinar prontamente, de preferência incluindo a pessoa em questão na aula?
- **Disciplina.** Expliquei e ensinei minhas expectativas? Expliquei e talvez até pratiquei com meus alunos o que fazer quando uma consequência é dada, de forma geral e específica, e o que fazer quando e se uma consequência é dada e o(s) aluno(s) não concorda(m)? Existe algum processo para aqueles que recebem consequências com as quais não concordam?

TÉCNICA 58: VOZ DE COMANDO

A comunicação da qual estamos conscientes equivale a apenas uma parte – às vezes pequena – da comunicação que realmente fazemos.[14] Podemos *pensar* que nossos alunos estão prestando atenção ao conteúdo de nossas palavras, mas isso é verdade apenas em parte. Quando as pessoas ouvem, elas reagem a uma série de sinais (tom, expressão e linguagem corporal) que começam a influenciá-las imediatamente. "As reações afetivas estão tão fortemente integradas à percepção que nos descobrimos gostando ou não gostando de algo no momento em que percebemos, às vezes até mesmo antes de sabermos o que é", escreve o psicólogo social Jonathan Haidt.[15] Em seu livro *A mente moralista*, ele descreve a processo de formação de crenças e opiniões em termos cognitivos e descobre que os humanos normalmente têm reações instantâneas com base em fatores que percebem subconscientemente e depois criam explicações e justificativas para essas respostas. Essas justificativas e respostas são muitas vezes "baseadas em propósitos socialmente estratégicos". Reagimos em uma fração de segundo e depois tentamos nos convencer de que nossas respostas foram justificadas e procuramos usá-las para construir os laços sociais que nos são tão importantes.

Kkk! Isso foi engraçado. Eu também ri!

Kkk! Como ele é tolo. Você e eu somos mais inteligentes do que isso.

A cadeia de reações que começa com a forma como as pessoas percebem nosso tom, expressão e linguagem corporal é longa e complexa. A *Voz de comando* ajuda você a atender aos sinais comunicados por esses fatores em sua comunicação como professor e a usá-los para aumentar a probabilidade de os alunos reagirem de forma produtiva e positiva ao que lhes é solicitado. Isso é importante principalmente porque atender a esses sinais pode ser especialmente valioso para evitar ou resolver situações em que as emoções esquentam e onde o acompanhamento exigido dos alunos é muito melhor alcançado sem levantar a voz ou recriminar.

Alinhar seu tom, expressão e sinais de linguagem corporal ao restante de sua comunicação ajuda você a construir relacionamentos mais fortes, garantir produtividade e, principalmente, evitar os tipos de confrontos que podem se transformar em negatividade. Uma disputa de gritos é muito ruim para professor e para o aluno, no momento em que acontece e no longo prazo de um relacionamento que muitas vezes demora para se recuperar. Nem é preciso dizer que há muito mais para construir relacionamentos do que os tópicos discutidos aqui. Eles são apenas um aspecto contribuinte – um elemento crítico para uma pessoa encarregada de garantir que 30 alunos passem do ponto A ao ponto B em tempo hábil para que o aprendizado ocorra e independentemente do que estiver em suas agendas pessoais no momento.

Embora a *Voz de comando* seja uma técnica crítica para os professores dominarem, também é facilmente mal compreendida, então começo com algumas notas importantes sobre o propósito e até o nome da técnica, que, para ser sincero, quase mudei para esta edição do livro, em parte porque "voz de comando" sempre foi um pouco impróprio. É uma técnica tanto de linguagem corporal quanto de voz, por exemplo. Mais importante, sua força implícita é, na maioria dos casos, sobre firmeza e autocontrole, sobre manter o equilíbrio e a compostura, especialmente sob pressão.

A pesquisa em ciências sociais nos diz que as emoções transmitidas aos outros são contagiosas. Quando estamos conversando, não estamos apenas trocando ideias, muitas vezes estamos moldando a mentalidade e as emoções de quem ouve. Pesquisadores descobriram que as emoções podem se espalhar entre os indivíduos mesmo quando o contato entre eles é *totalmente não verbal*. Em um estudo, três estranhos foram observados de frente um para o outro em silêncio. Os pesquisadores descobriram que uma pessoa emocionalmente expressiva transmitia seu humor para os outros dois sem pronunciar uma palavra.[16] O que fazemos com nossa voz, palavras e linguagem corporal pode fazer os outros mudarem para modos de comunicação mais parecidos com o nosso, e esse fenômeno tem um nome, "espelhamento", que se refere à maneira pela qual inconscientemente sincronizamos nosso estado emocional para combinar com o de outra pessoa durante uma interação. Uma implicação para os professores é que, se conseguirmos manter a compostura, ou mesmo nos recompor visivelmente à medida que as coisas ficam tensas, é provável que outros a sigam. E, claro, se perdermos a compostura, é mais provável que outros também o façam.

As emoções dos jovens são reais e muitas vezes intensas; nosso trabalho como professores não é dizer a eles para que não as sintam. No entanto, parte do nosso trabalho *é* ajudá-los a gerenciar suas emoções, manter o controle e corresponder sua resposta ao ambiente. Tenho certeza de que há pessoas que verão isso como "controlador", mas acho que a maioria dos professores tem clareza sobre os benefícios para os jovens quando os ajudamos a aprender a se autorregular à medida que ingressam na sociedade.

Para retornar brevemente à expressão "voz de comando", no entanto, os treinamentos que minha equipe e eu realizamos geralmente envolvem ajudar os professores a não serem tão "duros" com sua *Voz de comando*, mas sim mais calmos e silenciosos – para se mostrarem mais autoconfiantes, e não "gritões". Uma possível razão pela qual as pessoas podem tentar ser mais enérgicas no tom e na linguagem corporal do que o necessário é o próprio nome: algo chamado *Voz de comando* deve ser avassalador, certo?

Errado. Um professor composto torna mais provável que os alunos mantenham a compostura, se concentrem na mensagem e não se distraiam com a forma como ela foi transmitida. Estar mais consciente de sua linguagem corporal e tom de voz e mantê-los com propósito, equilibrados e confiantes ajuda você *e* seus alunos.

Então, enquanto eu brincava com a ideia de renomear a *Voz de comando*, eu a mantive devido à continuidade – e optei por adicionar o discurso positivo para ajudar a garantir que o propósito fosse claro.

Os seis princípios da *Voz de comando*

Com o passar dos anos, minha equipe e eu tivemos o privilégio de observar centenas de professores que lideram salas de aula vibrantes, rigorosas e alegres, que também são produtivas e ordenadas. Essas duas coisas estão relacionadas. Quando os alunos seguem as instruções, os professores podem realizar atividades envolventes e rigorosas com o mínimo de alvoroço. E os professores que oferecem aulas de qualidade são mais propensos a fazer os alunos se engajarem no que eles pedem. Nenhum deles causa o outro, mas atender a ambos ajuda.

Quanto mais estudávamos esses professores, mais notávamos padrões no que eles faziam para garantir o acompanhamento quando pediam aos alunos que fizessem as coisas.

Separamos essas observações em seis princípios replicáveis que os professores podem usar na prática.

Princípio 1: mude seu registro

Assista à linguagem corporal de Arielle Hoo e Denarius Frazier no curto vídeo *Hoo e Frazier: Mudança de registro*. No momento em que cada um pede a atenção dos alunos, sua linguagem corporal muda um pouco. Arielle se afasta do projetor, mantém-se ereta e simétrica e faz uma varredura visual na sala. Ela faz isso talvez por apenas um segundo. De antemão, ela é mais fluida em seus movimentos e postura e, no momento em que disse "Ótimo, vamos dar uma olhada no trabalho de Tyler", usou essa linguagem corporal mais informal outra vez, mas naquele curto momento de formalidade ela sinaliza para sua turma a importância do que eles estão prestes a fazer e eles respondem. Ela pediu contato visual por meio de suas palavras, mas também com os sinais da linguagem corporal e do tom.

O mesmo acontece com Denarius. Preparando os alunos para analisar um exemplo de trabalho, ele dá um passo à frente para que a turma possa vê-lo melhor. Ele fica ereto, queixo ligeiramente levantado e simétrico. Sua cadência diminui um pouco. Novamente, há um ar de formalidade. E então, como Arielle, a formalidade se dissolve em um tom mais casual, "Em alguns de nossos trabalhos...", ele diz, sua voz agora soando mais relaxada. Mas essa pequena mudança sinalizou para os alunos que o que estamos fazendo é importante, digno de maior atenção, e eles responderam intuitivamente.

Lembre-se de que nenhum dos professores está tenso, apenas um pouco formal, e esse momento de formalidade intensificada é como um sinal de pontuação: curto, mas legível, e moldando o significado do que é dito antes e depois.

Isso é o que chamo de **mudança de registro** e, para entender melhor, será útil definir primeiro o termo *registro*, que uso para me referir ao tom geral comunicado pelo afeto de um professor – sua voz, sua linguagem corporal, suas expressões faciais, e assim por diante. Em nosso estudo de salas de aula, normalmente observamos professores alternando entre três registros: casual, formal e urgente.

O quadro a seguir, intitulado "Três registros", diferencia ainda mais suas características típicas.

Três registros

Registro	Voz/palavras	Linguagem corporal
Casual	• As palavras podem correr juntas (por exemplo, com um ritmo de um ruído surdo) • Inflexões vocais frequentes e uma grande gama de tons • Uso de linguagem coloquial	• Distribuição assimétrica de peso em cada pé (por exemplo, inclinando-se mais em um pé) • Postura relaxada • Contato visual inconsistente
Formal	• Palavras e sílabas claramente articuladas • Palavras cuidadosamente escolhidas, que descrevem a solução ou o próximo passo adiante • Retarda ou pausa intencionalmente a fala para dar ênfase • Deixa cair a entonação no final das frases para sinalizar certeza e conclusão	• Distribuição simétrica do peso nos pés, que são colocados na largura dos ombros • Postura vertical • Contato visual constante • Mãos relaxadas ao lado do corpo ou entrelaçadas na frente ou atrás das costas
Urgente	• Alto volume, intensidade de tom e emoção • As palavras correm juntas • Ênfase exagerada em uma palavra ou palavras específicas	• Olhos arregalados • Inclinar-se em vez de ficar em pé • Gestos apressados e bruscos

Quando os professores querem que os alunos ouçam e cumpram seus pedidos, eles geralmente mudam para uma versão do registro formal, usando sua linguagem corporal e tom para enfatizar a importância do que estão dizendo. Isso pode significar fazer algumas das coisas que Arielle e Denarius estavam fazendo: ficar de pé simetricamente e com a postura ereta, diminuir a cadência da fala, minimizar a inflexão e articular cada palavra com clareza intencional. Ou então podem modular ligeiramente os movimentos. Quando Arielle e Denarius se movem durante uma mudança de registro, eles o fazem com equilíbrio e propósito. Reduzem a quantidade e o escopo dos gestos com as mãos. Muitas vezes ficam deliberadamente parados. Essas coisas enviam uma mensagem clara de que o que eles estão dizendo é importante e merece atenção e acompanhamento.

Esse registro formal contrasta com o *registro casual*, que sinaliza abertura descontraída, mas também opcionalidade – ser casual é dizer *Pegar ou largar* ou *Só estamos conversando aqui*. Quando os professores assumem um registro casual, muitas vezes os observamos em pé com uma postura relaxada. Se forem muito casuais, podem estar encostados em uma parede ou em um móvel da sala de aula. Eles geralmente permitem que suas palavras corram juntas, vindo rápido como gotas de chuva, cada uma difícil de diferenciar da anterior com absoluta clareza, e o alcance do seu contágio varia muito.

Os professores costumam usar alguma versão de um registro mais casual ao entregar o conteúdo. Por exemplo, ficar animado em uma aula de artes quando você fala sobre sombreamento e hachura é expressar entusiasmo e energia por esses métodos, e os alunos geralmente respondem ao entusiasmo e à energia. Para dizer o óbvio, existe uma gama de registros casuais. O registro de cada pessoa é diferente, qualitativamente, mas também quantitativamente: versões de fala casual podem comunicar tudo, desde "Oh, cara, eu *amo* essa passagem" até "Vamos relaxar um pouco e aproveitar lendo o romance em voz alta por um momento". Alguns professores raramente usam o registro casual e mantêm, com bastante sucesso, um ar de seriedade e formalidade por toda parte. Cada professor tem seu próprio estilo de ensinar, e é assim que deve ser. A variedade é benéfica; o trabalho central do ensino pode ser feito em uma grande gama de registros casuais e formais. Isso é ser você mesmo.

Mas todo professor também precisa ser capaz de mudar, por exemplo, do casual para o formal ou para um grau mais alto de formalidade do seu eu cotidiano nos momentos em que, como Arielle e Denarius, eles querem sinalizar que prestar atenção e seguir adiante agora são especialmente importantes. Há duas partes nessa observação: o trabalho é feito *tanto* pelo tom *quanto* pela mudança. A alteração perceptível no estilo chama a atenção dos alunos; o estilo formal expressa importância, uma vez que você tenha a atenção deles.

Você pode ver um exemplo especialmente claro e eficaz disso no vídeo *Trona Cenac: Mudanças de registro*. Quando o vídeo começa, Trona está conversando casualmente com os alunos antes do início da aula no primeiro dia de aula na Troy Prep High School. Sua linguagem corporal é casual: solta e assimétrica. Você pode saber pelo uso da linguagem da aluna ("Eu fiz aquele pacote e fiquei tipo...") que ela observa a casualidade da situação. De repente, é hora de começar a aula. Trona sinaliza isso em parte por meio de sua voz e linguagem corporal mais aprumada. Seus ombros estão para trás e seu queixo está erguido. No entanto, os alunos rapidamente ficam atentos e tudo está correndo bem, então ela se move para a frente do grupo e os cumprimenta no registro casual. Ela fica assimétrica e esboça um sorriso relaxado. Logo depois há instruções importantes a serem ouvidas. Trona enfatiza isso assumindo uma postura mais formal. Aqui está uma série de fotos do vídeo que mostram as diferenças claras na linguagem corporal de Trona desde quando ela é casual até quando ela é formal.

O gráfico a seguir pode ajudá-lo a conceituar a ideia de mudança de registros. Sua gama de ensino normal pode estar em algum lugar dentro de uma gama do casual ao formal, dependendo do seu estilo pessoal. É provável que seu alcance varie um pouco de um dia para o outro e de um momento para o outro, dependendo de fatores como o conteúdo que você está ensinando.

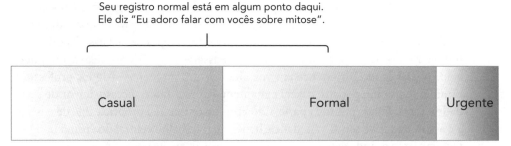

Mas, quando você precisa da atenção total dos alunos, você desloca rapidamente para a direita...

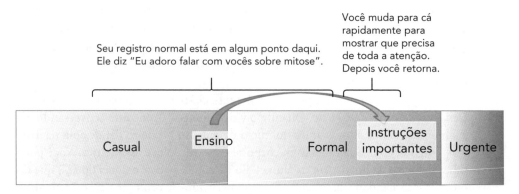

...e depois retorna rapidamente ao seu intervalo normal.

Altas expectativas de comportamento **461**

Devo observar que discuti apenas dois dos três registros disponíveis. O registro de urgência é, em sua maioria, contraproducente nas salas de aula, exceto em caso de emergência absoluta. Usá-lo aumenta a tensão e a ansiedade. Ele pode ser útil se alguém estiver em perigo de dano físico iminente, por exemplo, mas se for usado em outras situações, você provavelmente ficará nervoso e em pânico ou aumentará o nível de tensão exatamente no momento em que deseja que as coisas permaneçam calmas. Provavelmente isso se tornará uma profecia autorrealizável. Caso se torne familiar, os alunos podem sentir "fadiga de urgência" e ficar imunes a ele. Então, você não o terá, se realmente precisar desse registro.

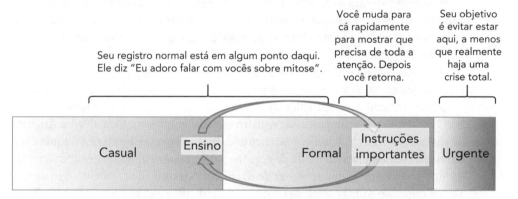

Mais relevante para a maioria dos professores, no entanto, é aquele indício de urgência que pode se infiltrar em nossa comunicação quando as coisas não estão indo como gostaríamos. Os alunos não estão seguindo as instruções e parecem estar, talvez deliberadamente, não fazendo o que se espera. Falamos como se estivéssemos com os dentes cerrados. Nossa postura se torna empolada e tensa, o que se infiltra em nossas vozes também. Podemos começar a escorregar para isso sem perceber. Minha equipe e eu achamos útil praticar a escuta para isso, pegar uma frase que poderíamos dizer na sala de aula e praticar falando-a de modo casual e formal, a fim de ouvir a diferença e encontrar o tom que parece certo, e depois praticar a fala com um registro urgente para ficarmos atentos quando começarmos a escorregar. Ficando atentos e ouvindo quando isso está acontecendo, podemos corrigi-lo mais rapidamente.

Como isso implica, existem várias competências implícitas na gestão do seu registro. A primeira é a conscientização: em que registro estou agora? O que ele está comunicando? Meu registro se alinha com minhas palavras? Minhas palavras estão dizendo "preciso de sua atenção", mas minha linguagem corporal é que "estamos apenas passando tempo aqui"? Estou dizendo "não estou frustrado" quando o tom da minha voz confirma o contrário?

A segunda é tornar evidentes as mudanças de registro com o grau certo de ênfase e velocidade. As mudanças são sutis nas salas de aula de Arielle e Denarius. Elas podem ser menos sutis em outros casos.

As mudanças de registro também podem ser úteis quando os alunos não responderam como deveriam na primeira vez. Se um aluno não seguir uma instrução, uma boa primeira resposta é mudar de forma observável (isto é, visivelmente e, se possível, audivelmente) para um registro mais formal, talvez colocando as mãos atrás das costas e mudando para uma postura mais simétrica – muitos professores levantam uma sobrancelha como se estivessem surpresos – e depois dando as instruções novamente, modulando sua voz e deixando um espaço claro entre cada palavra, o que sugere que você escolheu cada... palavra... com muito... cuidado. "Por favor, olhem para cá." Uma vez feito isso, você provavelmente voltará para algo mais casual para mostrar que o momento acabou, embora possa manter um tom formal até começar a ver uma resposta dos alunos.

Para resumir: faça o trabalho principal de ensinar em qualquer equilíbrio entre casual e formal que expresse seu estilo, mas quando precisar de atenção total, mude visivelmente para o registro formal. E guarde seu registro urgente para o que for realmente urgente.

Algo que tentei fazer nesta edição do *Aula nota 10* é mostrar pequenas técnicas – coisas que acontecem em um momento e podem ser distorcidas com o isolamento – no contexto maior de um vídeo de Pedra Angular, e eu gostaria de mostrar como BreOnna Tindall usa mudanças de registro sutis e elegantes em toda a Pedra Angular de sua aula na Denver School of Science and Technology. Você notará a frequência e a sutileza com as quais ela muda de registro para *ajudar os alunos a perceber corretamente e com carinho* o que se espera deles em um determinado momento. Seu uso da *Voz de comando* é uma forma de cuidado utilizada para ajudar seus alunos a saber o que fazer e estudar um livro inspirador (*Frederick Douglass: autobiografia de um escravo*) sem interrupção ou distração. Seus movimentos são sutis, então vou descrevê-los com códigos de tempo e fotos.

À medida que o cronômetro dispara no início do vídeo, você pode ver BreOnna andando até o canto da sala (Poleiro de Pastore; veja na técnica 53). "Chegou a hora", ela diz e, querendo garantir ter todos os olhos e ouvidos atentos às suas próximas instruções, ela "se torna formal", levantando rapidamente o queixo, ficando de pé simetricamente e deixando um espaço distinto entre cada palavra enquanto fala.

Aqui ela está pedindo atenção:

Altas expectativas de comportamento **463**

Mesmo enquanto ela faz isso – você pode argumentar *porque* ela faz isso, pelo menos em parte –, recebe uma resposta positiva e ansiosa de seus alunos e você pode ouvi-la relaxar um pouco o tom depois e incluir um pequeno gesto que parece mais casual enquanto ela diz "com seu colega de frente".

Em seguida, os alunos partem para o *Virem e conversem* (técnica 43), onde são diligentes e estão engajados. Sua linguagem corporal casual enquanto conversa com os alunos reafirma isso:

No minuto 1:14 do vídeo, BreOnna põe fim ao *Virem e conversem*. Suas primeiras palavras são: "Verifiquem seu SOPRe" e seu tom é casual porque ela está reforçando um hábito ao qual quase todo mundo está atento, em vez de emitir um lembrete sobre uma expectativa que alguns negligenciaram. Usar um registro mais casual sugere isso e implica que ela assume o melhor (ver técnica 59, *Discurso positivo*). Se ela estivesse menos satisfeita com o nível de acompanhamento, poderíamos esperar que seu pedido, "Verifique seu SOPRe", fosse acompanhado por uma mudança mais clara para uma maior formalidade.

Em sua próxima frase, no entanto, BreOnna caminha para um pouco mais de formalidade. Há uma breve pausa em que ela usa *Olhar de radar/Ser visto observando* (técnica 53) para vislumbrar a sala e garantir que todos estejam atentos à direção que se aproxima. Mais uma vez, sua linguagem corporal ereta e simétrica sugere a importância da atenção, então suas palavras não precisam disso. Ela não precisa dar um lembrete verbal porque está reforçando o ponto de forma não verbal. Então ela abaixa a voz e inicia sua próxima frase: "Nós vamos seguir em frente e acompanhar Adriel...".

Seu registro muda no meio da frase, eu diria. Na primeira metade (foto acima) ele é formal – preciso de vocês comigo; a aula está começando –, mas na segunda metade de sua frase, quando ela chama *De surpresa* Adriel, você provavelmente notará uma mudança distinta para o casual. Isso ocorre porque (como eu interpreto) sua linguagem corporal agora está sinalizando informações sobre a chamada *De surpresa* em vez da instrução anterior. Ela quer ter certeza de que é inclusiva e positiva para Adriel. Em seu livro *Culturally responsive teaching in the classroom*, Adeyemi Stembridge nos lembra que a forma como os alunos percebem nossas ações é tão importante quanto como as pretendemos, e como você pode ver na imagem abaixo, o sorriso brilhante e a postura relaxada de BreOnna enquanto ela pede aos colegas de Adriel para "acompanhá-lo" garante que suas ações serão recebidas como se destinam. Ela quer dissipar qualquer tensão e garantir que Adriel sinta o apoio e o incentivo de seus colegas.

Adriel se sai bem, e BreOnna então chama *De surpresa* Renee para "compartilhar sua resposta". Observe sua linguagem corporal casual logo depois que ela lembra à turma na mais melodiosa das vozes que eles precisam estar "acompanhando Renee". Em *Running the room*, Tom Bennett ressalta que os reforços comportamentais são mais importantes quando as coisas estão indo bem, como certamente estão aqui, porque nos permite construir uma cultura positiva e preventiva. Mais uma vez, combinar o lembrete com um registro mais casual torna mais fácil para BreOnna fazer isso. Seu domínio do registro permite que ela reforce consistentemente as expectativas com o nível certo de gentileza ou ênfase.

Agora podemos ver BreOnna enquanto Renee responde:

Ela está relaxada, em pé, porém mais abaixada, assimétrica em vez de simétrica, porque está desviando a atenção de si mesma. Ela quer que os alunos estejam acompanhando seu colega de turma. Observe também como BreOnna é duplamente casual quando interrompe Renee para elogiar seu uso da palavra "exonerado". Ao interromper, ela quer tranquilizar Renee e comunicar imediatamente que a interrupção é uma coisa boa.

É uma aula de mestre, francamente, na construção não apenas de uma cultura positiva amorosa, mas também de uma cultura acadêmica rigorosa ao mesmo tempo, e embora você não espere que esta seja uma sala de aula onde a *Voz de comando* seja fundamental, entre as fontes do sucesso de BreOnna está sua notável habilidade de mudar de registro para comunicar de maneira não verbal seu afeto pelos alunos e a importância de sua atenção nos momentos críticos.

Princípio 2: mostre os dois ombros/fique parado

Muitas vezes, quando damos uma instrução, comunicamos aos ouvintes que se trata de uma reflexão tardia, porque parecemos estar fazendo outra coisa ao mesmo tempo. A mensagem é *Estou pensando em alguma outra coisa enquanto passo essa instrução*. Se você estiver distribuindo papéis enquanto orienta os alunos, isso dá a entender que suas instruções não são tão importantes. Se você parar de se mover, mostra que não há nada mais importante do que a instrução que você está dando. Quando você deseja que as instruções sejam seguidas, não se envolva em outras tarefas ao mesmo tempo. Fazer uma pose formal pode até ajudar.

Você pode ver um exemplo disso no vídeo de BreOnna Tindall. Por volta do minuto 3:25, BreOnna encerrou a discussão e está passando para a próxima tarefa, apresentando a passagem que a turma lerá durante a aula do dia.

"Gostaria que pensássemos em 'justiça cega'", diz ela. Mas aqui está ela preparando seus materiais e colocando-os no projetor. Você notará que ela começa a diminuir o ritmo de dicção, quase como se estivesse enrolando. Ela não quer se envolver totalmente no tópico até terminar essa tarefa e poder encarar os alunos devidamente, para mostrar sua importância.

Veja como é esse momento.

Alguns segundos depois, no entanto, ela se vira para a turma para discursar sobre o tópico do dia. De repente, parece que não estamos mais em transição. A seguir está uma foto de BreOnna se virando totalmente para a turma para mostrar que eles, e a próxima tarefa, são sua única prioridade. Observe que os alunos agora estão olhando para ela, enquanto na primeira imagem não estavam. Ela mostrou a eles que o que está dizendo é sua prioridade e eles responderam de acordo.

Outra observação: quando você aprende a arremessar uma bola de basquete, o primeiro conselho que você recebe é acertar a cesta.[17] É difícil obter o resultado certo se você não estiver encarando seu objetivo totalmente. Com a comunicação humana é semelhante. Você mostra o que é importante para você encarando-o. Olhe por cima do ombro e diga a David, *por favor, deixe isso de lado*, e você está dizendo que o que está fazendo com os ombros ainda é mais importante para você. Isso pode ser bom como um lembrete improvisado. Ou pode ajudá-lo a dar secretamente a um aluno um lembrete que deseja manter o mais privado possível. Mas se você não estiver conseguindo o acompanhamento que precisa dos alunos, tente encará-los mais intencionalmente ao dar instruções ou se precisar repeti-las. Dessa forma, a orientação do seu corpo reforça a importância de suas palavras.

Observe também a linguagem corporal de Matthew Gray em sua lição no início de sua aula no Oasis South Bank. Sua turma do 6º ano acabou de chegar e eles estão um pouco inquietos. Matthew tem o cuidado de ficar bem quieto e encará-los enquanto dá as instruções. Há um ar de formalidade; ele está parado e de pé com os dois ombros alinhados com a turma o tempo todo, não importa onde ele esteja. Logo sua turma está focada e trabalhando com todo o empenho.

Princípio 3: use economia da linguagem

Ao comunicar o que deseja que os alunos façam, esforce-se para usar o mínimo de palavras possível. Demonstrar economia da linguagem mostra aos alunos que você está preparado, composto, conhece seu propósito ao falar e que vale a pena ouvir o que está dizendo. Em contrapartida, quando as pessoas estão nervosas, elas tendem a usar mais palavras para preencher o tempo enquanto decidem o que dizer. Inverta o roteiro e comece a usar palavras de preenchimento e um resultado pode ser que você pareça estar nervoso.

Outro benefício da economia da linguagem é que ela foca os ouvintes nos pontos mais importantes do que você disse, eliminando a distração da linguagem desnecessária.

Quando as emoções estão em alta e as mentes de seus alunos podem estar obscurecidas por emoções negativas, a brevidade pode ser uma poderosa aliada. Mantendo suas instruções simples e concisas, é possível cortar a névoa cerebral criada por um sistema límbico ativo e ajudar os alunos a manter o foco no caminho que deverão seguir. Essa simplicidade e repetição são essenciais, pois os pesquisadores descobriram que quando você está sob pressão, suas emoções "inundam a capacidade do cérebro pensante de se concentrar" até mesmo nas tarefas mais simples.[18] Esforçar-se pela economia da linguagem também pode discipliná-lo a resistir à tentação de se envolver no tipo de discussão e debate desnecessários que podem piorar uma situação tensa.

Para ser claro, não estou sugerindo que você precise usar economia da linguagem quando estiver discutindo respiração anaeróbica ou o último capítulo de *Senhor das moscas* – apenas quando estiver discutindo comportamento e quando houver o potencial para distrações. De qualquer forma, manter a economia da linguagem quando você está corrigindo um comportamento improdutivo ou dando instruções ajuda a economizar seu tempo, palavras e energia para essa instrução acadêmica.

A maioria dos vídeos de Pedra Angular contém exemplos de forte economia da linguagem em momentos críticos, principalmente no início da aula ou em uma transição em que o professor deseja manter a energia e o ímpeto. Nicole Warren é um bom exemplo; sua energia alegre e brilhante é enfatizada por sua escolha de poucas palavras quando os alunos estão começando a lição: "Olhando aqui para mim... esperando em um... diga ao seu colega...". Ou Jessica Bracey, que faz a transição de Omar para Danielle em meio a uma discussão notável, dizendo: "Hábitos de discussão... Parafraseando... sigam adiante. Por favor, acompanhem... Danielle". Ela não pode construir *Hábitos de discussão* (técnica 44) sem lembrar os alunos de usá-los e, em particular, lembrar de reafirmar o ponto de Omar. Ela quer chamar Danielle. Ela quer lembrar os alunos de direcionar os olhos para quem vai falar. Todas essas coisas são importantes, mas ela não quer atrapalhar o ritmo ou desviar do excelente comentário de Omar, então ela usa pequenas frases de lembrete. Dez palavras e talvez três segundos e ela fez tudo isso.

Princípio 4: presença silenciosa

Há uma tendência de pensar que mais alto é mais forte, mas geralmente esse não é o caso. Na maioria das vezes, tom de voz elevado raramente se correlaciona com melhor audição. Você dá uma instrução, mas há um ruído de fundo de conversas e papéis embaralhados, por exemplo. Você aumenta seu tom de voz para ser ouvido acima da agitação, mas os alunos também falam um pouco mais alto e, de repente, parece que você está falando através de um megafone.

Falar mais alto enfatiza o clamor e sugere aos alunos que as coisas estão se desenrolando. Muitas vezes, aumentar a voz aumenta a sensação de tensão, especialmente se você estiver falando em um ritmo mais rápido também. Se houver um oportunista no grupo, isso pode sinalizar que você está ficando nervoso, e ele pode aproveitar a oportunidade para incitá-lo um pouco – para ver até que ponto você chegará. É melhor começar a modular sua voz o máximo possível desde o início ou modulá-la progressivamente à medida que você fala. Se os alunos já são barulhentos, começar a falar e depois se autointerromper (veja mais adiante) pode ajudá-lo a fazer isso – para chamar a atenção dos alunos enquanto demonstra que você não vai falar por causa do barulho. Muitas vezes, porém, somos nós que iniciamos o processo. Falamos em vozes que sugerem que eles esperam que sejam transmitidas debaixo de muito ruído. Como se estivéssemos antecipando isso. E, nesse caso, o ruído previsto geralmente não fica muito atrás.

A melhor ferramenta de prevenção, no entanto, é ajudar os alunos a construir o hábito de ouvir e ouvir as informações que vêm silenciosamente desde o início. Queremos que eles associem consistentemente vozes calmas com atenção.

Observe, por exemplo, como Arielle Hoo faz isso no vídeo de mudança de registro no início do capítulo. "Ótimo, e acompanhem aqui em cinco, quatro...", ela começa. Aqui, sua voz é um pouco mais alta do que sua voz normal. Não é um grito, certamente, mas projetada o suficiente para garantir que todos saibam que ela está falando e olhem para ela. Mas observe também a forma como a voz dela cai, mesmo durante a breve duração da contagem regressiva. No momento em que ela está em "um", está falando em um volume de conversa. Ela usa o menor pico de volume possível; isso é momentâneo e, quando sua frase termina, ela já voltou ao volume de fala. A partir daí ela fica ainda mais quieta. Sua instrução final, *Certifiquem-se de que os livros estejam fechados*, está em um volume muito baixo, mas a essa altura os alunos estão ouvindo atentamente. Se um pouco de volume elevado ajuda a atrair a atenção, ajuda mais ainda quando ele é uma pequena explosão, uma fração de segundo. Uma vez que isso aconteceu, seu trabalho está feito e Arielle, por exemplo, está sempre tentando se mover em direção ao silêncio. Sua voz caindo para um quase sussurro também é um investimento no futuro. *Ela quer que os alunos criem o hábito de ouvir e receber informações em silêncio.*

Quando você quer que os alunos ouçam e cumpram um pedido importante, especialmente quando as emoções estão em alta, esforce-se para exalar uma presença silenciosa. Se você tiver que aumentar um pouco a voz no início para mostrar que está falando, mude rapidamente para um volume mais baixo. Abaixe seu tom e fale mais baixo, mesmo enquanto você prossegue em uma única frase. Fale devagar e com calma; novamente, desacelerando-se mesmo ao longo da frase, se necessário. Isso ajuda a trazer um efeito calmante para os alunos (e a si mesmo) em uma situação de escalada. Os professores geralmente descobrem que criar o hábito de usar a presença silenciosa, de sempre trabalhar para o silêncio, como Arielle faz, os ajuda a conter suas emoções. Você se sente mais calmo porque fala com mais calma e isso ajuda a garantir que a interação resulte em sucesso.

Você pode ver um excelente exemplo de como falar calma e lentamente sinaliza carinho e foco para os alunos na adorável interação de Emily Bisso com um aluno, Joshua, em *Emily Bisso: Escreva o que eu escrevo*. Quando o vídeo começa, Joshua busca ansiosamente a atenção de Emily em detrimento de suas anotações. Isso é contraproducente, mas também sinaliza um aluno com quem ela tem uma relação positiva e carinhosa. Ela gostaria de preservar isso, para não mencionar os sentimentos de Joshua. Enquanto Joshua acena com o papel para ela, Emily abaixa a voz e usa uma economia de linguagem impecável. Ela "vive no agora" (ver técnica 59, *Discurso positivo*), além de descrever como será a solução no momento seguinte. "Escreva o que eu escrevo, Joshua. Obrigado, querido." Recebendo o sinal de que Emily está procurando comunicar sua orientação corretiva em particular e silenciosamente, e ouvindo o oposto de tensão na calma e firmeza de sua voz, Joshua retorna feliz ao seu trabalho.

Princípio 5: autointerrupção (anteriormente, *não fale mais*)

Se o que você está dizendo merece a atenção dos alunos – você está explicando a tarefa que eles precisam concluir nos próximos seis minutos ou explicando o simbolismo da concha no *Senhor das moscas* –, todos têm o direito de ouvir e a responsabilidade de permitir que outros o façam. Se os alunos não puderem ouvir você dizer essas coisas, eles não poderão concluir as tarefas de aprendizado ou entender o que precisam entender para obter sucesso. Nem todo enunciado que você faz na sala de aula tem esse nível de importância, mas continua sendo verdade que ser capaz de ouvir o professor – e não falar enquanto ele está falando – é uma questão de equidade. Os custos das interrupções até mesmo de baixo nível (como discutido na introdução deste capítulo) são enormes e provavelmente serão pagos por alunos que já estão em ambientes abaixo do ideal ou mais propensos à distração. "Uma das razões pelas quais chamamos a atenção dos alunos é dar a eles a oportunidade de serem bem-sucedidos em uma tarefa", conforme me lembrou meu colega Darryl Williams. Em outras palavras, há momentos em que suas palavras são as mais importantes na sala, e você deve ser capaz de garantir que elas não disputem pela atenção com outras vozes.

Em muitos casos, a solução é começar a fim de parar – ou seja, iniciar uma frase e interrompê-la, mesmo no meio de uma palavra, para mostrar que você ainda não tem atenção total. Isso é chamado de autointerrupção. A quebra perceptível torna desnecessária a explicação – *parei de falar porque nem todo mundo está ouvindo e agora vocês deverão ouvir*. Uma breve pausa e um esforço para prosseguir de novo geralmente é tudo o que é necessário. Às vezes, é preciso haver um segundo começar-e-parar. Às vezes, quebrar no meio da palavra para tornar a pausa mais evidente é surpreendentemente eficaz. Adicionar uma mudança no registro também ajuda. Mas usada de forma consistente e precoce – antes de tentar competir com o equivalente auditivo de uma banda de carnaval –, essa técnica é um dos truques mais úteis e simples do arsenal de um professor.

Laura Fern modela isso lindamente no vídeo *Montagem: Autointerrupção*. Ela está alegre e brilhante, andando pela frente da sala de aula enquanto responde a um aluno: "Isso é excelente, Cameron. Essa é uma maneira que enquanto bo...". Um aluno na primeira fila está hipnotizado pela câmera e não está mais escutando. Ele perdeu a lição. Mas ouvir a quebra repentina e inesperada na voz de Laura o faz virar o rosto para a frente, para voltar à matemática. Observe que não há nenhuma repreensão aqui. A pausa por si só o traz de volta. Observe o quanto o inesperado disso chama sua atenção. Colocar a pausa no meio de uma palavra – em vez de logo após uma – enfatiza esse efeito. Observe também como o corpo de Laura congela. Seu rosto fica brevemente inexpressivo e formal quando ela faz uma pausa, mas uma expressão mais calorosa substitui aquele "olhar de professora" quando seu aluno se concentra novamente e, um segundo ou mais depois, ela volta a ensinar com o problema resolvido. (Observe, no entanto, como ela usa um **olhar de confirmação** depois para verificar se ele permanece atento.) Também na montagem você pode ver Eric Snider se autointerrompendo com seus alunos dos anos finais do ensino fundamental (e, assim, poupando-os de uma palestra), bem como Sadie McCleary usando a técnica com alunos do ensino médio.

Princípio 6: tempo e lugar (anteriormente, *não se envolva*)

Há momentos em que iniciamos um tópico de discussão com os alunos que exige uma resolução a tempo da parte deles. Há momentos em que eles podem querer evitar a resolução a tempo. Mudar de assunto é muitas vezes uma maneira de fazer isso. Essa ação pode ser deliberada ou acidental, resultado de distração, emoção intensa ou talvez um pouco de estratégia.

Aqui está um exemplo:

Professor: James, não rimos quando um colega está em dificuldade. Por favor, mude seu cartão para amarelo.

James: Não fui eu!

Professor: Por favor, mova seu cartão para amarelo.

James: Shannon estava rindo! Eu não!

Professor: Se você acha que estou enganado, você pode discutir comigo depois da aula. Por favor, levante-se e mova seu cartão para amarelo.

Pode ser razoável para o professor discutir quem estava falando com James, mas a expectativa precisa ser que a última conversa não aconteça até que James tenha feito o que seu professor pediu. É por isso que o nome desse princípio é *tempo e lugar*. Às vezes, as coisas que os alunos preferem discutir são frívolas. Às vezes, elas são legítimas. Mas a hora e o lugar para elas raramente são quando você acabou de pedir que eles façam outra coisa ou quando você está tentando atender às necessidades de 30 colegas.

De qualquer forma, *tempo e lugar* é a habilidade de não se envolver em um novo tópico até que você tenha alcançado a solução daquilo que você sugeriu.

Um dos meus exemplos favoritos de *tempo e lugar* é o da sala de aula de Christy Lundy (veja o vídeo *Christy Lundy: Momento inapropriado*). Observe o círculo de luz. Há algum drama acontecendo e Christy não consegue ver! Ela chama Patience, cujo objetivo em responder, logo se descobre, tem mais a ver com a briga de chutes do que com qualquer relação com *The mouse and the motorcycle*. "Ele está me chutando!", ela afirma. Segue-se uma discussão.

Todos nós já passamos por isso e sabemos até onde esse tipo de situação pode chegar – e não nos trará de volta ao romance de Beverly Cleary tão cedo. Sim, os alunos de Christy sentem a situação profundamente. As emoções são reais. Além disso, claro, também é uma distração – o tipo de coisa que atrapalha uma aula e o tipo de coisa que os alunos que preferem não ler podem aprender: *se eu puder criar algum drama agora, não terei que fazer o trabalho*. Você conhecerá esse tipo de aluno pelo menos uma vez em sua carreira. Ele merece um professor que garanta que o trabalho será feito. Em outras palavras, essa não é a hora e o lugar.

"Três... dois... um", diz Christy, a breve contagem regressiva e curta dando a Patience um pouco de tempo para se recompor. Apenas um pouco de espaço. Ela fez duas coisas aqui: lembrou a Patience que *existe* um momento apropriado para discutir o assunto. Ela não descarta sua reclamação; só precisa que ela entenda que terá que esperar até mais tarde. Em seguida, devolve Patience à tarefa: "Você precisa responder à minha pergunta". Patience, ao que parece, é capaz de deixar os chutes para trás. Talvez essa não fosse a crise que parecia ser, e Christy a recompensa com um sorriso brilhante e caloroso. Observe também a impecável economia de linguagem que Christy usa. "Três... dois... um. Horário impróprio. Você precisa responder à minha pergunta." São necessárias apenas dez palavras para resolver a crise – 20 palavras provavelmente fariam o oposto.

NOTAS

1. Esse termo é discutido no Prefácio desta edição. Grosso modo, ele descreve a tendência de um cuidador de dar um tratamento de qualidade inferior a um paciente, em vez de um tratamento mais difícil de administrar, mas preferencial, com base no interesse do paciente.
2. Não me refiro aos próprios jovens, mas aos comportamentos que eles podem manifestar. Não acredito no caráter fixo dos traços e proponho, em vez disso, que a esmagadora maioria dos alunos mostrará graça, curiosidade e virtude se construirmos salas de aula que socializem essas coisas intencionalmente.
3. GRIFFITH, D.; TYNER, A. *Discipline reform through the eyes of teachers*. Washigton: Thomas B. Fordham Institute, 2019. Disponível em: https://fordhaminstitute.org/national/research/discipline-reform-through-the-eyes-of-teachers. Acesso em: 8 set. 2022. David Griffith e Adam Tyner entrevistaram mais de 1.200 professores de todos os tipos de escolas públicas, perguntando sobre o ambiente comportamental como eles o vivenciavam. Fundamentalmente, eles separaram os dados de acordo com as características da escola e do professor.
4. Foram 58%. Mais da metade também relatou que lidava com desrespeito verbal dos alunos diária ou semanalmente.
5. ANDERSON, M. B. L. *A seat at the table:* African American Youth's Perceptions of K-12 Education. Washington: UNCF, c2018. Disponível em: https://www.uncf.org/wp-content/uploads/reports/Advocacy_ASATTBro_4-18F_Digital.pdf. Acesso em: 8 set. 2022.
6. UNFC. *Perceptions:* done to us, not with us: African American Parent Perceptions of K-12 Education. Washington: UNCF, c2022. Disponível em: https://uncf.org/pages/perceptions-done-to-us-not-with-us-african-american-parent-perceptions-of-k. Acesso em: 8 set. 2022.
7. OFFICE FOR STANDARDS IN EDUCATION. Children's Services and Skills. *Below the radar:* low-level disruption in the country's classrooms. Manchester: Ofsted, 2014. Disponível em: https://assets.publishing.service.gov.uk/government/uploads/system/uploads/attachment_data/file/379249/Below_20the_20radar_20-_20low-lev

el_20disruption_20in_20the_20country_E2_80_99s_20classrooms.pdf. Acesso em: 8 set. 2022.

8. Você pode descobrir mais aqui: https://teachlikeachampion.com/dean-of-studentscurriculum/.

9. Exceto possivelmente os alunos que estão tão distraídos com seus celulares que nem percebem. Por favor, não permita o uso de celulares em sua sala de aula.

10. Você provavelmente poderia construir esse hábito espaçando cinco minutos de prática quatro ou cinco vezes ao longo de algumas semanas. Veja a técnica 7, *Prática da recuperação*.

11. Mais uma razão pela qual ter esses meios de participação em rotinas bem elaboradas é tão crítico.

12. Reais escolares são um exemplo de sistema de consequências que é projetado para ser incremental e, portanto, permite que os professores reforcem negativamente comportamentos a um baixo custo. Em geral, os alunos começam a semana com 50 reais escolares. Chamar a atenção pode resultar em uma dedução de dois reais. Um aluno pode ganhar de volta alguns reais escolares por um ato especial de consideração. No final da semana, os alunos podem comprar itens especiais (almoço com um professor para eles e três amigos, por exemplo) com seus reais escolares, se tiverem um número significativo sobrando.

13. Teach Like a Champion. *Dean of students curriculum*. 2022. Disponível em: https://teachlikeachampion.org/dean-of-students-curriculum/. Acesso em: 25 set. 2022.

14. MEHRABIAN A; WIENER, M. Decoding of Inconsistent Communications. Journal of Personality and Social Psychology, v. 6, n. 1, p. 109-114, 1967.

15. HAIDT, J. *A mente moralista:* por que pessoas boas são segregadas por política e religião. Rio de Janeiro: Alta Cult, 2020. p. 65. Eu não conseguiria recomendar este livro com ênfase suficiente!

16. FRIEDMAN H.; RIGGIO, E. R. Effect of individual differences in nonverbal expressiveness on transmission of emotions. *Journal of Nonverbal Behavior*, v. 6, p. 32-58, 1981.

17. A frase "acertar a cesta" também significa iniciar o confronto com alguém, então enquanto eu originalmente escrevia essa seção sobre *Voz de comando*, ao pensar sobre o confronto no basquete, o potencial para as pessoas verem isso como um confronto foi significativo, portanto eu sugiro usar a frase "mostrar os dois ombros" em vez disso.

18. GOLEMAN D.; BOYATZIS, R.; MCKEE, A. *O poder da inteligência emocional:* como liderar com sensibilidade e eficiência. São Paulo: Objetiva, 2018. p. 45.

12
COMO GERAR MOTIVAÇÃO E CONFIANÇA DO ALUNO

Este é um livro sobre os recursos que os professores podem usar para conduzir suas atividades em salas de aula de modo mais dinâmico e inclusivo, a fim de promover o maior aprendizado e a maior realização possível e garantir que os alunos prosperem. Porém, mesmo métodos aparentemente bem-sucedidos "podem fracassar totalmente" se não encontrarem receptividade entre os alunos como nos lembra Adeyemi Stembridge.

Essa receptividade é fomentada por meios culturais e relacionais. Devemos buscar fazer todos os alunos se sentirem conhecidos e compreendidos por seu professor, experimentarem conexão com o conteúdo e confiarem no empenho da escola. Mas há aspectos psicológicos, mentalidades mantidas internamente pelos alunos que são fatores críticos para o nosso sucesso (e o deles). A motivação é o primeiro deles. Aprender requer esforço, autodisciplina, luta e perseverança; os alunos terão que dar e manter esforço e atenção para que tenham sucesso. Em suma, eles terão que decidir que compensa trabalhar para aprender.

É difícil ajudar um aluno a alcançar algo que não esteja motivado a aprender. Para alguns, a motivação é uma chama brilhante que apenas precisa ser protegida e alimentada com oportunidades; para outros, ela mal (ainda não) foi acesa. Com alguns alunos, temos que fazer o possível para mantê-los no jogo até que vejam o valor de jogar: eles precisam daquilo que as escolas oferecem (mas ainda não o querem).

A gama de estudantes que encontramos é muito grande, mas em quase todos os casos, gerar e fomentar o desejo interno de aprender faz parte do trabalho de ensino, no qual estamos sempre engajados, quer percebamos ou não.

Essa é uma percepção fundamental: estamos sempre influenciando a motivação. O momento em que temos uma boa e longa conversa com os alunos sobre esforço e motivação pode ajudar, mas menos provavelmente do que os hábitos que eles têm, a influência generalizada do que aqueles ao seu redor fazem e o efeito composto de mil pequenas interações que temos com eles quando nossas mentes estão em alguma outra coisa.

Um dos requisitos da motivação – principalmente para os alunos que começam com uma atitude cética – é a confiança. Eles têm que acreditar no esforço da escola e, como resultado, estarem dispostos a tentar. Eu digo que a confiança é um requisito, mas não um pré-requisito da motivação, porque construir confiança pode levar tempo. Tem que acontecer eventualmente para o ensino se firmar, o que não significa que tem que estar lá para você começar. A confiança pode levar muito tempo – mais do que você tinha antes de começar a ensinar. Felizmente, ensinar bem é uma das principais maneiras de se gerar confiança.

Meu colega Dan Cotton apresentou para nossa equipe um modelo de como a confiança é construída e que continua sendo significativo para nós. Para sentir confiança, os alunos precisam se sentir seguros, bem-sucedidos e conhecidos.

Sentir-se *seguro* significa estar fisicamente seguro – os alunos não podem se sentir em risco de serem intimidados ou ameaçados –, mas também psicologicamente seguros – tem que ser possível tentar, estar errado, correr riscos. Nunca pode haver risadinhas por tentar e falhar ou, pior, por tentar de qualquer forma. Como escreve Zaretta Hammond: "A neurociência nos diz que o cérebro se sente mais seguro e relaxado quando estamos conectados a outras pessoas em quem confiamos que nos tratarão bem". Se quisermos que nossos alunos estejam preparados para a experiência transformadora da aprendizagem, devemos estabelecer que a sala de aula é um lugar no qual eles pertencem e serão respeitados.

Sentir-se *conhecido* refere-se a ter um sentimento de pertencimento e importância. Os alunos precisam sentir que seu professor – e a instituição – os conhece e os vê como parte de uma comunidade e como um indivíduo – não apenas um de um grupo de alunos do terceiro período ou do 8º ano. Claro que isso significa que eles precisam saber que sua identidade e cultura são bem-vindas e valorizadas, porém, no dia a dia, precisam se sentir vistos, literal e figurativamente – com o literal muitas vezes causando o figurativo. Isso é muitas vezes expresso em pequenos momentos. Por exemplo, usar os nomes dos alunos e inventar oportunidades para cumprimentá-los é extremamente importante. Dizer o nome de alguém é um pequeno lembrete de algo maior: que nós os conhecemos por si mesmos; que os vemos na multidão. Uma das razões pelas quais eu adoro quando os professores cumprimentam os alunos quando eles entram na sala é para que eles possam dizer: "Sentimos sua falta ontem", "Adorei seu cabelo", "Esses óculos são novos?" e, sim, "Preciso da sua redação hoje; era para ontem". Isso também diz a um aluno que ele é importante. Denarius Frazier (veja o vídeo *Denarius Frazier: Resto*) também está fazendo os alunos se sentirem conhecidos quando circula em sua aula de matemática e vê o trabalho e os produtos da mente deles. "Muito melhor", ele diz a um aluno. A mensagem é: "Eu vi o que você fez hoje e como foi diferente do que você fez ontem".

Talvez o *sucesso* seja o mais fácil de ignorar dos três elementos, embora seu papel na motivação seja maior do que a maioria das pessoas imagina. A motivação, explica Peps Mccrea,[1] é "tanto um produto da aprendizagem quanto o seu motor. [...] Se nos preocupamos em construir motivação em longo prazo, devemos priorizar a proficiência. Esse é o último motor autorrealizável da educação".

Os alunos passam a querer mais quando realizam uma tarefa com sucesso e aprendem que eles podem atingi-lo. É por isso que o ensino eficaz que leva ao domínio é uma das maiores fontes de longo prazo de motivação e confiança do aluno. Parte do motivo pelo qual os alunos de Christine Torres a amam, confiam nela e trabalham tanto em cada aula é a sua habilidade como professora. Todos os dias eles entram em um lugar ordenado e produtivo e se veem aprendendo e realizando coisas. Sentem-se capazes e realizados e, naturalmente, gostam desse sentimento. Peps Mccrea chama isso de "identidade acadêmica", e muitas vezes vem de fora para dentro. Eles se veem indo bem no inglês e concluem que devem gostar e valorizar o inglês.

Mas, acima de tudo, a motivação é moldada por normas. Esse é o segredo escondido, sendo o fator mais importante e quase invisível para nós. As pessoas evoluíram para serem extremamente sociais – pense aqui na hipótese do "olho cooperativo" – e estarão inclinadas a fazer o que o grupo está fazendo mesmo sem perceber. "As normas são tão poderosas que anulam políticas ou regras escolares mais formais. No entanto, sua natureza em grande parte invisível e inconsciente as tornam fáceis de subestimar, se não totalmente ignoradas", escreve Mccrea. Em qualquer ambiente onde haja pessoas, aparecerão normas e elas moldarão o comportamento. É apenas uma questão de saber se são normas deliberadas ou acidentais. Em muitas escolas acontece o último.

Contudo, a força da influência de uma norma sobre nós depende também do quanto nos sentimos parte e nos identificamos com aqueles que as apresentam. A motivação é mediada pelo pertencimento.

O que eu foco neste capítulo é como fazer os alunos se sentirem pertencentes, confiantes e motivados, para que os professores encontrem um público receptivo ao aprendizado. Em outras palavras, este capítulo descreve regras práticas para as interações diárias com os alunos, em que a motivação e a confiança são construídas.

TÉCNICA 59: DISCURSO POSITIVO

As pessoas são motivadas muito mais pelo positivo do que pelo negativo. Buscar o sucesso e a felicidade estimulará uma ação mais forte do que procurar evitar a punição. "Quando estamos felizes – quando nossa mentalidade e humor são positivos – somos mais inteligentes, mais motivados e, portanto, mais bem-sucedidos. A felicidade é o centro, e o sucesso gira em torno disso", conclui Shawn Achor, resumindo anos de estudos sobre a felicidade. A positividade inspira e motiva, portanto deve influenciar a forma como ensinamos. Porém, particularmente em ambientes de aprendizado, muitas vezes ela é mal compreendida.

Uma falha é a suposição de que elogio é a mesma coisa que positividade. *Elogiar* é dizer a alguém que fez algo bem feito. *Positividade* (neste caso) é a entrega de informações que os alunos precisam de uma maneira que motive, inspire e comunique nossa crença em sua capacidade. Isso é importante porque os professores geralmente são instruídos a usar um "sanduíche de elogios" ou a elogiar cinco vezes mais do que criticam. Contudo, dizer a alguém que está indo muito bem várias vezes para poder dizer *E você tem que alinhar suas casas decimais corretamente* é problemático.

Acreditar que você deve envolver críticas com elogios pressupõe que os alunos são frágeis e não podem receber *feedback* construtivo – essa crítica é algo que um professor precisa levá-los a ouvir. A maioria dos estudantes quer entender como melhorar e confiar em adultos que lhes dizem a verdade quando também sabem que esses adultos acreditam neles.

Elogios imprecisos ou injustificados "provavelmente não durarão muito tempo diante da experiência contrária", escreve Peps Mccrea. "Promessas de sucesso que eventualmente não se materializam servirão apenas para reduzir a motivação e corroer a confiança."

Todos nós conhecemos o professor que está inclinado a descrever cada ideia, cada resposta, cada ação como "incrível". Em breve, essa palavra e seu elogio de forma mais geral tornam-se menos significativos. Quando tudo é incrível, nada é incrível.

O que não quer dizer que o elogio não seja profundamente importante e motivador – ele é. Mas esse é mais um motivo para preservar seu valor.

Portanto, muitas vezes a chave é não elogiar mais. Em vez disso, aspire a fornecer uma variedade de *feedback* e orientação úteis e honestos, que incluam elogios e *feedback* crítico ou corretivo, mas o façam de forma positiva, *de uma maneira que motive, inspire e comunique nossa crença na capacidade dos alunos.*

O uso do *Discurso positivo* permite dar todo o tipo de *feedback*, conforme a situação, mantendo a cultura forte e os alunos motivados. Ele também serve para redirecionamentos – quando dizemos a um aluno: "Faça isso de forma diferente". Se esses momentos lembrarem à pessoa com quem você está falando que você deseja que ela seja bem-sucedida e que acredita e confia em suas intenções, os alunos confiarão mais em você e estarão motivados para seguir sua orientação.

O *Discurso positivo*, então, é a técnica de enquadrar interações – particularmente redirecionamentos acadêmicos ou comportamentais – para que reforcem uma imagem maior de fé e confiança, mesmo enquanto você lembra aos alunos um curso de ação melhor.

A seguir estão seis regras básicas a serem seguidas. Ao ler sobre elas, não deixe de conferir os exemplos de sala de aula no vídeo *Montagem: Discurso positivo*.

Assuma o melhor

Uma das tendências mais difundidas na psicologia humana é o erro fundamental de atribuição – a ideia de que, quando em dúvida, tendemos a atribuir as ações de outra pessoa ao seu caráter ou personalidade, e não à situação. Muitas vezes assumimos a intencionalidade por trás de um erro.

Você pode ouvir isso em salas de aula onde as palavras de um professor implicam que um aluno fez algo errado deliberadamente quando, na verdade, há pouco fundamento para supor isso.

"Pare de tentar atrapalhar a aula!", "Por que você não usa o *feedback* que lhe dei no seu primeiro rascunho?" ou "Só um minuto, turma, algumas pessoas parecem pensar que não precisam empurrar suas cadeiras quando nos alinhamos". Essas declarações atribuem má intenção ao que poderia ser resultado de distração, falta de prática ou apenas um mal-entendido. E se o aluno tivesse tentado incorporar o seu *feedback* ou simplesmente se esquecesse da cadeira? Como ouvir declarações como essas pode deixar um aluno confuso ou perturbado? A menos que você tenha evidências claras de que um comportamento foi intencional, é melhor supor que seus alunos tentaram (e tentarão) fazer o que você pediu.

Essa mentalidade também nos ajuda, como professores, a manter nossa constância e equilíbrio emocionais. Em vez de nos sentirmos confusos ou defensivos – *por que ele não segue minhas instruções? Ela está tentando ficar no meu lugar? Quantas vezes eu já disse isso?* –, presumir o melhor nos ajuda a ser um modelo de segurança calma. Isso, por sua vez, gera confiança – os alunos sabem que daremos a eles o benefício da dúvida e os apoiaremos em meio a confusão ou lutas sem tirar conclusões precipitadas ou levar suas ações de maneira pessoal.

Uma das palavras mais úteis para assumir o melhor é *esquecido*, como em "Só um minuto, alguns de nós parecem ter esquecido de empurrar suas cadeiras. Vamos tentar isso de novo". Dado o benefício da dúvida, os estudantes podem concentrar suas energias em fazer a tarefa corretamente, em vez de se sentirem na defensiva.

Além disso, essa abordagem mostra que você assume que eles querem se sair bem e acredita que podem – é apenas uma questão de acertar alguns detalhes.

Confuso é outra boa palavra, como em "Só um minuto, algumas pessoas parecem estar confusas sobre as instruções, então deixe-me explicar novamente". Outra abordagem é assumir que o erro é seu: "Só um minuto, classe, eu não devo ter explicado direito: quero que vocês encontrem cada verbo no parágrafo trabalhando silenciosamente e por conta própria. Façam isso agora". Este último é especialmente útil, pois chama a atenção dos alunos mais diretamente para sua crença de que apenas sua própria falta de clareza foi responsável pela falta de um acompanhamento focado e diligente pelos alunos. E, é claro, isso também o força a verificar se, de fato, não explicou direito.

É importante notar que essas frases provavelmente não funcionarão – nem essa abordagem – se você não acreditar no melhor dos alunos à sua frente. Como Adeyemi Stembridge escreve: "A autenticidade é uma obrigação para nossos alunos. Um de seus ativos é que eles podem detectar fraudes de longe". Se você tiver dúvidas sobre a confusão dos alunos, ou pior, se fizer essa observação em um tom sarcástico, poderá prejudicar os relacionamentos que pretende construir.

Outra boa maneira de assumir o melhor é ver as pequenas dificuldades como resultado de um entusiasmo mal direcionado. Quando você pensa dessa maneira, sugere que houve uma intenção positiva para um comportamento que simplesmente deu errado. Em uma situação comportamental, isso pode soar como: "Senhores, eu aprecio seu entusiasmo para chegar à aula de matemática, mas precisamos caminhar até a porta. Deixe-me ver vocês voltarem, fazendo do jeito certo". Em um ambiente acadêmico, pode soar como: "Eu aprecio que você esteja tentando construir frases complexas e expressivas, mas elas podem estar atrapalhando a clareza".

Assumir o melhor é especialmente eficaz para erros em trabalhos acadêmicos desafiadores. O aprendizado está cheio de erros por bons motivos. Há aqueles que brotam de um exagero de diligência – "Você me disse para usar palavras de transição, então usei muitas" – e aqueles enraizados em muito entusiasmo – "Acabei de aprender a reduzir frações e agora quero reduzir tudo... mesmo quando não posso".

Assumir o melhor pode dar crédito por uma boa ideia e depois oferecer a correção: "Gosto que você esteja procurando reduzir, mas não podemos fazer isso aqui" ou "Adoro ver você tentando usar essas palavras de transição, mas foram tantas que acabaram confundindo". Procurar a boa intenção por trás do erro, visando presumir o melhor, tem o benefício adicional de fazer *você* pensar em todas as boas razões pelas quais os alunos podem ter feito algo que a princípio parece flagrante. Assumir erros bem intencionados pode ajudá-lo a ver mais da positividade que já existe.

É importante lembrar que você também participa da definição das normas de sua sala de aula, descrevendo o que é esperado. Assumir o melhor reforça as normas positivas (e expressa uma confiança silenciosa). Isso sugere que você luta para imaginar um universo no qual os alunos não seriam produtivos, atenciosos e acadêmicos devido à sua fé neles e na cultura de sua própria sala de aula. Você descreve implicitamente a norma que acredita existir – cada um fazendo um esforço de boa fé. Se, em contrapartida, você presumisse o pior, estaria sugerindo que o desleixo, a falta de consideração e tudo o mais eram o que você esperava em sua sala de aula.

Claro, você deve ter cuidado para não abusar da abordagem de assumir o melhor. Se um aluno está claramente atrapalhando – recusando-se a seguir uma instrução dada com clareza e sinalizando para você que está em um estado emocional agitado – não finja. Nesses casos, abordar o comportamento diretamente com algo mais concreto, como uma correção individual particular, também ajuda a colocá-lo de volta ao modo produtivo sem a atenção do restante da turma.

Até mesmo nos casos mais desafiadores – digamos que um aluno tenha feito algo realmente negativo, como roubar algo ou menosprezar um colega de classe –, tenha o cuidado de deixar suas palavras julgarem um comportamento específico ("Isso foi desonesto") em vez de uma pessoa ("Você é desonesto"). Talvez você possa dizer: "Isso foi desonesto, mas sei que você não é assim". Uma pessoa é sempre mais e melhor do que os momentos em que erra, e nossas escolhas de linguagem nos dão a oportunidade de mostrar que ainda vemos o melhor nos indivíduos ao nosso redor.

Viva no agora

Na maioria dos casos – durante a aula e enquanto apresenta a lição, por exemplo –, evite falar sobre o que deu errado e o que os alunos não podem mais consertar. Fale sobre o que deve acontecer a seguir. Descrever o que não está mais sob seu controle é negativo e desmotivador. Há uma hora e um lugar para processar o que deu errado, mas a hora certa não é quando sua lição está em andamento ou quando uma ação é necessária.

Quando você tiver que dar um *feedback* construtivo, comece dando instruções que descrevam o próximo passo no caminho para o sucesso da maneira mais específica possível (veja a técnica 52, *O que fazer*).

Se David estiver sussurrando para seu colega do lado em vez de fazer anotações, diga: "Preciso ver você tomando notas, David", ou melhor que isso, porque é mais específico, "Quero ver seu lápis se movendo", em vez de "Pare de conversar, David" ou "Eu já lhe falei para fazer anotações, David".

No capítulo anterior, vimos Emily Bisso usar isso com grande efeito: "Escreva o que eu escrevo, Joshua".

Novamente, quanto mais claro você puder ser sobre o próximo passo, melhor. Como Chip e Dan Heath apontam em *Switch*, "o que parece ser resistência geralmente é falta de clareza". Portanto, ofereça clareza sem julgamento. Se você der as instruções em um tom neutro, sem qualquer frustração evidente em seu tom de voz, pode se surpreender com a utilidade disso. A maioria dos alunos quer ter sucesso, assim, ao lhes dar um próximo passo claro, você está ajudando vocês dois a se aproximarem de um objetivo comum.

Um desafio aqui é que muitas vezes somos muito vagos em nossas instruções. Na dúvida, diminua a mudança – uma frase que também vem dos irmãos Heath. "Logo, uma forma de motivar a ação é fazer com que as pessoas sintam que já estão mais perto da linha de chegada do que poderiam imaginar." Cite um pequeno primeiro passo que pareça factível. Então, "Por favor, comece a fazer anotações, David" se torna "Lápis na mão, por favor". É muito mais fácil para um aluno potencialmente relutante ou confuso se envolver em uma tarefa pequena do que em uma que possa parecer mais desafiadora.

Vale a pena lembrar que isso faz parte da filosofia de treinamento do famoso treinador de futebol positivo e bem-sucedido Pete Carroll, um dos melhores motivadores do jogo. "Somos realmente disciplinados como treinadores para sempre falar sobre o que queremos ver", ele diz sobre a abordagem de toda a sua comissão técnica. Eles sempre se esforçam para se concentrar "no resultado desejado, não no que saiu errado ou qual foi o erro. Temos que ser disciplinados e sempre usar nossa linguagem para falar sobre a próxima coisa que você pode fazer certo. É sempre sobre o que queremos que aconteça, não sobre as outras coisas".[2]

Permita o anonimato plausível

Muitas vezes, você pode permitir que os alunos se esforcem para alcançar suas expectativas em um anonimato plausível, desde que estejam fazendo um esforço de boa fé. Isso significaria, como discuto no Capítulo 11, começar corrigindo-os sem usar seus nomes, quando for possível. Se alguns alunos ainda não estiverem completamente prontos para seguir em frente com as atividades da aula, considere fazer sua primeira correção algo como "Não deixem de ver se seguiram as instruções direitinho". Na maioria dos casos, isso produzirá resultados mais rápidos do que chamar os alunos individualmente. Não é bom ouvir seu professor dizer: "Evan, largue o lápis", se você estiver prestes a fazer exatamente isso. Dizer "Esperem um minuto, Morehouse (ou "Tigres" ou "5º ano" ou apenas "pessoal"), ainda estou ouvindo algumas vozes. Eu preciso que estejam quietos e prontos para seguir!" é melhor do que dar sermão na frente da turma para aqueles que estão falando. Esse anonimato plausível é outra maneira de comunicar aos alunos que você acredita no melhor sobre suas intenções e tem certeza de que eles estão quase prontos para seguir em frente com as tarefas necessárias para aprender.

Narre o positivo e gere impulso

Compare as declarações que dois professores fizeram recentemente em suas respectivas salas de aula:

Professor 1 (pausa depois de dar uma instrução): Monique e Emily estão lá. Vejo que as linhas três e quatro estão totalmente preparadas. Só preciso de três pessoas. Obrigado por consertar isso, David. Ah, agora conseguimos, então vamos começar.

Professor 2 (mesma situação): Preciso de duas pessoas prestando atenção nesta mesa. Algumas pessoas parecem não estar ouvindo. *Esta* mesa também tem alguns alunos que não estão prestando atenção às minhas instruções. Vou esperar, senhores, e se tiver que dar consequências, farei.

Na sala de aula do primeiro professor, as coisas parecem estar se movendo na direção certa porque ele narra a evidência do acompanhamento dos alunos, das coisas que estão sendo feitas. Ele chama a atenção de seus alunos para esse fato, normalizando-o. Não elogia quando os alunos fazem o que ele pede, apenas reconhece ou descreve. Ele quer que eles saibam que ele vê, mas também não quer confundir fazer o que se espera com fazer o "ótimo". Se eu estou sentado na sala de aula e busco ser normal, como a maioria dos alunos, agora sinto a normalidade do comportamento positivo na tarefa, e provavelmente escolherei fazer o mesmo.

O segundo professor está narrando algo diferente. As coisas estão indo mal e piorando. Ele está fazendo o possível para chamar a atenção para a normalidade de ser ignorado e o fato de que isso geralmente ocorre sem consequências. Ele está ajudando os alunos a verem normas negativas à medida que se desenvolvem e, ao transmitir suas ansiedades, as torna ainda mais visíveis e proeminentes. Em certo sentido, ele está criando uma profecia autorrealizável: narra o comportamento negativo em existência.

"Para modificar a motivação", escreve Peps Mccrea, "mude o que [...] os alunos veem". Se os professores tornarem as "normas desejáveis" (pessoas fazendo coisas positivas) mais visíveis para os alunos, é mais provável que se unam a eles. Mccrea chama isso de "elevação da visibilidade". Para aumentar a visibilidade de uma norma que você deseja que mais pessoas sigam, aumente sua "profusão" – a proporção de alunos que parecem segui-la – e sua "proeminência" – o quanto você percebe quando as pessoas a fazem.

O primeiro professor está ajudando os alunos a ver mais prontamente como o comportamento positivo e construtivo é abundante, tornando-o mais proeminente, deixando-os notar que ele vê e que isso importa.

Narrar o positivo, embora útil, também é extremamente vulnerável a má aplicação, então aqui estão algumas regras principais:

- Use *Narrar o positivo* como uma ferramenta para motivar o comportamento do grupo à medida que os alunos estão decidindo se devem trabalhar para atender às expectativas, não como uma forma de corrigi-los individualmente depois que eles claramente não atenderam às expectativas.

- Se você narrar um comportamento positivo na tarefa *durante* uma contagem regressiva, está descrevendo um comportamento que superou as expectativas. Você deu aos alunos dez segundos para pegarem seus fichários e estarem prontos para fazer anotações, mas Jabari está pronto em cinco segundos. É bom citar isso. É muito diferente de criticar Jabari por ter tirado seu fichário depois que sua contagem regressiva terminou. Nesse ponto, pode parecer que você está usando a prontidão de Jabari para instigar outras pessoas que não cumpriram o tempo que você determinou.

Outra aplicação errada comum seria esta: você está pronto para discutir *A fonte secreta*, mas Susan está desligada, rindo e tentando chamar a atenção de Martina. Você não estaria usando o *Discurso positivo* ou narrando o positivo efetivamente se envolvesse um "círculo de elogios" em torno de Susan: "Vejo que Danni está pronta para ir. E Elisa. Alexis está com o livro dela". Nesse caso, recomendo que você se dirija a Susan diretamente, mas de maneira positiva: "Susan, mostre-me o seu melhor, com seu caderno na mão. Temos muito o que fazer". Se você usar o círculo de elogios, os alunos estarão bem cientes do que você está fazendo e provavelmente verão seu reforço positivo como artificial e falso. E é provável que eles pensem que você tem medo de se dirigir a Susan. Na verdade, Susan pode pensar isso também. Ao lembrá-la o que é esperado – e o motivo –, você a ajudou a se preparar para se envolver com o aprendizado e manteve a norma de prontidão, que é compartilhada por toda a turma.

Desafie!

Os alunos adoram ser desafiados, provar que podem fazer coisas, competir, vencer. Então, desafie-os: incentive-os a testar o que eles podem fazer por meio de competições, por exemplo. Os alunos podem ser desafiados como indivíduos ou, geralmente melhor, como grupos, os quais podem competir de várias maneiras:

Contra outros grupos dentro da mesma sala (por exemplo, fileiras, mesas).

Contra outros grupos fora da sala (outra turma).

Contra um inimigo impessoal (o relógio; o teste, para provar que eles são melhores do que ele; a série deles... "Esse foi um trabalho aceitável para alunos do 7º ano, mas eu quero ver se podemos melhorá-lo para a qualidade do 8º ano").

Contra um padrão abstrato ("Eu quero ver se vocês têm o que é preciso!").

Aqui estão alguns exemplos para você começar. Tenho certeza que vai achar divertido pensar em outros:

"Vocês têm feito um ótimo trabalho esta semana. Vamos ver se conseguem subir um degrau."

"Adoro o trabalho que estou vendo. Gostaria de ver o que acontece quando adicionamos outro fator."

"Vamos ver se conseguimos escrever por dez minutos seguidos sem parar. Prontos?!"

"A Srta. Austin disse que vocês não conseguiriam completar suas tabelas de matemática mais rápido do que a turma dela. Vamos mostrar a eles o que podemos fazer."

Fale de expectativas e aspirações

Quando você pede aos alunos para fazer algo diferente ou melhor, você está ajudando-os a se tornarem as pessoas que desejam ser ou a alcançar o suficiente para poder escolher seus sonhos. Você pode usar os momentos em que pede um trabalho melhor para lembrá-los disso. Quando pedir a seus alunos que revisem seus parágrafos, diga a eles que você quer que escrevam como se "já estivessem na faculdade" ou que "com mais um rascunho, vocês estarão a caminho da faculdade". Se seus alunos são do 4º ano, peça a eles que tentem parecer tão afiados quanto os do 5º ano. Ou diga que você quer mais um rascunho do trabalho e faça com que eles "realmente usem as palavras de um cientista [ou historiador, e assim por diante] desta vez". Diga que você quer que eles se ouçam como juízes da Suprema Corte. Embora seja bom orgulhar-se deles (e certamente é maravilhoso dizer isso a eles), o objetivo não é que eles o agradem, mas que o deixem para trás em uma longa jornada em direção a um objetivo mais distante e mais importante. É útil que o seu discurso os conecte a isso.

TÉCNICA 60: ELOGIO PRECISO

Enquanto o *Discurso positivo* se concentra em como você faz o *feedback* construtivo ou crítico parecer motivador, atencioso e proposital a quem se destina, o *Elogio preciso* trata do gerenciamento do *feedback* positivo para maximizar seu foco, benefício e credibilidade. Embora possa parecer a coisa mais simples do mundo, o reforço positivo ajuda mais os alunos se for intencional, e você deve se defender constantemente contra o potencial de se tornar vazio ou falso, especialmente por excesso de uso. Quando confiamos demais em "excelente" e "incrível" para marcar cada interação que temos com uma criança – o que às vezes chamo de estado de "incrivelmente incrível" –, eliminamos nossa capacidade de celebrar verdadeira e genuinamente as realizações que são realmente *excelentes* e *incríveis* quando elas acontecem.

Reforce as ações, não as características

O reforço positivo é uma resposta a uma ação que acabou de ocorrer: um aluno faz algo bem e você diz que ele fez um bom trabalho. Na melhor das hipóteses, o reforço positivo também tem a ver com o futuro. Você não quer apenas que um aluno se sinta bem por ter feito algo corretamente, você quer ajudá-lo a entender como terá sucesso novamente na próxima vez. Ainda mais profundamente, você quer reforçar uma maneira de pensar sobre o aprendizado que abrace a luta e a adversidade – e até mesmo aprecia isso. A pesquisa original de Carol Dweck sobre esse tópico, discutida em seu livro *Mindset*, mostrou que, em longo prazo, as pessoas que têm uma mentalidade de crescimento superam em muito as de mentalidade fixa. Sua pesquisa sugere que a diferença é uma das mais fortes previsões de sucesso. Pessoas com uma mentalidade fixa veem a inteligência e a habilidade como algo estático. Você é inteligente ou não é. Você é bom em alguma coisa ou não é. Pessoas com mentalidade de crescimento veem inteligência e habilidade como algo que você desenvolve. Você trabalha duro e fica cada vez melhor. Inteligente não é o que você é, mas o que você faz. Indivíduos com mentalidade fixa veem um desafio e pensam: "Ah, não. Isso vai ser difícil". Indivíduos com mentalidade de crescimento veem um desafio e pensam: "Cara, isso vai ser difícil".

Dweck acha que o elogio é fundamental para o desenvolvimento da mentalidade de crescimento. Se os alunos são elogiados por características ("Você é inteligente"), eles se tornam avessos ao risco pois se preocupam que, se falharem, não serão mais inteligentes. Se os alunos são elogiados por suas ações ("Você trabalhou duro e veja o resultado!"), eles se tornam tolerantes ao risco porque entendem que as coisas sob seu controle – suas ações – determinam os resultados. É fundamental, então, elogiar as ações, não as características, e ainda identificar cuidadosamente aquilo que os alunos podem replicar. Você os está elogiando em parte para ajudá-los a ver o interior da máquina do sucesso: quanto mais acionável for a coisa que você reforça, mais eles podem replicar seu sucesso. "Volte e olhe seu rascunho, Maria. Vê aqueles textos riscados e reescritos? É por isso que seu rascunho final ficou tão bom."

Você pode ver isso no vídeo *Steve Chiger: Parabéns*, do professor de inglês da North Star Academy, Steve Chiger. Inicialmente, Steve vai até uma aluna e diz que ela se saiu bem. Pausamos o vídeo aqui para que você reflita: qual é a lição dela? O que ela conclui sobre seu sucesso? Ela sabe que o Sr. Chiger acha que ela fez algo grande, mas não o quê e por quê. Ela não sabe como fazer isso de novo. Talvez o elogio dele a tenha feito se sentir bem, mas com tantas perguntas talvez não pareça genuíno.

Mas então é como se Steve reconhecesse isso. Ele volta e responde a todas essas perguntas. A aluna percebe que *Eu estava afiada no conteúdo da aula porque me preparei bem, li com atenção e fiz anotações. Eu posso fazer isso de novo.*

De repente, o elogio assumiu um papel totalmente novo. Ela pode ver o mapa da estrada que antes estava escondido. Ele a ajudou a ver o que causou seu sucesso e o que ela deve continuar fazendo.

Ofereça um elogio alinhado ao objetivo

Tenho uma vida secreta trabalhando com treinadores de franquias esportivas. (Se você quiser saber mais sobre isso, pode conferir meu livro *The coach's guide to teaching*). Nesse mundo, um dos meus vídeos favoritos é aquele do jogador de basquete mundial Steph Curry recebendo *feedback* do maior treinador de basquete do mundo, Steve Kerr.

A interação (você pode assistir o vídeo em inglês aqui: https://www.coachsguidetoteaching.com/; role para baixo por cerca de 12 vídeos) ocorre no banco, enquanto Kerr mostra a Curry um conjunto de dados sobre seu desempenho no jogo até o momento. Curiosamente, Curry está tendo uma noite difícil – pelo menos, uma noite menos brilhante do que o normal.

Mas Kerr deseja que Curry esteja ciente das coisas que ele está fazendo certo, então ele persistirá em fazê-las. Em longo prazo, elas farão Curry e a equipe terem sucesso. Uma das coisas mais importantes que um treinador pode fazer é ajudar os jogadores a prestar atenção ao sinal (o que é importante para o sucesso) e não ao ruído (todas as outras coisas que nos distraem do que é importante). *Quais são as ações que me farão ter sucesso em longo prazo, independentemente do resultado deste único momento?*

É isso que Kerr faz no vídeo. Ele está ajudando Curry – sim, até Steph Curry – a ver o sinal: quando ele está em quadra e joga em ritmo acelerado, grandes coisas (das quais ele não está totalmente ciente) estão acontecendo e continuarão a acontecer. O objetivo do elogio não é fazê-lo se sentir melhor e aumentar sua confiança – Curry tem muito disso – mas ajudá-lo a saber o que replicar. Esse é, de muitas maneiras, o maior poder do elogio.

Uma das chaves para ajudar os alunos a ter sucesso é dar-lhes **atribuições precisas**, para "apontar regularmente as causas do sucesso e fracasso dos alunos [e] ajudá-los a ver como o esforço e a abordagem fazem a diferença", nas palavras de Mccrea. Kerr está ajudando Curry a fazer uma atribuição precisa. Jogue em ritmo acelerado

– replique o que você está fazendo nesse aspecto do seu jogo – e você terá sucesso. E de fato Curry o fez, sendo coroado campeão da NBA no final daquele ano.

É claro que elogiar (ou reforçar positivamente) ações significa destacar aspectos como trabalho duro e diligência, mas alguns dos melhores professores que observei alinham seus elogios aos objetivos de aprendizagem. Suponha que os alunos estejam aprendendo a incluir transições fortes em sua escrita. Conforme você *Circula* (técnica 25) e observa, reforça especificamente aqueles que usaram transições ou, melhor, aqueles que voltaram e adicionaram ou revisaram suas transições para torná-las melhores. Talvez você até use uma chamada *De surpresa* (técnica 13) para mostrar o trabalho deles. "Alunos, olhem para cá. Este é o trabalho de Melanie. Vejam este parágrafo. Ela incluiu uma transição sólida, mas depois a trocou para capturar o contraste entre os parágrafos com mais clareza. Agora seu trabalho realmente se mantém unido. É assim que se faz." Agora, não só Melanie sabe o que estava por trás de seu sucesso, não só ela entende que o sucesso é determinado diretamente por suas próprias ações, mas o restante da turma também o vê.

Outro benefício do *Elogio preciso* está ligado ao que Shawn Achor chama de efeito Tetris. Basicamente, treinando nosso cérebro para procurar e apreciar o positivo, aprendemos a ver as coisas de forma mais positiva em geral. Achor escreve: "Assim como são necessários dias de prática concentrada para dominar um *videogame*, treinar seu cérebro para perceber mais oportunidades exige prática, concentrando-se no positivo". Ao usar o *Elogio preciso* para ajudar os alunos a perceberem tudo o que estão fazendo de certo ou excepcional, também estamos treinando-os para ver a comunidade de aprendizagem como um lugar positivo. É claro que também estamos nos treinando para ver o mesmo. Imagine o efeito que esse hábito tem em um professor novato em dificuldades, na sala de aula onde tudo pode não ser exatamente como ele esperava. Ao treinar-se para narrar com precisão o que está indo bem, ele não apenas torna esse comportamento mais replicável para os alunos, mas também se permite celebrar o que é digno – e, espera-se, evita o ciclo da narração que pode confundir tantos professores bem-intencionados no início de carreira.

Diferencie reconhecimento de elogio

Reconhecimento é o que você costuma usar quando um aluno atende às suas expectativas. O elogio é o que você usa quando um aluno supera as expectativas. Um reconhecimento apenas descreve um comportamento produtivo ou talvez agradece a um aluno por fazê-lo, sem acrescentar um julgamento de valor e com um tom modulado. O elogio acrescenta palavras de julgamento como "ótimo" ou "incrível" ou o tipo de tom entusiasmado que implica que tais palavras podem se aplicar. "Obrigado por esse comentário, Marcus" é um agradecimento; "Percepção fantástica, Marcus" é um elogio. "Marcus está pronto" é um reconhecimento; "Ótimo trabalho, Marcus" é um elogio. Distinguir os dois é importante, como a inversão de alguns dos exemplos demonstrará. Se eu disser a Marcus que é fantástico que ele esteja pronto para a aula, sugiro que isso é mais do que espero dos meus alunos. Ironicamente, ao elogiar esse comportamento, digo aos meus alunos que meus padrões são muito baixos e que talvez eu esteja um pouco surpreso que Marcus tenha atendido às minhas expectativas. Talvez não sejam expectativas, afinal. De qualquer forma, elogiar os alunos por apenas atenderem às expectativas pode reduzir o nível daquilo que eles fazem em longo prazo. Também faz seu elogio parecer "barato". Se isso acontecer, também significa que quando Marcus escrever uma resposta poderosa a um trecho da literatura e você a chamar de "fantástica", você a descreverá de maneira semelhante à que descreveu quando ele chegou à aula na hora, e isso pode perversamente diminuir a realização sob a perspectiva dele. Em longo prazo, uma professora que elogia continuamente o que é esperado corre o risco de banalizar tanto o elogio quanto os feitos que ela realmente deseja rotular como "ótimos", reduzindo a capacidade de dar recompensas verbais significativas e identificar comportamentos que merecem atenção de fato. Em suma, guarde seus elogios para quando for realmente merecido e use o reconhecimento livremente para reforçar as expectativas.

É importante acrescentar que, como em qualquer técnica, aqui é essencial conhecer profundamente seus alunos. Pode haver alunos para quem completar uma tarefa de casa seja, de fato, extraordinário. Quando esse for o caso, um momento mais privado para elogiar e apreciar o esforço que pode ter sido necessário para aquele estudante se preparar para o sucesso e estabelecer um novo e melhor hábito é mais do que garantido, é desejável. O que você quer evitar é o elogio público a um comportamento que, para a maioria, não é nada fora do comum.

Module e varie sua entrega

Como os professores geralmente dão reforço, positivo e negativo, em um ambiente público (ou seja, em uma sala com 25 outras pessoas), é fundamental estar atento ao grau em que uma declaração envolve os demais: é alto ou baixo, público ou privado? Os outros ouvem por acaso?

Em geral, a privacidade é benéfica com o *feedback* crítico. Como discuti no Capítulo 11, lembretes sussurrados ou não verbais assumem o melhor dos alunos: permitem que eles se autocorrijam sem serem chamados em público. A correção individual particular, discutida na técnica 55, *Intervenção menos invasiva*, é um exemplo clássico disso. Mas, e o inverso? O elogio, portanto, deve ser alto? Acontece que não é tão simples assim. O reforço positivo funciona melhor quando é genuíno e memorável. Para isso, você vai querer que ele se destaque um pouco, mantendo seu formato um pouco imprevisível.

Um pouco de elogio público pode ser poderoso – você interrompe a aula para ler a frase de Shanice em voz alta e diz para a turma: "É assim que um verbo forte e ativo pode dar força a uma frase!". As pessoas não poderão replicá-lo se não souberem disso, então esse é um benefício claro para o elogio público. Além disso, o fato de você achar o trabalho de Shanice tão bom que todos deveriam ouvir fará suas palavras serem memoráveis para ela – mas elas se destacarão mais se *todos* os elogios não forem públicos. Parte do que é poderoso sobre a entrega pública é que ela é um pouco inesperada, então também pode ser bom ir até Shanice e sussurrar: "Agora esse é um verbo forte e ativo. Parece que você escreveu isso para um trabalho de faculdade". Na verdade, você obtém o maior benefício ao fornecer reforço positivo usando uma variedade imprevisível de situações e volumes.

Entre os benefícios do elogio privado está que muitas vezes ele soa especialmente genuíno para o ouvinte porque, de maneira implícita, *é* privado e, portanto, apenas sobre ele, ao contrário do elogio público, que também diz respeito àqueles que o ouvem e seu desejo de que eles observem e possivelmente repliquem o que o aluno que você está elogiando fez. O poder de chamar Shanice quando ela entra na sala de aula e dizer "Eu só queria te dizer que eu dei notas aos exames ontem à noite, e o seu foi excelente", pode ser igual ou até maior do que o seu reconhecimento público do trabalho dela. Quando uma professora tira um momento para falar com um aluno em particular, ela dá a entender que o que vai dizer é muito, muito importante, e isso levanta uma questão: o que poderia ser tão importante? Descobrir que é uma resposta ao seu excelente trabalho é poderoso e inesperado para um aluno.

Outro benefício do elogio privado é que ele cria incerteza e privacidade adicional em torno de todas as interações privadas, e isso é imensamente produtivo. Se todas as minhas conversas privadas e tranquilas com os alunos fossem críticas (ou seja, todas fossem correções individuais particulares), eles poderiam se tornar defensivos em relação à minha abordagem. Além disso, outros alunos podem ser motivados a bisbilhotar, sabendo que ouvir pode fornecer a eles os detalhes interessantes do infortúnio de um colega de turma. A maioria das pessoas não consegue deixar de ser curiosa a respeito dessas coisas. Se, no entanto, minha aproximação para falar baixinho com um aluno é tão provável que seja um exemplo de elogio preciso individual privado (EPIP, também discutido no Capítulo 11), então os alunos considerarão a abordagem com equilíbrio, e seus colegas de classe não terão incentivo algum para bisbilhotar. Portanto, qualquer mensagem é ouvida mais abertamente pelo destinatário pretendido e ignorada por aqueles a quem não se destina.

Dito isso, também há benefícios em elogios em voz alta e elogios semiprivados – ou seja, deliberadamente destinados a serem ouvidos por outras pessoas. O elogio sempre caminha na linha entre o benefício de permitir que os outros ouçam o que é louvável e, assim, encoraje-os a procurar imitá-lo, e o benefício da sinceridade genuína de ser apenas sobre o destinatário. Em relação à forma de equilibrar esses benefícios, minha sensação é que ambos são mais poderosos se não forem totalmente previsíveis e que, embora socializar e influenciar os outros por meio de elogios seja benéfico, eles são menos críticos do que o benefício de longo prazo de manter a credibilidade e a genuinidade do elogio. Eu me inclinaria um pouco mais para o lado da privacidade a fim de oferecer o *feedback* mais concreto para um aluno.

TÉCNICA 61: CORDIAL/RIGOROSO

Em *Culturally responsive teaching and the brain*, Zaretta Hammond descreve a importância crítica de professores que são o que ela chama de "exigentes calorosos": aqueles que combinam calor pessoal com altas expectativas e "exigência ativa", que, conforme ela escreve, "não é definida apenas como uma firmeza sem sentido em relação ao comportamento, mas uma insistência na excelência e no esforço acadêmico".

Mas exigentes calorosos podem ser raros porque muitas pessoas percebem altas expectativas, firmeza e implacabilidade sobre conteúdo acadêmico e disciplina firme como algo que você faz, não porque você ama os jovens, mas porque, de alguma forma, você não os ama. Você é um ou outro: carinhoso ou exigente. Eles são opostos. Mas é claro que isso é uma ilusão. A mágica está, na verdade, na correlação em ser a pessoa que pode atuar das duas maneiras ao mesmo tempo, que pode dizer *Eu acredito em você e me importo com você e, portanto, não aceitarei nada além do seu melhor. Você deve reescrever o parágrafo, completar a lição de casa, pedir desculpas a um colega que você prejudicou – porque você merece muito.*

Fazer isso é levar um aluno a ser o seu melhor.

Veja como essas duas ideias aparentemente contraditórias convivem em harmonia assistindo a um vídeo que também vimos no Capítulo 11, *Trona Cenac: Mudanças de Registro*. A filmagem ocorre em um dos primeiros dias de aula e Trona está no corredor, definindo normas e expectativas antes que os alunos entrem na aula. Você pode sentir imediatamente como ela está feliz em ver seus alunos e como eles estão felizes em vê-la. Ela é calorosa, graciosa e carinhosa – cheia de sorrisos e segurança. Mas ela também é muito clara sobre o que se espera deles e o que eles precisam fazer para ter sucesso. Eles precisam entrar, sentar e começar seu trabalho imediatamente. Há trabalho a ser feito. Isso não é opcional. Nessa única interação, ela diz aos alunos que se preocupa com eles e espera muito deles – praticamente ao mesmo tempo.

Uma professora como Trona inclui a parte de *entrar, sentar e começar imediatamente*, *porque* ela se preocupa profundamente com seus alunos. Estar disposto a fazê-lo faz parte do que os adultos que se preocupam com os jovens fazem. Certamente seria mais fácil para ela não mudar para o modo *temos trabalho a fazer, por favor, preparem-se*, mas simplesmente ser adorável e adorada. Seus alunos poderiam gostar ainda mais dela, pelo menos por um tempo, se ela assim o fizesse. Seria mais fácil deixá-los entrar e se acomodar em seu próprio tempo, começar a aula apenas quando parecessem estar prontos, ensinar por 45 em vez de 52 minutos por dia e exibir filmes às vezes apenas porque eles são uma boa pausa. Seria mais fácil dar a quase todo mundo uma nota A em todas as provas ou, melhor ainda, não dar nota nenhuma – é melhor nunca ter ninguém se ressentindo de você ou discutindo uma nota.

Hammond tem um nome para esse tipo de professor: sentimentalista. O sentimentalista está disposto a reduzir os padrões para os alunos – para ser mais apreciado por eles ou, como Hammond escreve, "por pena ou por causa da pobreza ou opressão". O sentimentalista "permite que os alunos se envolvam em comportamentos que não são do seu interesse". O sentimentalista, em outras palavras, tem boas intenções, mas gosta de ser amado; precisa ser muito necessário, ou escolhe os benefícios de curto prazo para si mesmo dos relacionamentos pessoais satisfatórios em detrimento do sucesso de longo prazo dos alunos e das maneiras pelas quais relacionamentos fortes podem ser usados para promover isso. O sentimentalismo é um risco ocupacional. É melhor citá-lo para que todos possamos nos controlar à medida que avançamos na jornada do ensino. Será que muitas vezes estou fazendo o que é fácil porque quero que os alunos gostem de mim? Ou estou empurrando-os – e a mim mesmo – de maneira amorosa, que espera o melhor de todos nós?

Para mim, a técnica de aprender a ser caloroso e rigoroso *exatamente ao mesmo tempo* e encontrar o equilíbrio ideal entre esses dois aspectos com base em como isso afeta o aprendizado do aluno é uma técnica chamada *Cordial/rigoroso*. É aprender a ser carinhoso, engraçado, caloroso, preocupado e carinhoso – mas também rigoroso, conforme as normas, implacável e às vezes intransigente com os alunos. Significa estabelecer a importância de prazos, expectativas, procedimentos e, sim, de regras. Porém, *Cordial/rigoroso não* significa ser irracional ou desumano. *Não* significa nunca abrir uma exceção; em vez disso, significa tomar essas decisões não com base na popularidade, mas com base no compromisso de longo prazo com o crescimento de seus alunos.

"Na sociedade, não vamos muito longe se formos rudes, se respondermos, se falarmos por cima dos outros, se não ouvirmos", escreve a diretora do Reino Unido e autora Jo Facer. "Nas escolas, precisamos fugir da ideia de que ensinar as crianças a se comportar é ensinar 'obediência', uma palavra que para muitos tem conotações de opressão e medo." As crianças que tratam mal os outros não vão "se transformar magicamente", continua Facer. Elas contam com adultos, de preferência em parceria dentro e fora da sala de aula, para orientá-las para comportamentos que não apenas permitem que as escolas funcionem bem, mas que as preparem para serem membros bem-sucedidos e valorizados da sociedade e da comunidade no futuro.

Eu quero falar um pouco sobre a palavra "estrito" especificamente. Para alguns, é uma palavra carregada, mas acho que vale a pena usá-la porque nos lembra algo importante: um professor estabelece limites e expectativas para e em nome de um grupo, uma cultura. Os jovens com os quais somos rigorosos nem sempre ficam satisfeitos com esses limites no momento, mas também costumam reconhecer, em longo prazo, que ser responsabilizado por alguém que se preocupa com você é uma parte importante do aprendizado para o mundo. Eles chegam a essa percepção principalmente quando o adulto que é rigoroso mostra que ele se importa profundamente. O mundo irá penalizar uma pessoa que não consegue cumprir prazos. O professor atencioso não é aquele que permite que um jovem crie o hábito de não cumpri-los repetidas vezes. O professor atencioso diz: "Você tem uma capacidade imensa de excelência, mas os prazos são importantes e eu quero que você entregue isso a tempo". O professor atencioso pode até trabalhar com o aluno para quem isso é difícil, estabelecendo padrões, mandando mensagens de texto para lembrar na noite anterior. Porém, no final, ele também pode ter que estabelecer limites. Se o trabalho estiver atrasado, deve haver uma penalidade. Você prepara a criança para a estrada, não a estrada para a criança.

Há ressalvas, é claro. Sustentar o rigor em longo prazo requer carinho e calor; os alunos precisam confiar em suas intenções para fazer o que é melhor para eles, mesmo que nem sempre gostem de cada decisão. E, de forma ideal, eles devem sentir mais carinho *nos momentos em que você estabelece limites*. Redefinir as expectativas é um bom momento para sorrir. Se há uma coisa que aprendi estudando a docência, como pai de aluno, é que se você disse que daria uma consequência, você dá a consequência, mas também é rápido em dizer à pessoa que se importa com ela e mal pode esperar para que as coisas voltem ao normal; por exemplo, *Você terá que cumprir sua suspensão, Michael, mas estou ansioso para vê-lo de volta à aula amanhã*. Como Jo Facer coloca: "Ter regras rígidas significa que você ama as crianças e quer o melhor para elas. Certifique-se de comunicar isso com seu rosto e linguagem corporal".

Considere essa interação entre Hasan Clayton e um de seus alunos do 5º ano que chamarei de Kevin, depois que Hasan notou Kevin dormindo durante uma aula remota (em 2020). Depois da aula, Hasan pediu a Kevin para ficar *on-line* depois que seus colegas saíssem.

Hasan: Percebi que você estava dormindo na aula, Kevin.

Kevin: *(Longa pausa. Sem resposta.)*

Hasan: Estou certo? Ou eu me enganei?

Kevin: Você está certo.

Hasan: Por que você estava dormindo na aula?

Kevin: Eu não sei. Acho que eu dormi bem ontem, mas ainda me sinto cansado.

Hasan: Isso não é bom. Você percebe quanto material está perdendo enquanto dorme?

Kevin: Sim.

Hasan: Você sabe como eu me sinto quanto você está dormindo?

Kevin: Isso faz você se sentir mal.

Hasan: Me faz sentir que você não considera importante o que estamos fazendo na aula.

Kevin: Que tal se, durante a prática individual de hoje, eu refizer a lição?

Hasan: Sim, eu gostaria que você fizesse isso, voltasse e respondesse a todas as perguntas e depois as entregasse. Temos que pensar em como nossas ações estão nos afetando e também à nossa comunidade.

Kevin: OK.

Hasan: Tudo bem, Kevin, espero vê-lo mais tarde. Se não, eu o verei amanhã.

Veja, a seguir, algumas observações.

- Durante toda a conversa, Hasan nunca levantou a voz ou pareceu estar zangado. Ele também nunca soou doce ou arrependido. Eu o descreveria como sereno. Isso é importante. Seu objetivo era fazer Kevin refletir sobre o custo de dormir na aula, não distraí-lo com pensamentos sobre se o Sr. Clayton estava com raiva dele ou induzi-lo a ficar na defensiva porque estavam gritando com ele. O *Equilíbrio emocional* estava na ordem do dia.

- Hasan exigiu que Kevin reconhecesse o fato de estar dormindo. Quando Kevin não respondeu à sua declaração inicial, *Percebi que você estava dormindo na aula*, Hasan não disse nada por seis ou sete segundos! Ele se recusou a socorrer Kevin, tagarelando durante o silêncio constrangedor com "Está tudo bem, todo mundo se cansa às vezes". Após o silêncio, Hasan persistiu: "Estou certo ou errado?". Ele exigiu (sem falar explicitamente) que Kevin se apropriasse de suas ações, reconhecendo-as.

- Assim que Kevin reconheceu suas ações, o tom de voz de Hasan se acalmou levemente e ele perguntou: *Por que você estava dormindo?* Ele ainda estava reservado. Não há conversa de bebê – você pode imaginar um professor usando aqui uma abordagem *Por que você estava com tanto soninho?* –, seu tom reage sutilmente ao grau em que Kevin assume o problema.

- Quando Kevin descreve o que há de errado em dormir na aula, Hasan não desculpa sua ação. Ele explica o problema e faz uma pausa novamente. Sua economia de linguagem é perceptível. Acrescentar palavras demais torna a interação mais casual (ver técnica 58, *Voz de comando*), mas Hasan quer formalidade aqui.

- Hasan se concentra em despersonalizar a interação e enfatizar o *propósito sobre o poder* (técnica 56, *Gentileza firme e calma*) reformulando a afirmação de Kevin de que ele pode ter deixado Hasan "triste" pela concentração no aprendizado – *me faz sentir que você não considera importante o que estamos fazendo na aula*.

- Kevin sugere uma consequência e Hasan concorda. Muitos professores podem dizer: "Tudo bem", mas Hasan aceita a consequência proposta por Kevin porque isso o ajudará a lembrar e o permitirá fazer um gesto de resolução – este é um passo importante na resolução e no encerramento. Hasan diz a Kevin que ele aprecia sua solução e então, um pouco mais caloroso, o lembra que está ansioso para vê-lo de volta à aula.

Algumas ferramentas úteis para alcançar o *Cordial/rigoroso são descritas a seguir*.

Explique aos alunos por que você faz o que está fazendo e como isso foi elaborado para ajudá-los:[3] "Priya, não fazemos isso nesta sala de aula porque isso nos impede de aproveitar ao máximo nosso tempo de aprendizado". Isso enfatiza o propósito em vez do poder.

Use por favor e obrigado. "Por favor" e "obrigado" consolidam os laços de civilidade e comunidade. Nós os usamos para mostrar cordialidade, apreço e respeito.

Você quer que os alunos tratem você e os outros com decência, civilidade e carinho, mesmo que seja necessário pedir a eles que façam coisas que podem não estar dispostos a fazer e, portanto, você deve modelar essa mesma decência, civilidade e carinho. "Por favor" e "obrigado" fazem isso. Eles o ajudam a expressar seu carinho e respeito pelos alunos. Isso é especialmente importante nos momentos mais tensos.

Falar "por favor" pode soar errado? Claro, então alguns esclarecimentos são necessários: não deve ser um pedido de súplica, mas firme e respeitoso. Normalmente, isso significa pouca pausa após o "por favor" e um grau mínimo de ênfase na palavra. "Por favor, peguem seus cadernos" em um ritmo constante com "por favor" não mais enfatizado do que o restante da frase. "*Por favor...* peguem seus cadernos" é um sinal de problema – uma diferença sutil, mas importante.

Faça a distinção entre comportamento e pessoas. Quando damos *feedback* crítico ou estabelecemos limites, queremos dizer "Acredito em vocês" e "Isso pode ser melhor" ao mesmo tempo. O primeiro passo é enquadrar comentários críticos como um julgamento sobre uma ação, não uma pessoa.

Pense por um momento sobre o uso de "você não", como em: "**Você não se esforça** em seus relatórios de laboratório".

Compare-o com a mesma afirmação, mas com o verbo no passado: "**Você não se esforçou** muito para escrever este relatório de laboratório".

O termo no presente julga. *Essa coisa que você fez é algo que você sempre faz.* Isso generaliza um erro e implica que é uma falha duradoura. Talvez até insinue deliberação. O termo no passado julga um evento único. Isso deixa em aberto a possibilidade de que a pessoa com quem você está falando geralmente faça a coisa certa, mas falhou neste caso específico. Foi apenas em um momento, e podemos corrigi-lo rapidamente.

Contudo, como alguns leitores já devem ter notado, até mesmo o *passado* enfoca o problema e não a solução. Compare: "Você **não se esforçou** em seus relatórios de laboratório" com "Você **deve sempre** se esforçar ao máximo em seus relatórios de laboratório" ou "Você **é capaz de escrever com muito mais cuidado**".

Demonstre que as consequências são temporárias. Prossiga rapidamente e mostre aos alunos que, quando eles responderam a um erro por meio de consequência ou restituição, isso já foi passado. Sorria e cumprimente-os naturalmente o mais rápido possível para mostrar que estão começando do zero. Você pode dizer a um aluno, a respeito de sua consequência: "Depois que você terminar, mal posso esperar para que você volte e nos mostre o seu melhor".

TÉCNICA 62: EQUILÍBRIO EMOCIONAL

A escola é uma espécie de laboratório social para os alunos; muitas vezes é o lugar onde ocorre o maior número de suas interações com a sociedade mais ampla e onde, de forma inevitável e apropriada, eles experimentam decisões sobre a natureza de seus relacionamentos com as pessoas e instituições ao seu redor.

Mesmo um experimento que termina perfeitamente contém algumas tentativas e erros. Uma teoria é desenvolvida ("Talvez eu não precise fazer minha lição de casa todos os dias"), testada e avaliada ("Tudo bem, eu acho que é melhor quando eu faço minha lição de casa"). O teste da teoria é uma das atividades primárias da juventude, como acredito que suas próprias lembranças podem atestar – as minhas certamente atestam. De muitas maneiras, evoluímos para usar nossos anos de adolescência para testar limites e teorias.

Isso significa que o ambiente deve fornecer o *feedback* necessário sobre os experimentos – o objetivo não é dizer aos jovens que deixar de fazer a lição de casa é aceitável – em uma atmosfera que trata a experimentação como um evento esperado. Queremos ajudar esses experimentos a produzir lições úteis e produtivas, mas também lembrar que os comportamentos que vemos frequentemente são experimentos e que os próprios alunos podem não perceber de maneira consciente que estão experimentando.

Se isso acontecer, então manter o *Equilíbrio emocional* – diminuindo a intensidade de emoções fortes, especialmente a frustração e o desapontamento – é uma parte fundamental do nosso trabalho.

De modo geral, fortes emoções negativas por parte dos professores apenas intensificam as emoções entre os estudantes. Um aluno se comporta mal e tem certa atitude; o professor se irrita; o aluno reage à emoção crescente respondendo com mais força, e um pequeno erro se torna maior. Ou, então, um aluno comete um erro e um professor fica bravo com ele enquanto dá uma consequência; parte dele pensa: *Por que ele está gritando comigo? Ele grita mais comigo do que com os outros?* Ele tem esses pensamentos em vez de refletir sobre a conexão entre suas ações e a consequência. As emoções do professor inserem outra variável na equação e o distraem de seu próprio comportamento.

Compare isso com a interação de Hasan Clayton com Kevin. Com calma atenciosa, Hasan pediu a Kevin que assumisse a responsabilidade e explicou por que o experimento levou a um resultado ruim. E então Kevin propôs uma consequência. Isso quer dizer que *Kevin ouviu tudo o que Hasan disse, em parte porque Hasan não estava gritando ou reagindo com ataque*. Kevin não deveria ter dormido durante a aula, mas não foi totalmente inesperado que ele tenha tentado.

Uma das ferramentas mais importantes que você pode usar para manter o equilíbrio emocional é **caminhar devagar**, o que quero dizer no sentido literal e também figurado. Ensinar os jovens a desacelerar suas decisões é uma boa maneira de ajudá-los a tomar decisões melhores – com o córtex e não com a amígdala. Mesmo uma fração de segundo pode fazer a diferença. O mesmo serve para os professores. Ao se aproximar de uma situação que pode deixá-lo à flor da pele, caminhe devagar – digo isso metaforicamente –, não se apresse para reagir – mas também literalmente, movendo-se devagar quando sentir que está ficando chateado. Certa vez, observei

Bridget McElduff em uma aula em que um aluno ria de um colega com dificuldades para ler uma série de palavras difíceis corretamente em voz alta. Bridget estava com raiva. Ela amava seus alunos e sentia um forte desejo, em particular, de defendê-los de zombaria, especialmente em sua própria sala de aula, especialmente quando resultava do fato de ela estar assumindo exatamente o tipo de risco que era necessário para o aprendizado. Bridget começou a caminhar rapidamente para se dirigir ao aluno que estava rindo, que estava do outro lado da sala.

Mas ela foi capaz de refletir e dar uma volta pelos fundos da sala e, ao fazer isso, diminuiu o ritmo. Isso lhe deu alguns segundos preciosos para se recompor e escolher suas palavras com cuidado. Quando Bridget chegou ao jovem, ela foi capaz de explicar calmamente por que seu comportamento era inaceitável e lembrá-lo de que ela sabia que ele podia fazer melhor do que isso. A caminhada foi fundamental. Ela precisava de um momento para superar sua raiva de mamãe ursa. Apenas três ou quatro segundos foram necessários, mas eles fizeram a diferença. De repente, ela percebeu que ele estava realizando um experimento e teve de ajudá-lo a rejeitar a hipótese de que *rir de um colega da turma era aceitável*. Mas ela também precisava entender que testar é o que os jovens fazem.

Os tolos se apressam. Sempre que você sentir que está tendo uma resposta emocional negativa, esforce-se para "caminhar devagar" – no sentido literal ou figurado. Muitas vezes, uma fração de segundo é suficiente.

Aqui estão algumas dicas adicionais para manter seu *Equilíbrio emocional*.

Critique comportamentos, não pessoas. "Esse comportamento é imprudente" é uma declaração sobre uma situação temporária. É também uma afirmação que, com alguns ajustes, permitiria mostrar que você não acha que isso é típico de determinado aluno: "Não acredito que você se comporta dessa maneira. Por favor, conserte isso imediatamente". Isso é melhor do que fazer uma declaração permanente sobre um aluno: "Você não tem consideração". Se o seu objetivo é ganhar confiança, fique longe de muitas declarações desse tipo.

Evite generalizar. Dizer "Você sempre" faz X ou perguntar "Por que você está sempre fazendo" Y leva a conversa para eventos que não estão mais sob o controle de um aluno – e que ele pode nem se lembrar. Isso faz o problema parecer maior e menos focado em uma ação específica e pode fazer sua correção ser semelhante a uma "pegadinha".

Deixe o seu relacionamento de lado. Dizer a um aluno que você se sente desapontado ou traído por suas ações, ou personalizar sua resposta – por exemplo, "Achei que podia confiar em você" – torna a interação sobre você e não sobre um aluno que está aprendendo um comportamento produtivo e socialmente responsável. Enquadrar as coisas de forma impessoal difunde a emoção e mantém o seu papel na conversa como treinador e mediador, ajudando o aluno a aprender os comportamentos que mais o beneficiarão em longo prazo.

TÉCNICA 63: FATOR A

Os melhores professores oferecem o trabalho de aprendizado aos alunos com generosas doses de alegria expressas por meio de paixão, entusiasmo, humor e coisas desse tipo – não necessariamente como o antídoto para o trabalho, mas porque essas são algumas das principais maneiras pelas quais o trabalho é feito – e apenas possivelmente porque o trabalho, bem feito, pode evocar alegria. A sala de aula pode e deve ser um lugar alegre, e alguns pontos de ênfase e compreensão podem ajudar a trazer isso à tona de forma sustentável e produtiva. Isso também é benéfico para a realização. Um lugar onde os alunos (e professores) sintam satisfação, gratificação e felicidade provavelmente também será um lugar onde eles trabalham duro e persistem, aprendem mais e possivelmente são mais criativos. Um pouco de *Fator A* pode ajudar a tornar a sua sala de aula não apenas um local feliz, mas também de alto desempenho.

No entanto, a alegria é algo complexo – pode assumir uma ampla variedade de formas. Pode (mas não precisa) envolver cantar ou dançar, mas também pode ser tranquila: o prazer de resolver bem um problema desafiador, ou em equipe, ou de ver seu trabalho elogiado pelos colegas. É vivenciada por indivíduos e em grupos pequenos ou grandes – na maioria das vezes, é aprimorada pelo compartilhamento de algumas maneiras com outras pessoas, o que a torna ideal para salas de aula. Em *A vantagem do cérebro feliz*, Shawn Achor discute pesquisas sobre três elementos componentes da felicidade: prazer, engajamento e significado. Ficamos felizes quando encontramos prazer, mas a felicidade vai muito além disso. Ficamos felizes quando estamos conectados e quando percebemos que estamos fazendo algo importante. "As pessoas que buscam apenas o prazer experimentam apenas parte dos benefícios que a felicidade pode trazer, enquanto aquelas que buscam as três rotas levam vidas mais plenas", continua Achor. Prazer, engajamento e significado: todos os três devem ser os focos de nossos esforços para tornar nossas salas de aula lugares alegres.

Deixe-me começar fazendo uma pequena distinção entre alegria e diversão.[4] Não faço essa diferenciação para descartar a diversão na sala de aula. A diversão faz parte da alegria. Mas a alegria é mais ampla que a diversão. E buscar a diversão como propósito em vez da alegria no aprendizado pode nos desviar do caminho e, portanto, merece cautela. Deixe-me explicar essas duas ideias.

Ao distinguir a alegria da diversão, um professor me escreveu para enfatizar o sentimento de alegria causado pela "sensação de sucesso após um trabalho difícil" e a "celebração do sucesso, tanto individual quanto coletivo", para não mencionar "um pouco de admiração e maravilha – experimentando algo novo e incrível".[5]

Duas poderosas fontes de alegria que discuti em outras partes deste livro são o pertencimento e o fluxo. Pertencimento é um sentimento intenso de participação em um grupo. A inclusão em grupos talvez tenha sido o fator mais importante em nosso sucesso evolutivo como espécie humana. Aqueles que foram capazes de participar, colaborar e manter a participação em grupos sobreviveram. Os outros ficaram no caminho. Evoluímos para ser intensamente sensíveis ao *status* de nossa própria participação. "Pertencer parece acontecer de dentro para fora, mas na verdade acontece de fora para dentro", escreve Daniel Coyle em *Equipes brilhantes*. Mas, acrescenta, as pessoas não precisam ouvir apenas uma vez que estão incluídas; para serem felizes, elas precisam receber sinais repetidamente. Pertencer, segundo Coyle, é "uma chama que precisa ser continuamente alimentada por sinais de conexão segura".

Muitas vezes sentimos a maior alegria quando nos sentimos pertencentes. Talvez seja por isso que o canto, em particular o canto coral, seja parte de quase todas as culturas do mundo e especificamente uma característica do culto nessas culturas. Quando cantamos juntos, afirmamos que todos conhecemos as palavras, no sentido literal e metafórico, e mostramos nossa capacidade de coordenação. Reunimos nossos próprios anseios no grupo. Mesmo que brevemente, isso pode ter um efeito profundo sobre nós, que vale a pena lembrar especialmente no meio da sociedade mais individualista do mundo. A totalidade e a alegria de pertencer que nosso eu evolucionário exige é algo [ou *a coisa*, ou *a única coisa*] que nosso eu racional provavelmente ignorará ou até mesmo desprezará.

É um aspecto que podemos desbloquear na sala de aula. Cantar é um exemplo óbvio. Observe a alegria no rosto dos alunos de Nicole Warren quando eles começam a aula cantando uma música de matemática que sabem de cor (veja *Nicole Warren: Pedra Angular*). Isso é tudo o que uma parte de nós é socializada para desprezar: mecânica, ritual, memorizada, familiar ao ponto de ser repetitiva. E, no entanto, os alunos estão claramente felizes. (Observe também sua alegria no final do vídeo, quando Nicole circula e os ajuda a ver suas realizações.) Observe que os gestos enfatizam a "coralidade" da experiência – as pessoas adoram "conhecer os movimentos", e aqui conhecer os movimentos é visível e, portanto, o pertencimento também. Nossa própria música matemática é ainda melhor do que aquela que muitas pessoas conhecem; todos nós conhecemos as palavras e podemos expressar em uníssono algo que outras pessoas não conhecem. *Saber coisas que os outros não sabem ou não estão cientes* é a chave para o pertencimento.

A música pode ser uma fonte de alegria mesmo quando não formamos um coro. Não está claro por que, mas todas as culturas do planeta compõem e cantam músicas. Elas usam essas coisas para se definir. Alguns biólogos evolucionistas sugerem que o canto antecedeu a linguagem como a conhecemos – que antes de termos palavras tínhamos música, o que nos permitia expressar emoções e informações urgentes a distância. Cantamos para a batalha ou para o conforto depois, e isso está ligado ao ser humano. Vivemos com uma propensão para a música, então podemos supor que ela teve algum benefício evolutivo e que evoluímos para ter prazer nela.

Você pode ouvir trechos de músicas ao longo de alguns dos vídeos deste livro, como Summer Payne em uma chamada *De surpresa* cantando "individual tur-urns listen for your na-ame" ("vamo fazer rodadas individua-ais"/"ouçam seu no-ome") ou Christine Torres com *O formato importa* cantando "Don't turn to the wall 'cuz the wall don't care" (não se vire para a parede, porque a parede não se importa). E toda vez que você utiliza *Todos juntos* (técnica 35), está de fato usando uma espécie de canto simples: *juntos em uma só voz*, você está dizendo que todos nós pertencemos.

Portanto, cantar, especialmente canções compartilhadas, pode ser uma fonte de alegria. Mas também pode nos lembrar da profundidade da atividade coordenada na construção de um sentimento de pertencimento. Podemos despertar esse sentimento até mesmo dividindo a experiência de ouvir um texto lido em voz alta ou de ler um texto em voz alta em grupo (ver técnica 24, *Leitura em FASE*), revezando-se e dando vida a um todo por meio de nossos esforços como indivíduos – a construção de um todo no qual incluímos rapidamente nossa individualidade e emergimos gratificados e inspirados por sentimentos de pertencimento e significado.

Saber "o que fazer" nos faz sentir como se pertencêssemos. Talvez isso explique a felicidade inesperada que os alunos às vezes exalam ao aprender as rotinas da sala de aula. Achamos que estamos ensinando uma ferramenta para eficiência, mas eles estão recebendo um sinal de que pertencem. Bem feitos, rotinas conhecidas e comportamentos organizados em coro podem ser as sementes da adesão.

Anteriormente, mencionei "fluxo" e isso também é fundamental para entender a diferença entre alegria e diversão: gostamos de nos perder em uma atividade desafiadora que nos arrebata em seu impulso. Muitas vezes ficamos mais felizes quando isso acontece. Qualquer treinador lhe dirá que um dos maiores desafios de ensino em um ambiente esportivo é quebrar o fluxo. Você apita para falar sobre como a defesa deve ser posicionada e depois de alguns segundos começa a notar uma frustração gradual à espreita: *Nós queremos jogar, treinador, por favor, pare de falar para podermos jogar*. Isso nos lembra que a atividade principal e seu projeto são críticos e que, quando bem projetados, a alegria é poderosa porque se espalha em pequenos momentos – lúdicos, bobos, absurdos, expressando pertencimento – que vêm e vão rápido o suficiente para aumentar e trabalhar em sinergia com o sentido do fluxo.

Considere como Christine Torres faz comentários engraçados em sua aula. A palavra do vocabulário é "cáustica" e o *Virem e conversem* pede aos alunos que façam uma piada interna: "Imagine que a Srta. Torres é uma concorrente do *American Idol*; qual seria uma observação 'cáustica' que um juiz poderia fazer sobre a apresentação dela?". Não sejam bobos, ela acrescenta, ele nunca faria um comentário cáustico sobre o canto da Srta. Torres. Talvez você veja as dicas de pertencimento lá: o talento da Srta. Torres como cantora é uma discussão contínua, uma espécie de piada interna que você só entenderia se estivesse em sua aula. Mas também observe a velocidade disso. É uma risada rápida, que preserva a sensação de fluxo. A alegria que os alunos sentem vem tanto de seu estudo engajado do vocabulário quanto da piada. O humor de Christine fica fora de cena, que comenta divertidamente a ação principal, mas a lição ainda é a estrela. A música na matemática de Nicole Warren funciona porque é rápida. Seria metade da alegria se fosse duas vezes mais longa.

Essa, eu acho, é outra razão pela qual é importante distinguir alegria de diversão. Podemos jogar *Jeopardy!* (um jogo de perguntas e respostas) para revisar durante a aula e isso será divertido, mas, curiosamente, também pode não ser alegre, a menos que o projetemos de forma a ser elaborado visando o fluxo. Todos podemos nos lembrar de alguma atividade "divertida" que preparamos e que não despertou alegria porque o fluxo não estava lá ou porque a dinâmica de grupo não funcionou bem. E enquanto falamos disso, reconheça que a palavra "diversão" pode nos distrair. A maioria dos jovens se diverte quando joga *videogame* – embora, curiosamente, eu não tenha certeza de que eles estejam alegres, talvez porque falte um grau de conexão e pertencimento. Você pode se referir a "divertir-se" por si só, mas não "ter alegria" por si só. *Você tem alegria ou sente alegria em fazer algo.* "Alegria" tem um propósito mais claro do que "diversão". Tem significado e engajamento.

Em uma postagem recente nas redes sociais, pedi aos professores que me dessem dicas sobre a forma como eles pensavam a respeito da alegria na sala de aula. Como eles criavam "alegria produtiva"? Perguntei. Usei a frase para enfatizar a ideia de que o que buscávamos era a alegria que servia de aprendizado. Isso me pareceu óbvio. "Parece meio controlador", respondeu uma cética. Ela queria saber por que eu sentia a necessidade de torná-la "produtiva" e ditar os termos da felicidade de outra pessoa. Mas espero que seja óbvio para a maioria dos professores que o objetivo é alcançar a alegria *nas tarefas de aprendizagem.* Se não buscarmos fazer da alegria uma causa de tanto aprendizado quanto possível e o máximo de aprendizagem prazerosa, nosso caminho será perdido. É claro que existe o risco de que a diversão nos cause perda de controle e nos esqueçamos de que ela existe para servir ao aprendizado. Felizmente, não só é possível fazer as duas coisas, mas os objetivos são possivelmente cooperativos. As pessoas geralmente gostam de aprender coisas. Não jogue *Jeopardy!* a menos que seja rigoroso o suficiente para apoiar o aprendizado, mas também saiba que, se for desafiador e envolvente, é mais provável que a alegria surja com isso.

Deixe-me aplicar a conversa sobre fluxo e pertencimento a uma outra fonte de alegria na sala de aula: o humor é imensamente benéfico para criar alegria – quase sempre damos uma gargalhada quando sorrimos e muitas vezes nos lembramos da piada para sempre (veja um exemplo na nota 7 deste capítulo). Mas *pequenas piadas internas e recorrentes* são especialmente poderosas devido à maneira como maximizam o pertencimento e o fluxo: Christine Torres, brincando sobre seu excelente canto; um apelido para um personagem da história (um professor chamou Orsino em *Noite de reis* de "lenço umedecido", porque ele era muito covarde em comparação com as protagonistas femininas da peça[6]); ou considere meu professor de história do ensino médio, Sr. Gilhol, que era o mestre da piada interna: ele (e depois nós) sempre se referia à cidade de "Amsterdarn" para lembrar seu nome "vulgar"; ele dramatizou o Conde von Schlieffen em seu leito de morte aconselhando Bismarck a "manter o Ocidente forte" e depois, sempre que alguém mencionasse as táticas militares da Primeira Guerra Mundial, Gilhol nos lembrava as palavras de von Schlieffen com uma rápida dramatização (exceto nos casos em que nos lembrávamos de fazer isso primeiro).

Todas essas piadas aconteceram em menos de um segundo. Isso era parte da diversão. O Sr. Gilhol também estava ensinando com substância e ritmo enquanto as piadas internas vinham rapidamente, então você tinha que prestar atenção ou então perderia o momento em que ele fez um movimento rápido como se estivesse pesando algo na balança quando mencionou o nome de algum filósofo,[7] e era por isso que todos ao seu redor estavam rindo. (Veja uma explicação na nota 7.) Parte do que tornou o Sr. Gilhol ótimo foi que estávamos aprendendo muito e parte disso estava em entender a piada. Essas coisas eram sinérgicas, assim como os aspectos da memória. Por que vale a pena, às vezes ainda digo "Amsterdarn" até hoje e, mais importante, ainda me lembro do Plano Schlieffen. O humor é poderoso, especialmente quando *usado a serviço da aprendizagem* por meio de *pequenas piadas internas recorrentes*.[8]

Eu gostaria de mencionar a importância do *Fator A* de "ser você". Eu provavelmente poderia inventar algumas piadas internas – meus filhos podem argumentar sobre a pequena probabilidade de serem engraçadas –, mas não posso e não poderia cantar. É importante reconhecer e respeitar isso. Nada de cantar para alguns de nós. Vá com calma no humor, se não conseguir tirar bom proveito disso.

Também estou mencionando esse aspecto porque estou prestes a discutir um vídeo de um professor que é brilhante no que faz e, quando o assisto, sei que não poderia fazer essas coisas. Coisas alegres são difíceis de forçar. A mensagem do vídeo *Darren Hollingsworth: Multidão* é que o entusiasmo é importante, ele pode transparecer de várias maneiras. Não precisa ser tão extrovertido quanto o de Darren, mas o dele certamente é mágico de se ouvir. Ele está cumprimentando os alunos que passam no corredor e na *Abertura e rotina de entrada* (ver técnica 47) antes da aula na Great Yarmouth Academy em Great Yarmouth, Inglaterra. Sua brincadeira não tem preço. Considere o aluno a quem ele diz: "Você é irmão do Sr. Pellow?". Ele é novo na escola e de repente se sente conhecido, escolhido entre a massa de alunos no corredor, chamado de "o cara". (Mas também, à la *Cordial/rigoroso*, lembrou que "Sim, senhor" é a resposta adequada para um adulto.[9]) Enquanto entram, os alunos são recebidos individualmente com alegria, brincadeira e carinho. Eles foram parados e chamados de "multidão" porque a fila não estava arrumada, mas também se espera que a consertem e entrem corretamente. Há alegria e grande expectativa, e os dois se encontram regularmente.

A maioria das pessoas não pode ser como Darren, mas todas podem encontrar uma versão de si mesmas que evoca uma forma singular de alegria. E vale a pena comentar sobre o poder da felicidade, seja qual for a forma que ela assuma. "Os alunos preparados para se sentirem felizes antes de fazer testes de matemática superaram em muito seus colegas neutros", escreve Shawn Achor em *A vantagem do cérebro feliz*. "Nossos cérebros estão programados para funcionar melhor quando estamos felizes." Então, simplesmente sorrir e dizer: "Acho que você vai gostar da aula hoje" também pode ser um excelente ponto de partida.

NOTAS

1. Em seu livro curto, elegante e imensamente útil, *Motivated teaching*. Recomendo sem reservas. (MCCREA, P. Motivated teaching: harnessing the science of motivation to boost attention and effort in the classroom. [S.l.]: CreateSpace Independent, 2020.)

2. Carroll diz isso em um vídeo produzido pelos Seahawks, chamado *Practice is everything* (Disponível em: https://www.youtube.com/watch?v=NMLa6fM10KA).

3. Uma técnica chamada *Explique tudo* é destacada na 1ª edição deste livro. A técnica ajuda os alunos a entender como o que você e eles estão fazendo na sala de aula os fará progredir academicamente. Para obter mais informações, acesse www.teachlikeachampion.com/yourlibrary.
4. Sou grato a Mark Chatley de Maidstone, Inglaterra, que apontou essa distinção em um *tweet* quando pedi orientação de educadores recentemente.
5. Estas são as palavras de Mark. Eu sou grato por elas.
6. "Leane Elizabeth" de Leicester, Inglaterra, compartilhou isso em um *tweet*. A melhor parte foi que ela teve que explicar a referência para mim em uma nota posterior, *porque era uma piada interna*.
7. Isso requer uma nota, mas a nota requer um aviso: vou contar uma história sobre muito tempo atrás. Envolve uma abordagem de ensino que *eu não estou defendendo e nem aconselhando que você pense em usar*. O Sr. Gilhol opinou de forma memorável, enquanto fazia um movimento como se equilibrasse os dois lados de uma balança: "Goethe, Herder, Hegel: eu trocaria todos eles por uma caixa de cerveja e um tanque de gasolina", e com isso ele estava defendendo o ponto de vista de que os filósofos tinham pouco valor prático para a maior parte da sociedade. Se ele mencionasse algum grande pensador que pudesse ser nobre e fora de contato com a sociedade, ele faria o movimento de pesagem e nós pensaríamos em suas palavras hilárias como que trocando filósofos por algo prático e nos lembraríamos do argumento do pragmatista de uma maneira que achamos muito engraçada. Novamente, espero que esteja claro que você *não* deve dizer isso aos alunos agora. Quando o Sr. G. disse isso na década de 1980, as pessoas disseram e pensaram coisas diferentes. Estávamos no último ano do ensino médio e a idade para beber era 18. No entanto, antes que você despreze o Sr. Gilhol, saiba que eu nunca teria ouvido falar de Herder se não fosse por ele e li Goethe pela primeira vez em parte porque eu queria ver o que Gilhol estava falando, assim como me lembro do Plano Schlieffen hoje em grande parte por causa de seu retrato humorístico dele.
8. Obrigado a Ian White, professor em Hackney, Londres, que usou a frase "pequenas piadas internas" em resposta a uma postagem que escrevi no Twitter, que deu origem a esta meditação e minha frase "pequenas piadas internas recorrentes". A frase dele provavelmente é melhor.
9. Não estou defendendo que os alunos chamem os adultos de "senhor" e "senhora". Não faz parte de nenhuma técnica ou orientação. Eles fazem isso em muitas escolas inglesas. Pode ser adorável. Eu ficaria feliz se Darren fosse meu professor e estabelecesse expectativas desse tipo para mim, mas você pode se sentir diferente. Faça se isso o inspirar; mas não faça se não gostar.

ÍNDICE

A

A arte da frase, técnica, 338-345
A conquista social da Terra (Wilson), 24
A mente moralista (Haidt), 303, 369, 391-392, 455
A vantagem do cérebro feliz (Achor), xvii, 18, 32, 497, 501
Abertura e rotina de entrada, técnica, 391-397
Academia do sucesso, 306
Achor, Shawn, xvii, 18, 32, 477-478, 487, 497, 501
Adaptabilidade, 62
Adaptabilidade embutida, 62
Addeo, Julia, xliii, 96, 98; *Binômios*, vídeo, 47, 94-95; *Expanda*, vídeo, 126; *Giro*, 435
Afirmação de retorno, 451
Agradecimentos, 412-413, 430, 477-478, 487-488
Amostras de trabalho, 198-201
Análise de sensitividade, 272-273
Ancona, Marisa, *Canetas no papel*, vídeo, 436
Anonimato plausível, 482
Anotações, 202-205
Antecipe a escrita, técnica, 334-338
Aprendizes especialistas, 10, 52
Aprendizes novatos, 10, 52
Aproveite as preocupações para ler em voz alta, 213-214
Ariely, Dan, xxvi
Armstrong, Jason, 114-115; *Não perca isso*, vídeo, 445
Arremate, técnica, 228-233
Arte da consequência, técnica, 448-455
Ashman, Greg, 195
Aspirações, 484
Assuma o melhor, abordagem, 479-481
Assumindo o risco, 117-118
Atenção, 19-23, 296, 406
Atenção seletiva, 19, 398
Atividade-discussão-escrita (ADE), 334-337
Atividades de discussão, 246-247
Atividades de reflexão, 246, 380
Atividades de revisão, 247-248
Atividades geradoras de ideia, 246
Atribuições precisas, 486
Auden, W. H., 177, 340
Aulas *on-line*: *Faça agora* remoto, 192-194; fluxo de necessidades *on-line*, 255-256; *Meios de participação*, ícones, 313-314; memória de trabalho, 14; *O que fazer* remoto, 430-431; verificação da compreensão, 135-136; *Virem e conversem* remoto, 367-368
Aulas remotas: ensino, xliii, 14; *Faça agora*, 192-194; fluxo de necessidades *on-line*, 255-256; *Meios de participação*, ícones, 313-314; *O que fazer*, 430-431; verificação da compreensão, 135-136; *Virem e conversem*, 367-368
Autenticidade, 479-480
Autodisciplina, 387, 391
Autoestima, 214-215
Autointerrupção, 470-471
Autoverificação, 454-455

B

Badillo, Emily: *Cultura do erro*, vídeo, 116; *Direto ao trabalho*, vídeo, 258; *Traidor*, vídeo, 156-157; *Três minutos por conta própria*, vídeo, 333-334
Bambrick-Santoyo, Paul, 49, 100, 229, 387
Bavelier, Daphne, 19, 398
Baxter, Laura, 56; *Fila laranja*, vídeo, 443
Beeston, James, 408; *Como podemos usar isso?*, vídeo, 310; *Ligados em todos os momentos*, vídeo, 310
Belanger, Bryan, 104-106, 131-132
Bellucci, Katie, *Diferentes respostas*, vídeo, 115-116

Bennett, Tom, 17, 25, 26-27, 191, 390, 421, 424, 448
Berliner, David, 4
Bernstein, Basil, 174
Bernunzio, Rose, *Boa pegada*, vídeo, 127
Biologia evolucionária, 23-24
Bisso, Emily, *Escreva o que eu escrevo*, vídeo, 421
Black man in a white coat (Tweedy), xxi
Black, Torian, 403-404
Bogard, John, *Vá para PI*, vídeo, 389
Bond, Akilah, *Pedra Angular*, vídeo, xliii, 156, 281
Boothman, Rachel, *Estamos solucionando*, vídeo, 197-198
Bowen, Nikki, *De pé*, vídeo, 387, 406
Boxer, Adam, 312-313
Bracey, Jessica, xliv, 377-378; *As coisas mudaram*, vídeo, 221; economia de linguagem, 469; *O que você disse é*, vídeo, 318; *Pedra Angular*, vídeo, 15, 247-248, 327, 330
Brewer, Jason: *Lápis na mesa*, vídeo, 427; *Processo em lotes*, vídeo, 374-375; ritmo, 427
Brillante, Jaimie, 317, 319
Brown girl dreaming, Organizadores do conhecimento, 64-65
Burmeister, John, 161-162

C

"Caçar, não pescar", ideia, 95
Cada minuto conta, técnica, 260-263
Cadeias matemáticas, 262-263
Caminhando, 94
Caminhe lentamente, 495-496
Cantando, 498
Carga frontal, 312-313
Carona, 335
Carroll, Pete, 481-482
Carter, Na'jee: *Montagem de chamada De surpresa*, 284-286; *Pedra Angular*, vídeo, xliv
Caviglioli, Oliver, 234, 431
Cegueira desatenta, 6
Cenac, Trona: *Mudanças de registro*, vídeo, 459-460, 490; *Vai ficar tudo bem*, vídeo, 394
Cérebro: natureza social do, 24-25; plasticidade do, 21
Certo é certo, técnica, 153-161
Chabris, Christopher, 6, 39, 49

Chamada *De supresa*, técnica, 282-301; chamando alunos pelo nome, 301; conectando, 292-293; em sinergia com outras técnicas, 300; equívocos sobre, 298-299; finalidades para, 294-298; lendo em voz alta e, 217; *Montagem da chamada De surpresa*, 284-286; *Movimentos de entrega*, técnica e, 53-54; Pré-chamada, 291-292; princípios de, 287-294; *Substitua o autorrelato*, técnica, e, 79-80; verificação da compreensão e, 297-298
Checklist (Gawande), 47
Chiger, Steve: *Parabéns*, vídeo, 486; *Saber o que fazer*, vídeo, 394
Chopp, Arianna, *Meios de participação*, vídeo, 255-256
Christodoulou, Daisy, 201, 234, 339, 348
Circule, técnica, 222-228
Clark, Richard, 84
Clayton, Hasan, 250, 329, 492-493, 495; *Dois narizes*, vídeo, 193-194; *Mostrando os dados*, vídeo, 14
Clear, James, 41-42, 53, 253, 391, 399
Cognição humana, 7-14
Colegas de frente, 356
Colegas de lado, 356
Collins, Jim, xxxviii
Colocando o papo em dia, 160
Coluna invisível, 437
Competição, 484
Comportamentos de escuta, 360-361
Comportamentos de substituição, 453-454
Comportamentos produtivos, 424
Concentração, 21
Confiança na alfabetização, estudo, 205
Conhecimento prévio, 454
Conhecimento: cognição humana e, 9-10; conhecimento básico, 454; pré-requisito, 268
Conselho Nacional de Pesquisa, 242
Consentimento aparente, 77-79
Consequências, 445, 448-455
Consideração, 17-18
Consistência, 450
Construa a eficiência, técnica, 406-407
Contagens regressivas, 259-260
Contato visual, 400
Conteúdo, 181-184
Controle sintático, 338-340

Conversações. *Ver* Técnicas de discussão
Cordial/rigoroso, técnica, 490-494
Correção individual anônima, 443
Correção individual privada, 443-444
Correção positiva em grupo, 442-443
Correção pública muito rápida, 444-445
Correções, 452-453
Cose, Ellis, 57
Cosgrove, Dan, *Minhoca*, vídeo, 208
Costello, John, 203
Cotton, Dan, 30, 476
Covey, Stephen, 353
Covid-19, epidemia, xix
Coyle, Daniel, 303, 370, 399, 498
Criação de rotina, técnica, 407-413
Criando comunidade, 399-400
Crista da onda, 366
Crítica, 478
Csikszentmihalyi, Mihaly, 43, 238
Cultura do erro, técnica, 111-119
Culturally responsive education in the classroom (Stembridge), xv, 4, 27, 42, 100
Culturally responsive teaching and the brain (Hammond), 24, 156, 176, 211-212, 302-303, 490
Currículo de Leitura Reconsiderado, 41, 272-273
Curry, Steph, 486
Curva do esquecimento, 11-12, 82-84
Custos de transação, 217-219, 247

D

Dedo no disco, 437
Defensividade, 112-113
Definir. Nomear. [Tempo]. Ir! 359
Definição de ensino, 75
Delizamento, 21-22
Delpit, Lisa, xxii, 173
DeLuke, Sam, 385-386
"Dentro da caixa", discussões, 381-382
Descrições, 198-199
Desigualdades sistêmicas, xix
Despersonalização, 451
"De tudo e mais um pouco", respostas, 159
Dicas, 143-145, 275, 315-316, 318
Dicas de entrada, 304-305, 358-360
Dicas no jogo, 116-117

Dicas visuais, 399
Dificuldade desejável, 265
Digressões, 254-255
Disciplina, 423
Discurso positivo, técnica, 477-484
Discussão disciplinada, técnica, 378-382
Distração, 205
Divida em partes, técnica, 315-320
Doornen, Carla van, 226
Driggs, Colleen, 273
Dual coding (Caviglioli), 234, 431
Duhigg, Charles, 16, 387, 406
Duru, Ijeoma, *Trabalho quase lá*, vídeo, 124-125
Dweck, Carol, 184, 485

E

Ebbinghaus, Hermann, 11, 137
Economia de linguagem, 356, 428, 468-469
Edição, 350
Efeito de desvanecimento da orientação, 10, 195-198
Efeito de informação transitória, 431
Efeito Dunning-Kruger, 195
Efeito ioiô, 346
Efeito Tetris, xvii, 18, 487
Eficiência, 88-90
Elaboração, 84-85
Elogio, 477-478, 487-488
Elogio alinhado ao objetivo, 486-487
Elogio preciso individual privado (EPIP), 444
Elogio preciso, técnica, 485-489
Elogio público, 412-413
Embedding formative assessment (Wiliam & Leahy), 198-199
Emoções, 456
Empilhamento de hábitos, 253
Empresas feitas para vencer (Collins), xxxviii
Enterrando os dados, 50
Epidemia, xix
Equidade de vozes, 54, 294-296
Equidade disciplinar, xx, xxii
Equilíbrio emocional, 428
Equilíbrio emocional, técnica, 495-496
Equipes brilhantes (Coyle), 303, 370, 399, 498
Equívocos, 112-113
Ericsson, Anders, 346-348

Erro de fundamental de atribuição, xvii, 479
Escolas públicas, xxxviii
Escrita de desenvolvimento, 340-345
Esforçados, 62
Esgotamento do ego, 15
Esperanza rising, Organizadores do conhecimento, 66-68
Esser, Ben, *Virem e conversem mais curto*, vídeo, 367-368
Estágio "nós", 141
Estampas, 229
Estampas de tempo, 54-55
Estímulo, 405-406
Estímulos formativos, 324-325
Estímulos somativos, 324-325
Evidência, 167-168
Exemplares, 198-201
Exemplos trabalhados, 203
Exigentes calorosos, 490
Expectativas, 161-162, 382, 484
Expressividade, 212

F

Faça agora, técnica, 187-194
Faça de novo, técnica, 413-417
Facer, Jo, 30, 211, 215, 408, 424, 491
Fator A, técnica, 497-501
Fechamento, 154
Feedback, 478
Feitas para durar (Collins), xxxviii
Felicidade, 477-478, 497-501
Fern, Laura, 471
Fischler, Sarah, *Seis meses exaustivos*, vídeo, 344
Flexibilidade, 62
Floyd, George, xix
Fluência, 210-211
Fluxo de necessidades *on-line*, 255-256
Fluxo de uma aula, 42-43, 238, 255-256, 499. *Ver também* Técnicas de ritmo
Foco, 19-23
Força de vontade, 15
Formatação, 61-62
Formato audível, 174, 179-180
Formato colegiado, 174, 180-181
Formato de sentença completa, 174, 176-178
Formato gramatical, 174-176
Formatos personalizados, 61-62
Frazier, Denarius, xxvii; chamada *De surpresa*, técnica, 282-284; *Converse com seu colega*, vídeo, 426; *Cosseno*, vídeo, 141-142; expectativas, 439; *Experimente essa grade*, vídeo, 428; giro, 435; instruções eficazes, 426; *Mudança de registro*, vídeo, 457-458; *Partes de um círculo*, vídeo, 282-284; *Pedra Angular*, vídeo, xliv, 358; *Quadrilátero*, vídeo, 139-141; rastreamento, 405; *Resto*, vídeo, 28-29, 50-51, 75-76, 93-98, 111-112, 226-228; *Soluções*, vídeo, 405; *Voz de comando*, 457-458
Fundamentos de frase, técnica, 274-275

G

Gato por lebre, 159-160, 275
Gawande, Atul, 47
Gentileza firme e calma, técnica, 446-448
Gerenciando a meta, 381-382
Gestos não verbais, 304-305, 372-373; contato visual, 400-401; linguagem corporal, 465-468; *Montagem não verbal*, 441-442; olhares de confirmação, 448; rosto brilhante, 447-448
Giro, 434
Good, Rafael, 99
Goodrich, Josh, *Vamos fazer*, vídeo, 444
Gratidão, 17-18
Gray, Matthew, 112-113, 468
Grossman, Mallory, *Enquete rápida*, vídeo, 409-410

H

Habilidades relacionadas, 168-169
Hábitos, 14-18, 330
Hábitos atômicos, 41-42, 399
Hábitos de atenção, técnica, 397-406
Hábitos de discussão, técnica, 368-374
Haidt, John, xvii
Haidt, Jonathan, 292, 303, 369, 391-392, 455
Hammet, Jamila, 329-330, 340-341
Hammond, Zaretta, xxii, xxvii, 24, 156, 176, 182, 211-212, 302-303, 398; confiança, 476; demandantes calorosos, 490
Harley, Rachel, *Mostrando os dados*, vídeo, 14

Heath, Chip e Dan, xli, 426, 481
Hendrick, Carl, 52
Hermann, Nicholas, *Forças*, vídeo, 206
Hernandez, Vicki, *Vamos anotar*, vídeo, 133-134
Hinton, Ashley, *Montagem não verbal*, 441-442
Hipótese do Olho Cooperativo, 400
Hochman, Judith, 190, 340, 344, 350
Hofstede, Geert, 303
Hollingsworth, Darren, 437; *Muito inteligente!*, vídeo, 392-393
Hoo, Arielle, 166; *Como você sabia?*, vídeo, 162-163; instruções eficazes, 428, 432-435; *Mudança de registro*, vídeo, 457-458; mudanças de registro, 469-470; *Olhos aqui*, vídeo, 428, 432-433; *Pedra Angular*, vídeo, xliv, 326; reflexão intencional, 380; *Todo mundo escreve*, 326; *Trabalhos sólidos*, vídeo, 129-130; *Voz de comando*, 457-458
How the other half learns (Pondiscio), xxviii, 306
Howard, Jasmine, *A caminho da faculdade*, vídeo, 118-119
Huelskamp, Christy, 317
Humphrey, Joshua, *Pause agora mesmo*, vídeo, 193
Hurley, Meghan, 385-386

I

Índice de dimensões culturais, 303
Iniciadores de sentença e parâmetros de sentença, 342-343, 372
Instrução de gramática, 339
Instrução direta/assimilação do conhecimento, 242-243
Instruções, 425-432
Interrompendo digressões, 254-255
Intervenção menos invasiva, técnica, 439-445

J

James, William, 22-23
Jarrell, Kirby, 437; *Uma liberdade duvidosa*, vídeo, 207-208
Johnson, Alonte, 87; *Coragem de mãe*, vídeo, 360
Johnson, Maggie, 372-373, 410; *Ficou sério*, vídeo, 218-219; *Foco no porquê*, vídeo, 276-277
Justiça social, xv-xxix

K

Kerr, Steve, 486-487
Kirby, Joe, 63
Kirschner, Paul, 52, 84
Kroell, Katie, *Sacrifício*, vídeo, 433-434

L

LaGrassa, Ashley, 325-326
Lançamentos, 408
Lang, James, 189
Leahy, Siobhan, 198-199
Leitura em FASE, técnica, 209-222
Leitura independente responsável, técnica, 205-209
Leitura: análise de sensitividade, 272-273; expressividade e, 212; fluência e, 210; individual, 205-209; *Leitura em FASE*, 209-222; motivação social para, 211-212; responsabilização e, 211; *Todos juntos* com, 307; voz alta, 210, 213-222
Leitura-discussão-escrita (LDE), 334-337
Leòn, Roberto de, 220-221
Levitin, Daniel J., 239
Lewis, Hilary, 423; *Etiquetas adesivas*, vídeo, 107-108
Limites de tempo, 366-367
Linguagem, 173-181, 356, 428, 447, 468-469
Linguagem corporal, 465-468
Linguagem específica, 167
Linguagem universal, 447
LIR (*Leitura independente responsável*), 205-209
Listas de verificação, 56-58
Loureiro, Rodolpho, 437; *Corrijam seus erros*, vídeo, 435
Lousas, 107, 131
Lukianoff, Greg, xvii, 292
Lundy, Christy, 472

M

Madio, Jessica, *Mão silenciosa quando tiver terminado*, vídeo, 108-109
Maino, Josefina, *Preciso de mais mãos*, vídeo, 278-279
Making good progress (Christodoulou), 201, 348
Mãos narradoras, 278-280
Mãos para baixo, 252-253, 299

Mãos valentes, 117-118
Marcadores de lugar, 220-222
Marcos, 240
Marque as etapas, técnica, 248-252
May, Cindi, 234
McBride, David, 438
McCleary, Sadie, 5, 32, 69-73, 237-238; *Anotações para hoje*, vídeo, 426-427; autointerrupção, 471; instruções eficazes, 426-427; *Meios de participação*, vídeo, 307-308; *Pedra Angular*, vídeo, xlv, 300, 358; *Pegue uma de cada*, vídeo, 393; *Quadro é igual a papel*, vídeo, 203-205; *Solo silencioso*, 329-330; *Todos juntos*, 305-306; *Você chega lá*, vídeo, 135-136
McClelland, Madalyn, *Mapas*, vídeo, 314
Mccrea, Peps, 25-26, 155, 176, 249, 252, 397, 399; motivação, 477, 483; rotinas, 308, 330-331
McElduff, Bridget, 496
McGuire, Tamesha, 100, 250, 329, 437; *Ajeitem suas cadeiras*, vídeo, 394; *Linha de base*, vídeo, 428
Meios de participação, planejamento, 53-54
Meios de participação, técnica, 307-314
Melhorando, 366
Memória, 316; longa duração, 8-14, 86; trabalhando, xvi, 7-14, 86, 197
Memória de longa duração: criando, 8-14; capacidade da, 86
Memória de trabalho: aula *on-line*, 14; capacidade, 86, 197; gerenciamento, 7-14; visão geral, xvi
Mentalidade de crescimento, 184
Michaela Community School, 62-63
Mieze, Rousseau, *Fila da fonte*, vídeo, 126-127
Miller, Alexa, 233
Miller, Ryan, 376, 379
Mindset (Dweck), 485
Modelos mentais, 3-6
Monitoramento, 100-101
Monitoramento agressivo, 100-101
Montagens, 441-442; chamada *De surpresa*, 284-286; *Cultura do erro*, 112-115, 118; *Faça de novo*, 416; *Não verbal*, 441-442; *Ser visto observando*, 437; *Solo silencioso*, 329; *Tempo de espera*, 280
Montando o radar, 433-434
Moore, Brittney, 287
Moskowitz, Eva, 306

Mostre as etapas, técnica, 194-201
Mostre o relógio, 256-257
Mostre o texto, técnica, 120-135, 348-350
Mostre-me, técnica, 104-107
Motivação social, 23-26, 211-212
Motivação: aluno, 333; natureza social da, 23-26
Motivated teaching (Mccrea), 176, 249
Movimento ponto a ponto, 408
Movimentos de entrega, técnica, 53-58
Moyle, Lauren: *Crânio*, vídeo, 86; *Esse é o seu desafio*, vídeo, 408
Mudanças de registro, 457-465
Mudanças de tom, 305
Mude o ritmo, técnica, 241-248
Mueller, Pam A., 234
Múltiplas respostas, 166
Munro, Iain, 3
Murray, Jill, *Divisão em quatro atos*, vídeo, 218
Música, 498

N

Nativos digitais, 22
Newport, Cal, 20-21
Normas, 25-26
Notas de teste, xlii
Nudge (Sunstein & Thaler), xviii, 25
Nuthall, Graham, 13, 19, 38-39, 363

O

O cérebro no mundo digital (Wolf), 21, 205, 239
O formato importa, técnica, 173-181, 370
O gorila invisível (Chabris & Simons), 6
O poder do hábito (Duhigg), 16, 387, 406
O que fazer, técnica, 425-432
O'Neill, Patricia, 181-182
Objetivos, 172-173
"Obrigado", 446-447, 494
Observação ativa, técnica, 92-104
Observações: *Observação ativa*, técnica e, 94; modelos mentais e, 4
Olhar de radar/ser visto observando, técnica, 432-437
Olhares de confirmação, 448
Oppenheimer, Daniel, 234
Oral Cloze, 220
Orfuss, Kathryn, 437

Organizadores do conhecimento, técnica, 62-73

P

Pacheco, Narlene: *Observação ativa*, vídeo, 102-103; *Pedra Angular*, vídeo, xlv, 315
Pacotes, 59-62
Padronize o formato, técnica, 87-92
Pandemia, xxii
Paradoxo do *band-aid*, xxvi-xxviii, 149, 322, 420
Pare e anote, 326
Pastore, Patrick e o Poleiro de Pastore, 220-221, 435-437
Payne, Summer, *Rodadas individuais*, vídeo, 287
Pedido, 169-172
Pedidos diretivos, 170-171
Pedidos não direcionados, 170-171
Pedra Angular, vídeos: Akilah Bond, 156, 281; Arielle Hoo, 326; BreOnna Tindall, 356; Christine Torres, 40-45, 85, 179-180, 243-244, 358, 373-374; Denarius Frazier, 358; Gabby Woolf, 81-82, 180, 212, 362, 426; Jessica Bracey, 15, 247-248, 327, 330; Narlene Pacheco, 315; Nicole Warren, 90, 98-99, 248, 498; Sadie McCleary, 237-238, 300, 358; Sarah Wright, 357; visão geral, xliii
Pentland, Alex, 371, 400
Percepção, 4-6, 52
Perguntas binárias, 275
Perguntas "Como", 166
Perguntas direcionadas, 79-80
Perguntas na manga, 55-56, 158, 262-263
Perguntas "por que", 166
Pertencimento, 399-400, 497-498
Picasso, Pablo, xxxvii
Planejamento exemplar, técnica, 45-49
Planeje em dobro, técnica, 58-62
Planeje para o erro, técnica, 49-53
Planos de aula, 59
Pobreza, 31, 422
Político, 437
Pollak, Derek, *Raiz quinta*, vídeo, 145
Pondiscio, Robert, xxviii, 306
Ponta dos pés, 437
Ponte, 219-220
Pontos de dor, 408
"Por favor", 494

Por que os alunos não gostam da escola? (Willingham), 7
Porque Mas Então, perguntas, 190
Positividade, 477-478
POSSO/SOPRe, técnica, 398-402
Powell, Paul, 262-263; *Mostre o texto*, vídeo, 122-124, 134
Prática da recuperação, técnica, 82-87
Prática de simulação, 409
Prática deliberada, 338, 340
Prática guiada do aluno, 141
Prática individual (PI), 108, 245-246
Prática orientada/questionamento orientado, 244-245
Pré-chamada, 291-292
Predictably irrational (Ariely), xxvi
Presença silenciosa, 469-470
Prévias, 143
Principles of instruction (Rosenshine), 197
Pritchard, Taryn, 62
Privacidade, 450-451, 488-489
Processo em lotes, técnica, 374-378
Processo paralelo, 88
Proporção: criando pelo questionamento, 269-272, visão geral, 265-269
Proporção de participação, 266-268, 363-364
Proporção de pensamento, 267-268
Proposições, 412-413, 430
Propriedade, transferindo, 410-411
Prova social, 390
Psicologia cognitiva, xv
Puxe mais, técnica, 161-173

Q

Quadro = papel, técnica, 202-205
Quadros brancos, 107, 131
Quarterback, 437
"Quase lá", frases, 158
Queixo para cima, 434
Questionamento e pedido de acompanhamento, 373
Questões teóricas, 274

R

Radar, 433-434
Ragin, Kelli, 317

Rastreamento, 97-99, 402-406
Ratray, Rue, 166, 226, 359, 378-379
Reflexão intencional, 380
Registro formal, 458-459
Registro urgente, 461
Relacionamento, criação, 26-33, 103
Relacionamentos básicos, 30-31
Relacionamentos suplementares, 30
Resíduo de atenção, 21
Responsabilização, 211, 296, 361-363
Respostas vagas, 160-161
Retenção, curva do esquecimento e, 11-12
Retendo a resposta, 115-116
Retornos, 143, 145-146
Reversões, 318
Revisão, 345-351
Revisão regular, técnica, 345-351
Riffle, Annette, 87, 260-261
Rigor: colapso de rigor, 319-320; listas de verificação, 56-58; projeto e sequência para, 363-364
Riordan, Leanne, 232
Rodada de pontos, 226
Rosenshine, Barak, 141, 197, 242-248
Rosto brilhante, 447
Rotina de entrada, 396-397
Rotinas, 14-18, 308-309, 357-358
Rotinas acadêmicas, 388-389. *Ver também* Técnicas de procedimentos e rotinas
Rotinas culturais, 389. *Ver também* Técnicas de procedimentos e rotinas
Ruído de fundo, 351
Rumph, Brittany, *Frase inventiva*, vídeo, 343-344
Running the room (Bennett), 25, 191, 421, 424

S

Saddler, Bruce, 339, 346
Saliba, Jennie, 160
Segurança, 422
Segurança psicológica, 111
Seidenberg, Mark, 210
Sem desculpas, técnica, 181-185
Sem escapatória, técnica, 139-153
Sentimentalistas, 490-491
Sentindo-se conhecido, 476-477
Sequências, 56

Ser visto observando, 436-437
Settles, Aja, 387
Shanahan, Timothy, 210
Simons, Daniel, 6, 39, 49
Simplicity rules (Facer), 211, 408, 424
Sims-Bishop, Rudine, xxii, 183
Sinais com a mão, 105-107
Sistemas, 387. *Ver também* Técnicas de procedimentos e rotinas
Small teaching (Lang), 189
Smith, Adam, 154-155
Smith, Barry, 87
Smith, Janice, 232
Snider, Eric, 307, 361, 471; *O vento*, vídeo, 214
Snodgrass, Heather, 233
Solo silencioso, técnica, 327-334
Solomon, Hannah, 23, 45, 376-377
Sprinkler, 436
Stembridge, Adeyemi, xv, xxii, 4, 27-28, 38-39, 42, 100, 103, 149, 182; autenticidade, 479-480; motivação, 475
Stevens, Courtney, 19, 398
Substitua o autorrelato, técnica, 76-82
Sullivan, Josh, *Fale mais sobre isso*, vídeo, 375
Sunstein, Cass, xviii, 25, 405-406
Suporte dos alunos, 31-32
Suspensões, 423
Sweller, John, 84, 195
Switch (Heath & Heath), xli, 481

T

Tatum, Alfred, xx, xxii, 57, 183
Taxonomia de Bloom, 269
Técnicas de altas expectativas de comportamento, visão geral, 419-424
Técnicas de caráter acadêmico: *Certo é certo*, 153-161; *O formato importa*, 173-181; *Puxe mais*, 161-173; *Sem desculpas*, 181-185; *Sem escapatória*, 139-153
Técnicas de discussão, visão geral, 353-355
Técnicas de escrita: visão geral, 323; estímulo formativo, 324-325; estímulo somativo, 324-325
Técnicas de estrutura de aula: *Arremate*, 228-233; *Circule*, 222-228; *Faça agora*, 187-194; *Leitura em FASE*, 209-222; ; *Leitura independente*

responsável, 205-209; *Mostre as etapas*, 194-201; *Quadro = papel*, 202-205
Técnicas de motivação e confiança do aluno, visão geral, 475-477
Técnicas de preparação de aula: *Movimentos de entrega*, 53-58; *Organizadores do conhecimento*, 62-73; *Planejamento Exemplar*, 45-49; *Planeje em dobro*, 58-62; *Planeje para o erro*, 49-53; visão geral, xvi, 37-45
Técnicas de procedimentos e rotinas: rotinas de procedimento, 389; visão geral, 385-391
Técnicas de questionamento: escrita da pergunta, 271-272; *Fundamentos de frase*, 274-275; perguntas binárias, 275; perguntas "Como", 166; perguntas direcionadas, 79-80; perguntas no bolso, 55-56, 158, 262-263; perguntas "por que", 166; perguntas "Por que, Mas, Então", 190; perguntas retóricas, 274; Prática orientada/questionamento orientado (POQO), 244-245; questionamento e pedido de acompanhamento, 373; visão geral, 265-274
Técnicas de ritmo, 60-61, 237-240; *Cada minuto conta*, 260-263; *chamada De surpresa*, 297-298; mantendo o ritmo, 452; *Marque as etapas*, 248-252; *Mude o ritmo*, 241-248; *Todas as mãos*, 252-256; *Trabalhe com o relógio*, 256-260
Tecnologia: atenção e, 20-23; *Mostre o texto*, técnica e, 131
Tempo de espera, técnica, 276-282
Tempo de pensamento real, 282
Teoria da carga cognitiva, xvi, 10
Teoria dos sentimentos morais (Smith), 154-155
Thaler, Richard, xvi, 25, 405-406
The coach's guide to teaching (Lemov), 486
The hidden lives of learners (Nuthall), 13, 19, 38-39, 363
The opportunity myth (relatório TNTP), xx, 154
The principles of psychology (James), 22-23
The writing revolution (Hochman), 190, 344
Thomas, Aidan: Montagem do *Tempo de espera*, 280; *Interseção com y*, vídeo, 147-148
Thomas, Maura, 21
Tindall, BreOnna, xxvii, 289, 372; acompanhamento, 404-405; mudanças de registro, 462-465; *Observações ativas*, vídeo,

101-102; *Pedra Angular*, vídeo, xlv, 356; transição, 465; *Virem e conversem*, 356
Tipos de atividade, 241-248
TNTP, xx, 154
Todas as mãos, técnica, 252-256
Todo mundo escreve, técnica, 324-327
Todos juntos, técnica, 301-307; dicas de entrada, 304-305
Torne as expectativas visíveis, técnica, 438-439
Torres, Christine, xviii-xx, 58-59; dicas de entrada, 358; hábitos, 398; mãos para baixo, 252-254; *Pedra Angular*, vídeo, xlv, 40-45, 85, 179-180, 243-244, 358, 373-374; questionamento e pedido de continuação, 373-374; rotina de entrada, 396-397; saídas de *Hábitos de atenção*, 398; *Silenciosamente a seus lugares*, vídeo, 191, 396-397; *Todos juntos*, 301-303; vá para o início, 250
Towne, Michael, 144, 167; *Corante vermelho*, vídeo, 163-164, 197
Trabalhe com o relógio, técnica, 256-260
Trabalho focado (Newport), 20-21
Transferindo a propriedade, 410-411
Transições, 143
Troiano, Nina, 199-201
Tschang, Chi, 240
Tudo à direita, 155-157
Tweedy, Damon, xxi

U

United Negro College Fund, 422

V

Vance, Lauren Harris, 158
Verificação afirmativa orientada ao aluno, 110-111
Verificação afirmativa, técnica, 107-110
Verificação da compreensão, técnicas: aulas *on-line*, 135-136; chamada *De surpresa*, 297; *Cultura do erro*, 111-119; *Mostre o texto*, 120-135; *Mostre-me*, 104-107; *Observação ativa*, 92-104; *Padronize o formato*, 87-92; *Prática da recuperação*, 82-87; *Substitua o autorrelato*, 76-82; *Verificação afirmativa*, 107-110; visão geral, 75-76
Verilli, Jamey, 261
Verrilli, Beth, *Aqui*, vídeo, 180-181

Viés de novidade, 240
Virem e conversem, técnica, 355-368
Virem e trabalhem, 362
Visão geral das técnicas, xl
Voz de comando, técnica: visão geral, 455-457; princípios, 457-473

W

Walton, Gregory, 370
Warren, Nicole, 118-119, 390; *Pedra Angular*, vídeo, xlvi, 90, 98-100, 248, 498
Wiliam, Dylan, xvi, 4, 195, 198-199
Wilkinson, Bill, 361
Willey, Nicole, 99
Williams, Darryl, xxii, 4-5, 28, 401, 471; *Deve ser*, vídeo, 176
Willingham, Daniel, xv, 7-8, 86, 242, 265; memória, 316, 380; pré-requisito do conhecimento, 268
Wilson, Edward O., 24
Wing, Lisa, *Boom, Boom, Pow*, vídeo, 106-107
Wolf, Maryanne, 21, 205, 239, 397
Wood, Harry Fletcher, 84, 228
Wood, Wendy, 16
Wooden, John, 75, 94
Woolf, Gabby: *Jekyll e Hyde*, vídeo, 81-82; instruções eficazes, 426; *Pedra Angular*, vídeo, xlvi, 81-82, 180, 212, 362, 426
Worrell, Art, 87
Worrell, Juliana, 387
Wright, Sarah, 16, 48-49; *Mas Esperanza*, vídeo, 189-190; *Pedra Angular*, vídeo, xlvi, 357; *Tio Luis*, vídeo, 45-46

Z

Zimmerli, Bob, 112